# Das Deutsche Kaiserreich 1871–1914

Ein historisches Lesebuch

Herausgegeben und eingeleitet
von
Gerhard A. Ritter

4., durchgesehene Auflage

D1932976

VANDENHOECK & RUPRECHT IN GÖTTINGEN

Gerhard A. Ritter

Geboren am 29. 3. 1929, Studium in Tübingen, Berlin und Oxford. Dr. phil. 1952 in Berlin, B. Litt. 1959 in Oxford; Habilitation in Neuerer Geschichte und Politischer Wissenschaft 1961 in Berlin. 1962–65 o. Professor für Politische Wissenschaft an der FU Berlin, o. Professor für Neuere Geschichte an den Universitäten Münster (1965–74) und München (seit 1974). Gastprofessuren an den Universitäten in St. Louis, Oxford, Berkeley und Tel Aviv.

Veröffentlichungen: Die Arbeiterbewegung im Wilhelminischen Reich (1959, 2. Aufl. 1963); Das britische Regierungssystem (mit Sir Ivor Jennings, 1958, 2. Aufl. 1970); Parlament und Demokratie in Großbritannien (1972); Die Deutsche Revolution 1918/1919. Dokumente (mit S. Miller, 1968, 2. Aufl. 1975); Deutsche Sozialgeschichte 1870–1914. Dokumente und Skizzen (mit J. Kocka, 1974, 2. Aufl. 1977); Sozialgeschichtliches Arbeitsbuch 1870–1914 (mit G. Hohorst und J. Kocka, 1975, 2. Aufl. 1978); Arbeiterbewegung, Parteien und Parlamentarismus (1976); Wahlgeschichtliches Arbeitsbuch 1871–1918 (1980); Die II. Internationale 1918/1919, 2 Bde. (1980); Staat, Arbeiterschaft und Arbeiterbewegung in Deutschland (1980); Bibliographie zur Geschichte der deutschen Arbeiterschaft und Arbeiterbewegung (1863–1914) (mit K. Tenfelde, 1981). Herausgeber u. a. von: Entstehung und Wandel der modernen Gesellschaft (1970); Vom Wohlfahrtsausschuß zum Wohlfahrtsstaat (1973); Deutsche Parteien vor 1918 (1973); Gesellschaft, Parlament und Regierung (1974); Arbeiterkultur (1979).

*CIP-Kurztitelaufnahme der Deutschen Bibliothek*

*[Das Deutsche Kaiserreich achtzehnhunderteinundsiebzig bis neunzehnhundertvierzehn]*

Das Deutsche Kaiserreich 1871–1914 : e. histor. Lesebuch / hrsg. u. eingeleitet von Gerhard A. Ritter. – 4., durchges. Aufl. – Göttingen : Vandenhoeck und Ruprecht, 1981.
(Kleine Vandenhoeck-Reihe ; 1414)

ISBN 3-525-33384-6

NE: Ritter, Gerhard A. [Hrsg.]; GT

*Kleine Vandenhoeck-Reihe 1414*

4., durchgesehene Auflage 1981

Umschlag: Hans-Dieter Ullrich. – © Vandenhoeck & Ruprecht, Göttingen 1975. – Alle Rechte vorbehalten. – Ohne ausdrückliche Genehmigung des Verlages ist es nicht gestattet, das Buch oder Teile daraus auf photo- oder akustomechanischem Wege zu vervielfältigen.

Gesamtherstellung: Hubert & Co., Göttingen

# Inhalt

# Einleitung

Dieser Band hat die Zeit des Bismarckreiches von seiner Gründung im Januar 1871 bis zum Ausbruch des Ersten Weltkrieges, der zur schwersten Krise und schließlich zum Zusammenbruch des bestehenden politischen Systems führte, zum Gegenstand. Die Jahre von 1914 bis 1918 sind dabei bewußt ausgespart worden, um zu verdeutlichen, wie stark der Krieg als Motor entscheidender objektiver Veränderungen im politischen, sozialen, ökonomischen und geistigen Bereich, aber auch als bestimmendes Erlebnis der Zeitgenossen die Ausgangsposition und damit die Geschichte der Weimarer Republik geprägt hat.
Der Band beschränkt sich auf die Behandlung der politischen Struktur und der politischen Geschichte, da jedes Bemühen um Vollständigkeit der Aspekte, Probleme und Lebensbereiche die ausgewählten Quellen auf bloße Kernsätze und Aphorismen hätte reduzieren müssen. Der Leser sollte sich jedoch bewußt sein, daß die dauerhaftesten Ergebnisse der behandelten Zeitepoche im Aufstieg Deutschlands von einem im Vergleich mit Großbritannien und Belgien industriell unterentwickelten Land zu einem der großen Industriestaaten der Welt, in der Verlagerung des Schwergewichts der Wirtschaft von der landwirtschaftlichen Produktion auf die Industrieerzeugung und schließlich im Prozeß der Konzentration innerhalb der Industrie liegen. Obwohl diese Fragen sowie die sich daraus ergebenden sozialen Probleme und der Wandel der Lebensverhältnisse der verschiedenen sozialen Schichten der Bevölkerung in einem parallelen Band behandelt wurden*, so durfte doch auch hier nicht übersehen werden, daß die Grundkonstellation der politischen Kräfte und ihre Wandlungen, aber auch das konkrete politische Geschehen auf das engste mit der sozialen Struktur und den sozialen Umschichtungen sowie der Struktur und den Wellen der Konjunktur der deutschen Wirtschaft oder einzelner Wirtschaftszweige verbunden gewesen ist. Aufgrund der Vielschichtigkeit und der vielfachen Brechung der Wirkung wirtschaftlicher und sozialer Prozesse ist allerdings ein direkter und eindeutiger Nachweis oft schwer zu finden.
Im Gegensatz zu der Zeit von 1815 bis 1871, in der das miteinander

* Vgl. Gerhard A. Ritter und Jürgen Kocka (Hg.): Deutsche Sozialgeschichte Band II: 1870—1914. Dokumente und Skizzen, München 1974, sowie diesen Band ergänzend: Gerd Hohorst, Jürgen Kocka und Gerhard A. Ritter: Sozialgeschichtliches Arbeitsbuch. Materialien zur Statistik des Kaiserreichs 1870—1914, München 1975.

verbundene, wenn auch nicht identische Ringen um politische Freiheit und nationale Einigung eindeutig das dominierende Thema der deutschen Geschichte darstellt, fehlt für die folgenden Jahrzehnte des Bismarckreiches eine derart zentrale Frage, auf die sich alle politischen Kräfte letztlich in Zustimmung oder Ablehnung orientieren. Es gibt eine Reihe von Komplexen, wie etwa Imperialismus und Weltpolitik, nationaler Staat und religiöse und nationale Minderheiten, soziale Frage und Behandlung der Sozialdemokratie, Freihandels- oder Schutzzollpolitik, die im besonderen Maße politische Leidenschaften erregten und zur Gruppierung und Umgruppierung der politischen Kräfte beitrugen. Keine dieser Fragen kann aber als genereller Maßstab oder alleiniger Bezugsrahmen der Politik der Zeit angesehen werden. Daraus resultiert die Notwendigkeit, in diesem Quellenband eine Vielfalt politischer Aspekte und Fragen zu berücksichtigen.

Der Herausgeber hat trotzdem einen gewissen Bezugsrahmen für die Auswahl der Quellen darin gesucht, daß er die Eigenart der das politische Geschehen bestimmenden Institutionen und Kräfte und ihre sich wandelnde Macht und Wirksamkeit im politischen System des Deutschen Reiches vor 1914 aufzuzeigen trachtete. Dabei waren Verwaltung und Militär, die traditionell den Obrigkeitsstaat trugen, wie auch die sehr viel später mit der Einführung von Parlamenten im 19. Jahrhundert entstandenen Parteien und schließlich die erst nach der Reichsgründung zu voller Ausbildung und wachsendem Einfluß kommenden Interessenverbände zu behandeln. Diese Frage nach den konstanten und variablen Faktoren in den politischen Auseinandersetzungen und dem sich ständig verschiebenden Wechselverhältnis von Regierung*, Parteien und Interessenverbänden ist eng verknüpft mit den bis 1918 ungelösten Problemen der politischen Erziehung der deutschen Nation und der Modernisierung des bestehenden politischen Systems, die den in den Quellen nur gelegentlich ausdrücklich erwähnten, aber — wie wir hoffen — dem Leser stets gegenwärtigen Hintergrund dieses Bandes bilden.

Die beiden Hauptteile des Buches sind dabei miteinander verzahnt. Während im ersten, strukturellen Teil die Verfassung sowie die politischen Institutionen und Kräfte in Beschreibung, Rechtfertigung und Kritik vorgestellt und der Charakter des politischen Lebens verdeutlicht werden soll, wird im zweiten, chronologischen Teil versucht, die Wirksamkeit und die Umformung der politischen Kräfte im Zusammenhang mit den zentralen Fragen der deutschen Innenpolitik von 1871 bis 1914 zu zeigen.

* Im staatsrechtlichen Sinn gab es im Reich keine ›Regierung‹, sondern nur ›die verbündeten Regierungen‹. Wenn wir den Ausdruck ›Regierung‹ im folgenden trotzdem verwenden, so meinen wir damit das Zusammenwirken von Kaiser, Bundesrat, Reichsleitung (Reichskanzler und Staatssekretäre) sowie preußischem Staatsministerium, das rechtlich und vor allem auch faktisch an der Reichspolitik wesentlich beteiligt war.

Der größte Teil der hier allerdings aus Platzmangel meist nur auszugsweise wiedergegebenen Quellen – Briefe, Reden, Erlasse, Programme, Zeitungs- und Zeitschriftenartikel – stammt von den aus den verschiedenen politischen Lagern kommenden Akteuren auf der politischen Bühne. Im Ringen um eine Entscheidung oder in Kommentar, Zustimmung oder Kritik zu beabsichtigten, getroffenen oder versäumten Handlungen sind sie – oft der taktischen Situation angepaßt – Teil des unmittelbaren politischen Kampfes. Von dieser ersten Quellengruppe geschieden durch das Fehlen des unmittelbaren politischen Anlasses, stehen zeitgenössische Beschreibungen über Aufbau, Charakter und Wirksamkeit politischer Institutionen sowie Quellen, die die Realität des politischen Lebens vor allem auch auf lokaler Ebene schildern oder die Auswirkungen staatlicher Maßnahmen auf das Leben der Zeitgenossen anschaulich machen. Eine dritte Quellenkategorie, der hier ein relativ großes Gewicht gegeben wurde, sind Betrachtungen von Zeitgenossen, die – oft unter dem Eindruck einer akuten politischen Krise entstanden – der vertieften kritischen Analyse der eigenen Gegenwart und der in ihr auftretenden Tendenzen und Kräften dienen. Auch sie verfolgen meist eine politische Absicht, ist doch die Diagnose der Krankheitserscheinungen der Zeit fast unfehlbar gekoppelt mit dem Vorschlag einer Therapie. In der vierten Quellengruppe der Memoiren werden Ereignisse und Probleme der Zeit des Bismarckreiches in der rückschauenden Betrachtung der Zeitgenossen geschildert. Nicht selten bestimmt vom Drang nach Rechtfertigung, liegt doch ihr besonderer Reiz in dem Bemühen, die eigene Arbeit und das eigene Erleben aus der durch den zeitlichen Abstand gewonnenen weiteren Perspektive und unter dem Ansporn der sich aus der Gegenwart des Memoirenschreibers neu stellenden Fragen an die Vergangenheit im größeren Zusammenhang zu sehen und zu deuten.
Allgemein gilt für die hier abgedruckten Quellen, daß sie nicht Haupt- und Staatsaktionen der Geschichte in ihrem schließlichen Ergebnis dokumentieren, sondern einen Einblick in die Vielfalt und Vielschichtigkeit des politischen Lebens – eingefangen im Spiegel der Zeitgenossen – in der einem historischen Lesebuch angemessenen möglichst anschaulichen Weise vermitteln wollen.
Stellvertretend für die sozialen und wirtschaftlichen Wandlungen Deutschlands in dem behandelten Zeitraum wird der Band eingeleitet durch ein Zeugnis [1], das den Bevölkerungszuwachs und die Bevölkerungsverschiebungen im Zeichen der Industrialisierung darstellt. Die Probleme, die sich aus den ökonomischen Veränderungen für das politisch-soziale Gefüge des Bismarckreiches ergaben, wurden wohl am scharfsinnigsten von Max Weber [2] durchdacht. Ihm erschien die mangelnde Synchronisation von wirtschaftlicher und politischer Entwicklung, wie sie in der Konzen-

tration der politischen Macht in den Händen der ökonomisch sinkenden Klasse der Großgrundbesitzer des Ostens zum Ausdruck kam, als ein Verhängnis. Durch die Schwäche und mangelnde politische Reife des Bürgertums mitbedingt, bestimmte die enge soziale Basis der herrschenden Schichten und das von den preußischen Machtverhältnissen geprägte politische System bereits die Ausgangsposition des Bismarckreiches.

Das Mißverhältnis zwischen politischer und ökonomischer Macht wurde durch die immer deutlicher werdende chronische Strukturkrise der Getreide anbauenden Güter Ostelbiens und den fortschreitenden Wandel Deutschlands vom Agrar- zum Industriestaat immer krasser und mußte notwendigerweise zur Verhärtung der Klassengegensätze und zur Verschärfung der politisch-sozialen Spannungen führen. Die unmittelbaren Konsequenzen der schwierigen wirtschaftlichen Situation der ›Junker‹ war ihre scharfe Distanzierung von liberalen Ideen, die noch zur Zeit des preußischen Verfassungskonfliktes viele Anhänger unter den adligen und vor allem den bürgerlichen Großgrundbesitzern gefunden hatten, sowie die Ausnützung ihrer politischen Macht zur Durchsetzung einer agrarischen Schutzzollpolitik, durch die die deutsche Landwirtschaft weitgehend vom Weltmarkt abgeschirmt wurde. In dem Bestreben, ihre durch die enge personelle Verzahnung mit den traditionellen Trägern des Obrigkeitsstaates in Heer und Verwaltung und das System feudaler Selbstverwaltung auf dem Lande etablierte und schließlich auch als Mittel wirtschaftlicher Existenzsicherung mit allen Mitteln moderner Massendemagogie verteidigte politische Macht zu behaupten, fand die Schicht der ostelbischen Großgrundbesitzer spätestens seit dem Ende der 70er Jahre in Bismarck einen mächtigen Bundesgenossen.

Aber weder Bismarck, der die bestehenden Herrschafts- und Machtverhältnisse durch den erbitterten Kampf gegen alle sie in Frage stellenden politischen Bewegungskräfte zu stabilisieren versuchte, noch später Wilhelm II. können für die ungenügende Weiterentwicklung des deutschen politischen Systems allein verantwortlich gemacht werden. Das deutsche Bürgertum, das allerdings von Bismarck bewußt von politischer Verantwortung ferngehalten wurde, hatte seinerseits nicht genügend Selbstbewußtsein, Entschlossenheit und politische Fähigkeiten, um die Zügel der Herrschaft, die von Wilhelm II. und seinen Kanzlern schleifen gelassen wurden, an sich zu reißen. Durch Angst vor der Sozialdemokratie und der sozialen Revolution verschreckt, durch konfessionelle Intoleranz sowie soziale und wirtschaftliche Interessengegensätze gespalten, von dem zentralen Problem der Reform des politischen Systems durch das Aufkommen eines aggressiven Nationalismus und (bzw. oder) durch die einseitige Konzentration auf die wirtschaftliche Tätigkeit abgelenkt, hat das Bürgertum gerade in seinen sozial führenden Schichten sein Heil weitgehend nicht in der Ablösung, sondern in der Angleichung an die alten Herrschaftsschichten und deren politische Ideen, Verhaltensweisen und Lebensformen gesucht. Die Feudalisierung wesentlicher Elemente des Bürgertums — wie es im Korpsstudententum, in dem am Modell des aktiven Offiziers ausgerichteten Verhalten des Reserveoffiziers sowie in der Entliberalisierung der höheren Bürokratie Preußens seinen deutlichsten Ausdruck fand — war Zeichen seiner mangelnden politischen Selbständigkeit und der schweren Krise des Liberalismus in der Zeit des Bismarckreiches. Es war dabei nicht so, daß die Problematik der Rückständigkeit der politischen Verhältnisse gegenüber den westeuropäischen Industriestaaten sowie der Diskrepanz zwischen politischem Spießbürgertum und dem Anspruch auf deutsche Mitsprache in der Weltpolitik überhaupt nicht gesehen wurde oder daß es keine Ansätze zur Neubesinnung und keine Vorschläge zur politischen Reform auch innerhalb des Bürgertums gegeben hätte: aber — wie Friedrich Naumann 1909 [134] unter dem Eindruck der Daily-Telegraph-Krise resigniert feststellen mußte — es gab keine regierungsfähige Aristokratie oder Demokratie als Alternative zu der abgewirtschafteten Monarchie. Die Krise des Staates war zutiefst eine Folge der politischen »Blutarmut« des deutschen Volkes, seine Lösung nicht zuletzt eine Frage der Erziehung der Deutschen zur Demokratie.

Der entscheidende Vorwurf gegen das von Bismarck errichtete politische System liegt daher auch nicht so sehr in der mangelnden Verwirklichung liberaler und demokratischer Grundsätze, sondern darin, daß es die politische Bildung der Nation erschwerte. Das System der konstitutionellen Monarchie und der durch Elemente der lokalen Selbstverwaltung und der parlamentarischen Mitsprache bei der Gesetzgebung und der Festsetzung des Budgets gemilderten Beamtenherrschaft wurde bei aller Kritik im einzelnen dabei auch von weiten Teilen des liberalen Bürgertums als grundsätzlich adäquate Lösung der durch die deutsche Geschichte, die Konstellation der politisch-sozialen Kräfte und die gefährdete außenpolitische Situation Deutschlands gegebenen Probleme angesehen [4]. Eine feste, der Massenagitation entzogene Regierung sei — so wurde häufig argumentiert — dabei nicht nur für Deutschland zweckmäßiger als das parlamentarische Regierungssystem englischer oder französischer Prägung, sondern entspreche auch besser den modernen, unter dem Zeichen des Massenwahlrechts und der zunehmenden Komplexität der staatlichen Tätigkeit stehenden Entwicklungstendenzen. Nicht England, dessen System der Regierungsbildung aus der Parlamentsmehrheit nur auf der sozialen Basis einer dünnen, politisch reifen Honoratiorenschicht bei einem Minimum staatlicher Aufgaben funktionsfähig sei, sondern Deutschland sei der Bannerträger des politischen Fortschritts. Diese traditionelle zeitgenössische Verteidigung des deutschen Regierungssystems stellte nicht genügend in Rechnung,

daß der eklatante Mangel an politischer Bildung nicht zuletzt eine Konsequenz der Ausschaltung der führenden Parlamentarier von der verantwortlichen Bestimmung der Politik gewesen ist. Auch die häufig beklagte Zersplitterung und fehlende Regierungsfähigkeit der deutschen Parteien war mindestens ebensosehr Folge wie Ursache des sie von konstruktiver Mitwirkung ausschaltenden politischen Systems. Das Fehlen einer klaren, einheitlichen Politik seit den 90er Jahren und schließlich die ungenügende Integration der politisch-sozialen Kräfte in der Krise des Ersten Weltkrieges zeigten zudem, daß das monarchisch-konstitutionelle System auch keineswegs notwendig eine wirksamere Politik und eine größere Kräftekonzentration ermöglicht als die unmittelbar von den Parteien getragene parlamentarische Regierung.
Die konstitutionelle Weiterentwicklung zum parlamentarischen System war aber nicht nur durch die Macht von Militär, Bürokratie und ›Junkertum‹, die Struktur des deutschen Parteiensystems und die Furcht des Bürgertums vor den Auswirkungen einer ungebrochenen Massenherrschaft, sondern auch durch die Bestimmungen der Reichsverfassung selbst erschwert [5]. Die Haupthindernisse lagen bei der Institution des Bundesrates, der als exekutives und legislatives Gremium der Vertreter der Regierungen der 25 deutschen Bundesstaaten das Kernstück der Verfassung bildete, sowie in der Hegemonie des als Gegengewicht zu den demokratischen Tendenzen wirkenden preußischen Militär- und Beamtenstaates im Reich. Die Bismarcksche Verfassungskonstruktion kettete dabei die Interessen Preußens und der anderen deutschen Staaten, die von einer parlamentarischen Regierung im Reiche eine Stärkung der unitarischen Tendenzen und eine Schwächung ihrer eigenen Stellung erwarten mußten, an die Erhaltung des prekären Verfassungsgleichgewichts.
Trotz dieser bedeutenden, den politischen Status quo festigenden Faktoren war eine Verschiebung der bestehenden Machtverteilung und eine Liberalisierung und Demokratisierung des politischen Systems keineswegs ausgeschlossen. Jede derartige Reform hätte jedoch eine Reform des deutschen Parteiensystems und des politischen Verhaltens der großen deutschen Parteien vorausgesetzt. Die Frage nach dem Charakter der deutschen Parteien, ihrem Verhältnis untereinander und ihrer Stellung zur Regierung bildet so ein entscheidendes Problem der deutschen Geschichte des Bismarckreiches und ein zentrales Thema dieses Bandes.
In den 70er Jahren sind es – wie in der vorangegangenen letzten Phase der Reichsgründungszeit – zunächst die Nationalliberalen – die parlamentarisch bedeutendste Gruppe im Reich und in Preußen –, von denen man die stärksten Impulse zum freiheitlichen Ausbau des Deutschen Reiches und Preußens erwarten konnte. Die Hoffnung der Nationalliberalen, als eine Art inoffizieller Regierungspartei in Zusammenarbeit mit Bismarck die allmäh-

liche Umgestaltung Deutschlands im Sinne ihrer gemäßigt-liberalen Grundsätze vorantreiben zu können [74], fand zunächst in der von liberalen Prinzipien bestimmten Wirtschaftspolitik, im Ausbau der Einrichtungen des Reiches und in der allerdings nur begrenzten Reform der lokalen und regionalen Verwaltung Preußens Nahrung. Dieser Phase der loyalen Kooperation mit Bismarck entsprach eine politische Konstellation, in der der Reichskanzler die Liberalen als Gegengewicht gegen partikularistische Tendenzen und als nur allzu willige politische Waffe in dem von ihm ausgelösten ›Kulturkampf‹ gegen die katholische Kirche und die politische Organisation der deutschen Katholiken — die Partei des Zentrums — brauchte.

Unter dem Druck der 1873 einsetzenden und bis 1895 anhaltenden wirtschaftlichen Depression, in der das Wachstum der deutschen Industrie sich wesentlich verlangsamte und die Krise der deutschen Landwirtschaft durch ihre Konkurrenzunfähigkeit auf dem Weltmarkt offenbar wurde, vollzog jedoch Bismarck — die Wünsche der Interessenten geschickt ausnutzend — am Ende der 70er Jahre mit Unterstützung des Zentrums und der Konservativen die wirtschaftspolitische Wendung vom Freihandel zum Schutzzoll. Innenpolitisch war damit verbunden die Verschärfung des Kampfes gegen die Sozialdemokratie (Sozialistengesetz), der allerdings nur allmähliche Abbau des Kulturkampfes, die Gleichschaltung der preußischen Beamtenschaft auf einen reaktionär-konservativen Kurs sowie das Abstoppen und die teilweise Rückbildung der in den vergangenen Jahren eingeleiteten politischen Reformen.

Die Hoffnung der Liberalen, daß die nationale Einigung einen gleichsam automatischen Prozeß der Stärkung der bürgerlichen Freiheiten im Gefolge haben würde, hatte sich damit als Illusion erwiesen. Die Nationalliberalen — vor die Alternative gestellt, entweder unter weitgehender Verleugnung ihrer bisherigen Grundsätze die antiliberale Politik Bismarcks zu unterstützen oder mit dem Reichskanzler zu brechen und das Risiko einer grundsätzlichen Opposition einzugehen — spalteten sich und verloren damit weitgehend ihre politische Potenz. Damit wurde der bereits 1866 beginnende Zerfall des deutschen Liberalismus fortgesetzt. Für die Chancen der Liberalen war dabei nicht nur die Problematik ihres ambivalenten Verhältnisses zur Regierung, sondern vor allem auch die mit der Wendung Bismarcks von 1877/79 verbundene Ausdehnung der staatlichen Funktionen im wirtschaftlichen und sozialen Bereich verhängnisvoll. Während die allgemeinen politischen Fragen zurückgedrängt wurden, konzentrierte sich die Politik der Parteien mehr und mehr auf die Vertretung sozialer und wirtschaftlicher Interessen. Die verschiedenen Gruppen der Liberalen konnten sich als typische Mittelparteien schon aufgrund der divergierenden wirtschaftlichen und sozialen Interessen ihrer Mitglieder und Wähler nicht zu Interessen- und Klassen-

parteien umformen. Für sie wurden die Erhaltung der Einheit ihrer Parteien und die Verhinderung der Abwendung ihrer Wähler an die sich mit einem bestimmten Interesse oder einer bestimmten sozialen Schicht eindeutig identifizierenden Parteien zur Rechten und Linken die zentralen, ihre innere Geschichte der nächsten Jahrzehnte bestimmenden Probleme.
Auch die anderen deutschen Parteien sind von dem mit dem politischen Umschwung verbundenen Vordringen interessenpolitischer Gesichtspunkte in ihrem inneren Charakter und ihrem politischen Verhalten wesentlich geprägt worden. Für die konservative Partei, die nach ihrer Oppositionshaltung in der Reichsgründungszeit wieder – wie in der Zeit des preußischen Verfassungskonflikts – zur wichtigsten parlamentarischen Stütze der Regierung wurde, setzte eine Prozeß ein, der schließlich in den letzten Jahrzehnten vor 1914 zu ihrer weitgehenden Umformung von einer aristokratisch-autoritären, preußischen, gouvernementalen und ständischen Partei zu einer an die Massen appellierenden radikalen agrarischen Interessenpartei mit völkisch-nationalen und mittelständisch-antisemitischen Parolen führte. Auf die Dauer werden auch das Zentrum, das mit katholischen Bauern- und Handwerkervereinen und mit den am Ende der 90er Jahre entstehenden christlichen Gewerkschaften eng liiert war, sowie die mit den sozialistischen Freien Gewerkschaften verbundene Sozialdemokratie durch die Rücksichtnahme auf die mit ihr alliierten Interessenverbände in ihrer politischen Stoßkraft gelähmt und in ihrer Manövrierfähigkeit eingeengt. Die Macht der oft von einer Massenmitgliedschaft getragenen Interessengruppen beruhte dabei im wesentlichen darauf, daß die Parteien auf sie als Rückhalt ihrer Organisation und als Sammelbecken der Wähler mehr und mehr angewiesen waren. Mit ihrer engen Verbindung zu den Parteien, den Wählern und teilweise auch zur Regierung und Verwaltungsbürokratie zählen die sich jetzt bildenden Interessenverbände bald zu den politisch und wirtschaftlich mächtigsten Organisationen des Bismarckreiches.
Eine Konsequenz der Wendung der Bismarckschen Politik am Ende der 70er Jahre und des damit verbundenen allmählichen Wandels der deutschen Parteien von den bisherigen Programm- und Weltanschauungsparteien zu Interessen- und Klassenparteien, die allerdings ihren ideologischen Anspruch auf die Vertretung von den Einzelinteressen übergeordneten Ideen nicht aufgeben, war die Ablenkung der politischen Auseinandersetzungen von der Frage der konstitutionellen Reform. Eine ähnliche Wirkung hatte auf lange Sicht auch die Politik der Bekämpfung des Zentrums und der Unterdrückung der sozialistischen Bewegung in den 70er und 80er Jahren.
Durch den Kulturkampf wurden die Katholiken dem neuentstandenen Deutschen Reiche entfremdet und in eine Gettoposition

gedrängt; die Zentrumspartei, die Bismarck vergeblich zu spalten versuchte [101], nahm weitgehend den Charakter eines Interessenverbandes zur Verteidigung der Rechte der katholischen Kirche an. Es fiel dem Zentrum schwer, sich aus dieser historisch bedingten defensiven Haltung zu lösen, die Politik des Reiches und des preußischen Staates nicht nur unter dem Gesichtspunkt ihrer Rückwirkungen auf die Situation der katholischen Minderheit zu beurteilen und einen ernsthaften Versuch zur Verbreiterung der Basis der Partei durch die Gewinnung protestantischer Wähler [54] sowie zur Lösung der Verfassungsfrage zu machen.
Ähnlich war die Situation für die Sozialdemokraten, die — als reichsfeindlich, antinational und umstürzlerisch verketzert — in die politische und soziale Isolation gezwungen wurden, aus der sie sich bis 1914 trotz allmählich zunehmender Berührung mit der bürgerlichen Welt nicht völlig zu lösen vermochten. Die Partei hatte in der Zeit der Verfolgung unter dem Sozialistengesetz 1878—1890 fast den Charakter einer großen Familie angenommen, die für ihre Mitglieder nicht nur eine politische Gesinnungs-, sondern auch eine soziale Gemeinschaft bildete, die sie von der feindlichen bürgerlichen Welt und dem Druck der staatlichen Organe wenigstens teilweise abschirmte. Die Sozialdemokratie und das von ihr inaugurierte rege Vereinsleben der Arbeiter auf lokaler Ebene bildete eine eigene Gesellschaft in der Gesellschaft, einen Staat im Staate. Der sozialdemokratische Arbeiter trank sein Bier in einer von einem Parteigenossen betriebenen Kneipe; er bezog seinen Tabak im Zigarrenladen eines Genossen; seine Frau kaufte die Lebensmittel der Familie bei einem sozialistischen Ladenbesitzer; er kegelte, sang, schwamm oder turnte in einem aus Parteianhängern gebildeten Verein, er beteiligte sich mit seiner Frau und seinen Kindern an den von der lokalen Parteiorganisation veranstalteten Sommerfesten, Theateraufführungen, Konzerten und Bildungsveranstaltungen; er hatte seine Freunde und Skatpartner unter den Parteigenossen und fand die Zahlabende der lokalen Partei, wo man jeden kannte, so richtig gemütlich.
Nicht Stärkung der revolutionären Kräfte, sondern Entfremdung vom Staat, Abkapselung von der bürgerlichen Gesellschaft und Aufbau einer eigenen Lebenswelt, in der viele Sozialdemokraten auch ihre innere Befriedigung fanden, waren also die bedeutsamsten Konsequenzen der Unterdrückungspolitik des Staates. In der Theorie entsprach diesem Rückzug auf sich selbst die unter Verengung seiner Lehren von Marx abgeleitete Auffassung, daß die kapitalistische Wirtschaft und die sie tragende bürgerliche Gesellschaft zusammen mit dem Klassenstaat an ihren inneren Widersprüchen zusammenbrechen und als Ergebnis eines sich mit naturgesetzlicher Sicherheit vollziehenden Entwicklungsprozesses von der klassenlosen Gesellschaft des sozialistischen Zukunftsstaates abgelöst werden würden.

Diese Kombination von wirtschaftlichem Determinismus einerseits und der Geborgenheit in der Partei und ihren Satellitenorganisationen im sozialen Leben andererseits bewirkte in der politischen Praxis, daß trotz oder oft gerade wegen der jeden Kompromiß und jede Zusammenarbeit mit anderen Kräften erschwerenden Radikalität der theoretischen Grundsätze der Impuls zur konkreten Veränderung des politischen, wirtschaftlichen und sozialen Systems erlahmte. Eine die Reinheit der Prinzipien nicht gefährdende politische Abstinenz und ein starrer politischer Immobilismus wurden so die eigentlichen Kennzeichen der offiziellen Parteipolitik vor 1914. Es fehlte zwar weder auf dem linken noch auf dem rechten Flügel der Partei an Bestrebungen, durch revolutionäre Massenaktionen, durch Zusammenarbeit mit bürgerlichen Kräften oder eine Kombination beider Methoden die in der Sozialdemokratie organisierte potentielle Macht als Waffe zur Erschütterung oder als Hebel zur Reform der politisch-gesellschaftlichen Ordnung einzusetzen. Im ganzen jedoch fiel auch die Sozialdemokratie, die 1890 nach der Zahl der Wähler und 1912 auch nach der Zahl der gewonnenen Reichstagsmandate zur stärksten Partei Deutschlands wurde, vor dem Ersten Weltkrieg als aktive wirksame Kraft zur systematischen Forcierung der konstitutionellen Weiterentwicklung des Reiches und Preußens aus.

Die deutschen Parteien sind also in den ersten zwei Jahrzehnten nach der Reichsgründung – gewiß nicht ohne Mitwirkung der in der wirtschaftlichen, sozialen, konfessionellen und politischen Struktur vorgegebenen Bedingungen und nicht ohne eigenes Verschulden, aber doch auch entscheidend beeinflußt durch die Politik Bismarcks – in einer Weise umgeformt bzw. in Richtungen gedrängt worden, die sie zur Gewinnung der politischen Initiative, zur Ausarbeitung eines von einer Parlamentsmehrheit getragenen Programms praktischer Politik und zur Übernahme der Regierungsverantwortung unfähig machten.

Das innenpolitische Fazit der Herrschaft Bismarcks ist ein durch Interessenpolitik und mangelnde Verantwortung verkümmerter Reichstag; Parteien, deren politischer Impuls erlahmte; eine von liberalen Elementen gesäuberte preußische Bürokratie; eine Verschärfung der Klassengegensätze; eine Verteufelung der oppositionellen Kräfte, die grundsätzlich zur Mitarbeit zu gewinnen gewesen wären, und schließlich eine Erstarrung des politischen Lebens, die sich negativ auf die so notwendige politische Erziehung der Nation auswirken mußte.

Der Sturz Bismarcks [104] brachte zunächst eine Auflockerung der verhärteten Fronten und eine politische Neubelebung. Der von großen Hoffnungen begleiteten Politik des Neuen Kurses lag beim Reichskanzler Caprivi auch die Konzeption einer Entschärfung des Verhältnisses zu den ›reichsfeindlichen‹ Parteien und ihre schließliche Gewinnung für die Mitarbeit im Staate zugrunde.

Sie führte in Ergänzung der von patriarchalischen Ideen ausgehenden Sozialversicherungsgesetzgebung Bismarcks zur Grundlegung des deutschen Arbeiterschutzes und zu einem in der Anlage umfassenden, wenn auch in der Zielsetzung begrenzten und nach Anfangserfolgen gescheiterten Versuch der Reform des preußischen Staates.

Der Abbau der Getreidezölle in den am Anfang der 90er Jahre abgeschlossenen Handelsverträgen, die den Export deutscher Industrieerzeugnisse förderten und die Lebenshaltungskosten der breiten Masse senkten, führte in einer durch den plötzlichen Verfall der Weltmarktpreise für Getreide bewirkten akuten Zuspitzung der Krise der deutschen Landwirtschaft zur Bildung einer radikalen, sich im Bund der Landwirte organisierenden agrarischen Massenbewegung. Das Auftreten dieses neuen, glänzend geführten, straff organisierten und in der Wahl seiner Mittel skrupellosen agrarischen Interessenverbandes bildete eine der tieferen Ursachen für den Abbruch der Politik des Neuen Kurses und den schließlichen Sturz Caprivis. Mit seiner massiven Einwirkung auf die soziale Schicht der Großgrundbesitzer, aus der sich das Offizierkorps und die höhere Beamtenschaft der regionalen und lokalen Verwaltung Preußens vornehmlich rekrutierte, und auf die deutschen Parteien von den Konservativen über die Nationalliberalen bis zum Zentrum hat der Bund der Landwirte den Manövrierraum jeder deutschen und preußischen Regierung nach links entscheidend eingeengt.

Es kam hinzu, daß die Reichskanzler sich scheuten, die entscheidende Waffe der Regierung im Kampf mit den Parteien — das Recht zur Auflösung des Parlaments — nicht nur wie z. B. 1878, 1887, 1893 und 1906 gegen links, sondern auch zur Brechung einer Opposition von rechts einzusetzen. Wie die Vorgänge beim Sturz Bülows 1909 besonders deutlich zeigten, fürchtete man bei einer gegen rechts gerichteten Wahlparole der Regierung und einer auch in der Praxis aufgrund der konservativen Gesinnung der Mehrzahl der preußischen Landräte kaum zu erzwingenden Mobilisierung der lokalen und der regionalen Verwaltung gegen die Konservativen den Sozialdemokraten in die Hände zu arbeiten und einen Reichstag zu erhalten, der in Fragen nationaler Politik unzuverlässig war und in seinen Reformwünschen weit über die Ziele der Regierung hinausschoß.

Zwischen Sozialdemokratie und Agrariern als den in ihrer politischen Potenz stärksten Kräften zunehmend eingekeilt und durch die oft widersprüchlichen Eingriffe des Kaisers gestört, hat die Regierung bereits in den 90er Jahren die politische Initiative und Führung eingebüßt, ohne daß diese vom Parlament aufgegriffen werden konnten. Die Richtungslosigkeit der deutschen Politik und die ihr entsprechende Anarchie an der politischen Spitze, die nur vorübergehend — wie etwa im Bülow-Block — durch begrenzte

Versuche zur Zusammenfassung der politischen Kräfte als Basis einer einheitlich konzipierten Politik abgelöst wurden, werden so typische Kennzeichen des deutschen Regierungssystems nach der Entlassung Bismarcks.

Im Rückschlag gegen die Politik des Neuen Kurses wird unter dem Druck der agrarischen Bewegung in teilweiser Anknüpfung an Bismarcks Politik des »Schutzes der nationalen Arbeit« (1878/79) von der Regierung mit der 1897 eingeleiteten »Politik der Sammlung« [120] ein Zusammenschluß der bürgerlichen Kräfte gegen die politische und gewerkschaftliche Arbeiterbewegung angestrebt. Diese Politik des Klassenkampfes von oben fand außenpolitisch ihre populäre Entsprechung in der bewußt auf die Ablenkung von den inneren Spannungen abzielenden Propagierung der Weltpolitik und der Einleitung des Baus einer großen deutschen Schlachtflotte, die zu einer entscheidenden Belastung des deutschbritischen Verhältnisses wurde.

Die Sammlungspolitik beruhte *wirtschaftlich* auf dem Interessenausgleich der für den Binnenmarkt produzierenden Industrie und der deutschen Landwirtschaft auf Kosten der Konsumenten, des Außenhandels und der Exportindustrie durch die Erhöhung des Zollschutzes für eine Vielfalt agrarischer und industrieller Güter; *politisch-sozial* auf der Verteidigung und Stabilisierung der überkommenen gesellschaftlichen Ordnung und der bestehenden Herrschaftsverhältnisse gegenüber den Emanzipationsbestrebungen des Proletariats. Die Politik der Sammlung hat jedoch – wie die von Anfang an auftretenden Spannungen innerhalb der Allianz und die schließliche Wendung des Bundes der Landwirte gegen den Zolltarif von 1902 zeigen – weder die bürgerlichen Kräfte dauerhaft zusammengefügt noch ein weiteres Anwachsen der Sozialdemokraten verhindern können. Dagegen wurde durch sie der Graben zwischen Sozialdemokratie und Staat, den Caprivi zuzuschütten begonnen hatte, erneut vertieft und damit auch den Tendenzen, die innerhalb der Sozialdemokratie auf die Auflockerung doktrinärer Grundsätze und auf praktische Mitarbeit zur Reform des Staates und der Gesellschaft drängten, der Boden entzogen.

Nach einer Periode der Regierung mit wechselnden Mehrheiten, in der jedoch faktisch die sowohl mit Rechts als auch mit Links bündnisfähige Zentrumspartei die Schlüsselstellung im Reichstag hatte, wird von Bülow nach der vorzeitigen Auflösung des Reichstages im Dezember 1906 in deutlicher Frontstellung gegen Sozialdemokratie und Zentrum [130] der die konservativen und liberalen Parteien umfassende »Bülow-Block« als parlamentarische Stütze der Regierung inauguriert. Wie in der Kartellpolitik Bismarcks und der allerdings nur in Teilbereichen wirksamen Sammlungspolitik der Jahrhundertwende sind es nicht die Parteien, sondern die Regierung, die die Initiative zur Bildung einer festen parlamentarischen Mehrheit und zur Koordination der Politik dieser Mehrheit ergreift. Immerhin hätte die Politik der Zusammenarbeit von Regierung und Parlamentsmehrheit auf die Dauer zur schärferen Herausbildung des Gegensatzes von Regierungs- und Oppositionsparteien und damit zur Erfüllung einer entscheidenden Vorbedingung parlamentarischer Regierungsweise führen können. Die Blockpolitik, die allerdings in der praktischen Durchführung sehr viel weniger geschlossen, konsequent und aktionsbereit war als in ihren öffentlichen Verlautbarungen, scheiterte schließlich 1909 an den von Anfang an nur notdürftig verkleisterten inneren Gegensätzen der Blockpartner. Dabei waren es, wie die Rede des konservativen Parteiführers von Heydebrand und der Lasa beweist [138], letztlich nicht wirtschaftliche, sondern politische Motive — die Weigerung, dem auf dem gleichen Wahlrecht beruhenden Reichstag neue Machtmittel zu geben, die zur Wendung der Konservativen gegen den Block und zum Sturz des Reichskanzlers führten.

Bülows Motivierung seines Rücktritts mit der veränderten parlamentarischen Konstellation [139] zeigt, daß zumindest eine Rechtsmehrheit des Reichstages, gegen die man nicht aufzulösen wagte, eine Art Vetorecht nicht nur in der Gesetzgebung, sondern — durch die Möglichkeit zur Lahmlegung der Politik der Regierung — de facto auch gegen die Person des Reichskanzlers besaß. Gegen eine oppositionelle Linksmehrheit konnte der Kanzler das Urteil des Volkes in der Wahl anrufen; sofern dieses jedoch trotz der der Regierung zur Verfügung stehenden Mittel zur Beeinflussung von Wahlen gegen ihn ausfiel und die Parteien der Opposition sich nicht auseinandermanövrieren ließen, blieb ihm auch hier auf die Dauer nur die Wahl zwischen einer Politik des Staatsstreiches von oben, dem Rücktritt oder dem Einschwenken auf die Linie der Parlamentsmehrheit. Dieser Macht des Reichstages zur Obstruktion entsprach aber nicht seine Fähigkeit, ohne Hilfestellung der Regierung einen der Mehrheit gemeinsamen Nenner zu finden, deren Politik der Regierung aufzuzwingen und schließlich auch die Verantwortung für die Führung des Staates selbst zu übernehmen. Dagegen standen neben den an sich nicht unüberwindlichen verfassungsrechtlichen Schranken vor allem die Zersplitterung des deutschen Parteiwesens sowie das durch den Dualismus von Regierung und Parlament und die politische Entwicklung der letzten Jahrzehnte geprägte Verhalten der deutschen Parteien.

Die politische Reaktion auf den Zerfall des Blocks und die Verschärfung der Gegensätze zwischen Konservativen und Liberalen war die Bildung einer allerdings sehr viel weniger geschlossenen und erheblich schwächeren Gegenorganisation (›Hansabund für Handel, Gewerbe und Industrie‹) zum Bund der Landwirte sowie eine in den Jahren der Blockpolitik bereits vorbereitete, begrenzte

Neubelebung der Konzentration des deutschen Liberalismus. Die drei linksliberalen Parteien schließen sich zur Fortschrittlichen Volkspartei zusammen, die sich ihrerseits den sich jetzt etwas stärker nach links orientierenden Nationalliberalen annähert. Langsam wächst auch die Bereitschaft von Linksliberalen und Sozialdemokraten zu einer begrenzten Zusammenarbeit in konkreten Einzelfragen trotz der großen Widerstände, die in beiden politischen Lagern weiterhin gegen diese Politik bestehen. Diese ersten und keineswegs gradlinig verfolgten Ansätze in Richtung einer vorsichtigen Annäherung der Politik der Bewegungsparteien finden ihre Entsprechung in der Verhärtung der Konservativen, die sich nach ihrer Niederlage in den Reichstagswahlen von 1912 im Reiche in die politische Isolation gedrängt sahen und daher ihre Machtpositionen in Preußen mit um so größerer Zähigkeit verteidigten.
Bethmann Hollweg, der als Reichskanzler und preußischer Ministerpräsident gleichzeitig mit den nach einem unterschiedlichen Wahlrecht gewählten und in ihrer politischen Zusammensetzung disparaten Parlamenten im Reich und in Preußen auskommen mußte, sah in der durch das Parallelogramm der politischen Kräfte gegebenen ›Politik der Diagonale‹ [140] die einzige nach den realen Gegebenheiten offene Möglichkeit der Regierung. Faktisch bedeutete das, daß die Regierung trotz der Einsicht in die Notwendigkeit von Reformen vor dieser Aufgabe resignierte und nicht einmal das überfällige Problem der Änderung des preußischen Dreiklassenwahlrechts ernsthaft in Angriff nahm. Die ›Politik der Diagonale‹ lief daher auf eine Akzeptierung des politisch-sozialen Status quo und ein Dahinwursteln auf der Linie des geringsten Widerstandes hinaus.
Der Gegensatz zwischen der erstaunlichen Expansion und Modernität der deutschen Wirtschaft und der nach den Maßstäben der Zeit recht beachtlichen Leistungen der Sozialreform auf der einen Seite und der weitgehenden Konservierung der schon 1871 nicht mehr zeitgemäßen Machtverhältnisse auf der anderen Seite blieb so in einem Zeitalter der zunehmenden Politisierung der Massen und der dazu parallellaufenden Demokratisierung der Formen – wenn auch nicht des Inhalts – des politischen Lebens unvermittelt bestehen. Das politische System des Bismarckreiches hielt dann auch weder der Belastungsprobe des Ersten Weltkrieges stand, noch vermochte es dem deutschen Volk eine politische Erziehung oder in der Praxis verantwortlicher politischer Arbeit geschulte Parlamentarier und Parteien zu geben, die die Nation zur Lösung der in der Weimarer Republik auf sie einstürzenden schweren Probleme befähigten.

Für die Edition waren folgende Grundsätze maßgebend: Auslassungen *innerhalb* eines Textes wurden durch Auslassungszeichen und eckige Klammer angedeutet. Am *Anfang* und am *Schluß* einer Quelle sind nur dann Auslassungen angezeigt worden, wenn es sich um einen Brief oder eine Tagebuchaufzeichnung handelte. Sämtliche Sperrungen und Kursivsetzungen in den Originaltexten sind beim Abdruck aufgelöst worden. Die Schreibweise der Quellen ist strikt beibehalten worden, obwohl das bedeutete, daß u. U. dieselben Worte wegen der Reform der Rechtschreibung während des behandelten Zeitraums in mehreren Schreibweisen wiedergegeben wurden. Der Herausgeber hat nur dann Erläuterungen in durch Sternchen (*) gekennzeichneten Anmerkungen oder in eckigen Klammern gegeben, wenn sie ihm zum Verständnis der Quelle als notwendig erschienen. Anmerkungen, die durch Kreuze (†) gekennzeichnet sind, wurden aus der Quelle übernommen.

Abschließend möchte ich meinen Mitarbeitern, den Herren Dr. Hans Jürgen Puhle, Gerd Udo Scheideler, Karl Gustav Werner, Clemens August Wurm und vor allem Herrn Dr. Gustav Schmidt für ihre Hilfe danken.

Die 1. Auflage dieses Bandes war sehr bald vergriffen. Obwohl damit das Bedürfnis nach einem die Realität des politischen Lebens auch im Alltag und im lokalen Bereich spiegelnden, sich nicht auf offizielle Dokumente zu den Haupt- und Staatsaktionen beschränkenden Quellenbuch unterstrichen wurde, ist es aus verlagstechnischen Gründen nicht sofort zu einer Neuausgabe gekommen.

In der 1975 vorgelegten 2. Auflage beschränkten sich die Änderungen gegenüber der 1. Auflage neben der Korrektur einiger Druckfehler auf Ergänzungen in der Einleitung, den Abdruck eines ausführlichen, jedes Dokument aufführenden Inhaltsverzeichnisses sowie die Beifügung einer kurzen Auswahlbiographie, die Anregungen zur vertieften Beschäftigung mit der Geschichte des Deutschen Kaiserreiches geben soll. In der 4. Auflage wurden einige kleinere Korrekturen vorgenommen und die Bibliographie ergänzt.

# Erster Teil

# Die politische Struktur des Deutschen Reiches

## 1. Verfassung

### Bevölkerungswachstum und Bevölkerungsbewegung 1871—1913

*Der Volkswirtschaftler und spätere Staatssekretär des Reichsschatzamtes, Karl Helfferich, über das Anwachsen der Bevölkerung, die Zahl der Einwanderer und Auswanderer sowie die Zunahme der in Industrie und Handel beschäftigten Personen.*

Auf dem Gebiet des heutigen Deutschen Reiches wohnten im Jahre 1816 nur etwa 25 Millionen Menschen. Im Jahre der Reichsgründung war die Bevölkerungszahl auf 41 Millionen Menschen gestiegen. Im Jahre des Regierungsantritts unseres Kaisers [1888] zählte das Reich eine Bevölkerung von 48 Millionen. In den seither verflossenen 25 Jahren hat sich die Reichsbevölkerung weiter um mehr als ein Drittel, auf 66 Millionen, vermehrt.

Der jährliche Geburtenüberschuss beträgt seit langem etwa 800 000 Köpfe; er ist, im Verhältnis zur Bevölkerung gerechnet, stärker als in allen anderen grossen europäischen Staaten, Russland ausgenommen, ja selbst grösser als in den Vereinigten Staaten von Amerika. Im Jahre 1911 betrug der Ueberschuss der Geburten über die Todesfälle, auf je 1000 Einwohner gerechnet:

| | |
|---|---|
| in Deutschland . . . . . . . . . . | 11,3 |
| in Russland . . . . . . . . . . | 17,0† |
| in Oesterreich . . . . . . . . . . | 9,5 |
| in Ungarn . . . . . . . . . . . | 9,9 |
| in England und Wales . . . . . . | 9,8 |
| in Italien . . . . . . . . . . . | 10,1 |
| in Frankreich . . . . . . . . . . . | —0,9 |
| in den Vereinigten Staaten, soweit Erhebungen für die einzelnen Staaten vorliegen . . . . . . | 5,4—9,9 |

[. . .] Von besonderem Interesse für die Beurteilung unserer wirtschaftlichen und sozialen Gesamtentwicklung ist die vergleichende Betrachtung der beiden Reihen, deren Differenz der Geburtenüberschuß ist: der Geburten und der Todesfälle.

Diese Vergleichung ergibt, dass die bis vor wenigen Jahren festzustellende Zunahme des Geburtenüberschusses in seinen absoluten Zahlen nicht ausschliesslich in einer Vermehrung der Geburten lag, sondern auch in einer Abnahme der Todesfälle, die bei einer so stark vermehrten Bevölkerung doppelt erstaunlich ist. [. . .]

† 1906.

| Jahresdurchschnitt der Jahrzehnte | Absolute Zahlen | | | Auf 1000 Einwohner | | |
| --- | --- | --- | --- | --- | --- | --- |
| | Geborene | Gestorbene | Geburtenüberschuss | geboren | gestorben | Überschuss |
| 1871/1880 | 1 743 888 | 1 232 854 | 511 034 | 40,7 | 28,8 | 11,9 |
| 1881/1890 | 1 798 778 | 1 247 470 | 551 308 | 38,2 | 26,5 | 11,7 |
| 1891/1900 | 1 964 108 | 1 233 843 | 730 265 | 37,3 | 23,5 | 13,9 |
| 1901/1910 | 2 061 482 | 1 195 144 | 866 338 | 33,9 | 19,7 | 14,3 |
| 1911 | 1 927 039 | 1 187 094 | 739 945 | 29,5 | 18,2 | 11,3 |
| 1912 | 1 925 883 | 1 085 996 | 839 887 | 29,1 | 16,4 | 12,7 |

Von besonderer Bedeutung ist der Rückgang der Kindersterblichkeit; von 100 Lebendgeborenen sind im ersten Lebensjahre gestorben: 1901 20,7, 1910 16,2. [...]
Zu dem erheblichen Rückgang der Sterblichkeit im allgemeinen müssen bessere Ernährung, geringerer Verbrauch durch übertriebene Arbeitsbelastung und günstigere sanitäre Verhältnisse zusammenwirken. Der Rückgang der relativen Sterbezahl beweist also, dass Deutschlands Bevölkerung, die heute um ein Drittel grösser ist als vor fünfundzwanzig Jahren, sich auch wesentlich besserer Lebensbedingungen erfreut als noch vor wenigen Jahrzehnten.
Der grosse Bevölkerungszuwachs hat während der letzten 25 Jahre mehr und mehr innerhalb des deutschen Reichsgebiets selbst Unterkunft gefunden. Die Auswanderung, die in den 80er Jahren des vorigen Jahrhunderts noch gewaltige Ziffern erreichte, hat fast bis zur Bedeutungslosigkeit abgenommen. Die Entwicklung wird erst in vollem Umfang klar, wenn man die Anzahl der Auswanderer dem Geburtenüberschuss gegenübergestellt.

| Jahresdurchschnitt der Jahrzehnte | Geburtenüberschuss | Auswanderung | Verhältnis d. Auswanderung zum Geburtenüberschuss in % |
| --- | --- | --- | --- |
| 1881/1890 | 551 300 | 134 200 | 24,3 |
| 1891/1900 | 730 300 | 52 800 | 7,2 |
| 1901/1910 | 866 300 | 28 000 | 3,2 |
| 1911 | 739 900 | 22 700 | 3,1 |
| 1912 | 839 900 | 18 500 | 2,2 |

Im Jahrzehnt 1881/90 machte also die Anzahl der deutschen Auswanderer nahezu ein Viertel des gleichzeitigen Geburtenüberschusses aus; heute ist sie im Verhältnis zum Geburtenüberschuss bedeutungslos.
Berücksichtigt man gegenüber der Auswanderung aus Deutschland auch die Einwanderung nach Deutschland, so wird das Bild um einen weiteren Zug verstärkt; während Deutschland früher stets einen mehr oder weniger erheblichen Ueberschuss der Aus-

wanderung über die Zuwanderung hatte, überragt seit der Mitte der neunziger Jahre die Zuwanderung: Deutschland wird aus einem Auswanderungsland ein Einwanderungsland.
Alles dies bestätigt, dass in den letzten Jahrzehnten die wirtschaftlichen Möglichkeiten in Deutschland stärker gewachsen sind als die Bevölkerung. Der Bedarf an Arbeitskräften, die lohnende Arbeitsgelegenheit ist der starken Vermehrung der Volkszahl noch vorausgeeilt.
Dabei ist die Arbeitsintensität der Bevölkerung gewachsen. Die Arbeitsleistung des Einzelnen ist allerdings kaum messbar. Man ist hierbei wesentlich auf allgemeine Wahrnehmungen angewiesen. Diese bestätigen, dass — trotz der aus sozialen Gründen herbeigeführten, durchaus erfreulichen Einschränkung der Arbeitszeit, namentlich in den gewerblichen Berufen — die Arbeitsleistung des Einzelnen gewachsen ist. Auch die Vergleiche mit anderen Ländern lassen Deutschland als das Land der Arbeit erscheinen. In einem Punkte jedoch liegen präzise statistische Daten vor: hinsichtlich der Anzahl der im Haupt- oder Nebenberuf Erwerbstätigen und deren Verhältnis zur Gesamtbevölkerung. Die Berufszählungen der Jahre 1882, 1895 und 1907 haben folgendes Ergebnis geliefert:

Erwerbstätig waren in Landwirtschaft, Industrie, Handel und Verkehr

| | | | | | |
|---|---|---|---|---|---|
| 1882: | 16 203 300 | Personen | = | 35,4 % | der Gesamtbevölkerung |
| 1895: | 18 912 400 | " | = | 36,4 % | " " |
| 1907: | 24 617 200 | " | = | 39,7 % | " " |

Die enorme Zunahme der deutschen Bevölkerung, und namentlich ihres erwerbstätigen Teiles, konnte sich nicht vollziehen ohne starke Verschiebungen in der berufsständigen Schichtung.
Die land- und forstwirtschaftlich benutzbare Fläche ist in einem Lande von alter Kultur, wie Deutschland, keiner erheblichen Erweiterung fähig. In Deutschland ist allerdings noch Neuland in grösserem Umfange zu gewinnen, wenn es gelingt, die in manchen Teilen des Reichs weit ausgedehnten Moore der Kultur zu erschliessen. Unser Kaiser hat dieser wichtigen Frage eine ganz besondere Aufmerksamkeit zugewendet und dieses Interesse am 17. Februar 1911 in einem Vortrage vor dem »Deutschen Landwirtschaftsrat« bekundet.
Die stärkere Intensität der landwirtschaftlichen Nutzung des Bodens hat allerdings die Tendenz, einen grösseren Bedarf an Arbeitskräften zu schaffen. Aber diese Tendenz wird ausgeglichen oder gar überwogen von der entgegengesetzten, auf die Ersparung menschlicher Arbeitskräfte gerichteten Tendenz, die von der Verbesserung der Wirtschaftsmethoden, insbesondere der stärkeren Verwendung von Maschinen, ausgeht. Dagegen bot die von der natürlichen Beschränktheit der Bodenfläche weniger abhängige Industrie und der in dieser Beziehung nahezu ganz freie

Handel dem grossen Bevölkerungszuwachs eine willkommene Aufnahme. Die folgenden Zahlen geben von dieser gewaltigen, auf ein Vierteljahrhundert sich zusammendrängenden Verschiebung ein klares Bild:

| Berufs-* gruppen | Jahre | Erwerbs- tätige[1] | Erwerbs- tätige zuzügl. Angehörige und Dienstboten[1] | in % der Reichsbevölkerung Erwerbs- tätige | Erwerbs- tätige und Angehörige |
|---|---|---|---|---|---|
| Land- und Forstwirtschaft | 1882 | 8 236,5 | 19 225,5 | 18,0 | 42,0 |
| | 1895 | 8 292,7 | 18 501,3 | 15,9 | 35,6 |
| | 1907 | 9 883,3 | 17 681,2 | 15,9 | 28,5 |
| Industrie | 1882 | 6 396,5 | 16 058,1 | 14,0 | 35,1 |
| | 1895 | 8 281,2 | 20 253,2 | 15,9 | 38,9 |
| | 1907 | 11 256,3 | 26 386,5 | 18,2 | 42,5 |
| Handel und Verkehr | 1882 | 1 570,3 | 4 531,1 | 3,4 | 9,9 |
| | 1895 | 2 338,5 | 5 966,9 | 4,5 | 11,5 |
| | 1907 | 3 477,6 | 8 278,2 | 5,6 | 13,3 |

[1] Absolute Zahlen in Tausend

Daraus ergibt sich also ein Stillstand, ja sogar ein kleiner Rückgang des landwirtschaftlichen Teiles der Bevölkerung bei einem gleichzeitigen starken Anwachsen der auf die Industrie (einschl. Bergbau und Baugewerbe), sowie auf Handel und Verkehr entfallenden Bevölkerung.

Im Zusammenhang mit dieser Entwicklung steht die Verschiebung in den Bevölkerungsverhältnissen des platten Landes und der Städte. In Städten mit mehr als 20 000 Einwohnern lebten

1885: 8,6 Mill. Menschen = 18,4 % der Gesamtbevölkerung
1910: 22,4 Mill. Menschen = 34,5 % der Gesamtbevölkerung

Die Einwohnerzahl der Grossstädte mit mehr als 100 000 Einwohnern, deren Anzahl von 21 im Jahre 1885 auf 48 im Jahre 1910 gestiegen ist, betrug

1885: 4,4 Mill. Menschen = 9,4 % der Gesamtbevölkerung
1910: 13,8 Mill. Menschen = 21,1 % der Gesamtbevölkerung

Dass das Hinübergleiten des Schwerpunktes der Bevölkerung von dem Lande nach den Städten, von der Landwirtschaft nach der Industrie und dem Handel seine Schattenseiten hat, ist allgemein bekannt und wird von niemandem bestritten. Aber ebensowenig darf man übersehen, dass allein die Ausdehnungsfähigkeit unserer Industrie und unseres Handels die Möglichkeit bot, dem gewaltigen Volkszuwachs auf deutscher Erde Arbeit und Brot zu ver-

* Die weiteren in den Statistiken aufgeführten Berufsgruppen »häusliche Dienste«, »Militär-, Hof-, bürgerlicher und kirchlicher Dienst auch sog. freie Berufsarten« sowie die Abteilung »Ohne Beruf und Berufsangabe«, auf die 1907 5 615 208 »Erwerbstätige« entfielen, werden von Helfferich nicht erwähnt.

schaffen, uns vor dem Elend der Uebervölkerung zu bewahren und das natürliche Wachstum der Bevölkerung zu einer Quelle wachsenden Wohlstandes zu machen. [1]

## Die herrschenden Klassen und die mangelnde politische Reife des Bürgertums

*Der berühmte Soziologe und Analytiker seiner Zeit, Max Weber, über das Fehlen einer der veränderten wirtschaftlichen und sozialen Struktur Deutschlands entsprechenden politischen Führungsschicht in seiner Freiburger Antrittsvorlesung vom Mai 1895.*

Denn – und damit werden wir zu einer letzten Reihe von Betrachtungen mehr praktisch-politischer Art geführt – an jenem politischen Wertmaßstab, der uns ökonomischen Nationalisten der für uns einzig souveräne ist, messen wir auch die Klassen, welche die Leitung der Nation in der Hand haben oder erstreben. Wir fragen nach ihrer politischen Reife, das heißt nach ihrem Verständnis und ihrer jeweiligen Befähigung, die dauernden ökonomischen und politischen Machtinteressen der Nation über alle anderen Erwägungen zu stellen. [. . .]
Die Erlangung ökonomischer Macht ist es zu allen Zeiten gewesen, welche bei einer Klasse die Vorstellung ihrer Anwartschaft auf die politische Leitung entstehen ließ. Gefährlich und auf die Dauer mit dem Interesse der Nation unvereinbar ist es, wenn eine ökonomisch sinkende Klasse die politische Herrschaft in der Hand hält. Aber gefährlicher noch ist es, wenn Klassen, zu denen hin sich die ökonomische Macht und damit die Anwartschaft auf die politische Herrschaft bewegt, politisch noch nicht reif sind zur Leitung des Staates. Beides bedroht Deutschland zur Zeit und ist in Wahrheit der Schlüssel für die derzeitigen Gefahren unserer Lage. Und auch die Umschichtungen der sozialen Struktur des Ostens, mit denen die im Eingang besprochenen Erscheinungen zusammenhängen, gehören in diesen größeren Zusammenhang.
Bis in die Gegenwart hinein hat im preußischen Staat die Dynastie politisch sich auf den Stand der preußischen Junker gestützt. Gegen ihn zwar, aber doch auch nur mit ihm, hat sie den preußischen Staat geschaffen. Ich weiß es wohl, daß der Name der Junker süddeutschen Ohren unfreundlich klingt. Man wird vielleicht finden, ich spräche eine »preußische« Sprache, wenn ich ein Wort zu ihren Gunsten sage. Ich wüßte nicht. Noch heute führen in Preußen für jenen Stand viele Wege zu Einfluß und Macht, viele Wege auch an das Ohr des Monarchen, die nicht jedem Staatsbürger sich ebnen; er hat diese Macht nicht immer so gebraucht, wie er es vor der Geschichte verantworten kann, und ich sehe nicht ein, weshalb ein bürgerlicher Gelehrter ihn lieben sollte.

Allein trotz alledem war die Kraft seiner politischen Instinkte eines der gewaltigsten Kapitalien, welche im Dienst der Machtinteressen des Staates verwendet werden konnten. – Sie haben ihre Arbeit geleistet und liegen heute im ökonomischen Todeskampf, aus dem keine Wirtschaftspolitik des Staates sie zu ihrem alten sozialen Charakter zurückführen könnte. Und auch die Aufgaben der Gegenwart sind andere, als solche, die von ihnen gelöst werden könnten. Ein Vierteljahrhundert stand an der Spitze Deutschlands der letzte und größte der Junker [Bismarck], und die Tragik, welche seiner staatsmännischen Laufbahn neben ihrer unvergleichlichen Größe anhaftete und die sich heute noch immer dem Blick vieler entzieht, wird die Zukunft wohl darin finden, daß unter ihm das Werk seiner Hände, die Nation, der er die Einheit gab, langsam und unwiderstehlich ihre ökonomische Struktur veränderte und eine andere wurde, ein Volk, das andere Ordnungen fordern mußte, als solche, die er ihm geben und denen seine cäsarische Natur sich einfügen konnte. Im letzten Grund ist eben dies es gewesen, was das teilweise Scheitern seines Lebenswerkes herbeigeführt hat. Denn dieses Lebenswerk hätte doch nicht nur zur äußeren, sondern auch zur inneren Einigung der Nation führen sollen, und jeder von uns weiß: das ist nicht erreicht. Es konnte mit seinen Mitteln nicht erreicht werden. Und als er im Winter des letzten Jahres, umstrickt von der Huld seines Monarchen, in die geschmückte Reichshauptstadt einzog, da – ich weiß es wohl – gab es viele, welche so empfanden, als öffne der Sachsenwald wie ein moderner Kyffhäuser seine Tiefen. Allein nicht alle haben diese Empfindung geteilt. Denn es schien, als sei in der Luft des Januartages der kalte Hauch geschichtlicher Vergänglichkeit zu spüren. Uns überkam ein eigenartig beklemmendes Gefühl, – als ob ein Geist herniederstiege aus einer großen Vergangenheit und wandelte unter einer neuen Generation durch eine ihm fremd gewordene Welt. –

Die Gutshöfe des Ostens waren die Stützpunkte der über das Land dislozierten herrschenden Klasse Preußens, der soziale Anschlußpunkt des Beamtentums, – aber unaufhaltsam rückt mit ihrem Zerfall, mit dem Schwinden des sozialen Charakters des alten Grundadels, der Schwerpunkt der politischen Intelligenz in die Städte. Diese Verschiebung ist das entscheidende politische Moment der agrarischen Entwicklung des Ostens.

Welches aber sind die Hände, in welche jene politische Funktion des Junkertums hinübergleitet, und wie steht es mit ihrem politischen Beruf?

Ich bin ein Mitglied der bürgerlichen Klassen, fühle mich als solches und bin erzogen in ihren Anschauungen und Idealen. Allein es ist der Beruf gerade unserer Wissenschaft, zu sagen, was ungern gehört wird, – nach oben, nach unten, und auch der eigenen Klasse, – und wenn ich mich frage, ob das Bürgertum Deutschlands heute reif ist, die politisch leitende Klasse der Nation zu sein, so vermag ich heute nicht diese Frage zu bejahen. Nicht aus eigener Kraft des Bürgertums ist der deutsche Staat geschaffen worden, und als er geschaffen war, stand an der Spitze der Nation jene Cäsarengestalt aus anderem als bürgerlichem Holze. [2]

## Das deutsche Bürgertum und der Wilhelminismus

*Der namhafte Publizist Bernhard Guttmann kritisiert rückblikkend in seinen 1950 veröffentlichten Erinnerungen an die Zeit des Hohenzollernreiches das deutsche Bürgertum.*

Für die Stagnation in der Verfassungsfrage ist gewiß der Kaiser mitverantwortlich, schwerlich trägt er die Hauptschuld. Die verhängnisvollen Seiten seiner Natur kamen von Anfang an zur Erscheinung, aber nicht von Anfang an mit der Rücksichtslosigkeit, die vieljähriges strafloses Sichgehenlassen, scheinbare Erfolge und die Schmeichelei um ihn her hervorbrachten. Er hatte martialische Worte, aber nicht die Charakterkraft, einem ihm entgegentretenden entschlossenen Nationalwillen standzuhalten. Wo fand sich der Nationalwille? Das maßgebende Bürgertum, hauptsächlich in der nationalliberalen Partei gruppiert, sah scheel auf seine eigene liberale Vergangenheit. Bismarcks Staat hatte ja nicht mit demokratischen, sondern mit militärischen Maßregeln die Reichseinheit gebracht; er brachte auch das wirtschaftliche Gedeihen. Preußen mochte sich großgehungert haben, Neudeutschland wurde alle Tage satt. Man brauchte nur in der Statistik nachzusehen, wieviel mehr Fleisch der Deutsche aß. Er konsumierte beim Thronwechsel jährlich, auf den Kopf gerechnet, sechzehn Pfund Zucker, ein Dutzend Jahre später dreiundzwanzig Pfund. Solche Durchschnittsziffern werden aber von den vielen Millionen heruntergedrückt, die weniger als ihren statistischen Anteil erhalten, sie sagen noch nichts über das Leben derer aus, die das Geld haben. Verglichen mit dem Reichtum und der realen Macht der rheinisch-westfälischen Industrieherren nahm sich jetzt der Adel in Brandenburg und Pommern kümmerlich aus. Aber Kohle und Stahl bezogen von Roggen und Zuckerrübe die Maßstäbe der Vornehmheit und politischen Korrektheit. Sich dem freiheitlichen Gedanken zuliebe Richtungen anzuschließen, die ihren Söhnen den Eintritt in das Offizierkorps der Reserve und ihren Töchtern das Tanzen mit Leutnants verwehrt hätten, waren die großen Bürgerlichen nicht geneigt. Die eben in diesen Jahren stark anschwellende nationalistische Bewegung kam hinzu. Die Reaktion hatte, erschreckt durch das Bestehen einer nicht verfassungsfeindlichen Reichsregierung, mit kolossalen Mitteln versehene Agitationsapparate aufgestellt, deren Demagogie die der Arbeiterführer bei weitem hinter sich ließ. 1891 erhob seine schallende Stimme der Herold des deutschen Verderbens, der Alldeutsche Verband, nachher entstanden innerhalb weniger Jahre der Bund der Landwirte, der Flottenverein, der Ostmarkenverein, der die schleunige und schonungslose Germanisierung der Provinzen Posen und Westpreußen betrieb. Aus der Bismarckzeit stammte die Gewohnheit, Leute, die nicht so redeten und schrieben, wie es gewünscht wurde, in ihrer persönlichen Ehre herabzusetzen. Unter den Liebkosungen, mit denen der Kaiser die Presse der Linken regalierte, waren die »Schafsköpfe« und »verkommenen Gymnasiasten« nicht die markantesten. Jedoch neuartige Organe wie die »Zukunft«, später der »Simplicissimus«, von großem Talent zeugend, nur nicht von dem Wunsche, aufbauend mitzuarbeiten, fanden die stärkste, wenn auch verstohlene Verbreitung in denselben Kreisen, denen die »Frankfurter Zeitung« auf dem Familientisch als mit dem gesellschaftlichen Fortkommen unverträglich erschien. Immer stärker bildete sich jenes fatale geistige Schielen aus, das für den Wilhelminismus so bezeichnend ist, das Neindenken und Jasagen. Theodor Fontane schreibt in einem Briefe: »Der märkische Adel, den ich weiß Gott nicht überschätze, ist in seinem Tun und seiner Lebenstüchtigkeit doch hochinteressant. Auch der sogenannte gemeine Mann ist hochinteressant und voll Mut, Charakter und Freisinn (Tyrann für andere), das Bürgervolk erbärmlich und der Bourgeois dreimal erbärmlich.« Erheblich schärfer hat sich, als das große Unglück geschehen war, Walther Rathenau über die Sphäre geäußert, zu der er nach seiner Lebensstellung gehörte: »Schmachvoll war die Haltung des Großbürgertums, das, durch Beziehungen und Vergünstigungen preiswert bestochen, seinen Vorteil im Ankriechen an die herrschende Schicht und in der Lobpreisung des Bestehenden suchte. Die geistige Verräterei des Großbürgertums, das seine Abkunft und Verantwortung verleugnete, das um den Preis des Reserveleutnants, des Korpsstudenten, des Regierungsassessors, des Adelsprädikats, des Herrenhaussitzes und des Kommerzienrats die Quellen der Demokratie nicht nur verstopfte, sondern vergiftete, das feil, feig und feist und durch sein Werkzeug, die nationalliberale Partei, das Schicksal Deutschlands zugunsten der Reaktion entscheiden ließ: diese Verräterei hat Deutschland zerstört, hat die Monarchie zerstört und uns vor allen Völkern verächtlich gemacht.«* [3]

* Zitat aus: Der Kaiser. Eine Betrachtung. Von Walther Rathenau, Berlin 1919, S. 11.

## Die Ideologie des deutschen Regierungssystems

*Der nationalliberale Historiker Heinrich von Sybel erörtert in einem Aufsatz für die ›Fortnightly Review‹ vom 1. Januar 1871 die Grundlagen des deutschen Regierungssystems und die Chancen einer konstitutionellen Weiterentwicklung.*

Aber ich höre bereits den Haupteinwurf. Dies Alles, sagt man, sei schön und gut, aber wie stehe es mit dem entscheidenden Punkte, der politischen Freiheit der Nation, oder, nach dem französischen Ausdrucke, mit dem gouvernement du pays par le pays?* Sei und bleibe nicht die Regierung des Königs oder des Kaisers, wenn gleich einsichtig, gemäßigt und erfolgreich, trotz alle dem ein gouvernement personnel?** Es würde nicht viel helfen, dagegen anzuführen, daß wir Parlamente haben, zwei für eines, ein deutsches und ein preußisches, daß wir für beide das allgemeine, und wenigstens für jenes auch das gleiche, directe und geheime Stimmrecht besitzen, daß die Regierung nur einen verschwindend kleinen Einfluß auf die Wahlen ausübt, daß sie seit dem Ende des Verfassungsstreits von 1862 sich an die vom Parlamente genehmigten Steuergesetze und Ausgabeetats bindet, daß sie überhaupt keine Gesetze ohne parlamentarische Zustimmung erläßt. Ohne Zweifel ist mit diesen Dingen eine Verwaltung schnurstracks gegen den deutlichen Willen des Landes auf die Dauer unmöglich. Aber nicht minder gewiß ist es freilich, daß das neue Reich kein verantwortliches Ministerium, und sein Parlament kein Recht zur Ministeranklage und zum jährlichen Erlasse einer Mutinybill*** besitzt, und daß der preußische Landtag außerdem das Recht der jährlichen Bewilligung der Staatseinnahmen, und jeden unmittelbaren Einfluß auf die Landesverwaltung entbehrt. Leider fehlen also die directen Mittel, ein ihm mißliebiges Ministerium aus dem Amte zu treiben. Bleibt ein ministerieller Antrag oder Gesetzentwurf in der Minorität, so ist der Antrag freilich beseitigt, aber kein Minister denkt deshalb daran seine Entlassung zu nehmen, oder seinem politischen Verfahren eine andere Richtung zu geben. Wir haben eine constitutionelle Monarchie, aber wir haben keine parlamentarische Regierung.
Diese Thatsache ist vorhanden; sie dient unserer Sache bei den liberalen Parteien des Auslandes durchaus nicht zur Empfehlung, und im Inlande wurmt sie unser Volk, und manchen unserer Deputirten nicht wenig. Immer aber würde man sich gründlich täuschen, wenn man darin ohne Weiteres einzig und allein den Ausdruck eines unsere Verhältnisse beherrschenden Absolutismus er-

* (franz.) Regierung des Volkes durch das Volk. ** (franz.) Persönliches Regiment.
*** (engl.) Militärstrafgesetz. Anspielung darauf, daß in England das Militärstrafrecht jeweils nur für ein Jahr vom Parlament bewilligt wird, um zusammen mit der jährlichen Bewilligung der Ausgaben für das Heer zu erreichen, daß das Militär unter strikter parlamentarischer Kontrolle bleibt.

kennen wollte. Die königliche Prärogative ist heute stärker in Deutschland als in England; sie behauptet eine Stellung, die man in mancher Beziehung mit jener der Tudors* vergleichen kann. Aber ganz sicher ist es nicht die Kraft der königlichen Prärogative allein, welche bei uns die Ausbildung der parlamentarischen Regierung hindert. Die Ursache liegt großen Theils in uns selbst, und ich denke, daß dies Verhältniß günstig für unsere Zukunft ist, da wie das Uebel so auch das Heilmittel in uns selbst liegt. In England würde man eine Opposition nicht verstehn, welche ein Ministerium bekämpfte, ohne den Wunsch, sich an die Stelle desselben zu setzen, welche die Handlungen der Regierung bestritte, ohne die Bereitwilligkeit, die Verantwortlichkeit für eine bessere Verwaltung zu übernehmen. Parlamentarische Regierung heißt Regierung der jedesmaligen Majorität der Volksvertretung: damit sie existire, ist also erforderlich, daß eine gleichartige Majorität im Parlamente vorhanden, und daß sie in der Lage sei, aus ihrer Mitte ein Ministerium zu bilden. Beide Voraussetzungen aber haben bisher in Deutschland gefehlt, und ich glaube, daß wenig Aussicht vorhanden ist, sie schon in der nächsten Zukunft erscheinen zu sehn. Der deutsche Reichstag und das preußische Abgeordnetenhaus zerfallen in sechs bis acht Fractionen, unter denen bisher nie eine größere Anzahl als zwei oder drei es zu Coalitionen gebracht haben, und selbst diese Coalitionen besaßen nicht immer die Majorität, und bildeten noch weniger eine geschlossene und bleibende Majorität. So lange dieses Verhältniß dauert, ist es für sich allein ausreichend, ein parlamentarisches Ministerium unmöglich zu machen. Wenn das Haus aus sechs, unter einander streitenden Minoritäten besteht, so ist es unmöglich, ein Ministerium der Majorität zu bilden. Dazu kommt aber hinzu, daß die parlamentarischen Institutionen überhaupt in Preußen erst zwanzig, in Süddeutschland erst funfzig Jahre alt sind. Die Erfahrung hat uns gezeigt, daß diese Zeit zu kurz ist, um der Bevölkerung als ausreichende praktische Schule für die parlamentarische Regierungsform zu dienen. Noch heute betrachtet die große Zahl der Wähler als die wichtigste Pflicht des Abgeordneten die Controle und die Kritik der Regierung; sie findet die wahre Bürgschaft ihrer Freiheit nicht in der besten Handhabung, sondern in der möglichsten Beschränkung der Regierungsgewalt. Ein Candidat, der sich merken ließe, daß er den Wunsch oder die Fähigkeit besäße, Minister zu werden, würde damit bei zahlreichen Wählerschaften seine Popularität auf der Stelle einbüßen. [...] Unmöglich kann sich hier inmitten der parlamentarischen Parteien eine feste Schule praktischer Staatsmänner bilden, welche die Fähigkeit zur Regierung eines großen Reiches besitzen. Wenn die nächsten Wahlen zum deutschen Reichstag, was ich nicht glaube, eine compacte liberale Mehrheit ergäben, wenn dann der König die Führer der-

* Englisches Herrscherhaus, dessen Mitglieder von 1485 bis 1603 in England regierten.

selben mit der Auswahl seiner Minister beauftragte, sie würden ihm für die Fächer des Innern, des Unterrichts, der Justiz technische Capacitäten aus ihren eigenen Reihen vorschlagen, aber nichts ist gewisser, als daß sie für Auswärtiges, Krieg und Finanzen die Beibehaltung der jetzigen Inhaber* empfehlen würden, nicht bloß, weil diese Männer hervorragende Leistungen aufzuweisen haben, sondern weil die Majorität keine Candidaten für diese Aemter besäße.

Ist es nur die Jugend unserer Institutionen, welche dieses Ergebniß herbeigeführt? Wird die natürliche Fortentwicklung derselben uns die parlamentarische Regierung bringen? Ich halte es für möglich, unter bestimmten Voraussetzungen, welche glücklicher Weise so beschaffen sind, daß es in der Hand des Volkes selbst liegt, sie sich zu erzeugen. Sie lassen sich zusammenfassen in dem einen Worte: politische Bildung der Wähler. Liefern die Wahlen erst geschlossene Parteien, deren Führer zur Regierung zweifellos befähigt sind, so wird die Krone nicht lange zaudern, sich eines solchen Vortheils für die Kräftigung ihrer Regierung zu bedienen. Zu einer solchen Bildung aber ist nicht bloß Zeitungslesen und Vereinswesen, es ist praktische Arbeit im Dienste des Gemeinwohls, und als die beste Folge derselben der Sinn der Hingebung an das Ganze und die Möglichkeit fester Disciplin erforderlich. Wir besitzen nun in Preußen an der allgemeinen Wehrpflicht und der allgemeinen Schulpflicht die trefflichsten Grundlagen für eine solche Gesinnung und Erziehung praktischer Politik, wobei nur zu wünschen ist, daß der Staat die Schule nicht so ausschließlich, wie es seit 1840 geschehen, in den Dienst der hierarchischen Interessen stelle, sondern sie für die höchsten Zwecke der bürgerlichen Gesellschaft ergiebiger zu verwerthen wisse. Dann aber wird Alles abhängen von der Organisation der inneren Landesverwaltung, und wie gesagt wir dürfen hoffen, daß hier in kurzer Frist erhebliche Schritte zum Guten geschehn, daß die Verständigung über eine gedeihliche Kreis- und Gemeindeordnung nicht lange mehr ausbleiben werde! Dann aber erst wird der Weg zur Erreichung parlamentarischen Regiments eröffnet sein.

Weit genug und schwierig genug, schwieriger als für England im 18. Jahrhundert, wird er sich uns auch dann zeigen. Wenn die politische Bildung der Wähler die entscheidende Bedingung parlamentarischen Regimentes ist, so wird die Aufgabe immer schwieriger mit jeder Ausdehnung des Wahlrechts auf weniger gebildete Klassen. Nun geht die demokratische Strömung, welche die Welt erfüllt, auch durch Deutschland. Alle Aemter sind allen Ständen geöffnet; neun Zehntel alles Besitzes sind beweglich und theilbar; durch die Wahlgesetze von 1850 und 1867 sind unsere Volksvertretungen auf rein demokratische Basis gestellt.** Auf der andern

* Bismarck, Roon, Camphausen.

** Das traf für die deutschen Bundesstaaten und vor allem für Preußen mit seinem Dreiklassenwahlrecht nicht zu.

Seite entwickelt sich der sociale Zustand des Landes durch unermeßliche Fortschritte der Industrie, der technischen Wissenschaften, der Communicationsmittel, des militärischen Systems in immer größeren, immer verwickelteren Verhältnissen; die Aufgabe der Staatsverwaltung wird täglich weiter und tiefer, und fordert von jedem Beamten immer umfassendere Technik, immer speciellere Vorbildung. England war bisher der einzige große Staat der Welt, in welchem das System der parlamentarischen Regierung sich in dauernder Weise bewährt und wirkungsvoll functionirt hat. In dieser Zeit aber waren seine Grundlagen durch und durch aristokratisch, und die Landesverwaltung konnte in der Form des Self-government* durch dieselben Grundbesitzer geführt werden, welche das Oberhaus bildeten oder die Wahlen zum Unterhause leiteten. In England selbst wagt heute nicht leicht ein vorsichtiger Mann eine Prophezeiung, wie sich das parlamentarische System in einer Zukunft gestalten wird, wo, wie in Deutschland, die Verwaltung auf den wichtigsten Gebieten immer mehr besoldete, technische, von der Krone abhängige Beamten fordert, und das Wahlrecht zum Parlamente umgekehrt immer größern Massen politisch ungeschulter Bürger übertragen wird. Der Schwerpunkt des parlamentarischen Systemes lag bisher darin, daß durch das Self-government in allen Theilen des Landes eine regierende Classe herangebildet wurde, die sich dann durch die Parlamentswahlen eine große Centralbehörde für die Legislative und in dieser ein leitendes und verantwortliches Comité für die Executive erschuf. Wo diese Voraussetzungen fehlen, ist bis jetzt das Streben nach parlamentarischer Regierung eine blinde Frage an die Zukunft, ein Hasardspiel gewesen. In Frankreich hat es, wie aller Welt bekannt, bisher fort und fort in stets kläglicherer Weise Fiasco gemacht. In Amerika, dem Musterlande der Demokratie, wie England bisher das Musterland aristokratischer Verfassung war, hat man die parlamentarische Regierung niemals versucht. Wenn diese Bemerkungen einige Wahrheit enthalten, so wird man für Deutschland dem System der parlamentarischen Regierung keinen raschen Triumph prophezeien, man wird dann aber auch in diesem Umstande keine absolute Gefahr für Freiheit und Gedeihen erblicken. Wenn das System nur unter ganz bestimmten historischen und localen Voraussetzungen lebensfähig ist, so kann es eben deshalb auch nicht das einzige allein seligmachende Evangelium der Freiheit sein. Alle irdischen Dinge haben ihre Licht- und Schattenseiten, und nur politische Kinder werden die einen ohne die andern zu haschen suchen. Wer die Vortheile demokratischer Institutionen genießt, muß die Kosten derselben bezahlen. Und hier darf man fragen, ob die Kosten in der That so empfindlich und verderblich sind. Auch wenn eine Volksvertretung, wie in Deutschland und Nordamerika, nicht die Kraft besitzt, Minister

* (engl.) Selbstverwaltung

ein- und abzusetzen, so ist schon ihr Dasein und ihre Debatte, ihre Kritik des Budgets und ihre Befugniß, mißlungene Gesetzentwürfe zu vernichten, eine höchst bedeutende Schranke gegen jeden willkürlichen Absolutismus der Regierung. Diese Regierung aber in fester Hand, und den Wogen der populären Agitation entzogen zu wissen, erscheint uns gegenüber den entsetzlichen Folgen des Gegentheils in Frankreich als unschätzbarer Segen. Deutschland wird auch nach seinen letzten großen Siegen eine höchst gefährdete Stellung in Europa haben zwischen dem rachedurstigen Frankreich, dem ehrgeizigen Rußland, dem schwankenden Oesterreich. Was wir in dieser Lage vor Allem bedürfen, ist Stetigkeit und Sicherheit der Regierung. Eine vierjährige Präsidentenwahl wäre bei uns jedes Mal ein Spiel über Leben und Tod. Es mag idealere Zustände geben als die unserigen; für uns ist es eine Frage des Daseins, daß die guten Fäden unserer politischen Ueberlieferung nicht leichtsinnig zerrissen werden. Unsere Könige haben die Erfahrung gemacht, daß ihr Militärsystem, welches sie heute zu so beispiellosen Erfolgen geführt hat, auf der Voraussetzung einer weithin im Volke verbreiteten Summe von Cultur, Wohlstand und Patriotismus beruht, und indem wir wissen, daß dies von allen Mitgliedern unserer Regierung deutlich anerkannt wird, giebt uns gerade die Spannung unserer auswärtigen Lage eine feste Bürgschaft, natürlich nicht gegen einzelne Mißgriffe und Irrthümer, wohl aber für ein stetes Streben der Regierung nach Cultur, Wohlstand und Patriotismus, das heißt mit einem Worte, nach Freiheit des Volkes. [4]

## Das Reich, Preußen und der Bundesrat

*Der Staatsrechtler Georg Jellinek behandelt in einem Vortrag vom 13. März 1909 die in der Verfassung liegenden Hindernisse, die einer parlamentarischen Herrschaft im Deutschen Reich im Wege stehen.*

Zweierlei Hinderungsmittel einer positiven parlamentarischen Herrschaft sind nun in der Reichsverfassung verborgen, das eine partikularistischer, das andere föderalistischer Natur. Sie hinwegzuschaffen wäre ohne die tiefstgreifende Wandlung des Reichs, ohne die schwersten Kämpfe um die Änderung seiner Verfassung nicht möglich. Auch wenn die gegenwärtige Gestaltung des Parteiwesens, das selbst die großen Parteien verhindert, nach der Herrschaft zu streben, sich von Grund aus ändern sollte, würden die verfassungsmäßigen Verhältnisse des Reichs solchem Herrschaftsstreben schwer übersteigbare Schranken darbieten.
Parlamentarische Regierung hat verschiedene Erscheinungsformen und ist in jedem Staate, der sie zur Erscheinung brachte, anders

gestaltet. Gemeinsam sind ihr aber überall zwei Momente. Sie muß aus einer einigermaßen, wenn auch auf Koalitionen beruhenden, festgefügten parlamentarischen Mehrheit mit bestimmtem Parteiprogramm hervorgehen und sie muß imstande sein, vor dem Lande die Verantwortlichkeit für alles zu tragen, was im ganzen Bereiche des Staates von Staats wegen geschieht. Sie darf daher nicht in die Lage gesetzt sein, sich zu ihrer Entlastung irgendwie auf einen anderen, von ihr unabhängigen oder ihr übergeordneten Willen berufen zu können.

Im Deutschen Reiche stehen jedoch neben der Reichsregierung zwei mit ihr engverbundene und doch wieder von ihr unabhängige Mächte: die preußische Regierung und der Bundesrat, deren Verhältnis zur Reichsregierung diese selbst in eigenartigster Weise beeinflussen.

Der partikularistische Einschlag der Reichsverfassung ist die Verbindung der Reichskanzlerschaft mit der Mitgliedschaft am preußischen Staatsministerium, dessen Präsident der Reichskanzler in der Regel ist. Nach dem Buchstaben der Reichsverfassung kann der Reichskanzler nur in seiner Eigenschaft als preußischer Bundesratsbevollmächtigter mit dem Reichstag verkehren. Wenn aber auch die konstitutionelle Praxis dem Reichskanzler eine ganz selbständige Stellung gegenüber dem Reichstage anweist, so darf doch niemals außer acht gelassen werden, daß er dabei stets preußischer Ministerpräsident bleibt, der in dieser Eigenschaft für seine Handlungen nicht vor dem Reichstag die Verantwortlichkeit zu tragen hat, ja dies vielfach gar nicht könnte, selbst wenn er es wollte. Um die preußische Politik der des Reiches genau anzupassen, müßte nämlich der Reichskanzler zu den preußischen Ressortministern genau dieselbe Stellung erlangen, wie er sie heute gegenüber seinen Staatssekretären im Reiche besitzt. Diese sind — als Stellvertreter — nur insoweit selbständig, als ihnen der Reichskanzler Selbständigkeit gewährt und wollen sie sich ihm nicht fügen, so kann er unmittelbar seinen Willen zur Geltung bringen, indem er die betreffende Angelegenheit an sich zieht. Die preußischen Minister müßten zu Untergebenen des Reichskanzlers werden, nur dann könnte mit Sicherheit die innere Politik Preußens mit der des Reiches in Übereinstimmung gebracht und die volle Verantwortlichkeit des Reichskanzlers vor dem Reichstage auf sie ausgedehnt werden. Man möge sich aber der bitteren Klage erinnern, die Bismarck über den Ressortpartikularismus der preußischen »föderierten ministeriellen Staaten« geäußert hat.* Der Versuch, den Verkehr der preußischen Minister mit dem König unter die Kontrolle des Ministerpräsidenten zu stellen, war bekanntlich einer der unmittelbaren Anlässe zum Sturze des gewaltigen Mannes.

Nun könnte dem erwidert werden, daß im Laufe der Zeiten sich

* Bismarck, Die gesammelten Werke, Bd. 15: Erinnerung und Gedanke, S. 425.

die Kompetenz des Reiches immer mehr ausgedehnt hat. Das Reich hat von Gebieten Besitz ergriffen, zu deren Okkupation es zwar verfassungsmäßig berechtigt war, die aber doch erst durch besondere gesetzgeberische Akte für die Reichskompetenz erworben werden konnten. Mit jeder Ausdehnung der Zuständigkeit des Reiches wird aber die der Bundesstaaten eingeschränkt. Immerhin ist die ihnen auch in Zukunft verbleibende Macht nicht zu unterschätzen. Vor allem gilt dies für Preußen, dessen führende Stellung im Reiche auch durch das größte Wachstum der Reichskompetenz schon vermöge seiner Stellung im Bundesrate nicht erschüttert werden kann. Dadurch wird aber auch dem preußischen Landtag eine ganze andere Bedeutung gewährt, als den übrigen Landesparlamenten, indem er dem Streben des Reichstags nach der Vorherrschaft im Reiche feste Schranken zieht. Der preußische Landtag ist ganz anders zusammengesetzt als der Reichstag und sucht seine Zusammensetzung gegenüber Abänderungsvorschlägen energisch zu behaupten. Vorherrschaft des Reichstags im Reiche würde notwendig die Forderung der Vorherrschaft des Landtags in Preußen entstehen lassen. Was aber hätte zu geschehen, wenn Reichs- und Landtagsmehrheit nicht zusammen stimmten, wenn jede eine andere Regierung, wenn auch vielleicht nur durch Nuancen geschieden, forderte? Dann würde zwischen Reichs- und Landtag ein heftiges Ringen um die Herrschaft entstehen, in welchem, wenn nicht das übrige Reich gänzlich der unwiderstehlichen Gewalt Preußens unterworfen werden sollte, dem Reichstage der Sieg gebühren müßte. Solchenfalls gäbe es nur eine mögliche Lösung des Konflikts, die darin bestünde, daß das preußische Parlament sich mit der Rolle eines Provinziallandtags begnügte, der irgendwelche Verantwortlichkeit der Regierung geltend zu machen nicht in der Lage wäre. Sollte die preußische Regierung der des Reiches untergeordnet werden, so wäre das nur durch die gänzliche Entstaatlichung Preußens, durch seine Herabdrückung auf die Stufe einer Reichsprovinz möglich. Bei allen anderen Bundesstaaten, deren Regierung von der des Reiches gänzlich getrennt ist, wäre innerhalb der ihnen zustehenden, wenn man sich so ausdrücken kann, reichsfreien Sphäre eine viel größere Selbständigkeit möglich als in einem Preußen, dem seine Regierung von Reichs wegen aufgezwungen werden könnte.
Die andere Schranke für die Vorherrschaft des Reichstags liegt in dem föderalistischen Organ des Reiches, dem Bundesrate, dieser eigentümlichsten deutschen Verfassungsinstitution, der nicht nur staatsrechtlich, sondern auch politisch eine der merkwürdigsten politischen Bildungen im Staatenleben der Gegenwart ist. Man sieht und hört von ihm wenig. Er verhandelt und beschließt bei geschlossenen Türen, in dieser Hinsicht dem alten Frankfurter Bundestag gleichend. Kaiser, Reichskanzler, Reichstag sind die jedermann sicht- und hörbaren Organe des Reichs — nur aus-

nahmsweise ergreifen nichtpreußische Bevollmächtigte zum Bundesrate das Wort im Reichstag. Daher wird in der politischen Diskussion weiter Volkskreise der Bundesrat oft gänzlich ignoriert und vom Auslande wird sein Dasein oft entweder nicht gekannt oder mißverstanden. Am häufigsten wird er außerhalb des Reichs mit einem Oberhaus verglichen, ein hinkender Vergleich, da er viel mehr als ein solcher nicht nur staatsrechtlich, sondern auch politisch bedeutet. Weitaus der größte Teil der Gesetze entspringt seiner Initiative, sein Wille ist nicht nur staatsrechtlich, sondern auch praktisch-politisch bei der Gesetzgebung der ausschlaggebende. Der Bundesrat hat von seiner Befugnis, Gesetzesbeschlüssen des Reichstages die Sanktion zu verweigern, häufiger Gebrauch gemacht, als in den Einzelstaaten die Monarchen den Landtagen gegenüber. Ihm steht ferner bekanntlich ein ganz bedeutender Anteil an der Reichsregierung zu. Er erläßt wichtige Verordnungen, macht Vorschläge zur Besetzung von Reichsämtern, entscheidet Streitigkeiten, besorgt Verwaltungsgeschäfte mannigfaltigster Art. Das alles tut er gemäß der Instruktionen der ihn beschickenden Regierungen. Im Bundesrate macht sich allerdings, wie öfters hervorgehoben wurde, das Machtverhältnis der einzelnen Staaten geltend. Der Einfluß Preußens im Bundesrate ist viel bedeutender als ihm nach seiner Stimmenzahl zukommt,* und indem die Kleinstaaten ihm keinen nennenswerten Widerstand leisten können, verständigt es sich mit den größeren Staaten außerhalb des Bundesrates.

Für die Beschlüsse des Bundesrats ist aber dem Reiche niemand verantwortlich, ganz ebenso wie der Reichstag. Der Reichskanzler vollzieht die Beschlüsse des Bundesrats, trägt aber für sie, insofern sie sich innerhalb der bundesrätlichen Zuständigkeit bewegen, keine wie immer geartete Verantwortlichkeit. Bismarck hat zwar einmal, als ihm ein Bundesratsbeschluß nicht paßte, eine derartige Verantwortlichkeit für sich in Anspruch genommen, es ist jedoch bisher bei diesem einzigen, staatsrechtlich nicht gerechtfertigten Versuch geblieben.

Die umfangreichen Befugnisse des Bundesrats hindern nun bei den gegenwärtigen Verfassungsverhältnissen ein parlamentarisches Regiment im Reiche, da ein großes Gebiet staatlicher Tätigkeit des Reichs existiert, für welches dem Reichstag gegenüber niemand die Verantwortlichkeit trägt. Wollte man den Parlamentarismus nach westlichem Muster durchführen, so wäre dies nur unter Zurückdrängung des Bundesrats und damit unter Preisgebung der bundesstaatlichen Gestaltung des Reichs möglich. Die einzelnen Bundesregierungen müßten sich dem durch die Reichsregierung repräsentierten Willen des Reichstags fügen und würden zu wesenlosen Schatten herabsinken. Das haben diese

* Preußen hatte im Bundesrat 17 von insgesamt 58 Stimmen. 1911 wurde die Gesamtstimmenzahl durch 3 Stimmen für Elsaß-Lothringen auf 61 erhöht.

auch jederzeit wohl erkannt. So oft die Diskussion darüber eröffnet wurde, ob neben den Reichskanzler ein ganzes System von Reichsministern treten solle, haben die Bundesregierungen energischen Protest dagegen erhoben, weil sie neben einem kollegialischen verantwortlichen Reichsministerium gar keinen reellen Anteil an der Leitung der Reichsgeschäfte haben könnten. Unausweichliche Wirkung der parlamentarischen Regierungsweise im Reiche wäre daher Herabdrückung der Einzelstaaten zu politisch bedeutungslosen Gebilden. [...]
Man sieht, die Frage: parlamentarische oder außerparlamentarische Regierung birgt für das Deutsche Reich noch eine andere höchst bedeutungsvolle in sich: Einheitsstaat oder Bundesstaat, Unitarismus oder Föderalismus. Nicht nur um das gegenseitige Verhältnis von Kaiser, Kanzler und Reichstag handelt es sich bei Lösung dieser Frage, sondern um Aufrechterhaltung oder völlige Umwälzung der historischen Grundlagen des Reiches. Darum sind auch die partikularistischen und föderalistischen Bestrebungen im Reichstage, die wiederum mit der Parteizersplitterung zusammenhängen, ein Wall gegen die Tendenz nach Vorherrschaft des Reichstages, die in einem unitarisch gefügten Reichsparlament mit historischer Notwendigkeit hervorbrechen müßten. [5]

## Der Dualismus Preußen – Reich

*Der Reichskanzler und preußische Ministerpräsident Theobald von Bethmann Hollweg im preußischen Herrenhaus am 10. Januar 1914 über den geschichtlichen Beruf Preußens anläßlich der Behandlung des Antrages des Grafen Yorck von Wartenburg: »Die Königliche Staatsregierung zu ersuchen, im Reiche dahin zu wirken, daß die Stellung Preußens, auf die es seiner Geschichte und seinem Schwergewicht nach Anspruch hat, nicht dadurch beeinträchtigt wird, daß eine Verschiebung der Verhältnisse zuungunsten der Einzelstaaten Platz greift.« Der Antrag wurde mit 185 gegen 20 Stimmen angenommen.*

Für mich sind die Ausführungen des Herren Grafen Yorck besonders wichtig und fesselnd gewesen, weil ich sie gewissermaßen als doppelter Zuhörer auf mich wirken lassen muß: der preußische Ministerpräsident kann den deutschen Reichskanzler nicht vor der Türe lassen. [...]
Das Verhältnis Preußens zum Reich und seine richtige Abstimmung, das Maß der gegenseitigen Einwirkung und der unerwünschten Rückwirkungen nach beiden Seiten, das sind Fragen, mit denen wir es zu tun haben, solange das Reich besteht.
Herr Graf Yorck von Wartenburg hat selbst darauf hingewiesen,

daß das einfache Räderwerk des unitarisch organisierten Staatswesens dem Deutschen Reiche nicht gegeben ist. Der kompliziertere und kunstvollere Bau unserer staatlichen Einrichtungen hat von Anfang an Sorgen und Schwierigkeiten mit sich gebracht, die anderwärts unbekannt sind.
Meine Herren, Sie erinnern sich, wie sich gleich im Anfang zur Zeit der Begründung des Norddeutschen Bundes und später des Deutschen Reichs die Befürchtung geregt hat, daß der führende Staat im Reiche den Überschuß seiner Macht in unitarischem und zentralistischem Sinne ausnutzen werde. Die Befürchtung ist grundlos gewesen. Die Wahrnehmung, daß der mächtigste Staat im Reiche die Schranken niemals überschritt, die sich sein Monarch und seine Staatsmänner auf der Höhe der politischen und militärischen Erfolge Preußens in weiser Mäßigung selbst gesetzt hatten, die je länger je stärker sich festsetzende Überzeugung, daß die Rechte und Reservate der ihm von nun an verbündeten Staaten von Preußen unter größter Berücksichtigung ihrer Eigentümlichkeiten, unter weitherzigster Auslegung etwa strittiger Punkte unangetastet bleiben würden, alles das hat dahin geführt, daß die Dynastien in Deutschland so starke Stützen des Einheitsgedankens geworden sind. So hat Preußen noch stets und gerade in den schwierigsten Situationen im Bundesrat eine Bereitwilligkeit der Unterstützung gefunden, die ihm seine führende Aufgabe in dankenswertester Weise erleichtert hat. Die Ihnen vorliegende Resolution sieht ja auch nicht von dort her die Gefahr einer Verkümmerung der Stellung, die Preußen nach seiner Geschichte und nach seiner Bedeutung gebührt. Sie glaubt vielmehr in der tatsächlichen Entwicklung des Reichs einen unitarischen Zug zu erblicken, der die Stellung aller Einzelstaaten und damit Preußens bedroht. Meine Herren, auch das sind alte Sorgen und alte Anklagen.

(Zurufe: Nein, nein! Das sind neue!)

[...] meine Herren, denken Sie daran, wie oft hat auch Bismarck und wie leidenschaftlich hat er zu Zeiten über diese Fragen gesprochen, auch in entgegengesetztem Sinne, je nachdem ihm die Gefahren von der einen oder von der andern Seite größer erschienen. Bald hat Bismarck scharfe Worte gegen den Partikularismus,

(Sehr richtig!)

auch gegen den preußischen Partikularismus gebraucht; bald – und namentlich gegen das Ende seines Lebens – hat er die Selbständigkeit der Einzelstaaten, hat er ihre Berechtigung, ja ihre Pflicht zur Kritik an dem Gange der Reichspolitik in den Vordergrund geschoben.

(Sehr richtig!)

Das mag auf den ersten Blick widerspruchsvoll erscheinen. In Wirklichkeit liegt ihm aber eine einheitliche Idee zugrunde, die Bismarck Zeit seines Lebens unverrückt festgehalten hat: die unbedingte und rücksichtslose Vertretung des Reichsgedankens als oberste Pflicht Preußens, aber gestützt nicht bloß auf den idealen Schwung der Reichsidee, sondern vor allem auf die reale Macht Preußens. (Sehr richtig!)

Bismarck wird nicht müde, zu betonen, daß dem deutschen Reichskanzler die preußische Wurzel nicht abgeschnitten werden darf.

(Lebhaftes Sehr richtig.)

In seiner Stellung zu Preußen sah er das Schwergewicht seiner Macht und seines Einflusses. In dieser seiner Stellung zu Preußen erblickte er auch die Sicherheit dafür, daß die Reichsgewalt nicht in das Gebiet der preußischen Staatshoheit übergreife und damit das Reich nicht berechtigte Interessen des preußischen Staates beeinträchtige. Meine Herren, diese Grundlage ist unverändert geblieben [...]

Noch heute ist es undenkbar, daß das Verhalten des Reichskanzlers — ich gebrauche Worte Bismarcks — in wichtigen Fragen des Einverständnisses des preußischen Staatsministeriums entbehren könnte, daß in wichtigen Angelegenheiten, z. B. bei neuen Gesetzen, die preußischen Stimmen im Bundesrat abgegeben würden, ohne die übrigen in Preußen verantwortlichen Ressortchefs zu fragen. Das sind Worte, die Bismarck im Jahre 1867 gesprochen hat, aber sie sind heute genau so maßgebend wie damals. Auch ich kann heute — und würde es nie wagen — kein Gesetz einbringen, zu dem ich nicht die Zustimmung des preußischen Staatsministeriums habe. [...] Wenn ich diese Worte Bismarcks angeführt habe, so hat sich allerdings Bismarck auch stets zu dem Grundsatz bekannt, daß der größere Staat im Reiche auch den weiteren Gesichtskreis haben müsse und daß, wenn der Mensch wirklich mit seinen größeren Zwecken wachse, dieser weitere Gesichtskreis des größeren Staates sich allen seinen Mitgliedern mitteilen müsse, damit nicht eine Spezies des Partikularismus, der parlamentarische Partikularismus, in die Höhe komme.

So bestand auch schon für den großen Kanzler ein Dualismus, ein Dualismus Preußen-Deutschland. In seiner unvergleichlichen Staatskunst verstand er, ihn zu überwinden, indem er niemals die Frage isolierte: was ist für Preußen ersprießlich? — sondern indem er die Parenthese: was ist für das Deutsche Reich ersprießlich? auch bei seiner preußischen Politik nie aus den Augen verlor. Diesen Dualismus aus unserm politischen Leben zu beseitigen, ist ein Ding der Unmöglichkeit. Wir müssen uns mit ihm als mit einer durch das geschichtliche Werden unserer politischen Zustände gegebenen Tatsache abfinden und die unvermeidlichen Reibungen nach Möglichkeit zu mindern versuchen.

Die Aufgabe, die dadurch Preußen erwächst, ist mit den Zeiten immer größer, immer verantwortungsvoller, immer schwieriger geworden. Die Anfeindungen Preußens sind dauernd gewachsen; daran kann niemand zweifeln, der die Geschichte der letzten

Jahrzehnte offenen Auges verfolgt. Der Gründe dafür sind mancherlei. Das Schwinden der persönlichen Autorität der großen Gründer des Reiches ist ein Moment, das wir Epigonen offen eingestehen müssen. Aber auch der Geisteszustand jener Zeiten ist ein anderer gewesen als der heutige. Was Deutschland, was das Reich dem preußischen Staate verdankte, das stand damals jedem Deutschen lebendig vor Augen. Mit der durch die Jahre bewährten Sicherheit unseres nationalen Gemeinbesitzes sind die Erinnerungen an die nationalen Kampfjahre in den Hintergrund getreten gegen die materiellen Interessen der Gegenwart. Wir sind dahin gekommen, daß die Parteien vielfach zum Ausdruck von wirtschaftlichen und sonstigen Interessengemeinschaften geworden sind, daß sie die Vertretung der preußischen Interessen der Regierung überlassen. Denken Sie, meine Herren an die siebziger Jahre! Da finden Sie im Reiche und in Preußen trotz der Verschiedenheit des Wahlrechts Parlamente, die in ihrer inneren Struktur nicht so weit voneinander abwichen. Das ist bald anders geworden. Schon im Anfang der achtziger Jahre erhob Treitschke seine Stimme und wies auf die Schwierigkeiten und Gefahren hin, wenn die beiden mächtigsten repräsentativen Körperschaften von einem verschiedenen Geiste beseelt wären.

Die Entwicklung der Verhältnisse hat diese Disparität der parlamentarischen Zustände im Reich und in Preußen immer mehr verschärft. Die Stellung der Regierung, die mit beiden Parlamenten zu arbeiten hat, ist damit immer schwieriger geworden. Der fortgeschrittene Liberalismus will bekanntlich das Problem dadurch lösen, daß die parlamentarischen Zustände in Preußen denen im Reiche gleich gemacht werden. Meine Herren, das ist ein absolut ungangbarer Weg.

(Lebhaftes Bravo.)

Die innere Struktur Preußens wird von der des Reichs immer verschieden sein und bleiben müssen.

(Bravo! – Sehr richtig!)

Die auf die breiten Volksmassen gestellte Entwicklung im Reiche bedarf des preußischen Staates, der, aufgebaut auf ein festes militärisches Fundament und auf die unlösliche Zusammengehörigkeit des gesamten Volkes mit der Dynastie, für alle Wechselfälle den nötigen und starken Rückhalt bietet. Dieser geschichtliche Beruf Preußens ist heute, ist auch in Jahrzehnten nicht überlebt, (Bravo!)

und kein preußischer Staatsmann wird sich bereit finden, ihn dem Andrange demokratischer Tendenzen aufzuopfern.

(Lebhaftes Bravo.) [...]

Der Beruf Preußens, den es bei der Gründung des Reichs ausgeübt hat, ist nicht abgeschlossen. Die Aufgabe Preußens im Reiche ist mit den Jahren nicht leichter, sondern schwerer geworden. (Sehr wahr!)

Wollte Preußen auf diesen seinen geschichtlichen Beruf verzichten, so läge darin ein Verzicht nicht etwa auf ein usurpiertes Vorrecht, sondern eine Vernachlässigung seiner Pflichten gegen das Reich. Nicht um preußischen Partikularismus zu vertreten, ist die Präsidialmacht Preußens geschaffen worden, sondern um in den Geschäften des Reichs die ganze Kraft des Staatsgedankens zum Ausdruck zu bringen, die Preußen verkörpert. Dieses Preußentum muß unter allen Umständen hoch und unversehrt gehalten werden,

(Bravo!)

nicht gegen das Reich, sondern für das Reich.

(Bravo!)

Bismarck erzählt davon, daß Kaiser Wilhelm I., in einem andern Zusammenhang, bei der Schleswig-Holsteinischen Episode, ihn einmal vorwurfsvoll gefragt habe: Sind Sie denn nicht auch ein Deutscher? Diese Frage kommt mir unwillkürlich in den Sinn, wenn Sie mich fragen: Sind Sie denn nicht auch ein Preuße? Aus der Verschmelzung beider Gedanken ist das Deutsche Reich erwachsen, und es wird kräftig bleiben, wenn wir insgesamt jederzeit beide Fragen mit einem überzeugten Ja beantworten.

(Lebhaftes Bravo.) [6]

## Die Stellung Preußens im Bundesrat

*In Antwort auf die Aufforderung des linksliberalen Abgeordneten Conrad Haußmann, daß die württembergische Regierung, gestützt auf die öffentliche Meinung, eine stärkere Initiative im Bundesrat entwickeln sollte, erörtert der langjährige Präsident des württembergischen Staatsministeriums, Freiherr von Mittnacht, vor der württembergischen Kammer der Abgeordneten am 7. 12. 1899 die Einflußmöglichkeiten der Regierung eines Mittelstaates im Bundesrat.*

Diese Aeußerungen veranlassen mich zu einigen allgemeinen Bemerkungen und zwar zunächst über das Maß des Einflusses, den eine Regierung, wie die württembergische, mit ihren vier Stimmen im Bundesrat gewinnen und üben kann. Wenn man, meine Herren, von Erfolgen einer Regierung im Bundesrat spricht, darf man nicht bloß die reichsverfassungsmäßige Stimmenverteilung im Bundesrat ins Auge fassen; die realen Verhältnisse unter den Regierungen liegen wesentlich anders und sie sind maßgebender als jene Vorschriften der Reichsverfassung. Von 58 Stimmen im Bundesrat hat allerdings Preußen nur 17, die übrigen Regierungen 41.

Was scheint also leichter zu sein als Preußen zu überstimmen und dann von seiten der Mehrheit die politische Initiative und

Führung zu übernehmen. Es hat ja auch der Herr Abg. Gröber gesagt, es war ja nur ein preußischer Antrag, was ist denn da besonderes, wenn man dagegen stimmt? Ja, meine Herrn, hinter den 17 preußischen Stimmen stehen 32 Millionen Einwohner des preußischen Staates und hinter den 41 andern Stimmen stehen ca. 20 Millionen. – Reuß ä. L. hat bei 68000 Einwohnern eine Stimme im Bundesrat und Preußen bei 32 Millionen 17. Aber diese 17 Stimmen liegen in einer starken Hand und die 41 anderen in den Händen von 24 Einzelregierungen (Sehr richtig!) mit mehrfach geteilten Interessen und teilweise ganz in der Machtsphäre des preußischen Staates gelegen. Preußen ist für sich allein eine Großmacht, der König von Preußen ist zugleich deutscher Kaiser, der preußische Ministerpräsident zugleich Reichskanzler. Preußen wird und kann niemals die politische Führung im Reiche in wichtigen Angelegenheiten, vielleicht in Lebensfragen der deutschen Nation aus der Hand geben. (Sehr richtig!) Wir leben, damit müssen wir uns abfinden, in einem Bundesstaat, in welchem ein Einzelstaat eine ganz überwiegende Macht und Bedeutung hat, und diesem Staat die Führung und Initiative in Reichsangelegenheiten zu entwinden, das möge man sich nicht zu leicht vorstellen. [...]
Unter den gegebenen Verhältnissen sind die einzelstaatlichen Regierungen, wenn sie Erfolge im Bundesrate erzielen wollen, nicht auf den Weg des Majorisierens Preußen gegenüber und nicht auf den Weg des Abzwingens gewiesen, sondern auf den Weg des Einvernehmens, der freundschaftlichen Auseinandersetzung, des gegenseitigen Vertrauens und der Verständigung. Ich gehöre dem Bundesrat seit seinem Bestehen an, unter drei Kaisern und drei Kanzlern, und ich erfülle nur eine Pflicht, wenn ich hier ausspreche, daß die preußische Regierung und die Männer an der Spitze des Reiches stets bereitwillig auf den Weg der Verständigung eingetreten sind (Bravo!), daß sie auch den Schein einer Vergewaltigung der übrigen Regierungen vermieden haben (Hört!), und daß der führende Bundesstaat seine Macht nicht mißbraucht hat, daß er aber allerdings in wichtigen Fragen, zu welchen er auch die Aufgabe des Schutzes der Staats- und gesellschaftlichen Rechtsordnung gegen ihre erklärten Gegner rechnet, daß er in solchen Fragen allerdings von seinem Standpunkt nicht abweicht. Wenn eine Regierung im Bundesrat systematisch politische Opposition machen wollte, so würde sie sehr bald in eine ganz vereinsamte und einflußlose Stellung sich gebracht sehen, nicht im Interesse des Landes, welches sie vertritt. Der Bundesrat ist eben kein Parlament, in welchem schließlich Opposition sein muß und Parteien sich immer bilden werden, er ist kein Feld für Parteiung und für Parteitaktik. Und, meine Herren, was sollte es werden, wenn in der Zerklüftung und Zerfahrenheit unserer Zeit, wenn neben den heftigen, mitunter erbitterten politischen, wirt-

schaftlichen, sozialen, konfessionellen Kämpfen in den Parteien und in der Bevölkerung auch ein Krieg unter den Regierungen herginge, ein Krieg im Bundesrat und dann konsequenterweise auch im Parlament und schließlich auch in den Landtagen? Die Regierungen haben allen Grund, hohen Wert zu legen auf ein solidarisches Zusammengehen in großen Fragen. Es liegt in der Einigkeit der deutschen Regierungen ein fester Punkt in unserer Zeit, den sie brauchen kann, und insoweit auch ein nationales Interesse, und daran etwa eine zersetzende Hand legen zu wollen, wäre eine große politische Verantwortung. [7]

## Die Arbeit im Bundesrat

*Der langjährige bayrische Bundesratsbevollmächtigte Graf Hugo von und zu Lerchenfeld-Koefering erörtert in seinen ›Erinnerungen‹ die Stellung und Arbeit der Bundesratsbevollmächtigten und sein Verhältnis zu den Vertretern der deutschen Mittelstaaten.*

Die Arbeit im Bundesrat war insofern interessant, als sie fast allen Zweigen des staatlichen Lebens entnommen war. Dennoch ist der Spruch Varietas delectat* nur bis zu einem gewissen Grade wahr; denn der beständige Wechsel der Materie verhindert tieferes Eingehen. Ich habe aber immer gefunden, daß jeder Stoff, auch der trockenste, um so mehr Interesse weckt, je gründlicher man in ihn eindringt. Das war bei meinem Arbeitsbetrieb meist ausgeschlossen, denn heute fiel eine politische, morgen eine zoll- oder finanztechnische oder eine rein juristische Sache an. Ich mußte mich oft begnügen, die Kenntnis nur so weit zu vertiefen, als es notwendig war, um die Auffassung meiner Regierung zu vertreten. Das erforderte immerhin viel rasche Arbeit, hinderte aber zu einer gründlichen Beherrschung des Stoffes zu gelangen. Der beständige Wechsel im Arbeitspensum wirkte zudem ermüdend; oft habe ich meine Kollegen, die Stellvertretenden Bevollmächtigten, beneidet, von denen jeder sein Fach ganz beherrschte.

Im Laufe der Zeit gelang es mir auch, den Herren in München eine gute Meinung von meiner Sach- und Personenkenntnis beizubringen, so daß man auf mein Urteil etwas gab und mir in vielen Dingen eine größere Freiheit der Bewegung einräumte. Von da ab konnte ich manche Schärfen, die sich naturgemäß aus der Verschiedenheit der Interessen ergaben, ausgleichen und mit Erfolg nützliche Winke geben. Manches mußte ich auch als Stimmführender Bevollmächtigter, wenn keine Zeit zur Instruktionseinholung blieb, auf die eigene Kappe nehmen, unter Umständen sogar gegen die Instruktion handeln. So habe ich einmal bei einer Quotenfrage des Heeresetats den Anspruch Bayerns

* (Lat.) Abwechslung erfreut.

glatt fallen lassen, weil mir dessen Erfüllung unter Bestreitung des Rechtes Bayerns gewissermaßen als Geschenk angeboten wurde, das anzunehmen mir als unwürdig erschien. Doch war mir bei diesem Entschluß nicht ganz wohl zumute, ja, ich befürchtete, da es sich um große Summen handelte, daß ich für meine Eigenmächtigkeit getadelt werden würde. Aber es kam kein Rüffel von München, und als ich später mich dort erkundigte, sagte man mir im Ministerium: »Wir sind mit Ihrer Haltung ganz einverstanden gewesen. Wir wollten uns nur nicht mit dem Kriegsministerium streiten und ließen es bei dessen Instruktion an Sie im Vertrauen, daß Sie schon das Richtige tun würden.« [...]

Bei der Verschiedenheit der regionalen Interessen im Reiche wäre es das Natürliche gewesen, wenn man bei dem Nachbarn feste Anlehnung gesucht und gefunden hätte. Das geschah auch häufig sowohl von den Regierungen als auch von deren Vertretern, die dazu manchmal durch Instruktion angewiesen wurden, die Wünsche dieses oder jenes Bundesstaates nach Möglichkeit zu unterstützen. So lautete lange Zeit meine Instruktion dahin, mit Württemberg Fühlung zu halten, in manchen Fällen auch mit Baden. Nur war das Zusammengehen jeweils nicht von langer Dauer; denn sobald es sich darum handelte, etwas für Bayern zu erreichen, ließen uns die süddeutschen Bundesbrüder meist im Stich. Das war kurzsichtig; denn vom föderalistischen Standpunkt aus betrachtet kam eine Stärkung der Stellung Bayerns im Reiche auch den anderen Partikularstaaten außer Preußen zugute. Doch das Gefühl des Neides pflegte solchen Erwägungen gegenüber vorzuwalten. Man war in Stuttgart und Karlsruhe wohl bereit, die Vorrechte des Präsidialstaates hinzunehmen, sich sogar mit einer Ausdehnung der Machtstellung Preußens abzufinden. Aber sobald es sich darum handelte, Bayern einen Vorzug einzuräumen, dann war meist mit dem Widerstand der süddeutschen Brüder zu rechnen. Dieser Gesinnung, die ich schon bei den Vertragsverhandlungen von Versailles 1870 beobachtet hatte, bin ich später im Bundesrat immer wieder begegnet und bin deshalb bei der Wahl, für einen gewissen Zweck Anlehnung bei Preußen oder bei anderen Bundesstaaten zu suchen, in der Regel für die Anlehnung an Preußen eingetreten. Bei Preußen spielte der Neid keine Rolle, ja man legte in Berlin in der Regel großes Gewicht darauf, Bayern auf seiner Seite zu haben. Andrerseits war man, wenn die preußischen und bayerischen Stimmen sich vereinigten, der Mehrheit auch in den Ausschüssen ungefähr sicher. Man mußte sich eben seine Bundesgenossen von Fall zu Fall suchen, vor allem in Etatsfragen gegenüber Übergriffen des Reichsschatzamtes. Hier bestand häufig die Möglichkeit, mit Sachsen zusammenzugehen. Daß die an sich für Bayern naheliegende Zusammenarbeit mit dem drittgrößten Bundesstaat nicht enger und allgemeiner war, lag in gewissen sächsischen, vielleicht auch bayerischen Eigentümlichkeiten der in München und Dresden maßgebenden Personen. Immerhin ist es mir und meinem Kollegen, Grafen Hohenthal, solange dieser Gesandter in Berlin war, gelungen, unsere Regierungen sich näher und manche gemeinsame Aktion zustande zu bringen. Mein Chef, Graf Hertling, sagte mir später einmal nach irgendeiner unbequemen Erfahrung in Dresden scherzweise: »Das Verhältnis zwischen Bayern und Sachsen ist nur normal gewesen, solange Graf Hohenthal alle Tage in der bayerischen Gesandtschaft in Berlin gefrühstückt hat.« Allerdings haben wir, mein sächsischer Kollege und ich, sehr oft und gern gegenseitig bei uns gefrühstückt und gegessen; allein daran lag es nicht, sondern daran, daß Hohenthal nicht kleinlich und schwierig wie viele seiner Landsleute war, außerdem einen starken Einfluß in Dresden besaß. Mit den Nachfolgern des Grafen hatte ich die besten Beziehungen, aber doch nicht dasselbe Verhältnis wie zu Graf Hohenthal, und das machte sich bald fühlbar. Das persönliche Moment spielt eben in allen Lebensverhältnissen seine Rolle. [8]

## Kaiser und Reichstag

*Der bekannte national-soziale Publizist und spätere liberale Reichstagsabgeordnete Friedrich Naumann im Jahre 1900 über den Machtanstieg des Kaisertums im Vergleich zum Reichstag.*

Es gibt zwei Faktoren, die im Deutschen Reiche miteinander zu rechnen haben: der Kaiser und der Reichstag. Vom Reichstag haben wir in früheren Kapiteln gesprochen und gesehen, daß er sich am Problem der Majoritätsbildung abmüht. Hätten wir einen Reichstag mit Zweiparteiensystem, so würde der Reichstag dem Kaiser politisch gleichwertig gegenüberstehen können, dann würde er eigene gesetzgeberische Initiative besitzen und durch die Geschlossenheit seines Auftretens eine ihm genehme Regierung erzwingen können. In diesem Falle würde auch das Recht wiederholter Auflösung nicht allzuviel bedeuten. Von dem Zweiparteiensystem sind wir aber noch ungeheuer weit entfernt. Unser Parlamentarismus ist jung und arbeitet mit einer Kräftevergeudung und Zerspaltenheit, die ein parlamentarisches System selbst in einer Republik schwer möglich machen würde, die aber gegenüber der geschlossenen Kraft des Kaisertums notwendig zur geringeren Wirkung führt. Natürlich muß die Demokratie auf Erweiterung der tatsächlichen Kraft des Stimmrechtes bedacht sein. Sie wird es aber nur können, wenn sie den Gesichtspunkt stets im Auge hat, daß eine Vielheit von Gruppen die Gesamtkraft des Parlamentarismus lähmt, und daß eine demokratische Majorität nur möglich ist auf vaterländischer Grundlage. Das letztere ist eine unbedingte Notwendigkeit, denn niemals wird es eine Majo-

rität in Deutschland geben, die auf deutsche Machtwirkung verzichtet.
Vorläufig steigt im Vergleich mit dem Reichstag das Kaisertum. Aus dem, was ihm die Verfassung an Rechten bietet, bildet sich ein neues Amt zentraler Gewalt. Das Kaisertum ist mehr geworden als 1871 jemand annehmen konnte. Die Geschichtslage, das moderne Leben, die öffentliche Meinung und die Person des jetzigen Kaisers helfen dazu, die Fülle kaiserlicher Tatwirkung zu steigern. Er ist ein Faktor unter anderen, aber allerdings, er ist der erste. [9]

## Regierung und Volksvertretung im konstitutionellen System

*Der frühere badische Ministerpräsident (1868–1876) Julius Jolly 1880 über die Rechte und den Einfluß der Volksvertretung im System der konstitutionellen Monarchie.*

Mag aber bei dem Constitutionalismus, wie er sich bei uns entwickelt hat, die Regierung der Volksvertretung an sich unabhängig gegenüber stehen, so kann und soll sie doch nicht jeder Rücksichtnahme auf die Anschauungen derselben sich entschlagen. Die Rechte, welche nach dem Wesen des Systems der Volksvertretung zustehen, genügen selbst in ihrer engsten Beschränkung auf die Theilnahme an der Gesetzgebung und die Bewilligung der Staatsausgaben (nicht einmal auch der Einnahmen), um der Regierung diese Nöthigung aufzuerlegen. Sie kann stark genug sein, um durch einzelne, selbst mit großer Majorität gegen ihre Anträge gefaßten Beschlüsse der Volksvertretung nicht erschüttert zu werden; wenn sie aber dauernd und entschieden auf das Mißtrauen und die Gegnerschaft der parlamentarischen Mehrheit stößt, werden die von ihr für nothwendig oder zweckmäßig gehaltenen Gesetze nicht votirt, die für ihre Zwecke erforderlichen, nicht schlechthin unabweislichen Ausgaben nicht bewilligt werden, die Staatsmaschine geräth in's Stocken und verzehrt, ohne ihre Aufgabe erfüllen zu können, ihre Kräfte in nutzloser Reibung. Das Ende eines solchen peinlichen, staatszerstörenden Zustandes kann nur sein Vernichtung des Constitutionalismus oder Berücksichtigung der Wünsche der Volksvertretung wenigstens so weit, daß der Regierung nicht mehr dauernd eine geschlossene gegnerische Majorität gegenüber steht. [...]
Vorübergehende Umstände, die über das gewöhnliche Maaß gesteigerte persönliche Autorität der Regierung, die Uneinigkeit der Partheien, eine momentane Nothlage können den Einfluß der Volksvertretung zeitweise zurückdrängen, auf die Dauer zu unterdrücken ist er nicht; er ist ein bleibender Factor in unserm

Staatsleben, durch das ganze Wesen unsrer Verfassung mit solcher innerer Nothwendigkeit gegeben, daß er als zu derselben gehörig anerkannt werden muß. Indem die Krone die konstitutionelle Verfassung zuließ, hat sie nicht nur die thatsächliche Nöthigung sich auferlegt, sondern auch die politische Pflicht übernommen, auf das bei dieser Verfassungsform unentbehrliche Einverständniß mit der Volksvertretung bedacht zu sein und die von derselben vertretene politische Richtung zwar nicht ohne Weiteres und bis zu dem Grad als die entscheidende anzuerkennen, daß die Führer der Mehrheit an die Spitze der Regierung zu berufen wären, aber doch diese Richtung als ein Moment gelten zu lassen, das bei der vorbehaltenen eigenen Entschließung wesentlich in Betracht zu kommen habe. [10]

## Der Reichstag

*Der langjährige Reichstagsabgeordnete und Führer der auf dem linken Flügel des Liberalismus stehenden ›Deutschen Volkspartei‹, Friedrich von Payer, rückblickend 1923 über die sich wandelnde Stellung des deutschen Reichstages in der Zeit des Bismarckreiches.*

In den ersten Jahrzehnten nach Gründung des Deutschen Reichs war, wenn auch nicht die theoretisch-staatsrechtliche, so doch die tatsächliche Machtstellung des Deutschen Reichstags eine äußerst bescheidene. Immerhin war seine Zustimmung zur Erlassung der Gesetze erforderlich, und die Bestimmung, daß ohne seine Genehmigung weder Ausgaben für das Reich gemacht, noch Steuern für dasselbe erhoben oder Anleihen aufgenommen werden sollten, sicherte ihm sogar trotz gewichtiger Einschränkungen an sich einen nicht unerheblichen Einfluß zu. Hätte er ihn, wie das anderwärts geschehen ist, als Kampfmittel ausgenützt, so hätte er sich im Lauf der Jahre auch eine Macht sichern können, er hat aber stets darauf verzichtet und sich selbst nicht einmal genügend zur Wehr gesetzt, wenn Heer, Marine oder Post sein Etatsrecht offen oder auf Umwegen zu umgehen bemüht waren. Bei der Besetzung der maßgebenden Regierungsstellen mitzureden hat er nie beansprucht, ja daran hat er niemals gedacht. Der Kaiser oder vielleicht richtiger gesagt, dessen Umgebung und deren Hintermänner hatten hier vollständig freie Hand. Vor jedem Eingriff in militärische Angelegenheiten hat der Reichstag sich fast ängstlich gehütet und die staatsrechtliche Lage gab ihm auch genügenden Anlaß zur Vorsicht – es ist nicht zufällig, daß auf diesem Gebiet, abgesehen von einigen Kämpfen um Heeresvermehrungen, Jahre hindurch seine Tätigkeit sich vorwiegend auf das populäre Kapitel der Kritik der Soldatenmißhandlungen beschränkte. [...] Den finan-

ziellen Anforderungen der Marine gegenüber hielt er sich eine zeitlang ziemlich zurück, um nachher dank der geschickten Agitation des Admirals Tirpitz und seiner Hilfskräfte umso entgegenkommender zu sein. In Kolonialangelegenheiten beschränkte er sich mehr auf Einzelheiten und auf dem Gebiet der auswärtigen Politik kam er beim besten Willen über schwächliche Versuche, sich mit zu beteiligen, nicht hinaus. Wohl gab es immer einzelne, die sich darum bekümmerten, aber es standen keine unterstützungsbereiten Parteien hinter ihnen. [...]
Der Reichstag hatte es auch besonders schwer. Während die Volksvertretungen der deutschen Bundesstaaten vor allem in Preußen, Württemberg und Baden sich bei der Regierung wie bei den Wählern oder wenigstens bei der öffentlichen Meinung eines gewissen Ansehens erfreuten, mußte er mit einer Periode der Bedeutungslosigkeit beginnen, die praktisch betrachtet, seine Existenz fast zu einer nur dekorativen herabdrückte. Er teilte angesichts der überragenden Persönlichkeit und der ungeheuren Erfolge Bismarcks dieses Schicksal mit der Krone, dem Bundesrat und den Einzelstaaten. Wie konnte und wollte er denn auch nach der Gründung des Reichs gegenüber dessen Gründer, dem Fürsten Bismarck, sich geltend machen? Und wenn er gewollt hätte, hätte er daran denken können, dabei die öffentliche Meinung, die Mehrzahl seiner Wähler hinter sich zu haben? Er mußte nicht bloß auf eigene Geltendmachung verzichten, sondern sich auch eine Behandlung seitens des Reichskanzlers gefallen lassen, die selbst den notdürftigsten äußeren Respekt vermissen ließ. [...]
Diese wenig rühmliche Situation hielt, wenn auch sich allmählich mit des Reichskanzlers Einfluß abschwächend, bis zu Bismarcks Abgang an. [...]
Kein Wunder, daß unter diesen Umständen die Stellung eines Reichstagsabgeordneten wenig Verlockendes hatte. Man mußte schon ein ganz besonderes Interesse an der parlamentarischen Tätigkeit haben, um sich zur Wahl zu stellen. Die meisten, die kandidieren sollten, glaubten ihre Zeit, manchmal auch ihr Geld nützlicher verwenden zu können. Vertreter der Großindustrie oder des Großhandels pflegten, wenige ausgenommen, wenn überhaupt, nur vorübergehend Mitglieder des Hauses zu sein. Die Gelehrten waren etwas besser vertreten, namentlich die achtziger Jahre brachten, vorzugsweise von links, wissenschaftliche Autoritäten von Weltruf in das Parlament, aber sie blieben alle bald wieder weg.
Einem inneren Aufschwung des Reichstags aus sich heraus stand längere Zeit hindurch mehr als ein Hindernis im Wege. Er hatte anfänglich schon sachlich einen kleineren Wirkungskreis als später. Von der ganzen sozialen Gesetzgebung einschließlich der Versicherungsgesetzgebung wußte man nichts oder kaum etwas, die Flotte war nicht bedeutend, Kolonien hatten wir zunächst über-

haupt nicht, die finanziellen Bedürfnisse des Reichs waren so bescheiden, daß die Zölle und Verbrauchssteuern ausreichten nicht bloß den ganzen Reichsaufwand zu decken, sondern auch noch die Einzelstaaten zu finanziellen Kostgängern des Reichs zu machen, die auswärtige Politik besorgte Bismarck allein und vor jeder Ausdehnung seiner Zuständigkeit hüteten die Bundesstaaten das Reich aufs peinlichste. So nahm der Reichstag die öffentliche Aufmerksamkeit anfangs jährlich nur ein paar Monate in Anspruch. Längere Zeit litt auch sein inneres geistiges Leben wie die Beurteilung seiner Leistungen in der Oeffentlichkeit darunter, daß die nationalliberale Partei, die für sich allein viel stärker war als alle andern zusammen,* als herrschende Fraktion die Gewohnheit angenommen hatte, auch in großen Fragen von sich aus nur einen Redner aufzustellen, der selten über eine halbe Stunde sprach, den andern größeren Parteien auch nur je einen Redner zu genehmigen und dann mit Hilfe gedruckter Schlußanträge, die unfehlbar angenommen wurden, die Debatte zu beendigen. Rein geschäftlich betrachtet war das Verfahren zweckmäßig, Zeit und Geld wurde gespart, aber die Erbitterung aller kleineren Gruppen, die in halbwegs wichtigen Debatten so gut wie nie an die Reihe kamen, wie die der zahlreichen, in den großen Parteien durch die paar hervorragendsten Führer gleichfalls stets vom Wort ausgeschlossenen Abgeordneten, hob das parlamentarische Leben nicht, und man kann auch nicht behaupten, daß es bei dieser Geschäftsbehandlung möglich gewesen wäre, die öffentliche Meinung über die Fragen, um die es sich handelte, so wie sie es beanspruchen konnte, aufzuklären. Damit verkümmerte aber auch das Interesse des Volkes an diesen Fragen wie am Parlament selbst.

Damit möchte ich nun aber keineswegs gesagt haben, daß das geistige Niveau des Reichstags in den ersten Jahrzehnten seines Daseins oder die persönliche oder politische Bedeutung der in ihm damals führenden Männer hinter dem Bild, das er in späteren Jahren bot, irgendwie zurückgestanden wären. Im Gegenteil. Es mangelte ihm nur ein ausreichendes Feld für seine Betätigung überhaupt, er hatte noch nicht gelernt, seine Mehrheitsmeinung praktisch durchzusetzen und es fehlte ihm nicht bloß an der Kraft, sondern auch am Willen, der Regierung Direktiven für ihre Politik zu geben. Seine Minderheitsparteien, damals vor allem Zentrum und Fortschrittspartei, mußten sich glücklich schätzen, wenn es ihnen gelang, wenigstens geistig die Opposition der Volksvertretung gegen die übermächtige, immer verhängnisvoller wirkende Bismarcksche Politik durchzusetzen, und niemand wird ihnen das Zeugnis versagen, daß sie diese Aufgabe glänzend gelöst haben. Ich denke mit Freuden an die Reden zurück, die ich

* Die Nationalliberalen verfügten nach den Reichstagswahlen von 1871 über 125 von 382 Sitzen. Bei den folgenden Wahlen von 1874 und 1877 gewannen sie 155 bzw. 128 von insgesamt 397 Mandaten. Danach ging die Stärke der Fraktion erheblich zurück.

von den damaligen Führern des Zentrums und der Fortschrittspartei, Windthorst und Eugen Richter, gehört habe, und es waren höchst interessante Zeiten, als die Entwicklung der Dinge auch die Nationalliberalen mehr und mehr in eine von der Regierungspolitik abweichende Stellung drängte und Bennigsen sich als dritter in die Reihe der Oppositionsredner stellte. Aber es blieb für die Regel bei der Aussprache, ohne daß für die Politik damit praktische Ergebnisse hätten gewonnen werden können. Wenn es zu solchen kam, waren sie meist negativer Art, nämlich die Ablehnung der Vorlagen der Regierung. [...]
Unter den Reichskanzlern Caprivi und Hohenlohe änderte sich kaum etwas. Es blieb dem Fürsten Bülow vorbehalten, den Reichstag auf den Weg zu bringen, der ihm allein zu einiger Bedeutung und Macht verhelfen konnte, wobei dahingestellt bleiben mag, ob das der eigentliche Zweck seiner Politik war. Jedenfalls verhalf er im Jahre 1906 dem Reichstag einmal zu, wenn auch damals noch recht bescheidenen, Diäten. So wenig erfreulich diese in mancher Hinsicht auf die Zusammensetzung des Parlaments gewirkt haben mögen, immerhin steigerten sie wenigstens eine Zeit lang sein Ansehen und seine Aktionsfähigkeit durch Hebung der Präsenz. Wichtiger aber war die Politik, die der Kanzler mit der Bildung seines sogenannten Bülowblocks einschlug. Der Appell, den er durch die Reichstagsauflösung von 1907/[1906] an das Volk richtete und der die bisherige Parteikonstellation im Reich völlig über den Haufen warf, belebte mit einem Schlag die politische Gedankenwelt des Volkes und stellte den Reichstag, dem die öffentliche Meinung bis dahin verhältnismäßig gleichgültig gegenüber gestanden war, in den Mittelpunkt des Interesses. Dieser selbst wie seine Wähler empfanden mit Erstaunen, daß die Regierung ihn mit als maßgebend für die Richtung ihrer Politik anerkannte und daß er etwas zu bedeuten habe, wenn er nur, verzichtend auf das ihn entkräftende Weiterfahren in den gewohnten Geleisen, praktisch und vorurteilslos mitarbeiten wolle. [11]

## Der Reichstag nach der Jahrhundertwende

*Der Staatsrechtslehrer Richard Schmidt 1913 über den Machtzuwachs des Reichstages in den letzten 10 Jahren und dessen ›Selbstbescheidung‹ mit den errungenen Kontrollfunktionen unter Verzicht auf Durchsetzung des parlamentarischen Regierungssystems.*

Die Situation ward seit 1901 insofern eine neue, als der Kampf zwischen Regierung und Parlament, nach dem sich seit 1871 alle andern staatsrechtlichen Fragen unwillkürlich orientiert hatten, mit den letzten Jahren des alten Jahrhunderts seinen Sinn zu verlieren begann. Der Reichstag hatte sich das volle Budgetrecht unbestritten und unbestreitbar zu eigen gemacht, und bei der immer stärkeren Festigung und Zentralisierung des politischen Parteilebens, sowohl der Fraktionen des Parlaments wie der Parteiorganisation im Volke, bei der zunehmenden Ausbildung des Kommissionenwesens, bei der Vermehrung und Differenzierung der technisch-spezialisierten Verwaltungsdepartements wuchs sich die parlamentarische Kontrolle sämtlicher Verwaltungszweige und das nüchtern geschäftliche Zusammenarbeiten der Reichsämter mit dem Reichstag, für die die volle Einnahmen- und Ausgabenbewilligung die Vorbedingung und Garantie bildet, immer selbstverständlicher aus. Andrerseits lernte sich der Reichstag bei dieser Kontrolle beruhigen. Die alten Ambitionen der demokratischen oder zur Demokratie neigenden Parteien, sich eine Mitwirkung bei der Verwaltung selbst, z. B. bei der Besetzung der höheren Beamtenstellen, zu sichern oder gar durch das Medium der zu schaffenden Ministeranklage den Zwang zur Amtsentlassung des Reichskanzlers wegen »Schädigung der Wohlfahrt des Reichs« oder ähnlich zu erringen, traten zwar gerade neuerdings, insbesondere im Anschluß an die »Novemberkrisis« von 1908/9, verschärft hervor. Aber der Verlauf dieser Verstöße zeigte auch die gänzliche Aussichtslosigkeit der Bestrebungen. Als gesetzgeberisch realisierbar erwies sich die Ministerverantwortlichkeit höchstens im Sinn der Begründung eines Staatsgerichtshofs wegen Verfassungsbruchs des Ministers, und hierfür fehlte angesichts der denkbar geordnetsten Abwicklung der konstitutionellen Funktionen jedes Bedürfnis. Ganz in gleichem Sinn wirkte es, daß wiederholte Versuche innerhalb Preußens, das Wahlrecht zum preußischen Abgeordnetenhaus zu ändern und dem allgemeinen, gleichen Reichstagswahlrecht anzunähern, ergebnislos blieben. Denn damit blieb die ausgesprochen monarchische oder auf Kooptation innerhalb der herrschenden Bureaukratie zugeschnittene Stellung der oberen Regierungsstellen in Preußen gesichert, die bei der mannigfachen Verflechtung oder gar Deckung des Ministeriums mit dem Reichskanzler und den Chefs der Reichsämter geradezu Kardinalbedingung einer geordneten Regierung ist. Eine andre ältere Forderung des Parlaments, die Diätengewährung, wurde von der Regierung selbst, die die ›Aufwandsentschädigung‹ als indirekten Zwang zur Frequenz der Reichstagssitzungen gestaltete, freiwillig zugestanden (Reichsgesetz vom 21. Mai 1906). Die Hauptsache aber war, daß Reichsregierung und Reichstag durch gemeinsame höchst verantwortliche und ganz unentrinnbare Aufgaben innerlich zusammengeführt wurden. Sie ergaben sich aus dem wachsenden Mißverhältnis der finanziellen Anforderungen an das Reich und seiner kümmerlichen finanziellen Ausstattung. [12]

## Die Arbeit des Reichstages in der Session 1893–94

*Aufstellung der ›Norddeutschen Allgemeinen Zeitung‹ vom 20. April 1894*

Der Reichstag hat in dieser Session getagt vom 16. November 1893 bis zum 19. April 1894, zusammen 155 Tage. Während dieser Zeit haben zusammen stattgefunden: 86 Plenarsitzungen, 218 Sitzungen der Abteilungen und 196 Sitzungen der verschiedenen Kommissionen.

Seitens der verbündeten Regierungen sind folgende Vorlagen dem Reichstage unterbreitet worden: 24 Gesetzentwürfe, einschließlich des Reichshaushaltsetats für das Etatsjahr 1894/95, eines Nachtragsetats für 1893/94, eines Nachtrags für 1894/95, sowie des Haushaltsetats für die Schutzgebiete auf das Etatsjahr 1894/95, 12 Verträge resp. Abkommen, 2 kaiserliche Verordnungen, 1 Mitteilung, betreffend die Veranlassung von Wahlen zur Kommission für Arbeiterstatistik, 7 allgemeine Rechnungen über den Reichshaushalt für die Etatsjahre 1884/85 bis 1890/91, 1 Uebersicht der Reichsausgaben und Einnahmen für das Etatsjahr 1892/93, 1 Uebersicht der Einnahmen und Ausgaben der Schutzgebiete von Kamerun, Togo und des südwestafrikanischen Schutzgebietes für das Etatsjahr 1892/93, 1 Rechnung der Kasse der Oberrechnungskammer für das Etatsjahr 1890/91, 1 Bericht der Reichsschuldenkommission, 17 Denkschriften, Berichte und Uebersichten etc., welche durch Kenntnisnahme erledigt sind.

Es haben die verfassungsmäßige Zustimmung seitens des Reichstags erhalten: 17 Gesetzentwürfe, einschließlich des Reichshaushaltsetats, des Haushaltsetats für die Schutzgebiete und der beiden Nachtragsetats, 12 Verträge resp. Abkommen, 2 kaiserliche Verordnungen. 1 Gesetzentwurf ist abgelehnt. Die Rechnung der Kasse der Oberrechnungskammer und der Bericht der Reichsschuldenkommission sind durch Erteilung der Decharge erledigt; die Uebersicht der Reichsausgaben und Einnahmen für das Etatsjahr 1892/93 ist unerledigt geblieben. Unerledigt bleiben ferner: 6 Gesetzentwürfe und 7 allgemeine Rechnungen.

Von den Mitgliedern des Reichstags wurden eingebracht: 31 Gesetzentwürfe, 41 Anträge, 5 Interpellationen. – Von den vorgeschlagenen Initiativgesetzentwürfen haben 4 die Genehmigung des Reichstags erhalten, 1 ist zurückgezogen, 26 bleiben unerledigt. Von den Anträgen, welche Gesetzentwürfe nicht enthalten, sind 21 erledigt, 1 abgelehnt, 2 zurückgezogen, 17 bleiben unerledigt.

Die eingebrachten Interpellationen sind im Plenum zur Verhandlung gekommen.

Die Kommissionen haben 53 schriftliche und 67 mündl. Berichte erstattet.

Petitionen sind 60,641 eingegangen. [13]

## 2. Verwaltung und Beamtenschaft

### Die Reichsbehörden und die Bevölkerung

*Der preußische Beamte und spätere deutsche Reichskanzler (Juli bis Oktober 1917) Georg Michaelis beklagt in seinen 1922 veröffentlichten Memoiren das Fehlen nachgeordneter Behörden des Reiches*

Von nachteiligsten Folgen war auch, daß die zentralen inneren Reichsbehörden regierten, ohne daß sie direkt nachgeordnete Behörden in den Bundesstaaten besaßen. Die preußische Verwaltung war darum so ausgezeichnet – auch in der Zentralinstanz, wenngleich dort Fehler wegen der Gegensätzlichkeit der Reichsleitung und der Ressortwiderstände zutage traten –, weil sie in unausgesetzter Verbindung mit nachgeordneten Instanzen, bis hinunter zu den Ortsbehörden und ihren Selbstverwaltungskörpern, und somit mit dem Volksleben stand. Niemand, der sich nicht absichtlich blind stellt, kann der preußischen Verwaltung diese Anerkennung versagen. Man kann die preußische Politik tadeln, aber man muß die Verwaltung anerkennen. Die Reichsbehörde, insbesondere das Riesenreichsamt des Innern, schwebte in der Luft, und selbst ein hervorragender, beispiellos vielseitiger, unterrichteter und tüchtiger Staatssekretär wie Clemens Delbrück konnte das Amt nicht in das Volksleben hineinstellen und aus dem Volksleben den Willen und Geist entnehmen, von dem das Amt hätte unausgesetzt durchdrungen sein müssen. Das Volk stand den Reichsbehörden fremd gegenüber. [14]

### Die zentrale und lokale Verwaltung in den deutschen Bundesstaaten

*Die Staatsrechtler Georg Meyer und Gerhard Anschütz im ›Lehrbuch des deutschen Staatsrechts‹ 1905 über Aufbau und Funktionen der Verwaltungskörperschaften der deutschen Staaten und besonders Preußens.*

An der Spitze der Staatsverwaltung stehen fast in allen Staaten Ministerien. In den größeren Ländern existiert eine Reihe selbständiger Ministerien, welche ihre Einheit in einem kollegialischen Staatsministerium oder Ministerrate finden. In den kleineren Staaten gibt es dagegen in der Regel nur ein Ministerium mit einem leitenden Minister an der Spitze, das in verschiedene Abteilungen zerfällt. Die Chefs derselben sind, wenn sie auch einzelne Geschäfte selbständig erledigen dürfen, dem dirigierenden Staatsminister untergeordnet. Die Organisation der Ministerien oder Ministerialdepartements ist rein bureaumäßig. Nach den Hauptzweigen der Verwaltung werden regelmäßig fünf Hauptdepartements unterschieden: auswärtige Angelegenheiten, innere Angelegenheiten, Justiz, Krieg und Finanzen. Vom Ministerium des Innern sind jedoch oft besondere Verwaltungszweige abgezweigt und zu eigenen Ministerien erhoben worden, so namentlich kirchliche und Unterrichtsangelegenheiten, Handel und Gewerbe, Landwirtschaft, öffentliche Arbeiten. Anderseits pflegt man in den kleineren Staaten mehrere Departements unter einem Vorstande zu vereinigen. Die Kriegsministerien haben in denjenigen Staaten, welche keine eigene Militärverwaltung besitzen, aufgehört zu existieren, und die Ministerien der auswärtigen Angelegenheiten dienen da, wo sie noch bestehen, wesentlich nur dazu, die Beziehungen der Einzelstaaten zum Reiche und zu den anderen deutschen Staaten aufrechtzuerhalten. [...]

Die lokale Verwaltung der deutschen Einzelstaaten charakterisiert sich als eine Mischung von Staats- und Kommunalverwaltung.

Die unterste Stufe der Verwaltung bilden in allen deutschen Staaten die Gemeinden. Diese haben eine rein kommunale Organisation. Alle Organe, welche in denselben tätig werden, sind Organe der Gemeinde. Der Staat beschränkt sich den Gemeinden gegenüber auf die Ausübung von Aufsichtsbefugnissen; nur ausnahmsweise findet eine Regierung der Gemeinde durch Staatsorgane, wie z. B. bei kommissarischer Verwaltung, statt. Man unterscheidet den eigenen und den übertragenen Wirkungskreis der Gemeinde. Unter dem eigenen Wirkungskreise begreift man diejenigen Tätigkeiten, welche die korporative Organisation der Gemeinde, die Verwaltung ihres Vermögens, die Fürsorge für rein lokale Bedürfnisse zum Gegenstande haben. Der übertragene Wirkungskreis umfaßt solche Aufgaben, deren Erfüllung grundsätzlich dem Staate obliegen würde, in dessen Auftrage aber von den Gemeinden für ihren Bereich übernommen wird. [...]

Die größeren Bezirke des Staates (Kreise, Bezirke, Provinzen) sind entweder bloße Staatsverwaltungsbezirke. In diesem Falle werden sie von Staatsbeamten regiert und haben nicht den Charakter eines eigenen Rechtssubjektes. (Beispiele: Regierungsbezirk in Preußen, Amtsbezirk in Baden.) Oder sie haben eine Organisation als Kommunalverbände erhalten, sind also besondere Rechtssubjekte. Dies ist jetzt fast in allen deutschen Staaten der Fall (preußische und hessische Provinzen und Kreise, bayrische und sächsische Kreise und Bezirke, württembergische Bezirke usw.). Diese Kommunalverbände höherer Ordnung sind eine Schöpfung der modernen Staatsgesetzgebung. Die staatliche Gesetzgebung hat daher auch den Kreis der Angelegenheiten be-

stimmt, welche denselben zur selbständigen Erledigung überlassen sind. Als solche kommunale Angelegenheiten gelten die Verwaltung des Vermögens und der Anstalten des Kommunalverbandes; diese ist den kommunalen Organen zur alleinigen und ausschließlichen Ordnung übertragen. Die Ausübung der obrigkeitlichen Befugnisse innerhalb der betreffenden Bezirke wird dagegen als Sache des Staates betrachtet; sie steht staatlichen Organen zu. Diese staatlichen Organe bestanden bis in die neuere Zeit lediglich aus staatlichen Berufsbeamten. Erst die Verwaltungsreformgesetzgebung der letzten Jahrzehnte hat eine Umbildung derselben vorgenommen und den Staatsbeamten Elemente zur Seite gesetzt, welche meist aus Wahlen der kommunalen Vertretungen hervorgehen und ihre Ämter als Selbstverwaltungsämter verwalten. [...]
Der preußische Staat zerfällt für die Zwecke der Verwaltung in Provinzen, Regierungsbezirke und Kreise. Provinzen und Kreise haben den Charakter von Kommunalverbänden, die Regierungsbezirke den von bloßen Staatsverwaltungsbezirken. In den meisten Provinzen besteht innerhalb der Kreise noch eine weitere Unterabteilung. Außerhalb des Provinzialverbandes befindet sich die Stadt Berlin. Andere größere Städte stehen zwar innerhalb des Provinzial- aber außerhalb des Kreisverbandes.
1. Als staatliche Organe, welche mit den Befugnissen der obrigkeitlichen Verwaltung ausgestattet sind, fungieren teils staatliche Berufsbeamte, teils Behörden, welche sich aus solchen und Elementen der Selbstverwaltung zusammensetzen. Diese Organe sind der Oberpräsident und der Provinzialrat; der Regierungspräsident, die Bezirksregierung und der Bezirksausschuß; der Landrat und der Kreisausschuß.
Der Oberpräsident steht an der Spitze der Verwaltung der Provinz. Er erledigt die ihm speziell überwiesenen Geschäfte, ist ständiger Kommissar der Ministerien und führt die Oberaufsicht über die Verwaltungsbehörden in der Provinz. Ihm ist ein Oberpräsidialrat und eine Anzahl von Räten und Hülfsarbeitern beigegeben, die Organisation der Oberpräsidien ist rein bureaumäßig. Der Provinzialrat besteht: 1. aus dem Oberpräsidenten als Vorsitzenden, 2. aus einem vom Minister des Innern ernannten höheren Verwaltungsbeamten, und 3. aus fünf Mitgliedern, welche vom Provinzialausschusse aus der Zahl der zum Provinziallandtage wählbaren Provinzialangehörigen gewählt werden.
Im Regierungsbezirk fungieren als ständige Organe der Regierungspräsident und die Bezirksregierung. Die Verbindung des Amtes des Oberpräsidenten mit dem des Regierungspräsidenten ist nicht mehr zulässig. Die Regierung zerfällt in mehrere Abteilungen und hat den Charakter einer Kollegialbehörde; die Abteilung des Innern ist jedoch aufgelöst und ihre Geschäfte sind auf den Regierungspräsidenten übertragen worden. Der Bezirksausschuß besteht aus dem Regierungspräsidenten als Vorsitzendem

und sechs Mitgliedern. Zwei dieser Mitglieder werden vom Könige ernannt; von diesen muß eines zum Richteramt, das andere zum höheren Verwaltungsdienst befähigt sein. Aus der Zahl dieser Mitglieder ernennt der König den Stellvertreter des Regierungspräsidenten mit dem Titel Verwaltungsgerichtsdirektor. Die vier anderen Mitglieder werden aus den Einwohnern des Sprengels durch den Provinzialausschuß gewählt.

Die Leitung der Kreisverwaltung steht dem Landrat zu. Der Landrat wird vom Könige ernannt. Das frühere Präsentationsrecht der Kreistage ist in ein bloßes Vorschlagsrecht verwandelt worden; die Vorschläge können sich nur auf solche Personen erstrecken, welche dem Kreise seit mindestens einem Jahre durch Wohnsitz und Grundbesitz angehören (und für Bekleidung der Stelle eines Landrats geeignet sind. Geeignet aber sind diejenigen Personen, welche 1. die Befähigung zum höheren Verwaltungs- oder Justizdienste erlangt haben oder 2. dem Kreise seit mindestens einem Jahre durch Grundbesitz oder Wohnsitz angehören und zugleich mindestens während eines vierjährigen Zeitraumes entweder a) als Referendare im Vorbereitungsdienst bei den Gerichten und Verwaltungsbehörden oder b) in Selbstverwaltungsämtern des betreffenden Kreises, des Bezirkes oder der Provinz tätig gewesen sind). Zur Stellvertretung des Landrates werden vom Kreistage zwei Kreisdeputierte gewählt. Der Kreisausschuß besteht aus dem Landrat und sechs Mitgliedern, welche vom Kreistage aus der Mitte der Kreisangehörigen gewählt werden. Er hat das Recht, einen Syndikus mit beratender Stimme aus der Zahl derjenigen Personen zu bestellen, welche die Befähigung zum höheren Richteramt besitzen. — In denjenigen Städten, welche einen eigenen Kreis bilden, tritt an die Stelle des Kreisausschusses ein Stadtausschuß, bestehend aus dem Bürgermeister bezw. dessen Stellvertreter und vier Mitgliedern, welche der Magistrat aus seiner Mitte, da, wo kein Magistrat besteht, die Gemeindevertreter aus den Gemeindebürgern wählen.

In den meisten Provinzen zerfallen die Kreise in Unterabteilungen, welche eine Reihe von Gemeinden, namentlich Landgemeinden, und Gutsbezirke zu einem größeren Verbande zusammenfassen. Diese Unterabteilungen sind in den östlichen Provinzen und in Schleswig-Holstein die Amtsbezirke, an deren Spitze ein Amtsvorsteher steht. Dieser wird auf Grund einer vom Kreistage aufzustellenden Liste der dazu befähigten Personen durch den Oberpräsidenten ernannt. Ihm steht die Verwaltung der Polizei und anderer örtlicher Angelegenheiten zu. Der Amtsausschuß, welcher sich aus den Gemeindevorstehern, Besitzern der selbständigen Gutsbezirke und, wenn notwendig, besonderen gewählten Mitgliedern zusammensetzt, hat die Ausgaben des Amtsbezirkes zu bewilligen und zu kontrollieren, sowie beim Erlaß von Polizeiverordnungen mitzuwirken. [...]

2. Als kommunale Organe für die Verwaltung des Provinzial- und Kreisvermögens und der Provinzial- und Kreisanstalten fungieren die Kreistage und Provinziallandtage bezw. deren Ausschüsse.
Die Kreistage (Kreisversammlungen) werden von den Wahlverbänden der Großgrundbesitzer, denen höchstbesteuerte Gewerbetreibende und Bergwerksbesitzer hinzutreten können, der Städte und Landgemeinden gewählt. [...]
Die Provinziallandtage werden von den Kreistagen bezw. den Magistraten und Stadtverordnetenversammlungen der einen eigenen Kreis bildenden Städte gewählt. Ihre Zustimmung ist zum Erlaß von Provinzialstatuten, zu wichtigeren Akten der Vermögensverwaltung (Aufnahme von Anleihen, Veräußerung von Grundvermögen u. s. w.) erforderlich, sie stellen die Provinzialetats auf, kontrollieren die Verwaltung des Provinzialvermögens, sind zur Abgabe von Gutachten befugt und besitzen ein Petitions- und Beschwerderecht. [...]
Für die außerhalb des Provinzialverbandes stehende Stadt Berlin fungiert der Oberpräsident der Provinz Brandenburg als Oberpräsident; die Funktionen des Regierungspräsidenten werden vom Oberpräsidenten, die des Provinzialrates teils vom Oberpräsidenten, teils von dem zuständigen Minister wahrgenommen. [15]

## Die Ideologie des Beamtentums

*Der Historiker, politische Publizist und Reichstagsabgeordnete (1871–1884) Heinrich von Treitschke in einem 1869–1871 verfaßten Aufsatz über die Vorzüge des preußischen Beamtentums und die Notwendigkeit der Ergänzung der bürokratischen Verwaltung durch ein von den besitzenden Schichten getragenes System der Selbstverwaltung.*

Gleich dem Heere ist auch unser Beamtentum eine wesentliche Stütze der Monarchie. Jede Nation pflegt die hergebrachte Ordnung ihrer Verwaltung als selbstverständlich anzusehen; nur unter dem Druck schwerer Mißstände wagt man das Recht dieser gewohnten Formen anzuzweifeln. Eine solche Krisis ist seit der Verleihung der Verfassung über Preußen gekommen; selbst gemäßigte geistvolle Köpfe bekennen sich heute zu der Meinung: »Die Tage des monarchischen Beamtentums sind gezählt. Wie einst die Kirche die großen Kulturaufgaben, Unterricht und Armenpflege, welche sie bisher musterhaft besorgt, an den Staat abgeben mußte, so soll auch unser Beamtentum seinen alten Verdiensten die Krone aufsetzen, indem es sich Schritt für Schritt zurückzieht vor der Selbstverwaltung der Kreise und Gemeinden und schließlich sein Amt für erloschen erklärt.« Sehen wir zu, ob so weitgreifende Wünsche sich halten lassen.

Die Organisation unseres Beamtentums gewährt dem Talente einen sehr freien Spielraum, sie steht in Einklang mit dem Idealismus dieses Gelehrtenvolks wie mit der demokratischen Gestaltung unserer Gesellschaft. Die deutsche Anschauung, die von jedem Beamten zuerst wissenschaftliche Bildung verlangt, ist ohne Zweifel einseitig; doch sie hat sich praktisch ebenso wohl bewährt und steht sittlich mindestens ebenso hoch wie die Patronage der englischen Aristokratie oder gar der amerikanische Grundsatz: dem Sieger gehört die Beute. [. . .]

Wie in jedem tüchtigen Beamtentum, so hat sich auch in dem preußischen ein aristokratischer Zug, ein starker Korporationsgeist entwickelt. Der deutsche Beamtenstand denkt hoch von den Pflichten des Amtes; seine besseren Mitglieder leben wirklich nach jener schönen Vorschrift Steins, welche die Beamten verpflichtete, »zur Arbeit für den Staat im Sinne des Königs, nicht als tote Werkzeuge, sondern selbständig, selbsttätig, mit voller Verantwortlichkeit«. Das lebhafte persönliche Selbstgefühl, das dem Deutschen im Blute liegt, und die Überlieferungen aus der Zeit des Kollegialsystems haben den preußischen Beamten noch immer eine starke Unabhängigkeit der Gesinnung erhalten, auch nachdem die rechtliche Sicherheit ihrer Stellung durch die neuen Disziplinargesetze schwer geschädigt worden. Nur grobe Unkenntnis kann den deutschen Beamtenstand auf eine Linie stellen mit dem französischen, der ja in seiner ungeheuren Mehrheit aus Subalternen, employés, besteht und darum allerdings eine willenlose Herde bildet. Wer war jener preußische Landtagspräsident, der in den bewegtesten Tagen der Konfliktszeit mit dem Kriegsminister persönlich zusammenstieß? Ein aktiver königlicher Regierungsrat. Eine Tatsache, die in Italien oder Frankreich rein undenkbar wäre. Als der Welfenkönig einst seinen Beamten das zynische Sprichwort »Wes Brot ich esse, des Lied ich singe« einschärfen ließ, da ging ein Ruf der Entrüstung durch die deutsche Beamtenwelt. Die Meinung, daß der Beamte nur innerhalb der Schranken des Gesetzes zum Gehorsam verpflichtet sei, steht in Deutschland unerschütterlich fest; darum kann auch das Beamtentum in Tagen der Not eine Stütze des Thrones werden. Niemand hält für möglich, daß nach einer Revolution in Berlin unsere Beamten sich der siegreichen Partei so blind, so treulos unterwerfen würden, wie die französischen regelmäßig taten.

Doch freilich, die Bedeutung dieses hochverdienten Standes ist gesunken und wird noch mehr sinken. Seit die neuen technischen Berufe emporgekommen, seit der Reichtum der Mittelklassen so gewaltig stieg, bildet das Beamtentum längst nicht mehr die Elite der Nation. Während der Beamte noch vor zwei Menschenaltern den Kleinbürger väterlich belehrte über die Bildung von Aktiengesellschaften, erscheint er heute in dem großartigen Verkehrsleben der westfälischen Industriebezirke oft ratlos und beschämt als ein Unwissender neben dem Ingenieur, dem Fabrikanten. Immer häufiger stellt sich das Bedürfnis heraus, Geschäftsmänner aus den Kreisen der Gewerbswelt in die Verwaltung hinüberzurufen. Auch die Rechtskunde ist nicht mehr der ausschließliche Vorzug der Bureaukratie, da die Industrie eine Menge tüchtiger juristischer Kräfte in ihren Dienst zieht und der Beruf der Rechtsanwälte unzweifelhaft bald eine freiere und einflußreichere Stellung erlangen wird. Die Bureaukratie steht ferner seit der Verleihung der Verfassung nicht mehr unbefangen über dem Streite der Parteien. Jenes harmlose Vertrauen zu dem unparteiischen Beamtentum des Absolutismus, das noch vor dreißig Jahren Perthes in seinem wackeren Buche »Über den Staatsdienst in Preußen« aussprach, gehört einer Welt an, die nicht mehr ist. Während das englische Beamtentum stets mit dem Parlamente fest zusammenhing, ist das unsere herangewachsen im Kampfe gegen die ständische Libertät. Begreiflich genug, daß der Stand mit Eifersucht auf die neuen parlamentarischen Größen schaute. Die vielseitige dilettantische Redefertigkeit, die dreiste Kritik, welche mit der freien Presse und der Rednerbühne heraufkamen, stießen den ernsten Fachmann ab. Allen Reformvorschlägen hielt er die herrische Antwort entgegen: durch diese Verwaltung ist Preußen groß geworden; warum soll sie nicht den Staat auch einer größeren Zukunft glücklich entgegenführen? Indes, wie sehr man sich auch sträubte, der Parteigeist des konstitutionellen Lebens drang unaufhaltsam ein in das feste Gefüge der alten Bureaukratie; Parteiminister besetzten die wichtigsten Ämter mit gesinnungstüchtigen »Strebern«. Die alten Formen der Verwaltung sind in Wahrheit schon seit Steins Städteordnung unhaltbar, und da die notwendige Reform während eines halben Jahrhunderts ausblieb, so entwickelten sich in der Verwaltung alle die Fehler, welche notwendig einer sich selbst überlassenen regierenden Klasse anhaften: eine Vielregiererei, die einfache Verwaltungsfragen in fünf Instanzen entschied, nicht minder das Bestreben, die Verwaltung von jeder Verantwortung vor den Gerichten zu befreien – eine Tendenz, die sich Schritt für Schritt in den Kabinettsordres seit 1820 verfolgen läßt. Als endlich die neuen Provinzen dem Staate hinzutraten,* da zeigte sich allein das Heer den neuen Aufgaben völlig gewachsen, weniger die Justiz, und am allerwenigsten die Verwaltung.

Seitdem ist die Forderung der Verwaltungsreform in aller Munde, und sie wird sicherlich erfüllt werden, wenn man sich begnügt mit der dreifachen Aufgabe, einmal dem jungen Nachwuchs der Bureaukratie eine gründliche staatswissenschaftliche Vorbildung zu

* Gemeint sind Schleswig-Holstein, Hannover, Kurhessen, Nassau und Frankfurt/Main, die 1866 von Preußen annektiert wurden.

geben, sodann dem Ermessen der Verwaltung, der Willkür der herrschenden Partei feste rechtliche Schranken zu ziehen, endlich das System der bureaukratischen Verwaltung durch ein zusammenhängendes System der Selbstverwaltung zu ergänzen – nicht aber zu zerstören. Ein zahlreiches monarchisches Soldbeamtentum bleibt für die deutsche Verwaltung eine Notwendigkeit, nur soll es nicht mehr die allein regierende Klasse sein. Eine parlamentarische Aristokratie, fähig, unser monarchisches Beamtentum zu ersetzen, ist in Deutschland offenbar nicht vorhanden. Versuchen wir doch soeben zum ersten Male, ob sich bei uns Ehrenämter der Ortsverwaltung durchsetzen lassen, welche die volle Manneskraft des Beauftragten in Anspruch nehmen. Eine neue Aristokratie aber wird in diesem demokratischen Jahrhundert schwerlich entstehen. Man malt uns so oft das glänzende Bild der englischen oder gar der altrömischen Adelsherrschaft. Aber fühlt man denn nicht, daß unser innerstes Wesen, die heiligsten Rechtsbegriffe der Deutschen sich sträuben wider das System des Nepotismus, der Patronage, das von jeder Aristokratie unzertrennlich ist? [...]
Es gilt nur, den Gefahren, welche in der wirtschaftlichen Unselbständigkeit des Staatsbeamtentums liegen, zu begegnen, der Macht der Bureaukratie Ehrenbeamte aus den besitzenden Klassen als ein Gegengewicht an die Seite zu stellen. Es gilt nur, das von dem Beamtentum selbst zur Zeit der Städteordnung begonnene Werk fortzusetzen. Ist diese Selbstverwaltung dereinst durchgeführt, so wird man, billiger denn heute, zugestehen, daß eine in der Kleinstaaterei verkümmerte Nation schlechterdings eines Standes bedarf, der nur dem Ganzen lebt. Es ist eine Forderung der praktischen deutschen Einheit, daß ostpreußische Beamte nach Nassau, hessische nach Schlesien versetzt werden; nur der partikularistische Philister jammert, wenn der nationale Staat dies sein gutes Recht mit Maß und Umsicht übt. Auch ist das Ansehen des Beamtentums im Volke noch keineswegs verschwunden. Noch immer erweist der kleine Mann dem Beamten ungezwungen eine Achtung, die er dem Edelmanne nicht erzeigt, noch immer drängen sich Jahr für Jahr tüchtige junge Kräfte der höheren Stände in die Beamtenlaufbahn. Selbst unsere Parlamente erkennen die Bedeutung, welche der Bureaukratie noch heute zukommt, stillschweigend an: sie gebrauchen ihr Recht der Initiative, wenn auch häufiger als weiland die französischen Kammern, immerhin in bescheidenem Maße. Sogar die neue Kreisordnung ist durch das Beamtentum entworfen, und nichts berechtigt uns zu der Forderung, daß diese Selbstbeschränkung der Bureaukratie schließlich zur Selbstvernichtung führen solle. Es geht nicht an, daß die Masse unserer Beamten, wie in England, in eine subalterne Stellung herabgedrückt und eine kleine Anzahl der höchsten Ämter den parlamentarischen Führern vorbehalten werde. Die Grenze zwischen den höheren und den subalternen Beamten liegt bei uns

tiefer unten als in England, sie liegt da, wo die studierten und die nichtstudierten Beamten sich abscheiden; und dies entspricht unseren demokratischen Sitten. Daher wird in Preußen die Regel bleiben, daß die Mehrzahl der Minister aus den Reihen des Beamtentums hervorgeht; diese Regel beseitigen, hieße der Bureaukratie einen heilsamen Stachel des Ehrgeizes nehmen, ihren geistigen Gehalt allmählich herabdrücken. Daher wird es auch nicht gelingen, unser Beamtentum von dem politischen Parteikampf fernzuhalten; jede Partei wird – mindestens noch im nächsten Jahrzehnt – wünschen müssen, sich im Parlamente zu verstärken durch die Sachkenntnis von Beamten, welche sich auf jede Gefahr hin entschließen, ein Mandat anzunehmen. Daß durch diese Verhältnisse unser konstitutionelles Leben sehr verwickelt wird, liegt auf der Hand. Aber es ist nicht anders. Wir sollen rechnen mit einem lebendigen Königtum, das aus heimatlosen Juristen und Söldnern ein Staatsdienertum und ein nationales Heer gebildet hat und auf beide noch heute sich stützt. [16]

## Kritik der Beamtenherrschaft

*Max Weber analysiert die negativen Auswirkungen der Beamtenherrschaft und der Machtlosigkeit des Reichstages auf den Charakter der Parteien, das staatliche Leben und die Auslese politischer Führer.**

Wo die Machtstellung des Parlaments es mit sich bringt, daß der Monarch in aller Regel den Vertrauensmann der entschiedenen Mehrheit mit der Leitung der Politik betraut, richtet sich dieser Machtkampf der Parteien auf die Erlangung dieser höchsten politischen Stellung. Es sind dann die Leute mit großem politischem Machtinstinkt und mit den ausgeprägtesten politischen Führerqualitäten, welche ihn durchfechten und welche also die Chance haben, in die leitenden Stellungen zu kommen. Denn die Existenz der Partei im Lande und alle die zahllosen ideellen und zum Teil sehr materiellen Interessen, welche damit verknüpft sind, erheischen dann gebieterisch, daß eine mit Führereigenschaften ausgestattete Persönlichkeit an die Spitze kommt. Es besteht dann, und nur dann, der Anreiz für die politischen Temperamente und politischen Begabungen, sich der Auslese dieses Konkurrenzkampfes zu unterziehen.
Ganz anders, wenn unter der Firma: »monarchische Regierung« die Besetzung der höchsten Stellen im Staate Gegenstand des Be-

* Die Quelle ist der im Sommer 1918 erschienenen Schrift ›Parlament und Regierung im neugeordneten Deutschland‹ entnommen, die eine überarbeitete Fassung einer 1917 in der ›Frankfurter Zeitung‹ erschienenen Artikelserie darstellt. Die Grundkonzeptionen der Schrift gehen auf Vorarbeiten zurück, die Weber bereits vor 1914 für ›Wirtschaft und Gesellschaft‹ geleistet hatte.

amtenavancements oder höfischer Zufallsbekanntschaften ist, und wenn ein machtloses Parlament diese Art der Zusammensetzung der Regierung über sich ergehen lassen muß. Auch dann wirkt sich natürlich innerhalb des parlamentarischen Kampfes neben den sachlichen Gegensätzen der persönliche Machtehrgeiz aus. Aber in ganz anderen: subalternen, Formen und Richtungen. In der Richtung, welche er seit 1890 in Deutschland eingeschlagen hat. Neben der Vertretung von lokalen wirtschaftlichen Privatinteressen einflußreicher Wähler ist dann die kleine, subalterne Patronage ausschließlich der Punkt, um den sich letztlich alles dreht. Der Konflikt zwischen dem Reichskanzler Fürsten Bülow und dem Zentrum [von 1906] z. B. entstand nicht über sachliche Meinungsgegensätze, sondern es war wesentlich der Versuch des damaligen Kanzlers, sich jener Ämterpatronage des Zentrums zu entziehen, welche noch heute der Personalzusammensetzung mancher Reichsbehörden in starkem Maße das Gepräge gibt. Und das Zentrum steht darin nicht allein. Die konservativen Parteien haben das Ämtermonopol in Preußen und suchen den Monarchen mit dem Gespenst der »Revolution« einzuschüchtern, sobald diese Pfründeninteressen bedroht werden. Die von den Staatsämtern durch sie dauernd ausgeschlossenen Parteien aber suchen für sich Entschädigung in Gemeinde- oder Krankenkassen-Verwaltungen und treiben, wie früher die Sozialdemokratie, im Parlament eine staatsfeindliche oder staatsfremde Politik. Dies ist selbstverständlich. Denn jede Partei erstrebt als solche: Macht, das heißt: Anteil an der Verwaltung und also: am Einfluß auf die Ämterbesetzung. Den haben die herrschenden Schichten bei uns in einem Maße wie nur irgendwo sonst. Nur daß sie der Verantwortung dafür entzogen sind, weil die Stellenjagd und Patronage hinter den Kulissen vor sich geht und sich auf die unteren, für die Personalien nicht verantwortlichen Stellen erstreckt. Das Beamtentum aber findet bei uns seine Rechnung dabei, seinerseits persönlich unkontrolliert zu schalten, dafür aber den maßgebenden Parteien in Gestalt jener kleinen Pfründenpatronage die erforderlichen Trinkgelder zu zahlen. Dies ist die selbstverständliche Folge davon, daß die Partei (oder Parteikoalition), in deren Hand jeweils tatsächlich die Mehrheitsbildung für oder gegen die Regierung im Parlament liegt, nicht als solche offiziell zur Besetzung des verantwortlichen höchsten politischen Postens berufen wird.
Andererseits ermöglicht dieses System Leuten, welche die Qualitäten eines brauchbaren Beamten, aber keinen Hauch staatsmännischer Begabung besitzen, sich so lange in leitenden politischen Stellungen zu behaupten, bis irgendeine Intrige sie zugunsten einer anderen gleichartigen Persönlichkeit von der Bildfläche verschwinden läßt. Wir haben also die parteipolitische Ämterpatronage bei uns wie in irgendeinem anderen Land. Nur in unehrlich verhüllter Form und vor allem so, daß sie stets zugunsten be-

stimmter, als »hoffähig« geltender Parteimeinungen wirkt. Aber diese Einseitigkeit ist bei weitem noch nicht das Übelste an dem bestehenden Zustand. Sie wäre rein politisch zu ertragen, wenn sie nur wenigstens die Chance böte, daß aus der Mitte jener »hoffähigen« Parteien politisch zur Leitung der Nation qualifizierte Führer in die maßgebenden Stellen aufsteigen könnten. Das aber ist nicht der Fall. Das ist nur dann möglich, wenn parlamentarisches System oder wenigstens parlamentarische Ämterpatronage für die Führerstellungen besteht. [17]

## Das Kastenwesen in der Beamtenschaft

*Der Zentrumspolitiker und spätere badische Staatspräsident (1923–24 und 1926–27) Heinrich Köhler beschreibt in seinen Lebenserinnerungen die Abgeschlossenheit der Beamtenkategorien und den Standesdünkel der höheren Beamten.*

Der mittlere Beamte stand damals – oder ist es auch heute so? – zwischen dem durch die große Zahl sehr wuchtig wirkenden Block der unteren Beamten, die in ihren strebsameren Elementen nur das eine Ziel hatten, in die mittleren Stellen einzurücken, und den Akademikern, die eifersüchtig darüber wachten, daß kein Nichtstudierter, und hätte er noch so viel geleistet, in die durch den Standesdünkel geheiligte Hürde einbrach. Welchem Akademikerdünkel bin ich auf dem Weg meines Aufstiegs begegnet! In der Kleinstaaterei der Vorkriegszeit war er, noch besonders gefördert durch das Korporationswesen, in einer uns heute nicht mehr vorstellbaren Weise ins Kraut geschossen. Der mittlere Beamte konnte leisten, was er wollte – ich bin in meinem Leben der Vorkriegszeit vielen mittleren Beamten in den verschiedensten Verwaltungen begegnet, die jedem leitenden Akademikerposten zur größten Ehre gereicht hätten –, aber alles, was auf der Hochschule studiert oder wenigstens akademisches Bier getrunken hat (mit Ausnahme etwa der katholischen Theologen), hielt wie Pech und Schwefel zusammen, wenn es sich darum handelte, einem besonders tüchtigen mittleren Beamten den Aufstieg in eine bisher von einem Akademiker versehene Stelle zu ermöglichen. Mit welchem Hohn und Spott übergoß man die Forderung in der Nachkriegszeit »Freie Bahn dem Tüchtigen«, die dem unteren und mittleren Beamten den Aufstieg in die nächst höhere Gruppe ermöglichen sollte! [18]

## Die soziale Zusammensetzung der höheren Beamtenschaft in Preußen

*Eine in den Sitzungsprotokollen des Preußischen Abgeordnetenhauses vom 14. 1. 1911 abgedruckte offizielle Statistik. Kennzeichnend ist, daß der Anteil der Adligen in den leitenden Positionen der regionalen Verwaltung erheblich höher liegt als bei den Richtern und den höheren Beamten der zentralen Ministerien.*

*Stand: Ende 1910*

| Dienststellung | Zahlen | Beruf der Eltern: Beamte und Offiziersfamilien | Freie wissenschaftliche Berufe, Rechtsanwälte, Professoren, Lehrer, Geistliche | Landwirte | Handel und Gewerbe | Alter (agrarischer) Adel | Neuer (Beamten- und Berufs-) Adel | Nichtadelig |
|---|---|---|---|---|---|---|---|---|
| Oberpräsidenten | 12 | 7 | — | 5 | — | 7 | 4 | 1 |
| Regierungspräsidenten | 36 | 21 | 1 | 10 | 4 | 16 | 7 | 13 |
| Oberpräsidialräte | 12 | 4 | 2 | 5 | 1 | 6 | — | 6 |
| Oberregierungsräte | 141 | 60 | 18 | 33 | 30 | 27 | 5 | 109 |
| Verwaltungsgerichtsdirektoren | 36 | 17 | 9 | 5 | 5 | 2 | — | 34 |
| Polizeipräsidenten | 22 | 11 | 2 | 5 | 4 | 11 | 4 | 7 |
| Regierungsräte | 612 | 279 | 97 | 114 | 122 | 117 | 22 | 473 |
| Regierungsassessoren | 506 | 258 | 63 | 92 | 93 | 161 | 34 | 311 |
| Landräte und Oberamtmänner | 481 | 228 | 30 | 152 | 71 | 241 | 27 | 213 |
| Summe | 1858 | 885 | 222 | 421 | 330 | | | |
| 1. Staatsminister | 11 | — | — | — | — | 5 | 2 | 4 |
| 2. Unterstaatssekretäre | 9 | — | — | — | — | 2 | — | 7 |
| 3. Ministerialdirektoren | 28 | — | — | — | — | 5 | 1 | 22 |
| 4. Senatspräsidenten beim O.-V.-G. | 8 | — | — | — | — | 1 | — | 7 |
| 5. Vortragende Räte in den Ministerien, bei der Oberrechnungskammer und Staatsschuldenverwaltung | 244 | — | — | — | — | 20 | 10 | 214 |
| 6. Oberverwaltungsgerichtsräte | 45 | — | — | — | — | 4 | — | 41 |

[19]

## Staatsamt und Privatinteresse

*Der Journalist August Stein behandelt in der Frankfurter Zeitung vom 24. 12. 1905 die bestehenden Konventionen über das Verhältnis von Regierungsamt und geschäftlichem Interesse und die privilegierte Stellung des Großgrundbesitzes.*

Es gibt meines Wissens im Reiche und in den Bundesstaaten kein Gesetz, durch das festgelegt wäre, welche Gewerbstätigkeit oder gewinnbringende Beschäftigung mit einem Ministerportefeuille oder einem entsprechenden Reichsamt unvereinbar ist. Aber eine Tradition und feststehende Uebung gibt es. Wer in die Regierung eintritt, darf kein bürgerliches Gewerbe treiben, darf nicht Bankier oder Kaufmann, darf nicht Fabrikant oder Schiffsreeder sein. Nach diesem Grundsatze ist jedesmal verfahren worden, wenn – selten genug – ein Mann aus bürgerlichem Berufe in die Regierung gelangt ist. David Hansemann hat, als er seine staatsmännische Laufbahn begann, seinen Geschäften in der rheinischen Heimat entsagt. Als Friedenthal in den siebziger Jahren Landwirtschaftsminister wurde, hat er seine großen Sprit- und Preßhefefabriken, die ein Weltgeschäft waren, vollständig aufgegeben, und der jüngste Fall: Herr Möller ist, als ihn Bülow zur Annahme des Handelsministeriums bewog, nicht mehr Fabrikant geblieben; er hat seine industriellen Geschäfte vollständig aufgegeben, den einen Teil einem seiner Direktoren verkauft, den andern einem Sohn überlassen. Er tritt auch nicht in sie zurück und bezahlt so wahrscheinlich die angenehme oder unangenehme Erinnerung an seine Ministerschaft auch materiell gar nicht billig. Den in solchen Fällen üblich gewordenen Adel anzunehmen, mag einem auf mehr als hundertjährige ehrenvolle bürgerliche Tradition seiner Familie stolzen Manne nicht leicht geworden sein, aber er ist auch – Gatte und Vater.

Wer als Mitglied der Regierung an der Leitung des Staates beteiligt ist, muß in seinen Urteilen und in seinen Entschließungen frei sein von jeder Rücksicht auf persönliche materielle Vorteile oder Nachteile, frei schon von jeder Versuchung, soll nur nach dem allgemeinen Wohl, nicht nach eigenen Interessen handeln. Wenn schon nicht wahr ist, daß in Preußen-Deutschland die Regierung, wie sie sich zuweilen rühmt, über den Parteien steht, über den widerstreitenden materiellen Interessen wenigstens soll sie in Gesetzgebung und Verwaltung, von persönlichen Rücksichten ihrer Mitglieder unbeeinflußt, stehen. Drum dürfen Minister nicht nebenbei Geschäfte und Gewerbe treiben.

Nur eine große Ausnahme hat die löbliche Regel. Landwirte dürfen unsere Staatsmänner sein, und sie dürfen sich sogar nach Bismarcks Vorbild rühmen, die Interessen dieses einen, ihres eigenen Gewerbes, auch als Leiter des Staates zu vertreten. Herr Möller durfte, als er Handelsminister wurde, nicht mehr Kupfer schmieden lassen und nicht mehr Leder gerben, obwohl doch beides mindestens ebenso ehrbare und nützliche Beschäftigungen sind wie Viehhandel und Schweinemästung, die dem Landwirtschaftsminister frei stehen. Jener ist am Ende seiner Ministerschaft ohne Geschäft; dieser bleibt, wenn er ausscheidet, was er war, Landwirt. Getreide, Milch, Butter, Käse, Kartoffeln, Kraut und Rüben, auch Branntwein und Zucker darf ein aktiver Staatsmann produzieren und Handel damit treiben, Maschinen und Leder aber, Tuch oder Seide nicht. Der Gedanke, daß der Finanz- oder Handelsminister nebenbei ein Bank- oder Handelsgeschäft weiterbetreibe, erscheint ungeheuerlich. Landwirtschaft aber mit allen ihren Nebengewerben, mit Kuh- und Pferdehandel, ist jedem Minister erlaubt, nicht nur dem für Landwirtschaft. Als Herr v. Podbielski [Landwirtschaftsminister] in der Fleischnotdebatte des Reichstages anführte, wieviel Schweine er als Gutsherr von Dalmin bei einer gewissen Marktlage verkauft habe, hat die Mehrheit diese Argumentation mit eigenen Geschäften ganz in der Ordnung gefunden. Dieselbe Mehrheit denkt natürlich nicht an die Möglichkeit, daß einmal ein Minister in einer Finanzdebatte exemplifizieren könnte, wieviel Harpener oder russische Rente er als Bankier in den letzten Tagen gehandelt habe. Und doch wäre die eine Bezugnahme auf die Privatgeschäfte des Herrn Ministers nicht weniger unzulässig als die andere, denn in jedem Falle erscheint er als Gesetzgeber und als Leiter einer Verwaltung durch seine persönlichen Geschäfte beeinflußt. Man braucht an diesen widerspruchsvollen Zustand nur zu rühren, um sich von neuem bewußt zu werden, was es heißt und praktisch bedeutet, daß bei uns die Landwirtschaft oder, deutlich und richtiger gesagt, der Großgrundbesitz der erste und vornehmste Stand im Staate ist. Es ragt da in unser Staatsleben schädlich und verbitternd ein Anachronismus hinein, aus jenen Zeiten, in welchen die auf Großgrundbesitz betriebene Landwirtschaft wirklich noch ein »Stand«, ein privilegierter Stand war, und nicht wie heute ein Gewerbe, das mit den zahlreichen zu ihm gehörigen Nebengewerben, mit den Mitteln moderner Technik betrieben, den Charakter einer Industrie angenommen hat und mit Handel und Spekulationen eng verbunden ist. Ein Anachronismus aus derselben Zeit, in der Gewerbe und Industrie noch eine bescheidene Rolle in der Volkswirtschaft und in den Leistungen für den Staat einnahmen, in denen es noch keine Industriemagnaten und Eisenkönige gab und in denen die königlichen Kaufleute dünner gesät waren als jetzt. Der landwirtschafttreibende Großgrundbesitz ist nach seinem Anteil am Staate und nach seinen Leistungen für diesen längst nicht mehr das, was er einst, namentlich in Preußen, gewesen ist, aber die Bevorzugung ist geblieben. Handel, Gewerbe und Industrie, die, seit der Mitte des vorigen Jahrhunderts mächtig entwickelt, jetzt dem Staate ganz überwiegend die Mittel und die Bedeutung verleihen, haben sich im staatlichen Leben noch nicht zur Gleichberechtigung durchgerungen. Diese Tatsache, für die unsere neuere Gesetzgebung die schwerwiegendsten Beweise liefert, drückt sich auch neben anderen politischen und sozialen Erscheinungen in dem seltsamen Zustande aus, daß die Staatsmänner, die von allen Geschäften und persönlichen Interessen frei sein sollen, unangefochten landwirtschaftliche Interessenten sein dürfen. [20]

## Der Ausschluß von Sozialdemokraten aus der Beamtenschaft

*a) Der Fraktionsvorsitzende der Deutschkonservativen Partei im Reichstag, Kuno Graf von Westarp, vor dem Reichstag am 14. 1. 1913 über die Unvereinbarkeit der Zugehörigkeit zur Sozialdemokratie mit dem Treueverhältnis des Beamten.*

Das Beamtenverhältnis ist nicht bloß ein Vertrag über bestimmte einzelne Arbeitsleistungen, sondern es ist ein Dienstvertrag, ein Treuevertrag, der die ganze Person umfaßt, ein Verhältnis der Treue, die durch den Eid beschworen ist, in welchem dem König Gehorsam und der Verfassung und den Gesetzen Befolgung zugeschworen wird. Mit solchem Eid, mit dem Eingehen eines solchen Treueverhältnisses ist die Zugehörigkeit zu einer Partei, die die Republik erstrebt und dieses Ziel auf dem Wege der Gewalt und Revolution erreichen will, unvereinbar.* Wenn Behörden des Reichs oder einzelner Staaten in einem einzelnen Falle von diesen unverbrüchlichen Grundsätzen abweichen, so hat das nicht bloß ernste und mißzubilligende Folgen für diesen einzelnen Fall, sondern weit darüber hinaus; denn ein solches Verhalten von Regierungsstellen ist ganz besonders geeignet, das Bewußtsein von der Staatsgefährlichkeit der Sozialdemokratie in der Bevölkerung und unter dem Beamtentum schwinden zu lassen. Deshalb heißt es hier vor allem eine grundsätzliche, scharfe und klare Stellung einzunehmen. [21a]

* Für die Erörterung der Rechtslage aufgrund der Rechtsprechung des preußischen Oberverwaltungsgerichts vgl. Westarps Artikel ›Dienstvergehen III‹ im ›Handwörterbuch der Preußischen Verwaltung, hrsg. von Rudolf von Bitter, 2. Aufl., Leipzig 1911, Bd. 1, bes. S. 388.

*b) Erklärung des preußischen Ministers der öffentlichen Arbeiten, Hermann Budde, vom 23. 2. 1903 im Preußischen Abgeordnetenhaus über die Praxis der Entlassung der bei den preußischen Staatsbahnen beschäftigten Arbeiter und Beamten, die sich an sozialdemokratischen Bestrebungen beteiligen.*

Bei den großen Aufgaben, die der Eisenbahnverwaltung obliegen, ist eine strenge, gute Organisation eine Vorbedingung.

(Sehr richtig!)

Wir dürfen es nicht zulassen, daß sich in unserer Organisation, in unseren 365 000 Köpfen Bestrebungen geltend machen, die ich kurzweg mit Umsturz bezeichnen möchte.

(Sehr richtig!)

Meine ganze Vergangenheit bürgt Ihnen dafür, daß ich derartigen Bestrebungen mit aller Energie entgegentreten werde.

(Lebhaftes Bravo.)

Ich fahre fort mit dem, was meine beiden Herren Amtsvorgänger auch getan haben, indem wir alle diejenigen herausmerzen, die dem nicht folgen wollen. (Bravo!)

Mein Herr Amtsvorgänger hat den Erlaß herausgegeben: wer sich agitatorisch an sozialdemokratischen Bestrebungen beteiligt innerhalb des Eisenbahnpersonals, der wird als Arbeiter sofort entlassen, natürlich unter Einhaltung der gesetzlichen Kündigungsfrist. (Zuruf links: Verfassungsmäßige Rechte!)

Wer als nichtständiger Beamter dasselbe tut, dem wird ebenfalls gekündigt, und er wird entlassen; wer aber als Beamter, der den Treueid geschworen hat, sich an Umsturzbestrebungen macht, der wird einfach im Disziplinarverfahren beseitigt. Das ist ein Testament, welches ich übernommen habe, und welches ich auch halten werde. [21 b]

## Der Landrat

*Die zentrale Position in der preußischen Verwaltungshierarchie war das Amt des Landrats, der, zwischen den zentralen Behörden und den lokalen Interessen vor allem der sozial bestimmenden Schichten vermittelnd, vielfach als ›König‹ des von ihm verwalteten Kreises angesehen wurde. Der Landrat des Kreises Allenstein in Ostpreußen (1907–1915), Walter Pauly, beschreibt in einem etwas verklärten Rückblick 1957 Auswahl, Ausbildung, gesellschaftliche Verpflichtungen und Stellung des Landrates im wilhelminischen Deutschland.*

[Es] wurde während der Ausbildungszeit geprüft, wer sich überhaupt für die Tätigkeit des Landrats eignete (Verwaltungstalent, Initiative, Menschenbehandlung usw.), und er wurde aus zahlreichen Assessoren ausgewählt. Beworben hat sich wohl selten ein Regierungsassessor um ein Landratsamt, denn die Stellung des Landrats hatte so viele Vorzüge und war so begehrt, dass nahezu jeder Assessor als Bewerber für jedes Landratsamt hätte gelten können. Man tat sein Bestes und hoffte, von den Berufenen zu den Auserwählten zu gelangen. Das dauerte in Preussen in der Regel 6–10 Jahre; die Besoldung des Landrats war während der ersten zwei Jahrzehnte des Jahrhunderts – richtiger bis zum Beginn der Erschütterung der Währung durch die Inflation – bescheiden, verglichen mit heutigen Gehältern unvorstellbar niedrig. Zunächst musste übrigens jeder Referendar, ob Gericht oder Verwaltung, schriftlich erklären und nachweisen, dass sein Unterhalt für Jahre ›standesgemäss‹ durch ihn selber oder durch seine Unterhaltsverpflichteten gewährleistet sein würde. Nach vier Jahren erfolgte das Staatsexamen für ›Gerichts- und Regierungsreferendare‹ in Preussen verschieden, entsprechend der Ausbildung. Zur ›Regierung‹ übertreten konnte man nach zweijähriger Tätigkeit beim Gericht. Dazu war es nötig, dass ein Regierungspräsident bereit war, den Gerichtsreferendar bei seiner Regierung anzunehmen. [...] Mit Rücksicht auf die Auswahlstellung der Regierungsreferendare behauptete man spöttisch, dies sei die vornehmste Stellung, die ein junger Mann erreichen könne, und ein Oberlandesgerichtspräsident habe an Grössenwahn gelitten, als er einmal im Traume sich als Regierungsreferendar gefühlt habe. Dass der Regierungsreferendar überhaupt keine Bezüge hatte, war selbstverständlich. Aber auch der Regierungsassessor erhielt mit Abschluss des Staatsexamens keineswegs Gehalt oder Diäten, bezog vielmehr letztere regelmäßig erst nach dreijähriger Tätigkeit und zwar 150,– Mk. monatlich, ein Betrag, mit dem man damals bei grösster Anspruchslosigkeit vielleicht auskommen konnte. Es wurde eben stillschweigend erwartet, dass wenigstens etwas eigenes Vermögen vorhanden war, und es war kein Fehler, wenn es reichlich war. [...]

Denn wie waren die Bezüge eines Landrats? Er begannn mit 3.300,– Mk. und stieg im Laufe der Jahre bis 4.500,– Mk. – oder waren es 4.800,– Mk. im Jahr.* Dazu erhielt er einen Wohnungsgeldzuschuss, der bei weitem nicht ausreichte, selbst wenn ihm der Kreis im Kreishaus eine sehr schöne Wohnung preiswert zur Verfügung stellte. [...]

Als Landrat in Allenstein verkehrte man gesellschaftlich zunächst selbstverständlich mit den grösseren Besitzern des Kreises, ferner aber auch mit den Herren der Regierung, mit Behörden und Bürgern der Stadt und mit der Garnison. Das ergab mit den einzuladenden Damen etwa 200–250 Gäste im Jahr. Die Stadt mit

* Ausschließlich der Dienstaufwandsentschädigung, die im Fall des Landrats von Allenstein 6000 Mark jährlich betrug. Von dieser mußten die gesellschaftlichen Verpflichtungen, aber auch die 8–12 Hilfskräfte des Landratsbüros bezahlt werden.

kaum 30.000 Einwohnern wies eine ›Gesellschaft‹ auf, wie im Westen eine solche von mindestens einer viertel Million Einwohnern. Dabei braucht man sich nur an die Grösse der Garnison – die zweitgrösste Preussens – zu erinnern mit allein 7 Generälen verschiedenster Waffengattungen vom kommandierenden General an. – Bei den Einzuladenden musste ich die tanzfreudigen Offiziere leider enttäuschen; es standen laut Rangliste allein 249 Leutnants in Allenstein. Meine ›offiziellen‹ militärischen Einladungen begannen erst beim Oberstleutnant; dabei war es belustigend, wie beim Militär und zum Teil auch bei Beamteneinladungen vielfach Rang und Würde auf das Gewissenhafteste eingehalten wurden. Da die Einladungen sich auf einige Wintermonate und in der Regel auf die Abende beschränkten, kam es vor, dass man für eine Woche manchmal mehr Einladungen hatte als die Woche Tage, und dass man seinem Rang entsprechend häufig ein- und dieselbe Tischdame bekam. Den Rekord hielt ein Winter, in dem ich bei 32 Abendessen stets die gleiche Tischdame hatte, so dass wir unsere letzte Unterhaltung einfach am nächsten Abend fortsetzten. Gottlob war die Dame unterhaltsam! [...]
Die Tätigkeit des Landrats ist doch wohl ein wichtiger Teil des Regierens in Preussen gewesen! Was nützt die Ordnung in den Zentralstellen, wenn unten in den Kreisen Unordnung herrschen würde? Aber muss das Regieren des Landrats, das Ordnen, äusserlich sich immer sehr bemerkbar machen? Ich meine, im Gegenteil. Handelt es sich doch um Selbstverwaltung, und die Mitwirkung des Landrats, tatsächlich die Leitung, soll nach aussen wenig hervortreten, sie darf nicht, wie man heute sagen würde, ›dirigistisch‹ sein oder gar als Zwang erscheinen.
Übrigens waren es ja zwei ganz verschiedene Aufgaben, die dem Landrat in Preussen oblagen: seine Tätigkeit als Staatsbeamter einerseits und die als Vorsitzender des Kreisausschusses andererseits, besoldeter Staatsbeamter und kommunaler Ehrenbeamter. Denn in letzterer Eigenschaft bezog er kein Gehalt. Als Landrat war er der Vorgesetzte der Amtsvorsteher als örtlicher Polizeiorgane. Diese waren in Gegenden mit viel Grossgrundbesitz meist die Besitzer der Rittergüter, in solchen mit viel Klein- und Mittelbesitz die Intelligentesten unter ihnen. [...]
Der Kreistag trat grundsätzlich mindestens einmal im Jahr zusammen, um den Etat zu bewilligen, sonst noch, um über besondere Mittel erfordernde Vorlagen zu beschliessen. Er hatte ferner u. a. auch die Vertreter zum Provinziallandtag zu wählen. Die Verwaltung oblag dem Kreisausschuss, der ausser dem Landrat als Vorsitzendem aus fünf besonders tüchtigen Kreisbewohnern bestand. Er trat im allgemeinen zweiwöchentlich zusammen. Seine Tätigkeit war nicht nur sehr wichtig und nützlich, sondern sein Vorhandensein und seine Mitwirkung waren – jedenfalls mir – sehr angenehm und werden es wohl jedem Landrat gewesen sein,

denn sie machten die Kreisverwaltung wesentlich unpersönlicher und entkleideten den Landrat des Diktatorischen, was ihm oft nachgesagt wurde. Ich könnte mir ein solches Regiment als erspriesslich oder gar für beide Teile befriedigend nicht vorstellen; ich möchte vom Landrat sagen: Il gouverne, mais il ne règne pas,* er macht eine Menge Dinge, führt sie aus, aber er hat sich vorher mit den massgebenden Herren namentlich vom Kreisausschuss verständigt. Ja, wo es angebracht war, sogar soweit ›verständigt‹, dass er die Anregung zu seinem Plan von einem dieser Herren ausgehen liess. [22]

## Die selbständigen Gutsbezirke

*Eine charakteristische Besonderheit der preußischen Verwaltung auf unterster Ebene in den ostelbischen Provinzen waren die selbständigen Gutsbezirke, die entscheidend dazu beitrugen, die traditionell dominierende Stellung der größeren Gutsbesitzer in diesen Gebieten zu erhalten. Der sozialdemokratische Landtagsabgeordnete Paul Hirsch beschreibt 1913 die Position des Gutsbesitzers als Vertreter der Obrigkeit.*

Unter einem selbständigen Gutsbezirke versteht man ein bestimmt abgegrenztes Landgebiet, das mit seinen Bewohnern der obrigkeitlichen Gewalt eines Gutsherrn unterstellt ist. Der Gutsherr übt polizeiliche Gewalt; er ist, soweit nicht das Gesetz Ausnahmen statuiert hat, der Träger aller kommunalen Rechte; die Einwohner dagegen haben überhaupt kein Gemeinderecht. Der Besitzer des Gutes gehört nicht zu der Landgemeinde, sondern bildet eine besondere Kommunaleinheit. Die innere Gestaltung eines Gutsbezirks weicht demnach von der der Gemeinden völlig ab, nach außen aber hat der Gutsbesitzer alle Rechte und Pflichten der Gemeinde; insbesondere tritt er in Person oder durch einen als Stellvertreter zu bestellenden Gutsvorsteher an die Stelle des Gemeindevorstehers, dem aber keinerlei Gemeinderat zur Seite steht. Aus diesen kleinen absoluten Standesherrschaften, Ueberbleibseln aus der Feudalzeit, denen wir meist in den östlichen Provinzen begegnen, zieht die Reaktion mit in erster Linie ihre Kraft. [...]
Die Zahl der Gutsbezirke ist keineswegs gering. Am 1. Dezember 1910 gab es in Preußen 15 368 Gutsbezirke, von denen allein 1229 auf den Regierungsbezirk Königsberg, 1116 auf den Regierungsbezirk Posen, 1513 auf den Regierungsbezirk Breslau, 1107 auf den Regierungsbezirk Liegnitz und 1102 auf den Regierungsbezirk Oppeln entfielen, während im Rheinland überhaupt kein Gutsbezirk bestand. In der Provinz Posen schmachtet etwa ein

* (franz.) Er regiert, aber er herrscht nicht.

Fünftel der Einwohner unter der Mißwirtschaft der Gutsbezirke, und ebenso ist es in Pommern, dem gelobten Lande des Junkertums. Hier zählte man am 1. Dezember 1910 neben 63 Städten und 2091 Landgemeinden nicht weniger als 2382 Gutsbezirke. Die Zahl der Gutsbezirke ist für die gesamte Landesverwaltung von größter Bedeutung.

Noch bis in die neueste Zeit hinein sind die Gutsbezirke das Schoßkind der Gesetzgebung gewesen. Durch Gesetz vom 1. April 1895 wurde die Grund- und Gebäudesteuer außer Hebung gesetzt, sie wird aber nach wie vor veranlagt. Die Gutsherren haben hiervon einen doppelten Vorteil. Einmal bemißt sich ihr Wahlrecht sowohl für das Abgeordnetenhaus, als auch für die Kreistage nach der veranlagten, aber nicht bezahlten Steuer. Andererseits können sie von keiner Gemeinde auf Grund der Einschätzung zur Kommunalsteuer herangezogen werden, wie die sonstigen Gutsbesitzer. Der Umstand, daß sie für ihren Bezirk sich die Lasten selbst aufzuerlegen haben, bewirkt nun, daß sie sich in jeder Weise den Schullasten entziehen, so daß die Schule auf dem Mindestmaß des Notwendigen gehalten wird; ferner aber auch, daß die Wege, soweit sie nicht vom Kreis oder sonstigen Verbänden unterhalten werden, fast stets in schlechtem Zustande sind [...]

Als »Gemeindevorsteher« repräsentiert der Gutsbesitzer eine öffentliche Behörde; er hat Rechte und Pflichten des mittelbaren Staatsbeamten, nicht auf Grund seiner Befähigung oder einer noch so eingeengten Wahl, sondern auf Grund des ererbten oder erkauften Besitzes. Ihm stehen in Ausübung seiner »obrigkeitlichen Gewalt« Zwangsbefugnisse zu. Er kann Geld- oder verhältnismäßige Haftstrafe androhen oder festsetzen, freilich nur bis zu 5 Mk. oder einen Tag Haft [...] Gegen seine Anordnungen und Festsetzungen ist eine Beschwerde im Aufsichtswege mit zweiwöchiger Frist an den Landrat und weiter an den Regierungspräsidenten zulässig, das heißt an Männer, die östlich der Elbe meist wieder mit den Besitzern der Gutsbezirke auf das engste zusammenhängen.

Wo ein Gutsbezirk so ausgedehnt ist, daß er einen besonderen Amtsbezirk bilden kann, ist der Gutsherr gleichzeitig Amtsvorsteher, so daß auch die Ortspolizei in seinen Händen liegt. Einen Amtsausschuß gibt es in solchen Bezirken nicht.

Für die Wahlen zum Kreistag genießen die Gutsbezirke die weitgehendsten Vorrechte; von den Kreistagen werden wieder die Abgeordneten für die Provinziallandtage gewählt, soweit sie nicht aus den Stadtkreisen hervorgehen. Da nun wieder die Ausschüsse, die den regierenden Beamten beigegeben sind – der Kreisausschuß für den Landrat, der Bezirksausschuß für den Regierungspräsidenten, der Provinzialrat für den Oberpräsidenten –, soweit sie gewählt werden, aus Wahlen des Kreistages und Provinziallandtages hervorgehen, so kann man getrost sagen: In den östlichen Provinzen sind diese Ausschüsse dazu da, nicht etwa um die Interessen weiterer Bevölkerungsschichten gegenüber der Bureaukratie wahrzunehmen, sondern vielmehr um zu kontrollieren, ob die Beamten, die freilich meist dem Junkertum entstammen, auch treu in den alten Gleisen der Reaktion bleiben! Nicht unerwähnt sei, daß der Kreisausschuß und der Bezirksausschuß, in dem neben den vier »gewählten« Mitgliedern noch zwei vom König ernannte Beamte sitzen, die Verwaltungsgerichte erster und zweiter Instanz bilden.

Eine große Zahl von Gutsbezirken sind selbständige Ortsarmenverbände. Daß die Armenpflege hier, allein vom guten Willen des Gutsherrn abhängend, sehr schlecht ist, unterliegt keinem Zweifel. In der rücksichtslosesten Abwälzung der Armenlasten auf die benachbarten Landgemeinden legen die Gutsherren eine geradezu meisterhafte Virtuosität an den Tag. [...]

Noch schlimmer aber wirkt die junkerliche Polizeigewalt. Niemand außer ihnen selbst kontrolliert die gesundheitlichen Verhältnisse der Wohnungen, die denn auch häufig für Vieh zu schlecht sind — im Gegensatz zu den prächtigen herrschaftlichen Ställen. Die ganze Härte der Gesindeordnung — und unter ihren Paragraphen seufzt außer dem eigentlichen Gesinde etwa ein Viertel aller Landarbeiter — tritt erst in den Gutsbezirken in die Erscheinung, wo der Arbeitgeber oder sein Angestellter als Polizeiorgan das Recht vorläufiger Entscheidung und zwangsweiser Vollstreckung hat. [23]

## Der Staat als Arbeitgeber

*Der demokratisch-pazifistische Publizist und linksliberale Reichstagsabgeordnete Hellmut von Gerlach zitiert in seinen Memoiren ein Aktenstück der königlich preußischen Ansiedlungskommission für Posen und Westpreußen vom März 1900 über die Beköstigung der Staatsarbeiter auf den von der Kommission bewirtschafteten Gütern.*

Diese Kommission hatte die Verwaltung der vielen Dutzende von Gütern, die in der Ostmark aus allgemeinen Steuermitteln vom Fiskus erworben wurden, um den polnischen Grundbesitz durch deutschen zu ersetzen. Zwischen Erwerb durch den Staat und Weitergabe an den Ansiedler lag ein Zwischenraum von einigen Jahren, währenddessen die Ansiedlungskommission die Güter zu bewirtschaften hatte.

Für die dabei beschäftigten Staatsarbeiter hatte der Präsident der Ansiedlungskommission im März 1900 einen Küchenzettel ausgearbeitet, der die Ernährungskosten pro Tag und Arbeiter auf 40 Pfennig festsetzte.

Als er den Verwaltern der einzelnen Güter diesen Ernährungsplan zuschickte, erhoben einige Widerspruch. Worauf ihnen der Präsident mit der Schneidigkeit des echten Preußen erwiderte:

Küchenzettel

(Änderungen dieses Küchenzettels nach örtlichen Gewohnheiten und Bedürfnissen sind, wie auch hierunter schon angedeutet, zulässig, aber nur im Rahmen des Wertes der angegebenen Portionen.)

| Bezeichnung der Speisen | Marktpreis p. Pfg. | Maß u. Gewicht p. Person | | Geldbetrag | Bemerkungen: |
|---|---|---|---|---|---|
| | | Lit. | Gr. | | |
| A. Morgens | Pfund | | | | Zu A. Selbstver- |
| 1. Kaffee | höchst. | — | 7 | 1,40 | ständlich kann |
| | 100 | | | | statt Kaffee |
| 2. Zichorien | 25 | — | 3 | 0,15 | Mehlsuppe |
| 3. Vollmilch | Lit. 10 | 0,05 | — | 0,50 | gegeben werden, |
| | | | — | 2,05 | Kaffee somit nur |
| | | | | | dort, wo es orts- |
| | | | | | üblich ist. |
| | | | | | od. 0,10 Lit. |
| | | | | | Magermilch |
| B. Mittags | | | | | Zu B. Fleisch darf |
| Mit Fleisch | | | | | bis zu 3mal die |
| 1. Fleisch | Pfd. 50 | — | 100 | 10,— | Woche verab- |
| 2. Graupe, Grütze | „ 10 | — | 90 | 1,80 | reicht werden, an |
| 3. Kartoffeln | „ 1,5 | — | 750 | 2,25 | den andern Ta- |
| | | | | 16,05 | gen sind 50 g |
| | | | | | Fett (Schmalz |
| | | | | | od. geräucherter |
| | | | | | oder frischer |
| | | | | | Speck) zu geben. |
| Ohne Fleisch | | | | | oder 90 gr. Reis, |
| 1. Fett | „ 50 | — | 50 | 5,00 | oder 100 gr. |
| 2. Kartoffeln | „ 1,5 | — | 750 | 2,25 | Bohnen od. 100 g |
| | | | | | Erbsen I, |
| | | | | | zugewogen, |
| | | | | | mit Schale. |
| 3. Erbsen | „ 7 | — | 200 | 2,80 | zugewogen mit |
| | | | | 10,05 | der Schale |
| | | | | | oder 200 gr. |
| 4. Dazu Gewürz | | | | | Bohnen, oder |
| etc. | — | — | — | 2,— | 200 gr. Linsen. |
| | | | | 12,05 | |
| | | | | | oder 100 gr. |
| | | | | | Erbsen und |
| | | | | | 50 gr. Graupe. |
| | | | | | oder 90 gr. Reis |

| Bezeichnung der Speisen | Marktpreis p. Pfg. | Maß u. Gewicht d. Zutat p. Pers. Lit. | Gr. | Geldbetrag | Bemerkungen: |
|---|---|---|---|---|---|
| | | | | | und 90 gr. Graupe, od. Sauerkohl m. Erbsen, 200 gr. Sauerk. 100 gr. Erbsen. Diese Gerichte stellen sich ca 1,5 Pf. bis 13,75 Pf. höher. |
| C. Abends (Mehlsuppe) | | | | | Zu C. Wenn es mittags Fleisch gegeben hat, ist abends die billigere Kost zu verabreichen. |
| 1. Mehl | Pfd. 12 | — | 80 | 2,00 | |
| 2. Magermilch od. Brotsuppe | Lit. 3 | 0,25 | — | 0,75 | od. 90 gr. Grütze oder Reis. |
| 1. Brot | Pfd. 8 | — | 150 | 2,40 | |
| 2. Roggenmehl | „ 12 | — | 15 | 0,36 | od. 0,125 Ltr. Vollmilch |
| 3. Magermilch | Lit. 3 | 0,15 | — | 0,45 | od. 10 gr. Fett, mit Vollmilch auf 3,25 Pfg. mit Fett auf 3 Pfg. Noch zu C. Es kann unter Verminderung der nebenstehenden Portionen in der Woche einmal Käse, für den Kopf 100 g, und einmal Hering, für den Kopf 1 Stück (besonders an Festtagen) verabreicht werden. |

Zu A. B. und C.: Der Verbrauch bezw. Bedarf an Salz und Gewürz stellt sich für den Tag und Kopf auf 40 gr. Salz und 0,4 Pfg. Gewürz, an Essig – bei Gerichten, für die Essig erforderlich ist – für den Kopf auf 0,4 Ltr.

II. Außerdem ist für den Kopf und Tag 1 kg. = 2 Pfund Brot, sowie 40 gr. Schmalz und an den langen Arbeitstagen, für die eine Vesperpause zugestanden ist, noch eine Portion Kaffee zu verabfolgen.

III. An hohen Festtagen kann etwas mehr Fleisch zugeteilt werden.

»Ich verlange, daß meine Verfügung strikt durchgeführt wird. Die Erfahrung hat gelehrt, daß es sehr wohl möglich ist, für den Durchschnittspreis von 40 Pfennigen leben zu können. Damit ist es möglich, einen erwachsenen Arbeiter gut und ausreichend zu beköstigen.«

Ob ein erwachsener Landarbeiter, der im Sommer manchmal 16 Stunden beschäftigt ist, »gut und ausreichend« von den für ihn ausgeworfenen 40 Pfennigen leben konnte, kann jeder selbst beurteilen, wenn er den nachstehenden amtlichen Küchenzettel, datiert vom 26. März 1900, studiert. [...]

Natürlich erregte der Küchenzettel ungeheures Aufsehen. Die gesamte Presse verurteilte ihn, sogar die konservative. Die Ansiedlungskommission brauchte sieben Wochen, um sich von ihrem Schrecken zu erholen. Dann ließ sie eine Verteidigungsschrift los, deren Hauptsatz folgendermaßen lautete: »Mit Rücksicht auf die privaten Nachbarbetriebe kann die Ansiedlungskommission keine bessere Nahrung gewähren, ohne der Schleuderkonkurrenz beschuldigt zu werden.«

Somit wurde amtlich festgestellt, daß auf den Staatsgütern nicht etwa eine besonders schlechte Beköstigung der Landarbeiter eingeführt worden war, sondern daß man dort die armen Teufel nur deshalb so schlecht ernährte, weil man fürchtete, sonst von den Agrariern des »unlauteren Wettbewerbs« bezichtigt zu werden. [24]

## Die Kommunalverwaltung und die Ausdehnung der Industriestädte

*Paul Brandi, der von 1899 bis 1911 in einer führenden Position in der Kommunalverwaltung Essens tätig war, schildert am Beispiel der Eingemeindung Bredeneys in die Ruhrmetropole eines der zentralen Probleme der deutschen Großstädte in der Zeit des Bismarckreiches.*

Sehr viel schwieriger [als die Eingemeindung von Rellinghausen], aber für Essens Zukunft wichtiger, war die Eingemeindung von Bredeney, denn hier war mit entscheidendem Widerstand des Landkreises, dessen Perle eben Bredeney, und zwar nicht nur wegen seiner bevorzugten Lage und Entwicklungsaussichten, sondern vor allem auch aus finanziellen und repräsentativen Gründen war, zu rechnen; denn dort hatte die Familie Krupp auf dem Hügel ihren Wohnsitz, dort zahlte sie also auch beträchtliche Einkommensteuer. Allerdings hatte der Landrat schon vor Jahren in eine Teilung der Einkommensteuer mit der Stadt Essen gewilligt, weil Essen als Sitz des Betriebes Anspruch auf einen Steueranteil hatte, aber es blieb für die kleine Gemeinde Bredeney immer noch ein unverhältnismäßig großes Aufkommen, das sie in den Stand setzte, sich allmählich zu einer modernen schönen

Wohngemeinde herauszubilden und gute Steuerzahler durch ihre niedrigen Steuersätze anzuziehen. Auch die Familie Krupp selbst fühlte sich in der Gemeinde Bredeney sehr wohl und daher nicht veranlaßt, sich unter die Herrschaft des Essener Oberbürgermeisters zu stellen. Neuerdings war die Gemeinde sogar dazu übergegangen, nicht nur einen Volljuristen als Bürgermeister anzustellen, sondern auch trotz der kleinen Einwohnerzahl sich ein prächtiges Gymnasium zu bauen und durch Ankauf von Baugelände eigene Bodenpolitik zu treiben. Und da in der Tat Aussicht bestand, hierdurch Bredeney aus eigener Kraft zu einem gesuchten Wohnort auszugestalten, hatten auch die Grundbesitzer keine Veranlassung mehr, aus einer Eingemeindung eine nennenswerte Steigerung der Grundstückswerte zu erwarten; sie widersetzten sich sogar allen dahinzielenden Bestrebungen. Einer der Bauernhofbesitzer sandte, wie ich hörte, in seiner Eigenschaft als 2. Bürgermeister den ihm vom Essener Oberbürgermeister geschickten Essener Etat mit dem Bemerken zurück, er wisse nicht, welches Interesse man in Bredeney an diesem Etat haben könne. Mindestens ebenso großer Widerstand war vom Landrat des Landkreises Essen zu erwarten. Auch die Familie Krupp fühlte sich nicht nur durch langjährige dienstliche Beziehungen sondern auch durch persönliche Sympathie mit dem Kreise verbunden. Solange Bredeney eine kleine ca. 5 km von Essen entfernte Gemeinde war, in der außer den Bauern und einer größeren Zahl Krupp'scher Hausangestellter nur noch Inhaber von Ausflugslokalen wohnten, bildete es für Essen auch keine Gefahr. Dies wurde im Zeitalter der Automobile anders und hatte dann auch zu den erwähnten Entfaltungstendenzen geführt, die Essen zum Eingreifen zwangen. Den letzten Anstoß gab ein Grundstücksankauf seitens der Gemeinde Bredeney, der sich klar gegen Essen richtete, da man dort erfahren hatte, daß wir uns um das Grundstück bemühten. Ich war mir klar darüber, daß man die örtlichen und behördlichen Widerstände nur durch ein Zusammengehen mit dem Hause Krupp überwinden konnte und daß man auch dies nur durch Vermittlung des Krupp'schen Direktoriums erreichen werde, wenn sich dieses entscheidende Vorteile für die Fabrik von der Eingemeindung zu versprechen habe. Als förderlich für unsere Bestrebungen durften wir dagegen die Tatsache ansehen, daß die preußische Regierung, und zwar sowohl der Kommunaldezernent im Ministerium des Innern wie namentlich der einsichtsvolle Regierungspräsident Kruse in Düsseldorf, berechtigten Erweiterungsbestrebungen größerer Städte nicht mehr so ablehnend gegenüberstanden wie die früheren Instanzen, und ferner, daß Oberbürgermeister Holle sich mit den maßgebenden Parteiführern des Landtages, vor allem den konservativen, gut zu stellen verstand. Ferner konnten wir nicht im Zweifel darüber sein, daß die Eingemeindung von Bredeney nicht für sich allein denkbar sei, man vielmehr zu dem guten Fleisch sehr schwere Beilagen, d. h. zugleich auch weniger wertvolle reine Industriegemeinden abnehmen müsse. Hierfür kamen vor allem Borbeck, die größte Landbürgermeisterei Preußens, mit über 60000 Einwohnern, sowie Altenessen mit mehr als 30000 Bewohnern in Betracht. Aber gerade hier konnten wir durch einen günstigen Zufall den Hebel beim Krupp'schen Direktorium ansetzen, und zwar durch die bevorstehende Fertigstellung des Rhein-Herne-Ems-Kanals. Es war uns bekannt, daß Krupp seit langem den Plan verfolgte, seine kleinen älteren Hochofenwerke am Rhein zu schließen und an ihrer Stelle nördlich vom Essener Werk am Kanal ein modernes Hochofenwerk als Ergänzung des Essener Stahlwerks anzulegen. Merkwürdigerweise hatte man aber noch keine Schritte getan, sich dort entsprechendes Gelände zu sichern, vermutlich weil man annahm, aus dem umfangreichen Besitz des Freiherrn von Schell im alten Emscherbruch immer noch früh genug und preiswert kaufen zu können. Hier setzten wir nun ein und ließen uns durch notarielle Offerten das ganze erreichbare, an der Südseite des Kanals liegende Gelände, von dem übrigens noch ein erheblicher Teil im Besitze des Kanalfiskus war, notariell an die Hand geben. Wir konnten dies letzterem gegenüber mit der Begründung tun, daß die Stadt Essen ihren alten Plan, einen Stichkanal nach Essen zu bauen, aufgegeben und die Absicht habe, einen eigenen großen Hafen an der Südseite des Kanals selbst zu erbauen. Zu gleicher Zeit, aber natürlich durch einen anderen Agenten, ließen wir uns in Bredeney allen in absehbarer Zeit für eine Besiedlung in Frage kommenden Grund und Boden, d. h. eine größere Zahl von Höfen und verschiedenen kleineren Besitz, in bindender Form an die Hand geben. Hier in Bredeney mußten wir aber aus den angeführten Gründen viel vorsichtiger vorgehen. Wir entsandten den Agenten zunächst nach Berlin, wo er eine Berlin-Bredeneyer Gartenstadtgesellschaft m. b. H. zu gründen hatte. Daraufhin kam in Bredeney das Gerücht auf, daß der Ort nun mit Berliner Finanzkräften in großem Stil aufgeschlossen werde, also Essen seine Hoffnungen endgültig begraben könne. Die meisten Eigentümer der Grundstücke, die dem Agenten bezeichnet wurden, gaben diesem ihre Grundstücke für die Gartenstadtgesellschaft an die Hand, ohne zu wissen, daß die Anteile dieser Gesellschaft an die Stadt Essen abgetreten waren. Mit den gewichtigen Offerten in der Tasche begab ich mich zum Finanzrat Haux, der bei Krupp die Ankäufe bearbeitete, aber auch Mitglied der Grundstückskommission war und im Laufe der Jahre für die Unterstützung der städtischen Grundstückspolitik gewonnen war. Ich war ihm auch im Vorstand der Margarethe-Krupp-Stiftung nähergetreten. Ihn weihte ich in unsere Pläne ein und machte ihm den Vorschlag, Krupp an dem ganzen großen Grundstücksunternehmen im Süden wie im Norden mit 50%, und zwar mit der Maß-

gabe zu beteiligen, daß Krupp sich in Anrechnung auf diese 50 % alle für seine Zwecke benötigten Geländestücke aussuchen dürfe. Dafür erwarte man, daß das Krupp'sche Direktorium bei der Familie Krupp beziehungsweise Herrn von Bohlen für die Eingemeindung von Bredeney eintreten würde. Um anderseits auch auf die Stadtverordneten einen Druck dahin ausüben zu können, daß sie die recht umfangreichen Grundstücksankäufe genehmigten, beanspruchten wir als weitere Bedingung, daß das Werk in alle Grundstücksofferten vollinhaltlich eintreten werde, falls etwa die Stadtverordneten wider Erwarten die Genehmigung verweigern sollten. Gerade hiermit hatten wir einen unfehlbar wirkenden Trumpf in der Hand, weil der Übergang eines so großen und für die Zukunft Essens geradezu entscheidenden Besitzes in die Hand von Krupp die Stadt völlig von Krupp abhängig gemacht hätte. Gleichzeitig übergab ich Herrn Haux eine von mir verfaßte, eingehend begründete Denkschrift über die Zweckmäßigkeit einer Eingemeindung von Bredeney und der nördlichen Vororte Borbeck und Altenessen. Der große Schlag gelang. Finanzrat Haux erklärte nach kurzem Besinnen sein Einverständnis und glaubte, auch die Zustimmung seiner Vorstandskollegen in Aussicht stellen zu können. So konnte ich dem Oberbürgermeister melden, daß die große Schlacht voraussichtlich gewonnen sei.
Am 12. März 1910 platzte die Bombe mit dem erwarteten Aufsehen. Die Stadtverordneten genehmigten einstimmig die Vorlage, die immerhin mit einer Aufwendung von mindestens 8 Millionen Mark verbunden war. Aber die Last wurde nun auf zwei Schultern getragen. Die Essen-Bredeneyer Gartenstadtgesellschaft blieb als formeller Träger des Unternehmens, und ich wurde ihr einziger Geschäftsführer, natürlich ehrenamtlich. [25]

## Die preußische Eisenbahnverwaltung und die Interessenten

*Im allgemeinen wenig beachtete Instrumente preußisch-deutscher Politik und Verwaltung vor 1918 waren offizielle Beiräte und privilegierte Körperschaften, die als anerkannte Vertretungen bestimmter Interessen vor allem in wirtschaftlichen Fragen die staatliche Verwaltung wesentlich beeinflußten. Die in den folgenden Quellen geschilderten Bezirkseisenbahnräte und der Landeseisenbahnräte sind Beispiele derartiger Institutionen.*

*a) Der Reichsanzeiger am 28. 12. 1878 über den Plan zur Errichtung eines Eisenbahnrates der Central-Eisenbahnverwaltung in Preußen.*

Nachdem die königlichen Eisenbahn-Directionen zur Erhaltung und Förderung einer lebendigeren Verbindung der Eisenbahn-Verwaltung mit Vertretern der Eisenbahn-Verkehrsinteressen von dem Handelsminister angewiesen worden sind, mit Delegirten der wirthschaftlichen Corporationen und Verbände ihres Bahnbereichs behufs gemeinsamer Erörterung wichtigerer Verkehrsfragen in periodischen Conferenzen zusammenzutreten, und hierneben zur Erleichterung schleunigerer Informationen auf die Bestellung eines ständigen Ausschusses thunlichst hinzuwirken, beabsichtigt der Handelsminister auch für die Centralverwaltung der Eisenbahnen eine Einrichtung zu treffen, welche es ermöglicht, in ähnlicher Weise Ansichten und Gutachten über wichtigere, das Eisenbahnwesen betreffende Fragen von allgemeinerer Bedeutung aus den Kreisen der Verkehrsinteressen in unmittelbarer Berührung mit geeigneten Vertretern derselben entgegenzunehmen. Zu dem Ende ist – vorläufig nur versuchsweise – in Aussicht genommen, eine beschränkte Zahl angesehener, mit den allgemeinen Verkehrsinteressenten des Landes vertrauter Männer aus den Kreisen des Handels, der Industrie, der Land- und Forstwirthschaft, sowie auch der Privateisenbahnen zu einem wirthschaftlichen Beirath der Central-Eisenbahnverwaltung zu vereinigen. Die Zusammensetzung und der Geschäftsgang dieses Beiraths werden durch ein besonderes Regulativ geregelt, den Conferenzen desselben auch je nach Umständen Commissarien der übrigen Ressorts, insbesondere des landwirthschaftlichen wie des Finanzressorts, beiwohnen. [26a]

*b) In einem am 12. Dezember 1879 vom Abgeordnetenhaus angenommenen Gesetzentwurf über den Ankauf von Privateisenbahnen werden die Zusammensetzung und die Funktionen der Bezirkseisenbahnräte und der Landeseisenbahnräte festgelegt.*

II. Es sind einzusetzen:
a) Bezirkseisenbahnräthe, welche den Staatseisenbahndirektionen und
b) ein Landeseisenbahnrath, welcher der Centralverwaltung der Staatseisenbahnen zu beiräthlicher Mitwirkung auf folgender Grundlage beigegeben werden:
1. Die Bezirkseisenbahnräthe werden zusammengesetzt aus einer entsprechenden Anzahl von Vertretern des Handelsstandes, der Industrie, der Land- und Forstwirthschaft.
Dieselben werden von den Provinzialausschüssen, bezw. den Verwaltungsausschüssen der Provinziallandtage (Kommunallandtage u. s. w.) nach Anhörung der Handelskammern und der landwirthschaftlichen Centralvereine auf die Dauer von drei Jahren gewählt. Für die Städte Berlin und Frankfurt a./M. steht das Wahlrecht der städtischen Vertretung zu. Der Minister der öffentlichen Arbeiten bestimmt den Vorsitzenden.
2. Der Landeseisenbahnrath besteht:

a) aus einem Vorsitzenden respektive dessen Stellvertreter, welche vom Könige ernannt werden;
b) je einem Kommissarius des Ministers der öffentlichen Arbeiten, des Ministers für Handel und Gewerbe, des Finanzministers, des Ministers für Landwirthschaft, Domänen und Forsten;
c) aus je drei Mitgliedern beider Häuser des Landtages nebst je drei Stellvertretern, welche für die Dauer der Legislaturperiode gewählt werden und bis zur Neuwahl beim Beginn der folgenden Legislaturperiode fungiren;
d) aus je einem Mitgliede für den Regierungsbezirk Kassel, den Regierungsbezirk Wiesbaden, die Stadt Berlin und die Stadt Frankfurt a./M.,
aus je zwei Mitgliedern für die Provinzen Ostpreußen, Westpreußen, Pommern, Brandenburg, Posen, Schleswig-Holstein, Sachsen, Hannover,
aus je drei Mitgliedern für die Provinzen Schlesien, Westfalen und die Rheinprovinz,
welche nebst einer gleichen Anzahl von Stellvertretern durch die Bezirkseisenbahnräthe aus den Kreisen der Landwirthschaft, der Industrie, des Handelsstandes innerhalb der Provinz, bezw. des Regierungsbezirks oder der Stadt, auf die Dauer von drei Jahren gewählt werden.
Dem Minister der öffentlichen Arbeiten bleibt es vorbehalten, in geeigneten Fällen Spezialsachverständige bei den Berathungen behufs Auskunftsertheilung zuzuziehen.
3. Aus seiner Mitte bestellt der Landeseisenbahnrath einen ständigen Ausschuß zur Vorbereitung seiner Berathungen. [. . .]
4. Die Bezirkseisenbahnräthe sind wie seither in allen die Verkehrsinteressen des Bezirks oder einzelner Distrikte desselben berührenden wichtigen Fragen zu hören.
5. Dem Landeseisenbahnrath sind vor der Einführung, beziehungsweise vor der Vorlage an den Landtag zur Aeußerung vorzulegen:
a) die in Aussicht zu nehmenden Normalsätze für die Beförderung von Personen und Gütern und die allgemeinen Bestimmungen über deren Anwendung (Tarifvorschriften);
b) Anordnungen betreffs Zulassung oder Versagung von Ausnahme- und Differentialtarifen (unregelmäßig gebildeten Tarifen);
c) Anträge auf allgemeine Aenderungen der Betriebs- und Bahnpolizeireglements, soweit sie nicht technische Bestimmungen betreffen. [. . .]
10. Die Verhandlungen des Landeseisenbahnraths werden von dem Vorsitzenden an den Minister der öffentlichen Arbeiten eingereicht und von diesem unter Beifügung einer übersichtlichen Darstellung des Ergebnisses derselben und der darauf getroffenen Entscheidungen alljährlich dem Landtage mitgetheilt. [26b]

## 3. Das Militär

### Preußen als Militärstaat

*Der Historiker Otto Hintze analysiert 1911 die verfassungsmäßigen Konsequenzen der Tradition Preußens als Militärmonarchie.*

Dieses System [das monarchisch-konstitutionelle System] wurzelt aber doch nicht bloß in der Persönlichkeit Bismarcks und in den Erfolgen seiner Politik, sondern in der gesamten Tradition des preußischen Staates und überhaupt in den historisch-politischen Bedingungen unserer staatlichen und nationalen Existenz; und diese Bedingungen dauern auch in der Gegenwart noch fort, wenn auch die lange Friedenszeit begreiflicherweise die Kraft ihres Einflusses auf das Volksbewußtsein erheblich abgeschwächt hat. Es muß mit Nachdruck betont werden, daß das stärkste Argument für die Beibehaltung des monarchischen Regierungssystems in derselben Tatsache liegt, die zugleich das historische Fundament seines Bestandes gewesen ist: nämlich in der Tatsache, daß Preußen ein im eminenten Sinne militärischer Staat ist und daß es ebenso wie das von ihm begründete Reich durch die allgemeine politische Lage gezwungen ist, es auf absehbare Zeit zu bleiben. Die Volksgesamtheit hat bei uns eigentlich keine einheitliche politische Form. Das Volk in Waffen ist rein monarchisch organisiert, wenn auch die allgemeine Wehrpflicht dieser Organisation eine nationale volkstümliche Grundlage gegeben hat. In seinem Verhältnis zum Heer ist der Monarch durch keine konstitutionellen Rücksichten gebunden. Die konstitutionelle Verfassung bezieht sich eigentlich nur auf das Volk in seiner Eigenschaft als bürgerliche Gesellschaft. Da aber die Kriegsverfassung doch das Rückgrat der staatlichen Organisation ausmacht, so kann die Vertretung der bürgerlichen Gesellschaft, d. h. der Landtag, niemals zum beherrschenden Einfluß im Staate gelangen. [27]

### Die Kommandogewalt des Kaisers

*Der konservative Reichstagsabgeordnete Oldenburg-Januschau in seinen Erinnerungen über das Verhältnis von militärischer und ziviler Gewalt und den Ursprung seines als kennzeichnender Ausdruck des Militarismus berühmt gewordenen Satzes von dem Rechte des Kaisers, einen Leutnant und zehn Mann zur Schließung des Reichstages abzukommandieren.*

[...] Der Aufbau des Bismarckschen Reiches zeigt zwei ganz getrennte Seiten, eine zivile, demokratische und eine militärische, autokratische. Die erste Seite hatte ihre stärkste Verkörperung in dem auf Grund des allgemeinen, gleichen und geheimen Wahlrechts gewählten Reichstage. Die zweite bestand aus der Krone und dem Heer. Die Verbindung zwischen Krone und Heer bildete die kaiserliche Kommandogewalt.

Von dieser Kommandogewalt war zwar nicht in der Reichsverfassung die Rede, wohl aber in einem Allerhöchsten Erlaß von 1861. In diesem Erlaß war bestimmt, daß die Anordnungen des Königs von Preußen in seiner Eigenschaft als oberster Kriegsherr nicht der Gegenzeichnung durch den Kriegsminister bedurften.* Mit anderen Worten: Der Kriegsminister war der Volksvertretung nicht verantwortlich, soweit es sich um Befehle und dienstliche Vorgänge handelte. Seine Verantwortlichkeit beschränkte sich auf die finanziellen Folgen des Budgets. Er hatte das Recht, auf alle Anfragen, die das innere Gefüge des Heeres betrafen, zu schweigen. Daß die Kriegsminister das in der Regel nicht taten, geschah aus taktischen Rücksichten. Den Grundsatz aber haben sie immer verfochten, so daß an der Gültigkeit des preußischen Erlasses von 1861 auch für das Reich kein Zweifel war.

Es bestand also ein gewisser Gegensatz innerhalb des Reichsaufbaues in dem Zusammenspiel zwischen der militärischen und der zivilen, zwischen der autokratischen und der demokratischen Macht. Wenn Bismarck über dieses Zusammenspiel keine gesetzlichen Bestimmungen getroffen hatte, so hatte er das nur deswegen unterlassen, weil er aus dem von ihm durchgefochtenen preußischen Verfassungskonflikt wußte, daß auch im Innenleben der Völker Zeiten kommen, in denen mit Blut und Eisen die Ordnung des Staates wiederhergestellt werden muß. Es empfahl sich ihm nicht, in Voraussicht solcher Möglichkeiten Bestimmungen zu treffen, die in erregten Zeitläufen dann doch über den Haufen geworfen werden. Kommen vielmehr solche Zeiten, so muß rücksichtslos von der einen Macht her die Ordnung des Staates aufrechterhalten werden.

Aus diesem Grunde erschien mir die Einrichtung der kaiserlichen Kommandogewalt von allergrößter Bedeutung. Mit ihr war der Kaiser, der die Verfassung ja nicht beschworen hatte, jederzeit imstande, natürlich nur im Notfall, durch einfachen Befehl an die Armee die Staatsordnung wiederherzustellen, während die zivilen demokratischen Einrichtungen an ihre Arbeitsform der Beschlußfassung gebunden waren. Diese Dinge kannten die Linke und im Zentrum die Leute von Erzberger** sehr genau. Sie wußten, was sie taten, wenn sie mit ihren Angriffen auf die Abschaffung der kaiserlichen Kommandogewalt abzielten. Um so mehr hielt ich es für meine Aufgabe, für ihre Erhaltung mit aller Entschiedenheit einzutreten.

* Gemeint ist der Allerhöchste Erlaß vom 18. Januar 1861, abgedruckt im »Ministerialblatt für die innere Verwaltung«, 1861, S. 73.
** Führender Abgeordneter des linken Flügels der Zentrumspartei.

Die Gelegenheit dazu bot sich anläßlich einer großen gegen die kaiserliche Kommandogewalt gerichteten Rede, die der freisinnige Abgeordnete Müller-Meiningen hielt. Diesem Angriff der Linken verdankt das im Zusammenhang mit meinem Namen so oft erwähnte Wort vom Leutnant und den zehn Mann seine Entstehung. Der Abgeordnete Müller-Meiningen war geschickt genug, um seinen Angriff gegen die kaiserliche Kommandogewalt in einen Angriff gegen das Offizierkorps überhaupt einzuhüllen. Zur Verteidigung dieses Offizierkorps sagte ich damals in der vollen Öffentlichkeit einer Reichstagssitzung:

»Wie ist es jetzt? Wenn ein Leutnant an einer Ecke laut hustet, hat er die Besorgnis, daß es im Reichstag zur Sprache kommt. Das ginge ja noch. Aber wir wollen doch dafür sorgen, daß er nicht die Besorgnis haben muß, daß nun auf das Urteil des Reichstags ein Gewicht gelegt wird, was früher nicht der Fall war.

Meine Herren, darunter leidet der Offizierstand. Er muß darunter leiden, ein Stand, der persönlich mit dem allerhöchsten Kriegsherrn zusammenhält, und den im übrigen die Öffentlichkeit nichts angeht! [...]

Ja, meine Herren, das ist auch eine alte preußische Tradition, und daß Ihnen diese Tradition nicht paßt, das glaube ich sehr gern. Der König von Preußen und der deutsche Kaiser muß jeden Moment imstande sein, zu einem Leutnant zu sagen: Nehmen Sie zehn Mann und schließen Sie den Reichstag!«* [...]

Das Wort vom Leutnant und den 10 Mann erregte großes Aufsehen. Es gab kaum eine Zeitung, die nicht ihre Spalten mit ihrer Stellungnahme zu diesem Wort anfüllte. Überall, wohin man kam, schallte es einem entgegen. Zu meinem eigenen Erstaunen hatte dieses Wort auch bei der Masse gezündet. Denn als wenige Tage später eine neue Reichstagssitzung stattfand, war der Platz vor dem Wallotbau schwarz vor Menschen. Es gelang mir aber, ohne erkannt zu werden, in den Reichstag hineinzukommen. Drinnen hörte ich dann von den Fraktionsgenossen, man habe irgendeinen Unbekannten für mich gehalten und verdroschen.

[28]

## Die allgemeine Wehrpflicht und die Ergänzung des Offizier- und Unteroffizierkorps

*Ausführungen des Handbuchs für Heer und Flotte 1911.*

Jeder Deutsche ist wehrpflichtig; ausgenommen sind nur die Mitglieder der regierenden u. einiger reichsständischen Häuser. Die Wehrpflicht beginnt mit dem vollendeten 17. u. dauert bis zum

* Text der Rede vom 29. 1. 1910 in den Stenographischen Berichten des Reichstages, XII. Legislaturperiode, 2. Session, Bd. 259, S. 898. In dem wörtlichen Zitat der Rede fehlen die in den Stenographischen Berichten aufgezeichneten Zustimmungs- bzw. Mißfallenskundgebungen der Abgeordneten.

vollendeten 45. Lebensjahre. Sie teilt sich in die Dienstpflicht vom vollendeten 20. bis zum 39. Lebensjahr u. die Landsturmpflicht. Die Dienstpflicht umfaßt die aktive Dienstpflicht, die Reservepflicht, Landwehrpflicht u. Ersatzreservepflicht. Die Dienstpflicht im stehenden Heere (aktive Dienstpflicht u. Reservepflicht) dauert sieben Jahre. Während ihrer Dauer sind die Mannschaften der Kavallerie u. der reitenden Feldartillerie die ersten drei Jahre, alle übrigen Mannschaften die ersten zwei Jahre zum ununterbrochenen Dienst bei der Fahne verpflichtet. Die Einjährig-Freiwilligen u. Volksschullehrer werden schon nach einjähriger Dienstzeit zur Reserve übergeführt. Der Dienst in der Landwehr ersten Aufgebots dauert fünf Jahre, im zweiten Aufgebot bis zum 31. März des Kalenderjahres, in dem das 39. Lebensjahr vollendet wird. Die Ersatzreserve (taugliche Überzählige oder sonst von der aktiven Dienstpflicht befreite — drei Übungen ohne Waffe zu zehn, sechs u. vier Wochen —) dient zur Ergänzung des Heeres bei einer Mobilmachung. Ihre Dienstpflicht währt vom 20. bis zum 32. Lebensjahre. Ersatzreservisten, die geübt haben, treten dann zur Landwehr zweiten Aufgebots, die übrigen zum Landsturm ersten Aufgebots über. Der Landsturm besteht aus allen Wehrpflichtigen vom vollendeten 17. bis zum vollendeten 45. Lebensjahr, die weder dem Heere noch der Marine angehören. Zum ersten Aufgebot gehören die Landsturmpflichtigen bis zum 39. Lebensjahr; dann treten sie zum zweiten Aufgebot über. Die Bestimmungen über die Dauer der Dienstpflicht im stehenden Heere, in der Landwehr u. der Ersatzreserve gelten nur für den Frieden. Übungspflicht: Jeder Reservist ist zur Teilnahme an zwei achtwöchigen Übungen verpflichtet. Die Landwehr ersten Aufgebots kann auf 8 bis 14 Tage zu einer Übung einberufen werden. — Die Offiziere der Reserve sind zu drei vier- bis achtwöchigen Übungen verpflichtet; die Offiziere der Landwehr ersten Aufgebots üben bei Linientruppenteilen, wenn sie ihre Befähigung zur Weiterbeförderung darlegen wollen, sonst nur im Rahmen der allgemeinen Landwehrübungspflicht.

Offiziersergänzung. Das Offizierkorps des stehenden Heeres ergänzt sich aus Fähnrichen; diese gehen hervor aus Fahnenjunkern (junge Leute, die auf Beförderung eintreten u. vom Truppenkommandeur als geeignet u. würdig erachtet werden) oder aus dem Kadettenkorps. Die Beförderung zum Fähnrich hängt vom Reifezeugnis ab (Abiturienten- oder Fähnrichsprüfung), die zum Offizier von der Offizierprüfung. Vorbedingung der Beförderung zum Offizier ist die Wahl des Offizierkorps des Truppenteils. Das Offizierkorps des Beurlaubtenstandes ergänzt sich zumeist aus Einjährig-Freiwilligen, die bei den Truppen ausgebildet u. vom Offizierkorps ihres Landwehrbezirks gewählt werden. [...]

Die Unteroffiziere des aktiven Dienststandes werden entnommen aus den Unteroffizierschulen oder aus der aktiven Mannschaft

(Kapitulanten). Der Unteroffizierschüler hat für jedes auf der Schule zugebrachte Jahr zwei Jahre aktiv zu dienen. Der Kapitulant erhält bei der Kapitulation auf mindestens zwei Jahre ein Handgeld von 100 M, nach zwölfjähriger Dienstzeit eine Dienstprämie von 1000 M u. die Berechtigung zur Anstellung im Zivildienst (Zivilversorgungsschein). Die Unteroffiziere des Beurlaubtenstandes ergänzen sich durch Einjährig-Freiwillige, die nicht Offizieraspiranten sind u. aus Mannschaften, die bei der Entlassung aus dem aktiven Dienste für geeignet erachtet werden. [29]

## Die Ideologie des Offizierkorps

*Das Standesbewußtsein der Offiziere, die Tendenz zur Feudalisierung des Bürgertums durch das Heer und die Funktion des Offizierskorps als Stütze des Gottesgnadentums des Monarchen verdeutlicht eine anonym erscheinende Artikelserie des Militär-Wochenblatts vom Juli/August 1889.*

Der Stolz jedes Deutschen ist die Armee, die Blüthe des Volkes. Deutschlands Heer – Deutschlands Ehr! Der ausgezeichnetste Theil aber, die Elite des Heeres, ist das Offizierkorps.
»Der Geist des Heeres sitzt in seinen Offiziers«, sagt General v. Rüchel mit Recht. Sie sind die untrüglichen Werthmesser für die Brauchbarkeit und Tüchtigkeit der Armee; die Träger des moralischen Elements und all' jener idealen, ethischen Güter, die allein einen dauernden kriegerischen Erfolg verbürgen, und ohne welche ein Heer seinen hohen Beruf als Schützer des Thrones und des Vaterlandes in schwerer Zeit nicht erfüllen kann.
Von der größten Wichtigkeit ist daher der Zustand des Offizierkorps; er ist entscheidend für den Werth des ganzen Heeres. Es wiederholt sich hier, was im Leben allgemeine Erfahrung ist: die unteren Schichten sind stets das, was die oberen aus ihnen machen. So lange die höheren, führenden Klassen, die oberen Zehntausend, sittliche Tüchtigkeit und moralische Gesundheit bewahren, bleibt auch das Volk stark und lebenskräftig; während die sittliche Fäulniß der herrschenden Schichten den Verfall und den Niedergang der ganzen Nation unaufhaltsam nach sich zieht. [...]
In keinem anderen Lande der Welt steht der Offizierstand auf einer so hohen Stufe, nimmt er auf der Skala der menschlichen Gesellschaft einen so hohen Rang, eine so angesehene und geachtete Stellung ein als in Deutschland. [...]
Wenn der Offiziersberuf jetzt nicht mehr wie früher das Monopol des Adels ist, so dürfen doch nur Ebenbürtige, nur Ritter vom Geiste und Kavaliere von Erziehung und Gesinnung Mitglieder und Genossen dieses bevorzugten Standes sein.
Der Waffenadel muß dem Geburtsadel gleich stehen. Adelige Ehre

und Offizierehre fällt in allen Punkten zusammen; diese ist unzweifelhaft aus jener hervorgegangen.
Aus dem Rittersinn, der, auf das Christenthum begründet, Rechtschaffenheit, treues Wort, Ehrerbietung gegen die Frauen, Mannestreue in sich faßte, hat sich die Offiziersehre gebildet; durch die Aufnahme in diesen Stand der Ehre erhält jeder Einzelne gleichsam den persönlichen Ritterschlag.
In dieser ehrenvollen, bevorzugten Stellung und in dem Ansehen, das den Deutschen Offizier in den Augen des Volkes zum Edelmann macht, liegt gleichsam die geistige Zulage zu seinem kärglichen Solde. Das ist der ideale Zug im Offizierstande inmitten unserer materiellen, realistischen Zeit, der für ein so Geringes Leben und Gesundheit für Königstreue und Vaterlandsliebe opfert und sein Alles freudig setzt an seine Ehre. [. . .]
Beide, der bürgerliche sowohl wie der adlige Offizier, vertreten das gleiche Prinzip, die aristokratische Weltanschauung gegen die demokratische.
Der junge Offizier aus bürgerlicher Familie bekundet durch Wahl des Offizierberufes, daß er nach Erziehung und Anschauung sich zur Aristokratie des Geistes und der Gesinnung rechnet, welche den Offizier beseelen muß; daß er der modernen Ritterschaft angehören will, die Se. Majestät von Seinen Offizieren verlangt. [. . .]
Die hohe Stellung des Offiziers als erster und vornehmster Stand im Staate legt zugleich die höchsten Pflichten auf; denn erhöhte Rechte beruhen allein auf erhöhten Verpflichtungen. Noblesse oblige!*
Wer den Offizierstand zu dem seinigen macht, übernimmt damit auch die Pflichten desselben; macht die Anschauungen zu den seinen, die dem Stande innewohnen, die aus seiner Grundidee entspringen.
Wer dieselben nicht theilen kann, wer anderen Grundsätzen huldigt, muß einen anderen Beruf wählen, wenn er kein Heuchler sein will. Die dem Urgedanken des Offizierstandes entstammenden Gesinnungen sind: dynastischer Sinn, unbedingte Treue gegen die Person des Monarchen, erhöhter Patriotismus, Erhaltung des Bestehenden, Vertheidigung der seinem Schutze anvertrauten Rechte seines Königs und Bekämpfung vaterlandsloser, königsfeindlicher Gesinnung etc. Die erste Pflicht, die schönste Tugend im Strahlenkranze des Offiziers, zugleich die Grundbedingung seiner Existenz, ist die Treue.

»Es ist eines Edlen schönstes Glück,
Einem Fürsten, den er ehrt, zu dienen.«

Der Ruhm und Stolz des Deutschen Offizierkorps beruht auf seiner unbezweifelten Loyalität.

Ratio regis suprema lex!**

* (franz.) Adel verpflichtet
** (lat.) Das Interesse des Königs ist höchstes Gesetz

Das vaterländische Heer ist der Felsengrund des Staates, der Schild des Königs, der Hort der Monarchie. [. . .]
Vor allen Anderen ist der Offizier berufen, die Fahne des Königthums von Gottes Gnaden voran zu tragen und hoch flattern zu lassen, die geheiligten Ordnungen Gottes auf Erden vor den finsteren Mächten der Anarchie zu schützen. Und nie war sein Beruf so wichtig, als in unseren Tagen. Das Offizierkorps, und damit die Armee, soll der Fels im tosenden Meer der tief aufgeregten Leidenschaften sein, der rocher de bronze,* an welchem, vereint mit der Kirche, die Anarchie, will's Gott, zerschellen wird.
Festgefügt wie eine eherne Mauer der Treue steht das Deutsche Offizierkorps an den Thronesstufen seiner Königshäuser, die Ehrenwache haltend an den höchsten Kleinodien des Vaterlandes.

»In Treue fest, im Sturme treu!« [. . .]

Die Stellung als Offizier erfordert gebieterisch eine Mißbilligung all jener politischen Richtungen, welche das Königthum von Gottes Gnaden bekämpfen oder seine ihm zustehenden Rechte verkürzen möchten; aller der Tendenzen, welche in ihren Konsequenzen zur Leugnung aller göttlichen und menschlichen Autorität, zur Auflösung aller bestehenden Ordnungen, zur Untergrabung des Rechtes führen.
Ohne irgendwie Politiker zu sein, muß er doch instinktiv alle diejenigen Prinzipien vertreten, die man in der Politik mit dem Ausdruck »königstreu« bezeichnet.
Das Alles umfaßt die Stellung als Offizier, fordert der seinem Könige abgelegte Eid, entspricht dem Geiste und den Traditionen des Preußisch-Deutschen Offizierkorps, verlangt die Treue, die ja so unendlich viel mehr ist, als bloßer Gehorsam. [. . .]
Es ist ferner von der größten Wichtigkeit, daß auch die, in ihrer Civilstellung einen so außerordentlichen Einfluß auf das Volk ausübenden Offiziere der Reserve und Landwehr bei ihrer Einberufung an dem leuchtenden Vorbilde ihrer aktiven Kameraden immer aufs Neue ihre eigenen Gesinnungen erwärmen und befestigen. Denn auch im Frieden fällt den Offizieren des Beurlaubtenstandes eine wichtige Aufgabe zu. Sie stehen mit einem Fuß im Heerwesen, mit dem andern im Volke. Sie sind daher am ehesten befähigt, in weiten Kreisen Lust und Liebe zu des Königs Dienst zu verbreiten und wach zu erhalten. Sie können die thatkräftigsten Vertreter für alle Interessen des vaterländischen Heeres sein.
Möchten doch die Herren Kameraden vom Beurlaubtenstande immer die Traditionen und Anschauungen des Offizierstandes auch in ihren bürgerlichen Verhältnissen als ihre Richtschnur betrachten, und ihrem Könige nicht nur den Gehorsam, sondern unter allen Umständen auch die Treue bewahren! Auch außer Dienst zählt Seine Majestät auf ihre Dienste! [30]

* (franz.) Bronzefelsen

## Die Auswahl zum Offizierkorps und der Luxus in der Armee

*Eine kaiserliche Kabinettsordre über den Offiziersstand.*

Ich habe Mich bereits am Neujahrstage den kommandirenden Generalen gegenüber hinsichtlich des Offizierersatzes für die Armee ausgesprochen. Seitdem sind Mir neben den sonstigen Eingaben über die zur Zeit üblichen Privatzulagen und über die Gehaltsabzüge der Offiziere auch die Nachweisungen über den Stand an Offizieraspiranten vorgelegt worden. Dieselben liefern den Beweis, daß in der Armee nicht überall nach gleichen Grundsätzen verfahren wird, und sehe Ich Mich deshalb veranlaßt, Meiner bezüglichen Willensmeinung für alle Betheiligten in eingehender Weise erneut Ausdruck zu geben. Die allmälige Vermehrung der Kadres der Armee hat die Gesammtzahl der etatsmäßigen Offizierstellen beträchtlich erhöht. Für dieselben einen geeigneten und möglichst zahlreichen Ersatz zu schaffen, ist ein dringendes Erforderniß, ganz besonders im Hinblick auf die Ansprüche, die der Kriegsfall an die Armee stellt. Gegenwärtig weisen fast alle Regimenter der Infanterie und der Feldartillerie erhebliche Lücken auf. Diese Lage macht die Heranziehung eines ausreichenden und geeigneten Ersatzes zu einer von Tag zu Tag wichtigeren und ernsteren Pflicht der Truppenkommandeure. Der gesteigerte Bildungsgrad unseres Volkes bietet die Möglichkeit, die Kreise zu erweitern, welche für die Ergänzung des Offizierkorps in Betracht kommen. Nicht der Adel der Geburt allein kann heutzutage wie vordem das Vorrecht für sich in Anspruch nehmen, der Armee ihre Offiziere zu stellen. Aber der Adel der Gesinnung, der das Offizierkorps zu allen Zeiten beseelt hat, soll und muß demselben unverändert erhalten bleiben. Und das ist nur möglich, wenn die Offizieraspiranten aus solchen Kreisen genommen werden, in denen dieser Adel der Gesinnung zu Hause ist. Neben den Sprossen der adligen Geschlechter des Landes, neben den Söhnen Meiner braven Offiziere und Beamten, die nach alter Tradition die Grundpfeiler des Offizierkorps bilden, erblicke Ich die Träger der Zukunft Meiner Armee auch in den Söhnen solcher ehrenwerther bürgerlicher Häuser, in denen die Liebe zu König und Vaterland, ein warmes Herz für den Soldatenstand und christliche Gesittung gepflegt und anerzogen werden. Ich kann es nicht gutheißen, wenn manche Kommandeure sich für die Heranziehung des Offiziersersatzes eigene, einseitige Grundsätze schaffen, wenn beispielsweise die Grenzen der erforderlichen wissenschaftlichen Bildung so eng gezogen werden, daß für die Annahme eines jungen Mannes die Ablegung der Abiturientenprüfung als unabweisbare Bedingung hingestellt wird. Ich muß es mißbilligen, wenn der Eintritt abhängig gemacht wird von einer übermäßig hohen Privatzulage, welche die Söhne wenig begüterter, aber nach Gesinnung und Lebensauffassung dem Offizierkorps nahestehender Familien der Armee fernhalten muß. Um solchen Unzuträglichkeiten Einhalt zu thun, spreche Ich Meinen Willen dahin aus, daß in der Regel die Kommandeure bei der Infanterie, den Jägern, der Fußartillerie und den Pionieren nicht mehr als 45 Mark, bei der Feldartillerie nicht mehr als 70 Mark und bei der Kavallerie nicht mehr als 150 Mark an monatlicher Zulage fordern sollen. Daß die Verhältnisse großer Garnisonen und speziell diejenigen der Truppentheile des Gardekorps geringe Erhöhungen erforderlich machen können, verkenne Ich nicht. Aber Ich erachte es als den Interessen der Armee nachtheilig, wenn bei der Infanterie und den Jägern etc. die Forderungen an Privatzulagen bis auf 75, und 100 Mark – an einzelnen Stellen sogar darüber hinaus – gesteigert sind, und wenn dieselben bei der Kavallerie, namentlich bei der Garde, eine Höhe erreicht haben, welche es dem ländlichen Grundbesitzer nahezu unmöglich macht, die Söhne der ihm lieb gewordenen Waffe zuzuführen. Mit solchen übertriebenen Ansprüchen wird der Offiziersersatz nach Umfang und Beschaffenheit beeinträchtigt. Ich will nicht, daß in Meiner Armee das Ansehen der Offizierkorps nach der Höhe der Eintrittszulage bemessen werde, und schätze diejenigen Regimenter besonders hoch, deren Offiziere sich mit geringen Mitteln einzurichten und doch ihre Pflicht mit der Befriedigung und Freudigkeit zu erfüllen wissen, die den Preußischen Offizier von Altersher ausgezeichnet haben. In diesem Sinne mit Aufbietung aller Kräfte zu wirken, ist die Aufgabe der Truppenkommandeure. Unausgesetzt haben sie es sich klar zu machen, daß es heutzutage mehr wie je darauf ankommt, Charaktere zu erwecken und groß zu ziehen, die Selbstverleugnung bei ihren Offizieren zu heben, und daß hierfür das eigene Beispiel in erster Linie mitwirken muß. Wie Ich es den Kommandeuren erneut zur Pflicht mache, den mancherlei Auswüchsen des Luxus zu steuern, die in kostspieligen Geschenken, in häufigen Festessen, in einem übertriebenen Aufwande bei der Geselligkeit und ähnlichen Dingen zu Tage treten, so halte Ich es auch für angezeigt, der Auffassung nachdrücklich entgegenzutreten, als sei der Kommandeur selber vermöge seiner Dienststellung zu umfangreichen Ausgaben für Repräsentationszwecke verpflichtet. Ein jeder Offizier kann sich durch angemessene Förderung einer einfachen, standesgemäßen Geselligkeit Verdienste um seinen Kameradenkreis erwerben; zum »Repräsentiren« aber sind nach Meinem Willen nur die kommandirenden Generale verpflichtet, und darf es in Meiner Armee nicht vorkommen, daß gutgediente Stabsoffiziere mit Sorgen den Geldopfern entgegensehen, die mit dem etwaigen Erreichen der Regiments-Kommandeurstellung vermeintlich ihrer warten. Ich werde Mir von Zeit zu Zeit neben den Eingaben über die Offizieraspiranten Nachweisungen über die bei den Truppentheilen üblichen Zulagen und die Gehaltsabzüge vorlegen lassen. Wie Ich hiermit bestimme, daß Mir solche Offiziere namhaft zu machen sind, welche den auf Vereinfachung des Lebens gerichteten Einwirkungen ihrer Vorgesetzten nicht entsprechen, so werde Ich die Kommandeure wesentlich mit danach beurtheilen, ob es ihnen gelingt, einen geeigneten und ausreichenden Nachwuchs an Offizieren heranzuziehen und das Leben ihrer Offizierkorps einfach und wenig kostspielig zu gestalten. – Ich wünsche von Herzen, daß ein jeder Meiner Offiziere nach erfüllter Pflicht seines Lebens froh werde. Dem überhandnehmenden Luxus in der Armee muß aber mit allem Ernst und Nachdruck entgegengetreten werden.

Berlin, den 29. März 1890.

Wilhelm R. [31]

## Die Bevorzugung des Adels im Offizierkorps

*Der nationalliberale Abgeordnete Dr. Artur Osann jun. im Reichstag am 26. 1. 1910 über Regimenter mit adligem und bürgerlichem Offizierkorps.*

[...] es wird von der linken Seite des Hauses nicht allein, sondern auch von unserer Partei unangenehm empfunden, daß auch heute noch eine Bevorzugung des Adels in der Armee in der Weise stattfindet

(oh, oh! rechts),

daß eine ganze Reihe von Regimentern nur mit adligen Offizieren besetzt werden.

(Sehr richtig! links.)

Ich verkenne durchaus nicht und rühme hier öffentlich die Taten des Adels und der Angehörigen des Adels in der Armee; ich weiß sehr wohl, was sie geleistet haben, und daß sie in der Armee absolut notwendig sind. Für nicht erforderlich wird es aber gehalten, daß einzelne Regimenter durchaus exklusiv sind und auch nicht einen einzigen Bürgerlichen in ihren Reihen haben und dulden. Das könnte ja Zufall sein dann, wenn es sich nur um wenige Regimenter handelte; aber es handelt sich um viele Regimenter, und zwar um besonders bevorzugte.

(Sehr richtig! links.)

Es handelt sich dabei bei der Kavallerie um eine ganze Reihe Regimenter, die hier in Berlin ihren Standort haben: Gardes du Corps, Gardekürassiere, 1. Gardedragoner, Leibgardehusarenregiment, 1. Gardeulanenregiment, 2. Gardeulanenregiment, 3. Gardeulanenregiment – alles in Berlin garnisonierte Regimenter –; dann Leibkürassierregiment Großer Kurfürst in Breslau, Kürassierregiment Königin in Pasewalk, Kürassierregiment v. Driesen in Münster, Kürassierregiment Kaiser Nikolaus in Brandenburg, 1. Brandenburgisches Dragonerregiment in Schwedt, Dragonerregiment König Friedrich III. in Öls und das Westfälische Ulanenregiment Nr. 5 in Düsseldorf. Dies sind die Kavallerieregimenter.

Bei der Artillerie waren seither noch bürgerlich frei – eigentlich betreffen alle diese Dinge mehr das Militärkabinett als den Kriegsminister,* müssen aber selbstverständlich auch bei uns an dieser Stelle erörtert werden – das 1. Gardefeldartillerieregiment in Berlin und das 2. Gardefeldartillerieregiment in Berlin. In der Richtung ist ja ein Wandel eingetreten durch den jetzigen Chef des Militärkabinetts. Bei der Infanterie gibt es aber noch eine ganze Reihe von Regimentern, in denen bürgerliche Elemente nicht vorhanden sind: das 1. Garderegiment zu Fuß in Berlin, das 2. Garderegiment zu Fuß in Berlin

(Zuruf rechts: Potsdam!)

– nach meiner Aufzeichnung steht es in Berlin

(Heiterkeit rechts) –,

das Kaiser Alexander-Gardegrenadierregiment in Berlin, das 3. Garderegiment in Berlin, das Königin Augusta-Gardegrenadierregiment in Berlin, das 5. Garderegiment zu Fuß, das Gardegrenadierregiment Nr. 5, das Gardejägerbataillon, das Gardeschützenbataillon, das Grenadierregiment König Wilhelm I. in Liegnitz, das Grenadierregiment König Friedrich III. in Breslau, das 1. Badische Leibgrenadierregiment in Karlsruhe.

Meine Herren, das sind alles Regimenter, in denen kein bürgerlicher Offizier ist. Es gibt aber noch eine ganze Reihe von Regimentern, in denen einzelne bürgerliche Offiziere sind, die Mehrzahl aber durch adlige Offiziere gebildet werden. Anderseits gibt es allerdings auch eine Anzahl von Regimentern, die nur bürgerliche Offiziere haben, die aber merkwürdigerweise fast durchgängig an der Grenze, entweder nach Rußland zu oder im Elsaß, stehen.

(Sehr richtig! links. Zuruf rechts: Auszeichnung!)

– Wenn das eine Auszeichnung ist, so müßte es doch in erster Linie auch für den Adel eine Auszeichnung sein

(sehr richtig! links),

in den Grenzregimentern tätig zu sein

(sehr richtig!),

in den Grenzregimentern zu stehen und nicht die bevorzugten Garnisonen zu haben, wie sie ihnen zur Verfügung stehen.

Meine Herren, gerade weil wir wünschen, daß ein Unterschied zwischen adligen und bürgerlichen Offizieren nicht gemacht

* Für alle Personalfragen des Offizierkorps wie überhaupt für alle die Kommandogewalt des Monarchen betreffenden Heeresangelegenheiten war in Preußen das unmittelbar dem Kaiser und König unterstellte Militärkabinett zuständig. Es war im Gegensatz zum Kriegsministerium, das in erster Linie eine Verwaltungsbehörde darstellte, dem Reichstag keine Rechenschaft schuldig.

werde, deshalb wünschen wir, daß auch die Mischung in allen Regimentern eintreten möchte und nicht auf den Stand gesehen wird, auf die Herkunft, die manchmal noch nicht lange als eine adlige besteht

(sehr richtig! links),

sondern auf die adlige und edle Gesinnung, und diese zur Hauptsache gemacht wird. [32]

## Die Einjährig-Freiwilligen

*Das Handbuch für Heer und Flotte von 1911 über die Institution der Einjährig-Freiwilligen.*

Als Preußen nach der Beendigung der Befreiungskriege die allgemeine Wehrpflicht einführte, wurde jungen Leuten, die eine höhere wissenschaftliche Bildung erworben hatten u. sich selbst ausrüsten, bekleiden u. verpflegen konnten, die Vergünstigung der einjährigen Dienstzeit gewährt. Sie hießen damals freiwillige Jäger u. bildeten den Ersatz für die Landwehroffiziere. Aus dieser preußischen Einrichtung hat sich die gegenwärtige der Einjährig-Freiwilligen entwickelt u. ist in die deutsche Armee u. in die Heere mehrerer anderer Staaten übergegangen. Die wissenschaftliche Bildung können die jungen Leute in Deutschland entweder durch das Schulzeugnis einer Lehranstalt nachweisen, die den Berechtigungsschein erteilen darf, oder durch eine Prüfung vor der »Prüfungskommission für E.«, die sich am Sitz der Bezirksregierungen befindet. Junge Seeleute von Beruf können den Berechtigungsschein außerdem durch Ablegung der Steuermannsprüfung erwerben. [. . .] — E., die sich nach ihrer allgemeinen Bildung, ihrer militärischen Beanlagung u. ihrem Diensteifer eignen, sollen zu Offizieren der Reserve u. Landwehr ausgebildet werden. Sie erhalten spätestens vom Beginn des vierten Monats an durch besonders befähigte Offiziere praktischen u. theoretischen Unterricht. Gut ausgebildete E. können nach sechsmonatiger Dienstzeit zu Gefreiten u. nach neunmonatiger zu Unteroffizieren befördert werden. Kurz vor Beendigung der aktiven

---

Es wurden E. eingestellt:

| | in der Armee | in der Marine |
|---|---|---|
| 1903 | 9 518 | 615 |
| 1904 | 9 768 | 616 |
| 1905 | 10 464 | 590 |
| 1906 | 10 833 | 579 |
| 1907 | 11 553 | 597 |
| 1908 | 12 054 | 872 |

Dienstzeit werden die Einjährig-Freiwilligen, die sich nach Ansicht der Vorgesetzten zu Reserveoffizieraspiranten eignen, geprüft (Offizierprüfung). Wer die Prüfung besteht, wird als Reserveoffizieraspirant entlassen u. erhält ein besonderes Befähigungszeugnis. [...] [33]

## Der Reserveoffizier und die bürgerliche Gesellschaft

*Szene zwischen dem Uniformschneider Wormser und dem Kommunalbeamten Obermüller aus Carl Zuckmayers deutschem Märchen ›Der Hauptmann von Köpenick‹.*

OBERMÜLLER *(tritt ein. Er ist etwa dreißig Jahre alt, gut gewachsen, mit sichtbarer Anlage zur Korpulenz. Zwicker und blondes Schnurrbärtchen geben seinem Gesicht einen etwas besorgten Ausdruck, der auch seine Sprache und seinen Tonfall färbt. Trotzdem hat alles, was er sagt, den ernsten Klang einer wohlfundierten idealistischen Überzeugung. Er trägt die Uniform eines Einjährigen Vizefeldwebels.)* Guten Morgen, Herr Wormser!

WORMSER: Guten Morgen, guten Morgen, Herr Einjähriger – wie war doch rasch der Name –?

OBERMÜLLER: Obermüller. Doktor Obermüller aus Köpenick.

WORMSER: Richtig, verzeihense, lang nich mehr gesehn, und was wird gebraucht, Herr Doktor?

OBERMÜLLER: Nun, es handelt sich diesmal um –

WORMSER *(unterbricht)*: Darf ich raten? Kann ma gratulieren, sin mer so weit? Na, na, kann ich raten? Kann ich raten??

OBERMÜLLER: Allerdings. Der Bataillonsadjutant hat mir heute mitgeteilt, daß meine Ernennung zum Leutnant der Reserve soeben erfolgt ist, es kam mir etwas überraschend, ich muß nun sehen, wie ich mit der Equipierung fertig werde. Sie müssen mir da helfen, Herr Wormser –

WORMSER: Gemacht, gemacht, aber das sag ich Ihnen gleich, Herr Doktor, gute Arbeit braucht gute Zeit. Sie wollen doch auch was vorstellen in Ihrem neuen Glanz. Nein, das freut mich, das freut mich aber wirklich für Sie. War doch erst Ihre zweite Übung, nich?

OBERMÜLLER: Die dritte, Herr Wormser, die dritte. Ich hatte nämlich einige Schwierigkeiten mit dem Schießen, wegen meiner Kurzsichtigkeit. Aber – das hab ich nun Gott sei Dank hinter mir.

WORMSER: Recht so. Muß 'n schönes Gefühl sein, wenn man auf einmal mit Herr Leutnant angeredet wird, das schmeichelt den Gehörknöchelchen. Wissen Sie, ich sage immer: vom Gefreiten aufwärts beginnt der Darwinismus. Aber der Mensch, der Mensch fängt erst beim Leutnant an, is nich so, is nich so?

OBERMÜLLER: Das möchte ich nicht gerade behaupten — aber — für meine Laufbahn ist es natürlich außerordentlich wertvoll. Ich brauche die Uniform wirklich besonders eilig, Herr Wormser, ich —

WORMSER: Wabschke, holense 's Maßbuch. Sie sind doch Staatsbeamter, Herr Leutnant, nich?

OBERMÜLLER: Meine Mutter kommt nämlich zu Besuch, sie legt besonderen Wert drauf, sie ist ja aus einer Offiziersfamilie. Ich? Kommunalbeamter, Herr Wormser. Nun ja, ich wollte eigentlich in die Politik gehn — ich hätte mir vorgestellt, als Nationalökonom, etwa im Rahmen der Fortschrittlichen Volkspartei, für das Gemeinwohl zu wirken — vor allem schriftstellerisch — aber — dazu gehören Mittel.

WORMSER: Beamter is auch immer sehr schön.

OBERMÜLLER: Gewiß doch, man kann gut vorwärtskommen — ich bin jetzt schon im Köpenicker Stadtmagistrat; wenn ich Glück habe, kann ich mal Bürgermeister von Köpenick werden *(mit leisem Lächeln)*, so was ist natürlich auch eine Wirksamkeit zum Wohle des Volksganzen.

WORMSER: Na, zum Reserveleutnant hamse's ja schon gebracht, das is die Hauptsache, das muß man sein heutzutage — gesellschaftlich — beruflich — in jeder Beziehung! Der Doktor ist die Visitenkarte, der Reserveoffizier ist die offene Tür, das sin die Grundlagen, das is mal so! [...]

*[Obermüller probiert eine in Kommission übernommene Uniform an]*

OBERMÜLLER: Nicht übel! Nicht übel! *(Tritt etwas zurück, nimmt den Zwicker ab, besieht sich von oben bis unten.)* Kleider machen Leute, da ist nun doch was Wahres dran. So ne Uniform hebt entschieden — es geht ein gewisser Zauber von ihr aus —

WORMSER *(macht indessen hinten ein paar Kreidestriche)*: Sehnse, Wabschke, hier — und da — un da — das is ne Kleinigkeit. Ja ja, da sieht ma, was ma wert is, Herr Leutnant, nich? Das Schöne is, daß man was geworden is, was nich jeder werden kann, das macht Spaß! Gebense mal de Stecknadeln, Wabschke!

OBERMÜLLER: Umgekehrt, lieber Herr Wormser, grad umgekehrt! Das Große ist bei uns die Idee des Volksheeres, in dem jeder Mann den Platz einnimmt, der ihm in der sozialen Struktur der Volksgemeinschaft zukommt. Freie Bahn dem Tüchtigen! Das ist die deutsche Devise! Die Idee der individuellen Freiheit verschmilzt bei uns mit der konstitutionellen Idee zu einem entwicklungsfähigen Ganzen. Das System ist monarchisch — aber wir *leben* — angewandte Demokratie! Das ist meine Überzeugung!

WORMSER: Sicher, sicher, das will ich meinen, bei uns is mehr Freiheit wie in soner Republik, da könnten se all was lernen von. [34]

## Das Unteroffizierkorps

*Reichskanzler Georg Leo Graf von Caprivi in einer Rede im Reichstag vom 27. 2. 1891 über die Notwendigkeit einer Verbesserung der Versorgung und einer Anhebung des Niveaus des Unteroffizierkorps als Mittel zur besseren Bekämpfung der Sozialdemokratie.*

Als die verbündeten Regierungen darauf verzichteten, ein Sozialistengesetz wieder einzubringen,* waren sie sich über zwei Dinge klar, einmal, daß der Kampf gegen die Sozialdemokratie die ernsteste Frage unserer Zeit ist, eine Frage, die Jahrzehnte lang die Welt beschäftigen kann, und deren Erledigung des Schweißes der Edelsten werth ist; sie waren sich ferner darüber klar, daß, wenn auch ein Sozialistengesetz als ganzes nicht wieder eingebracht würde, alle diejenigen Maßregeln ergriffen werden müßten, die sich im Laufe der Zeit als geeignet herausstellten, der Sozialdemokratie entgegenzutreten, sei es, daß man ihr den Boden unter den Füßen wegzöge, sei es, daß man in offenen Kampf mit ihr einträte. Und wenn ich mir das Wort erbeten habe, so war es nicht in meiner Eigenschaft als alter Soldat, sondern als Reichskanzler, der selbst von der Erwägung ausgeht, daß diese erste, wichtigste Frage unserer Zeit auch in die Unteroffiziersfrage tief eingreift und zwar auf zwei verschiedenen Gebieten, einmal, was den Unteroffizier angeht, so lange er im aktiven Dienst steht, dann, was den Unteroffizier angeht, wenn er in Zivilversorgung ist. [...]. Was bietet denn die Zivilversorgung, wenn der Unteroffizier sie endlich nach langen Mühen erreicht, in vielen Fällen? Das stellt sich unendlich verschieden heraus; das hängt zuerst davon ab: in welcher Garnison steht der Unteroffizier, bei welchen Behörden kann er sich persönlich vorstellen? Denn man mag machen, was man will, man wird der Zivilbehörde niemals die Berechtigung abschneiden können, daß sie die Qualifikation des Anwärters prüft, und, wenn er auch unter so vielen Anwärtern auf der Liste die Nummer 60 erhält, so wird er in 3, 4 Jahren nicht weit herangerückt sein, wenn es ihm nicht gelingt, dem Vorgesetzten in Zivil die Ueberzeugung beizubringen, daß er für die Stelle auch ein brauchbarer Mensch ist. Das ist ein ganz berechtigtes Verlangen der Zivilbehörden. Die Folge davon ist, daß ein großer Theil der Unteroffiziere jahrelang herumgeht und sucht; [...]. Am besten kommt immer noch der Schreiber aus der Truppe an; er hat eine Vorbildung, die er in jeder Behörde mehr oder weniger verwerthen kann; der alte in der Front gediente Unteroffizier, der seine 10 bis 12 Jahre Rekruten gedrillt hat und nicht auf dem Büreau war, — dieser wird von jeder Behörde mehr oder weniger ungern aufgenommen. Ich bin in dieser Beziehung

* Eine Verlängerung des Sozialistengesetzes, das am 30. 9. 1890 ablief, war vom Reichstag am 25. 1. 1890 abgelehnt worden.

insofern nicht ohne Erfahrung, als ich als Chef der Admiralität in der Lage war, einmal eine Truppe unter mir zu haben, also Unteroffiziere zu befehligen, für deren Versorgung ich als ihr Befehlshaber mich verantwortlich fühlte, auf der anderen Seite eine Behörde, deren Leistungen unter mangelhaft vorgebildeten Unteroffizieren herabkommen zu lassen ich aber nicht dulden wollte. Da kommen denn doch sehr krasse Verhältnisse vor. Wenn also ein 12 Jahre gedienter Mann in dem Range eines Feldwebels der Armee, der hier und da herumgesucht hat, endlich in der Admiralität eine Anstellung findet, so glaubt er, er ist gut weggekommen; wenn er aber sieht, daß er täglich 25 Oefen zu heizen und 25 Zimmer zu reinigen hat, so wird er doch der Meinung, daß er sich 12 Jahre lang geirrt hat, als er glaubte, daß die Zivilversorgung wirklich eine Belohnung war. Also ein großer Theil derjenigen Posten, die nominell dem Unteroffizier offen stehen, ist bei dem Bildungsgrad, den wir heutzutage von den Unteroffizieren fordern müssen, und den wir steigern müssen, — diese Versorgung ist in der That keine Belohnung.

Daß wir aber die Anforderungen an die Unteroffiziere steigern müssen, liegt in dem ganzen Bildungsgang, in der zunehmenden Bildung der Nation. Ein Vorgesetzter wird nur in dem Grade seine Stellung als Vorgesetzter leicht ausfüllen können, als er sich seinen Untergebenen überlegen fühlt. In der Zeit, in der ich in die Armee eintrat, hatte der Unteroffizier diesen Grad von Ueberlegenheit in seiner Technik, in einer gewissen formalen Ausbildung, die er sich durch seine lange Dienstzeit gegenüber dem Manne angeeignet hatte. Wenn ein Unteroffizier bei der Paroleausgabe die 4 Mann, die um den Parolekreis standen, richtig hinbringen konnte, ohne einen reglementarischen Fehler zu machen, wenn er die verschiedenen Stadien einer Wachtparade tadellos durchlief, so war er ein Mann, der in den Augen der Gemeinen sich schon eines gewissen Ansehens erfreute; denn er konnte etwas, was die Gemeinen nicht konnten. Heutzutage liegt die Sache anders. Der Unteroffizier kann ein vorzüglicher Mensch sein, er schießt aber vielleicht viel schlechter als alle seine Untergebenen; mit dieser technischen Kunst erringt er sich nicht mehr das Ansehen, das er seinen Untergebenen gegenüber braucht. So könnte in eine ganze Reihe von Beispielen aus allen Waffengattungen anführen.

Ist das aber zugegeben, daß die technische Ueberlegenheit nicht mehr für einen Unteroffizier durch die Dienstzeit zu erwerben ist, so folgt sofort weiter, daß er seine Ueberlegenheit in anderen Dingen suchen muß. Nun wird aber schon in den gewöhnlichen Verhältnissen die Erhaltung der Disziplin dadurch erschwert, daß wir in die Armee Leute bekommen — ich habe mir schon einmal erlaubt, das auszusprechen —, die nach dieser Richtung hin ungleich schlechter vorgebildet sind als früher. Es ist einmal eine

gewisse Zuchtlosigkeit eingerissen; das läßt sich nicht leugnen. Und diesen zuchtlosen, oft äußerst gerissenen Elementen gegenüber die vorgesetzte Stellung zu bewahren, sich die Autorität zu bewahren, ist keine leichte Aufgabe; und von den Unteroffizieren, mit denen ich noch zusammen Unteroffizier in der Kompagnie gewesen bin, würde nur noch ein kleiner Theil mitspielen können; die Kritik der Untergebenen würde sie sofort lahmlegen, und es würde ihnen schwer sein, ihre Stellung zu halten. [. . .]
Den Grad geistiger Ueberlegenheit zu bewahren, der dazu gehört, das werden wir auf die Dauer nur können, nicht allein, wenn wir ein komplettes Unteroffizierkorps uns erhalten, sondern wenn wir das Unteroffizierkorps in Bezug auf seine Bildung und seinen sittlichen Werth höher zu stellen suchen, als wir es bisher gethan haben.
Es wird sehr viel über die Mißhandlungen in der Armee geklagt; man nimmt jetzt Statistiken darüber auf; diese Dinge kommen zum Theil in die Zeitungen, und, während ich die Ueberzeugung habe, daß es von Jahr zu Jahr besser wird, wird von Jahr zu Jahr mehr geklagt, worüber ich nichts sagen will. Es ist das ein vollkommen berechtigter Wunsch und auch von der höchsten Stelle vollkommen anerkannt, daß die Mißhandlungen aufhören sollen; mehr gerade als früher sind sie aber nach meinem Dafürhalten nicht. Indessen auch nach dieser Richtung hin ist uns der besser vorgebildete Unteroffizier mehr werth als der rohere; er wird seltener seinem Temperament, selbst wenn er gereizt wird, wie es oft vorkommt, die Zügel schießen lassen als der ungebildete. Wenn schon unter den gegenwärtigen gewöhnlichen Verhältnissen die Erhaltung der Disziplin erschwert wird, so wird das noch schwerer werden, wenn wir uns Zeiten vergegenwärtigen, in denen der Kampf gegen die Sozialdemokratie — ich will das Wort Kampf nicht mal in dem Ausdruck von Schießen und Stechen brauchen — lebhafter wird. [. . .]
Und wenn ich nun auch den äußersten Fall berühren darf, daß es mal zum Kampf mit den Sozialdemokraten käme, so bedürfen wir für einen solchen Kampf einer viel besseren Disziplin als für den Kampf vor dem Feinde. Vor dem Feinde kann auch eine höchst dürftige Truppe durch den Patriotismus, durch erhebende Gefühle in einen Grad von Opferfähigkeit gesetzt werden, der sie zu großen Leistungen befähigt; der Straßenkampf, und was damit zusammenhängt, deprimiert. Da ist kein Faktor, der geeignet wäre, das Selbstgefühl der Truppen zu erhöhen; da ist keine Kampfeslust; auch hat jeder das Gefühl, er steht Landsleuten gegenüber; es wird jedem da sehr schwer, zum Aeußersten zu schreiten. Für einen solchen Kampf brauchen wir ganz andere Unteroffiziere, als wir sie brauchen würden selbst im Gefecht. [35]

## 4. Parteiwesen und Wahlen

### Die Demokratisierung und die wachsende Bedeutung der Parteiapparate

*Max Weber 1918* über den Wandel des Charakters der Parteien unter dem Einfluß der Demokratisierung der Formen des politischen Lebens.*

Der Parteiapparat steigt an Bedeutung, und entsprechend sinkt die Bedeutung der Honoratioren.
Die Verhältnisse sind noch im Fluß. Bei bürgerlichen Parteien gibt ein Durchschnitt durch die, wie früher bemerkt, sehr verschieden straffe Organisation zur Zeit etwa folgendes Bild: Der aktive lokale Betrieb wird meist nebenamtlich von Honoratioren betrieben, nur in Großstädten von Beamten. Zeitungsredaktionen oder Anwälte stellen in den mittleren Orten die Büros. Erst größere Bezirke haben festbesoldete Sekretäre, die das Land bereisen. Die Kandidatenaufstellung und die Feststellung der Wahlparolen erfolgt durch ein im Einzelfall sehr verschiedenartig verlaufendes Zusammenwirken örtlicher und regionaler Verbände; die Mitwirkung der letzteren ist namentlich durch die Erfordernisse der Wahlbündnisse und Stichwahlabkommen bedingt. Die örtlichen Leiter sammeln um sich durch eine sehr verschieden intensive Werbung die ständigen Mitglieder der örtlichen Parteiorganisationen. Hauptwerbemittel sind öffentliche Versammlungen. Die Aktivität der Mitglieder ist gering. Oft tun sie wenig mehr, als daß sie Beiträge zahlen, die Parteiblätter halten, allenfalls leidlich regelmäßig die Versammlungen, zu denen Parteiredner erscheinen, füllen und in mäßigem Umfang sich an der Gelegenheitsarbeit bei den Wahlen beteiligen. Dafür nehmen sie, wenigstens der Form nach, an der Beschlußfassung über die Wahlen des Ortsvorstands und der Vertrauensmänner und, je nach Größe des Orts, direkt oder indirekt der Delegierten zu den Parteitagen teil. Alle zu wählenden Persönlichkeiten werden aber in der Regel von jenem Kern von ständigen Leitern und Beamten designiert, meist ihm entnommen, ergänzt durch einige wegen bekannten Namens, persönlichen gesellschaftlichen Einflusses oder besonderer materieller Opferbereitschaft nützliche oder verdiente Honoratioren. Die Aktivität jener zweiten Klasse der Mitglieder beschränkt sich also auf die Assistenz und Abstimmung bei diesen in größeren Zwischenräumen stattfindenden Wahlen und Aussprachen mit Resolutionen, deren Resultat stets weitgehend von den Leitern vorbereitet ist. Ein gänzlicher Wechsel des Personals, der örtlichen

* Vgl. Kapitel 2, S. 67 Anm.

Leiter und der Bezirksbeamten ist selten und fast stets die Folge einer, meist persönlich bedingten, inneren Revolte. Jeder Aktivität entbehrt schließlich der einfache, nicht zur Organisation gehörige, von den Parteien umworbene Stimmgeber, von welchem persönlich nur bei den Wahlen, sonst nur durch öffentliche auf ihn gemünzte Reklame Notiz genommen wird. – Wesentlich straffer und auch einen relativ größeren Bruchteil der als Stimmgeber in Betracht kommenden Wähler umfassend, dabei unter demokratischen Formen diszipliniert und zentralisiert ist die oft geschilderte Organisation der sozialdemokratischen Partei. Lockerer, mehr an lokale Honoratiorenkreise anknüpfend, war diejenige der Parteien der Rechten, denen aber jetzt im Bund der Landwirte eine sehr straffe Massenorganisation zur Seite steht. In der Zentrumspartei ist formal der Zentralismus und die autoritative Leitung am stärksten entwickelt, obwohl die Macht des Klerus, wie sich mehrfach gezeigt hat, für alle nicht kirchenpolitischen Dinge ihre Grenze hat. Schon durch den jetzt erreichten Entwicklungsgrad ist jedenfalls der alte Zustand: daß Wahlen auf Grund von Ideen und Parolen erfolgten, welche vorher von Ideologen aufgestellt, in der Presse und in freien Versammlungen propagiert und diskutiert waren, daß die Kandidaten von ad hoc gebildeten Komitees vorgeschlagen wurden, daß die Gewählten dann zu Parteien zusammentraten und daß diese im Personalbestand flüssigen parlamentarischen Gruppen nun die Führer der im Lande verstreuten Gesinnungsgenossen blieben, insbesondere die Parole für die nächsten Wahlen formulierten, endgültig verschwunden. Überall, nur in verschieden schnellem Tempo, tritt der Parteibeamte als treibendes Element der Parteitaktik in den Vordergrund. Und neben ihm: die Geldbeschaffung. Die Finanzsorgen rufen neben den regelmäßigen Steuern, welche naturgemäß in klassenbedingten Massenorganisationen, wie der sozialdemokratischen Partei, die relativ größte Rolle spielen, stets erneut das früher alleinherrschende Parteimäzenatentum auf den Plan. Es hat auch in der sozialdemokratischen Partei nie ganz gefehlt. In der Zentrumspartei nimmt jetzt ein Einzelmäzenat, wie Herr A. Thyssen, mindestens die gesellschaftliche Rolle eines Erzbischofs in Anspruch – und mit Erfolg. Eine mittlere Bedeutung hat das Mäzenatentum als Finanzquelle in der bürgerlichen Linken, eine wesentlich stärkere auf der Rechten. Die größte aber, der Natur der Sache nach, bei bürgerlichen Mittelparteien von der Art der Nationalliberalen und der alten Freikonservativen. Die jetzige bescheidene Stärke dieser Mittelparteien ist daher am ehesten ein ungefährer Maßstab für die Bedeutung des Geldes an sich, das heißt des individuell von Interessenten gegebenen Geldes, bei Wahlen auf Grund des gleichen Wahlrechts. Und auch bei ihnen ist gar keine Rede davon, daß das für sie selbstverständlich besonders unentbehrliche Geld allein die Wahlziffern zustande brächte. Diese Parteien leben vielmehr

von einer eigentümlichen Mischehe der Geldmächte mit jenem breiten Teil des Literatentums, vor allem der akademischen und außerakademischen Lehrerschaft, welche gefühlsmäßig an den Reminiszenzen der Bismarckschen Ära hängen. Auf sie reflektiert als Abonnenten ein im Verhältnis zu den Wählerzahlen unverhältnismäßig großer Teil der bürgerlichen Presse, deren Haltung, in verwässerter Form, auch von der gänzlich gesinnungslosen Inseratenpresse nachgeahmt wird, weil sie amtlichen und geschäftlichen Kreisen bequem ist.
So verschieden danach die innere soziale Struktur der deutschen Parteien ist, so sind doch hier wie überall Bürokratisierung und rationale Finanzwirtschaft Begleiterscheinungen der Demokratisierung. Dies bedingt aber ein weit kontinuierlicheres und angespannteres Arbeiten für die Stimmwerbung, als den alten Honoratiorenparteien je bekannt war. Die Zahl der Wahlreden, die ein Kandidat heute, tunlichst in jedem kleinen Ort seines Bezirks, halten muß, seiner Besuche und Rechenschaftsberichte dort, der Bedarf nach Parteikorrespondenzen und Klischees für die Parteipresse und nach Reklamen aller Art steigert sich ständig. Ebenso die Schärfe und Rücksichtslosigkeit der Kampfmittel. [...] Alles ästhetische oder moralisierende Naserümpfen ist für die Frage der innerpolitischen Zukunftsgestaltung völlig steril. Die politische Frage ist vielmehr lediglich die: was für Konsequenzen hat diese fortschreitende Demokratisierung der politischen Kampfmittel und Kampforganisationen für die Gestaltung des politischen Betriebs, des außerparlamentarischen sowohl wie des parlamentarischen? Denn die zuletzt geschilderten Entwicklungen gehen Hand in Hand mit der früher erörterten Gestaltung der parlamentarischen Arbeit.
Beide aber rufen nach einer charakteristischen Figur: nach dem Berufspolitiker, d. h. einem Mann, der mindestens ideell, in der Masse der Fälle aber materiell, den politischen Betrieb innerhalb einer Partei zum Inhalt seiner Existenz macht. [36]

## Die Fraktionen und der parlamentarische Betrieb im Reichstag

*Der nationalliberale Reichstagsabgeordnete Wilhelm Kulemann in seinen 1911 veröffentlichen ›Politischen Erinnerungen‹ über die Notwendigkeit, die Problematik und die Arbeit der Fraktionen.*

Die Fraktionen sind ein notwendiges Übel; sie bilden eine Einrichtung, die nicht wohl entbehrt werden kann, die aber neben Lichtseiten auch sehr große Schattenseiten bietet. Ihr Vorzug besteht in erster Linie darin, daß sie eine ausgezeichnete Schule sind, in der man auf die denkbar leichteste Weise in kurzer Zeit sehr viele Kenntnisse erlangen kann. Kommt man in den Reichstag und verfügt wirklich über eine gute Allgemeinbildung, so sieht man sich doch sofort so vielen Fragen gegenübergestellt, die zu ihrer Beantwortung die weitgehendsten Fachkenntnisse voraussetzen, daß man nicht einsieht, wie es möglich sein soll, sich mit ihnen abzufinden. Besonders der Gewissenhafte, der sich nicht entschließen kann, einfach den Führern zu folgen, sondern sich seiner Verantwortung bewußt ist, steht hier vor einer scheinbar unlösbaren Schwierigkeit. Aber gerade da zeigt sich der Nutzen der Fraktionen, denn der Verkehr mit den Fraktionsgenossen bietet eine vorzügliche Gelegenheit, sich die fehlenden Fachkenntnisse zu verschaffen; für diesen Zweck eignen sich weniger die offiziellen Fraktionssitzungen, in denen dazu keine Zeit ist, sondern die privaten Zusammenkünfte. Ich habe nirgends soviel gelernt, wie auf der Fraktionskneipe. Handelte es sich um Vorlagen, bei deren Beurteilung technische und sonstige Vorkenntnisse in Betracht kamen, so setzte ich mich einfach zu einem Kollegen, der sie besaß und bat ihn, mir ein Privatissimum zu lesen. Ich habe dabei meist in einer Viertelstunde mehr gelernt, als ich in vielen Tagen aus Büchern hätte schöpfen können.

Aber diesen und anderen Vorzügen stehen doch auch schwere Nachteile gegenüber. Eine politische Partei muß das Ziel verfolgen, ihre Auffassung zur Geltung zu bringen, und sie kann dies nur, wenn sie die Macht, die sie nach der Zahl ihrer Mitglieder überhaupt imstande ist auszuüben, tunlichst konzentriert. Dies muß sie zu dem Wunsche treiben, bei den Abstimmungen möglichst geschlossen aufzutreten. Aber dieses an sich berechtigte Parteiinteresse gerät oft genug in Widerspruch zu der Pflicht der Mitglieder, ihren eigenen Überzeugungen zu folgen. Ist es ihnen trotz sorgfältigster Prüfung von Gründen und Gegengründen nicht möglich, den von der Mehrheit ihrer Fraktionsgenossen vertretenen Standpunkt sich anzueignen, so stehen sie vor der schweren Entscheidung, ob sie ihrer persönlichen Überzeugung folgen und dadurch das Parteiinteresse schädigen, oder sich der Mehrheit anschließen und damit trösten sollen, daß sie die Grundanschauung der Partei für gut und richtig halten und, um sie zu verwirklichen, in Einzelheiten Opfer bringen müssen.

Die strenge Form des eigentlichen Fraktionszwanges d. h. die Maßregel, daß kein Mitglied im Gegensatze zum Beschlusse der Fraktion stimmen darf, sondern, wenn es sich ihm nicht anschließen will, sich der Stimme enthalten muß, ist ein Verfahren, das bei den meisten Parteien nur selten angewandt wird. Während meiner parlamentarischen Tätigkeit hat die nationalliberale Fraktion nur zwei Male, nämlich bei der Septennatsvorlage* und bei der Verlän-

* Da Kulemann erst 1887 in den Reichstag gewählt wurde, ist offensichtlich die Septennatsvorlage von 1887 gemeint.

gerung der Legislaturperioden [1888], dazu geriffen. Aber auch wo es nicht geschieht, ist es doch üblich, einen recht erheblichen moralischen Druck auf die Mitglieder auszuüben, und ich habe das Urteil gewonnen, daß er häufig stärker ist, als man es mit der Rücksicht auf das Verantwortlichkeitsgefühl vereinbaren kann.
Nun könnte man scheinbar einwenden, daß es ja jedem Abgeordneten freistehe, ob er sich einer Fraktion anschließen wolle oder nicht, und daß er deshalb, wenn er es tue, freiwillig auf vollständige Selbständigkeit verzichte. Aber dabei würde man die tatsächlichen Verhältnisse außer Betracht lassen. Sieht man ab von Persönlichkeiten, die infolge ihrer Bedeutung eine Ausnahmestellung einnehmen, so ist ein Wilder, d. h. ein keiner Fraktion angehörender Abgeordneter von einer befriedigenden Ausübung seiner Tätigkeit völlig ausgeschlossen. Gewiß, wenn Bismarck das ihm nach seiner Entlassung zugefallene Mandat ausgeübt hätte, so würde er auch ohne Fraktionsanschluß ein Machtfaktor ersten Ranges gewesen sein. Aber für die unendliche Mehrzahl der Abgeordneten ist die Mitgliedschaft oder mindestens die Stellung als Hospitant bei einer Fraktion Vorbedingung irgendwelcher Wirksamkeit. Nicht allein wird er ohne ihre Erfüllung in keine Kommission gewählt, sondern selbst im Plenum kann er höchstens bei der Spezialberatung zu Worte kommen. Bei den wichtigeren Vorlagen werden nur die sog. Fraktionsredner gehört, d. h. je nach der Bedeutung 1–3 Vertreter der größeren Parteien. Sobald sie ihre Weisheit verzapft haben, wird die Debatte geschlossen. [...]
Die Fraktionen sind, wie gesagt, eine Einrichtung, ohne die eine angemessene Erledigung der parlamentarischen Geschäfte kaum möglich sein würde. Um so sonderbarer ist es, daß sie offiziell nicht anerkannt sind, sondern nur de facto bestehen. Es ist allerdings ungeschriebenes Gewohnheitsrecht, daß eine Gruppe von mindestens 15 Abgeordneten das Recht hat, als Fraktion zu gelten, und daß bei Besetzung der Kommissionen die Fraktionen nach dem Verhältnisse ihrer Mitgliederzahl berücksichtigt werden, wobei es jeder Fraktion überlassen wird, die Personen zu bestimmen, die sie in die Kommission entsenden will. Aber theoretisch ist das ganz anders. Nach der Geschäftsordnung werden zu Beginn der Session 7 Abteilungen gebildet, und jeder Abgeordnete wird durch das Los einer derselben zugewiesen. Diesen Abteilungen liegt es ob, die Mitglieder der Kommissionen zu wählen, und man hält die Fiktion aufrecht, daß das tatsächlich geschehe, denn es werden Protokolle über die Verhandlungen aufgenommen, in denen geschrieben steht, daß die Abteilung gewisse Abgeordneten zu Mitgliedern dieser oder jener Kommission gewählt habe. In Wahrheit pflegen Sitzungen der Abteilungen überhaupt nicht stattzufinden, sondern der Vorsitzende der Abteilung teilt dem Präsidenten des Reichstages als gewählt die Abgeordneten mit, die ihm von den Fraktionen bezeichnet worden sind. [37]

## Deutsche Parlamentssitten

*Der langjährige liberale Reichstagsabgeordnete Ludwig Bamberger 1891 über das martialische Auftreten Bismarcks und der Regierungsvertreter im deutschen Reichstag.*

Das deutsche Parlament ist das einzige in der Welt, in welchem die Minister und ihre Vertreter mit dem Säbel an der Seite erscheinen und mit der Hand auf dem Degenknauf ihre Reden halten. Bei etwas lebhaften Regungen in der Debatte geschieht es auch, daß unwillkürlich diese Stützung der Hand auf dem Schwertgriff sich zu einer charakteristischen Geberde gestaltet. Auch diese Eigentümlichkeit unserer repräsentativen Zustände entbehrt nicht des tiefen Sinnes. Im Gegenteil, sie ist noch viel bedeutungsvoller als der Stucco di lustro,* von dem man behauptet, daß er sich leicht loslöse und bei Erschütterungen den Abgeordneten auf die Köpfe fallen könne.

Es ist viel darüber geklügelt worden, warum Fürst Bismarck seiner Erscheinung in Staatsgeschäften die stereotype Gestalt des Reiteroffiziers gegeben habe. Er selbst hat gelegentlich in Privatgesprächen allerhand untergeordnete Zweckmäßigkeitsgründe dafür angeführt. Aber er wußte sehr wohl, warum er es in Wirklichkeit that. Trotzdem der Zauber seiner Kraft gewiß nicht in der Uniform lag, hat diese ihm doch Dienste dabei geleistet. Und diese Äußerlichkeit hat, wie Alles, was von ihm ausging, auch ihre Wirksamkeit über das Ganze erstreckt. [38]

## Zusammenspiel von Regierung und Parteiführern

*Christoph von Tiedemann, als persönlicher Referent (1876–78) und Chef der Reichskanzlei (1878–81) einer der engsten Mitarbeiter Bismarcks, schreibt am 3. Juli 1876 an Herbert von Bismarck über seine Versuche, mit Hilfe des Reichstages den Widerstand der Bundesstaaten gegen die Übernahme der Eisenbahnen auf das Reich zu überwinden.*

Euer Hochgeboren beehre ich mich, nachstehende Mitteilungen mit dem Anheimstellen ganz ergebenst zu machen sie gelegentlich zur Kenntnis Ihres Herrn Vaters Durchlaucht bringen zu wollen.

Ich erhielt von Seiner Durchlaucht vor einigen Wochen den Auftrag, eine im Reichseisenbahnamt ausgearbeitete Denkschrift einigen Mitgliedern des Reichstags vertraulich mitzuteilen. Bei einer Unterredung, die ich infolgedessen mit dem Abgeordneten Miquel** hatte, warf ich die Frage auf, ob, nachdem alle Versuche

* (ital.) Glanzstuck, der dazu dient, eine Marmorbekleidung zu imitieren.
** Einer der nationalliberalen Parteiführer.

gescheitert, ein Reichseisenbahngesetz zwischen den Bundesregierungen zu vereinbaren, nicht die Möglichkeit vorhanden sei, ein solches Gesetz aus der Mitte des Reichstags heraus einzubringen. Miquel bejahte diese Frage, und erklärte sich unter der Voraussetzung der Zustimmung Seiner Durchlaucht zu weiteren Schritten in der angedeuteten Richtung im Einverständnis mit dem Reichseisenbahnamt bereit.

Nachdem ich hierüber Vortrag gehalten, wurde ich beauftragt, den Präsidenten Maybach von der Sachlage in Kenntnis zu setzen und ihm weitere Verhandlungen mit Miquel anheimzugeben. Der Präsident Maybach* schien nun zwar anfänglich den von mir näher entwickelten Plan nicht für unbedenklich zu halten; er zweifelte, daß schon jetzt eine namhafte Majorität für ein wirklich brauchbares Eisenbahngesetz zu gewinnen sein werde, d. h. für ein Gesetz, welches den Grundgedanken der unmittelbaren Reichsaufsicht konsequent durchführe und zugleich so gefaßt sei, daß es auch für den Fall des Überganges der preußischen Bahnen an das Reich Anwendung finden könne. Nach wiederholten eingehenden Besprechungen, auch zwischen ihm und Miquel ließ der Präsident jedoch seine Bedenken fallen.

Es ist nunmehr folgendes verabredet: Ein neuer Gesetzentwurf wird im Reichseisenbahnamt ausgearbeitet und im Laufe des Monats August dem Abgeordneten Miquel zugesandt, der sich um jene Zeit in Thale im Harz befindet. Miquel ladet dorthin einige politische Freunde (Elben, Lasker, Bennigsen)** ein. Ihnen teilt er zunächst den Entwurf als sein eigenes Elaborat mit und sucht dieselben zu bewegen, die Rolle der Antragsteller zu übernehmen. Sodann wird im Wege vertraulicher Besprechung der Versuch gemacht, auch Mitglieder anderer Fraktionen, z. B. den Freiherrn von Minnigerode, den Freiherrn Nordeck zur Rabenau, sowie womöglich einige Bayern (etwa Marquardsen) als Mitantragsteller zu gewinnen.***

Miquel zweifelt nicht im geringsten daran, daß dies gelingen werde. Wie er mir vor einigen Tagen mitteilte, glaubt er sogar nach einer Unterredung mit Hänel und Löwe**** auf die Unterstützung eines Teils der Fortschrittspartei rechnen zu dürfen. Ob eine solche Bundesgenossenschaft wirklich ein Gewinn sein würde, lasse ich freilich dahingestellt. Diese Frage wird ja aber auch immer noch näher erörtert werden können.

Um durch die Presse den verabredeten Schachzug zu unterstützen, beabsichtigt der Präsident Maybach einige Publikationen vorzubereiten, namentlich eine kurzgefaßte Geschichte des Eisenbahn-

* Präsident des Reichseisenbahnamtes 1874–77.

** Führende Nationalliberale, von denen sich insbesondere Elben für das Reichseisenbahnprojekt schon vorher eingesetzt hatte.

*** Bei den erwähnten Personen handelt es sich um einflußreiche Abgeordnete der Konservativen Partei, der Deutschen Reichspartei und der Nationalliberalen Partei.

**** Zwei führende linksliberale Abgeordnete.

wesens in Deutschland während der letzten zehn Jahre, eine Schilderung der Tarifmisere usw.
Daß ein Gesetzentwurf, in der verabredeten Weise von hervorragenden Mitgliedern verschiedener Fraktionen eingebracht, die Zustimmung der Mehrheit des Reichstags finden werde, dürfte kaum fraglich erscheinen. Aber selbst, wenn es im Herbst noch nicht gelingen sollte, das Gesetz durch alle Stadien der Beratung zu bringen, so würden doch jedenfalls die Reichstagsdebatten eine heilsame Pression auf die Haltung gewisser befreundeter Regierungen ausüben können. [39]

## Die Parteien und die Regierung

*Ludwig Bamberger beschreibt in seinen Tagebüchern die Winkelzüge parlamentarischer Taktik in der Deutsch-Freisinnigen Partei bei der Verlängerung des Sozialistengesetzes 1884.*

(April.) Wunderliche Kombination der Sozialistengesetz-Erneuerung. Bismarck schlägt sie vor mit Pathos und möchte sie um alle Welt abgelehnt haben, um auflösen zu können. Wir lehnen sie ab mit Pathos und möchten sie angenommen sehen, um nicht aufgelöst zu werden. Die Sitzungen der Kommission, in der ich sitze, das Verrückteste an Kombinationen. Windthorst [Zentrumsführer] schlägt Modifikationen vor, welche das Gesetz abschwächen und für die wir stimmen müßten, die Regierung lehnt alles ab, um ablehnen zu können. So lehnen wir auch schließlich ab, um Windthorst und die Seinen vor ein unmodifiziertes Gesetz zu stellen, welches das Zentrum ablehnen oder in integro* annehmen muß und rechnen auf diese letzte Eventualität. Bei jeder Abstimmung die gelehrtesten Schachzüge. Wir schicken einen der Unseren weg, [um] in der Minorität bei der Schlußabstimmung zu bleiben. So wäre das Gesetz in der Kommission mit einer Stimme Mehrheit angenommen worden, wenn nicht Windthorst den Reichensperger**, welcher bereits die Hand erhoben hatte, wieder herunter befohlen hätte, so daß Stimmengleichheit blieb, wonach das Gesetz abgelehnt.
Nun weiß noch kein Mensch, wie es in vier Tagen (Donnerstag) im Plenum gehen wird. Windthorst, welcher alle die Zeit her die Annahme des Gesetzes zu wünschen schien, scheint jetzt dagegen zu arbeiten. Er läßt durch Kabel die gegen stimmenden Arbeiter kommen (nachträglich wieder bezweifelt). Kein Mensch sieht durch, worauf er hinausgeht. Sollte er mit den Konservativen (Bismarck selbst?) verabredet haben, das Gesetz zu Fall zu bringen, wie sie es wünschen, um hinterher dafür belohnt zu werden?

* (lat.) Unverändert ** In der Kommission saß August Reichensperger

Am schlimmsten stehen wir, da wir zu dem Kampf mit Bismarck und Windthorst auch noch den in der eignen neuen Fraktion, den Kampf mit Eugen Richter* haben. Der spielt mit uns dasselbe Spiel wie Bismarck, nur in umgekehrter Richtung. Er wünschte, daß so viele als nötig für die Annahme stimmen; er tut aber, als sei dies ein Verbrechen. Er zittert am meisten vor der Auflösung (Lasker** sagte mir immer, im entscheidenden Moment sei niemand furchtsamer als Richter) und schleudert gegen jeden, der sie vermeiden helfen will, das Anathema. Seine Rechnung nach außen geht auf die Stimmen der Sozialdemokraten in Stichwahlen. Während der Kommissionssitzungen vigiliert er immer scharf, ob die sozialdemokratischen Reichstagsmitglieder auch als Zuhörer da seien. [...]

Am Dienstag nach der Hauptabstimmung in der Kommission über das Sozialistengesetz halten wir Fraktions-Vorstandssitzung, um über die Taktik im Plenum der Fraktion zu beraten. Als Forckenbeck erklärte, er werde für das Gesetz stimmen mit einer motivierten Erklärung und Hänel das paraphrasierte, blieb Eugen Richter stumm in sich gekehrt sitzen. Wir redeten noch eine Zeitlang, ohne daß er sich regte. Endlich nach einer Verlegenheitspause erhebt er sich und verläßt schweigend das Zimmer.

Man glaubt, er sei tief unglücklich und bereite etwas Böses vor. Hänel, Rickert, Stauffenberg und ich gehen in den Kaiserhof und zerbrechen uns in Niedergeschlagenheit die Köpfe, was er im Schilde führen möge. Hänel besonders fürchtet einen coup de tête*** und steckt die andern an. Die Fraktion ist auf den folgenden Abend (Freitag) festgesetzt.

Am andern Morgen (Freitag) sieht Richter schon viel zahmer aus.

Ich frage ihn, was sein Schweigen bedeutet habe: ob Diplomatie oder Protest?

Er: Er habe selbst in der Aufregung keinen übereilten oder heftigen Ausspruch tun wollen, spricht aber jetzt schon viel zahmer, und durch Commun accord**** beschließen wir, die Fraktionssitzung auf den folgenden Mittwoch abend (Vorabend der 2. Lesung im Pleno des Reichstags) zu verlegen. Bis dahin verspricht er mir, auch vor der Fraktion seine Karten darüber aufzudecken, wie er sich in der Fraktion benehmen will. Die Sache läßt sich schon zahmer an. –

Am Montag, 5. Mai, kommen wir – Richter, Stauffenberg, Rickert, Hoffman und Baumbach – wieder zur Beratung zusammen, und nun holt Richter ganz kühl einen Zettel hervor mit Wahrscheinlichkeitsberechnungen, wieviel Stimmen unsere Fraktion liefern

* Wohl einflußreichster Abgeordneter der 1884 durch Fusion der Fortschrittspartei und der Sezessionisten gegründeten Deutsch-Freisinnigen Partei.

** Am 4. Januar 1884 gestorbener führender liberaler Parlamentarier.

*** (franz.) Unüberlegter Streich

**** (franz.) Allgemeine Übereinkunft.

müßte, damit das Gesetz angenommen werde. Er meint, man brauche 25, und entwickelt nun in der unschuldvollsten Offenherzigkeit, daß es, wenn doch einmal manche sich enthalten wollten, viel besser sei, sie stimmten für. Kurz: Es gab keinen eifrigeren Werber für die Annahme, und der Sicherheit halber trifft er noch Anstalten, daß etliche, die gegen stimmen wollten und müßten, weggeschickt, alle Für-Stimmenden herbeigeholt würden. Eine solche naive Umkehr von der Entrüstungskomödie zur entgegengesetzten Arbeit hat man wohl nie erlebt. Stauffenberg und ich guckten uns stets an wie die Verzauberten.
Schließlich ließ er noch durch Hermes etliche Getreue, die kommen wollten, abwiegeln, damit sie zu Hause blieben, ja den dicken Schwarz aus Württemberg, der schon im Hause war, wieder fortschicken. Eine Bouffonnerie ohnegleichen. Das zeigt, wie nützlich die Fusion war. Wären wir getrennt geblieben, so hätten wir die Kosten bezahlen müssen, und er hätte an der Spitze seiner Partei das Triumphlied über die armen Sünder angeschlagen, die ihn aus der Verlegenheit retteten, die mit der Auflösung verbunden gewesen wäre. Aber solche Antidosis braucht man gegen Bismarcksche Politik. –
Als wir heimwärts gingen, wiederholte Stauffenberg einmal übers andre: »Das war ein Schauspiel, das man sich aufschreiben muß.« [40]

## Das preußische Staatsministerium und die Parteien

*Kennzeichnend für das starke Interesse der Regierung am Wahlausgang und für die Versuche zur Beeinflussung der Wahlen durch den Verwaltungsapparat sind die folgenden Richtlinien des preußischen Staatsministeriums für die Reichstagswahlen von 1898.*

Allgemeine Stellung des Staatsministeriums gegenüber den Parteien
I. Die Regierung stützt sich vorzugsweise auf die Konservativen, Freikonservativen und Nationalliberalen. Das Zentrum unterstützt die Regierung nur gegen die Sozialdemokraten und die radikalen Antisemiten sowie gegen die Partei Richter. Die Angehörigkeit zum Bunde der Landwirte ist kein absolutes Hindernis der Unterstützung der Behörden, namentlich wenn ein anderer Kandidat nicht durchzubringen ist und wenn die Persönlichkeit eine Garantie gemäßigter Stellung bietet. Das Zusammengehen der staatserhaltenden Elemente ist überall kräftig zu fördern, insbesondere bei Stichwahlen. Stehen in denselben Sozialdemokraten und Mitglieder des Zentrums gegenüber, so ist auf die Unterstützung der letzteren durch die anderen Parteien hinzuwirken.

Mit Rücksicht auf die Stellung des Zentrums im Reichstage ist zu demselben ein tunlichst freundliches Verhältnis beizubehalten und weiterhin zu beobachten, ohne mit den allgemeinen Staatsinteressen unvereinbare Forderungen desselben zuzugestehen. Mit der Genehmigung von Ordensniederlassungen, insbesondere in gemischten Bezirken, und in den polnischen Provinzen ist wie bisher mit Vorsicht zu verfahren. [...]

VII. Die Disziplin der Beamten, namentlich auch inbetreff ihres politischen Verhaltens, ist streng zu handhaben; insbesondere ist nicht zu dulden, daß Administrativbeamte, besonders politische Beamte, die Politik der Regierung öffentlich bekämpfen und gegen dieselbe agitieren. Man muß sich nicht scheuen, vorkommendenfalls solche Beamte zur Disposition zu stellen. Auch Lehrern gegenüber, welche eine feindselige Haltung gegen die Regierung öffentlich annehmen, namentlich die Freisinnige Volkspartei unterstützen, ist von den zu Gebote stehenden Mitteln entschiedener Gebrauch zu machen.

Inbetreff der in den polnischen Provinzen fungierenden Beamten wird auf die desfallsigen Staatsministerialbeschlüsse verwiesen.

Es ist dahin zu wirken, daß die Oberpräsidenten und die Regierungspräsidenten in der Regel keine Wahl zum Reichstage oder Landtage annehmen. Der Eintritt der Landräte in die Vertretungskörper ist nur dann zu begünstigen, wenn andere gleich sichere und geeignete Kandidaten nicht aufgestellt werden können. Landräte und andere Administrativbeamte, welche Abgeordnetenmandate besitzen, müssen angehalten werden, in ihrem äußeren Verhalten und in ihren Reden die gebührende Rücksicht auf ihre amtliche Stellung nicht aus den Augen zu verlieren. [41]

## Der Reichskanzler und die Stichwahlen 1898

*Briefwechsel zwischen dem Reichskanzler, Fürst Hohenlohe, und dem Fürstbischof von Breslau, Georg Kardinal Kopp, vom Juni 1898 über die Verhinderung sozialdemokratischer Erfolge in den Stichwahlen zum Reichstag.*

Fürst Hohenlohe an Kardinal Kopp (Entw.).

Vertraulich. Berlin, 19. Juni 1898.

Euer Eminenz werden aus den bisherigen Verzeichnissen der Gewählten für den Reichstag und der in Stichwahl befindlichen Reichstagskandidaten ersehen haben, daß die sozialdemokratische Partei im neuen Reichstag wahrscheinlich zahlreicher als bisher vertreten sein wird. Die Stichwahlen werden die Zahl der definitiv gewählten Sozialdemokraten erheblich vermehren, sofern nicht die nichtsozialistischen Parteien sich auf denjenigen Kandidaten vereinigen, welcher den Sozialdemokraten gegenübersteht. Die Gefahren, welchen Staat, Kirche und Gesellschaft ausgesetzt sind, wenn die sozialdemokratische Partei im Reichstag überhandnimmt, brauche ich nicht zu schildern; ich weiß, daß E. E. diese Gefahr längst erkannt haben und bekämpfen. Wenn ich mir erlaube, die Aufmerksamkeit E. E. auf diese Frage zu lenken, so geschieht es, weil mir gesagt wird, daß in manchen Wahlkreisen Süddeutschlands die Absicht bestehe, sich mit der Sozialdemokratie behufs gegenseitiger Unterstützung bei den Stichwahlen zu verständigen. Ob das auf Wahrheit beruht, vermag ich nicht zu sagen. E. E. werden dies besser beurteilen können als ich. Sollte eine solche Absicht bestehen, so wird es E. E. gewiß möglich sein, Ihren Einfluß auf die Partei des Zentrums geltend zu machen, um derselben in letzter Stunde die Gefahr eines solchen Verfahrens vor Augen zu führen.

Kardinal Kopp an Fürst Hohenlohe (Or. eigh.).

Johannesburg/Sauernig, östr. Schl., den 21. Juni 1898.

Euer Durchlaucht beehre ich mich ergebenst zu benachrichtigen, daß ich dem Wunsche vom 19. sofort nachgekommen bin. Schwierig liegt die Wahl in München, wo der Gegner der Sozialdemokraten die Sympathie der Katholiken nicht besitzt. Vielleicht wird es aber möglich sein, denselben zur Abgabe einiger Zusicherungen zu bewegen. Es wäre in jedem Falle eine tatsächliche Verleugnung positiv christlicher Grundsätze, eine sozialdemokratische Wahl direkt oder indirekt zu unterstützen. [42]

## Das Wahlrecht in den deutschen Bundesstaaten

*Reichstagsrede des sozialdemokratischen Abgeordneten Eduard Bernstein vom 7. Februar 1906 zur Begründung des Antrages seiner Partei, daß im Deutschen Reich in allen Bundesstaaten eine Volksverfassung aufgrund des allgemeinen, gleichen und direkten Wahlrechts aller Männer und Frauen vom 20. Lebensjahr an eingeführt werde.*

Wie sieht es überhaupt mit den Wahlgesetzen der Einzelstaaten im Deutschen Reiche aus? Im preußischen Landtage ist es schon ausgesprochen worden, daß das preußische Wahlgesetz Preußen außerhalb Preußens lächerlich macht. Wenn Sie einem Ausländer aus einem föderativen Staate – ich will gar nicht von Einheitsstaaten sprechen – die Musterkarte unserer Wahlgesetze in den deutschen Bundesstaaten vorlegen, wird er kopfschüttelnd sagen: ist solch wahnsinniger Zustand überhaupt möglich? Ich will Sie nicht mit der Einzelaufzählung der verschiedenen Wahlsysteme Deutschlands aufhalten und Ihnen nur Gruppierungen vorführen. Das Wahlrecht ist nur in einer kleinen Anzahl von Staaten dem Reichstagswahlrecht entweder homogen oder ist wenigstens auf dem erkennbaren Wege dazu. So hat Baden das direkte Wahlrecht vor kurzer Zeit eingeführt; so ist Württemberg, das das allgemeine und direkte Wahlrecht bereits hat, in diesen Tagen dabei, den Rest von Klassen- oder Standesvertretung in der Volksvertretung zu beseitigen und die Standesherren dahin zu schicken, wo sie dank der württembergischen Verfassung überhaupt noch Platz haben, d. h. in das Ständehaus, aber nicht in die Volksvertretung. So geht Bayern daran, sein Wahlrecht zu modernisieren, und ich glaube Ihnen ja nicht erst sagen zu müssen, denn Sie wissen es ja alle, daß an der Spitze derjenigen, die für die Modernisierung eintreten, das Mitglied des bayerischen Königshauses Prinz Ludwig steht, dem, wie er erklärt hat, diese Wahlreform noch nicht weit genug geht. Das direkte Wahlrecht besteht auch in den kleinen thüringischen Staaten Sachsen-Meiningen, Schwarzburg-Rudolstadt und Reuß jüngere Linie. Sie alle haben das direkte Wahlrecht, wie es bisher Württemberg hatte: die direkte Wahl war aber entweder mit einem Klassenzensussystem verkuppelt und zweitens damit verkuppelt, daß einer Anzahl von Klassen eine besondere Vertretung eingeräumt ist, wodurch im Landtage die Volksstimme einfach gefälscht, die Stimme der Wählerschaft neutralisiert wird, indem den priviligierten Klassen auf Grund von Geburts- und Standesrechten oder eines wesentlich höheren Einkommens eine besondere Stellung garantiert wird. Dann haben wir wiederum Staaten, die das indirekte Wahlsystem mit dem Klassenwahlrecht kombiniert haben; das sind Sachsen-Weimar, Koburg-Gotha, Schwarzburg-Sondershausen, Reuß ältere Linie, Anhalt usw. Auch da haben Sie die verschiedenen Wahlklassifikationen, und in jedem Staate wieder anders. Schließlich haben Sie das vollständig entwickelte Klassenwahlsystem in Braunschweig, Bremen, Hamburg, Lübeck, Preußen, Waldeck, Sachsen-Altenburg. Und da, wo in diesen Staaten die einzelnen Klassen besonders wählen, bestehen solche Vorrechte, daß die dritte und vierte Klasse, d. h. die große Masse der Bevölkerung, einfach von den anderen beiden Klassen erdrückt wird. [...]

Nun haben wir in Deutschland wiederum in bezug auf das Wahlrecht der Einzelstaaten zwei verschiedene Strömungen in der Entwicklung und Weiterbildung. Eine Anzahl von Staaten hat die Entwicklung nach dem Reichstagswahlrecht hin, in anderen Staaten geht die Entwicklung noch weiter vom gleichen und direkten Wahlrecht hinweg, als man schon ist, und es ist ganz charakteristisch, daß die Entwicklung zum Reichstagswahlrecht hin gerade in den Staaten sich vollzieht, von denen es einst hieß: wir sind den Süddeutschen zu liberal, wo der Partikularismus zu Hause war. Die Entwicklung vom Reichstagswahlrecht hinweg finden wir dagegen gerade in Norddeutschland, wo einst angeblich der Reichsgedanke am stärksten war.

Den Anfang mit dieser Rückwärtsrevidierung hat Sachsen gemacht im Jahre 1895/96. [...]
Wie dieses neue Wahlsystem die Meinung des Volkes fälscht—ja, meine Herren, sehen Sie sich hier einmal die Vertretung Sachsens im Reichstag und diejenige im sächsischen Landtag an. Gestern hat Herr v. Kanitz hier mit großer Wehmut konstatiert, daß Sachsen von 23 Abgeordneten im Jahre 1903 22 Sozialdemokraten gewählt hat, und dabei ist noch in Betracht zu ziehen, daß ein großer Teil volljähriger sächsischer Staatsbürger, nämlich alle Männer zwischen 21 und 25 Jahren, nicht in den Reichstag wählen dürfen. Im sächsischen Landtag aber sitzt unter 82 Abgeordneten ein einziger sozialdemokratischer Abgeordneter, der in einem kleinen Wahlkreis — ich möchte fast sagen, durch die Gunst des Zufalls — bei der Wahl durchgedrungen ist. 330000 sächsische Reichstagswähler haben im Landtag 81 Abgeordnete, und 440000 Reichstagswähler, also anderthalb mal so viel, nur einen einzigen. [...]
Hamburg hatte, wie andere Staaten, ja durchaus nicht das allgemeine, gleiche und direkte Wahlrecht, Hamburg hatte eine Einteilung der Vertretung der Bürgerschaft in zwei oder drei Klassen; die Grundbesitzer hatten eine ihnen ein für allemal vorbehaltene Vertretung von 40 bei einer Vertretung der Gesamtbürgerschaft von 160, die Notabeln — Delegierten der Gerichtsbehörden und Schulbehörden usw. — hatten auch ihre 40, das sind schon 80, d. h. die Hälfte der Vertretung. Die Hälfte der Abgeordneten der Bürgerschaft ist so dem Wahlrecht entzogen, ist bestimmten Körperschaften entweder kraft ihres Besitzes oder kraft ihrer höheren Stellung eingeräumt, und so war in Hamburg den besitzenden Klassen die Gewähr gegeben, daß, was auch in der Bürgerschaft beschlossen werden sollte, jedenfalls kein Umsturz und keine Vergewaltigung sein würde. Aber auch die anderen 80 Mandate zur Bürgerschaft werden auf Grund eines Wahlsystems gebildet, das durchaus nicht etwa auf das allgemeine gleiche und direkte Wahlrecht hinausläuft; für diese 80 anderen Mandate ist vielmehr erst die Erlangung des Bürgerrechts erforderlich, und das Bürgerrecht wird nur erworben durch Zahlung eines Geldbetrags, und infolgedessen sehen wir, daß, während Hamburg für den Reichstag [...] über 200000 Wähler hat, es für die Bürgerschaft nur 57000 hat. [...]
Die große Masse der Hamburger Arbeiterschaft war schon nach dem bestehenden Wahlgesetz vom Wahlrecht zur Bürgerschaft ausgeschlossen. Das zeigt auch die Zusammensetzung der Hamburger Bürgerschaft, in der von den gewählten 80 Mitgliedern nur 13 der Sozialdemokratie angehören und die anderen 67 den bürgerlichen Klassen. Also schon in der jetzigen Hamburger Bürgerschaftsvertretung war die Sozialdemokratie, für die bei den Reichstagswahlen in allen drei Wahlkreisen die überwiegende

Mehrzahl der Stimmen abgegeben wurde — von den 160 000 Stimmen waren 100 000 sozialdemokratische —, untervertreten und zwar ganz unerhört untervertreten, und es war vom bürgerlichen Standpunkt aus absolut nicht die Gefahr vorhanden, daß die Sozialdemokratie jemals diese 80 Sitze erobern und damit die Hälfte der Bürgerschaftsmitglieder stellen könnte. [...]
Es liegt also absolut nicht der geringste vernünftige Anlaß vor, an diesem Wahlrecht nach rückwärts hin noch zu ändern. Und doch wurde eben diese Revision nach rückwärts erzwungen.*
Die Hamburger Arbeiter haben getan, was sie konnten, was nur irgend möglich war, ihrer Stimme des Protestes Ausdruck zu geben. [...] Sie haben in ihren Zeitungen und Organen protestiert, sie haben in ihren Versammlungen protestiert, — es hat alles nichts geholfen, bis die Demonstrationen vom 17. Januar d. J. stattgefunden haben, wo die Massen schließlich doch aus den Versammlungen auf die Straße gegangen sind, und da haben wir in diesem Hause, nicht nur von der rechten, sondern auch von der linken Seite, ein großes Geschrei gehört, daß da ein paar Fensterscheiben bei einer so großen Massendemonstration zerbrochen worden sind. Meine Herren, denken Sie doch, hier hat es sich um ein elementares Volksrecht gehandelt, hier hat es sich darum gehandelt, daß man der Arbeiterklasse, ich kann nicht einmal sagen, eine ihr entsprechende Vertretung, nein das bißchen Vertretung, das sie hatte, noch raubte, sie ein für allemal in eine noch größere Minderheit zurückdrängen wollte.
Meine Herren, denken Sie doch an die Revolutionen der Feudalen gegen das Königtum, an die bürgerlichen Revolutionen, wie es da zugegangen ist, und wenn da wirklich in den Protestversammlungen, nicht von den sozialdemokratischen Arbeitern — denn die wußten Disziplin zu halten — ein paar Fensterscheiben zerbrochen worden sind, — in anderen Ländern hätte kein Hahn danach gekräht, da hätte man sich gesagt, bei einer so großen Massenbewegung kann nicht alles ganz regelmäßig zugehen, und wer das nicht haben will, nun, der soll eben nicht derartige Gesetze machen, soll nicht derartig das Volk in seinen Rechten verkürzen wollen.
Ich gehe dann, meine Herren, zu meinem engeren Heimatstaat Preußen über, dem führenden Bundesstaat. Da ist nun allerdings von keiner Rückwärtsrevision zu reden, aus dem einfachen Grunde, weil eben da nichts mehr rückwärts zu revidieren ist. Es sollte wirklich jemand schwer fallen, dieses jetzige preußische Wahlsystem noch zu verschlechtern. Es ist, wenn wir vielleicht Braunschweig oder Waldeck ausnehmen, das schlechteste Wahl-

* Anspielung auf die von Senator Schaefer ausgearbeitete Wahlrechtsvorlage, die nach erbitterten Kämpfen am 5. März 1906 Gesetz wurde. Es sah vor, daß von den 72 Bürgerschaftsmandaten, die aus allgemeinen Wahlen im Stadtgebiet hervorgingen, 24 von Wählern mit einem Jahreseinkommen von unter 2500 Mark und 48 von Wählern mit einem höheren Einkommen gewählt werden sollten.

system, das überhaupt in Deutschland besteht. Es ist das Geschöpf, wie sie wissen, der Reaktion von 1849, das damals gewaltsam oktroyiert worden ist. [...]
Dieses Wahlsystem war geradezu ausgeklügelt, den Wählern ihr Wahlrecht zu verekeln. Alle Ungeheuerlichkeiten sind in dieses preußische Dreiklassenwahlsystem hineingelegt:* die Einteilung nach drei Wählerklassen und die Ungleichheit der Stimmen, zweitens die offene Stimmabgabe, d. h. die Abhängigkeit der Wähler, und drittens der Wahlakt mit der großen Inanspruchnahme der Zeit des Wählers. Wie all dies in der späteren Reaktionszeit gewirkt hat und noch heute wirkt, können Sie an der Statistik der letzten Landtagswahlen verfolgen. Alle abhängigen Beamten, wie sie auch im Innern denken, wählen, wenn sie nicht fern bleiben können, mit der Regierungspartei; sie dürfen es nicht wagen, eine oppositionelle Stimme abzugeben. Kurz, das ganze System ist darauf berechnet, den Ausdruck des Willens der Wählerschaft zu fälschen.
Meine Herren, eine kleine Minderheit der Bevölkerung, 2½ Prozent, bildet die erste Klasse, etwa 11 bis 12 Prozent die zweite, und mehr als 85 Prozent die dritte.** Im Jahre 1903 hatten wir in Preußen 239000 Wähler erster Klasse, 856000 Wähler zweiter Klasse und 6 Millionen Wähler dritter Klasse.

(Hört! hört! bei den Sozialdemokraten.)

In der Regel haben in Preußen denn auch nicht mehr als 20 Prozent der Wähler bei der Landtagswahl ihr Wahlrecht ausgeübt, in den meisten Fällen sind noch nicht 16 Prozent der Wähler zur Urne gegangen, und selten ist die Beteiligung über 20 Prozent hinausgegangen, niemals über 35 Prozent;*** niemals hat in Preußen die Hälfte der Stimmberechtigten bei der Landtagswahl ihr Wahlrecht ausgeübt. Das ist kein Zufall, das liegt am Wahlsystem. Daß selbst in politisch bewegten Zeiten, wo eine große geistige Erregung durch das Volk geht, die große Masse den Wahlen fernbleibt, dadurch ist das Wahlsystem von vornherein verurteilt. [...]
Die jetzige Wahlkreiseinteilung in Preußen datiert noch immer aus der Zeit [...] der sechziger Jahre [1860]. Seitdem hat sich jedoch nicht nur in Deutschland, sondern in allen Kultur-

* Das sog. Dreiklassenwahlrecht gab der Schicht der Besitzenden einen dominierenden politischen Einfluß. Die sog. Urwähler wurden in jedem Urwahlbezirk in der Form in drei Abteilungen geteilt, daß auf jede Abteilung ⅓ der Gesamtsumme des Steuerbetrages aller Urwähler entfiel. Die erste Abteilung bestand dabei aus denjenigen Urwählern, auf welche die höchsten Steuerbeträge bis zu insgesamt einem Drittel des Gesamtsteueraufkommens des Bezirkes entfielen, die zweite Abteilung aus den Urwählern mit den nächstniederen Steuerbeträgen bis zur Grenze des zweiten Drittels, die dritte aus dem Rest der Urwähler. In öffentlicher Stimmabgabe der Urwähler wurde in jeder Abteilung ⅓ der auf den Bezirk entfallenden Wahlmänner gewählt, die ihrerseits mit den Wahlmännern der übrigen Urwahlbezirke eines Wahlkreises die Wahl der Abgeordneten vornahmen.

** 1903 wählten 3,36 % der Wähler in der ersten, 12,07 % in der zweiten und 84,57 % in der dritten Klasse.

*** Die Wahlbeteiligung betrug 1893 18,40 %, 1898 18,36 % und 1903 23,62 %. An den Reichstagswahlen von 1903 beteiligten sich dagegen 75,8 % der Wahlberechtigten.

ländern eine Umwälzung, eine vollständige wirtschaftliche Revolution vollzogen. Die Bevölkerungsklassen haben sich verschoben, die Verteilung der Bevölkerung hat gleichfalls die allergrößten Veränderungen erfahren. Trotzdem ist weder am Dreiklassenwahlsystem noch an der Wahlkreiseinteilung das geringste geändert worden. So ist es jetzt dahin gekommen in Preußen, daß die zurückgebliebensten Bezirke des Landes die fortgeschrittensten beherrschen und je nach dem ausbeuten. Wir haben in Preußen Landtagswahlkreise, wo auf einen Abgeordneten 370 000, 340 000 usw. Einwohner entfallen, und andererseits Wahlkreise, wo auf einen Abgeordneten noch nicht 40 000 Einwohner entfallen. Auch hier die größte Ungerechtigkeit, auch hier nicht die entfernteste Spur einer Gleichartigkeit, sondern wie der Zufall es einmal geschaffen, so soll es bleiben, und so ist es nach dem Willen der maßgebenden Partei in Preußen geblieben. Diesem Wahlsysteme liegt, man könnte sagen, überhaupt kein Prinzip, nicht ein einziger, rationeller Gedanke zu Grunde; was ihm an Gedanken zu Grunde lag, ist durch die Geschichte verfallen. Es liegt ihm nur, wenn ich so sagen darf, das Interesse der Plutokratie, des Geldsacks, und weiter nichts zu Grunde. Schon im Jahre 1849 hieß es im Volke das »Groschenwahlrecht« und das auf Grund dieses Wahlrechts gewählte Parlament das »Groschenparlament«, weil der Groschen und nicht die Intelligenz entscheidend war, nicht der Wille der Wähler, sondern der nackte pure Besitz. Sie kennen ja alle die humoristischen Beispiele, die das Volk anführte, um sich dieses Verhältnis vor Augen zu führen, das Beispiel von dem Bauer, der ein paar Ochsen besaß und deshalb in der zweiten Klasse wählen konnte und, als ihm durch einen Unglücksfall die Ochsen abhanden kamen, in der dritten Klasse wählen mußte, sodaß er sagte: wer hat das Wahlrecht gehabt, ich oder meine Ochsen?

(Heiterkeit.)

So war das Wahlrecht von Anfang an und es ist nicht besser, sondern schlechter geworden, weil es immer mehr in Gegensatz geraten ist zu der ökonomischen und allgemein sozial-kulturellen Entwicklung. [...]

Sie wollen nicht, daß wir auf der Straße demonstrieren. Zeigen Sie uns aber doch einen Weg, wie endlich an diesem Wahlunrecht gerüttelt werden kann, welches die Herren von der Rechten, die es nicht ändern wollen, immer wieder ins Parlament bringt und der großen Masse des Volkes nicht einen einzigen Vertreter gestattet! Sie können sich ja selbst sagen, welche Gefühle sich diesem Gesetz gegenüber im Volk einnisten müssen.

Herr Graf Kanitz und andere sprachen hier vom geschlagenen Revisionismus. Ich halte die Tribüne des Reichstags nicht für den geeigneten Ort, taktische und sonstige Differenzen zwischen Sozialdemokraten zu erörtern. Aber wenn Sie von irgend jemand in der Sozialdemokratie erwarten, daß er eintrete für ein strenges und unbedingtes Betonen des Reformstandpunktes, wie können Sie, wenn Sie mich einmal als Vertreter des Revisionismus ansehen wollen, mir zumuten, mit gutem Gewissen vor meine Genossen hinzutreten und vom unbedingten Festhalten am Reformstandpunkte zu sprechen, wenn ich sehen muß, daß nicht reformiert wird, daß man sich einfach auf den Standpunkt der beati possidentes* stellt! [43]

## Die Wirkung des preußischen Wahlrechts auf die Zusammensetzung des Abgeordnetenhauses

*Aus einem Handbuch des sozialdemokratischen Landtagsabgeordneten Paul Hirsch über den preußischen Landtag.*

Die Zusammensetzung des Hauses bildet gleichzeitig die schärfste Verurteilung des Dreiklassenwahlsystems. Auf Grund der Ergebnisse der letzten Wahlen zählte das Haus zu Mitgliedern:

| | | |
|---|---|---|
| Verwaltungsbeamte | 44 | |
| Höhere Justizbeamte | 48 | 130 |
| Sonstige Beamte | 31 | |
| Offiziere a. D. ohne anderen Beruf | 7 | |
| Lehrer, Professoren | 19 | |
| Geistliche | 20 | |
| Rechtsanwälte | 26 | |
| Aerzte | 4 | 85 |
| Privatbeamte | 10 | |
| Schriftsteller | 6 | |
| Großgrundbesitzer | 113 | 159 |
| Bäuerliche Landwirtschaft | 46 | |
| Kaufleute | 10 | |
| Industrielle | 17 | 33 |
| Handwerker | 6 | |
| Rentner | 29 | |
| Sonstige Berufe | 5 | 34 |
| Arbeiter | 2 | 2 |
| | Summa | 443 |

Ein so zusammengesetztes Parlament hat kein Recht, sich eine Volksvertretung zu nennen. Kann man sich einen größeren Hohn denken, als daß diese Gesellschaft von Großgrundbesitzern und höheren Beamten die Bevölkerung des Industriestaates Preußen vertritt, daß dagegen der Arbeiterklasse bisher der Eintritt in das Parlament so gut wie verwehrt war! Ist es nicht geradezu ein Skandal, daß die Sozialdemokratie 1903, wo sie die zweithöchste

* (lat.) Die glücklichen Besitzenden

Zahl von Urwählern auf sich vereinigt hat, nicht einen einzigen und 1908, wo sie die größte Zahl von Urwählern aufwies, ganze 7 Vertreter in den Landtag entsenden konnte!

Er erhielten bei den Wahlen des Jahres 1908:

| | | | |
|---|---|---|---|
| die Konservativen | mit 14,15 | Proz. der Urwähler | 152 Abg. |
| die Freikonservativen | mit 2,24 | Proz. der Urwähler | 60 Abg. |
| das Zentrum | mit 19,91 | Proz. der Urwähler | 104 Abg. |
| die Nationalliberalen | mit 12,71 | Proz. der Urwähler | 65 Abg. |
| die freis. Volkspartei | mit 3,93 | Proz. der Urwähler | 28 Abg. |
| die freis. Vereinigung | mit 0,88 | Proz. der Urwähler | 8 Abg. |
| die Polen und Dänen | mit 9,02 | Proz. der Urwähler | 17 Abg. |
| dagegen die Sozialdemokraten | mit 23,87 | Proz. der Urwähler | 1 Abg. |

[44]

## 5. Parteien und Verbände

### I. Die Konservativen

### Ein konservativer Wahlkreis

*Hellmut von Gerlach in seinen Memoiren 1937 über die Praktiken der Konservativen zur Wahlbeeinflussung und den gesellschaftlichen Boykott Andersdenkender in dem niederschlesischen Wahlkreis Wohlau–Guhrau–Steinau.*

Der Wahlkreis Wohlau–Guhrau–Steinau, in dem ich aufgewachsen bin, hieß der Goldene Wahlkreis der Konservativen, weil er der deutsch-konservativen Partei pupillarisch sicher war. Bei den Landtagswahlen wurde nicht einmal ein Gegenkandidat aufgestellt. Ein einziges Mal hatte ein jüngerer Pastor die Frechheit, sich unter der Firma Freikonservativ auf eigene Faust um ein Mandat zu bewerben. Gegen ihn erließ der konservative Führer von Seydlitz eine Erklärung im »Wohlauer Kreisblatt«, in der er es als eine Anmaßung bezeichnete, wenn jemand, der einst als Hauslehrer bei ihm in Lohn und Brot gestanden habe, sich nun herausnehme, gegen seinen, des Herrn von Seydlitz, Willen in den Landtag gelangen zu wollen. Mit dieser Erklärung war der tollkühne Pastor zur Strecke gebracht.

Die Wahlen waren damals in den meisten ostelbischen Wahlkreisen die Angelegenheit einer kleinen Adelsklique. Wenn der Wahltag herannahte, versammelte der älteste Landrat unseres Wahlkreises die führenden Junker bei sich. Ein paar bürgerliche Konzessionsschulzen von erprobter Junkerfrommheit wurden gütigst als Statisten zugezogen; so etwa ein Superintendent, ein Kreisphysikus, ein Gymnasialdirektor. En petit comité* einigte man sich über den Kandidaten, der entweder von Kessel, von Ravenstein oder von Nitzschwitz oder Graf Carmer hieß, aber jedenfalls adlig war. Der Erkorene hielt in den drei Kreisstädten seine Kandidatenrede vor einem geladenen Publikum von Honoratioren. Öffentliche Wahlversammlungen galten als unberechtigte Konzessionen an den Zeitgeist.

Natürlich dachte die verdammte freisinnige Opposition – Sozialdemokraten gab es in diesem Junkerparadies noch nicht, – an keinen Verzicht auf Wahlversammlungen. Da setzte nun die Wahltätigkeit der Konservativen ein. Nicht etwa, daß sie den Freisinnigen in ihren Versammlungen entgegentraten. Viel wirkungsvoller war es, wenn sie ihnen die Versammlungen unmöglich machten.

* (franz.) In kleinem Komitee

Das ging sehr leicht. Versammlungen unter freiem Himmel waren nach dem alten preußischen Vereinsgesetz ohne weiteres zu verbieten. Die Versammlungslokale aber wurden einfach »abgetrieben«. Amtsvorsteher* war immer ein Großgrundbesitzer. Der ließ die Wirte seines Bezirks wissen, daß es ihm »unerwünscht« sei, wenn sie ihre Räume für Versammlungen hergäben. Sie wußten, was das zu bedeuten hatte. Handelten sie den Wünschen des Herrn Amtsvorstehers zuwider, so gab es auf Jahre hinaus keine Tanzerlaubnis, so wurde keine Holzversteigerung oder sonst ein öffentlicher Termin bei ihnen angesetzt, so schlich der Gendarm immer gegen 10 Uhr abends bei ihnen herum, ob nicht die Polizeistunde um fünf Minuten überschritten wurde. Sie waren der Willkür ausgeliefert. Nur in vereinzelten großen Bauerndörfern ohne Rittergut waren Wahlversammlungen zustande zu bringen. Dort blühte denn auch der Weizen des Freisinns oder des Zentrums. Aber das waren nur kleine Oasen in der großen konservativen Wüste.

Dem Bund der Landwirte ist es später gelungen, die Bauern zu freiwilliger Unterwerfung unter die Führung des Großgrundbesitzes zu bringen. Aber dieser Bund entstand erst Anfang der 90er Jahre. In meiner Jugendzeit dagegen bestand noch ein sehr starker Gegensatz zwischen Junker und Bauer. [...]

Ein einziger Großgrundbesitzer unternahm es einmal, den Gegensatz zwischen Groß und Klein zu durchbrechen. Das war der Graf Pourtalès in Glumbowitz. Er ließ sich von den Bauern in den Kreistag wählen und nahm sogar bei den Sitzungen unter ihnen Platz. Daraufhin wurde die gesellschaftliche Acht über ihn verhängt. Kein Standesgenosse kam mehr in sein Haus. Seine Jagden mußte er allein abhalten. Trat er in die Weinstube von Höflich in Wohlau, wo sich die gute Gesellschaft zu treffen pflegte, so verließ alles den Raum. Der vorurteilsfreie Graf hielt es nicht mehr aus und entfloh auf mehrere Jahre nach Amerika, bis Gras über die »Todsünde« seiner Jugend gewachsen war.

Nach seiner Rückkehr aus Amerika habe ich bei ihm verkehrt. Wegen seines großen Reichtums und seiner prachtvollen Jagden war er wieder in Gnaden aufgenommen worden, zumal er sich, durch Schaden klug geworden, hütete, allzu offen die rückständigen Gefühle seiner Standesgenossen zu verletzen. [...]

Am besten, außer mit sich selber, kamen die konservativen Großgrundbesitzer mit ihren Landarbeitern aus. Die Landarbeiter parierten damals noch willenlos, waren Stimmvieh in des Wortes verwegenster Bedeutung. Daß bei der öffentlichen Landtagswahl keine einzige ihrer Stimmen danebenging, ist selbstverständlich. Aber auch bei den Reichstagswahlen klappte es tadellos. Da saß der gnädige Herr als Wahlvorsteher obenan, und in der Mittag-

* Die Amtsvorsteher waren Träger der Polizeigewalt.

pause wurden die Arbeiter, direkt vom Felde weg, von Inspektor und Vogt in das Wahllokal geführt. Draußen bekam jeder seinen »richtigen« Wahlzettel in die rechte Hand gedrückt.* Keiner traute sich, ihn unter der Kontrolle des gnädigen Herrn und seiner Adjutanten gegen einen anderen umzutauschen. [45]

## Die Proklamierung eines konservativen Reichstagskandidaten

*Aus dem Alterswerk ›Stechlin‹ (1898) des Dichters Theodor Fontane.*

Der Stechliner Krug lag an dem Platze, der durch die Kreuzung der von Wutz her heranführenden Kastanienallee mit der eigentlichen Dorfstraße gebildet wurde, und war unter den vier hier gelegenen Eckhäusern das stattlichste. Vor seiner Front standen ein paar uralte Linden, und drei, vier Stehkrippen waren bis dicht an die Hauswand herangeschoben, aber alle ganz nach links hin, wo sich Eckladen und Gaststube befanden, während nach der rechten Seite hin der große Saal lag, in dem heute Dubslav, wenn nicht für die Welt, so doch für Rheinsberg—Wutz, und wenn nicht für Rheinsberg—Wutz, so doch für Stechlin und Umgebung proklamiert werden sollte. Dieser große Saal war ein fünffenstriger Längsraum, der schon manchen Schottischen erlebt, was er in seiner Erscheinung auch heute nicht zu verleugnen trachtete. Denn nicht nur waren ihm alle seine blanken Wandleuchter verblieben, auch die mächtige Baßgeige, die jedesmal wegzuschaffen viel zu mühsam gewesen wäre, guckte, schräg gestellt, mit ihrem langen Halse von der Musikempore her über die Brüstung fort.
Unter dieser Empore, quer durch den Saal hin, stand ein für das Komitee bestimmter länglicher Tisch mit Tischdecke, während auf den links und rechts sich hinziehenden Bänken einige zwanzig Vertrauensmänner saßen, denen es hinterher oblag, im Sinne der Komiteebeschlüsse weiter zu wirken. Die Vertrauensmänner waren meist wohlhabende Stechliner Bauern, untermischt mit offiziellen und halboffiziellen Leuten aus der Nachbarschaft: Förster und Waldhüter und Vormänner von den verschiedenen Glas- und Teeröfen. Zu diesen gesellte sich noch ein Torfinspektor, ein Vermessungsbeamter, ein Steueroffiziant und schließlich ein gescheiterter Kaufmann, der jetzt Agent war und die Post besorgte. Natürlich war auch Landbriefträger Brose da samt der gesamten Sicherheitsbehörde: Fußgendarm Uncke und Wachtmeister Pyterke von der reitenden Gendarmerie. [...]
Der Saal hatte nach dem Flur hin drei Türen. An der Mitteltür

* Bei den Wahlen vor 1914 verteilten die einzelnen Parteien Wahlzettel mit den Namen ihrer Kandidaten, die nur abgegeben zu werden brauchten.

standen die beiden Gendarmen und rückten sich zurecht, als sich der Vorsitzende des Komitees mit dem Glockenschlag sieben von seinem Platz erhob und die Sitzung für eröffnet erklärte. Dieser Vorsitzende war natürlich Oberförster Katzler, der heute, statt des bloßen schwarz-weißen Bandes, sein bei St. Marie aux Chênes erworbenes eisernes Kreuz in Substanz eingeknöpft hatte. Neben ihm saßen Superintendent Koseleger und Pastor Lorenzen, an der linken Schmalseite Krippenstapel, an der rechten Schulze Kluckhuhn, letzterer auch dekoriert, und zwar mit der Düppelmedaille, trotzdem er bei Düppel in der Reserve gestanden. [...]
Katzler, ein entschiedener Nichtredner, begann, als er sich mit seinem Notizenzettel, auf dem verschiedene Satzanfänge standen, erhoben hatte, mit der Versicherung, daß er den so zahlreich Anwesenden, unter denen vielleicht auch einige Andersdenkende seien, für ihr Erscheinen danke. Sie wüßten alle, zu welchem Zweck sie hier seien. Der alte Kortschädel sei tot, »er ist in Ehren hingegangen«, und es handle sich heute darum, dem alten Herrn von Kortschädel im Reichstag einen Nachfolger zu geben. Die Grafschaft habe immer konservativ gewählt; es sei Ehrensache, wieder konservativ zu wählen. »Und ob die Welt voll Teufel wär.« Es liege der Grafschaft ob, dieser Welt des Abfalls zu zeigen, daß es noch »Stätten« gebe. Und hier sei eine solche Stätte. »Wir haben, glaub ich«, so schloß er, »niemand an diesem Tisch, der das Parlamentarische voll beherrscht, weshalb ich bemüht gewesen bin, das, was uns hier zusammengeführt hat, schriftlich niederzulegen. Es ist ein schwacher Versuch. Jeder tut, soviel er kann, und der Brombeerstrauch hat eben nur seine Beeren. Aber auch sie können den durstigen Wanderer erfrischen. Und so bitte ich denn unsern politischen Freund, dem wir außerdem für die Erforschung dieser Gegenden so viel verdanken, ich bitte Herrn Lehrer Krippenstapel, uns das von mir Aufgesetzte vorlesen zu wollen. Ein pro memoria. Man kann es vielleicht so nennen.«
Katzler, unter Verneigung, setzte sich wieder, während sich Krippenstapel erhob. Er blätterte wie ein Rechtsanwalt in einer Anzahl von Papieren und sagte dann: »Ich folge der Aufforderung des Herrn Vorsitzenden und freue mich, berufen zu sein, ein Schriftstück zur Verlesung zu bringen, das unser aller Gefühlen – ich bin dessen sicher und glaube von den Einschränkungen, die unser Herr Vorsitzender gemacht hat, absehen zu dürfen – zu kräftigstem Ausdruck verhilft.«
Und nun setzte Krippenstapel seine Hornbrille auf und las. Es war ein ganz kurzes Schriftstück und enthielt eigentlich dasselbe, was Katzler schon gesagt hatte. Die Betonungen Krippenstapels sorgten aber dafür, daß der Beifall reichlicher war, und daß die Schlußwendung »und so vereinigen wir uns denn in dem Satze: was um den Stechlin herum wohnt, das ist für Stechlin«, einen ungeheuren Beifall fand. Pyterke hob seinen Helm und stieß mit

dem Pallasch auf, während Uncke sich umsah, ob doch vielleicht ein einzelner Übelwollender zu notieren sei. Nicht um ihn direkt anzuzeigen, aber doch zur Kenntnisnahme. Brose, der (wohl eine Folge seines Berufs) unter dem ungewohnten langen Stillstehen gelitten hatte, nahm im Vorflur, wie zur Niederkämpfung seiner Beinnervosität, eine Art Probegeschwindschritt rasch wieder auf, während Kluckhuhn sich von seinem Stuhl erhob, um Katzler erst militärisch und dann unter gewöhnlicher Verbeugung zu begrüßen, wobei seine Düppelmedaille dem Katzlerschen Eisernen Kreuz entgegenpendelte. Nur Koseleger und Lorenzen blieben ruhig. Um des Superintendenten Mund war ein leiser ironischer Zug.
Dann erklärte der Vorsitzende die Sitzung für geschlossen. [46]

## Die Macht der Konservativen Partei in Preußen

*Der von konservativen Grundanschauungen bestimmte Staatssekretär des Innern und Vizepräsident des preußischen Staatsministeriums, Clemens von Delbrück, in einem aus seinem Nachlaß (1924) herausgegebenen Buch über die Macht der Konservativen in Parlament und Verwaltung Preußens und den Wandel der Partei unter dem Einfluß des Bundes der Landwirte.*

Die wichtigsten Ressorts kamen in die Hände von konservativen Vertrauensleuten, die alles vermieden, was einen Konflikt mit der Rechten herbeiführen konnte. Die Macht des Parlaments war daher in Preußen außerordentlich groß. Man konnte dort wohl der Sache nach von einem parlamentarischen Regime sprechen, da die Regierung in starker Abhängigkeit von der im Landtag dominierenden konservativen Partei die Geschäfte nach deren Wünschen führte. Beschwerden darüber wurden freilich von den Konservativen nie erhoben, obwohl sie nicht laut genug über die Abhängigkeit der Reichsregierung vom Parlament klagen konnten [...]
Die Konservativen blieben die Träger des Autoritätsprinzips im Staatsleben und sicherten sich damit von neuem die Bürokratie, die vielleicht nie so gleichmäßig konservativ und so abhängig von der konservativen Partei gewesen ist, wie in den letzten dreißig Jahren. Die Konservativen stellten weiterhin die Minister und verfügten über den Verwaltungsapparat bei den Wahlen. Das Gefühl der Solidarität zwischen Verwaltung und Konservativen wurde neu befestigt und unter den Nachfolgern des Fürsten Bismarck gelegentlich stärker, als die Autorität des leitenden Staatsmannes. [...]
Es ist eine Legende, wenn man behauptet, daß die Preußischen Könige und ihre Regierung in kritischen Zeiten sich stets der Unterstützung der Konservativen zu erfreuen gehabt hätten. Wohl aber hat diese mit Preußen groß gewordene Partei die

Mehrzahl der Staatsmänner hervorgebracht, die Preußens Könige in entscheidenden Momenten berieten. Häufig ist diesen Staatsmännern ein Kampf mit ihren politischen Freunden nicht erspart geblieben, in vielen Fällen war die Einsicht der Führer stärker, als die radikalen Elemente der Fraktion, an denen es nie gefehlt hat. Der Einfluß der aus der Partei hervorgegangenen Staatsmänner war auch außerordentlich stark, nicht nur kraft ihrer Persönlichkeit, sondern auch, weil die Mitglieder der Fraktion so lange ein großes Maß von Unabhängigkeit besaßen, als sie, durch das Vertrauen einzelner weniger Standesgenossen zu Kandidaten nominiert, nicht mit den extravaganten Wünschen einer durch lebhafte Agitation fanatisierten Wählerschaft zu rechnen hatten. Mit dem Eindringen des Bundes der Landwirte in die Partei war das anders geworden. Nicht mehr die Einsicht der Führer, sondern die Schlagworte bezahlter Agitatoren beherrschten die Fraktion im Reiche wie in Preußen. War das aber so, so war es nicht mehr gerechtfertigt, der konservativen Partei einen besonderen Einfluß auf die politischen Entschließungen der Regierung einzuräumen, und es ist ein Irrtum, anzunehmen, daß es irgendeinem Staatsmann gelingen sollte, durch höfliche Rücksichtnahme die Unterstützung der Konservativen für eine gemäßigt konservative Politik zu gewinnen, wie sie die Regierung Bethmann ebenso wie Fürst Bülow zu führen bestrebt gewesen ist. [47]

## II. Die Antisemiten

### Das Vordringen des Antisemitismus

*Heinrich Claß, von 1908 bis 1939 Vorsitzender des Alldeutschen Verbandes, in seiner Autobiographie von 1932 über den Wandel der Vorstellungswelt gegenüber der Generation seines Vaters.*

Die Eltern und Geschwister konnten sich nicht genug erzählen lassen, als ich in die Ferien kam. Ein Schatten fiel für beide Eltern auf mein Berliner Erlebnis: meine Ablehnung des Judentums. Man muß bedenken, daß drei Worte über dem Denken und Trachten von Häusern, wie dem unserigen standen — drei Fremdworte: Patriotismus, Toleranz, Humanität. Das waren die politischen und menschlichen Ideale jener beiden Geschlechterfolgen, die ganz unter liberalen Einflüssen standen und auf die Gleichberechtigung aller Staatsangehörigen schwuren. Wir Jungen waren fortgeschritten: wir waren national schlechthin; wir wollten von Toleranz nichts wissen, wenn sie Volks- und Staatsfeinde schonte; die Humanität im Sinne jener liberalen Auffassung verwarfen wir, weil das eigene Volk dabei zu kurz kommen mußte. Das trug ich den Eltern vor, und meinem gütigen Vater sagte ich: Er habe mich zu Treitschke geschickt und nun habe ich von dem großen Manne gelernt, was dieser sich erst unter schweren Kämpfen habe erarbeiten müssen. Da sei nichts zu machen, er müsse sich damit abfinden, daß ich auf Treitschkes Erkenntnisse schwöre. Meine Mutter meinte, die Großeltern würden entsetzt gewesen sein, solche Meinungen von mir zu hören; da behauptete ich ziemlich keck, die seien stets so jung geblieben, daß sie mich verstehen würden. Ich vermied weitere Gespräche über den umstrittenen Gegenstand und freute mich des Aufenthaltes in der Heimat. [48]

## Der politische Antisemitismus

*Hellmut von Gerlach, zeitweise einer der bekanntesten Nachwuchspolitiker der Antisemiten, schildert den politischen Antisemitismus der Zeit um die Jahrhundertwende.*

Mein Antisemitismus bekam gerade durch Liebermann von Sonnenberg den ersten starken Stoß. Nach irgendeinem Wahlsieg saßen wir zusammen. Ich war in einer Versammlung peinlich davon berührt gewesen, daß ich auf die Frage eines Diskussionsredners, was eigentlich das wissenschaftliche Programm der Antisemiten sei, mich nur mit faulen Redensarten über das Fehlen eines solchen Programms hatte herausreden können. Von meinen Gewissensschmerzen gab ich Liebermann Kunde. Er aber mit seiner Unbekümmertheit rief lachend: »Lieber Freund, darüber lassen Sie sich keine grauen Haare wachsen. Erst wollen wir eine politische Macht werden. Dann wollen wir uns die wissenschaftliche Grundlage für den Antisemitismus suchen.«

Ich war erschüttert. Die Wissenschaft war mir immer als das höchste erschienen. Mit heißem Bemühen hatte ich Karl Marx und Rodbertus und Adam Smith und Schopenhauer und Darwin und Dühring studiert, war von Zweifelsqualen geplagt. Nun aber sagte mir unser Führer: Erst Macht, dann Wissenschaft! Meine Augen begannen sich zu öffnen. Bald sah ich ringsum im antisemitischen Lager die grauenhafte wissenschaftliche Öde. Man eroberte einen Wahlkreis nach dem andern und wußte doch eigentlich nicht, wofür. Bei den Reichstagswahlen von 1893 hatten die Antisemiten 16 Sitze davongetragen. Aber als sie nun in Fraktionsstärke im Reichstag saßen und ich von ihnen Taten erwartete, da erlebte ich nur persönliche Zänkereien und Eifersüchteleien. Jeder von ihnen, Liebermann von Sonnenberg, Zimmermann, Dr. Böckel, Paul Förster, Ahlwardt, Köhler usw. war eigentlich eine Partei für sich. Der eine war Mittelständler, der andere Arbeiterfreund, der eine Aristokrat, der andere Demokrat. Der eine rief zum Kampf gegen Juden und Junker auf, der andere ging mit den Großagrariern durch Dick und Dünn. Bei jeder Abstimmung fiel die Fraktion auseinander. Kein einziger wesentlicher Antrag wurde eingebracht, vor allem keiner auf dem Gebiet, das die Grundlage der Agitation gebildet hatte: in der Judenfrage. Es stellte sich nämlich in der Fraktion heraus, daß man kein Antijudengesetz vorlegen konnte, weil man sich über den Begriff »Jude« zu einigen nicht imstande war. Alle stimmten darüber überein:

»Was er glaubt, ist einerlei,
In der Rasse liegt die Schweinerei.«

Auf die Konfession kam es also nicht an, nur auf die Rasse. Aber wie den Begriff Rasse gesetzgeberisch fassen? Dies Pentagramm hat schon den größten Geistern Pein gemacht. Und in der antisemitischen Fraktion saßen nur ganz kleine Geister. Weil man sich nicht darüber einigen konnte, was ein Jude sei, schimpfte man zwar weiter auf die Juden, brachte aber kein Gesetz gegen sie ein.

Ebenso groß wie meine intellektuelle Enttäuschung an den Antisemiten war meine ethische. In den Volksversammlungen wetterten die Herren gegen die »jüdische Unmoral«. Die Verführer der germanischen Jungfrauen, die Zerstörer der deutschen Familie, die Träger der orientalischen Lüsternheit wurden unter dem Jubel der Versammelten an den Pranger gestellt. War die Versammlung aus, so zog man zum deutschen Männertrunk in die antisemitische Weiberkneipe des Herrn Rieprich. Bald hatte jeder der deutschen Tugendwächter eine oder noch lieber zwei Kellnerinnen um sich oder auf sich, wozu dann, mit leichter Variante, das Westfalen-Lied angestimmt wurde:

»Glückselig, wessen Arm umspannt,
Zwei Mägdlein aus Westfalenland.«

Als ich erst angefangen hatte, kritisch dem Antisemitismus gegenüber zu werden, entdeckte ich auf Schritt und Tritt faule Stellen in seinem Fleische. [...]

Ahlwardt war Jahre hindurch der gefeiertste Redner der Antisemiten. In Neustettin, im dunkelsten Hinterpommern, war er in den Reichstag gewählt worden, gegen einen Konservativen. Mit seinem Sekretär hatte er systematisch die Bauernhöfe besucht und jeden Bauern gefragt, wieviel Morgen Landes er habe und wieviel Vieh. Dann wandte er sich zu dem Sekretär, der ein Riesennotizbuch zückte, und diktierte ihm: »Notieren Sie! Gussow hat 30 Morgen, 5 Kühe, 4 Schweine, müßte haben: 60 Morgen, 12 Kühe, 10 Schweine.« In ganz Deutschland berühmt geworden war er durch seine Bücher ›Judenflinten‹ und ›Eid eines Juden‹. Die Grundlagen dieser Bücher schienen meinem Freund Dallwitz und mir sehr unsicher, deshalb ging Dallwitz, selbst feurigster Antisemit, zu ihm, um die Beweise einzusehen. Ahlwardt wies einen Haufen Akten vor, fand sich in ihnen aber nicht zurecht. Als Dallwitz dringender wurde, brach Ahlwardt die Unterhaltung

mit den Worten ab: »Wenn ich etwas nicht beweisen kann, behaupte ich es eben.«
Unter den antisemitischen Führern habe ich nur wenig wirklich anständige Leute kennen gelernt, und die, deren Charakter ohne Makel war, waren wissenschaftlich so ungebildet, daß mich jungen Menschen die Empörung packte, als ich Gelegenheit hatte, sie aus der Nähe zu beobachten. Demagogen waren sie alle, die einen wider besseres Wissen, die andern infolge mangelnden Wissens. [49]

## III. Die Nationalliberalen

### Der Nationalliberalismus

*Anspruch, Selbstverständnis und soziologische Grundlagen der Nationalliberalen Partei in den Jahren nach der Reichsgründung verdeutlicht der folgende Auszug aus einem 1880 veröffentlichten Buch des früheren badischen Staatsministers (1868–76) Julius Jolly.*

Insoweit der Liberalismus eine Doctrin ist, vertritt er nicht ein ein für allemal fest abgeschlossenes System, sondern die jeweils herrschenden theoretischen Ansichten über den Staat und staatliche Dinge, nicht in dem Sinn, daß er der haltlosen sog. öffentlichen Meinung folgte und sein Staatsideal den flüchtigen Regungen des Tags entliehe, sondern die liberale Doctrin, wenn sie einmal so heißen soll, ist der Inbegriff der theoretisch als richtig geltenden Grundsätze vom Staat und seinem Leben, welche, zunächst von Einzelnen oder Wenigen durch selbständige wissenschaftliche Forschung gefunden, nicht nur immer weitere Kreise für sich gewannen, sondern auch von diesen in ihrer Art theoretisch und praktisch fortgebildet wurden, bis sie schließlich nicht nur eine communis doctorum opinio,* sondern in Wahrheit Inhalt und Ausdruck der nationalen politischen Durchschnittsbildung geworden sind. Der Liberalismus ist die politische Denk- und Empfindungsweise des gebildeten Mittelstandes, welcher seine Stellung zum Staat nicht von besonderen Interessen oder historischen Ueberlieferungen aus, sondern von seinem allerdings tausendfach abgestuften Wissen und Denken über den Staat nimmt und sich für berechtigt und verpflichtet hält, in Gemäßheit desselben in die Staatspraxis einzugreifen. Die politische Parthei der Liberalen ist freilich nicht schlechthin identisch mit dem sog. Mittelstand; viele Einzelne aus demselben zählen zu andern Partheien, wie umgekehrt die liberale Parthei von jeher auch bei dem Adel nicht wenige, zum Theil sehr hervorragende Anhänger gewonnen und

* (lat.) Gemeinsame Ansicht der Gelehrten

auf der andern Seite tief in die bäuerlichen Kreise hinein Verbreitung gefunden hat. Der entscheidende Kern der liberalen Parthei, aus welchem sie ihre unzerstörbare Kraft zieht, ist aber der gebildete Mittelstand, im Grund nur ein anderer Ausdruck dafür, daß der Liberalismus die nationale politische Durchschnittsbildung darstellt. [...]

Die liberale Parthei hat mehr als alle andern dazu beigetragen, unser Staatsleben aus dem Zustand bewußtlosen Vegetirens, in welchen es während der letzten zwei Jahrhunderte versunken war, herauszureißen. Sie konnte dabei nicht an gegebene Thatsachen anknüpfen, sondern mußte als Hebel wesentlich nur die freie Einsicht in das Wesen des Staats benutzen, sie ist sich aber der Gefahren, welche auf diesem Weg liegen, und ihrer Verantwortlichkeit, denselben dennoch betreten zu haben, klar bewußt. Sie hat, wenigstens in ihren gemäßigten Richtungen, erkannt, daß nicht alles, was in der intellektuellen Welt unschädlich, vielleicht sogar ein Moment des Fortschritts ist, ohne Weiteres auch in dem praktischen Leben ertragen werden kann; sie hat gelernt, daß die Autorität, so leicht ihr Gewicht für den Denker sein mag, für das staatliche Zusammenleben die allergrößte Bedeutung hat, daß der Satz, die Freiheit selbst sei die beste Correctur des Mißbrauchs der Freiheit, praktisch doch sehr erheblichen Beschränkungen unterliegt. In seinem Denken selbst, in dem materiellen Gehalt seiner Anschauungen ist der Liberalismus um ein erhebliches weniger rationalistisch geworden, als er es unter dem Einfluß der zur Zeit seiner ersten Entwicklung noch stark vorherrschenden allgemeinen Geistesrichtung ursprünglich war. Vorübergehend konnte es fast scheinen, als werde er, der sich rühmt, in dem reinen Gedanken des Staats den Ausgangs- und Zielpunkt aller seiner Bestrebungen zu haben, theoretisch von seinen konservativen Gegnern überholt werden, welche früher als er die historische Natur von Staat und Recht anerkannten und gegenüber dem einseitigen Rationalismus zur Geltung brachten. Auch die Liberalen haben sich längst mit dieser Erkenntniß ausgesöhnt und sind bereit, dem historisch Ueberlieferten gebührend Rechnung zu tragen, nur darin von den Conservativen sich unterscheidend, daß sie schärfer als diese auch die Gegenwart als ein und zwar als das politisch entscheidende Moment der Geschichte betonen und dem zweiten Factor, welcher neben der geschichtlichen Ueberlieferung die Entwicklung alles Staats- und Rechtslebens bestimmt, der Einsicht und dem freien Willen der jetzt lebenden und handelnden Generation ein größeres Gewicht als jene beilegen. [50]

## Die Nationalliberalen und die Interessenten

*Mit der zunehmenden Wandlung der deutschen Parteien von Weltanschauungsparteien zu Interessenparteien, die eng mit bestimmten ökonomischen Interessen und Berufsverbänden alliiert waren, kam die aus Angehörigen der verschiedensten Berufe und Gewerbezweige rekrutierte Nationalliberale Partei in eine immer schwieriger werdende Situation. Das Vordringen wirtschaftlicher und sozialer Fragen, das Zurücktreten der ursprünglichen verfassungspolitischen Ziele und die Verwässerung bzw. teilweise Aufnahme ihrer liberalen und nationalen Ideenwelt in anderen Parteien erschütterte seit dem Ende der 70er Jahre die Einheit der Partei, die zudem ständig in Gefahr war, ihre Wähler an die Parteien zu verlieren, die sich eindeutig zum Sprachrohr spezifischer Interessen gemacht hatten. Die Nationalliberalen haben schließlich besonders mit den 1909 von ihnen initiierten Gründungen des Deutschen Bauernbundes und des Hansabundes nach dem Muster der anderen Parteien ebenfalls eine enge Anlehnung an Interessenorganisationen gesucht, ohne allerdings damit ihre unsichere Position dauerhaft zu festigen. — Der hier abgedruckte Briefwechsel zwischen dem jungen Reichstagsabgeordneten Gustav Stresemann und dem Parteiführer Ernst Bassermann vom September 1908 über das Verhältnis der Nationalliberalen zu den großen Interessengruppen steht im Zusammenhang mit dem schließlich nicht verwirklichten Vorschlag, einen Nationalliberalen Industrieverband zu gründen.*

*a) Stresemann an Bassermann am 5. 9. 1908*

»Nun ist aber in industriellen Kreisen das Schlagwort von einer besseren Vertretung der Industrie auch bei den nationalliberalen Industriellen mit großer Begeisterung aufgenommen worden, und es steckt darin doch ein unbedingt berechtigter Kern, wie ich dies in meinem Vortrag über ›Industriepolitik‹* auch versucht habe auszuführen. Es kommt nur darauf an, diese Bewegung in die richtigen Bahnen zu leiten, die deutsche Industrie nicht planlos denjenigen Leuten zulaufen zu lassen, welche mit dem Feuer der Aufhebung des Reichstagswahlrechts spielen und ihnen propagieren, daß für sie nur diejenige Partei in Betracht käme, welche die Hüterin der Autorität ist, nämlich die Konservative Partei [...] Immerhin wird man dann versuchen, die politische Arbeitgeberpartei in Form eines neuen wirtschaftspolitischen Verbandes zu begründen,** und da man selbst nicht in der Lage ist, aus eigener Kraft Erfolge zu erreichen, so wird man der Mittelstandsvereinigung die Hand reichen, um vielleicht auch freundnachbarliche

* Vortrag auf einer Tagung der süddeutschen Industriellen in Mannheim am 18. 5. 1908.

** Stresemann spielt damit auf den Plan führender Mitglieder des Zentralverbandes deutscher Industrieller an, eine besondere politische Arbeitgeberpartei zu gründen.

Beziehungen zum Bund der Landwirte anzubahnen versuchen [...] Dieser an sich unnatürliche Bund würde gehalten durch das einigende Band der Negierung jedes sozialpolitischen Fortschrittes, den ja weder der Bund der Landwirte noch das Handwerk, noch gewisse Kreise der Großindustrie wünschen, und er kann zu einer weiteren Zermalmung der Nationalliberalen Partei in gewissen Bezirken führen [...] Unter diesen Umständen frage ich mich doch, ob die gewiß berechtigten prinzipiellen Bedenken gegen eine industrielle Organisation innerhalb unserer Partei wichtiger sind als die realpolitischen Erwägungen, welche uns zwingen, das Zustandekommen dieser neuen wirtschaftspolitischen Organisation zu hindern [...] Ebenso wie aber die linksliberalen Parteien bereits einen Ausschuß für Beamtenfragen begründet haben, so kann meiner Meinung nach der Vorstand eines nationalliberalen industriellen Bundes bei großen Gesetzesvorlagen, die allgemeine Interessen der Industrie berühren, zusammentreten und vielleicht seinerseits einen Ausschuß ernennen, der mit der Reichstags- und Landtagsfraktion in Beziehung tritt. Dabei kann er seine Wünsche in bezug auf wichtige Vorlagen niederlegen, auch z. B. Anregungen bezüglich des besseren Ausbaues der Exportförderung, besserer Konsulatsvertretungen usw. geben und im Zusammenwirken mit der Fraktion eine mittlere Linie für die Vereinigung der industriellen Interessen auf der Basis der Gesamtinteressen schaffen. [...]
Wenn uns irgend etwas die Zugkraft ersetzen soll, die wir früher als Partei des nationalen Gewissens hatten, so ist es die Betätigung in allen denjenigen Fragen, welche jetzt im Zeitalter der Weltwirtschaft die denkenden Kreise des Volkes und namentlich die Kreise der Jugend und der nachfolgenden Generation bewegen. In Fragen der Kolonien, der Flotte und einer scharfen auswärtigen Politik müssen wir unbedingt die Führung übernehmen, damit wir die weiten Kreise, die im Flottenverein und in Kolonialgesellschaften organisiert sind, und die besonnenen Teile des alldeutschen Verbandes für uns gewinnen. Es gibt unter den liberalen Berufen Hunderttausende, die an sich außerhalb der wirtschaftlichen Gegensätze stehen und nicht daran interessiert sind, ob der Zoll 10 Mark oder 5 Mark beträgt, die sich aber nach einer angesehenen, streng nationalen Partei sehnen [...] Die Erhaltung der weltwirtschaftlichen Stellung des Deutschen Reiches ist eine von Zufallsstimmungen unabhängige dauernde Parole, die uns begeisterte Anhänger sichern wird, während wir auf dem Gebiete der wirtschaftlichen Fragen als Mittelpartei auch für die Zukunft mit den größten Schwierigkeiten werden rechnen müssen.«

*b) Bassermann an Stresemann am 7. 9. 1908*

»Die Betrachtung der gegenwärtigen Lage, die Sie anstellen, ist sicherlich zutreffend. Nur eines, es ist unrichtig, von versäumten

Gelegenheiten zu sprechen. Wir sind eine Mittelpartei, alle Berufsschichten umfassend und gezwungen, deshalb die mittlere Linie zu halten. Aus diesem Grunde war es niemals für uns möglich, in irgendeiner Klassenbewegung die Führung zu bekommen, oder die energischen führenden Klassenelemente zu befriedigen. Der Zolltarif [von 1902] war gewiß eine gesunde agrarische Leistung. Befriedigt haben wir den Bund [der Landwirte] nicht, im Gegenteil, er behauptet, wir seien schuld, daß nicht mehr erreicht wurde. Ich glaube, daß dieselben [die Verbände] entweder die Klassenforderungen scharf akzentuiert betonen müssen, oder sie gehen an Teilnahmslosigkeit zugrunde. Nationalliberale Arbeitervereine sind entweder zahm und strecken sich nach der Decke (wir haben das schon zweimal gemacht), oder sie reden Töne, dann haben wir den Streit mit den Arbeitgebern, weil wir die mittlere Linie verlassen. Das kann alles das Zentrum kraft seines religiösen Bandes, wir nicht. Fürchte, daß eine Arbeitgeberpartei in der Partei entweder versuchen wird, uns zu beherrschen, oder aber, wenn ihr das nicht gelingt, wird sie uns viel unangenehmere Zeiten bringen als wir sie heute schon haben. Jede Klassenbewegung lebt von der Agitation, und wenn mehrere Organisationen in Konkurrenz treten, von der Überspannung ihrer Forderungen. Ich habe Sie oft bewundert, daß es Ihnen gelingt, mit Ihrem Verband* die Klippe zu umschiffen; Sie sind jung, energisch, kenntnisreich, aber wenn Sie einmal die Zügel nicht mehr halten, wird es dann so bleiben? Wird dann nicht Bueck**, Menck***, Vorster**** triumphieren? [...] Die organisierten nationalliberalen Arbeitgeber werden eine Vertretung im Zentralverband verlangen, sie werden auch ihre Beiträge wohl einer besonderen Kasse zuführen wollen. Dann wird ein großes Mißtrauen aller Sozialpolitiker wach werden, und da, wo nach dem Reichstagswahlrecht gewählt wird, da brauchen wir doch eine gewisse Dosis sozialen Fortschritts, wie die Wahlen in Sachsen bewiesen. Bueck und Genossen haben einfache Rezepte. Sie arbeiten auf den Konflikt, auf die Beseitigung des Wahlrechts, je früher, desto besser. Ich frage, ob wir nicht dahin arbeiten, daß schließlich unsere Fabrikanten nicht mehr als einzelne Überläufer, sondern als organisierte nationalliberale Arbeitgeber in dies Lager abschwenken.
Das sind die schweren Bedenken, die ich habe, und die Sie sich überlegen wollen. Noch eins, schädigen Sie nicht Ihre eigene Organisation durch diese Neugründung?« [51]

* Stresemann war Syndikus des Verbandes Sächsischer Industrieller, des wichtigsten der dem Bund der Industriellen angeschlossenen Landesverbände.
** Geschäftsführer und Mitglied des Direktoriums des Centralverbandes deutscher Industrieller.
*** Stellvertr. Vorsitzender des Vereins deutscher Arbeitgeberverbände.
**** Direktoriumsmitglied des Centralverbandes deutscher Industrieller.

## IV. Zentrum

### Das Zentrum und die einzelstaatlichen Parteiorganisationen

*Der Zentrumspolitiker Martin Spahn 1907 über die allmähliche Herausbildung des Zentrums als politische Reichspartei und die Bedeutung des ›Volksvereins für das katholische Deutschland‹ bei der Überwindung partikularistischer Tendenzen in der Partei.*

Er [Windthorst] hatte die Genugtuung, dass sich seine Politik mehr und mehr auch den Parteigenossen im Lande auferlegte. Die einzelstaatlichen Partei-Organisationen in Süddeutschland, deren Wähler in den Reichstag längst Zentrumsleute schickten, gaben 1887 und 1888, zuerst die bayerische, dann die badische, ihren partikularistischen und konfessionellen Charakter auf und organisierten sich als badische und bayerische Zentrumspartei, wie es längst eine preussische gab. Ein einheitlicher Geist durchzog seitdem die gesamte Organisation der Partei. Als ausreichend erwies sich diese Aenderung freilich nicht. Die Landesparteien blieben vielfach auf eine andere Taktik an- und auf andere Ziele hingewiesen als die Reichstagsfraktion. Die Reichsverfassung ist frei von jedem staatskirchlichen oder konfessionellen Bestandteil, in den Einzelstaaten dagegen spielt, solange sie bestehen, die Kirchen- und Schulpolitik in engherziger konfessioneller oder staatskirchlicher Auffassung eine so bedeutende Rolle, dass die einzelstaatlichen Zentrumsparteien auf lange hinaus damit zu tun haben werden, der Kirche das zu ihrem Leben Notwendige zu bewahren. Das katholische Element in der Zusammensetzung der Landesparteien wird sich daher stets geltend machen und das Misstrauen, die Abneigung ihrer Wählerscharen wider den Staat immer neue Nahrung durch sie erhalten. Die Parteipresse aber war wie die deutsche Presse durchweg im Grunde Weltanschauungs-, nicht politische Presse, d. h. mehr katholische als Zentrumspresse, und die in Funktion befindliche Wahlorganisation der Partei aus dem Kulturkampf erwachsen und zunächst zur Verfügung der Landesparteien geordnet. Die Richtlinien der Reichspolitik der Partei, die treibenden föderativen und sozialen Ideen ihres Programms, sickerten nur langsam und tropfenweise in die breiten Schichten der Parteiangehörigen ein. Es galt hierfür Abhilfe zu schaffen, ohne den Organisationsapparat der Landesparteien zu verletzen.

Die Möglichkeit bot sich 1890 durch die Schöpfung des »Volksvereins für das katholische Deutschland«. Aus ganzer Seele wirkte der greise, ruhmbedeckte Führer der Partei [Windthorst] dazu mit. Ledig aller partikularistischen Bande wurde der Volksverein für das Reich geschaffen. Er sollte sich der Pflege des sozialen Verständnisses und der sozialen Tätigkeit innerhalb der Wählerscharen des Zentrums widmen. Er konnte es nicht erfolgreich tun, wenn er sich nicht auch das föderative Programm der Partei aneignete und sich für die Entwicklung der Reichsverfassung auf dem betretenen Wege einsetzte. Das Zustandekommen dieses Vereins, die organisatorische Genialität und tief innerliche Hingabe, womit er von München-Gladbach aus verbreitet wurde, bedeutete, wie die Erfahrung bewies, dass der Höhepunkt der inneren Schwierigkeiten in der Partei, die ihr Stellungswechsel unter den verwirrendsten und verwickeltesten äusseren Umständen seit 1879 zur Folge hatte, überschritten war. Das politische Verständnis, das die Leitung des Volksvereins zeigte, einerseits, die Energie der Zentrumsleitung in diesen wie den folgenden Jahren anderseits beugte auch der Gefahr vor, dass die Partei nun unter Vernachlässigung der Verfassungsfrage doch noch soziale Volkspartei wurde. Sie wäre dadurch ebenso wie durch eine Konfessionalisierung um ihren Einfluss im Reiche gekommen; denn in diesem waren und sind die verfassungspolitischen Aufgaben so dringlich wie die sozialpolitischen. [52]

## Kandidatenaufstellung im badischen Zentrum

*Aus den Lebenserinnerungen des Zentrumspolitikers Heinrich Köhler.*

Die Partei, eigentlich sein ureigenstes Lebenswerk, leitete Wacker in ziemlich diktatorischer Weise (ob es wohl anders überhaupt möglich ist?). Dabei konnte er aber doch stark aufbrausen, wenn ihm dies zum Vorwurf gemacht wurde. Typisch für seine Art der Parteiführung war z. B. seine Art der Kandidatenaufstellung zum Landtag oder Reichstag. Eine in jeder Beziehung arbeitsfähige Fraktion, zusammengesetzt aus charaktervollen, absolut zuverlässigen, im Wahlbezirk geschätzten Männern, das war sein Ziel. Für Kirchturmsinteressen und für Streber hatte er kein Verständnis. So kam es, daß er sich mit der Aufstellung der Kandidaten von langer Hand her befaßte, mit den Wahlkreisvorsitzenden verhandelte und sondierte, bis der Kandidat für ihn feststand. Dann ging er in die Vertrauensmännerversammlung und forderte Vorschläge von Kandidaten, nachdem er vorher die Voraussetzungen und Qualitäten dargelegt hatte, die ein Zentrumsvertreter haben und erfüllen müsse. Ein Vertrauensmann nach dem andern erhob sich: dieser schlug seinen Bürgermeister, jener seinen Ratsschreiber, ein Dritter einen Handwerker, der gleichzeitig Schnapsbrenner war, ein Vierter den Vorstand seines Gesangvereins, ein weiterer seinen Verwandten, der Vorstand des Militärvereins im Orte war, und endlich ein Letzter einen Tabakarbeiter vor. Und so ging es eine gute Weile in der Präsentierung der verschiedenen Bezirksgrößen. Wacker hörte aufmerksam und interessiert zu.

War der Reigen erschöpft, dann erhob er sich, sang ein Loblied auf die Zusammensetzung der Zentrumspartei in diesem Bezirk, die in der Lage sei, so viele ausgezeichnete Kandidaten zu präsentieren – Kandidaten, die nicht nur ihrem Stande, sondern dem ganzen Parlamente zur Zierde gereichen würden, – aber, im gegenwärtigen Augenblicke brauche der Landtag dringend einen höheren Baubeamten, der insbesondere der Leitung der Staatseisenbahnen bei ihren Millionenvorhaben genau auf die Finger sehe und dadurch dem Lande und den Steuerzahlern große Summen erspare. Er habe gerade den vorliegenden Bezirk für die Ehre auserwählt, dem badischen Volke diese unschätzbare Kraft zur Verfügung zu stellen; er schlage deshalb den (dem Bezirk bis jetzt völlig unbekannten) Oberbaurat X. als Kandidat vor. Der Mann wohne zwar nicht im Bezirk, aber das könne ja nicht ausschlaggebend sein. Während sich die Vertrauensmänner langsam von ihrem Staunen erholen, greifen der Wahlkreisvorsitzende und einige andere vorher ins Vertrauen gezogene Männer, darunter auch Geistliche, in die Erörterung ein. Ein nur noch schüchtern vorgetragenes Bedenken, daß man dem hauptsächlich landwirtschaftlich orientierten Bezirk wohl keinen höheren Beamten präsentieren könne, ruft den Parteichef noch einmal auf den Plan. Nach verhältnismäßig kurzer Zeit ist die Rednerliste erschöpft. Die Abstimmung ergibt meist die einstimmige Annahme des Wackerschen Vorschlags – seine ungeheure Autorität und sein unbeschreibbares Ansehen bei seinen Anhängern hatten wieder gesiegt. Wußte doch jeder, daß der Parteichef gar nichts für sich, sondern alles für die Partei erstrebte! [53]

## Der Zentrumsstreit

*Der hier abgedruckte Auszug aus einem Aufsatz des Publizisten und Zentrumspolitikers Julius Bachem und die Gegenstimme des 1912 durch Mandatsniederlegung aus der Zentrumsfraktion ausgeschiedenen Abgeordneten Hermann Roeren sind Zeugnisse einer jahrelangen erbitterten Diskussion über Charakter und Existenzbedingungen der Zentrumspartei. Hinter dem Streit lag die Frage, ob der Katholizismus sich in den Strom des nationalen Kulturlebens einfügen oder seine geschichtlich begründete Eigenart bewußt bewahren sollte. Bachems Forderung nach der Umwandlung des Zentrums von einer Minderheitspartei der katholischen Bevölkerung zu einer interkonfessionellen christlichen Staatspartei, die an die gesamte Nation appellierte, traf auf den heftigen Widerstand der ›Integralen‹, die in der Orientierung am katholischen Bekenntnis auch in politischen Fragen und in dem Verzicht auf protestantische Mitglieder und Wähler die einzige Alternative zu einer Auflösung des Zusammenhalts der Partei und einer inneren Gefährdung des deutschen Katholizismus sahen. In diesem sog.*

*Zentrumsstreit setzte sich schließlich die von Bachem vertretene ›Kölner Richtung‹ durch – jedoch gelang es nicht, in stärkerem Maße protestantische Wähler zu gewinnen.*

*a) Julius Bachem 1906 über den Zentrumsturm.*

Die Zentrumspartei hat auch bisher immer noch die schwerste Probe bestanden, welcher in der Gegenwart eine politische Partei ausgesetzt werden kann: die der Interessengegensätze im eigenen Lager. Fast alle anderen politischen Parteien im Deutschen Reich vertreten hauptsächlich eine bestimmte Bevölkerungsgruppe. Mehr als jede andere politische Partei vereinigt das Zentrum in sich die verschiedensten Kreise und Stände, deren materielle Interessen sich manchmal recht schroff gegenüberstehen, und trotzdem hat das Zentrum es verstanden, immer wieder diese Interessengegensätze zu überwinden und auf dem Boden eines billigen Ausgleiches die Geschlossenheit, welche das wesentlichste Moment der Stärke bildet, zu bewahren oder nach vorübergehender Krise wiederherzustellen. Mehr als ein Mal sind besonders agrarische Kreise schwierig gewesen, auch Arbeiterkreise haben sich zuweilen verstimmt gezeigt, aber der feste Zusammenhalt der Zentrumspartei als Ganzes ist dadurch dauernd nie beeinträchtigt worden. Das ist eine Erscheinung, welche die Gegner oft mit einem aus Bewunderung und Neid gemischten Gefühle haben feststellen müssen.

Die Zentrumspartei darf also nach wie vor von dem unüberwindlichen Turme reden, an welchem alle Angriffe abgeprallt sind. Es könnte daher wie eine politische Ketzerei klingen, wenn ich sage: wir müssen aus dem Turme heraus! Und doch sage ich es aus vollster Ueberzeugung im Hinblick auf die politische Gesamtlage, wie sie sich im Deutschen Reiche gestaltet hat. [...]

Der Zentrumsturm, um in dem Bilde zu bleiben, wurde in der schweren Zeit des kirchenpolitischen Konfliktes errichtet. Er sollte der Abwehr des staatskirchlichen Ansturmes dienen, welcher unter Führung des gewaltigsten Staatsmannes des 19. Jahrhunderts gegen die katholische Kirche in Preußen unternommen wurde. [...]

Es gibt auch noch katholische Kreise, in denen das Zentrum lediglich die »katholische Volkspartei« ist und der politische Charakter des Zentrums keineswegs immer, wo es angezeigt erscheint, mit einer alle Mißdeutung ausschließenden Klarheit und Entschiedenheit betont wird. Und wenn noch jüngst in Westfalen ein Parteitag der Zentrumspartei mit dem katholischen Gruße eröffnet wurde und anderseits auf einem hessischen Katholikentage ausschließlich politische Gegenstände in den öffentlichen Sitzungen behandelt wurden, so kann man sich schließlich nicht wundern, wenn Gegner der Zentrumspartei politische Partei und Konfession nicht auseinanderhalten.

Dazu kommt, daß katholischerseits an einzelnen Stellen konfessionelle Abgeschlossenheit auch da noch herrscht, wo sie sachlich nicht berechtigt ist. In dieser Richtung hat offensichtlich am meisten der noch immer nicht aufgegebene Versuch geschadet, die interkonfessionelle berufsgenossenschaftliche Organisation der Arbeiter unter Geltendmachung spezifisch kirchlicher Gesichtspunkte zu vereiteln oder zu erschweren,* während längst für andere Berufsstände (Bauern, Handwerker) interkonfessionelle Organisationen zur Wahrnehmung der gemeinsamen wirtschaftlichen Interessen bestehen und unbeanstandet in Tätigkeit sind. Auch diese Ueberspannung des Konfessionalismus nährt mittelbar das noch in so weiten akatholischen Kreisen bestehende Vorurteil, daß im Grunde genommen auch die Zentrumsfraktion ein ausschließlich im Interesse des Katholizismus geschaffenes Gebilde sei. [...]

Man muß vielmehr alles aufbieten, um dieses schädliche, ja gemeingefährliche Vorurteil zu zerstreuen, selbst unter Uebung weitgehender Selbstverleugnung.

In diesem Sinne ist es zu verstehen, wenn ich den Satz an die Spitze dieser Betrachtung gestellt habe: wir müssen aus dem Turm heraus. Heraus nicht insofern, als wir die starke Verteidigungsstellung aufzugeben hätten. Nein, wir können und sollen sie beibehalten. Damit treten wir niemandem zu nahe. Auch dem konfessionellen Frieden dient nicht, wer sich wehrlos macht. Aber die Abschließung, die Absperrung, welche in dem Bilde des Turmes liegt, darf nicht über die Grenze hinaus gehen, welche durch die Verhältnisse gezogen ist. Wir sollen nicht in dem Turme verbarrikadiert bleiben, sondern uns vor demselben aufpflanzen und in immer weiterem Umkreise mit den Mitteln, welche die Gegenwart an die Hand gibt, für das Programm der politischen Zentrumspartei eintreten, das sich wahrlich sehen lassen kann. Wenn das Zentrum eine wahre Staatspartei ist, so soll es auch als solche sich fühlen und überall als solche sich geltend machen; keines seiner katholischen Mitglieder braucht deshalb ein Tüttelchen seiner religiösen Ueberzeugungen preiszugeben.

Je weiter die Kreise sind, in welchen man die Gesamttätigkeit der Zentrumspartei kennen lernt, um so mehr wird das gegen die Zentrumsfraktion noch bestehende Vorurteil schwinden. Eines der Mittel, vielleicht das wirksamste, um diese bessere Erkenntnis in die nichtkatholischen Provinzen und Bezirke zu tragen, kann erst bei den nächsten allgemeinen Wahlen zur Anwendung gebracht werden. Es muß unbedingt mit vermehrter Umsicht auf die

* Bachem spielt hier darauf an, daß die am Ende des 19. Jahrhunderts mit Unterstützung der Zentrumspartei gegründeten interkonfessionellen Christlichen Gewerkschaften von einer kleinen, aber von Teilen des deutschen Episkopats unterstützten Gruppe innerhalb der Partei abgelehnt wurden. Die Gegner der Christlichen Gewerkschaften, die meist von ständischen Gesellschaftsvorstellungen ausgingen, wünschten die gewerkschaftliche Abschließung der katholischen Arbeiter innerhalb der besonderen Katholischen Arbeitervereine.

Wahl von solchen Abgeordneten nichtkatholischen Bekenntnisses hingewirkt werden, welche gute Fühlung mit dem Zentrum zu nehmen und zu unterhalten willens und geeignet sind. [...]
Das Zentrum darf nicht unter der Einwirkung der Verschärfung der konfessionellen Gegensätze, an der so viele arbeiten, in eine splendid isolation* geraten, welche die Erfüllung seiner Aufgabe für Reich und Volk aufs äußerste erschweren würde. Dem Bestreben, diese Gefahr zu verringern, sollen die vorstehend entwickelten, bezw. angedeuteten Gedanken dienen.

*b) Hermann Roeren 1913 über den Katholizismus als Band der Zentrumspartei.*

Was dem Protestanten den Beitritt schwer macht, sind andere Momente, namentlich:
daß das Zentrum, wie die Kölnische Volkszeitung noch vor einiger Zeit hervorhob, tatsächlich nun einmal »nur von Katholiken gegründet ist und zwar aus der Notwendigkeit heraus, den Katholizismus in Deutschland gegen Kirchenfeindschaft und Staatskirchentum zu schützen«,
daß diese Pflicht auch noch jetzt besteht,
daß das Zentrum auf dieser Grundlage sich weiter entwickelt hat und seine Stütze und Wählerschaft fast ausschließlich im katholischen Volke findet, deshalb aber auch berufen ist, sich der Rechte des katholischen Volks in besonderem Maße anzunehmen.
Diese ganz natürlichen und naheliegenden Beziehungen zum katholischen Volksleben und zur Kirche lassen die geringe Zahl der Protestanten, die dem Zentrum beigetreten sind, und ihre Stellung als Hospitanten erklärlich erscheinen. Der Umstand aber, daß die aus allen diesen Momenten sich ergebenden Grundsätze der Politik des Zentrums unter der Bezeichnung ›katholische‹ oder ›allgemein-christliche‹ Weltanschauung zusammengefaßt werden, ist hierfür belanglos. Für das Zentrum selbst aber ist Klarheit und Bestimmtheit in diesem Punkte mit Rücksicht auf die verwirrenden Bestrebungen der Kölner Richtung** zu einer Lebensfrage geworden. Ob die Tendenz des Turmartikels weiter greift oder die alte Parole Kettelers*** die Herrschaft behaupten wird, ist für die Zukunft des Zentrums entscheidend. Verläßt es den Turm, den seine Führer ihm gebaut und gefestigt haben, und tritt auf das schwankende, brüchige Terrain, das unberufene Neuerer ihm anweisen wollen, dann läuft es Gefahr, daß seine Reihen sich lichten und zersplittern und der einst so mächtige Turm zur entvölkerten, einsamen Ruine wird. Die Stärke des

* (engl.) Glänzende Isolierung
** Gemeint sind die Anhänger der Forderung Bachems nach einer interkonfessionellen christlichen Partei, deren Ansichten in der ›Kölnischen Volkszeitung‹ – dem offiziösen Organ der Zentrumspartei – vertreten wurden.
*** Unter der Parole Kettelers verstand Roeren die Auffassung, daß die Stärke des Zentrums im katholisch-konfessionellen Charakter liegt.

Zentrums liegt in seinem Zusammenhalt. Nicht der Zugang eines halben oder eines ganzen Dutzend Andersgläubiger wird es stark und mächtig machen, sondern der innere Zusammenhalt, der allein durch das gemeinsame Bekenntnis zu den katholischen Grundsätzen geschaffen ist und durch dieses allein für die Zukunft erhalten werden kann. In keiner Partei sind die einzelnen Stände so gleichmäßig vertreten, wie in der Zentrumspartei. Zu ihr rechnet sich das ganze katholische Volk in allen seinen Schichten, der katholische Adel, der Arbeiter, Bürger, Industrielle, Mittelständler und der Bauer. Sie alle haben ihre eigenen wirtschaftlichen Interessen und gehen vielfach auch in ihrer politischen Auffassung auseinander. [...]

Wenn trotzdem bisher alle soziale und politische Verstimmung über manche Parteitaktik überwunden und niedergehalten ist, dann ist dies allein dem einigenden Band jenes gemeinsamen Bekenntnisses zu danken. Dies Bekenntnis bildet das Ferment im Innern und ist nach außen hin der Magnet für die Hunderttausende von Katholiken, die jetzt noch abseits der Partei stehen, nicht aus Feindseligkeit, sondern aus Lauheit, und die niemals durch die verschwommene Idee des Gemeinsam-christlichen, wohl aber durch das feste Programm der katholischen Grundsätze angezogen und gewonnen werden können. Man denke sich dieses Band einmal gelöst und die Partei mit ihren mehr als zwei Millionen Wählern der verschiedensten Stände und Berufe einzig auf den Boden der Sozial-, Finanz-, Marine-, Kolonial-Politik gestellt, — nicht die wichtigsten Probleme dieser Politik würden vermögen, diese in ihren wirtschaftlichen Interessen und politischen Auffassungen so verschiedenen Massen auch nur für kurze Zeit zusammenzuhalten. Wegen der Vielgestaltigkeit der in ihm vertretenen Berufs- und Interessensphären würde gerade das Zentrum der Gefahr entgegengehen, dem Ansturm der immer mächtiger emporstrebenden Standesorganisation und Standespolitik und der immer kühner vordringenden materialistisch-atheistischen Propaganda zu erliegen. Warum also das Band zerreißen, das allein zusammenhält, warum den Baum von der Wurzel trennen, aus dem allein er Leben erhält? Das hieße dem Zentrum das Grab bereiten. [54]

## V. Die Sozialdemokratie

### Die Erziehungsarbeit der Sozialdemokratie

*Der langjährige sozialdemokratische Parteisekretär und Reichstagsabgeordnete Ignaz Auer 1899 in einem Brief an Eduard Bernstein.*

Nun ist ja sicher, daß die Masse in der Nähe anders aussieht, als wohlmeinende Schwärmer sie sich vorstellen. Das kann nach einer jahrhundertelangen Mißhandlung unter Sklaverei, Feudalherrschaft und industrieller Ausbeutung gar nicht anders sein. Dies zu ändern und zu bessern ist eben die Aufgabe unserer Bewegung. Wer aber in dieser nur den edlen Prinzen sieht, der das Wunderkind Dornröschen Volk nur zu erwecken und zu erlösen hat, der täuscht sich über die uns gestellten Aufgaben. [55]

## Die Organisation der Sozialdemokratie

*In ihrem Urteil gegen Mitglieder der sozialdemokratischen Parteileitung vom 16. Juni 1896 behandelt die zweite Strafkammer des Landgerichts I Berlin das Organisationsstatut der Sozialdemokratie von 1890 und die Parteiorganisation in Berlin.*

Die Hauptverhandlung hat folgenden Sachverhalt ergeben:
Die sozialdemokratische Partei Deutschlands ist in Gemäßheit der auf dem Parteitag zu Halle im Jahre 1890 gefaßten Beschlüsse laut Organisationsstatut in folgender Weise organisiert:
Die Parteigenossen in den einzelnen Reichstagswahlkreisen wählen alljährlich im Anschlusse an den vorangegangenen Parteitag in öffentlichen Versammlungen zur Wahrnehmung der Parteiinteressen einen oder mehrere Vertrauensmänner.
Die Vertrauensmänner haben ihre Wahl mit Angabe ihrer genauen Adresse sofort der Parteileitung mitzuteilen.
Alljährlich findet ein Parteitag statt, zu dessen Aufgaben u. a. die Wahl der Parteileitung gehört.
Letztere besteht aus 12 Personen, und zwar aus 2 Vorsitzenden, 2 Schriftführern, 1 Kassierer und 7 Kontrolleuren. Nach erfolgter Wahl hat die Parteileitung ihre Konstituierung vorzunehmen und dieselbe im offiziellen Parteiorgan bekannt zu machen.
Die Parteileitung verfügt nach eigenem Ermessen über die vorhandenen Gelder. Sie besorgt die Parteigeschäfte, kontrolliert die prinzipielle Haltung der Parteiorgane, beruft die Parteitage und erstattet auf denselben über ihre Tätigkeit Bericht.
Tatsächlich leitet die Parteileitung die ganze sozialdemokratische Bewegung in Deutschland.
In Berlin besteht für jeden Reichstags-Wahlkreis ein sozialdemokratischer Wahlverein. Jeder dieser Wahlvereine hat ein besonderes Statut. [...]
Der Vorstand der Wahlvereine besteht aus Vorsitzenden, Schriftführern und Kassierern sowie Beisitzern; er wird in einer Generalversammlung gewählt.
Die Vereinsstatuten bestimmen dann ferner im wesentlichen übereinstimmend, daß die Mitglieder monatliche Beiträge zu entrichten haben, daß der Vorstand bezw. (bei den Wahlvereinen für den zweiten und vierten Wahlkreis) der Vorsitzende den Verein leitet

und bezw. (bei den letztbezeichneten 2 Vereinen) daß den Vorstandsmitgliedern das Aufsichtsrecht über die Kasse sowie die Kontrolle der Bücher zusteht.
Jedes Mitglied eines Wahlvereins erhält ein Mitgliedsbuch, in welchem durch Einkleben einer Marke über den monatlichen Beitrag von 20 Pf. quittiert wird.
Den Vorsitz in den Vorstands- und Vereinsversammlungen führt der Vorsitzende.
Diese sechs sozialdemokratischen Wahlvereine für die sechs Berliner Reichstagswahlkreise haben ihre Tätigkeit nicht auf die Vorbereitung konkret anstehender oder bevorstehender Wahlen beschränkt, sondern haben darüber hinaus allgemeine politische Zwecke verfolgt und sind namentlich auch außerhalb der Wahlzeit politisch tätig gewesen. Dieselben haben hauptsächlich in der Weise gewirkt, daß sie in Versammlungen die Ziele der Partei klar zu legen suchten. [56]

## Sozialdemokratisches Parteileben in Chemnitz

*Ein junger, neun Jahre später in die Sozialdemokratie eingetretener evangelischer Theologe, der 1890 drei Monate unter Fabrikarbeitern in Chemnitz lebte und arbeitete, schildert die Agitationsarbeit der Sozialdemokratie in dieser sächsischen Industriestadt.*

Fast 25 Jahre hindurch also wird in Chemnitz und Umgegend von der Sozialdemokratie agitiert, und immer waren es Parteigrößen, die hier »in Arbeit« standen. [...]
Dieser Vergangenheit würdig, war auch während des letzten Sommers die Agitation der Partei ununterbrochen rege, auch hier wie an den meisten Orten Deutschlands überhaupt die einzige, die zu bemerken war. Sie war durchaus planmäßig, kraftvoll und ins einzelne gehend. Allwöchentliche große öffentliche Versammlungen für Angehörige irgendeines Arbeitszweigs oder auch für Männer und Frauen überhaupt hielten die Aufmerksamkeit der gesamten arbeitenden Bevölkerung auf die Arbeiterpartei zunächst im allgemeinen lebendig. Freilich waren diese Versammlungen, wenigstens die, die ich mitgemacht habe, meist nur dürftig besucht; und nur wenn ein besondrer Anlaß eine Reihe bestimmter Berufszweige zugleich beschäftigte, oder ein bekannter von auswärts zitierter Redner, eine sozialdemokratische Größe auftrat, schwollen sie zu imposanten Massenversammlungen an; sonst schwankte die Durchschnittszahl der Besucher wohl immer zwischen 100–200 Mann; es waren die in der Bewegung voranstehenden Arbeiter, die immer den Ton angaben, wo etwas Sozialdemokratisches los war. Meist waren das gut situierte Leute.

Ich erinnere mich, daß ich in der ersten solchen Versammlung, zu der ich als Arbeiter in die Stadt hineinkam, der einzige war, der im schmutzigen Arbeitszeug, ohne weißen Kragen und Schlips erschien; die andern hatten alle bessere Kleidung an. Jedenfalls aber erregten diese Versammlungen schon durch die ständigen großen roten Plakate, die sie vorher an allen Ecken und Enden der Stadt und Vorstädte ankündigten, ihren Zweck: die Aufmerksamkeit der Bevölkerung für die Bewegung wachzuhalten. Im übrigen bildeten sie nur den Rahmen für die intensivere besondre Agitation in den einzelnen Stadtteilen und Vorstadtdörfern.
Denn fast jeder dieser Bezirke hatte, und zwar nicht bloß bei herannahender Reichstagswahl, seinen sozialdemokratischen Wahlverein, der das ganze Jahr hindurch eine stille aber kluge und tiefgehende Tätigkeit entfaltete, und dessen Mitglieder sich aus den überzeugtesten und zielbewußtesten Anhängern der Partei zusammensetzten. Der Wahlverein hat die Agitation für die Reichstags- und neuerdings auch Gemeinderatswahlen in der Hand; er stellt bei großen Wahlversammlungen immer eine nie fehlende Schar, die bei allen Gelegenheiten in blinder Treue nach bekanntem, lärmendem Rezept die Partei ihrer Arbeiterredner ergreift; er ist eine der Sammelstellen für die Parteigelder und — das bedeutsamste an ihm — die Hochschule für die sozialdemokratischen Redner. Denn nicht nur die neugegründeten Arbeiterbildungsvereine, nicht nur besondre Institute, wie deren in Hamburg eines in der Stille blühen soll, dienen diesem Zwecke. Man kann dreist behaupten, daß jeder sozialdemokratische Wahlverein eine solche Rednerschule für Anfänger bildet. Wenigstens war das bei dem unsers Vorortes, der etwa 120 Mitglieder zählen sollte und eine Monatssteuer von zehn Pfennigen erhob, wirklich der Fall. Darum lag immer auch auf den Debatten, die sich an den jedesmaligen Vortrag oder die Vorlesung von Artikeln aus der sozialdemokratischen Volkstribüne knüpften, der von allen beherzigte Nachdruck. Ja der Vorsitzende unsers Vereins sprach das zu Beginn jeder Debatte geradezu aus, wenn er zur lebhaften Teilnahme an ihnen aufforderte und diese Aufforderung mit immer denselben Worten etwa so begründete: »Die Sitzungen unseres Wahlvereins sind in erster Linie der Debatten wegen da. Es wird gewünscht, daß jeder redet, jeder sich ausspricht. Und wenn das auch in der kläglichsten Form geschieht, jeder ist sicher, nicht ausgelacht zu werden, denn eben dazu sind wir allvierzehntägig hier zusammen, damit wir uns schulen, um in den großen Versammlungen unsern Gegnern mit Erfolg antworten zu können.« Und ich muß sagen, man kam dieser Aufforderung getreulich nach. Bis gegen zwölf Uhr nachts, von acht Uhr abends, zogen sich meist die Debatten der von des Tages Last und Mühe müden Leute hin. Wer immer etwas auf dem Herzen hatte, redete es herunter, alt und jung, ohne Unterschied. Oft in der holprigsten Form, in Sätzen,

von denen kein einziger richtig gebaut war, Gedanken, die ein grauenhaftes Gemisch von Wissen und Unwissenheit, von praktischer Erfahrung und Mangel an Überblick über das große Ganze und oft eine Verranntheit in Ansichten zeigten, über die sogar die klaren, klugen Köpfe unter den Genossen erschraken. Daneben aber zeigte sich unter uns auch eine Zahl so gewandter, so schlagfertiger, so scharf und praktisch urteilender Redner, daß ich im stillen voll Bewunderung und Scham diesen einfachen Webern, Schlossern, Handarbeitern zuhörte, deren Beredsamkeit und Sicherheit im Denken und Auftreten nach meinen Erfahrungen wohl nur eine kleine Zahl unsrer Durchschnittsgebildeten gleichkommt. Und alle, die da redeten, auch wenn sie das tollste Zeug vorbrachten, wurden mit Ruhe und Aufmerksamkeit und fast kindlichem Ernst angehört und in dem, was sie nun eigentlich sagen wollten, zu meinem Verwundern auch deutlich und klar verstanden. Daß man sich in diesen Debatten mitunter tüchtig in die Haare fuhr, daß eine Reihe verschiedner Ansichten aufeinanderplatzte, ist ebenfalls und zwar darum besonders erwähnenswert, weil im Gegensatz dazu in großen Versammlungen mit ihren Gegnern unter den Sozialdemokraten immer die geschlossenste Einheit an den Tag gelegt zu werden pflegt. In gewissem Sinne die Fortsetzung dieser Debatten bildete die Beantwortung der Fragezettel, die während der Debatte von den Leuten in den Fragekasten geworfen wurden und meist irgendeine Aufklärung über einen in der Debatte berührten Punkt, über ein Fremdwort oder über eine in der Zeitung gefundne und nicht verstandne Notiz heischten. Meist waren die Antworten, die der Vorsitzende, der Redner oder ein andrer gab, leidlich zutreffend, manchmal aber auch, wie selbstverständlich, nur dürftig oder gar falsch. Aber sie wurden alle mit der siegesgewissen Sicherheit gegeben, die immer dem Halbgebildeten, an seine Sache oder sich selbst Glaubenden eigen ist. Hinter diesen Debatten trat der Wert der Vorträge selbst deutlich zurück. Sie waren meist kurz und wurden immer von Parteigrößen am Orte, also Chemnitzern, gehalten; oft taugten sie gar nichts und waren sichtlich aus den neuesten Zeitungsnachrichten zusammengestoppelt. Solch ein Vortrag pflegte dann, wie das auch anderwärts unter den Sozialdemokraten allgemeine Sitte ist, von dem betreffenden Verfasser nicht nur in unserm, sondern noch in fünf, ja zehn andern Brudervereinen mit dem gleichen Nachdruck und der gleichen Emphase fast wörtlich vorgetragen zu werden, eine Erscheinung, die sich nur aus dem geradezu fanatischen Agitationseifer und wiederum der Halbbildung erklären läßt, durch die den Leuten die Langeweile solchen Wiederkäuens nicht zum Bewußtsein zu kommen scheint.

Vortrag und Debatte wurden von den etwa vierzig Männern, die immer anwesend zu sein pflegten, wie gesagt, mit größter Auf-

merksamkeit verfolgt. Man sah es diesen sinnenden, leuchtenden Augen an, wie die Köpfe mitarbeiteten, die vorgetragenen Gedankengänge aufzufassen und mitzudenken. Man rauchte viel Pfeife, doch auch Zigarren dazu und trank im Durchschnitt daneben ein, höchstens zwei Glas Bier, einfaches für 8 Pfennige oder Lagerbier für 15 Pfennige. Nur wenige verließen die Versammlung vor dem Schlusse, wenige auch, von den Mühen der Tagesarbeit überwältigt, schlummerten zuletzt ungestört ein. Sonst herrschte, wie gesagt, ungeteilte Aufmerksamkeit; denn solche Abende waren für diese Männer kein bloßes Vergnügen, sondern schwere Arbeit und immer Stunden eifrigen Lernens, scharfen Nachdenkens, der Auffrischung und Ermutigung in ihrem abwechslungslosen einförmigen Fabrikleben. Sie ersetzten, das kann man wohl ohne große Übertreibung sagen, vielen den früher gewohnten Kirchgang. Und darin liegt die große agitatorische Bedeutung dieser sozialdemokratischen Wahlvereine mit ihren regelmäßig wiederkehrenden Versammlungsabenden gerade in solchen Mittelstädten wie Chemnitz. Sie sind es, die den zur Sozialdemokratie sich neigenden Arbeiter dauernd, unaufhörlich, unauffällig bearbeiten, bis er mit seinem Dichten und Denken in den parteisozialistischen Gedankenkreisen aufgeht, und die den Befähigten schulen, daß er imstande ist, das Feuer der Überzeugung, das er an jenen Stätten in sich entfacht hat, nicht nutzlos verglühen zu lassen, sondern seine Kraft wieder zu verwerten in Agitation unter den Arbeitsgenossen und der eignen Familie wie im Eintreten für die gemeinsame Sache bei Versammlungen mit den politischen Gegnern.
Äußerlich verliefen diese Abende immer gleichmäßig, unter immer derselben Tagesordnung: Aufnahme neuer Mitglieder, Verlesung des Protokolls über die letzte Sitzung, Vortrag, oder — in Fällen der Behinderung des angekündigten Referenten — Vorlesung einiger Artikel aus einer sozialdemokratischen Zeitung, meist der »Berliner Volkstribüne«, die sich gut dazu eignet, darauf Debatte und Fragekasten. Gleich einförmig und stereotyp waren die Worte, mit denen der sonst begabte Vorsitzende die Versammlung leitete, und der Schriftführer über den Verlauf der vergangenen Sitzung berichtete: man sah hier deutlich, wie äußerlich angelernt noch die parlamentarischen Formen an diesen einfachen Menschen waren. Gäste waren in den Sitzungen immer willkommen, kamen aber stets nur aus Arbeiterkreisen, doch auch nicht allzu zahlreich. Jede der Sitzungen wurde abwechselnd durch einen königlichen Gendarm und den Gemeindediener des Orts von einer bescheidnen Ecke des Zimmers aus überwacht. Doch rührten diese sich nie, und übrigens schien ihr persönliches Verhältnis zu den Arbeitern und das dieser zu ihnen nicht allzu feindlich zu sein. Man wünschte sich wenigstens fast immer gegenseitig einen guten Abend; auch sah ich denselben Ortsdiener manchmal an andern Abenden der Woche in einer gemütlichen Kneipe, die viel

von uns Arbeitern besucht wurde, mit uns gemeinsam am runden Tische in Uniform sein Glas Bier trinken. [...]
Die Sitzungen unsers Wahlvereins fanden in der Restauration unsrer Vorstadt statt, die das offizielle aber nicht alleinige Versammlungslokal der hier wohnenden Sozialdemokraten war. Sie war eine der besten im ganzen Orte. Wirt und Wirtin waren beide Sozialdemokraten, wenn sie sich auch gewissenhaft hüteten, sich in lange politische »Diskurse« einzulassen. Die Frau zeichnete sich durch eine besondre, bei Frauen von mir noch nie erlebte Roheit der Gesinnung aus. Ich weiß noch genau, wie sie uns, die letzten Gäste, eines Nachts gähnend und schlafmüde mit der Blasphemie zum Heimgehen aufforderte: »Ich habe Lust abzuscheiden und bei Christo zu sein.« Doch war, wie gesagt, dies nicht das einzige sozialdemokratische Lokal. Man kann wohl behaupten, daß die meisten, jedenfalls alle kleinen Kneipen unsers Ortes sozialdemokratische Wirte hatten. In zwei der größten Etablissements mit großen Konzertgärten, die auch von sogenannten bessern Chemnitzer Familien viel besucht wurden, und in denen allsonntäglich die verhältnismäßig nobelsten öffentlichen Tanzmusiken stattfanden, waren nur die dazu gehörigen »Kutscherstuben« und deren Unterwirte sozialdemokratisch. In fast allen dieser Fälle war es offenbar das reine Geschäftsinteresse, das die Wirte dazu gemacht hatte.
Dieselbe Tatsache trat auch in kleinern Materialwarengeschäften, sogenannten »Büdchen«, zutage. Ich habe da mehrmals erlebt, wie eifrig und beflissen die Besitzer, aber vor allem auch die Besitzerinnen auf die sozialistische Gesinnung ihrer Käufer eingingen. Dieser Geschäftssozialismus ist wohl in allen solchen Industriezentren weiter verbreitet, als man glaubt; er ist das Eigentum der allerverschiedensten zahlreichen Geschäftsleute und der Jammer aller ideal gerichteten Sozialdemokraten; denn er ist in den meisten Fällen gleichbedeutend mit Gesinnungslosigkeit. Aber er ist zugleich ein neues Zeichen dafür, was für eine reale Macht auch die sozialdemokratische Bewegung in solchen Orten schon geworden ist.
In jeder der oben genannten Restaurationen und Kneipen lagen nun neben den Lokalzeitungen andrer oder überhaupt keiner Parteifarbe, neben »Kladderadatsch« und »Fliegenden Blättern« immer auch ein oder mehrere Exemplare sozialdemokratischer Zeitungen, vor allem der Chemnitzer »Presse«, und einzelner Gewerkschaftsblätter aus. Es ist ja längst anerkannte Tatsache, was für ein Machtmittel die sozialdemokratische Agitation in ihrem Heer von über ganz Deutschland verbreiteten Zeitungen besitzt. Sie werden augenblicklich die Zahl von 130 übersteigen.*

* Nach dem Bericht der Parteileitung an den Parteitag von 1891 verfügte die Sozialdemokratie über 72 Zeitungen. Daneben gab es 55 Blätter der sozialistischen Freien Gewerkschaften (Protokoll des SPD-Parteitages 1891, S. 47 f.).

In unserm Vororte zeigte sich im kleinen Kreise, im engen Rahmen ihr Einfluß und ihre Bedeutung. Es galt wohl für selbstverständlich, daß jeder von uns Arbeitern seine Zeitung las. [...]
Für die Verbreitung sonstiger sozialdemokratischer Literatur sorgte in unserm Bezirk ein wegen des ersten Mai arbeitslos Gewordner, der als Kolporteur das sehr interessante sozialdemokratische Witzblatt: »Der wahre Jakob«, mitunter auch dessen Bruderblatt, die in Wien erscheinenden »Glühlichter«, vertrieb, Zeichnungen auf die sozialdemokratischen Lieferungswerke annahm und expedierte, Berlockes,* Streichholzbüchsen, Busennadeln mit den Bildern von Schippel, Bebel, Liebknecht und Photographien von diesen Herren an den Mann zu bringen suchte, und der immer in Versammlungen ebenso wie bei Vergnügungsfesten anwesend, oft auch einer der Mitarrangeure davon war. [...]
Eine sehr wichtige Agitation wurde weiter bei den im Sommer fast allsonntäglich stattfindenden Arbeiter- und Kinderfesten entfaltet. Ich weiß nicht, ob das eine besondre Spezialität der Chemnitzer Sozialdemokraten ist; in Berlin treten ihnen zur Winterszeit wenigstens allerhand Bälle, Theateraufführungen, Konzerte und Maskenscherze mindestens gleichwertig an die Seite. Ich habe drei jener Sommerfeste mit erlebt, eines in unserm Dorfe, zwei in mehrere Stunden von Chemnitz entfernten, reizend gelegnen Orten. Man hat deutlich den Eindruck, wie sehr es bei diesen Festen gerade auf die dem rein Politischen und Volkswirtschaftlichen fernstehenden, namentlich auf Arbeiterfrauen, Mädchen und Kinder abgesehen ist. Wer durch den Ernst des politischen Parteigedankens nicht gefesselt werden kann, soll durch die Freude an heiterer Geselligkeit und allerhand amüsanter Unterhaltung für die Partei gewonnen werden und so allmählich auf diesem leichten und luftigen Wege sozialdemokratischen Geist einsaugen. [...] Noch eine besondre Aufgabe haben diese Feste. Sie sind alle zugleich ein finanzielles Geschäftsunternehmen der lokalen Parteileitung: denn ihr stets angestrebter und meist auch erzielter Überschuß muß die Parteikasse füllen helfen. [...]
Das ist, was ich an planmäßiger organisierter Agitation der sozialdemokratischen Partei an unserm Orte bemerkt habe. Ich behaupte und glaube nicht, daß sie sich auf diese Arbeit beschränkte; aber ich habe nur das, was ich schilderte, beobachten können. Ihre Leiter und Hauptträger war die nicht allzu zahlreiche Schar der Elitesozialdemokraten, der überzeugten Genossen, die die Phalanx der Partei an jedem Orte, den Halte- und Kristallisationspunkt für die Tausende bilden, die sich um sie gruppieren. Aus dieser Schar gingen die Kandidaten für die sozialdemokratischen Wahlen, die Unterführer in den einzelnen Bezirken, die Vorstände der Wahl- und Fachvereine, die Komiteemitglieder für die Agitation bei Wahlen hervor. Sie allein waren in abstufender

* Ziergehänge an der Uhrkette.

Reihenfolge mehr oder weniger eingeweiht in die Pläne der ganzen allgemeinen Zentralleitung, waren deren ausführende Organe, erhielten allein Mitteilungen und Anweisungen von ihr. Sie leiteten die Feste, waren die Wortführer in den öffentlichen Versammlungen und Auseinandersetzungen mit den Gegnern, die Wanderredner in der Umgegend, die unermüdlichen Vortragenden in den regelmäßigen Sitzungen der Wahl- und Fachvereine; sie instruierten auch die tonangebenden Personen in den Betrieben, in denen nicht selbst einer von ihnen beschäftigt war. Von den übrigen Arbeitern wurden sie – äußerlich wenigstens – widerspruchslos als die Führer anerkannt und mit einem absonderlichen interessanten Gemisch kameradschaftlicher Vertraulichkeit und achtungsvollen Respekts behandelt; sie ihrerseits erwiderten diesen Ton wenigstens vielfach mit einer Art berechneten Wohlwollens und selbstgewisser Zurückhaltung. [...]
Nach alledem darf man sich die Arbeiterschaft, unter der ich lebte, in Hinsicht auf ihre politischen und sozialen Gesinnungen nicht als eine uniforme, gleichmäßige und gleichwertige Masse vorstellen, sondern vielmehr – in einem Bilde – als einen gewaltigen pyramidalen Bau, zu dem sie durch den Mörtel der sozialdemokratischen Agitation fest und wuchtig genug zusammengefügt ist. Ihre Spitze bilden die oben vielgenannten Elitesozialdemokraten. Aber von diesen, den Führern, und der kleinen Schar ihrer Getreusten geht es allmählich in immer breitern Absätzen bis zu der chaotischen Masse aller derer hinab, die nur deshalb Sozialdemokraten sind, weil sie, was ihnen heutzutage durchaus nicht zu verdenken ist, bei den Wahlen einem von »ihresgleichen«, einem Arbeiterkandidaten, einem Sozialdemokraten ihre Stimme geben. [57]

## Ein sozialdemokratischer Parteitag

*Die Sozialistin und Generalstochter Lily Braun schildert in ihren Memoiren den Parteitag der Sozialdemokratie in Hannover 1899, auf dem die erste große öffentliche Auseinandersetzung über den von Eduard Bernstein begründeten sog. Revisionismus stattfand.*

Kalt und grau brach der nächste Morgen an. Im Ballhof kämpften die elektrischen Lampen umsonst gegen das Dunkel; es hockte um so deutlicher hinter den Pfeilern und zwischen den Tischen, je heller in ihrem direkten Strahlenkreis das Licht erschien. Nur langsam füllte sich heute der Saal, und nur wenige Stimmen wurden laut. Ein gemessener Ernst lag auf allen Gesichtern und eine zweifelvolle Erwartung. Singer betrat das Podium:
»... Zur Verhandlung steht Punkt 5 der Tagesordnung: ›Die Angriffe auf die Grundanschauungen der Partei.‹ Das Wort hat

der Berichterstatter Genosse Bebel.« Noch ein heftiges Stühlerücken, dann tiefe Stille.

Bebels Stimme allein beherrschte den Raum.

Im Gesprächston begann er, ruhig, fast gemütlich. Jeder Zuhörer fühlte sich unwillkürlich persönlich angeredet. Selbst als er die unbeschränkte Freiheit der Kritik an den eigenen Grundanschauungen als die Lebensluft der Partei bezeichnete, warf er den Satz nicht wie einen Fehdehandschuh in die Menge, sondern sprach im Tonfall der Konstatierung einer Selbstverständlichkeit. Die Fragen der materialistischen Geschichtsauffassung, der Dialektik, der Werttheorie schaltete er von vornherein aus, – »der Kongreß ist kein wissenschaftliches Konzil«, sagte er, – um zum Problem des Entwickelungsprozesses der kapitalistischen Gesellschaft überzugehen, das Bernstein anders darstellte als Marx und Engels. Eine Fülle statistischer Berechnungen schüttete er vor uns aus, um Bernsteins Ansichten zu entkräften, um festzustellen, daß das marxistische Dogma von der Zuspitzung der wirtschaftlichen Gegensätze, von der relativen Verelendung des Proletariats noch unerschüttert ist.

Und angesichts der verwirrenden Masse des Materials, an der die große Menge den Grad der Wissenschaftlichkeit mißt, wie sie an der Häufigkeit der Zitate den Grad der Bildung zu messen pflegt, ging ein Flüstern staunender Bewunderung durch die Reihen, das sich in einem »sehr richtig«, einem »hört, hört« wieder und wieder Luft machte.

Bebels Stimme schwoll an, seine Bewegungen wurden lebhafter, seine kleine Gestalt reckte sich. Er malte die Not des Proletariats; die grollende Leidenschaft dessen, dem das Elend Auge in Auge gegenübertritt, zitterte in seinen Worten, und klein und jämmerlich erschien dagegen, was Bernsteins nüchterne Schreibstubenweisheit von der gebesserten Lage des Arbeiters zu berichten gewußt hatte.

Wie der peitschende Ostwind über die Baumwipfel, so wehte seine Rede über die Köpfe. Und sie neigten sich gedankenschwer, sie wandten sich einander zu; sie hoben sich wieder, von einem Wort, das sie traf, emporgerissen. Da und dort stand einer auf, wie magnetisch angezogen von dem, der sprach. Eine dunkle Gruppe Menschen umringte die Rednertribüne.

Auf einmal aber war es der Wind nicht mehr, der in den Ästen rauschte, – es war der Sturm. Die jugendstarke Kraft des Revolutionärs, die begeisterte Schwärmerei des Glaubenshelden donnerte und brauste in den Worten des Agitators. All der zaghafte Pessimismus, all der unschlüssige Zweifel, all die resignierte Bedenklichkeit, mit denen Bernstein die Seelen belastet hatte, flog vor ihnen davon wie Spreu und Staub. [...]

Fünf Stunden sprach er schon. Nun wich der Sturm seiner Rede wieder dem ruhigen Gesprächston; sich selbst zurückgegeben, atmete die Menge tief und gesättigt auf. Noch einmal, wie der letzte ferne Donner des Gewitters, hob sich seine Stimme in ungeschwächter Kraft: »Unsere Grundanschauungen sind nicht erschüttert, — wir bleiben, was wir waren —.« Tobender Beifall verschlang den Schluß.

Minutenlang stand der nächste Redner, Eduard David, an Bebels Stelle, ehe seine Stimme den Lärm durchdrang. »Ich habe den Mut, auch nach Bebels Referat, Bernstein in seinen Anschauungen zuzustimmen«, sagte er. Irgendwo zischte jemand, aber der Respekt vor dem ehrlichen Bekenntnis unterdrückte rasch jeden Laut des Mißfallens. Kühl, fast nüchtern sprach er; wer ihn auch nicht kannte, empfand: er kam mitten aus der Praxis des politischen Gegenwartslebens, er stand nicht mehr im Bann der Tradition der Sekte mit ihrer Geheimbündelei, ihrem Märtyrertum, ihrer Glaubensseligkeit. Er ließ das grelle Licht des Tages auf die durch Bebel beschworene Geistererscheinung von Marx fallen, und hinter ihr stand der lebendige Bernstein. Wo Bebels Leidenschaft Gegensätze verwischt oder sein Zorn die Ansichten des Gegners niedergetrampelt hatte, da malte er sie groß und deutlich, wie der Lehrer die Rechenaufgaben vor der Klasse auf die schwarze Tafel. Keiner, der nicht blind war, konnte sich ihnen verschließen. Und er rief in die Wirklichkeit zurück, wo Bebel uns auf den Flügeln seiner Phantasie in die Zukunft getragen hatte. »Die höhere prinzipielle Bewertung der Gegenwartsarbeit, — das ist es, was Bernstein uns gibt, und das ist mehr wert, als was er uns genommen hat«, erklärte er und verkündete gegenüber der einseitigen Betonung des Kampfes um die politische Macht — als des einzigen Mittels, den Sozialismus zum Siege zu führen — die Dreieinigkeit der gewerkschaftlichen, der genossenschaftlichen, der politischen Bewegung, die durch tägliche Arbeit dem Sozialismus einen Fußbreit Erde nach dem anderen erobern.

Nun erst war der Kampfplatz abgesteckt. Der Alltagsausdruck trat an Stelle der Begeisterungsglut, die Bebels Rede angefacht hatte, auf die Gesichter, und über die Geister herrschten wieder, an Stelle des großen einigenden Gedankens, all die Streitpunkte der praktischen Politik.

Durfte ich mich deshalb dem Gefühl des Bedauerns überlassen, das mich momentan überwältigt hatte? Entsprang nicht jenes instinktive Festhalten an den überkommenen Anschauungen jener Schwerkraft des menschlichen Geistes, die sich von je im Dogmatismus, im Konservativismus, wie in Denkfaulheit und Bequemlichkeit geäußert hat? Wir, die wir Vorkämpfer sein wollten, waren verpflichtet, sie zu überwinden.

Bewegte Tage kamen, ein Kampf, der nicht immer ein Kampf der Meinungen blieb. Und das »Kreuzige!« tönte am lautesten vom Munde der Frauen. Wanda Orbin kreischte es in den Saal hinein; Luise Zehringer, die Hamburger Zigarrenarbeiterin, wiederholte

es; eine kleine polnische Jüdin,* die eben erst in die deutsche Partei eingetreten war, kritisierte mit der Sicherheit einer Parteiautorität die Ansichten und Handlungen bewährter Führer. Und die Masse klatschte ihr Beifall. »Sehen Sie, – das ist eine Politikerin«, sagte ein Journalist, »je respektloser sie die Auer und Vollmar und Bernstein abkanzelt, desto sicherer ist ihr Erfolg.«
Immer deutlicher sonderten die Parteien in der Partei sich voneinander ab; über dem tiefer und tiefer wühlenden Streit vergaßen auch die Leichtsinnigsten die Vergnügungen des Abends; Sitzungen wurden statt ihrer abgehalten. Es gab dabei Augenblicke, in denen es schien, als würden die Radikalen vor dem Äußersten nicht zurückschrecken. Die uneingeschränkte Anerkennung des Parteiprogramms wollten sie fordern, wie der orthodoxe Priester den Schwur auf das Apostolikum. Und jeder begann im stillen die große Abrechnung mit sich selbst. [...]
Wir traten in den Saal. Mit einer fiebrigen Nervosität, die alle ergriffen hatte und manche jener robusten sehnigen Arbeitergestalten tragikomisch erscheinen ließ, rissen die Delegierten den austeilenden Ordnern die neuen Drucksachen aus der Hand. Es war Bebels Resolution in neuer Fassung. Wir verglichen.
»... Nach alle diesem liegt für die Partei kein Grund vor, ihr Programm ...«** las ich. »Jetzt heißt es: ›ihre Grundsätze und Grundforderungen‹ zu ändern« las Heinrich,*** »damit können wir uns ohne weiteres einverstanden erklären«, fügte er hinzu, und mit einem lächelnden Blick auf mich: »Du siehst, die Klippe tragischer Konflikte ist glücklich umschifft.«
Auer kam an uns vorüber. In seinem Gesicht wetterleuchtete es. »Jetzt werde ich ihnen einmal zum Tanz aufspielen«, sagte er in grimmigem Scherz. Dabei sah ich, wie seine Finger sich zur Faust zusammenzogen. Von allen Seiten, schriftlich und mündlich, direkt und indirekt war er angegriffen worden. Er, der sich zur Bernsteinfrage in der Öffentlichkeit überhaupt nicht geäußert hatte, galt als der eigentliche und der gefährlichste Führer der Revisionisten, als der Abtrünnige.
Die Luft im Saal war immer schwerer geworden. Oder war es nur die gesteigerte Reizbarkeit der Nerven, die sie so empfand? Irgendeine Entladung mußte kommen. Mit Naturnotwendigkeit schien jeder Redner die Gegensätze ins Absurde steigern, den Gegner bis zur Lächerlichkeit herabsetzen zu müssen. Die Zuhörer wurden unruhiger. Man ging ab und zu, man unterhielt sich.
Da betrat Auer die Tribüne. Mit dem leisen Spott der Überlegenheit um die Lippen sah er über die Menge hinweg. Dann kam die Abrechnung. Unwillkürlich senkten sich alle Köpfe vor diesem

* Gemeint ist Rosa Luxemburg.
** Der genaue Text der alten Fassung lautete: »... kein Grund vor, weder ihr Programm, noch ihre Taktik, noch ihren Namen zu ändern ...« (Protokoll des Parteitages 1899 S. 68. Für die neue Fassung vgl. Protokoll S. 244).
*** Ihr Ehemann Heinrich Braun

gewaltigen Ausbruch eines feuerbergenden Kraters. Eine öffentliche Anklage war es, und am Pranger standen alle, die den befreienden Streit der Gedanken in ein lähmendes Gezänk um Personen verwandelt hatten. Und eine Verteidigung war es, — eine Verteidigung des Mannes, den dieselbe Partei, um deretwillen er aus dem Vaterland verbannt worden war, des Verrats bezichtigte; — aber auch eine Verteidigung seiner selbst, des in der jahrzehntelangen Parteiarbeit aufgeriebenen Kämpfers. Seine breiten Hände, — bestimmt, einen Hammer zu führen oder ein Schwert, — umklammerten, zuweilen krampfhaft zuckend, den Rand des Rednerpults. Sie waren am Schreibtisch, in der eingeschlossenen Bureauluft weiß geworden. Das stolze Germanenhaupt, dem ein Ritterhelm gebührte, sank leise nach vorn. Die Sorgen der Partei lasteten schwer auf ihm. Das Antlitz, das auf den Bergen seiner Heimat, der Sonne am nächsten, braun und rot sich hätte färben müssen, war grau und fahl. Durchwachte Nächte sprachen aus seinen Augen.
Gereizte Zurufe unterbrachen ihn, — zu wuchtig fielen seine Schläge. Und seine Stimme, durch Hunderte von Reden, Hunderte von Agitationsreisen abgenutzt, drohte zu versagen. Noch eine die Luft durchschneidende Bewegung mit der Hand, als wolle er ausstreichen, was sich doch unauslöschlich seiner Erinnerung eingeprägt hatte, noch ein Witz, den er in die Masse warf, wie der Tierbändiger einen Knochen zwischen die Tiger, und der Strom seiner Rede erreichte in ruhigem Fluß sein Ziel.
Die Resolution Bebel wurde angenommen, nur ein kleines Häuflein Unentwegter, die noch immer ihr »Kreuzige!« schrien, stimmte dagegen.
»... Auch auf diesem Parteitag hat es sich gezeigt, daß die Partei über ihre Grundsätze und ihre Taktik einheitlich denkt und auch fernerhin in voller Einmütigkeit handeln wird ...«, sagte Singer zum Schluß. Die Arbeitermarseillaise brauste durch den Ballhof. Hörte niemand die Dissonanz? Es waren nicht die Geister der Vergangenheit, die Prinzessinnen, die Kurfürsten und die Könige, die sie hervorriefen. Es war der Geist der Zukunft. [58]

## Die Beerdigung Wilhelm Liebknechts

*Der Berliner Lithograph Paul Lenzner beschreibt seinen Eindruck von der Beerdigung des am 7. 8. 1900 gestorbenen sozialdemokratischen Parteiführers Wilhelm Liebknecht.*

Aus einer Arbeiterfamilie stammend, aber doch im kleinbürgerlichen Geiste erzogen, kannte ich bis zu meinem sechzehnten Lebensjahr nur meinen zu erlernenden Beruf als Lithograph und die harmlosen Vergnügungen, wie sie einem Jugendlichen zu

damaliger Zeit möglich waren. Da führte mich an einem Sonntag im Jahre 1900 der Zufall zum Südosten Berlins in die Skalitzer Straße, die von dichten Menschenmassen eingesäumt war, Tausenden, die den Trauerzug Wilhelm Liebknechts erwarteten.
Ich drängte mich durch die vordersten Reihen, und bald darauf erschien dann auch, unter Vorantritt einer Musikkapelle, eine unendlich lange Marschsäule. Es waren die Genossen des VI. Berliner Wahlkreises, deren Abgeordneter im Reichstag Wilhelm Liebknecht gewesen war. Dann folgte ein einfacher Leichenwagen, der Sarg mit Blumenkränzen bedeckt. Hinter dem Sarge nur wenige Kutschen mit den nächsten Angehörigen und dann zu Fuß die Mitglieder des Parteivorstandes und die Reichstagsabgeordneten, an ihrer Spitze die beiden Vorsitzenden der Partei, August Bebel und Paul Singer.
Wie ich am anderen Tage in der Zeitung las, war der Zug viele Kilometer lang gewesen. Als die Spitze des Zuges auf dem Zentralfriedhof in Friedrichsfelde gegen fünf Uhr nachmittags eingetroffen war, setzten sich erst die letzten Teilnehmer vor dem Trauerhaus in der Kantstraße in Charlottenburg in Bewegung. Der Vorbeimarsch der Teilnehmer am Grabe dauerte bis in die zehnte Abendstunde. Man schätzte, daß an diesem Sonntag eine halbe Million Menschen auf den Beinen war. Die sonst überfüllten Ausflugslokale waren an diesem Tage leer geblieben.
Ich hatte bis dahin als Berliner Junge mich an Kaiserparaden, an Umzügen des Stralauer Fischzuges und so weiter begeistert. Aber der Eindruck, wie diese vielhunderttausendköpfige Masse ihrem verstorbenen Führer das letzte Geleit gab, war nach meiner damaligen Vorstellung etwas so Unerhörtes, daß ich darüber nachzudenken begann, was wohl die Menge bewogen haben mochte, an diesem schönen Augustsonntag die Strapazen eines fünfeinhalbstündigen Marsches durch die Straßen Berlins auf sich zu nehmen. Gerade diese Schlichtheit, dieses Weglassen allen Pomps und aller agitatorischen Effekte, daß ganz allein die Menschenmasse durch ihre stumme Teilnahme die Straßen schmückte, machte auf mich den stärksten Eindruck.
Selbst weite bürgerliche Kreise konnten sich der Wirkung dieses Erlebnisses nicht entziehen. Mußte doch der bekannte liberale Politiker Friedrich Naumann zugeben: »So wurde noch kein König zu Grabe getragen!« Der »Vorwärts« schrieb am anderen Tage: »Nur die Liebe ist imstande, unter solchen Umständen die vielen Hunderttausende auf die Beine zu bringen.«
Die Folge meines Nachdenkens war, daß ich am nächsten Tage nach Feierabend zur Beuthstraße in die »Vorwärts«-Buchhandlung ging und mir für 15 Pfennig die mit einem Trauerrand versehene Broschüre von Wilhelm Liebknecht über »Weltpolitik – Chinawirren – Transvaalkrieg« kaufte, seine letzte Rede, die er am 28. Juli 1900 im Dresdener »Trianon« gehalten hatte. [59]

## Die politische Ohnmacht der SPD

*Der berühmte französische Sozialistenführer Jean Jaurès kritisiert auf dem Internationalen Sozialistenkongreß in Amsterdam 1904 die Machtlosigkeit der deutschen Sozialdemokratie und ihren Versuch, ihre Taktik auch für die sozialistischen Parteien anderer Länder verbindlich zu machen.*

Was im gegenwärtigen Moment auf Europa und der Welt, auf der Verbürgung des Friedens, der Sicherstellung der politischen Freiheiten, dem Fortschritt des Sozialismus und der Arbeiterklasse lastet, was auf den politischen und sozialen Fortschritt Europas und der Welt drückt, das sind nicht die angeblichen Kompromisse, die waghalsigen Versuche der französischen Sozialisten, die sich mit der Demokratie verbündet haben, um die Freiheit, den Fortschritt, den Frieden der Welt zu retten, sondern das ist die politische Ohnmacht der deutschen Sozialdemokratie. (Große Bewegung.)

Gewiß, ihr seid eine große, bewunderungswürdige Partei, die dem internationalen Sozialismus zwar nicht alle Denker, wie man es zuweilen zu sagen scheint, aber einige der gewaltigsten und scharfsinnigsten Denker gegeben hat, die dem internationalen Sozialismus das Vorbild einer konsequenten, systematischen Aktion, einer wohlgegliederten und machtvollen Organisation gegeben hat, die vor keinem Opfer zurückschreckt und sich durch keinen Ansturm erschüttern läßt. Ihr seid eine große Partei, ihr seid die Zukunft Deutschlands, eine der edelsten und glorreichsten Parteien der zivilisatorischen und denkenden Menschheit.

Aber zwischen eurer anscheinenden politischen Macht, wie sie sich von Jahr zu Jahr in der wachsenden Zahl eurer Stimmen und Mandate ausdrückt, zwischen dieser anscheinenden Macht und der wirklichen Macht zu Einfluß und Tat besteht ein Gegensatz, der um so größer zu werden scheint, je mehr eure Wahlmacht zunimmt. O ja, am Tage nach jenen Juniwahlen [1903], die euch die drei Millionen Stimmen gebracht haben, ist es allen deutlich geworden, daß ihr eine bewundernswerte Kraft der Propaganda, der Werbung, der Einreihung habt, aber daß weder die Traditionen eures Proletariats noch der Mechanismus eurer Verfassung euch erlauben, diese anscheinend kolossale Macht von drei Millionen Stimmen in die Aktion der Nutzbarmachung und Verwirklichung, in die politische Aktion umzusetzen. Warum? Weil euch die beiden wesentlichen Bedingungen, die zwei wesentlichen Mittel der proletarischen Aktion noch fehlen – ihr habt weder die revolutionäre, noch die parlamentarische Aktion [...] Erstens (fehlt ihr) die revolutionäre Tradition des Proletariats. Es hat im deutschen Proletariat Beispiele bewunderungswürdiger Hingebung gegeben. Aber es hat in seiner Geschichte keine revolutionäre

Tradition. Es hat sich das allgemeine Wahlrecht nicht auf den Barrikaden erobert. Es hat es von oben bekommen. Und wenn man nicht daran denken kann, es denen zu entreißen, die es sich selbst erobert haben, weil sie es leicht zurückerobern können, kann man dagegen wohl daran denken, von oben zu nehmen, was man von oben gegeben hat. Und ihr könnt keine Sicherheit dagegen geben, ihr, die ihr gesehen habt, wie euer rotes Königreich, euer sozialistisches Königreich Sachsen die Fortnahme des allgemeinen Wahlrechts ohne Widerstand über sich ergehen ließ... (Lebhafter Beifall.) [...]

Nun wohl, weil ihr diese revolutionäre Tradition nicht habt, seht ihr sie bei Völkern, die auf sie zurückgreifen, mit Mißvergnügen, und ihr habt nur Angriffe, eure Theoretiker haben nur Geringschätzung gehabt für unsre belgischen Genossen, die behufs Eroberung des allgemeinen Wahlrechts mit Gefahr ihres Lebens auf die Straße gestiegen sind. (Lebhafter Beifall.)

Und ebensowenig wie ihr die Mittel revolutionärer Aktion, wie ihr die Kraft habt, welche euch eine revolutionäre Tradition des Proletariats geben würde, habt ihr, das wißt ihr wohl, die parlamentarische Kraft. Selbst wenn ihr die Mehrheit im Reichstag wäret, wäre euer Land das einzige, wo ihr, wo der Sozialismus nicht der Herr wäre, selbst wenn er die Mehrheit hätte. Denn euer Parlament ist nur ein halbes Parlament. Ein Parlament ist kein Parlament, wenn es nicht die Exekutivgewalt, die Regierungsgewalt in der Hand hat, wenn seine Beschlüsse nur Wünsche sind, die die Reichsbehörden willkürlich kassieren können. Und so steht ihr, ihr wißt es, ihr fühlt es wohl, vor einer schwierigen Lage. Und ihr sucht nach einer Lösung. Ich bin sicher, ihr werdet sie finden. Man kann dem Schicksal den Weg nicht versperren. Ihr, Proletarier Deutschlands, seid das Geschick, ihr seid das Heil Deutschlands! Man wird euch den Weg nicht versperren. Aber ihr wißt noch nicht, welchen Weg ihr in der Praxis einschlagen werdet, ob ihr revolutionär oder parlamentarisch vorgehen werdet, wie ihr die Demokratie in eurem Lande einrichten werdet.

Man erwartete von euch, die sozialistische Welt erwartete von euch, von jenem Dresdner Kongreß, der nach dem Sieg der drei Millionen Stimmen stattfand, die Festlegung einer Politik. Ihr habt in euren Blättern ausgerufen: Unser das Reich! Unser die Welt! Nein, das Reich ist noch nicht euer, ihr seid nicht einmal so sicher, daß ihr in eurer Hauptstadt dem internationalen Sozialismus Gastrecht gewähren könntet. (Beifall.)

Ihr wißt also nicht, welchen Weg zu wählen. Man erwartete von euch, am Morgen nach jenem großen Sieg, eine Kampfparole, ein Aktionsprogramm, eine Taktik. Ihr habt die Tatsachen geprüft, befühlt, belauert — aber die Geister waren noch nicht reif. Und da habt ihr vor eurem eignen Proletariat, vor dem internationalen Proletariat, eure Ohnmacht, zu handeln, hinter die Intransigenz

theoretischer Formeln verhüllt, die euer ausgezeichneter Genosse Kautsky euch bis an sein Lebensende liefern wird. (Beifall und Heiterkeit.)
Demnach würde die Annahme der Dresdner Resolution auf diesem Internationalen Kongreß bedeuten, daß der internationale Sozialismus in allen Ländern, in all seinen Elementen, in der Gestalt all seiner Kräfte sich der zeitweiligen, aber furchtbaren Tatlosigkeit der deutschen Sozialdemokratie zugesellt.
So ist euer Antrag in seiner zwingenden, despotischen Form bei wem, in welchem Lande auf den größten Widerstand gestoßen? In Frankreich, oder wenigstens bei einem Teile Frankreichs, in Holland, in Belgien, in der Schweiz, in Dänemark, in Schweden, ich glaube auch in England. Das heißt, je mehr Demokratie, je mehr Freiheit ein Land hat, je mehr das Proletariat wirksame politische Aktion in seinem Parlament auszuüben vermag, um so mehr wird es durch euren Antrag verletzt, der ein Hemmnis der Entwicklung der allgemeinen politischen Freiheit und damit des internationalen Sozialismus sein wird. (Langandauernder Beifall, sich immer wiederholende Beifallsrufe.) [60]

## VI. Die Verbände

### Staat und Gewerkschaften bis zum Ende des 19. Jahrhunderts

*Carl Legien, der Vorsitzende der »Generalkommission der Gewerkschaften Deutschlands« von 1890—1920, 1899 über die Entwicklung des Koalitionsrechts und das Vorgehen staatlicher Stellen gegen die Gewerkschaften. Nach dem Fall der gegen das Koalitionsrecht der Arbeiter gerichteten Zuchthausvorlage und der Aufhebung des Verbindungsverbots für politische Vereine 1899 besserte sich die rechtliche Lage der Gewerkschaften. Gleichzeitig gewann die Idee des Tarifvertrags zwischen Gewerkschaften und Unternehmern auf dem Gewerkschaftskongreß von 1899 Anerkennung und setzte sich in den folgenden Jahren in immer weiteren Gewerbezweigen durch.*

Die deutschen Arbeiter erhielten das Koalitionsrecht erst zu einer Zeit, in welcher nach dem Stande der industriellen Entwickelung bereits gewerkschaftliche Organisationen zur Sicherung eines angemessenen Lohnes und geregelter Arbeitszeit hätten bestehen müssen.
In Sachsen erfolgte die Gewährung des Koalitionsrechtes im Jahre 1861 und auch im preußischen Abgeordnetenhause lag in demselben Jahre ein diesbezüglicher Antrag vor. Im Jahre 1865 nahm das preußische Abgeordnetenhaus einen solchen an und 1866

legte die Regierung einen Gesetzentwurf vor, welcher das Koalitionsverbot für alle Arbeiter aufheben sollte, doch wurde das Gesetz nicht erledigt. [...]
Eine endgültige Regelung der Verhältnisse brachte erst die Gewerbeordnung von 1869, welche folgenden, noch heute geltenden Paragraphen enthielt:
§ 152. Alle Verbote und Strafbestimmungen gegen Gewerbetreibende, gewerbliche Gehülfen, Gesellen oder Fabrikarbeiter wegen Verabredungen und Vereinigungen zum Behufe der Erlangung günstiger Lohn- und Arbeitsbedingungen, insbesondere mittelst Einstellung der Arbeit oder Entlassung der Arbeiter, werden aufgehoben.
Diese Gesetzesbestimmung sicherte ihrem Wortlaut nach den Arbeitern Deutschlands ein unbeschränktes Vereinigungsrecht, in der Praxis ist dieses aber keineswegs vorhanden. Mit § 152 der Gewerbeordnung wurde nicht ausgesprochen, daß die zur Erringung besserer Lohn- und Arbeitsbedingungen geschaffenen Organisationen auch nicht den Vereinsgesetzen der einzelnen Bundesstaaten unterliegen sollten. Diese aus der sogenannten Reaktionsperiode stammenden Gesetze enthalten Bestimmungen, welche das, was der § 152 der Gewerbeordnung den Arbeitern gewährt, völlig wieder aufzuheben geeignet sind. Und diese Gesetzesbestimmungen sind und werden gegen die Gewerkschaften in vollem Maße angewandt. [...]
Im Jahre 1874 begannen die Regierungen, gestützt auf diese Gesetze, einen Kampf gegen die Gewerkschaften, der in dem 1878 erlassenen Sozialistengesetz seinen Gipfelpunkt erreichte und mit der Vernichtung der mühsam aufgebauten Organisationen endete. Noch unter dem Sozialistengesetz, unter ständiger Gefahr, diesem auf's Neue zum Opfer zu fallen, errichteten die Arbeiter wieder Gewerkschaften, die erst lokaler Natur, später zu zentralen Vereinigungen umgestaltet wurden. Das Sozialistengesetz fiel 1890, doch damit schwanden keineswegs die Schranken, welche die gewerkschaftliche Organisirung der Arbeiter hinderten. Der Geist des Sozialistengesetzes lebt heute noch fort bei der Anwendung der Vereinsgesetze und den Maßnahmen der Behörden gegen die Gewerkschaften.
Das erste Erforderniß für eine wirksame Gestaltung gewerkschaftlicher Thätigkeit ist das Zusammenfassen aller Arbeiter eines Berufes im ganzen Lande und eventuell auch über die Grenzen des Vaterlandes hinaus. Das preußische Vereinsgesetz verbietet nun den Vereinen, welche bezwecken, politische Gegenstände in den Versammlungen zu erörtern, mit gleichen Vereinen in Verbindung zu treten und Frauen als Mitglieder aufzunehmen. Gelingt der Versuch, die gewerkschaftlichen Organisationen zu politischen Vereinen zu stempeln, so ist ihnen damit der Boden für eine wirksame Thätigkeit entzogen. Es bedarf dies keiner näheren Erörte-

rung. Der Hinweis darauf, daß nicht für den lokalen, sondern für den Weltmarkt produzirt wird, daß in wenigen Stunden bei den modernen Verkehrsmitteln Arbeitermassen von einem Orte zum anderen gezogen werden können, und daß in Industrie, Handel und Verkehr 1 378 585 Arbeiterinnen beschäftigt werden, genügt, um zu beweisen, daß die gewerkschaftlichen Organisationen nicht lokaler Natur sein können, sondern als zentrale Verbände sich über das ganze Land erstrecken müssen und in der Aufnahme der Mitglieder nicht beschränkt werden dürfen.

Und der Versuch, den Gewerkschaftsorganisationen den Charakter politischer Vereine zu geben, ist gelungen [...] Das preußische Kammergericht ging so weit, zu erklären:

»Zu den ›politischen Gegenständen‹ im Sinne des Vereinsgesetzes gehören solche, welche Sozialpolitik, insbesondere auch die Regelung der Arbeitszeit betreffen.«

Somit liegt es in der Hand der Polizeibehörden, über das Schicksal der Gewerkschaften zu entscheiden. Es kann eine Gewerkschaft, wenn sie sich für einen wirthschaftlichen Kampf vorbereitet, im entscheidenden Moment vorläufig geschlossen und ihr die Regelung der Arbeitsverhältnisse eventuell durch eine Arbeitseinstellung herbeizuführen unmöglich gemacht werden. Wenn auch vielleicht durch das Gerichtsverfahren nachher festgestellt wird, daß die Schließung des Vereins zu Unrecht erfolgt ist, das mühsam Aufgebaute ist auf lange Zeit vernichtet, denn schwere Strafe droht Dem, der sich an einem geschlossenen Vereine weiter als Mitglied betheiligt.

Die Arbeiter in Preußen haben also nicht ein Koalitionsrecht unter gesetzlichen Garantien, sondern ein solches, dessen Ausübung von dem guten Willen, oder eigentlich von der Gnade einer x-beliebigen Polizeibehörde abhängt.

Werden aber auch die Gewerkschaften geduldet, so werden sie doch der polizeilichen Kontrole unterstellt und sind als Vereine, welche öffentliche Angelegenheiten zu erörtern bezwecken, den für solche gegebenen lästigen Bestimmungen unterworfen. [...]

Aber nicht nur lästig sind die von den Gewerkschaften zu erfüllenden Verpflichtungen, sondern geradezu für die Mitglieder gefährlich. Das Mitgliederverzeichniß ist der Behörde einzureichen. Es haben nun, wie festgestellt ist [...], Amtsvorsteher die ihnen eingereichten Listen den Arbeitgebern zur Einsicht vorgelegt, und dies Verfahren hat die Zustimmung des Landraths gefunden. Ein Amtsvorsteher ging noch weiter und vervielfältigte die ihm eingereichte Liste und übersandte sie den Unternehmern. Die Folge solcher Handlungen ist die Maßregelung der Mitglieder der Gewerkschaften. [61]

## Der Bund der Landwirte

*Der Direktor im Bunde der Landwirte, Otto von Kiesenwetter, 1918 in der verbandsoffiziellen Geschichte über die Organisation und die Aufgaben der einzelnen Abteilungen der Hauptverwaltung des Bundes, dieser wohl mächtigsten Interessenorganisation des wilhelminischen Reiches.*

Im Bundeshause konzentriert sich die Leitung und Verwaltung des Bundes der Landwirte. Hier ist das Hauptquartier für die Führer mit dem Generalstab — dem Verwaltungs- und dem Beamtenkörper des Bundes. Mit zutreffendem Vergleich hat man diese militärisch-kriegsmäßige Bezeichnung für den Sitz und die Betätigung der Bundeszentrale gefunden; denn als eine ausgesprochene Kampfesorganisation ist der Bund der Landwirte gegründet worden, und diesen Charakter hat er behalten und soll er behalten.
Die Geschichte des Bundes der Landwirte ist im wesentlichen das Werk seiner Führer.
Von den Männern, die von der Gründungsstunde an die Bundessache geführt und geleitet haben, stehen noch heute die beiden Bundesvorsitzenden an ihrer Stelle: Dr. Roesicke und Freiherr v. Wangenheim [...]
Zum engeren Vorstand gehört kraft seines Amtes und den Satzungen gemäß der Direktor des Bundes, Herr Dr. Diederich Hahn. [...]
Dem politischen Zweck des Bundes gemäß, der Landwirtschaft eine ihrer Bedeutung entsprechende Vertretung im Parlament und dadurch Einwirkung auf die Gesetzgebung zu verschaffen, ist die Organisation seiner Verwaltung und die Betätigung seines Beamtenkörpers eingerichtet. Der Erkenntnis, daß die Gesetzgebung von bedeutsamstem Einfluß ist auf die wirtschaftliche Entwicklung, daß sie ein Gewerbe fördert oder hemmt, hatte der Bund unter den Landwirten im allgemeinen erst Bahn brechen müssen; und dieser Aufklärungsdienst ist nach wie vor nötig und nützlich. Sodann hat der Bund der Landwirte vor allen Dingen zu kämpfen gehabt und hat noch zu kämpfen gegen die Verständnislosigkeit, die in weiten Schichten des Volkes verbreitet ist über alles, was Landwirtschaft und landwirtschaftlichen Betrieb angeht. [...]
Das Geheimnis des Erfolges dieser berufsständischen Organisation beruht im letzten Grunde auf ihrer mustergültigen politischen Disziplin. Hierdurch wird der Bund der Landwirte befähigt und bevollmächtigt, als ein Dolmetscher der Gefühle und Empfindungen, das Interesse der Landwirtschaft und diese selbst in der Oeffentlichkeit, in der Presse und endlich bei den Wahlen zu vertreten.

Für die werbende Kraft des Bundes und seine aufklärende Tätigkeit sorgt in wirksamer Weise die Bundespresse, die von der Abteilung Presse geleitet wird. Der Bund selbst unterhält die streitbare »Korrespondenz des Bundes der Landwirte«, die als ständiger Wachtposten das Heer der politischen Zeitungen überwacht und mit unermüdlichem Eifer dem Angriff der Gegner den Gegenhieb folgen läßt. Sie ist zugleich das Sprachrohr für die offiziellen Kundgebungen der Bundesleitung. Die Korrespondenz wird an die Führer der Bundesbewegung und an die dem Bunde und der Landwirtschaft nahestehenden Zeitungen verteilt und kann so die mit dem Bunde auf gleicher Linie kämpfenden Parlamentarier und Zeitungen sofort richtig und eingehend informieren. Vor dem Kriege erschien sie im allgemeinen, zumal in der Zeit der parlamentarischen Sessionen, zweimal wöchentlich im Umfange von 6–8 Seiten. [...]
Weiterhin sucht die Vereinswochenschrift »Bund der Landwirte« fast jedes Haus unserer Bundesmitglieder auf, um in kurzen, knappen Zügen über den Gang der Weltgeschichte zu berichten. Die direkte Versendung ins Haus hat sich durchaus bewährt; für die Bundesleitung ist dadurch die Möglichkeit gegeben, mit einem jeden Mitgliede allwöchentlich unmittelbar reden zu können. [...]
An dem Wachsen des Bundes der Landwirte und der Festigung seiner Organisation hat neben den örtlichen Werbekräften die Abteilung Organisation ihr gebührendes Verdienst. Ihr fällt die Aufgabe zu, alle Geschäfte, die sich auf die Organisation des Bundes selbst beziehen, zu bearbeiten. [...] Zu den schwerwiegendsten Aufgaben der Abteilung Organisation gehört die Veranstaltung von Versammlungen zur Vorbereitung und Unterstützung der Parlamentswahlen. [...]
Einen besonderen Teil der Beamtenschaft der Abteilung Organisation bilden die Wanderredner. Sie sind zum größten Teil nur während des Winterhalbjahres beschäftigt. [...]
Die Wanderredner werden durch die Abteilung Organisation in einem besonderen Lehrgang auf ihren anstrengenden und schwierigen Dienst vorbereitet, rednerisch geschult und mit den einschlägigen wirtschaftspolitischen Fragen vertraut gemacht. Diese Fragen werden von zuständigen Bundesbeamten in wissenschaftlichen Abhandlungen erörtert und als Vortragsmaterial von der Abteilung Organisation geordnet. Alljährlich findet vor Beginn der Winteragitation ein allgemeiner Rednerlehrgang in Berlin statt, an dem sich auch Bundesmitglieder, die an der Bundessache lebhaften Anteil nehmen, rege zu beteiligen pflegen. [...]
In engerer Verbindung mit der Abteilung Organisation steht die Wahlabteilung, was auch schon dadurch gekennzeichnet ist, daß alle Korrespondenzen in Wahl- und Organisationsangelegenheiten wechselseitig zur Kenntnis gebracht werden.
Die Wahlabteilung hat die Verbindung zu halten zwischen der

Bundesleitung und den Bundesorganisationen draußen im Lande behufs gemeinsamer und einheitlicher Vorbereitungen für die Parlamentswahlen. Die Vertretung des deutschen Volkes in den Parlamenten, insbesondere im Reichstage, soll eine Zusammensetzung erhalten, die eine Lösung der parlamentarischen Aufgaben im Sinne der nationalen Ueberzeugungen und wirtschaftspolitischen Bestrebungen des Bundes der Landwirte sichert, oder, wie die Satzungen besagen, der Landwirtschaft eine ihrer Bedeutung entsprechende Vertretung in den parlamentarischen Körperschaften zu verschaffen geeignet ist. Das ist nur durchführbar, wenn der Bund vollkommen einheitlich und geschlossen vorgeht. Dies wiederum läßt sich nur durch allseitige Beachtung der allgemeinen Grundsätze zur Vorbereitung einer kräftigen, einheitlichen und deshalb Erfolg versprechenden Agitation erreichen. Die Vorbereitungen müssen den Zweck erfüllen, den Wahlkampf zu erleichtern, planloses Vorgehen, namentlich aber Zersplitterung zu verhindern und unnütze Geldausgaben zu verhüten. Es muß erstrebt werden, mit möglichst wenig Mitteln durchschlagende Erfolge zu erzielen.
Der Bund der Landwirte ist grundsätzlich nicht parteipolitisch und kann daher den Kandidaten jeder staatserhaltenden Partei unterstützen, sofern er mit den Grundsätzen des Bundes übereinstimmt und eine Gewähr dafür bietet, daß er im parlamentarischen Leben die Verfolgung des ausgiebigen Schutzes der nationalen produktiven Arbeit, namentlich der Landwirtschaft, stets als oberstes und unverrückbares Ziel der politischen Maßnahmen gelten lassen wird. Behufs Prüfung der Abgeordneten über ihre Stellungnahme zu den wirtschaftspolitischen Fragen gibt die Wahlabteilung den Mitgliedern Auskunft, wie die einzelnen Abgeordneten bei den verschiedenen wirtschaftspolitischen Vorlagen gestimmt haben. [...]
Die Initiative zur Aufstellung der Kandidaten gehört den Organisationen der einzelnen Wahlkreise, und dem Wahlvorstande des Bundes für den betreffenden Wahlkreis liegt es ob, die nötigen Schritte zur Vorbereitung der Wahlbewegung zu tun. Ist man sich im kleinen Kreise einflußreicher und über die Stimmung der Bundesmitglieder unterrichteter Vertrauensmänner über eine geeignete Persönlichkeit schlüssig geworden, dann ist die Beschlußfassung der Vertrauensmänner im Wahlkreise (Wahlkreis-, Bezirks-, Hauptgruppen-Vorsitzenden und Ortsvertrauensmänner) entscheidend. Ist die Kandidatur ordnungsgemäß festgestellt, dann handelt es sich darum, in die öffentliche Agitation für den auf den Schild gehobenen Bundeskandidaten, bzw. den vom Bunde unterstützten Kandidaten einzutreten. Hier setzt dann die Mithilfe und Tätigkeit der Wahlabteilung in Gemeinschaftsarbeit mit der Abteilung Organisation ein. [...]
Um den parlamentarischen Vertretern und Freunden des Bundes

der Landwirte die Ausübung ihrer parlamentarischen Tätigkeit zu erleichtern, wurde innerhalb der Bundesverwaltung ein besonderes Parlamentarisches Bureau eingerichtet. Seine Aufgabe ist es, für die dem Bunde befreundeten Abgeordneten das einschlägige Material, das für die jeweiligen parlamentarischen Verhandlungen in Betracht kommt und von Wichtigkeit ist, herauszusuchen, zu sichten und vorzubereiten. Der Leiter des Bureaus, ein politisch und journalistisch geschulter und erfahrener Beamter, hält sich während der parlamentarischen Tagungen in den Parlamenten, vorzugsweise im Reichstage, auf, um die Wünsche der betreffenden Abgeordneten entgegenzunehmen und Informationen zu geben. Diese Einrichtung hat bei den dem Bunde befreundeten Abgeordneten großen Anklang gefunden und wird von ihnen vielfach in Anspruch genommen. [...]
Mit der fortschreitenden Entwicklung der Bundesverwaltung und der stetig zunehmenden Bundesarbeit ist auch der Beamtenkörper gewachsen. Im Jahre 1894 waren 75 Beamte in der Verwaltung tätig. Nach fünfjährigem Bestehen beschäftigte der Bund in seiner Zentrale in Berlin 85 Beamte, dazu kamen 13 Geschäftsführer in den einzelnen preußischen Provinzen und deutschen Landesteilen. Nach zehnjährigem Bestehen des Bundes zählte sein Beamtenkörper 27 Oberbeamte und 112 Beamte, dazu kamen 11 Geschäftsführer nebst 24 Beamten. Fünf Jahre später waren 26 Oberbeamte nebst 146 Beamten in der Zentrale und 11 Geschäftsführer nebst 11 Beamten in den Geschäftsstellen tätig. Im Jahre 1913, nach zwanzigjährigem Bestehen des Bundes, zählte der Beamtenkörper in der Allgemeinen Verwaltung (in 20 Abteilungen) 28 Oberbeamte und 102 Beamte, in der Verkaufsstelle des Bundes der Landwirte (in 5 Abteilungen der Verkaufsstelle, der Genossenschaftlichen Central-Kasse und dem Revisionsverband) 19 Oberbeamte und 131 Beamte, zusammen also 47 Oberbeamte und 233 Beamte; dazu kamen in 20 Geschäftsstellen 20 Geschäftsführer nebst 52 Beamten. [62]

## Der Alldeutsche Verband und die Regierung

*Erklärung nach der Vorstandssitzung des Alldeutschen Verbandes vom 21. Februar 1904.*

Als Ergebnis der politischen Erörterungen wurde festgestellt, daß die überwältigende Mehrheit der Versammlung folgende Gesichtspunkte für die Haltung des Verbandes als richtunggebend anerkannte:
»Der Verband sei weder in der Vergangenheit eine prinzipielle Oppositionspartei gewesen, noch solle er es in Zukunft sein. Er sei überhaupt keine Partei, sondern stehe über den Parteien. In

dem Augenblick, wo er seine Unabhängigkeit nach irgendeiner Richtung verliere, habe er keine Daseinsberechtigung mehr. Er habe bisher stets die Regierung, wo sie im Sinne seiner Bestrebungen vorgegangen sei, wärmstens unterstützt, und jede Maßregel, die auch nur als eine Abschlagszahlung auf seine Forderungen betrachtet werden konnte, habe seinen Beifall gefunden. Das Idealverhältnis zwischen dem Alldeutschen Verband und der Regierung wäre dies, daß sich die Regierung das Vorwärtsdrängen des Verbandes sowohl den Parteien des Inlands wie dem Auslande gegenüber für ihre Zwecke nutzbar mache. Bei Völkern mit lebhafterem und sicherem politischen Instinkte, wie den Engländern, den Magyaren und andern, habe ein derartiges Verhältnis zwischen Regierung und einer radikalen Oppositionspartei die glänzendsten Früchte getragen. Wie leicht die Fühlungnahme mit der Regierung dort, wo sie zum Aufgeben der eignen Unabhängigkeit führe, die Tätigkeit eines Vereins mit Unfruchtbarkeit schlage, könne man ja zur Genüge sehen, und wir hätten Beispiele, die uns zur Warnung dienen könnten. Die Kritik, die der Alldeutsche Verband geübt habe, habe sehr oft positive Ergebnisse gezeitigt. Wo dies nicht der Fall war, sei dies nicht Schuld des Verbandes gewesen. In vielen Fragen, wie in der Flottenfrage, der Polenfrage, stehe die Regierung heute auf dem Standpunkte, den der Verband vor zehn Jahren in schärfster Opposition gegen die Regierung verfochten habe. Manche andern Gedanken, die vom Alldeutschen Verband zuerst ausgesprochen worden seien, z. B. die Stärkung des deutschen Schulwesens im Auslande durch das Reich, die Ableistung der Dienstpflicht durch deutsche Reichsangehörige in den Kolonien, die Frage der Reichsangehörigkeit, habe sich die Regierung und andere nationale Verbände zu eigen gemacht. Im deutschen Volke sei noch viel Freiheitssinn vorhanden, auch Neigung zur Kritik, die der Alldeutsche Verband in fruchtbare Bahnen lenke. Das deutsche Volk habe darunter gelitten, daß seit Jahren seitens der Parteien aus taktischen Gründen nicht offene Kritik geübt worden sei. Über der Taktik stehe die politische Wahrhaftigkeit. Realpolitik sei nicht die Politik, die nur das durchsetzen wolle, was, ohne irgendwo Anstoß zu erregen, durchgesetzt werden könne. Das, was für die dauernde gesunde Entwicklung notwendig ist, müsse auch nötigenfalls im Kampfe erstrebt und durchgesetzt werden. In diesem Sinne habe sich der Alldeutsche Verband bisher betätigt, und dies möge auch für die Zukunft die Richtschnur für seine Tätigkeit sein.« [63]

## Der industrielle Wahlfonds 1912

*Auszug aus einem vertraulichen Rechenschaftsbericht über die Tätigkeit der ›Kommission für den industriellen Wahlfonds‹ in der Reichstagswahl von 1912. Der Fonds war von der 1876 in Opposition gegen die damalige Freihandelspolitik gegründeten Spitzenorganisation der deutschen Industrie, dem Zentralverband deutscher Industrieller, errichtet worden.*

Die für Sammlung, Verwaltung und Verwendung des industriellen Wahlfonds eingesetzte Kommission hat Veranlassung genommen, nach Beendigung der Reichstagswahlen denjenigen Industriellen gegenüber, die bei Begründung und Erhaltung des industriellen Wahlfonds mitgewirkt, Rechenschaft abzulegen; sie fühlte sich dazu umsomehr verpflichtet, als ihr Wirken sich nicht vor der breiten Öffentlichkeit, wie überwiegend dasjenige des Hansabundes, des Bundes der Landwirte und anderer Organisationen, sondern mehr unter der Hand abgespielt hat. Die zu diesem Zwecke einberufene Generalversammlung fand am 16. Februar in Berlin statt.
Der Gedanke, einen industriellen Wahlfonds zu schaffen, war in den Kreisen maßgebender Vertreter der Industrie bald nach den Reichstagswahlen von 1907 aufgetaucht. Zu diesen Blockwahlen hatte die deutsche Industrie den damals zur Regierung stehenden Parteien bereitwilligst erhebliche Mittel zur Verfügung gestellt, ohne daran irgendwelche Bedingungen zu knüpfen. Man hatte einfach die gesammelten Gelder vertrauensvoll übergeben, und diese waren sodann auf die bezeichneten Parteien, dem Stärkeverhältnis entsprechend, verteilt worden. Auf die Auswahl der Kandidaten hatte die Industrie keinerlei Einfluß ausgeübt und sie hatte auch darauf verzichtet, den aus den Mitteln der Industrie reichlich unterstützten Parteien und Kandidaten irgendwelche Richtlinien für die Betätigung im Reichstage mit auf den Weg zu geben. So erklärte es sich, daß mit Hilfe des Geldes der Industrie damals manche Abgeordnete in den Reichstag gewählt worden waren, die hinterher sich nicht nur nicht für, sondern vielfach direkt gegen die Industrie betätigten.
Durch die gleichmäßige Bekämpfung des Zentrums und der Sozialdemokratie bei den Wahlen von 1907 war es ferner gekommen, daß die in den verschiedenen Industriezentren, besonders in Rheinland-Westfalen, bis dahin noch vorhandene geringe Vertretung der Industrie im Reichstage so gut wie völlig beseitigt worden war; denn Zentrum und Sozialdemokratie, die in allen in Betracht kommenden Industriewahlkreisen zusammen mehr als die Hälfte der Stimmen besaßen, leisteten sich fast überall bei den Stichwahlen gegenseitig Hilfe, sodaß diejenigen Kandidaten, die man als Vertreter der Industrie bezeichnen konnte, bei den Stichwahlen zu Fall gebracht wurden [...]

Am 15. Oktober 1909 wurde die Kommission für den industriellen Wahlfonds ins Leben gerufen, bestehend aus 15 Mitgliedern, deren Aufgabe es sein sollte, den industriellen Wahlfonds zu sammeln, zu verwalten und zu verwenden. Dabei wurde ausdrücklich bestimmt, daß diese Kommission vollständig selbständig und von den sonstigen Organen des Zentralverbandes unabhängig sein solle. Die alsbald eingerichtete besondere Geschäftsstelle wurde kurze Zeit provisorisch vom Geschäftsführer des Zentralverbandes mitverwaltet und im Februar 1910, also vor nunmehr 2 Jahren, Herrn J. Flathmann übertragen. Die Geschäftsräume befinden sich in Charlottenburg, Gervinusstraße 11.
Was die erste Aufgabe der Kommission, die Sammlungstätigkeit, betrifft, so wurde an alle mittelbaren und unmittelbaren Mitglieder des Zentralverbandes Deutscher Industrieller bereits Ende 1909 mit näherer Begründung ein Anschreiben gerichtet, worin um Beteiligung an der Bildung des industriellen Wahlfonds ersucht wurde. Gleichzeitig war als Maßstab für die Beitragsleistung vorgeschlagen worden, zunächst für die nächsten drei Jahre für je 1000 Mark Arbeitslohn 50 Pfg. an den Wahlfonds abzuführen. Diese Sammlungstätigkeit hat den erwarteten Erfolg gehabt. Fast sämtliche Beitragenden haben die Höhe ihres Beitrages nach dem obigen Vorschlage der Kommission bemessen; nur sehr wenige haben diese Berechnung abgelehnt und die Höhe ihres Beitrages selbst bestimmt. Die meisten der beitragleistenden Industriellen haben auch die von der Kommission gewünschte Verpflichtung auf drei Jahre übernommen. Im Jahre 1911 hat sich die Summe der Beträge für den Wahlfonds gegenüber dem Vorjahre noch gesteigert. Die gesammelten Gelder sind, soweit sie nicht beim Reichstagswahlkampf Verwendung gefunden haben, bei zwei Bankinstituten zinslich belegt.
Der Zweck des industriellen Wahlfonds, eine bessere Vertretung industrieller Interessen in den Parlamenten, speziell im deutschen Reichstage herbeizuführen, würde naturgemäß am besten erreicht werden, wenn möglichst viele Männer aus den Reihen der Industriellen, möglichst viele »Industrie-Kapitäne« in den Reichstag gebracht werden würden. Leider aber hat in dieser Richtung zunächst die Industrie selbst versagt; denn es fehlt an Männern aus den Kreisen der Industrie, die in der Lage und bereit sind, eine Kandidatur und ein Mandat zum Reichstage zu übernehmen: Manche Industrielle, an die – auch von den einzelnen politischen Parteien – herangetreten wurde, erklärten, daß sie in ihrem Betriebe absolut unabkömmlich seien und sich daher nicht zur Verfügung stellen könnten, und andere wieder scheuen sich davor, sich in den Wahlkampf, der von Wahl zu Wahl häßlichere Formen annimmt, zu begeben. So ist es gekommen, daß für die eben zu Ende gegangene Reichstagswahl Kandidaten aus den Kreisen der Industrie nur in sehr beschränkter Anzahl zur Verfügung gestanden haben.

Bei der Aufstellung von industriellen Reichstagskandidaten war aber noch mit einer weiteren, ebenso großen Schwierigkeit zu rechnen. Da in den eigentlichen Industriezentren infolge der für die Industrie ungünstigen Zusammensetzung der Wählerschaft bei der Reichstagswahl für die Industrie nicht viel zu erreichen war, mußte versucht werden, auch in anderen, weniger von der Industrie beherrschten Gegenden und Wahlkreisen Vertreter der Industrie unterzubringen. Das aber hatte seine großen Schwierigkeiten; denn ebenso schwierig, wie es ist, einen der Landwirtschaft angehörenden Kandidaten in einem rein städtischen Wahlkreis durchzubringen, ist es, in Wahlkreisen mit völlig oder fast völlig ländlicher und landwirtschaftlicher Wählerschaft für einen industriellen Kandidaten, speziell für einen außerhalb des Wahlkreises wohnenden, Platz zu schaffen. Ja, auch in Wahlkreisen, die eine städtisch und ländlich gemischte Bevölkerung haben, ist es vielfach bei unserem radikalen Wahlrecht und im Zeitalter der Sozialpolitik geradezu zur fixen Idee geworden, daß es untunlich sei, einen Vertreter der Industrie zu nominieren.

Die Tätigkeit der Wahlfonds-Kommission hinsichtlich der Vorbereitung der Reichstagswahlen im einzelnen mußte eine wesentlich andere sein, als beispielsweise diejenige des Bundes der Landwirte und anderer Verbände.

Der Bund der Landwirte hat seine Mitglieder und die mehr oder weniger unter deren Einfluß stehende Wählerschaft konzentriert in Landesteilen und Wahlkreisen, wo zur Zeit seine Gegner noch nicht festen Fuß gefaßt haben, und dieser Umstand verbürgt zum großen Teil seine Wahlerfolge. Der Hansabund* ist allerdings nicht in der gleichgünstigen Lage; er verfügt zwar ebenfalls über eine nicht geringe Mitgliederzahl; diese fällt aber nicht so ins Gewicht, wie diejenige des Bundes der Landwirte, weil die übergroße Mehrzahl der Hansabund-Mitglieder an solchen Stellen wohnt, wo ein Wahlerfolg ausgeschlossen erscheint. Es hat beispielsweise auf das Wahlergebnis in den von der Sozialdemokratie besetzten Wahlkreisen der großen Städte gar keinen Einfluß, daß dort etwa der Hansabund in größerer Zahl Mitglieder hat. Aus seinen Mitgliederlisten würde der Hansabund jedenfalls leicht feststellen können, daß in überwiegender Zahl seine Mitglieder in Wahlkreisen (speziell in großstädtischen) wohnen, wo für ihn so gut wie nichts bei den Wahlen zu erreichen ist. Der übrige, kleinere Teil seiner Mitglieder aber hat nicht solche Bedeutung, daß man berechtigt wäre, von einem maßgebenden Einfluß desselben auf den Wahlausgang zu reden.

Im Gegensatz zum Bund der Landwirte kann die Industrie weder mit eigenen Wählermassen noch durch eigene Wahlorganisa-

* Ein 1909 nach dem Zusammenbruch der Blockpolitik Bülows vor allem als Gegengewicht zum Einfluß des Bundes der Landwirte (vgl. S. 162) gegründeter Verband zur »Vertretung der gemeinsamen Interessen von Deutschlands Gewerbe, Handel und Industrie« (§ 1 der Satzung).

tionen ihr Ziel erreichen; sie ist vielmehr darauf angewiesen, auf diejenigen politischen und wirtschaftlichen Organisationen Einfluß zu gewinnen, die über Wahlorganisationen und über Wählermassen verfügen und der Industrie nicht völlig verständnislos oder gar feindlich gegenüberstehen. Unter den politischen Parteien sind das in erster Linie die beiden konservativen Parteien und die Nationalliberale Partei. Mit diesen Parteien in ihren verschiedenen Instanzen ist seitens der Geschäftsführung der Kommission für den industriellen Wahlfonds in allen Teilen des Reichs Fühlung gesucht worden. Daneben ist auch in verschiedenen Gegenden und Wahlkreisen der Versuch gemacht, die dem Zentralverbande als mittelbare Mitglieder angehörenden Industriellen, insbesondere diejenigen, welche Beiträge für den industriellen Wahlfonds geleistet haben, für die Aufstellung industrieller Kandidaten in ihren Wahlkreisen zu interessieren.

Trotz der entgegenstehenden vielfachen Schwierigkeiten hat die Kommission keinen Augenblick das gesteckte Ziel aus den Augen gelassen. Sie ist vielmehr unausgesetzt bemüht gewesen, für Kandidaten aus den Kreisen der Industrie, soweit diese zur Verfügung standen, aussichtsreiche Wahlkreise zu beschaffen, und man darf sagen, daß diese Bemühungen nicht vergeblich gewesen sind. Da es sich bei industriellen Kandidaten jedoch nach Lage der Dinge nur um eine beschränkte Anzahl handeln konnte, mußte die Kommission ihr Augenmerk ferner darauf richten, auch solche Kandidaten zu fördern und zu unterstützen, die zwar nicht selbst der Industrie angehören, aber der Industrie Verständnis entgegenbringen und gewillt sind, die industriellen Interessen im Reichstage in angemessener Weise zu vertreten. Von diesen nichtindustriellen Kandidaten ist als Bedingung für die aus dem industriellen Wahlfonds zu gewährende Unterstützung dreierlei verlangt worden, nämlich daß sie aus ihrer Überzeugung heraus:

1. Industrie und Landwirtschaft – insbesondere bezüglich der Zölle und der Handelsverträge – paritätisch behandeln wollen;
2. bei den sozialpolitischen Fragen auf Erhaltung der Wettbewerbsfähigkeit der heimischen Industrie gebührende Rücksicht nehmen wollen;
3. die ihnen durch Vermittelung der Kommission aus den Kreisen der Industrie zugehenden Informationen über die tatsächlichen Verhältnisse des praktischen Lebens entgegennehmen und gewissenhaft prüfen wollen.

Diese drei, durchaus maßvollen Bedingungen, die keineswegs im Widerspruch mit der Verfassung stehen, mußte die Kommission stellen, wenn sie der ihr gewordenen Aufgabe gerecht werden wollte.

Für den Erfolg der aus dem industriellen Wahlfonds unterstützten Kandidaten war die augenblickliche Parteikonstellation allerdings die denkbar ungünstigste, ja, man darf wohl sagen, daß noch bei keiner Reichstagswahl die Verhältnisse für die Industrie so ungünstig lagen, wie bei der soeben beendeten. Da die Industrie sich so wenig auf die Extremen von der linken als auf die Extremen von der rechten Seite stützen kann, bleiben für sie, wie schon bemerkt, vorwiegend die gemäßigt Konservativen, die nicht völlig in Händen des extremen Agrariertums sind, die Freikonservativen und die Nationalliberalen übrig, letztere, soweit sie nicht allzusehr zu den Anschauungen des Freisinns hinneigen. Grundsätzlich würden aus dem industriellen Wahlfonds Kandidaten aus allen bürgerlichen Parteien, soweit sie zur Vertretung industrieller Interessen bereit sind, unterstützt werden können; tatsächlich wird diese Unterstützung aber doch, von Ausnahmen abgesehen, auf die genannten Parteien beschränkt bleiben.

Bei den letzten Reichstagswahlen sind aus dem industriellen Wahlfonds im ganzen 120 Kandidaturen unterstützt worden, und zwar 74 von der linken Seite und 46 von den rechtsstehenden Parteien. An Kandidaten von der Richtung des »Berliner Tageblatt« haben allerdings, wie dieses freisinnig-demokratische Organ mit Recht vermutet, keine Wahlbeihilfen aus dem industriellen Wahlfonds gewährt werden können.

Gewählt sind von dem aus den Wahlfonds unterstützten Kandidaten 41, also 34%. Das könnte auf den ersten Blick wenig erscheinen, übertrifft aber doch die bei der Begründung des industriellen Wahlfonds gehegten und damals öffentlich ausgesprochenen Erwartungen und entspricht auch durchaus dem Wahlergebnis bei den einzelnen Parteien.

Es sind nämlich gewählt:

| | |
|---|---|
| von 158 aufgestellten konservativen Kandidaten | 43 = 27% |
| von 59 aufgestellten freikonservativen Kandidaten | 14 = 24% |
| von 202 aufgestellten nationalliberalen Kandidaten | 44 = 22% |
| von 200 aufgestellten freisinnigen Kandidaten | 42 = 21% |
| von 397 aufgestellten sozialdemokratischen Kandidaten | 110 = 28% |
| von 70 aufgestellten Kandidaten der Wirtsch. Ver. | 10 = 14% |
| von 58 aufgestellten Kandidaten der Polen | 18 = 31% |
| von 175 aufgestellten Kandidaten des Zentrums | 93 = 53% |

Also nur das Zentrum, das über viele absolut sichere Wahlkreise verfügt, hat in verhältnismäßig größerer Anzahl seine Kandidaten durchgebracht.

Mit Hilfe des industriellen Wahlfonds würden noch sehr viel mehr industriefreundliche Abgeordnete gewählt worden sein, wenn nicht augenblicklich durch die der Industrie nahestehenden Parteien ein Riß mitten hindurch ginge, der nur in vereinzelten Fällen bei der letzten Wahl hat überdeckt werden können: der Umstand, daß bei den diesmaligen Wahlen die liberalen Parteien – im Gegensatz zu den Wahlen von 1907 – eine fest geschlossene Kampfesgruppe gegen alle weiter rechtsstehenden Elemente

bildeten, hat bewirkt, daß eine Reihe von rechtsstehenden Kandidaten, die zur Vertretung industrieller Interessen geeignet und bereit waren und infolgedessen aus dem industriellen Wahlfonds unterstützt wurden, auf der Wahlstatt geblieben sind [...]
Hinsichtlich des Eingreifens des Hansabundes bei den letzten Reichstagswahlen ist festzustellen:
1. Die Wirksamkeit des Hansabundes ist in erster Linie dem Freisinn zugute gekommen, der sowohl auf dem Gebiete der Schutzzoll- als auch der Sozialpolitik nicht industriefreundliche Bahnen wandelt.
2. Durch die Wahltaktik des Hansabundes ist es mitverschuldet worden, daß die Sozialdemokratie in so außerordentlich verstärktem Maße in den Reichstag hat einziehen können.
3. Der Hansabund hat mehrfach zugunsten freisinniger, der Industrie fernstehender Kandidaten industrielle und industriefreundliche Kandidaten bekämpft.
4. Der Hansabund ist mit dafür verantwortlich zu machen, daß der von ihm protegierte Freisinn bei den Stichwahlen dem sozialdemokratischen Kandidaten gegenüber industriellen und industriefreundlichen Kandidaten (z. B. dem Geheimen Kommerzienrat Beuchelt, Geh. Kommerzienrat Schmidt, Kommerzienrat Bauermeister, Oberbürgermeister Vosberg) zum Siege verholfen hat [...]
Es ist bei dieser Wahl gelungen, verschiedene industrielle Vertreter in den Reichstag zu bringen, darunter auch den Vorsitzenden der Kommission, durch den eine Verbindung mit der nationalliberalen Fraktion hergestellt ist, wie sie besser nicht denkbar. Trotz seiner im allgemeinen nicht günstigen Zusammensetzung hat die Industrie zweifellos auf den neuen Reichstag mehr Einfluß gewonnen, als sie im alten hatte. In den drei für sie wesentlich in Betracht kommenden großen Parteien, der nationalliberalen, der konservativen und der freikonservativen, sitzen in größerer Anzahl mit Hilfe der Industrie gewählte Vertreter, die in industriefreundlichem Sinne in ihrer Fraktion und im Reichstage wirken werden; die betreffenden Abgeordneten bilden sowohl innerhalb der nationalliberalen als auch der freikonservativen Fraktion die Mehrzahl der Mitglieder, während die konservative Fraktion deren 8 zählt [...]
Seit Begründung des industriellen Wahlfonds ist oftmals die Rede davon gewesen, daß diese Gründung unnötig, überflüssig gewesen sei, nachdem der Hansabund ins Leben gerufen, und daß man daher besser tue, die Mittel des industriellen Wahlfonds einfach dem Hansabunde zuzuführen. Der Verlauf des letzten Wahlkampfes hat aber, wenn irgendwo und irgendwie in den Kreisen der Industrie noch Zweifel bestanden hätten, unzweideutig erwiesen, daß die im Zentralverbande vereinigte Industrie nicht durch die Wahlpraxis der Leitung des Hansabundes gefördert wer-

den kann. Deshalb ist es heute mehr denn je nötig, daß die Industrie mit dem von ihr ins Leben gerufenen Wahlfonds ihre eigenen Wege geht und sich bei den Wahlen auch dem Hansabunde gegenüber die volle Unabhängigkeit und Aktionsfreiheit bewahrt [...]

Die am 16. Februar abgehaltene Generalversammlung hat diesen Standpunkt voll gewürdigt, den vom Geschäftsführer erstatteten Bericht mit allseitigem, lebhaftem Beifall entgegengenommen und die Kommission in ihrem Bestreben bestärkt, ihre Tätigkeit in der bisherigen Weise fortzusetzen. [64]

# Zweiter Teil

# Deutsche Politik 1871–1914

# 6. Reichsgründung, Reichsausbau und Kulturkampf

## I. Reichsgründung

### Das Deutsche Reich und der Partikularismus

*Der preußische Historiker Gustav von Droysen am 7. 12. 1870 an seinen Sohn über den die partikularistischen Interessen Bayerns stark berücksichtigenden Verfassungsvertrag mit Bayern und die innen- und außenpolitische Konstellation bei der Gründung des Deutschen Reiches.*

[...] Ich wundere mich über Deine Ansicht von dem bairischen Vertrage*. Schön ist er nicht. Aber nicht bloß ist man unsrerseits genau bei der Bestimmung geblieben, daß die süddeutschen Staaten nur aus freiem Willen beitreten sollten; es ist das zugleich das einzig Richtige und Weiterführende. Diesen Staaten, die an unsrer Seite gesiegt, kann man nicht Bedingungen stellen wie Besiegten. Und das, was sie und namentlich Baiern anzunehmen sich bereit erklärt haben, abzulehnen, weil es nicht in das Schema paßt oder nicht genug für die einheitliche Macht zu opfern scheint, wäre nicht bloß Tollheit, sondern gegen das Recht, das diesen Staaten in den Verträgen von 1866 vorbehalten ist. Was sie selbst geben, ist haltbar. Was man sich nehmen würde, hieße die ersehnte Einheit aller deutschen Macht, deren wir seit 1870 sehr bedürftig sein werden, im voraus brüchig machen. Wiesen wir, wie die Schreier im Parlament wollen, Baiern mit diesem Vertrage zurück, so träte Bismarck sofort vom Amte. Baiern müßte sich notgedrungen anderen Rückhalt suchen, und Herr von Beust** nähme es mit Vergnügen an; die Ultramontanen und Partikularisten in und außer Baiern würden jubeln. Man muß tun, was der Gegner nicht wünscht. Die Frage der deutschen Einheit hat auch ihre völkerrechtliche und internationale Seite. In diesem Augenblick gibt es keine Macht in der Welt, die es hindern kann, wenn sich Deutschland einheitlich konstituiert. Selbst angenommen, daß man, noch einige Monate sich hin und her zerrend, ein gewiß nur wenig besseres Resultat erreichen könnte: wer bürgt dafür, daß dann nicht die Lage der Macht eine andere ist, daß Rußland wieder seine schützende Hand über Deutschland halten würde, daß Österreich sich mit Rußland in diesem Punkt verständigt und England nicht minder in unsere Suppe speit? [...] Jetzt sind wir ganz nah an der Spitze der langersehnten Höhe; sollten wir umkehren, weil da oben ein paar nasse Stellen sind,

* Vertrag zwischen dem Norddeutschen Bunde und Bayern betreffend den Beitritt Bayerns zur Verfassung des deutschen Bundes vom 23. 11. 1870.
** Friedrich Ferdinand Graf von Beust, österr.-ungarischer Reichskanzler (1867 bis 1871).

auf denen man nicht ganz sicher auftreten kann? [...] Ich akzeptiere mit Vergnügen, daß sich Baiern gutwillig im Grunde doch mediatisiert, und erwarte von der Wucht des künftigen nationalen Reichstages, daß er, was noch von altem Gemäuer der Souveränität und des Partikularismus scheinbar stattlich dasteht, bald verwittern und zerbröckeln wird. Für den Augenblick ist die Nation noch nicht einiger, als diese Verträge es aussprechen. Und mit Paragraphen der Verfassung schafft man das nicht, was man in ihnen als vorhanden zu fixieren gedenkt. [...]
Und endlich das Kaisertum. Auch dafür schwärme ich wahrhaftig nicht. Der König von Preußen ist ein hinreichend stolzer Titel. Aber man muß doch erwägen, daß die deutschen Fürsten, die dem Souveränitätsdünkel die Nation geopfert und Deutschland in Staaten zerrissen haben, dies nun erbliche Kaisertum von sich aus wünschen und darbringen. Das will sagen: sie verzichten auf den föderativen Charakter der Bundeseinheit, auf die demokratische Gleichheit der Souveräne im Reich und stellen dafür den preußischen König dauernd und in verfassungsmäßiger Erblichkeit über sich. Es müßte seltsam zugehn, wenn sie mit diesem Reichsoberhaupt über sich und dem Parlament an seiner Seite nicht bald genug wieder die Lords im Reich werden sollten, die sie nie hätten aufhören sollen zu sein. Mit dem Kaisertum legen sie sich den Strick um den Hals. Um so mehr, da gerade in den deutschen Gebieten, wo der Partikularismus am zähesten ist, die Erinnerung des kaiserlichen Namens am lebendigsten sich erhalten hat. Wie schnell wird man da sich gewöhnen, über den Landesherrn als eigentliches Oberhaupt den Kaiser zu sehen — wie [man] sich in den fürstlichen Landen der Hohenlohe, Fürstenberg, Öttingen usw. gar schnell gewöhnt hat, die alten Territorialherren trotz ihrer Domänenkammer, ihren Hofbeamteten, ihrer Untergerichte als Halbfürsten anzusehn. Und dies Kaisertum ist eben doch ein anderes als das alte. Nicht mehr das Römische Deutscher Nation, nicht mehr aus faulen Wahlumtrieben und schmierigen Handsalben, nicht mehr mit einem elenden Bundestage von fürstlichen Gesandtschaften in Regensburg zur Seite, sondern gebaut auf die allgemeine Wehrpflicht, auf unerhörte Siege, auf ein Nationalparlament; im wesentlichen evangelisch oder besser paritätisch für die Konfessionen; vor allem so ausgestattet, daß die Nation selbst in dem Maße, als sie sich nationaler entwickelt, es fester, stärker, geschlossener machen wird. Und wenigstens auf den Meeren und in fernen Gegenden wird die kaiserliche deutsche Flagge doch noch lustiger flattern als die abstrakte »Norddeutscher Bund«.
Was wir jetzt erleben, ist nicht bloß ein großer Abschluß, sondern noch ein größerer Anfang oder Anfang zu Größerem, zu großen Aufgaben, Pflichten, Leistungen. Ihr jungen Leute habt noch vollauf zu tun und zu lernen.

Aber ich bitte hübsch Politik der Realitäten, keine Phrasen und Schablonen und abstrakte Besserwisserei, in der die Nationalzeitung die langweilige Meisterklönerin ist. [...] [65]

## Die Kaiserproklamation in Versailles

*Aus einem Brief Wilhelms I. an seine Gattin Kaiserin Augusta vom 18. 1. 1871.*

[...] Die Feier ist sehr würdig vor sich gegangen. Das Wetter ist trübe, aber sehr mild. Die vielen Ankommenden, das Einrücken der nächststehenden Fahnen und Standarten (auch Bayern) usw. gaben dem unbeteiligten Versailles un air de fête†. Um 12 Uhr versammelten sich die Fürsten in einem der Salons vor der galerie des glaces;†† in den drei darauffolgenden stand meine Stabswache als Ehrenwache Posten auf dem escalier de marbre††† (auf dem die populace†††† in die Gemächer der Königin Marie Antoinette drang!!), in der cour de marbre††††† eine Ehrenwache von meinem 7. Regiment. In der Mitte der Galerie am Fenster war der Altar errichtet; zu beiden Seiten längs der Fenster über 150 Soldaten mit dem Eisernen Kreuz; gegenüber längs den Spiegel-Embrasuren†††††† die Offizierkorps, mehrere hundert Personen. Am Ende der Galerie war ein hautpas††††††† gestellt, dessen Hintergrund die Fahnen einnahmen (einige 80 inkl. Bayern; Württemberg und Sachsen waren aus Konfusion nicht erschienen). Wir stellten uns vis à vis des Altars, wo Rogge eine verkürzte Liturgie sprach und ein schönes, nicht zu langes Gebet und Anrede sprach mit dem Schluß: »Nun danket alle Gott« (der liturgische Chor von den Musikern meines Regiments, wie allsonntäglich, singt sehr gut). Dann ging ich mit den Fürsten nach dem hautpas und sprach dieselben mit kurzen Worten an (abgelesen), worauf Bismarck die Proklamierung verlas und Fritz von Baden das erste Hoch! auf mich mit dem neuen Titel ausbrachte, was von der ganzen Versammlung langtönend widerhallte! Es war ein sehr ergreifender Moment!! Es folgte die Gratulation der Fürsten, worauf eine Defiliercour stattfand, und zum Schluß ging ich längs den Fahnen und Eisernen-Kreuz-Mannschaften herunter, womit alles endigte. [...] [66]

† (franz.) Ein festliches Aussehen.
†† (franz.) Spiegelsaal.
††† (franz.) Marmortreppe.
†††† (franz.) Volksmasse.
††††† (franz.) Marmorsaal.
†††††† Spiegelrahmen.
††††††† (franz.) Erhöhter Tritt.

## Kaiser und Reich in Süddeutschland

*Der nationalliberale Reichstagsabgeordnete Hans Viktor von Unruh über seine auf einer Reise durch Baden und Württemberg 1871 gewonnenen Eindrücke von der Reichsbegeisterung der Bevölkerung.*

Es ist bereits erwähnt worden, daß vor 1870 ein sehr großer Teil der konservativen Partei keine Sympathie für Errichtung eines deutschen Kaisertums hatte. Es ist in meinem Hause passiert, daß ein Offizier sich weigerte, auf den künftigen deutschen Kaiser anzustoßen. Mit den Siegen 1870/71 änderte sich die Stimmung auch in diesen Kreisen. Bei einer Fußreise, die ich 1871 mit meinem ältesten Sohne durch den Schwarzwald und einen Teil von Baden und Württemberg machte, kehrten wir oft in kleinen, ländlichen Gasthäusern ein und hatten Gelegenheit, mit Landleuten, Gastwirten, Förstern etc. zu sprechen. Überall herrschte Freude nicht nur über die Siege, sondern namentlich über die Wiedererrichtung des deutschen Kaisertums. »Das werden wir uns nicht wieder nehmen lassen«, wurde oft geäußert. In allen Schenkstuben hingen, wenn auch schlechte, wohlfeile Bildnisse des Kaisers, Bismarck's, des Kronprinzen und Moltke's. Allerdings herrschte in diesen Schichten der Bevölkerung der Glaube, daß der Kaiser wirklicher Oberherr über die einzelnen Staaten sei. Mir wurde damals klar, daß die alte Kaisertradition, die in Preußen durch seine selbständige Geschichte verloren gegangen ist, im Süden Deutschlands noch fortlebte. Wäre es nur zu einem Staatenbunde, mit dem König von Preußen an der Spitze, gekommen, so würde dieser mutmaßlich sehr wenig Sympathie in der süddeutschen Bevölkerung gefunden haben. Kaiser und Reich fanden enthusiastische Zustimmung. Auch in diesem Punkt hat Bismarck das Richtige getroffen. Der zähe Partikularismus steckt in den höheren Schichten, hauptsächlich in den Beamten! [67]

## Wandel der Beurteilung Bismarcks

*Der nationalliberale Reichstagsabgeordnete Ludwig Bamberger berichtet in seinen Tagebüchern von einem besonders eklatanten Beispiel des Umschwungs der Einstellung zu Bismarck.*

Der Verleger Stilke erzählt: Im Jahre 1863 [tatsächlich am 7. Mai 1866] bei dem Attentat Cohen-Blinds gegen Bismarck kam ein berühmter Professor unmittelbar nach dem Vorfall in meinen Laden Unter den Linden zu mir und sagte: »Was habt Ihr in Deutschland für schlechte Revolver!« Im Jahre 1871 kam derselbe Professor zu mir und zeigte mir einen Brief Bismarcks an ihn, der einige anerkennende Worte für eine Schrift enthielt. Der Professor sagte dabei: »Auf keinen Erfolg in meinem Leben bin ich so stolz wie auf diesen Brief.« Derselbe Mann war – Dubois-Reymond* – sieht ihm ganz ähnlich. [68]

## Das Deutsche Reich und das europäische Gleichgewicht

*Der konservative Parteiführer und langjährige britische Premierminister (1868 und 1874–1880) Benjamin Disraeli über die Veränderung der europäischen Situation durch die Gründung des Deutschen Reiches.*

Ich möchte die Aufmerksamkeit des Unterhauses auf den Charakter dieses Krieges zwischen Frankreich und Deutschland lenken. Es ist keiner der herkömmlichen Kriege, wie es der Krieg zwischen Preußen und Österreich [1866] oder der Italienische Krieg [1859] war, an dem Frankreich vor einigen Jahren beteiligt war; noch ist er dem Krimkrieg [1853–56] vergleichbar. Dieser Krieg bedeutet die deutsche Revolution, ein größeres politisches Ereignis als die Französische Revolution des vergangenen Jahrhunderts. Ich sage nicht, daß er ein größeres oder ebenso großes soziales Ereignis ist. Seine sozialen Auswirkungen werden sich erst in der Zukunft zeigen. Nicht ein einziger Grundsatz unserer Außenpolitik, der noch vor sechs Monaten von allen Staatsmännern als Leitfaden anerkannt wurde, ist weiterhin gültig. Es gibt keine einzige diplomatische Tradition, die nicht hinweggefegt worden ist. Wir haben eine neue Welt, neue Einflüsse am Werk, neue und unbekannte Größen und Gefahren, mit denen wir fertig werden müssen und die zur Zeit, wie alles Neue, noch undurchschaubar sind. Wir haben früher in diesem Haus über das Gleichgewicht der Macht debattiert. Lord Palmerston, ein in hohem Maße praktischer Mann, hat das Staatsschiff und seine Politik daraufhin ausgerichtet, daß das Gleichgewicht Europas erhalten bleibe [...] Aber was ist jetzt wirklich geschehen? Das Gleichgewicht der Macht ist völlig zerstört worden und das Land, das am meisten darunter leidet und das die Auswirkungen dieses großen Wandels am meisten spürt ist England. [69]

## Die annektierte Provinz Elsaß-Lothringen

*Der vortragende Rat in der Abteilung für Unterrichtsangelegenheiten im preußischen Ministerium der geistlichen, Unterrichts- und Medizinal-Angelegenheiten Ludwig Adolf Wiese, der im amtlichen Auftrag im Mai/Juni 1871 nach Elsaß-Lothringen fuhr,*

* Bedeutender Physiologe an der Berliner Universität.

*um Vorschläge für die Reorganisation des höheren Schulunterrichts im deutschen Sinne zu machen, berichtet in seinen Lebenserinnerungen von seinen Eindrücken.*

Die mir für meine Aufgabe im Reichslande verstattete Zeit war schnell vergangen; ich mußte, obgleich ich einige auf meiner Liste stehende Schulorte nicht gesehen hatte, die Rückreise antreten. Fünf Wochen voll neuer Eindrücke und Erfahrungen lagen hinter mir. Daß ich bei einer folgenschweren Wendung der deutschen Geschichte, wenn auch vorübergehend zur Teilnahme an einer der wichtigsten Aufgaben der Reichsregierung berufen war, erhob mich und hatte mich auch die ungewöhnlichen Anstrengungen der ganzen Reise glücklich überstehen lassen. Der Gesamteindruck, zu dem sich unterwegs alles was ich wahrgenommen hatte allmählich verdichtete, war aber mehr niederschlagend als hoffnungsreich. Die Entfremdung der Lothringer und ebenso der Elsässer von Deutschland ging viel tiefer und ihre Anhänglichkeit an Frankreich war inniger als ich erwartet hatte; sie hatten keine nationale Fühlung mehr mit uns. Es machte den Elsässern nichts, daß sie in Frankreich doch eigentlich nur für eine niedere und unvollkommene Species von Franzosen galten, ja oft zu komischen Figuren gebraucht wurden: es war dennoch eine Ehre, zu ihnen, zur grande nation, zu gehören; auch wußte man wohl, was die Elsässer in der Armee und in der Verwaltung dem Lande werth waren, und zwar gerade durch ihre deutschen Eigenschaften. [...]
Daß Handel und Industrie in Elsaß-Lothringen nur widerwillig die alten Verbindungen aufgab und über den im Osten dafür zu findenden und jedenfalls erst noch zu suchenden Ersatz zweifelhaft war, und daß dies viele Unzufriedene machte, konnte mich nicht wundern; ebensowenig, daß die urteilslose Menge die Franzosen an der Spitze der Civilisation marschiren sah; aber räthselhaft und betrübend war mir, wie das Blendende des französischen Namens, das Bestechende der französischen Bildungsformen, und schließlich die große Macht der Gewohnheit auch edlere und gebildetere Geister gefangen genommen und uns abwendig gemacht hatte, unter ihnen mehrere mir werthe Männer deutschen Namens, mit denen ich in früheren Jahren in Straßburg Umgang gehabt hatte. [...]
Zu den Ursachen des fast allgemeinen Widerstrebens gehörte auch dies: die Elsässer und Lothringer hatten einer großen, festverbundenen Volkseinheit angehört, und waren durch die Teilnahme an deren Schicksalen allmählich mit ihr verwachsen. Um ihnen die Trennung davon erträglicher zu machen, mußte ihnen mindestens entweder wieder der Zusammenhang mit einem großen Ganzen geboten werden, oder der engere Anschluß an eine bedeutendere Herrscherperson. Keins von beidem geschah. Das

deutsche Reich in seinem gegenwärtigen Bestande eines Nebeneinander von Staaten stellt noch lange nicht eine solche Einheit dar, welche darin mit Frankreich oder England verglichen werden könnte; und die engere Verbindung mit dem Haupt des Reichs, dem Kaiser, wäre nur durch Einverleibung in Preußen möglich gewesen, die in der entscheidenden Zeit leider durch die Rücksicht auf dynastische Interessen verhindert wurde. Es ist, so hoch mir auch die Reichsidee steht, meine Ansicht geblieben, daß diese Verbindung unter den gegebenen Umständen das rathsamste war und die Wiedererweckung deutscher Gesinnung im Volk und den Anschluß an das deutsche Reich beschleunigt haben würde. Die bald aufregenden, bald drückenden Folgen des jahrelangen Experimentirens würden durch baldige Übertragung der bewährten preußischen Ordnungen, wobei was man vorfand doch eine schonende Berücksichtigung finden konnte, vermieden sein. Rasche Entscheidung ist auf diesem Gebiet langwierigen Versuchen immer vorzuziehen. Die Fortdauer des jetzigen Provisoriums, eines Schwebezustandes, in welchem das neue Reichsland nicht die unmittelbare monarchische Regierung der anderen deutschen Länder, und auch nicht die Autonomie der freien Städte hat, erhält das Gefühl der Unsicherheit und Mißbehagen wie von Heimatlosigkeit, und nährt reichsfeindliche Hoffnungen. – [70]

## II. Bismarck und die Liberalen

### Die Nationalliberalen und das Reich

*Entwurf des führenden nationalliberalen Politikers Eduard Lasker vom Januar 1871 für den Wahlaufruf seiner Partei, der mit einigen stilistischen Änderungen vom Vorstand des Landesausschusses der Nationalliberalen Partei übernommen wurde.**

»An die Wähler zum deutschen Reichstage.
In schneller Entwickelung sind wir unmittelbar nach dem Schlusse des ersten norddeutschen Reichstags bei den allgemeinen Wahlen zum ersten deutschen Reichstage angelangt. Unsere schönste Hoffnung hat sich erfüllt: den Norden und den ganzen Süden umfaßt jetzt das deutsche Reich und seine Verfassung. Dem Zuge der Ereignisse folgend, tritt nunmehr vor uns die Aufgabe, den anerkannten Mängeln der gemeinsamen Verfassung abzuhelfen und unser öffentliches Wirken einer Reform zu widmen, welche, bei ehrlicher Achtung des Bundesstaats, die Zentralgewalt des Reiches bis zur Machtfülle einer wirksamen und wohlgeordneten

* Der Text des offiziellen Wahlaufrufs ist abgedruckt in: Programmatische Kundgebungen der Nationalliberalen Partei 1866–1913, Berlin 1913, S. 18–19.

Staatslenkung stärkt,* die Freiheit auf dem gesicherten und fruchtbaren Boden des deutschen Staates ununterbrochen fortbildet, das Recht und die Vorschriften der Gesetze zum unbeugsamen Maßstabe der bürgerlichen Pflichten erhebt.
Für die gefährdete Sicherheit des Vaterlandes setzt gegenwärtig das gesammte Volk Alles ein, was das Leben werth macht. Der gesicherte Friede soll uns ein sparsames, rechtliebendes und weises Regiment bringen, welches allen nützlichen Kräften ohne Ausnahme gestattet, sich frei zu entfalten und die Wohlthaten, welche der Staat zuzuwenden fähig ist, sowie die Lasten, die er auferlegen muß, auf alle Klassen ohne Unterschied nach einem gerechten Verhältniß vertheilt. In diesem Geiste rufen wir die Wähler des Landes auf, von diesem Sinne wünschen wir die zu erwählenden Vertreter des Volkes erfüllt. Wir wenden uns an keine einzelne Berufsklasse und wollen nicht, daß unsere Abgeordneten die vorwiegende Vertretung unserer Interessen übernehmen.
Der Ausfall der allgemeinen, auf gleichem Stimmrecht beruhenden Wahlen soll jeder Zeit als Ausdruck der politischen Einsicht und Energie des Volkes gelten. Aber am Beginne der neuen Geschichtsepoche, an welchem wir stehen, sind die jetzigen Wahlen von noch höherer Bedeutung, weil die ersten Jahre des neuen Verfassungslebens leicht die Richtung bestimmen, in welcher die Entwickelung demnächst sich bewegen soll. Unser Wunsch geht deshalb dahin, daß kein Wähler ohne äußerste Noth an der Wahlurne fehlen möge. An unsere Gesinnungsgenossen aber richten wir die Bitte, in jedem Wahlkreise die Vorbereitung der Wahl zu beginnen und bis zum Wahltage unausgesetzt zu betreiben. Mächtige gegnerische Parteien wirken für ihre Interessen durch Organisationen, welche zwar für andere Zwecke eingerichtet sind, aber zur Wahlbewegung jener Parteien sich benutzen lassen. Wir können nur durch die freiwillige Thätigkeit der Einzelnen wirken.
Auf dieser freiwilligen und entschlossenen Thätigkeit der unabhängigen Wähler ruht die ganze Verantwortlichkeit für die Zusammensetzung des Reichstags, für die nächste Zukunft des deutschen Verfassungslebens! Berlin, Januar 1871.
Im Auftrage des Landesausschusses der nationalliberalen Partei.«
[71]

* Eduard Lasker führt zur Interpretation dieses Satzes in einem Brief an den Amtsanwalt Hölder vom 5. 2. 1871 aus, daß darüber im Landesausschuß verhandelt und keine volle Übereinstimmung erzielt worden ist. »Wir verstehen darunter: Wir werden nicht die fruchtbare Thätigkeit der einzelnen Bundesstaaten beeinträchtigen, überhaupt nicht nach dem Antrieb einer schädlichen Centralisationssucht Unnöthiges in das Reich zu ziehen suchen, aber alles was das Reich braucht, um ihm die Vollkraft eines Bundesstaates zu geben, werden wir streben, ihm zuzuwenden und nöthigenfalls auf einen reformatorischen Ausbau der Verfassung in diesem Sinne hinzuarbeiten. Vor allem wünschen wir neben den gemeinsamen Gesetzen, gemeinsame Organe und Einrichtungen zu schaffen, welche diesen Gesetzen Wirksamkeit und Ansehen in allen Reichsländern verschaffen. Als Beispiel führe ich an: ein wohlorganisirtes Reichsministerium, ein Gericht, welches die höhere Autorität der Reichsgesetze über die Landesgesetze schützt und gleichartige Einrichtungen« (vgl. Aus E. Laskers Nachlaß, Deutsche Revue, 17. Jg., 4. Bd., 1892, S. 196).

## Die Fortschrittspartei und die innenpolitische Situation 1873

*Ein von dem berühmten Mediziner und Mitbegründer der Fortschrittspartei Rudolf Virchow verfaßter Wahlaufruf seiner Partei vom 23. März 1873.*

Wähler! Die großen Ziele, welche die deutsche Fortschrittspartei seit ihrer Gründung verfolgt hat, sind noch lange nicht erreicht. Indessen ist manches davon schneller verwirklicht worden, als selbst wir gehofft hatten, und wer die Lage der öffentlichen Angelegenheiten vor zwölf Jahren* mit der gegenwärtigen vergleicht, der wird zugestehen müssen, daß die eingetretenen Veränderungen mehr unserm Programm als dem unserer Gegner entsprechen. Der Gedanke der deutschen Einheit, den wir von Anfang an aufgenommen und gegen Angriffe und Verdächtigungen der damaligen Regierungspartei geschützt haben, ist jetzt in Kaiser und Reichstag verkörpert. Gleichmäßige Rechtsinstitutionen, in freiheitlichem und humanem Geist aufgestellt, beginnen sich über ganz Deutschland auszubreiten. Der materielle Verkehr, fast auf allen Gebieten von hemmenden Schranken befreit, pulsirt in einer Kraft und Lebendigkeit, welche die Sicherheit gewähren, daß auch gewisse beunruhigende Erscheinungen des Augenblicks bald werden überwunden werden. Aber noch fehlen den Institutionen des Reichs die wichtigsten Bürgschaften. Selbst die Organisation der höchsten Verwaltungsämter im Reich kann nur als eine provisorische betrachtet werden. Es wird langer und ernster Arbeit bedürfen, um die Lücken der Reichsverfassung und der Reichsgesetzgebung im Sinn einer wahrhaft constitutionellen Entwicklung auszufüllen, wie sie keine frühere Legislaturperiode aufzuweisen hat. Das Budgetrecht wird regelmäßig gehandhabt, und hat durch das Oberrechnungskammergesetz** eine sichere Unterlage gewonnen. In der Steuergesetzgebung sind die ersten Schritte auf dem Wege einer Reform geschehen, welche einerseits eine gerechtere Vertheilung der Steuern und eine Entlastung der am schwersten bedrückten Volksclassen, andrerseits eine den jeweiligen Verhältnissen mehr entsprechende Bemessung der Steuerquoten herbeiführen muß. Der Realcredit hat durch die Ordnung des Grundbuchwesens eine neue Sicherheit erlangt. Die Nothwendigkeit einer Kräftigung der Selbstverwaltung und einer weiteren Decentralisation wird jetzt auch officiell zugestanden: in verschiedenen Richtungen ist schon gegenwärtig durch die Gesetzgebung die polizeiliche und bevormundete Thätigkeit des Staats

* Die Fortschrittspartei wurde 1861 in Preußen gegründet.

** Gesetz vom 27. März 1872, das die Befugnisse zur Kontrolle des Staatshaushalts, insbesondere die Feststellung von Abweichungen bei Einnahmen, Ausgaben und Verwendung von Staatsgeldern von den Bestimmungen des Etats oder anderer Gesetze, regelt.

eingeengt worden, und die neue Kreisordnung wird sicherlich das Verdienst haben, die Schranken des Feudalismus niedergebrochen und den thätigen Elementen des Volkes in der Verwaltung des Kreises freie Bahn geöffnet zu haben. Schließlich sind auch auf dem Gebiete der humanen und individuellen Entwicklung einige große Schritte vorwärts gethan. Die Schulregulative* sind gefallen. Unter der entscheidenden Mitwirkung unserer Partei hat die Regierung das Gesetz über die Schulaufsichtsbehörden durchgesetzt, und in der langen Reihe der Kirchengesetze wird der definitive Bruch mit jenem verwerflichen System der gegenseitigen Versicherung zwischen der Beamtenherrschaft im Staat und der Priesterherrschaft in der Kirche, welches so lange unsere Entwicklung darniedergehalten hat, besiegelt werden. Es gibt wenige unter diesen Gestaltungen, welchen unsere Partei ohne Bedenken ihre Zustimmung ertheilen konnte. Sie hat seiner Zeit versucht, diejenigen Abänderungen der Gesetze zu erzielen, welche sie für erforderlich hielt. Aber obwohl sie dabei nur zu oft unterlegen ist, so hat sie es doch als eine Nothwendigkeit erkannt, im Verein mit den anderen liberalen Parteien die Regierung in einem Kampfe zu unterstützen, der mit jedem Tage mehr den Charakter eines großen Culturkampfes der Menschheit annimmt. Die Fortschrittspartei ist darum keine Regierungspartei geworden. Sie ist eine Partei unabhängiger Männer, welche keinerlei Verpflichtungen gegen die Regierung oder gegen einzelne Mitglieder derselben haben. Ihr Programm war und ist ein rein sachliches. Aber sie wird über ihren einzelnen Forderungen nie vergessen, daß es die höchste Aufgabe des Staats ist, seinen Bürgern innerhalb der gesetzlichen Schranken dasjenige Maß individueller Freiheit und diejenigen Mittel der Bildung zu sichern, welche es ihnen möglich machen, an der allgemeinen Culturbewegung der Menschen theilzunehmen, und sie wird jede einzelne Maßregel der Gesetzgebung und der Verwaltung danach beurtheilen, ob sie dieser Aufgabe förderlich oder hinderlich ist. [72]

## Liberale Hochstimmung am Anfang der 70er Jahre

*Aus einem Brief des liberalen Nationalökonomen und Publizisten Karl Heinrich Brüggemann an den Chefredakteur der ›Kölnischen Zeitung‹ Heinrich Kruse vom 26. 4. 1873 über die Chancen einer engen Zusammenarbeit von Bismarck und den Liberalen.*

[...] In der inneren Politik scheinen ja die Dinge bei uns in ein eigentümliches gutes Geleise zu kommen. Das Absehen von klei-

* Gemeint sind die von Ferdinand Stiehl verfaßten drei »Regulative für das Volksschul-, Präparanden- und Seminarwesen« vom 1., 2. und 3. Oktober 1854, die von pietistischer Tradition und von dynastisch-preußischem Patriotismus getragen sind und sich strikt gegen weltlich-liberales Denken wenden. Sie blieben bis 1872 in Kraft.

neren Parteiunterschieden in den liberalen Fraktionen, die neueste Konzessionsgeneigtheit Bismarcks für das Reichspreßgesetz* — deutet das nicht auf eine »neue Aera«** zwar nicht des Parlamentarismus, aber doch einer nationalen und liberalen Kompromißpolitik hin? Je mehr die Junker und die Ultrakirchlichen sich von Bismarck lossagen, desto entschiedener geht Bismarck mit der Reichstagsmajorität, denke ich, da er sein großes Werk, das »Reich« nie im Stiche lassen kann und zugleich einsieht, dasselbe ohne populäre Politik gegen Ultramontane und Partikularisten (die preußischen Partikularisten, vielleicht die schlimmsten), nicht befestigen zu können. [73]

## Das Septennat und die Nationalliberalen

*Plädoyer des nationalliberalen Parteiführers Rudolf von Bennigsen für eine Kooperation von Nationalliberalen und Regierung im Hinblick auf die Aufgabe der Umgestaltung Deutschlands. Der von Bennigsen in dieser Reichstagsrede vom 13. April 1874 der Regierung angebotene Kompromiß wurde von Bismarck mit dem sog. Septennat, der Bewilligung der Kosten für eine Friedenspräsenzstärke des deutschen Heeres von 401 000 Mann auf 7 Jahre, angenommen.*

Meine Herren, es sind aber noch andere Umstände, welche es notwendig machen, die Reichsregierung zu unterstützen durch eine festgeschlossene nationale Majorität, und zwar eine nationale Majorität, die nicht lediglich aus dem konservativen Lager oder lediglich aus dem liberalen Lager herkommt, sondern durch alle diejenigen, die überhaupt entschlossen sind, mit einer energischen und nationalen Regierung, einerlei, ob sie konservativ oder liberal sind, zusammenzugehen, wie das geschehen ist seit dem Jahre 1867 bis zu dem jetzigen Reichstage. (Sehr gut! Bravo!) Meine Herren, die Aufgaben, die dem jetzigen Reichstage gestellt sind, überhaupt die Umgestaltung in Deutschland, die sind ja so ungewöhnlicher, man darf sagen, so klassischer Art, daß vor allen Dingen eine ruhige und stetige Entwicklung in einer bestimmten Richtung durchaus erforderlich ist (Sehr richtig!), wenn nicht alles von neuem in Frage gestellt werden soll. Wo jemals in der Geschichte hat man erlebt, daß in wenig Jahren es eine Regierung und eine Vertretung wagen, gewissermaßen alle Verhältnisse des öffentlichen Lebens fundamental umzugestalten? Meine Herren,

* Das Gesetz sollte in Übereinstimmung mit Artikel 4,16 der Reichsverfassung das Pressewesen reichsrechtlich regeln und damit die älteren Pressegesetze der einzelnen Bundesstaaten, die meist eine strikte Polizeiaufsicht vorsahen, ersetzen. Das Gesetz wurde am 7. Mai 1874 ausgefertigt.
** Anspielung auf die mit der Übernahme der Regentschaft durch Wilhelm I. 1858 eingeleitete »neue Ära«, die ein vorläufiges Ende der vorangegangenen Zeit der Reaktion in der preußischen Politik brachte.

soll das gelingen, darf kein Schwanken und keine Krisis kommen, die Grundlagen, auf denen man den Versuch begonnen, müssen festgehalten werden, die Kräfte, auf die man sich dabei stützt, und deren man bedarf bis zum Ende, müssen zusammengehalten werden. Die Parteien, die dabei mitwirken, müssen in dieser großen Umgestaltung vor allen Dingen nachhaltig das Vaterland, in zweiter Linie erst ihre politischen Grundsätze, konservative und liberale, vor Augen haben. (Sehr richtig!) Denn eine solche Umgestaltung aller öffentlichen Verhältnisse kann nicht dadurch geschehen, daß einzelne Parteien ganz niedergehalten werden, die überhaupt diesen Weg für zulässig gehalten und ihn beschritten haben; und deshalb, meine Herren, ist das vielleicht eine sonderbare, aber sehr segensreiche Fügung der deutschen Entwicklung gewesen, daß hier von einer konservativen Regierung, von konservativen Staatsmännern aufgenommen sind für die Umgestaltung der Verhältnisse Deutschlands die konstitutionellen und politischen Grundsätze, welche im wesentlichen seit 30 Jahren aus dem liberalen Lager hervorgegangen sind. Auf diesem Wege der Verständigung und des Zusammenarbeitens, da allein ist das Resultat zu sichern und durchzuführen. Meine Herren, ich sage, die Parteien müssen alle zusammenwirken, welche überhaupt gewillt sind, diese nationale Organisation, wie sie die deutsche Reichsregierung seit Jahren bearbeitet hat und durchführen will, zu unterstützen. Wenn also ein solches Zusammengehen erforderlich ist, schon um dieses Zweckes willen, dann ist es noch viel mehr erforderlich in einer Situation, wo wir ja alle wissen und leider auch hier im Reichstage es vor uns sehen, daß ein sehr großer Teil des deutschen Volkes und eine sehr große Zahl auch der Vertreter hier im Reichstage die Fundamente des jetzigen öffentlichen Rechtszustandes in Deutschland nicht anerkennen will, vielmehr, wenn es von ihnen abhinge, gerade diese Fundamente in Frage stellen und erschüttern würde. (Sehr wahr! rechts und links. Unruhe und Widerspruch im Zentrum.) Meine Herren, wenn das der Fall ist, wenn noch große Parteien und Klassen der Bevölkerung bestehen, welche sagen, daß die ganze deutsche Geschichte seit 1866 eine Verirrung sei, daß alles, was geschehen ist in den Jahren 1870/1871, selbst mit den großen politischen Erfolgen und der Wiedereroberung alter deutscher Grenzländer, daß das eine Torheit und ein Unglück sei, wenn derartige Parteien noch das große Wort führen können in Deutschland und im Reichstage, dann ist allerdings der Gegensatz und die Gefahr nicht bloß dem Auslande gegenüber, sondern auch im Innern noch so groß, daß alle nationalen Kräfte im Lande sehr wohl das dringende Bedürfnis haben – mögen sie sich in der Regierung befinden oder in den verschiedenen Parteien und den Vertretern des Reichstags –, fest zusammenzustehen, um durchzukämpfen auch diesen Gegnern gegenüber, was sie begonnen haben. (Sehr gut! links und rechts.

Zischen im Zentrum.) Meine Herren, ich bin überzeugt, wenn jetzt eine starke Bewegung durch die deutsche Nation geht, die die Regierung und den Reichstag auffordert zusammenzustehen, so sind es nicht bloß die Gefahren, daß gegen Frankreich das Errungene zu verteidigen ist, nein, es ist auch das Gefühl zum Ausdruck gedrungen: hier im Innern haben wir Kämpfe begonnen, die gar nicht zulassen, daß daneben noch eine Krisis komme auf dem Gebiete der Heeresverfassung. Wenn die Regierung, gewiß nach sehr schwerem Entschlusse, wie ich sage — Sie (zum Zentrum gewendet) werden es bestreiten —, einen Kampf aufgenommen hat und ihn durchführt bis dahin mit Energie, welcher ihr aufgedrungen ist von der römischen Kurie und den deutschen Bischöfen (Lauter, anhaltender Widerspruch im Zentrum, Beifall auf der Rechten und bei den Nationalliberalen), welcher ihr aufgedrungen ist von der römischen Kurie und den deutschen Bischöfen, so sage ich, der Hinblick auf diesen Kampf, auf die Gegensätze, die da niederzuhalten sind, nötigt alles, was an nationalen Kräften in Deutschland ist, zusammenzustehen und nicht noch andere Krisen und Kämpfe untereinander heraufzubeschwören, solange dieser Kampf nicht ausgefochten ist. (Sehr richtig! Zischen im Zentrum.)
Meine Herren, ich habe geglaubt, Ihnen das darlegen zu sollen, was uns bewogen hat, einen derartigen Versuch der Verständigung zu machen. Ich wiederhole nochmals, ich bin der Meinung, jetzt und künftig bedarf das Budgetrecht bei unserer organischen Einrichtung und auch bei der Heereseinrichtung einer gewissen Beschränkung; sie liegt in jeder gesetzlichen organischen Einrichtung; für Bestimmung und Bewilligung im Budget ist das eine naturgemäße Schranke; eine solche Schranke kann auch bei den einzelnen Institutionen, speziell bei dem Heere, für alle Zeiten weiter greifen vielleicht, als sie greifen muß in Zivil- und Verwaltungszweigen. Meine Herren, wir können uns nicht überzeugen, daß wir auf unbestimmte Zeit so weit zu verzichten haben auf das Budgetrecht, wie es der § 1 der Regierungsvorlage mit der dauernden Feststellung der Friedenspräsenz erfordert. Wir sind auch der Meinung, daß die Regierung die Überzeugung gewinnen wird, wenn wir bei den jetzigen ungewöhnlichen Verhältnissen mit Frankreich einen solchen Zustand auf sieben Jahre fixieren, daß sie demnächst, wenn diese Zeit abgelaufen ist, nicht bloß genügende Anhaltspunkte in der Verfassung und in der Gesetzgebung hat, auf die weitere Sicherung der Friedenspräsenzstärke hinzuwirken, sondern sie kann auch die Überzeugung haben, wenn es ihr gelingt, in diesen sieben Jahren die Zustände in einer gedeihlichen Weise weiter zu entwickeln, daß sie dann immer wieder in der Lage sein wird, mit dem Reichstage die nach der dann vorhandenen Lage erforderliche Feststellung des Präsenzstandes zu treffen. Meine Herren, wenn wir sieben Jahre unter diesen Verhältnissen in Deutschland an der Gesetzgebung und Verwal-

tung mit der Regierung weiter gemeinsam tätig gewesen sind, wenn wir sieben Jahre das Militärwesen im Budget titelweise in den 60 Titeln und seinen zahlreichen Positionen beraten haben, an der Hand der festgestellten Organisationsgesetze, dann werden manche Verhältnisse, konstitutionelle und organische, längst ähnlich gestaltet sein, wie es in anderen Ländern der Fall ist, die sich längere Zeit als wir in Deutschland konstitutioneller Einrichtungen im großen erfreuen. Diese Dinge haben in einem Lande wie in England die Bedeutung nicht mehr, daß darüber alle Jahre ein Streit erfolgt; sie haben nicht mehr die Bedeutung, daß dauernde Zahlen unter allen Umständen geschaffen werden müssen. Wenn man sich gewöhnt hat, so lange Jahre hindurch in allen Einrichtungen die Regierung zu unterstützen, welche produktiv und schöpferisch die Verhältnisse umgestaltet, wenn wir in dem Armeewesen sieben Jahre lang diese Verhältnisse und Zustände weiter fixiert und befestigt haben, dann möchte ich doch die Reichsvertretung sehen, die es wagen würde, solche Grundlagen zu erschüttern, die dann notwendig sind! Ich möchte die Reichsvertretung sehen, die es wagt, einer Regierung diejenigen gesetzlichen und finanziellen Forderungen abzulehnen, die in der dann vorhandenen politischen Lage notwendig sind! Wenn die Regierung in solcher Situation, gegenüber einem solchen Votum, den Reichstag auflöst, so glaube ich, daß die Stimmen der Nation am wenigsten Zweifel gelassen haben auf diesem Gebiete, daß man am wenigsten auf diesem Gebiete es versuchen kann, einen Konflikt mit der Regierung aufzunehmen, wo die Nation an der allgemeinen Wehrpflicht, an der Heeresverfassung, welche Souveräne und Volk einschließt, selbst eine Herzensfreude hat und haben muß, und wo die Nation sehr wohl fühlt, daß diese Heeresverfassung, indem sie die Souveräne der einzelnen Staaten und die ganze Nation einschließt, und dies große Rüstzeug in der Hand des Kaisers und Feldherrn eines der wichtigsten Mittel ist, das Band der nationalen Einheit von Deutschland festzuhalten. [74]

## Das Septennat und die Konservativen

*Der Abgeordnete der gemäßigt konservativen Reichspartei und spätere preußische Landwirtschaftsminister Robert Freiherr Lucius von Ballhausen – als enger Vertrauter Bismarcks einer der Vermittler zwischen dem Kanzler und den parlamentarischen Parteien – in seinen ›Bismarck-Erinnerungen‹ über die Entstehung des Kompromisses über den Militäretat 1874 und die Motive, die Bismarck und die Konservativen bestimmten.*

Am 9. April, nach Berlin zurückgekehrt, war ich den Abend zu Tisch bei Bismarck. Nach einigen Bemerkungen über seine Gesundheit, er könne noch nicht viel stehen und gehen, fühle

Schmerzen in beiden Kniescheiben, und habe die letzte Nacht infolge einer Konversation mit Miquel nicht geschlafen, sagte er: »Ich habe Sie gerufen, um die Militärfrage mit Ihnen zu besprechen. Miquel hat mich gestern versichert, daß an einer sicheren Majorität für die Bewilligung eines Definitivums acht bis neun Stimmen fehlen. Ich stehe sonach vor der Notwendigkeit der Auflösung des Reichstags oder des Rücktritts. Ich bin nicht stark genug, den ersten Weg einzuschlagen. Die Auflösung oder selbst die Bewilligung des Definitivums mit einer kleinen Mehrheit von fünf bis sechs Stimmen würde zu einer großen Verbitterung der Minorität und zu einer Spaltung der Majorität führen, welche ich für die Gesamtgesetzgebung brauche. Ich kann mich nicht allein auf die Konservativen stützen, ohne dem Zentrum Konzessionen zu machen; ich würde es doch tun, wenn das, was ich dafür gewönne, eine wirkliche Goldmünze wäre und nicht nur ein glänzender Zahlpfennig. Den Schwierigkeiten der Budgetberatung enthebt uns das Gesetz auch als Definitivum nicht. Für eine Bewilligung auf sieben Jahre wird mir eine sichere Mehrheit geboten, das ist schon eine Zeit, über die hinaus man überhaupt nicht sichere Pläne machen kann. Diese Periode deckt noch die nächsten zwei Wahlen. Heute nachmittag war der Kaiser hier und ich sagte ihm: Weil man in Euer Majestät Umgebung an meinem guten Willen, das Militärgesetz zu stande zu bringen, zweifelt, habe ich die Sache zur Kabinettsfrage gemacht. Ich kann diese Drohung nicht als eine Redensart behandeln, sondern muß ihr Folge geben und die letzten Konsequenzen ziehen, wenn ich in der Minorität bleibe. Es wäre dann nur die Alternative: Auflösung des Reichstags oder Bestimmung eines Nachfolgers für mich übrig.«

Se. Majestät habe schließlich erklärt: »Wenn man ihm die Präsenzziffer von 401 000 Mann unverkürzt gewähre, so würde er lieber ein siebenjähriges Provisorium annehmen, als das Risiko einer Auflösung oder eines Konflikts. Der Rücktritt Bismarcks stehe für ihn außer Frage, die Ziffer sei ihm wichtiger als wie das Definitivum.« So stehe nun die Angelegenheit zwischen dem Kaiser und Ihm. Ob Se. Majestät dabei stehen bleibe, wisse er nicht, da morgen (alswie heute 11½ Uhr) ein Marschallsrat stattfinde, wo die endgültige Entscheidung getroffen werden soll. Die Rechte möge sich demgemäß nicht engagieren, gegen die Bewilligung eines Provisoriums zu stimmen.

Auf die Bemerkung: wir hätten bisher uns absolut ablehnend verhalten gegen jedes Provisorium, und wenn ich auch Miquels Bemerkung bestätigen müsse, daß eine sichere Majorität niemand für das Definitivum versprechen könne, so werde es doch der Rechten leichter sein, dann wenigstens für ein längeres, also für ein zehn- bis zwölfjähriges Provisorium zu stimmen — meinte er: das wäre mir schon recht, aber wie würde sich die Sache bei der

Fragestellung gestalten. Könnte nicht dann schließlich alles verworfen werden? Würde es leichter sein, in der dritten Lesung anders wie in der zweiten zu stimmen? Delbrück werde bei Eintritt in die zweite Lesung erklären, daß ein längeres als ein fünfjähriges Provisorium der Regierung akzeptabel sei.
Kriegsminister Kamecke sei auch bei ihm gewesen und der wolle nach den Veränderungen, welche die Vorlage erfahren habe, welche er erst jetzt durch die Bemerkungen seiner vortragenden Räte anfange zu übersehen, jetzt überhaupt lieber gar nichts und steife sich nun auf das Definitivum. Er habe ihm eröffnet: die Sache sei nun Kabinettfrage, und wenn die Mehrheit für die Regierung nicht stimme, müsse er seinen Abschied nehmen. Worauf Kamecke erwiderte: das müsse er nun doch Sr. Majestät mitteilen. Danach schien Kamecke für ihn (Bismarck) einen Nachfolger in petto zu haben und seinen Rücktritt nicht besonders bedenklich zu finden. Übrigens sei das Gesetz doch auch von allgemeinem Wert für den Staat, in welchem die Armee einen Staat für sich bilde und schwer zu behandeln sei für jeden Minister. Die Willkür, mit welcher gelegentlich das Militärkabinett gegen das Kriegsministerium verfahre, finde durch ein solches Gesetz auch gewisse Grenzen und das sei nicht unerwünscht.
In Summa: Bismarck ist entschlossen, ein siebenjähriges Provisorium anzunehmen, und hatte die Bereitwilligkeit dazu gegen Miquel und Bennigsen ausgesprochen. Die Position ist also nicht mehr zu halten und bleibt uns nur die Wahl, mit den Nationalliberalen zu stimmen, oder den Kanzler im Stich zu lassen, auf die Gefahr hin, alles durch unser Verhalten scheitern zu lassen. Das ist ausgeschlossen [...]
Am 10. April war ich mit Puttkamer* bei der Fürstin zu Tisch und Bismarck empfing ihn nach Tisch, ihm dieselben Eröffnungen machend. Im Weggehen begegneten wir Bennigsen, der zu Bismarck ging.
Auf der Rechten herrschte lebhafte Verstimmung über die den Nationalliberalen gemachten Konzessionen, allerdings nahm man mit Recht an, daß dagegen die Nationalliberalen sich auch engagiert hätten zu einer kulanten Behandlung der Budgetfragen und zur Unterstützung in der Kirchenpolitik.
Bismarck gab nach, weil er krank, sich nicht stark genug fühlte, neben dem Kirchenkonflikt auch noch einen militärischen durchzukämpfen, weil er überhaupt auf dauernde Gesetze weniger Wert legt, wie auf die Befriedigung der unmittelbar akuten Bedürfnisse, weil er die Kriegs- u. Marineverwaltung vom Kabinett emanzipieren, sie aber zugleich selbst in Kontrolle behalten will. Der spätere Verlauf der Dinge hat übrigens die Richtigkeit seines Vorgehens bestätigt. Das Septennat hat wesentlich die Etatsbera-

* Konservativer Reichstagsabgeordneter, späterer preußischer Minister.

tungen entlastet und zu einer befriedigenden Entwicklung der parlamentarischen Dinge beigetragen. Das Septennat wurde von 139 Nationalliberalen und 6 Fortschrittlern beantragt und am 14. April mit 224 gegen 146 Stimmen angenommen. [75]

## Bismarck und das deutsche Parteiensystem 1875

*Die Hoffnungen der Liberalen, einen maßgeblichen Einfluß auf die Politik auszüben, fanden Nahrung in der hier auszugsweise wiedergegebenen Rede Bismarcks vor dem preußischen Abgeordnetenhaus vom 18. 3. 1875 über die Bildung einer mächtigen, den Staat kräftigenden Partei im Gefolge des Kulturkampfes.*

Die Ueberzeugung von der Nothwendigkeit, daß der Staat einige Hülfsmittel zur Vertheidigung haben muß, daß ein starker Staat vorhanden sein muß, daß alle Parteien ein Interesse daran haben, daß der Staat nicht in seiner Existenz, in seinen Grundfesten erschüttert werde, hat sich in diesem Kampfe [Kulturkampf] wesentlich gekräftigt. Die Folge davon wird sein, daß wir mit der Zeit nur zwei große Parteien haben werden, eine, die den Staat negirt und ihn bekämpft, und eine andere große Majorität der dem Staate anhänglichen, achtbaren, patriotisch gesinnten Leute, womit ich die anderen durchaus nicht als weniger achtbar bezeichnen will –

(Heiterkeit.)

gewiß alles achtbare Leute. – Diese große Partei wird sich bilden in der Schule dieses Kampfes.

Schließen sich nicht alle Parteien, die den Staat und die Monarchie wollen, angesichts der ungeheuren Gefahr, die von jener Seite droht, näher zusammen? Sind nicht die auf der äußersten Rechten aus ihrer früheren Abgeschlossenheit herausgetreten – ich möchte sagen, moderner geworden? Haben sie sich nicht ihren politischen Nachbarn genähert? Sind nicht die von der äußersten Linken, wie sie hier vertreten ist, die von der Fortschrittspartei, offen zu Aussprüchen gelangt, die durch konkludente Handlungen beweisen, daß sie anerkennen, daß es nicht nützlich ist, die Fundamente des Staates, des Hauses, in dem wir Alle wohnen, zu erschüttern, und ununterbrochen mit der Axt zu bearbeiten, in dem Gefühl, daß Andre für die Folgen verantwortlich seien? Alle diese früheren Sünden in unserem politischen Leben haben ja vielfach einer Einkehr, einer Umkehr Platz gemacht, und ich sage mit Genugthuung: Der Staat ist durch das Wachsen der staatlichen Gesinnung der großen Majorität derer, die ihn ehrlich wollen, stärker und mächtiger geworden als früher, und er wird mächtiger und stärker aus diesem Kampfe hervorgehen. Was aus dem Staate würde, wenn wir den Kampf aufgäben, wenn wir jetzt die Bahn beträten, die der Herr Vorredner [Windthorst] in leiser diplomatischer Andeutung – gewiß ist er ein besserer Diplomat, als ich Jurist bin – in leiser diplomatischer Andeutung uns empfahl, das kann ich nicht beurtheilen; denn unsere Aufgabe ist es nicht, dergleichen Wege zu suchen; wer uns braucht, weiß uns zu finden, wir genügen unsern Zwecken durch uns selbst. [76]

## III. Der Kulturkampf

### Der Staat, die katholische Kirche und das Zentrum

*Das preußische Staatsministerium schlägt in einer Eingabe an Wilhelm I. vom 30. 6. 1871 die Aufhebung der katholischen Abteilung des Kultusministeriums vor.*

Das im vorigen Jahr publizierte Dogma der Infallibilität* ruft in der katholischen Bevölkerung Spaltungen hervor, unter Laien und auch unter den Geistlichen, deren Verlauf sich noch nicht übersehen läßt, deren Folgen sich aber bereits in mehrfachen praktischen Fällen der Beziehung zwischen den katholischen Bischöfen und der Staatsregierung geltend machen, namentlich bei Behandlung von antiinfallibeln Lehrern an den unter Staatsaufsicht stehenden katholischen Gymnasien, bei Entziehung des aus Staatsfonds fließenden Gehaltes gegen einen das neue Dogma bekämpfenden Domherrn und dgl. Die Gegner des neuen Dogmas, unter denen sich zahlreiche ernste, patriotisch gesinnte und in der theologischen Wissenschaft ausgezeichnete Männer finden, nennen sich Altkatholiken, bestreiten die kanonische Gültigkeit des letzten Konzils und machen den deutschen Bischöfen, welche sich trotz ihres anfänglichen Widerspruches jetzt dem Konzilsbeschluß fügen, den Vorwurf staatsgefährlicher Neuerung; sie meinen Anspruch auf Schutz des Staates in ihren Stellen und Rechten zu haben, wenn sie denjenigen Lehren der katholischen Kirche treu bleiben, auf welche sie bei der Anstellung verpflichtet wurden. Dagegen wird einem katholischen Religionslehrer, welcher das neue Dogma nicht anerkennt, von dem Bischof die missio canonica** entzogen und an die Staatsregierung das Verlangen gestellt, einem solchen Lehrer den Religionsunterricht, ja womöglich auch seine Funktion in anderen Unterrichtsfächern eines katholischen Gymnasiums zu entziehen.
Sollte die Bewegung der Altkatholiken eine feste Gestalt annehmen, so kann sie zu einem Schisma führen und die Staatsregie-

* Das auf dem I. Vatikanischen Konzil am 18. Juli 1870 beschlossene Dogma der Infallibilität des Papstes bestimmte, daß, wenn der Papst unter Einsatz seiner Vollgewalt als Lehrer und Hüter der Gesamtkirche eine Glaubens- oder Sittenlehre als allgemein verbindliche Lehre vorlegt, diese Entscheidung unfehlbar sei.
** (lat.) Ermächtigung zur Erteilung des Religionsunterrichts.

rung vor die Frage stellen, welche katholische Kirche als berechtigt zur Disposition über das Kirchengut, die Besetzung geistlicher Stellen pp. anerkannt werden soll. Wenn aber auch die Bewegung nicht so große Dimensionen annimmt, so kann die Staatsregierung nach unserer alleruntertänigsten Meinung nur dadurch eine feste Richtschnur für ihr Verfahren finden, wenn sie sich unparteiisch auf den juristischen, staatsrechtlichen Standpunkt stellt und demgemäß die einzelnen Fälle des Konfliktes behandelt. Eine solche Haltung ist nicht bloß durch die Vorschriften der preußischen Verfassung, Art. 15/16*, sondern auch durch die Regeln der politischen Klugheit gegenüber einer beginnenden Bewegung von unabsehbarer Tragweite geboten.

Um die Absicht der Staatsregierung, sich in kirchlichen Fragen unparteiisch streng auf rechtlichem Boden zu halten, auch äußerlich zu dokumentieren, erachten wir es unter den gegebenen Umständen für zulässig und zweckmäßig, in dem Ministerium der geistlichen pp. Angelegenheiten die jetzt bestehende dualistische Gestalt der Aufsichtsinstanz für die kirchlichen Angelegenheiten zu beseitigen, also unter Aufhebung der getrennten Abteilungen für die evangelischen und für die katholischen Angelegenheiten nur eine Abteilung für die geistlichen Angelegenheiten zu bilden und solchergestalt zu der älteren, vor dem Jahre 1841 bestehenden Einrichtung zurückzukehren. [...] Die katholischen Räte werden sich wieder daran zu gewöhnen haben, sich als Vertreter der Interessen des Staates zu fühlen, während jetzt die Mitglieder der Abteilung für die katholischen Angelegenheiten sich mehr als Vertreter der katholischen Kirche gegenüber dem Staate betrachten und diese Anschauung nicht ohne Einfluß auf die Haltung dieser Beamten in ihrer dienstlichen Tätigkeit bleibt. [...]

Die ultramontane Partei** hat in der jetzt beendigten Session des ersten Deutschen Reichstages zu einer Zeit des höchsten patriotischen Aufschwunges der Nation deutlich gezeigt, daß die Herrschaft des unfehlbaren Papstes und des blind gehorchenden Klerus ihr entschiedenes Ziel ist, daß sie die Regierung bekämpft, wenn sie sich nicht jener Herrschaft beugt, daß sie das Deutsche Reich unter einem evangelischen Kaiser als eine Institution ansieht, zu deren Bekämpfung das Bündnis mit den revolutionären Elementen nicht zu verschmähen ist. Alle Wohltaten, deren sich anerkanntermaßen die katholische Kirche in Euer Majestät Staaten in höherem Grade als selbst unter katholischen Fürsten erfreut, hindern jene Partei nicht, sich mit Feinden der Regierung

* Artikel 15: Die evangelische und die römisch-katholische Kirche sowie jede andere Religionsgesellschaft ordnet und verwaltet ihre Angelegenheiten selbständig und bleibt im Besitz und Genuß der für ihre Kultus-, Unterrichts- und Wohltätigkeitszwecke bestimmten Anstalten, Stiftungen und Fonds.
Art. 16: Der Verkehr der Religionsgesellschaften mit ihren Oberen ist ungehindert. Die Bekanntmachung kirchlicher Anordnungen ist nur denjenigen Beschränkungen unterworfen, welchen alle übrigen Veröffentlichungen unterliegen.
** Gemeint ist die Zentrumspartei.

aus den verschiedensten Lagern zu verbinden. Die bisherige nachgiebige und rein defensive Haltung der Regierung solchen Tendenzen gegenüber hat die Kühnheit der Partei nur vermehrt. Die Mitglieder derselben vertreten bei weitem nicht die Majorität der Katholiken im Lande, sonst müßte die Fraktion des sogenannten Zentrums im Reichstage mehr als doppelt so stark sein.* Der Umstand, daß die Kandidaten der Partei trotz der angestrengten und zum Teil mit unlauteren Mitteln betriebenen Wahlagitation in einer großen Zahl katholischer Wahlkreise nicht die Majorität erlangt haben, beweist, daß unter den deutschen Katholiken noch viel gesunder patriotischer Sinn herrscht. Wir glauben, daß in der jetzigen Zeit, wo das Verhalten der ultramontanen Partei schon den anderen politischen Parteien im Reichstage die Notwendigkeit des Zusammenhaltens nahegelegt hat, die Regierung nicht zögern darf, auch außerhalb des Reichstages zu dokumentieren, daß sie die Tendenzen der ultramontanen Partei bekämpft, und je früher die Regierung das tut, desto eher darf sie hoffen, daß die Führer jener Partei zu einer besonnenen Haltung zurückkehren werden. [77]

## Bismarck und das Zentrum

*Reden Bismarcks und Ludwig Windthorsts vor dem preußischen Abgeordnetenhaus am 30. 1. 1872.*

[Bismarck:] Ich komme auf die Vorwürfe gegen die Regierung, die ich zuerst bei meinem Eintreten gehört habe, nämlich daß in den Ministerien unter den Ministerialräthen und in den sonstigen Regierungs-Funktionen die Katholiken nicht in hinreichendem Maße nach der Zahl ihrer Bevölkerung vertreten sind. Ich lehne jede Verpflichtung einer konfessionellen Volkszählung von der Regierung ab.

(Sehr wahr!) [. . .]

Wenn der Herr Vorredner [Windthorst] zuvörderst den Umstand tadelt, daß kein Katholik im Ministerium sei, so bedaure ich das auch meinerseits im hohen Grade; ich würde einen katholischen Kollegen mit Freuden begrüßen. Aber wie die Sachen augenblicklich liegen, — in einem konstitutionellen Staate, da bedürfen wir Ministerien einer Majorität, die unsere Richtung im Ganzen unterstützt. Glaubt nun der Herr Vorredner, daß, wenn wir das Ministerium aus der Fraktion wählten, der er angehört, daß uns dann die Unterstützung einer Majorität zur Seite stehen würde?

* Am 1. Dezember 1871 betrug der Anteil der Katholiken im Deutschen Reich 14,9 Millionen oder 36,2 % der ortsansässigen Bevölkerung. Das Zentrum gewann dagegen bei den Reichstagswahlen von 1871 nur 18,6 % der Stimmen und 63 von 382 Mandaten. Bereits bei den folgenden Wahlen brachte es die Partei aber auf 27,8 % der Stimmen und 91 von 397 Sitzen.

Ich bezweifle es. Ohne eine gewisse Homogenität ist aber ein Ministerium heutzutage nicht mehr haltbar, denn wir sind, obwohl wir in einem lockern Ressortverhältniß zu einander stehen, in Preußen doch gemeinschaftlich verantwortlich; ich bin mit verantwortlich für das, was der Herr Kultus-Minister thut, und der Herr Kultus-Minister muß seinerseits ausscheiden, wenn er für dasjenige, was ich thue, die Verantwortung nicht tragen will, wir müssen also eine gewisse Nachsicht üben für untergeordnete Fragen. Die Fraktion, der der Herr Vorredner angehört, hat selbst das Ihrige dazu beigetragen, das Vergessen des konfessionellen Standpunktes in politischen Angelegenheiten schwierig zu machen.

(Sehr richtig.)

Ich habe es von Hause aus als eine der ungeheuerlichsten Erscheinungen auf politischem Gebiet betrachtet, daß sich eine konfessionelle Fraktion in einer politischen Versammlung bildete, eine Fraktion, der man, wenn alle übrigen Konfessionen dasselbe Prinzip annehmen wollten, nur die Gesammtheit einer evangelischen Fraktion gegenüber stellen müßte; dann wären wir allerseits auf einem inkommensurabeln Boden, denn damit würden wir die Theologie in die öffentlichen Versammlungen tragen, um sie zum Gegenstande der Tribünen-Diskussion zu machen.

(Sehr gut! sehr richtig! Große Unruhe.)

Es war ein großer politischer Fehler, den die Herren vom politischen Standpunkte des Vorredners begingen, daß Sie diese Fraktion überhaupt bildeten, eine rein konfessionelle Fraktion auf rein politischem Boden, indem Sie Ihre Glaubensgenossen aus den verschiedensten Fraktionen durch die Einflüsse, die Ihnen zu Gebote standen, nöthigten, sich Ihnen anzuschließen. [...]

Wenn nun zur Herstellung des Friedens mit dem Staate also die Fraktion des Herrn Vorredners sich auf einem politischen Boden konfessionell konstituirt hatte und ihre politische Haltung in der Hauptsache von der Konfession abhängig machte, so konnte man nun fragen: sucht sie auf diese Weise den Frieden zu erstreben, indem sie ihre Macht zeigt? Ich habe, als ich aus Frankreich zurückkam, die Bildung dieser Fraktion nicht anders betrachten können, als im Lichte einer Mobilmachung der Partei gegen den Staat.

(Sehr wahr!) [...]

[Windthorst:] Er [Bismarck] hat gesagt, daß, nachdem er aus dem Felde zurückgekommen und die Bildung der Fraktion, der ich angehöre, erfahren, er dies als eine Mobilmachung zur Bekämpfung des Staates angesehen habe. Ich weiß nicht, was der Herr Minister-Präsident als Bekämpfung des Staates ansieht. Wenn der Herr Minister-Präsident annimmt, daß jede Bekämpfung seiner Maßregeln und seiner Politik ein Kampf gegen den

Staat ist, dann hat er vielleicht in diesem oder jenem Punkt Recht, aber, meine Herren, ich bin so frei, anzunehmen, daß es noch nicht richtig ist, daß der Herr Minister-Präsident der Staat sei.

(Sehr gut! Bravo! im Centrum.)

Ich kann ein eifriger Anhänger des Staates und des Vaterlandes sein, und doch mich in meinem innersten Gewissen genöthigt finden, viele Maßregeln zu bekämpfen, und zwar energisch zu bekämpfen, welche der Herr Minister-Präsident einzuleiten für gut findet.

(Bravo! im Centrum.)

Das ist in allen Staaten so gewesen, und es ist vor allem in England so gewesen, und kein Minister in England hat es noch gewagt zu sagen, wenn man seine Maßregeln bekämpfe, dann bekämpfe man den Staat!

(Bravo! im Centrum.)

Die Fraktion des Centrums, welcher ich angehöre, ist keine konfessionelle.

(Sehr wahr! Sehr richtig! im Centrum; Heiterkeit links; Widerspruch rechts.)

Das Programm derselben ist öffentlich bekannt gemacht, wir haben auf Grund desselben Jeden eingeladen, der diese Grundsätze acceptiren kann und will, und wer darauf acceptirend eintritt ist uns willkommen, welcher Konfession immer er angehört. [...]

Dann frage ich den Herrn Minister-Präsidenten, wo die Fraktion des Centrums irgendwie aggressiv gewesen sei. Sie hat im Reichstage mehr als einmal im entscheidenden Moment für die Regierung gestimmt, sie hat das auch hier im Hause gethan. Wenn aber die Regierung von rechts in so bedenklich raschem Tempo nach links rückt, wie das jetzt der Fall ist — denn der Herr Minister-Präsident hat heute unbedingt die Herrschaft der Majorität proklamirt; mit der Majorität muß ich gehen, hat der verehrte Herr gesagt, deshalb muß ich aus der Majorität die Minister nehmen; — daraus folgt also, daß der neueste Minister aus der Majorität genommen ist —

(Heiterkeit.)

und deshalb kann ich keinen Katholiken nehmen, denn die Katholiken sind nicht in der Majorität — wenn das Vorrücken nach links in so raschem Tempo geschieht, dann ist es eben nicht Jedermann zu Theil geworden, so rasch umzurutschen und auf der Stelle nun auch so rasch nach links zu gehen, während er bisher in seinem ganzen Leben rechts zu gehen gewohnt war. Es giebt Naturen, die ungeheuer rasch mit dem Ministerium in jeder Richtung sich bewegen und diese werden auch ganz besonders befördert;

(Heiterkeit.)

aber diese Natur haben meine Freunde und ich am wenigsten. [78]

## Der Kulturkampf und die Gesellschaft

*Der Mitbegründer und langjährige Vorsitzende des ›Augustinusvereins zur Pflege der katholischen Presse‹ Eduard Hüsgen beschreibt in seiner Windthorst-Biographie (1907) die Auswirkungen des Kulturkampfes auf das wirtschaftliche und gesellschaftliche Leben besonders der kleineren und mittleren Städte. Hüsgen selbst wurde 1871 wegen Mitarbeit an einem Zentrumsblatt aus dem preußischen Justizdienst entlassen.*

Was man mit dem Namen »Kulturkampf« bezeichnet, das war die Mobilmachung des konfessionellen Gegensatzes gegen den Katholizismus, die Aufbietung der Staatsgewalt in ihren höheren und niederen Organen, der Aufwand aller Machtmittel, die Bildung und Besitz gewähren, gegen alles, was katholisch hieß oder mit der katholischen Kirche auch nur entfernt zusammenhing.

Wie eine vergiftende Atmosphäre, wie eine Art Krankheit lag es in jenen Tagen über unserem Vaterlande. Katholik und Reichsfeind, katholisch und vaterlandslos, ultramontan und vaterlandsfeindlich, Zentrumsanhänger und Gegner jeder Kulturbestrebung waren nach landläufiger Auffassung gleichwerte Begriffe. Es gehörte gewissermaßen zum guten Ton, den Katholiken ihre politische und gesellschaftliche Minderwertigkeit möglichst deutlich zum Ausdruck zu bringen und ihnen im öffentlichen und privaten Leben die Gleichberechtigung abzusprechen. Es galt — wie der Abg. Hänel am 12. Jan. 1882 im Reichstage sagte, als man sich dieser Zustände zu schämen begann — »als notwendig, korrekt und patriotisch, ja sogar um in höherer Gesellschaft zulässig zu sein, als Bedingung, daß man kulturkämpfte. Da mußte man mit Entschiedenheit allen Anforderungen, welche die Regierung und die Konservativen in bezug auf die Kirchengesetzgebung erhoben, blindlings folgen, sonst war man immerhin politisch etwas anrüchig.«* Wobei man aber nicht vergessen darf, daß Fortschritt und Nationalliberale es mitunter noch ärger trieben, als die Konservativen.

Die konfessionellen und politischen Gegensätze waren so groß, daß ein klaffender Riß durch die Gesellschaft ging, der Spaltung und Zwietracht bis in den Schoß der Familie hinein trug. Ein überzeugungstreuer Katholik galt tatsächlich nur als Bürger zweiter Klasse. Ja, selbst die katholischen Männer, die sich der Zentrumspartei nicht anschlossen, vielmehr in den Reihen der Gegner politisch ihre Stellung nahmen, wurden nicht für voll angesehen und begegneten einem gewissen Mißtrauen, wenn sie nicht durch ganz besondere Rücksichtslosigkeit im Kampfe gegen ihre Glaubensgenossen sich auszeichneten.

* Stenographische Berichte über die Verhandlungen des Reichstages, V. Legislaturperiode, 1. Session 1881/82, S. 563.

Namentlich in den kleineren und mittleren Städten waren die Katholiken aus den gesellschaftlichen Kreisen und vom freundschaftlichen Verkehr mit Nichtkatholiken nahezu ausgeschaltet. Sogar die geschäftlichen Beziehungen wurden durch das politische Parteiprogramm und die konfessionelle Frage beeinflußt.
In einzelnen Städten, so in M.Gladbach und Düsseldorf, wurden sogenannte ›schwarze Listen‹ gedruckt und in den Kreisen der liberalen Parteigenossen verbreitet, in der Absicht, dadurch auf die »ultramontanen« Geschäftsinhaber einen Druck auszuüben oder sie seitens der liberalen Kundschaft boykottieren zu lassen. Wenn gar politische oder kommunale Wahlen die Leidenschaften noch mehr aufgewühlt hatten, war die Entlassung von Arbeitern und Privatbeamten, die ihrer Ueberzeugung nach für Zentrumskandidaten ihre Stimme abgegeben hatten, durchaus keine Seltenheit. Am 25. September 1882 sagte Windthorst in einer Wählerversammlung zu Krefeld u. a.: »Es hat mich mit innigem Schmerze erfüllt, als ich früher schon und heute wieder vernahm, daß es hier Fabrikherren gegeben hat – hoffentlich gibt's deren heute nicht mehr – welche ihre Arbeiter wegen freier Ausübung des Wahlrechts materiell bedrückt, ja aus dem Dienste entlassen und wenigstens momentan brotlos gemacht haben. Das erachte ich für eine Schmach!«
Daß die mittelbaren und unmittelbaren Staatsbeamten der unteren Kategorien von der höheren Stelle bei öffentlichen Wahlen auf ihre Abstimmung geprüft wurden, fand selbst die Mehrheit des Abgeordnetenhauses ganz in der Ordnung.
Wie hoch und heiß in solchen Wahlkämpfen bei politischen und noch mehr bei Gemeindewahlen das Feuer des konfessionellen Hasses aufloderte, läßt sich in unseren Tagen kaum mehr begreifen. Wurde doch vom Düsseldorfer liberalen Wahlkomitee das Ergebnis der Landtagswahl, bei welcher dank einer geradezu raffinierten Wahlkreisgeometrie der Zentrumspartei zwei Mandate entrissen und der liberalen Partei überliefert worden waren, dem Reichskanzler mit den Worten telegraphiert: »Ein schöner Wahlkreis ist dem Vaterland wiedererobert!« Ueber amtliche und private Wahlbeeinflussungen wissen die Akten der Wahlprüfungskommission aus jenen Tagen geradezu unglaubliche Dinge zu erzählen.
Was sich selbst in katholischen Gegenden namentlich die unteren Beamten den Katholiken gegenüber erlaubten, hält man heute kaum noch für möglich. [...]
Nicht einmal die Rechtsprechung, deren Unabhängigkeit bis dahin Preußens Stolz gewesen war, blieb vom Kulturkampfe ganz unberührt. Der Justizminister hatte die Oberstaatsanwälte unterm 15. Juli 1874 durch eine besondere Verfügung angewiesen, den Blättern der Zentrumspartei eine erhöhte Aufmerksamkeit zuzuwenden und mit Beschlagnahme und Anklage überall da vorzu-

gehen, wo der Tatbestand einer strafbaren Handlung zu finden sei. Welchen Erfolg eine solche Aufforderung an eine Behörde haben mußte, die ohnehin gewissermaßen von Amts wegen geneigt ist, Handlungen strafbar zu finden, läßt sich denken. Die Preßprozesse gegen die »ultramontane« Presse mehrten sich in auffälligster Weise, und die untergeordneten Organe der Justiz und der Polizei ließen sich in vielen Fällen offenbare Gesetzesverletzungen bei Beschlagnahmen und Haussuchungen zuschulden kommen. Selbst liberale Blätter gestanden ein, daß auf solche Weise alle Preßfreiheit vernichtet werden könne. In manchen Fällen wurden die Blätter der Zentrumspartei für Artikel bestraft, die in den liberalen Blättern desselben Ortes straflos zum Abdruck gelangt waren. Der Abgeordnete Dr. Lieber stellte das am 23. Februar 1875 im Abgeordnetenhause ausdrücklich fest und rügte das Vorgehen der Gerichte in seiner temperamentvollen Art. Die amtlichen Blätter reizten die Gemüter in einer Weise auf, die nur darüber erstaunen lasse, daß das in der bayrischen Kammer gefallene Wort: »Mit den Ultramontanen unterhandelt man nicht, man schlägt ihnen die Köpfe ein!« noch nicht in die Tat übersetzt sei; gleichwohl habe man bisher diese Aufreizungen unbehelligt gelassen. [79]

# 7. Der innen- und wirtschaftspolitische Umschwung 1876–79 und seine Auswirkungen auf das Parteiwesen

## Interessenpolitik und Parteien

*Felix Freiherr von Stein erörtert in einem Brief an Eduard Lasker vom 22. Juni 1876 die Ursachen für die Bildung einer agrarischen Partei und fordert von ihm die stärkere Berücksichtigung agrarischer Interessen.*

[...] Die noch im Jahr 1866 im Vordergrund stehenden rein politischen Fragen sind seit 1871 teils gelöst, teils wird die Zeit ganz von selbst ihre weitere Lösung herbeiführen. An ihrer Stelle sind nach und nach immer schärfer die volkswirtschaftlichen Fragen in den Vordergrund getreten. Diese sind es, welche mit großer Wahrscheinlichkeit – weil innerer Notwendigkeit – eine Zersetzung der jetzigen politischen Parteien herbeiführen werden, ja zum Teil schon herbeigeführt haben. Wie sich nach dem allgemeinen Gesetz der Wellenbewegung Aktion und Reaktion in ewigem Wechsel ablösen, nur ihre Form ändernd, so ist auch bald eine Politik der Ideen, bald eine der Interessen herrschend, bald durchdringen sich beide und dann entstehen Schwingungsknoten, welche die Ausgangspunkte für neue Gruppierungen der politischen Atome bilden. In einem solchen Moment befinden wir uns nach meiner Auffassung augenblicklich. Nachdem die liberalen, überwiegend städtischen und die Kapitalmacht repräsentierenden Elemente durch den Sieg der von ihnen vertretenen politischen Ideen zur Herrschaft gelangt waren, fingen sie an die erlangte Gewalt zugunsten ihrer Interessen auszunutzen. Die Stimme der Dörfer und kleinen Landstädte gegenüber den Großstädten, des Grundbesitzes gegenüber der Kapitalmacht, die Stimme des Landwirts und Handwerkers gegenüber den Vertretern der großen Industrie und des Handels verhallte oft unberücksichtigt in den gesetzgebenden Körpern. So hat sich denn in den beiseite geschobenen ja zum Teil unterdrückten Schichten der Bevölkerung ein weitverbreitetes Mißbehagen über die gegenwärtige Lage der Dinge, zum Teil eine tiefgehende Unzufriedenheit mit unseren gegenwärtigen Verhältnissen entwickelt. Eine der Erscheinungen, durch welche diese Stimmung zutage getreten, ist die Bildung der »Agrarpartei«, welche in dem »Verein der Steuer- und Wirtschaftsreformer« politisch greifbare Gestalt gewonnen hat.* Hervorgegangen aus dem Gefühl des Unterdrücktseins hat dieser Verein auf seine Fahne als Losung geschrieben: »Gerechtigkeit

* Die Vereinigung der Steuer- und Wirtschaftsreformer hatte sich am 22. Februar 1876 konstituiert.

für Alle.« Diesem Streben ist in dem sogenannten »Agrarprogramm« Ausdruck gegeben worden. Ich selbst konnte bei der Formulierung desselben leider nicht gegenwärtig sein, sonst würde ich wenigstens versucht haben, manche andere Fassung herbeizuführen. Im großen und ganzen bekenne ich mich aber zu den in diesem Programm ausgesprochenen Grundsätzen und Forderungen, wenn ich auch nicht überall die Art und Weise billige, wie diese von Heißspornen verteidigt werden, besonders nicht immer die Form der Angriffe in der Presse, wie solche gegen meine eigene alte Partei gerichtet werden. Andererseits beklage ich, daß diese sich gegen viele wohlbegründete Klagen der Bewohner des flachen Landes verschließt, weil sie in diesen politische Gegner erblicken zu sollen glaubt. Wir Agrarier sind ursprünglich eine rein volkswirtschaftliche Gruppierung – erst dadurch, daß man uns seitens der liberalen Parteien im Anfang vornehm ignorierte, dann als gefährliche verkappte Reaktionäre zu verdächtigen suchte, hat man uns dahin gedrängt, daß wir uns als politische Partei gestalteten. Sie selbst, hochgeehrter Herr, haben das geflügelte Wort gesprochen: »der Grundbesitz zahlt und wird ärmer.« Dieses Wort beweist, daß Sie mehr als viele andere Ihrer Parteigenossen ein Bewußtsein von der verderblichen Wirkung der jetzt in der Gesetzgebung herrschenden Strömung auf den Grundbesitz haben. Können wir Landbewohner von Ihrem Gerechtigkeitssinn erwarten, daß Sie ernstlich dazu beitragen wollen, die begangenen Fehler wieder gutzumachen, so zweifle ich nicht daran, daß die Grundbesitzenden Wähler des zweiten Meininger Wahlbezirks auch bei der nächsten Reichstagswahl Ihnen gern ihre Stimme geben und wie bisher stolz sein werden, ihren Wahlkreis durch eine so bedeutende parlamentarische Kraft und einen so intakten Charakter vertreten zu sehen – aber Klarheit muß hierüber herschen. Ich erlaube mir daher, zunächst nur in meiner Eigenschaft als Wähler, ohne Auftrag von irgend jemand, die ergebenste Bitte an Sie zu richten, sich über das sogenannte »Agrarprogramm« in einer Weise äußern zu wollen, die keinen Zweifel über Ihre Stellung zu den einzelnen Punkten desselben aufkommen läßt. [...] [80]

## Die Schutzzollforderung der Industrie

*Eingabe des Vorstandes des Zentralverbandes deutscher Industrieller vom 12. Juli 1877 an Wilhelm I. über die Ursachen der Krise der deutschen Wirtschaft.*

Ew. Kaiserliche und Königliche Majestät erlaubt sich der ehrerbietigst unterzeichnete Vorstand des Zentralverbandes deutscher Industrieller zur Beforderung und Wahrung nationaler Arbeit mit nachstehender Bitte ehrfurchtsvoll zu nahen.
Seit fünf Jahren herrscht in unserem deutschen Vaterlande eine

gewerbliche Krisis, wie sie heftiger und verheerender seit Menschengedenken nicht aufgetreten ist. Von der Börse ausgehend, hat sie einen Industriezweig nach dem anderen ergriffen, und was etwa bis jetzt noch verschont geblieben ist, wird unausbleiblich in ihren vernichtenden Strudel hineingezogen werden. In den Kreisen der Industriellen und bei allen denen, welche dem praktischen Erwerbsleben nahestehen, waltet die Überzeugung ob, daß die durch die Beschlüsse des Reichstags veranlaßte Handelspolitik diese beklagenswerte wirtschaftliche Krankheit zwar nicht hervorgerufen, daß sie aber wesentlich dazu beigetragen hat, dieselbe zu verschärfen und zu verlängern.

Fast unausgesetzt ist der vaterländische Gewerbsfleiß in den letzten zwölf Jahren durch das Zusammentreffen widriger Umstände das Opfer zollpolitischer Experimente geworden, welche notwendigerweise die Stabilität der Verhältnisse erschüttern und den heimischen Markt dem ungewissen Erfolge einer völlig uneingeschränkten auswärtigen Konkurrenz preisgeben mußten. Die Industrie weiß den Vorzug einer internationalen Verkehrsfreiheit, welche die Kräfte der Völker anspornt und den Austausch der überschießenden Produkte ermöglicht, zu schätzen; allein ein einseitiges Vorgehen eines einzelnen Staates auf diesem Wege wird diesen Erfolg niemals zustande bringen. Abstrakte und radikale Theorien, die den Verhältnissen des Lebens nicht Rechnung tragen, haben noch niemals den Völkern Glück und Segen gebracht, und es heißt eben abstrakten und radikalen Grundsätzen huldigen, wenn ein Land freiwillig und ohne Not seine Grenzen der auswärtigen Konkurrenz öffnet, während alle Nachbarstaaten sich durch hohe Zölle fast hermetisch gegen uns abschließen. Es ist gegenwärtig eine allgemein anerkannte Tatsache, daß diese Wirtschaftspolitik dazu beigetragen hat, den Franzosen nicht allein die Zahlung der Kriegskontribution zu erleichtern, sondern dieselben auch in Stand gesetzt hat, mit Hilfe ihres gewaltigen Exportes dem deutschen Volke einen großen Teil dieser Summe wieder abzunehmen. Auf diese Weise haben wir durch die Einseitigkeit unserer wirtschaftlichen Maximen die großen Erfolge unserer ruhmreichen Armee wieder wettgemacht, und wir hören nicht auf, dem Nationalfeinde die Mittel zuzuführen, mit denen er neue Kriege gegen uns ausrüsten kann. Der Notstand ist bei den Industriezweigen, welche von den zollpolitischen Experimenten direkt betroffen worden sind, keineswegs stehengeblieben, er hat sich vielmehr über das ganze Feld wirtschaftlicher Tätigkeit verbreitet. Wie konnte dies auch anders sein? Der Haushalt eines Volkes ist ein wirtschaftlicher Organismus, und wenn ein wesentlicher Teil desselben leidet, müssen auch alle übrigen von der Kalamität ergriffen werden. Wenn man erwägt, daß nach einer von uns veranlaßten Erhebung bei 102 Aktiengesellschaften der Eisenindustrie und des Maschinenbaues, die ein Aktienkapital von 452000000 Mark repräsentieren, im Jahre 1876 35000 Arbeiter weniger beschäftigt und 45000000 Mark weniger Löhne gezahlt worden sind als im Jahre 1873, so ist von selbst einleuchtend, daß eine Rückwirkung auf andere Industriezweige nicht ausbleiben konnte. Die Konsumtionsfähigkeit des deutschen Volkes ist augenblicklich so geschwächt, daß auch andere Gewerbsbranchen, insbesondere die Spinnereien und Webereien aus Mangel an Absatz bereits gezwungen worden sind, einen Teil ihrer Arbeiter zu entlassen, und daß sie, wenn nicht bald eine Besserung sich zeigt, nach der Versicherung ehrenhafter und hervorragender Industrieller genötigt sein werden, ihren Betrieb immer mehr und mehr einzuschränken. Die Arbeitslosigkeit nimmt somit von Tag zu Tag größere Dimensionen an, und im Gefolge derselben mehrt sich trotz der Wachsamkeit der Behörden die öffentliche Unsicherheit und die Zahl der Verbrechen. Wenn man einwendet, daß dieser Zustand lediglich durch Überproduktion hervorgerufen ist, und daß eine gleiche Kalamität in allen übrigen Ländern herrscht, so trifft dies nicht zu, denn in Frankreich, in England und selbst in Rußland ist der Notstand keineswegs ein so drückender wie bei uns und angesichts der Tatsache, daß Deutschland alljährlich im Durchschnitt für eine Milliarde Mark fremde Industrieprodukte bei sich einführt, ist es nicht gerechtfertigt, von einer heimischen Überproduktion zu reden. Wohl aber hat das einseitige und radikale Niederreißen so vieler notwendiger Zollschranken es der ausländischen Industrie ermöglicht, die Erzeugnisse ihrer überaus beträchtlichen Überproduktion auf den deutschen Markt zu werfen und dadurch die Nachteile ihrer übertriebenen Spekulation auf unsere Schultern zu wälzen. Die Absicht der verbündeten Regierungen, von der notleidenden vaterländischen Industrie wenigstens die Nachteile abzuwenden, welche durch völlig ungerechtfertigte und vertragswidrige Ausfuhrbegünstigungen benachbarter Regierungen zugefügt werden, ist an der Haltung des Reichstags gescheitert.* Die Wortführer der radikalen Freihandelsdoktrin haben die Bestrebungen der verbündeten Regierungen zunichte gemacht. Begreiflicherweise hat diese Haltung die gesamte Industrie Deutschlands mit den lebhaftesten Besorgnissen erfüllt; Gewerbetreibende aller Gattungen haben sich zu einem Zentralverbande deutscher Industrieller zusammengetan, und aus allen Gauen des deutschen Reichs sind die ersten angesehensten und renommiertesten Firmen aller Industriebranchen zu der am 16. Juni in Frankfurt a. M. stattgehabten Generalversammlung geeilt, um Rat zu pflegen, wie diesen trostlosen wirtschaftlichen Zuständen abgeholfen werden könne. Es waren dort nach der ehrfurchtsvoll beigeschlossenen

* Anspielung auf die schutzzöllnerische Bundesratsvorlage eines Ausgleichsabgabengesetzes für Prämienimporte, die am 28. 4. 1877 mit 211 gegen 111 Stimmen vom Reichstag abgelehnt wurde.

Präsenzliste 499 Firmen vertreten, deren Etablissements einen Gesamtwert von Milliarden besitzen und die eine Arbeiterzahl beschäftigen, welche nach Hunderttausenden zu schätzen ist. Auch aus den neuen Reichslanden waren einige der angesehensten Industriellen zugegen, und von allen Anwesenden wurde einstimmig der Beschluß gefaßt, da unsere Bitten und Beschwerden an anderer Stelle keine Berücksichtigung gefunden, und alle übrigen Instanzen erschöpft sind, vertrauensvoll an die Weisheit und Gerechtigkeit unseres erhabenen Kaisers zu appellieren. [. . .]

Kaiserliche und Königliche Majestät! Wir erbitten nichts anderes, als eine sorgfältige, gründliche und unparteiische Untersuchung der tatsächlichen Zustände.

Der Herr Finanzminister hat im Reichstag erklärt, er halte das Bestehen und Gedeihen der deutschen Eisenindustrie für unser Vaterland für unentbehrlich, und er würde demzufolge, wenn er die Überzeugung gewönne, daß sie unter den gegenwärtigen Verhältnissen nicht existieren könne, keinen Augenblick anstehen, eine andere Handelspolitik einzuschlagen. Die Enquete, um deren Anordnung wir Ew. Kaiserliche und Königliche Majestät ehrfurchtsvoll bitten, wird den Beweis liefern, daß die Eisenindustrie unter den Verhältnissen, wie sie zurzeit obwalten, nicht mehr existieren kann, sie wird ferner bis zur Evidenz dartun, daß auch viele andere Gewerbszweige, vom Handwerk bis zum Großbetrieb, siechen und kranken, und daß wir mit Riesenschritten einer allgemeinen Verarmung entgegengehen. Die Wortführer der radikalen Doktrin sind sehr schnell bei der Hand, den Gewerbetreibenden Sonderinteressen vorzuwerfen. Kaiserliche und Königliche Majestät, wir sind uns gleichwohl bewußt, daß wir nicht einseitig unseren eigenen Vorteil anstreben, sondern daß wir zugleich auch die Interessen einer zahlreichen Arbeiterbevölkerung, ja diejenige der ganzen bürgerlichen Gesellschaft vertreten, denn ein jedes berechtigte Spezialinteresse ist von den Interessen der Gemeinschaft unzertrennlich. [. . .]

Der deutschen Industrie hat es sicherlich niemals an Opferwilligkeit und Patriotismus gefehlt: wenn aber dem allgemeinen Notstande nicht bald begegnet wird, und wenn alle Hilfsquellen versiegen, aus welchen das Nationaleinkommen fließt, dann wird die Steuerverwaltung nicht mehr imstande sein, ohne unaufhörliche Vermehrung der Anleihen die Mittel zur Deckung des progressiv steigenden Staatshaushaltes zu beschaffen!

Indem wir uns des uns gewordenen Auftrages entledigen, gestatten wir uns untertänigst, Ew. Majestät die Beschlüsse der Generalversammlung des Zentralverbandes deutscher Industrieller wörtlich zu unterbreiten.* [81]

* Es folgt der Text der Beschlüsse der Generalversammlung, in dem in sachlicher Übereinstimmung mit der hier abgedruckten Eingabe die Erwägungen und Forderungen des Zentralverbandes formuliert werden.

## Das Wahlprogramm Bismarcks 1878

*Ein von Bismarck inspirierter Artikel der ›Provinzial-Correspondenz‹ vom 27. 6. 1878 über ›Die Absichten und Wünsche der Regierung angesichts der Wahlen‹.*

In den Motiven des Auflösungsantrags ist die nächste gemeinsame Aufgabe klar bezeichnet: die Regierungen erwarten von dem neuen Reichstage zunächst die jüngst verweigerten gesetzlichen Vollmachten, um die Gefahren, welche für Staat und Gesellschaft von dem Treiben der Sozialdemokratie drohen, erfolgreich abwenden zu können. [...]
Indem die Regierungen aber in der hierdurch gebotenen energischen Bekämpfung der Sozialdemokratie nicht bloß eine dringende Nothwendigkeit des Augenblicks, sondern zugleich eine Bedingung für die Wiederbelebung des öffentlichen Vertrauens und für einen neuen Aufschwung des gewerblichen und wirthschaftlichen Lebens der Nation erkennen, müssen sie von dem künftigen Reichstage auch eine bereitwillige und kräftige Unterstützung für die seit Jahren vorbereiteten Reformen auf dem gewerblichen und finanziellen Gebiete erwarten. Im engsten Zusammenhange mit dem Kampfe gegen die sozialistischen Verirrungen und gegen die angestrebte Lockerung aller sittlichen Bande in den gewerblichen Kreisen werden die Bestrebungen, die Gewerbeordnung unter Festhaltung ihrer Grundlagen und unter Berücksichtigung der hervorgetretenen praktischen Bedürfnisse zu verbessern, in dem bisherigen Geiste fortzuführen sein. Seit langer Zeit ist das Streben der Regierungen ferner auf eine wirthschaftliche Reform gerichtet, von welcher sie eine allseitige Erfrischung der finanziellen Verhältnisse des Reichs und der einzelnen Staaten und somit einen neuen Aufschwung der Volkswohlfahrt erwarten. Aus den darüber gepflogenen Verhandlungen geht für jeden Unbefangenen hervor, daß der eigentliche bestimmende Grund und Zweck dieser Reform im Sinne der Regierung nicht die Vermehrung der Steuerlast des Volkes, sondern vor Allem die feste dauernde Begründung einer selbständigen und ersprießlichen Finanzpolitik des Reichs, und zwar unter wesentlicher Erleichterung der Einzelstaaten und Behufs möglichster Schonung der Steuerkraft des Volkes, ist. Die leitenden Gesichtspunkte, von denen der Reichskanzler und die verbündeten Regierungen bei ihrem Reformplan von vornherein ausgingen, bestehen nach wie vor in voller Kraft und bleiben maßgebend für das weitere Vorgehen der Regierungen: einerseits die Selbständigkeit der Reichsfinanzen und zu diesem Zweck die Vermehrung der eigenen Einnahmen des Reiches; — andrerseits die überwiegende Heranziehung und Ausnutzung der dazu vorzugsweise geeigneten indirekten Steuern, um gleichzeitig die seit Jahren immer

mehr gesteigerten Anforderungen der direkten Besteuerung im Staate, sowie in den Kreis- und Kommunalverbänden vermindern zu können. [...] Unter den Verbrauchsgegenständen, durch deren höhere Besteuerung eine Mehreinnahme des Reiches in bedeutendem Umfange zu erreichen ist, steht nach allseitigem Anerkenntniß in erster Linie der Tabak, dessen höhere Besteuerung mit Leichtigkeit den größten Theil der wünschenswerten Mehreinnahmen für das Reich einbringen kann. Ob dabei die Form des Monopols oder eine hohe Fabrikatsteuer oder ein anderer Modus ins Auge zu fassen sein wird, bleibt von dem Ergebnisse der mit Zustimmung des Reichstages eingeleiteten Enquete abhängig. Als Folge der Vermehrung der Reichseinnahmen würde (um zunächst und vorbehaltlich näherer Darlegung nur für Preußen nochmals anzudeuten, was Seitens der Vertreter der Regierung wiederholt ausgeführt worden ist) Schritt vor Schritt eine durchgreifende Reform der Klassen- und Einkommensteuer Behufs vollständiger Befreiung oder wesentlicher Erleichterung der unteren Stufen, die Verwendung eines namhaften Theiles der Grund- und Gebäudesteuer für die kommunalen Verbände Behufs Erleichterung der Kommunalsteuern und weiter eine Reform der Gewerbesteuer Behufs Erleichterung der Handwerker und der kleineren Handeltreibenden in Aussicht zu nehmen sein. Außerdem würde die Möglichkeit gewonnen werden, die Förderung neuer produktiver Anlagen im Interesse der verschiedenen Landestheile, sowie die bevorstehenden weiteren Reformen, namentlich auf dem Gebiete des Unterrichtswesens, für welche sonst die Steuerkraft der Kommunen auf's Neue erheblich in Anspruch genommen werden müßte, ohne solche neue Belastung durchzuführen. Das sind die wesentlichen Gesichtspunkte bei der in Angriff genommenen Finanzreform: dieselben sind unzweifelhaft von einer ernsteren Fürsorge für das Wohl des Volkes eingegeben als die Parteikundgebungen, welche das Volk angeblich vor höherer Besteuerung schützen wollen. Nur auf dem von den Regierungen eingeschlagenen Wege ist es möglich, das Volk von bisherigen drückenden Lasten zu befreien und vor der sonst unvermeidlichen anderweitigen Steigerung der staatlichen und kommunalen Lasten zu bewahren. Deshalb rechnen die Regierungen darauf, für die Durchführung der Steuerreform in dem neuen Reichstage eine festere Stütze als bisher zu finden. Die Sorge der Regierungen ist in jeder Beziehung auf die Förderung der wirthschaftlichen Wohlfahrt des Volkes gerichtet: auch in der Handelspolitik sollen bei der weiteren Entwicklung, unter Festhaltung der seit Gründung des Zollvereins stetig beachteten grundsätzlichen Gesichtspunkte, in jeder Beziehung die thatsächlichen Interessen und Bedürfnisse des gesammten nationalen Verkehrs, der Produktion wie der Consumtion, sorglich gewahrt werden. Eine energische Entwicklung des Verkehrswesens (der

Eisenbahnen, Kanäle u. s. w.) und die sorgliche Berücksichtigung der volkswirthschaftlichen Interessen innerhalb der Eisenbahnpolitik werden einen mächtigen Hebel abgeben, die vaterländische Produktionsfähigkeit zu steigern. Die Regierungen können aber in allen diesen Beziehungen ihre Absichten für die Wohlfahrt und das Gedeihen des Volkes nur durchführen, wenn sie der willigen und entschlossenen Unterstützung einer festen Mehrheit im Reichstag gewiß sind. Möge das deutsche Volk bei den bevorstehenden Wahlen dazu helfen, daß die künftige Mehrheit aus Männern bestehe, denen das aufrichtige und erfolgreiche Zusammenwirken mit den Regierungen nicht bloß unter den augenblicklichen außerordentlichen Umständen, sondern auch bei den weiteren Arbeiten für eine gesunde politische und wirthschaftliche Entwicklung im Reiche ernst am Herzen liegt. [82]

## Die Schutzzollmehrheit des neuen Reichstages

*Die sog. Volkswirtschaftliche Vereinigung des Reichstages erläßt am 17. 10. 1878 eine Erklärung für die Reform des deutschen Zolltarifs. Die Erklärung wurde von 204 der insgesamt 397 Reichstagsabgeordneten, darunter 87 Mitgliedern des Zentrums, 36 Abgeordneten der Deutsch-Konservativen Partei, 39 Mitgliedern der Reichspartei und 27 nationalliberalen Abgeordneten unterzeichnet.*

In den weitesten Kreisen des deutschen Reichs sieht man mit Spannung einer endlichen klaren Entschließung der verbündeten Regierungen rücksichtlich der Grundlagen des deutschen Handelsverkehrs mit dem Auslande entgegen. Es lag deßhalb nahe und ist vielfach verlangt worden, daß der augenblicklich versammelte deutsche Reichstag die hiermit zusammenhängenden Fragen behufs Feststellung der handelspolitischen Wege und Ziele der Reichsregierung in den Bereich seiner Verhandlungen zöge. Die unterzeichneten Reichstagsmitglieder geben dem Bedauern Ausdruck, daß ein solches Vorgehen nicht möglich war, weil der Zweck der dießmaligen Zusammenberufung des Reichstags lediglich der Beschlußfassung über das Sozialistengesetz galt und weil die Erhebungen über die wirthschaftliche Lage und die Lebensbedingungen mehrerer der wichtigsten Gewerbszweige Deutschlands noch nicht abgeschlossen sind.* Um aber dem Mißverständniß vorzubeugen, daß es in der Vertretung des deutschen Volkes an dem nöthigen Interesse für berechtigte handelspolitische Forderungen des Landes und an dem festen Willen fehle,

* Anspielung auf die noch während des Wahlkampfes Ende Juni 1878 vom Bundesrat gemäß der Forderung des Zentralverbandes deutscher Industrieller eingesetzten Kommissionen zur Untersuchung der Lage in der Eisen-, Baumwoll- und Leinenindustrie, die zum Zeitpunkt der Erklärung der 204 ihre Arbeit noch nicht abgeschlossen hatten.

diese Forderungen zur Geltung zu bringen, halten wir uns zu der Erklärung verpflichtet, daß wir lediglich aus den angedeuteten Gründen während der gegenwärtigen Session die von dem Lande erwartete Anregung nicht gegeben haben und nicht geben konnten, daß wir aber angesichts der Handelspolitik der meisten Deutschland umgebenden Länder – in Erkenntniß der den Volkswohlstand schädigenden Mängel des deutschen Zolltarifs und bei der Fortdauer der auf der deutschen Gewerbthätigkeit und Landwirthschaft lastenden Krisis – eine auf das Resultat sorgfältiger Prüfungen und sachgemäßer Abwägungen gestützte Reform des deutschen Zolltarifs für nothwendig halten und demgemäß entschlossen sind, für dieselbe in der nächsten ordentlichen Session des deutschen Reichstags einzutreten. Obschon von verschiedenen handelspolitischen Gesichtspunkten ausgehend, finden sich die Unterzeichneten doch in dem Grundgedanken vereinigt, daß die schwierigen Fragen der deutschen Handelspolitik nicht lediglich nach den Schlagwörtern von Freihandel und Schutzzoll gelöst werden können, daß es vielmehr entscheidend darauf ankommt, die wirklichen und vermeintlichen Gegensätze der Interessen mit Sachkenntniß, Umsicht und Vaterlandsliebe auszugleichen. [83]

## Die Allianz von Industrie und Landwirtschaft 1879

*Öffentliche Besiegelung des Bündnisses zwischen Industrie und Landwirtschaft in der Zollfrage auf dem 10. Kongreß Deutscher Landwirte vom 24./25. Februar 1879.*

Geheimer Kommerzienrath Schwarzkopff: Meine Herren, Ihr Kongreß hat dem Centralverbande der deutschen Industriellen die Ehre angethan, seinen Präsidenten zu den Sitzungen einzuladen. Wir sagen zunächst unsern Dank dafür und dürfen das wohl nur als einen Akt der Reziprozität bezeichnen, da wir schon vor zwei Jahren, wie Ihnen Allen bekannt sein wird, mit aller Energie es anstrebten, Sie in den Zollfragen, wie den Interessen, die uns jetzt in wirthschaftlichen Fragen so sehr einmüthig beschäftigen, zu unseren Verbündeten zu zählen. [...] Ich habe nur Namens des Centralverbandes zu erklären, daß wir uns, wo die Gefahr für uns Alle eine immer drohendere wird, gewiß jetzt einmüthig zusammenschaaren werden, um das hohe Ziel zu erreichen, welches unser Fürst Reichskanzler als sein Programm ausgesprochen hat.

(Sehr gut!) [...]

Freiherr v. Mirbach*: Meine Herren! Ich glaube in Ihrem Namen zu handeln, wenn ich Herrn Geh. Rath Schwarzkopff als Vertreter

* Seit 1879 Präsident der agrarischen Vereinigung der Steuer- und Wirtschaftsreformer.

der Industrie unseren ganz besonderen Dank ausspreche für die klare und bündige Erklärung, die er uns hier gegeben hat. Ich glaube, wir Alle, die wir hier versammelt sind, haben keinen Grund daran zu zweifeln, daß das Entgegenkommen der Industrie ein vollständig klares, ein unverbrüchliches Bündniß involvirt. Meine Herren, ich bitte Sie aber auch unsererseits dasselbe Verhalten einzuschlagen und dankbar die Hand zu acceptiren, die uns gereicht wird. Der Herr Reichskanzler, dem wir die ganze günstige Situation verdanken, hat es klar und unumwunden ausgesprochen: Keiner von uns wird stark genug sein, Etwas zu erreichen, wenn wir uns nicht gegenseitig mit aller Hingebung unterstützen.

Aber, meine Herren, der Schwerpunkt liegt zum Theil in der Entscheidung des Reichstages, dem ich eben anzugehören die Ehre habe; ich muß mir aber da eine gewisse Reserve auferlegen. Es wird wohl darauf ankommen, daß Sie den Herren Reichstagsabgeordneten klar und ohne mißverständlichen Deduktionen ausgesetzt zu sein, sagen, was Sie wünschen, d. h. ein Bündniß der Landwirthschaft und der Industrie. Wenn Sie dies Ihren Herren Abgeordneten suppeditiren und ihnen sagen: stimmt für den Schutz der nationalen Arbeit, so glaube ich, werden sie diesem sich nicht entziehen können. [84]

## Die verfassungs- und finanzpolitischen Motive Bismarcks

*Aus einer Rede Bismarcks vor dem Deutschen Reichstag vom 2. Mai 1879 über die Notwendigkeit einer grundlegenden Finanzreform zur Gewinnung der finanziellen Selbständigkeit des Reiches. Die ursprüngliche, von den Nationalliberalen geteilte Auffassung, daß es Bismarck vor allem um die Finanzreform gehe und die zollpolitischen Pläne nur ein Mittel wären, diese leichter durchzusetzen, wurde jedoch schon durch die folgende, die Notwendigkeit von Schutzzöllen scharf unterstreichende Rede Bismarcks vom 8. Mai 1879 unhaltbar und entsprach auch nicht der endgültigen Regelung, die eine volle Verwirklichung des wirtschaftspolitischen Programms brachte, während die ursprünglichen Pläne zur Finanzreform nur teilweise durchgesetzt werden konnten.*

Ich habe mich dabei, je mehr ich mich hineinarbeitete, von der Nothwendigkeit der Reform nur um so voller überzeugt, und namentlich von ihrer Dringlichkeit.

Der heutige Zustand der deutschen Gesammtfinanzen, worunter ich nicht bloß die Reichsfinanzen, sondern die Gesammtheit der Finanzen des Reichs und der einzelnen Länder verstehe – denn bei dem organischen Zusammenhang derselben lassen sie sich nicht getrennt behandeln und betrachten – ist derart, daß er meines Erachtens auf das dringlichste zu einer baldigen und schleunigen Reform auffordert. Das erste Motiv, welches mich in meiner politischen Stellung als Reichskanzler nöthigt, für die Reform einzutreten, ist das Bedürfniß der finanziellen Selbstständigkeit des Reichs. Dieses Bedürfniß ist bei der Herstellung der Reichsverfassung schon anerkannt worden. Die Reichsverfassung setzt voraus, daß der Zustand der Matrikularbeiträge ein vorübergehender sein werde, welcher so lange dauern solle, bis Reichssteuern eingeführt wären [...] Gewiß ist, daß es für das Reich unerwünscht ist, ein lästiger Kostgänger bei den Einzelstaaten zu sein, ein mahnender Gläubiger, während es der freigebige Versorger der Einzelstaaten sein könnte bei richtiger Benutzung der Quellen, zu welchen die Schlüssel durch die Verfassung in die Hände des Reichs gelegt, bisher aber nicht benutzt worden sind. Diesem Zustand muß, glaube ich, ein Ende gemacht werden, denn die Matrikularumlage ist ungleich und ungerecht in ihrer Vertheilung. [85]

## Das Zentrum und die Umkehr der Wirtschaftspolitik

*In einer Reichstagsrede vom 8. Mai 1879 betont der Zentrumsführer Windthorst die Priorität des Zentrums in der Vertretung der Schutzzollpolitik und skizziert die Bedingungen seiner Partei für eine vollständige Unterstützung der Regierung.*

Wir haben vielmehr diese Politik [Schutzzollpolitik] vertreten, als die Regierung noch gegen uns stand in diesem Punkt. Meine Herren, von uns ist zunächst aufmerksam gemacht worden, vor Jahren schon, auf die materielle Noth des Volks, wir haben eine Umkehr in der Wirthschaftspolitik schon damals verlangt, wir wurden aber auf das entschiedenste zurückgewiesen [...]
Endlich ist die Erklärung der 204 wesentlich von uns getragen, und diese Erklärung datirt von früher als die Wendung der Regierung. Wir sind deshalb, ich wiederhole es, voll berechtigt in der Priorität, und es wird uns niemand vorwerfen, daß das, was wir immer erstrebten, was wir in unserem Wahlprogramm publizirten, was wir vor dem ganzen deutschen Volke bei den Wahlen vertheidigt haben, daß wir uns das nicht von anderer Seite oktroyiren lassen.
Dann hat der verehrte Herr Abgeordnete Bamberger, nachdem er uns dieses Zeugniß ertheilt, was durch die von mir angegebenen Thatsachen bekräftigt ist, geglaubt, er könne uns als die besten Kerntruppen des Herrn Reichskanzlers bezeichnen.* Ich

* Vgl. Bambergers Rede am 3. Mai 1879, in: Stenographische Berichte über die Verhandlungen des Deutschen Reichstags, Bd. 53, Berlin 1879, S. 951 ff.

weiß nicht, ob dieser Ausdruck seine Spitze wendet gegen den Herrn Reichskanzler oder gegen uns, — vielleicht gegen beide?

(Heiterkeit.)

Ich kann dem verehrten Herrn erwidern, ich wollte, daß er die Wahrheit gesprochen, denn es könnte uns nichts angenehmer sein, als stets an der Seite des Herrn Reichskanzlers zu fechten. Aber, meine Herren, die Freunde des Herrn Kollegen Bamberger können sich ganz beruhigen: wenn sie nicht selbst ihre Stellung zum Herrn Reichskanzler verderben, was anscheinend im Werke ist, —

(Heiterkeit)

wir werden unsererseits schwerlich in die Lage kommen, ihren Platz einzunehmen. So lange der Jammer des christlichen Volks fortdauert, solange die Beschwerden der Kirchen nicht gehoben sind, — Beschwerden, welche diesen Herbst von der Synode für die evangelische Kirche werden formulirt werden und von uns wiederholt formulirt worden sind, — wenn unsere Bischöfe im Auslande gehalten werden, über tausend Pfarreien vakant sind, wenn die Verrichtung des Gebets und des Gottesdienstes und die Spendung der Sakramente mit Strafe bedroht und verfolgt wird: dann, meine Herren, werden Sie begreifen, daß wir solchen Unternehmungen gegenüber die Position inne halten müssen, welche wir bisher eingenommen haben, und das wird mit derselben Energie geschehen, wie es bisher geschehen ist, bis zu dem Zeitpunkte, wo Abhilfe geschaffen ist.

Meine Herren, das schließt nicht aus, daß wir mit Befriedigung sehen, daß ein Gebiet vorliegt, auf welchem wir theilweise wenigstens den Herrn Reichskanzler mit aller Energie unterstützen können. Ich hoffe, daß der Herr Reichskanzler daraus entnehmen wird, wie wenig es richtig war, uns als Gegner des Reichs zu betrachten. Wir freuen uns aufrichtig über das Schwinden jedes Differenzpunktes, welcher zwischen der Regierung und uns besteht, aber so sehr groß diese Freude auch ist, wenn eine derartige Differenz verschwindet, so sind wir nicht sanguinisch genug, zu glauben, daß wir nun bereits in der Lage wären, der Regierung absolut und überall Unterstützung zu gewähren. Wir können nichts unterstützen, was uns die heiligsten und theuersten Interessen vernichtet!

(Bravo! im Zentrum.)

Meine Herren, ich gebe auch die Hoffnung nicht auf, daß der günstige Umstand, daß in dieser Sache wir theilweise die Regierung unterstützen können, den Herrn Reichskanzler veranlassen wird, in Bezug auf unsere Beschwerden nochmals gründliche Umschau zu halten, und ich hoffe, daß der Herr Reichskanzler nach dieser Umschau sich entschließen wird, sich von den Büreaus ebenso zu emanzipiren in kirchlich-geistlichen Dingen, wie er sich in wirthschaftlichen Dingen emanzipirt hat.

(Bravo! im Zentrum.)

Das ist die Stellung der Zentrumsfraktion, wie sie sie immer eingenommen hat. Sie ist keine Partei, die Opposition macht quand même* oder à outrance;** sie unterstützt die Regierung immer da, wo es ihrer Ueberzeugung entspricht, sie unterstützt die Regierung selbst dann, wenn es ihrer Ueberzeugung nicht ganz entspricht, wenn es sich um wesentliche Grundlagen des Staats handelt. Sie wird niemals ihre besonderen Beschwerden, ihre besonderen Zwecke verfolgen, wenn es sich handelt um den Thron, um das Vaterland und um die vitalsten Interessen der gesammten Nation. [86]

## Die Franckensteinsche Klausel

*Die Franckensteinsche Klausel sah in ihrer endgültigen Fassung vor, daß derjenige Ertrag der Zölle und der Tabaksteuer, der die Summe von 130 Mill. Mark in einem Jahre übersteigt, den einzelnen Bundesstaaten überwiesen werden sollte. Die Folge dieser Klausel war die Erhaltung der Abhängigkeit der Reichsfinanzen von den einzelstaatlichen Matrikularbeiträgen.*

*a) Aufzeichnung nach den Papieren des führenden Zentrumsabgeordneten Georg Arbogast Freiherr von und zu Franckenstein über die Entstehung der Klausel.*
Bei dem Diner am 18. Juni 1879 saß Freiherr von Franckenstein zur Rechten des Reichskanzlers. Gegen Ende der Tafel beklagte der Fürst den langsamen Fortgang der Beratungen der Tarifkommission; Freiherr von Franckenstein, welcher Vorsitzender der Kommission war, widersprach dieser Auffassung, wies auf die Fülle des bereits erledigten Materials hin, aber auch auf die Notwendigkeit, die Garantiefrage nun bald zur Beratung zu bringen. Er legte dabei dem Fürsten diejenigen beiden Anträge dar, welche seitens des Centrums hinsichtlich der Garantiefrage gestellt werden würden: Verteilung der den Betrag von 105 Millionen übersteigenden Zolleinnahmen an die Einzelstaaten und Bewilligung einiger Zölle stets nur auf bestimmte Zeit. Der Fürst erwiderte, die Anträge ständen im Widerspruch mit der Reichsverfassung. Während man sich nach Tisch im Garten bewegte, sprach der Fürst zunächst allein mit dem damaligen Präsidenten des Reichstags von Seydewitz; dieser kam dann zum Freiherrn von Franckenstein und forderte denselben auf, mit dem Reichskanzler die Lösung der Garantiefrage zu vereinbaren, die Konservativen würden in diesem Falle zustimmen. In gleichem Sinne äußerte sich auch der Abgeordnete Dr. Lucius namens der Reichspartei. Es folgte noch eine längere Unteredung zwischen dem Fürsten und Frei-

* (franz.) trotzdem
** (franz.) bis aufs äußerste

herrn von Franckenstein über die von letzterem gemachten Vorschläge, deren erster von ihm als Vorbedingung für die Annahme der Zölle bezeichnet wurde.
Der Fürst wünschte die Redaktion der Anträge zu sehen, und es wurde verabredet, daß Freiherr von Franckenstein am anderen Tage (19. Juni), abends neun Uhr, dieselbe dem Fürsten vorlegen werde. Bei dieser Zusammenkunft las Freiherr von Franckenstein dem Fürsten die beiden Anträge wiederholt vor; dieser las laut die Einleitung zur Reichsverfassung und erklärte, der erstere Antrag (Überweisung an die Staaten) habe einen mehr föderativen, der zweite (Bewilligung auf Zeit) einen rein konstitutionellen Charakter, ersterer gefalle ihm besser, beide Anträge zugleich werde er nie zugestehen [...]
Es wurde sodann über die Höhe der für das Reich zurück zu stellenden Summe verhandelt. Freiherr von Franckenstein sagte, daß das Durchschnittserträgnis der Zölle bisher 105 bis 110 Millionen betragen habe; der Fürst verlangte die Einstellung von mindestens 150 Millionen, worauf Franckenstein erklärte, über 130 Millionen würden seine politischen Freunde niemals gehen. Der Fürst sprach sich sodann dahin aus, daß er sich den Antrag nicht aneigne, auch würden sich die Kommissare bei den Garantieverhandlungen gar nicht aussprechen, der Antrag aber sei ihm von allen, die er bisher gesehen, der sympathischste, aber unter der Bedingung, daß man nicht auf dem zweiten Antrag bestehe. Bei dieser Gelegenheit erklärte der Fürst auf bezügliche Anfrage des Freiherrn von Franckenstein, daß er ohne Nachsteuer das Tabaksteuergesetz nicht brauchen könne, und das Brausteuergesetz nicht ohne Verbot der Surrogate. Nachdem diese Fragen erledigt waren, berührte Franckenstein noch die Beseitigung der Maigesetze und sprach den Wunsch aus, der Fürst möge doch nicht dulden, daß der Kulturkampf in so kleinlicher, aufregender, der Würde des Staates nicht entsprechender Weise geführt werde. Franckenstein verwahrte sich dabei dagegen, als ob er Tarif- und Zollpolitik mit dieser Frage zusammen verhandeln wolle, auch sei es klar, daß die Verhandlungen mit Rom nicht so schnell würden zum Abschluß kommen, es sei aber doch unverständlich, daß man nicht mit der kleinlichen Art des Kampfes aufhöre. Der Fürst erwiderte, darin könne er nichts thun, jeden Eingriff in das Kulturressort würde Falk mit seinem Entlassungsgesuche beantworten, er wolle nicht, daß Falk sagen könne, er (Bismarck) habe seinen Austritt aus dem Ministerium veranlaßt. Falk werde nicht mehr zu lange bleiben, es seien Momente denkbar, die in den nächsten Monaten denselben zum Gehen veranlassen könnten.
Beim Fortgehen nach etwa anderthalbstündiger Unterhaltung übergab Franckenstein den ersten Antrag dem Fürsten, welcher bemerkte, er wolle denselben, wenn möglich, noch dem Kaiser zeigen, der werde nichts dagegen haben; anders würden die Emp-

findungen des Kronprinzen sein. Dem Kaiser falle es schwer, sich rasch mit einem unbekannten Gegenstand zu befreunden. Einen neuen Gedanken müsse man den Kaiser erst erwägen lassen.
Im Verlaufe der weiteren Beratungen des Zolltarifs hatte Freiherr von Franckenstein noch dreimal Besprechungen mit dem Fürsten: am 29. Juni, bei welcher es zu sehr lebhaften Erörterungen kam, am 5. und 6. Juli 1879. [87a]

*b) Franckenstein in einer Rede vor einer Wählerversammlung am 17. August 1879 über die politischen Motive, die seinem Kompromißantrag zugrunde lagen.*

[...] das Centrum [habe] sich mit den Conservativen einfach zu dem Zwecke verbunden [...], die nationalliberale Partei definitiv von ihrer Verbindung mit der Regierung abzudrängen und ihr so ihren bisherigen Einfluß zu entreißen. Es sei doch besser gewesen, die Liberalen aus ihrer dominirenden Stellung zu verdrängen, als daß dieselben gegen Bewilligung noch höherer Finanzzölle (aber ohne Schutzzölle) am Ruder blieben und die katholische Kirche als das Schlachtopfer dieses Compromisses noch weiteren Chicanen ausgesetzt worden wäre. »Von zwei unvermeidlichen Uebeln das kleinere zu wählen, sei ja nicht anders gehandelt, als wie es die Cardinaltugend der christlichen Klugheit erheische.« [87b]

## Das ›System Bismarck‹ und die Pflicht der Nationalliberalen zur Opposition

*Aus einem Brief des Berliner Oberbürgermeisters und nationalliberalen Reichstagspräsidenten Max von Forckenbeck vom 19. 1. 1879 an Franz von Stauffenberg über die Notwendigkeit einer scharfen Opposition der Nationalliberalen Partei gegen die von Bismarck eingeleitete politische Neuorientierung.*

[...] In der Auffassung der Verhältnisse stimme ich vollständig mit Ihnen überein.
Das System Bismarck entwickelt sich mit furchtbarer Schnelligkeit so, wie ich es immer fürchtete. Allgemeine Wehrpflicht, ungemessene und überreichliche indirekte Steuern, ein disziplinierter und herabgewürdigter Reichstag und eine durch den Kampf aller materiellen Interessen verdorbene, und daher ohnmächtige öffentliche Meinung, das ist allerdings die Politik der Machtlosigkeit der Völker, der Untergang jeder konstitutionell freiheitlichen Entwicklung, gleichzeitig aber eine furchtbare Gefahr für das ganze Reich und das junge Kaisertum.
Ist nun die Nationalliberale Partei mit ihrer jetzigen Politik, mit ihrem jetzigen Programm und ihrer jetzigen Zusammensetzung

ein geeignetes Instrument um solchen Gefahren entgegen zutreten? Werden wir nicht noch von Etappe zu Etappe tiefer in den Sumpf geführt? Wird nicht reine Opposition zur Pflicht?
Diese Fragen haben mich mitten im Drange schwerer Geschäfte unausgesetzt gequält. Am zweiten Weihnachtsfesttage besuchte mich morgens Lasker. Die ersten Worte ergaben, daß ihn dieselben Fragen furchtbar aufregten. Wir verabredeten eine Zusammenkunft für den Silvesterabend. Bei derselben waren anwesend Benda, Rickert, Bamberger, Lasker und ich. Braun war geladen aber nicht gekommen. Der Gesetzentwurf über die Reichstagsdisziplin war noch nicht in seinen Einzelheiten bekannt. Es wurde verabredet, daß Lasker ein kurzes Programm abfassen solle.
a) Abwehr der willkürlichen, alles überhastenden, alles in Aufregung bringenden inneren Politik Bismarcks.
b) Nur das Bedürfnis des Reiches kann über das Maß der Erhöhung der indirekten Steuern entscheiden, also höchstens nur Ersatz der Matrikularbeiträge.
c) Notwendige Lebensbedürfnisse, Getreide, Vieh dürfen nicht mit Eingangszöllen belegt werden. Opposition daher und überhaupt gegen den Brief vom 15. 12.*
Für dieses Programm sollten Unterschriften gesammelt werden, wie bei der Erklärung der 224,** zugleich wurde die Versammlung der volkswirtschaftlichen Gesellschaft, von der jetzt Bamberger berichtet hat, vorbereitet. Lasker soll aus dem Spiele bleiben. Mitgeteilt wurde, daß er fest entschlossen sei, im Reichstage im Sinn des Freihandels aufzutreten, und schon jetzt die Rede ausarbeite.
Bennigsen und Miquel sollten zwar benachrichtigt, mit Ihnen gesprochen werden, alleiniges Vorgehen auch ohne dieselben wurde als möglich in Aussicht genommen.
Was aus der Sache weiter geworden, weiß ich nicht. Einzelne Andeutungen der National-Zeitung lassen mich vermuten, daß weiter verhandelt ist, und eine Einigung mit Bennigsen gefunden ist.
Es ist ja eine sehr reaktionäre Strömung im Lande, aber auch die Anzeichen des Widerstandes und der wiederkehrenden Besinnung mehren sich. Ich werde unter keinen Umständen mit einem reaktionären Strome schwimmen, lieber untergehen, wie Sie schreiben. Am allerwenigsten habe ich Lust einer solchen Strömung als Präsident zu dienen. Ich glaube, daß die Zeit zu fester und klarer Opposition mit vielen oder wenigen aber gleichgesinnten gekommen ist.*** [...] [88]

* Bismarck hatte in einem Brief an den Bundesrat vom 15. 12. 1878 sein zoll- und steuerpolitisches Programm im Detail vorgelegt.
** Offensichtlich ist die Erklärung der 204 (vgl. S. 209) gemeint.
*** In einer vielbeachteten Rede auf dem Festbankett einer Versammlung deutscher Städtevertreter vom 17. 5. 1879 forderte Forckenbeck, daß es an der Zeit sei, »daß das deutsche Bürgerthum gegenüber anderen Bestrebungen, die sich jetzt mit allen

## Die Abspaltung des linken Flügels der Nationalliberalen und seine Fusion mit der Fortschrittspartei 1879—1884

*a) Eduard Lasker analysiert in einem Brief vom 29. Juni 1879 an Johannes Miquel nach einer kritischen Betrachtung der Politik Bennigsens die nach seiner Auffassung eine entschiedene Opposition verlangende Situation der Nationalliberalen Partei und deutet seine Trennung von der Fraktion an.*

[...] Ihr Brief hat mich nicht wenig überrascht, zumal da er fast unmittelbar nach einer ausführlichen Unterredung mit Bennigsen kam, in welchem dieser mitgeteilt, daß er schon bei seiner Rede in der Generaldebatte zu den Steuer- und Tarifgesetzen, dem Datum nach am 6. Mai, das Ausscheiden einzelner nach links hin dissentierenden Mitglieder, wie ich annehme schlechtweg unser Ausscheiden, vor Augen gehabt und die Rede danach eingerichtet habe. Sie waren seitdem mit Bennigsen in Hannover zusammen und ich glaubte, daß Sie dort die Absichten und Gründe noch unumwundener von ihm erfahren hätten, als ich. Nicht die Differenzen über den Tarif schufen die Situation, obschon auch hierin die Lage weit über jede Vorausschätzung sich geändert hatte. Die Trennungsgedanken Bennigsens waren dadurch bedingt, daß er, nach den Strömungen im Volke, die Zeit gekommen glaubte, in stärkerem Anschluß an die beiden konservativen Parteien eine Mehrheit zu schaffen und mit seinem Anhang, als welche der weit größte Teil aller Fraktionsgenossen zurückgehalten werden sollte, in der Mehrheit zu bleiben und eine leitende Stellung zu erringen. In der Rede akzeptierte Bennigsen, unter einigen formalisierenden Vorbehalten und wenig praktischen Einschränkungen, nicht allein den Tarif, sondern die gesamte Handels- und Finanzpolitik, sogar die agrarischen Tendenzen Bismarcks. Er glaubte durch diese Rede eine leitende Stellung zu erhalten und er stellte Ermäßigungen gegen ausschweifende Forderungen in Aussicht. Inhalt und Ton der Rede schnitten jede Möglichkeit der Verständigung ab und nicht allein bei uns, sondern ganz überwiegend in der Partei mit Ausschluß der reinen Schutzzöllner und völlig nach rechts

Kräften regen, sich zusammenfasse und sein volles Gewicht in die Waagschale der Entscheidung lege. Schon lange habe er vorausgeahnt, daß einmal die Zeit kommen würde, wo sich aus dem Bürgerthum eine große liberale Partei entwickeln werde; er habe dabei immer geglaubt, daß die Liberale Partei nicht bloß die Städte, sondern, getreu ihren Traditionen und ihrem Gerechtigkeitsgefühl, alle Stände und namentlich auch das flache Land umfassen werde. Täusche er sich nicht, so sei die Zeit nahe, in der eine liberale Partei, als Kern in sich fassend das deutsche Bürgerthum, Einfluß gewinnen werde auf die weitere Entwicklung des deutschen Reiches. Dazu gehöre aber, daß wir uns rühren auf verfassungsmäßigem Boden, daß wir innerhalb dieser Grenzen aber alle Kräfte, die uns zu Gebote stehen, eifrig gebrauchen. Sein Toast gelte also dem freien, thatkräftigen deutschen Bürgerthum, dasselbe lebe hoch!« (Vgl. Schulthess 1879, S. 166.) Wenige Tage darauf, am 20. Mai 1879, legte Forckenbeck sein Amt als Reichstagspräsident aus Protest gegen die Politik der Regierung nieder. Sein Nachfolger wurde der deutsch-konservative Abgeordnete Otto Theodor von Seydewitz, Franckenstein wurde Vizepräsident.

strebenden Mitglieder, überraschte und verstimmte die Rede. Es stellte sich bald heraus, was wir erwartet und warnend vorher gesagt hatten, daß Bennigsen gar keinen Einfluß auf die Mehrheit gewann, die Partei aber war tatsächlich gelähmt und ihre Verhandlungen wurden suspendiert. Im Tarif siegte die maßlose Richtung; in betreff des Verfassungsrechts glaubte Bennigsen ganz fest an eine Verständigung mit Bismarck,* und er war einer der letzten, welche Kenntnis erhielten von der Verständigung Bismarcks mit dem Zentrum,** zu welcher er die beiden konservativen Fraktionen anhielt. Die Demonstrationen Bennigsens haben jetzt nur die eine für unsere Fraktion zerstörende Wirkung zurückgelassen. Bismarck macht keine halbe Arbeit, wenn er auch zu temporisieren und in abgeteilten Märschen zu avancieren versteht. Zu Anfang der Erörterungen in der Fraktion, ehe noch Bismarck öffentlich mit seinen Absichten hervorgetreten war, sagte ich, es werde jetzt gelost, ob eine liberal-konservative oder eine klerikal-konservative Mehrheit herzustellen sei. Jetzt zeigt sich, Bennigsen wollte das erstere, Bismarck, vielleicht nach wirklichen Schwankungen, vielleicht auch diplomatischen Verhüllungen, wollte das letztere. Die klerikal-konservative Ära beginnt; auch sie wird Reibungen unter den Verbündeten verursachen, aber die Verbündung besteht. Was nun in unserem Lager? Ist der Riß heilbar? Nicht die einzelnen Voten trennen, weit mehr trennt die auch für die Zukunft voraussichtliche Verschiedenheit der Neigungen und Absichten. Ein Teil der Fraktion wird auch in Zukunft den Mut oder den Willen nicht finden, entschieden in Opposition gegen diese verderbliche Politik aufzutreten, er wird von Fall zu Fall verhandeln und keine Enttäuschung wird ihn zu einem festen Vorgehen bringen. – Ich aber bin der Meinung, daß nur Entschlossenheit dem um sich greifenden Übel der Gesinnungslosigkeit, der Herabwürdigung einigen Einhalt tun kann. Sagen Sie nun selbst, ob unter dieser Voraussetzung ein Zusammenbleiben aller Mitglieder in derselben Fraktion möglich ist? [...]

Meine Ziele werden, auch wenn ich ganz allein stehen sollte, dieselben bleiben, wie früher; ich werde auch in den Mitteln mich nicht von der Richtschnur abdrängen lassen, welche für mich im öffentlichen wie im Privatleben nach demselben Maßstab der Moral und der Schicklichkeit gelten. Aber zu den vielen Opfern, welche die enge Gemeinschaft mit mehrfachen, zum Teil weit abliegenden Nuancierungen mich zwangen, brauche ich mich nicht zu bequemen, wenn diese Gemeinschaft aufhört, und ich glaube überdies, daß der Zeitlauf diese Art von Transaktion nicht mehr ohne Schaden verträgt. Ich bereue die bisherige Politik nicht, sondern glaube, daß wir dem Lande gut gedient haben – von jetzt ab kön-

* Bennigsen war bereit, den vorgesehenen Zöllen zuzustimmen, sofern das Budgetrecht des Reichstages dadurch gesichert wurde, daß der Kaffeezoll und die Salzsteuer jährlich im Reichshaushalt festgesetzt wurde.

** Gemeint ist die Franckensteinsche Klausel, vgl. S. 214

nen wir es nicht mehr in der alten Weise, was bisher klug und nur individuell entsagend war, würde fortan Schwäche und prinzipielle Verleugnung sein. Die nächsten Tage werden zeigen, ob die letzte Wendung Bismarcks endlich die Männer, mit denen ich in entschiedener Politik so gern zusammenwirken möchte, zu festen Entschlüssen gebracht hat. Groß sind meine Hoffnungen nicht. – Sie hat ein gutes Geschick mit den Miseren verschont, welche das Reichstagsmandat in besonders reichem Maße den Mitgliedern unserer Fraktion auferlegt. [89a]

*b) Bericht über eine Rede des Reichstagsabgeordneten Heinrich Rickert in Danzig vom 19. 8. 1880. Man sah darin vielfach eine Art Programmrede für die Ende August aus der Nationalliberalen Partei ausscheidenden sog. Sezessionisten, die sich im Reichstag als Liberale Vereinigung links von den Nationalliberalen konstituierten.*

Rickert bezeichnet den Zustand, in welchem der Reichskanzler fortdauernd die Stützen wechsle, als auf die Dauer unhaltbar. Die gegenwärtigen Verhältnisse der Parteien im Parlament bildeten eine Gefahr für unser öffentliches Leben, die in vielen Kreisen noch nicht genügend gewürdigt werde. So nützlich es auch dem Reichskanzler in einzelnen Fragen gewesen sein möge, die Stützen zu wechseln und das eine Gesetz mit dem Centrum, das andere mit den Liberalen zu Stande zu bringen, für die Dauer sei ein solcher Zustand unhaltbar, er müsse zur vollständigen Unsicherheit und zu sehr gefährlichen Schwankungen in unserer inneren Entwickelung führen, demoralisirend und desorganisirend auf das politische Leben und die politischen Zustände wirken. Es sei natürlich, daß die Parteien dem Reichskanzler in der Taktik folgten und ebenfalls die Politik der freien Hand trieben. Auf die Dauer könne auf so unberechenbare Combinationen hin eine wirksame und ersprießliche Thätigkeit sich nirgends entfalten. Müsse denn eine liberale Mehrheit nothwendig gegen den Reichskanzler gerichtet sein? Seine auswärtige Politik habe stets die Anerkennung und Unterstützung der Liberalen gefunden und seine innere Politik, soweit sie mit den Anschauungen der Liberalen harmonirt und Fortschritte in unserer öffentlichen Entwickelung zugelassen habe, ebenfalls. Auch in Zukunft würden die Liberalen alle Vorlagen lediglich ihrem Inhalt nach prüfen, und sie würden sich gewiß freuen, wenn sie den Reichskanzler unterstützen könnten. Das werde man doch aber von keinem Liberalen verlangen, daß er die Politik der Conservativen treibe, nur um selbst Stütze des Reichskanzlers zu sein und das Centrum dazu nicht kommen zu lassen. Es sei ein ganz ungerechtfertigter Vorwurf, der in einem Theil der nationalliberalen Presse den Mitgliedern des sogenannten linken Flügels gemacht werde, daß sie starre Principienreiterei und Opposition um jeden Preis wollten. Eine Politik freilich, wie sie jetzt von einem Mitgliede der nationalliberalen Partei im »Hann. Cur.« und in anderen nationalliberalen Blättern empfohlen würde, und die als Tactik empfehle, sich so einzurichten, daß man die »unentbehrliche Stütze« der Regierung sei, werde von ihnen nicht acceptirt werden. Der Zwiespalt und der Kampf unter den Liberalen sei für die gemeinsame Sache verhängnißvoll geworden. Wie sehr man auch über das Streben spotten möge, eine durchgreifende Besserung unserer inneren Verhältnisse sei nur zu erwarten, wenn wir zu großen Parteien gelangten. Die Conservativen hätten es verstanden, sich von Köller bis Stöcker zu vereinigen, sie wären vor Allem im Lande bei den Wahlen zusammengegangen. Wenn man von vornherein sage, es sei unmöglich, dann arbeitete man nur Denen in die Hände, welche aus triftigen Gründen die Verständigung unter den Liberalen nicht wollten. In Tausenden von Wählern lebe, was man auch sagen möge, der Gedanke; an ihnen liege es, Hand anzulegen zur Verwirklichung desselben. Im Parlament freilich würden der Bildung großer Parteien wahrscheinlich noch größere Hindernisse entgegentreten. Dort möge auch zur Zeit das Fractionswesen, obschon es an sehr schweren Mängeln leide, bestehen, jedenfalls dürfe es nicht auf die Wählerschaften übergetragen werden. Es würde nur zur Schwächung der Liberalen beitragen. Es gebe auch eine ganze Anzahl von Wahlkreisen, in denen in allgemeinen liberalen Wahlvereinen die Verständigung über die Candidaten erfolge und ein Fractionsunterschied gar nicht gemacht werde. Die liberalen Wählerschaften brauchten einfachere Formen für ihre gemeinsame Wirksamkeit, sie trieben in klareren, festeren Zügen Politik. Große Parteien seien die Voraussetzung einer gesunden Entwickelung unserer inneren Verhältnisse. Die Vorbedingung: die Verständigung über die Ziele einer großen liberalen Partei, sei zur Zeit nicht schwer. Es gelte jetzt Front zu machen gegen alle rückschrittlichen Bestrebungen der Conservativen und des Centrums, es gelte Das, was die Liberalen in langer mühsamer Arbeit errungen, zu vertheidigen. Aufrechterhaltung der Falk'schen Politik in Schule und Kirche, Aufrechterhaltung der Delbrück'schen Zoll-, Münz- und Handels-Politik, Ruhe und Sicherheit für das gesammte Erwerbsleben der Nation, Abwehr aller bedenklichen wirthschaftlichen und Steuer-Experimente, volle Aufrechterhaltung der Rechte der Volksvertretung. Das sei das gegebene Programm für die liberale Partei. Zehn Jahre lang hätten die Liberalen, während Centrum und ein großer Theil der Conservativen grollend bei Seite standen, die Organisation und Gesetze mitschaffen helfen, welche unserm nationalen Leben erst Fleisch und Blut gegeben. Wenn jetzt die Reaktion die Zeit gekommen glaube, diese Gesetze rückwärts revidiren zu können, so müßen die Liberalen ein festes Nein entgegensetzen. [89b]

*c) Einigungsbeschluß der Fraktionen der Liberalen Vereinigung (Sezession) und der Fortschrittspartei vom 5. 3. 1884. Das Ziel der neugebildeten Deutsch-Freisinnigen Partei, die mit über 100 von 397 Reichstagsabgeordneten die stärkste Fraktion im Parlament wurde, war die Bildung einer großen liberalen Partei, die die Nationalliberalen, die bei den letzten Wahlen von 1881 47 Mandate gewonnen hatten, entweder aufsaugen oder zurückdrängen sollte.*

Die parlamentarischen Fraktionen der deutschen Fortschrittspartei und der liberalen Vereinigung* unterbreiten der Beschlußfassung der zuständigen Parteiorgane und der Billigung ihrer Gesinnungsgenossen im Lande den Vorschlag, den sie vereinbart haben: beide Fraktionen zu einer Partei zu verbinden. Diese Vereinigung der deutschen Fortschrittspartei und der liberalen Vereinigung führt den Namen »Deutsche Freisinnige Partei«. Wir folgen hiermit einem Rufe, der von Tag zu Tag dringender aus allen Teilen Deutschlands an uns ergangen ist. Wir geben der eigenen Überzeugung Ausdruck, daß die Verteidigung der liberalen Sache in der Gegenwart und die Wahrung ihrer Zukunft nur bewirkt werden kann, wenn wir die uns zu Gebote stehenden Kräfte einheitlich zusammenfassen. Wir haben uns vergegenwärtigt, daß beide Parteien in den wesentlichen Grundsätzen, welche die politische Arbeit der nächsten Zeit beherrschen müssen, sich in Übereinstimmung befinden. Wir haben diese Übereinstimmung in den Einigungspunkten festgestellt. Mit denselben glauben wir einen Rahmen geschaffen zu haben, der, ohne von irgend einem Teile ein Opfer grundsätzlicher Überzeugungen zu fordern, fest genug ist, um lähmende innere Meinungsverschiedenheiten auszuschließen, der aber gleichzeitig allen wahrhaft Liberalen den Zutritt offen hält und ermöglicht. Hiernach rechnen wir auf die Zustimmung unserer Parteigenossen. Denn nur in der Einigkeit, die wir anbahnen, sind wir den Angriffen gewachsen, die heute unsere gemeinsame Sache bedrohen, nur sie entspricht den Anforderungen der konstitutionellen Entwicklung, welche eine wesentliche Bürgschaft für die Freiheit und Wohlfahrt des deutschen Volkes bildet.

Folgende Einigungspunkte wurden als Programm angenommen: »1) Entwicklung eines wahrhaft konstitutionellen Verfassungslebens in gesichertem Zusammenwirken zwischen Regierung und Volksvertretung und durch gesetzliche Organisation eines verantwortlichen Reichsministeriums. Abwehr aller Angriffe auf die Rechte der Volksvertretung, insbesondere Aufrechterhaltung der einjährigen Finanzperiode, der jährlichen Einnahmebewilligung, der Redefreiheit. 2) Wahrung der Rechte des Volkes: Erhaltung des geheimen, allgemeinen, direkten Wahlrechtes; Sicherung der Wahlfreiheit, insbesondere auch durch Bewilligung von Diäten;

* Die sog. ›Sezession‹

Preß-, Versammlungs-, Vereinsfreiheit; Gleichheit vor dem Gesetz ohne Ansehen der Person und der Partei; volle Gewissens- und Religionsfreiheit; gesetzliche Regelung des Verhältnisses zwischen dem Staate und den Religionsgesellschaften unter gleichem Rechte für alle Bekenntnisse. 3) Förderung der Volkswohlfahrt auf Grund der bestehenden Gesellschaftsordnung bei voller Wahrung der Gleichberechtigung, der Selbstthätigkeit und des freien Vereinigungswesens der arbeitenden Klassen. Eintreten für alle auf Hebung derselben zielenden Bestrebungen; Bekämpfung auch des Staatssozialismus, sowie der auf Bevormundung und Fesselung des Erwerbs- und Verkehrslebens, der Gewerbefreiheit und Freizügigkeit gerichteten Maßregeln. 4) Im Steuersystem Gerechtigkeit und Schonung der Volkskraft; Entlastung der notwendigen Lebensbedürfnisse; keine Zoll- und Wirtschaftspolitik im Dienste von Sonderinteressen; keine Monopole; Gesetzgebung und wirksame Aufsicht des Reiches im Eisenbahnwesen. 5) Erhaltung der vollen Wehrkraft des Volkes; volle Durchführung der allgemeinen Dienstpflicht bei möglichster Abkürzung der Dienstzeit; Feststellung der Friedenspräsenzstärke innerhalb jeder Legislaturperiode. — Dies alles zur Befestigung der nationalen Einigung Deutschlands, in Treue gegen den Kaiser und auf dem verfassungsmäßigen Boden des Bundesstaates.« [89c]

## Die Nationalliberalen in der Umformung

*a) Der nationalliberale Parteiführer Rudolf von Bennigsen warnt in einer Rede auf der nationalliberalen Landesversammlung in Hannover am 19. September 1880 vor den möglichen Auswirkungen der Sezession auf das geographisch-soziale Gefüge des deutschen Parteiwesens und spricht sich gegen eine Verschmelzung, aber für eine enge Zusammenarbeit der gemäßigt liberalen und konservativen Elemente aus. Die Ausführungen Bennigsens über die Gefahr der Bildung landschaftlicher und auf bestimmten wirtschaftlichen Interessen basierender Parteien werden in dem nationalliberalen Programm von 1881 aufgegriffen.*

Meine Herren! Es ist vollkommen richtig, politische Formen, wie die Bildung von Parteien, haben immer nur eine gewisse kürzere oder längere Lebensdauer, auf eine ewige Dauer sind sie nicht berechnet. Solche Formen ändern sich mit den Verhältnissen, namentlich mit den praktischen großen Aufgaben der Politik, vor allen Dingen mit den festen Niederschlägen, welche in der Verfassung und Gesetzgebung durch eine längere Reihe von Jahren erfolgt sind, wo dasjenige, was die Verfassungen regeln, und was in festen gesetzgeberischen Organisationen einen Ausdruck gefunden hat, durch den vollständigen Sieg der einen Partei oder die Verständigung unter den Parteien das allgemein anerkannte, von niemand mehr angefochtene, ein immer umfangreicheres, sozusagen neutrales politisches Gebiet geworden ist. Ja, meine Herren, wenn die Verhältnisse so vollständig sich geändert haben, mag es sein, daß auch die politischen Parteien eine ganz andere Gestalt annehmen. Meine Herren! In diesem Zusammenhange komme ich auf Zumutungen, die an mich ergangen sind, daß jetzt der Zeitpunkt gekommen sei, wo die Aufgabe an mich herantrete, eine Verschmelzung der liberalen und konservativen Partei herbeizuführen. Ich muß sagen, abgesehen davon, was in später Zukunft aus den Parteien werden wird, für jetzt und für absehbare Zeiten halte ich eine Verschmelzung der konservativen und liberalen Partei für ganz unausführbar. (Bravo!) Vollkommen richtig ist es, daß der Gegensatz zwischen Konservativen und Liberalen in manchen, auch wichtigen Punkten abgeschwächt ist und sich auf anderen Gebieten bewegt, als vor 1866, aber er ist trotzdem immer noch soweit begründet, auch unter den gemäßigten liberalen und konservativen Parteien, daß es ein verkehrtes Beginnen wäre, eine Verschmelzung herbeiführen zu wollen. Wenn später nach langer Gewöhnung in politischer und parlamentarischer Tätigkeit es in Deutschland dahin kommen sollte, daß die Parteien, welche in den Parlamenten die Mehrheit bilden, auch die Verantwortlichkeit für die Geschäfte der Regierung haben, mag sich allmählich auch eine andere Gestaltung der politischen Parteiverhältnisse ergeben. Einstweilen haben wir diesen Zustand noch nicht. Bekanntlich ist der Versuch, den der Reichskanzler vor zwei Jahren machte, als er mir anbot, in die Reichsverwaltung und das preußische Ministerium zu treten, mit dem Wunsche, daß auch noch andere liberale Elemente in die höhere preußische und Reichsverwaltung hineingezogen würden, gescheitert, an persönlichen Fragen und sachlichen Meinungsverschiedenheiten. Wenn hierüber eine Verständigung nicht einmal möglich gewesen, wird es noch viel weniger gelingen, daß ganze liberale und konservative Parteien auf einmal ihren alten Boden verlassen, um in eine Partei verschmolzen zu werden. In den Parlamenten wird man dies nicht wünschen, und in den Wählerschaften nicht verstehen, am wenigsten in der jetzigen Zeit, wo niemand sagen kann mit einiger Sicherheit, wohin die Regierung steuert, und keine Partei das Feld genau überblickt, auf dem die Parteien gemeinsam tätig sein sollen. Wenn derartige Dinge an uns herantreten, werden wir sie, meiner Auffassung nach, zurückweisen müssen, was nicht ausschließt, daß wir nach wie vor mit den gemäßigt konservativen Parteien zusammen wirken, wie wir seit dem Jahre 1867 getan haben, auf dem Wege, der es allein möglich machte, daß die norddeutsche Bundesverfassung, daß die Reichsverfassung zustande gekommen ist. Zu keiner Zeit hat in

den Parlamenten eine Partei die Mehrheit gehabt, ein Zusammenwirken, und zwar der gemäßigten liberalen und konservativen Elemente, war immer nötig, damit die Verfassungen und all die großen mannigfaltigen gesetzgeberischen Schöpfungen zustande kamen, und dazu werden wir auch künftig gern die Hand bieten, vorausgesetzt, daß wir unsere Grundsätze nicht zu verleugnen brauchen und für das Reich oder Preußen Förderliches durch ein solches Zusammenwirken erreichen können.
Meine Herren! Ich kehre zurück zu den Schwierigkeiten, welche das Weiterumsichgreifen der Sezession hervorrufen würde, und zu der Gefahr, welche ich darin erblicke, nicht nur für unsere Partei, sondern überhaupt für die weitere politische Entwicklung. Meine Herren! Sie haben aus den unterzeichneten Namen gesehen, daß diejenigen Landesteile, auf welche sich die Sezession bis jetzt stützen kann, von ganz vereinzelten Mitgliedern abgesehen, die östlichen und nördlichen in Deutschland sind; es sind wesentlich Abgeordnete aus den sechs alten östlichen Provinzen Preußens und aus den östlichen Küstengegenden. Wie nicht zu bezweifeln, steht das in Verbindung mit den Gegensätzen, die sich auf wirtschaftlichem Gebiet namentlich bei der Beratung des Zolltarifs gezeigt haben. Meine Herren, wohin soll das führen, wenn Süddeutschland sich ablehnend verhält, wenn aus Rheinland und Westfalen keine Mitglieder beitreten, wenn sich kein Mitglied aus den drei neuen Provinzen* anschließt, wenn auch in Sachsen und Thüringen die Abneigung gegen die Sezession ganz überwiegend zu sein scheint? Wir werden eine neue Partei bekommen, nicht wie jetzt die nationalliberale über ganz Deutschland und Preußen verbreitet, sondern eine Partei aus einzelnen Landschaften hervorgegangen, in deren besonderen wirtschaftlichen Interessen beruhend, gestützt auf die Autorität, welche einzelne bewährte Politiker besitzen. Nichts ist gefährlicher, als wenn politische und wirtschaftliche Gegensätze ihren Ausdruck finden in Parteien, die einzelne Landschaften vertreten. Diese Gefahr ist vielleicht nicht so groß bei einem übrigens vollkommen festen und gesunden Staate. Wenn aber sonst schon in einem Punkte wunde oder schwache Punkte vorhanden sind, so kann leicht eine solche Parteibildung der Anfang werden zu einer gegenseitigen Entfremdung ganzer Länder und Provinzen und zur Herauskehrung von Gegensätzen, welche die Grundlage des Staates erschüttern. Meine Herren! Wenn erst zu den älteren politischen Parteien oder an deren Stelle Parteien des Ostens und Nordens gegenüber denen des Südens, des Westens und der Mitte treten, dann sind wir auf dem Wege zu einer Entwicklung, die ein alter, festgefügter Einheitsstaat nur schwer erträgt, die das komplizierte junge Deutsche Reich gar nicht ertragen kann. Wenn

* Gemeint sind die 1866 von Preußen annektierten Provinzen Hannover, Schleswig-Holstein und Hessen-Nassau.

diese landschaftlichen Parteien sich gar noch basieren auf bestimmte Interessen, je nachdem diese Landesteile dem Ackerbau, oder dem Gewerbe und der Industrie, oder wieder dem Handel sich überwiegend zuwenden und danach vorwiegend freihändlerisch oder schutzzöllnerisch sind, so muß jeder besonnene Politiker dringend wünschen, daß solche gefährliche Bildungen nicht ins Leben treten, vielmehr die politischen Parteien wie bisher durch ganz Deutschland reichen, auf daß nicht eine Linie auf der Karte gezogen wird, die einen Teil in Deutschland politisch von dem anderen trennt. Ich hoffe, daß auch diejenigen, welche geneigt sind, den Ausgetretenen in manchen Punkten ihrer politischen und wirtschaftlichen Ansichten beizutreten, auf diese Deutschland drohende Gefahr aufmerksam sind. Meine Herren, eine Partei, wie sie seit 1867 bestanden, wie sie sich nach 1871 bewährt, die sollte man nicht eher aufgeben, als bis man ganz sicher ist, und zwar bald, etwas anderes ebenso wirksames an seine Stelle setzen zu können. (Bravo) [90a]

*b) Der Chef der Reichskanzlei, Christoph von Tiedemann, erörtert in einem ›Promemoria über die nationalliberale Partei‹ vom Oktober/November 1880 die Notwendigkeit einer stärkeren Berücksichtigung landwirtschaftlicher Interessen durch die Nationalliberalen als Voraussetzung für die Erhaltung ihrer Wählerschaft und einer größeren Einflußnahme auf die Regierung und Verwaltung. Dieses Dokument mit seiner Analyse der wachsenden Bedeutung interessenpolitischer Gesichtspunkte für die Parteien ist ein kennzeichnendes Beispiel für die Rückwirkungen der wirtschaftspolitischen Umkehr von 1876/79 auf den Charakter des Parteiwesens und die Struktur des Reichstages.*

Gegenüber den Mißständen, welche sich auf allen wirtschaftlichen Gebieten, namentlich aber auf demjenigen der Landwirtschaft geltend machen, und welche ihren Höhepunkt noch nicht erreicht haben dürften, verlieren die eigentlich politischen Fragen, deren Lösung vorzugsweise ein theoretisches Interesse bietet, einstweilen an Bedeutung. Dies hat sich bereits bei den letzten Wahlen zum Reichstag und Landtag gezeigt, und wird bei jeder Neuwahl immer deutlicher zutage treten.
Es würde ein politischer Fehler sein, wollte die nationalliberale Partei, welche im übrigen von den Sympathien eines großen Teils der Bevölkerung getragen wird, durch eine ablehnende Haltung gegenüber den Interessen des platten Landes sich letzteres entfremden. Schon jetzt herrscht in ländlichen Kreisen die Ansicht, daß die Vertretung ihrer berechtigten Wünsche und Forderungen in der nationalliberalen Partei zu kurz komme. Man vermißt bei den Mitgliedern derselben, welche ihrer Mehrheit nach aus dem Beamten- und Gelehrtenstande hervorgegangen sind, ein tieferes

Verständnis für die Bedürfnisse der Forst- und Landwirtschaft und ist geneigt, die Verantwortlichkeit für manche drückenden Übelstände vorzugsweise derjenigen parlamentarischen Fraktion zuzuschieben, in deren Reihen sich die meisten Theoretiker befinden.

Die Gefahr liegt nahe, daß diese Anschauung bei einer Neuwahl das Gros der Landbevölkerung in die Arme der hochkonservativen Partei treibt, welche schon jetzt nicht ohne Geschick brennende wirtschaftliche Fragen zu politischen Zwecken auszubeuten versteht. Je mehr es im Interesse unserer politischen Entwicklung liegt, daß die Mittelparteien der Nationalliberalen und Freikonservativen erstarken, desto wünschenswerter erscheint es, daß beide das Gebiet ihres Einflusses auch nach der Seite des platten Landes hin ausdehnen. [...]

Beabsichtigt die nationalliberale Partei an der Regierung faktischen Anteil zu nehmen, so muß sie sich bestreben, allen Interessen gerecht zu werden. Sie darf nicht im Lichte einer Fraktion erscheinen, die lediglich hohe Politik treibt, oder, wenn sie sich auf das Feld des wirtschaftlichen Lebens begibt, hier nur die Interessen der städtischen Bevölkerung wahrnimmt. Sie muß es vorzugsweise als ihre Aufgabe betrachten, wirtschaftliche Mißstände, wo sie sich immer finden, zu beseitigen. Die Inangriffnahme einer Steuerreform auf kommunalem Gebiete, die den Grundbesitz nicht nach den Vorschlägen des Abgeordneten Gneist aufs neue einseitig belastet, sondern Sonne und Wind zwischen Grundbesitz und Kapital gerecht verteilt, die Revision des Gesetzes über den Unterstützungswohnsitz im Sinne der Entlastung der ländlichen Kommunen von der jetzigen ganz exorbitanten Alimentationspflicht, die Abschaffung der Differentialtarife der Eisenbahnen, — solche und ähnliche Maßregeln werden ihr auch die Sympathien des großen und kleinen Grundbesitzes zuführen, und ihr damit für eine lange Reihe von Jahren einen maßgebenden Einfluß auf die Gesetzgebung und Verwaltung des Landes sichern. Ohne die Unterstützung der Landbevölkerung wird dieser Einfluß immer nur ein sehr problematischer bleiben und bei jeder Neuwahl seitens der Altkonservativen in Frage gestellt werden können. [90b]

*c) In der hier wiedergegebenen Erklärung vom 23. März 1884 sprechen sich unter dem Einfluß von Miquel in Heidelberg 42 führende Mitglieder der Nationalliberalen Partei in den Süddeutschen Staaten als Antwort auf die Bildung der Deutsch-Freisinnigen Partei unter deutlicher Wendung nach rechts eindeutig gegen eine Verschmelzung aller Liberalen und für eine stärkere Berücksichtigung der Interessen der Landwirtschaft aus. Der nationalliberale Parteitag vom 14. April 1884 schloß sich dieser Erklärung weitgehend an.*

(1) Die am 23. März 1884 in Heidelberg zur Besprechung über die politische Lage versammelten Mitglieder der nationalen und liberalen Partei in Baden, der deutschen Partei in Württemberg, der nationalliberalen Richtung in Bayern diesseits und jenseits des Rheins, der hessischen Fortschrittspartei und der nationalliberalen Partei der Provinz Hessen-Nassau fanden sich, im Anschluß an das nationalliberale Parteiprogramm vom 29. Mai 1881, durchaus einig in der Beurteilung der allgemeinen Verhältnisse des deutschen Reichs und der Stellung der nationalen und liberalen Landesparteien Süddeutschlands zu den wichtigsten Tagesfragen. (2) Sie betrachten die Kräftigung des Reichs und die Förderung der gemeinsamen Angelegenheiten des deutschen Volks auf dem bundesstaatlichen Boden der Reichsverfassung nach wie vor als ihre vornehmste Aufgabe. (3) Insbesondere werden sie unablässig für die Erhaltung einer starken deutschen Heeresmacht eintreten und kein notwendiges Opfer scheuen, um die Unabhängigkeit des Vaterlandes allen Wechselfällen gegenüber sicherzustellen. (4) Mit der ganzen Nation teilen sie die hohe Befriedigung über die auswärtige Politik des deutschen Reichs und die großen Erfolge der Friedensbestrebungen des Reichskanzlers. (5) Sie billigen die auf eine erhöhte Fürsorge für das Wohl der arbeitenden Klassen gerichteten Bestrebungen des Reichskanzlers und unterstützen, vorbehaltlich einer sorgfältigen Prüfung der einzelnen Maßregeln, die Reichsregierung in ihren Bemühungen, die soziale Lage der arbeitenden Klassen zu verbessern. Sie hoffen, daß das Unfallversicherungsgesetz noch in der gegenwärtigen Session des Reichstags zustande kommt. (6) Ihren liberalen Tradtionen treu, werden sie alle etwaigen Reaktionsversuche bekämpfen und namentlich die Rechte des Reichstags, falls deren Minderung versucht werden sollte, entschieden verteidigen. (7) Für die Aufrechterhaltung des geheimen Stimmrechts werden sie eintreten. (8) Die Zollgesetzgebung des deutschen Reichs betrachten sie vorerst in ihren wesentlichen Grundlagen als abgeschlossen und halten gegenwärtig eine systematische Anfechtung derselben für nachteilig und gefährlich. Dies schließt jedoch eine durch die Erfahrung begründete Änderung einzelner Zolltarifbestimmungen ebensowenig aus, als die Berücksichtigung neu hervortretender Bedürfnisse des Verkehrslebens. (9) Durch höhere Besteuerung der Börsengeschäfte, durch Erhöhung der Branntweinsteuer unter Wahrung der Interessen besonders der kleineren landwirtschaftlichen Brennereien, sowie durch eine bessere Regelung der Zuckersteuer könnten die Mittel gewonnen werden, um in erster Reihe schwerer drückende Steuern anderer Art zu erleichtern. (10) Das Gesetz über den Unterstützungswohnsitz halten sie in vielen Beziehungen für mangelhaft und eine Revision desselben, unter voller Aufrechthaltung der Freizügigkeit, für geboten. (11) In vollem Maße würdigen sie namentlich die gegenwärtige Lage der deutschen Landwirtschaft

und werden unbefangen die aus der Notwendigkeit der Erhaltung dieser wichtigen Grundfeste unseres Volkes hervorgehenden Anforderungen prüfen. (12) Sie erkennen in der Aufrechterhaltung der Ordnung und eines gesicherten Rechtszustandes die erste Pflicht des Staates, werden bereitwillig der Reichsregierung die zur Abwehr staatsgefährlicher Umtriebe erforderlichen Machtmittel gewähren, und erachten deshalb die Verlängerung des Sozialistengesetzes für dringend geboten. (13) Eine Verschmelzung mit anderen Parteien ist nach ihrer Ansicht unter den gegenwärtigen Verhältnissen durch die Verschiedenheit der Beurteilung entscheidender Tagesfragen ausgeschlossen. Die liberalen Landesparteien Süddeutschlands werden ihre bisherige unabhängige Stellung als Vertreter der Anschauungen großer Bevölkerungskreise nach allen Seiten hin festhalten. [90c]

## Bismarck und die Nationalliberalen

*Max Weber über Bismarcks Zerschlagung der Nationalliberalen Partei.*

Niemals hatte ein Staatsmann, der nicht aus dem Vertrauen des Parlaments heraus an das Ruder gekommen war, eine so leicht zu behandelnde und dabei so zahlreiche politische Talente umfassende Partei als Partnerin wie Bismarck von 1867 bis 1878. Man mag die politischen Ansichten der damaligen nationalliberalen Führer ablehnen. Auf dem Gebiet der hohen Politik und an beherrschender Energie des Geistes überhaupt darf man sie natürlich nicht an Bismarck selbst messen, neben dem selbst ihre besten als Mittelmaß wirken, wie schließlich ja alle anderen Politiker des Inlands erst recht und die meisten des Auslands ebenso. Ein Genie erscheint nun einmal günstigenfalls alle Jahrhunderte. Aber wir können dem Schicksal danken, wenn es die Leitung unserer Politik im Durchschnitt in die Hände von Politikern des Niveaus gelegt hätte und künftig legen würde, wie sie damals in jener Partei existierten. Es ist wahrlich eine der dreistesten Entstellungen der Wahrheit, wenn trotzdem politische Literaten bei uns der Nation einreden: »Das deutsche Parlament habe bisher große politische Talente nicht hervorzubringen vermocht.« Und es ist jämmerlich, wenn solchen Vertretern des Parlamentarismus, wie Bennigsen, Stauffenberg, Völk, oder auch der Demokratie, wie der preußische Patriot Waldeck, durch die gegenwärtige subalterne Literaten-Mode die Qualität von Repräsentanten »deutschen Geistes« abgesprochen wird, der in der Paulskirche mindestens ebenso stark lebte wie in der Bürokratie und besser als in den Tintenfässern dieser Herren. – Der große Vorzug jener Politiker aus der Blütezeit des Reichstages war zunächst: Sie hatten

ihre eigenen Schranken und die Irrtümer ihrer Vergangenheit kennengelernt und anerkannten die ungeheure geistige Überlegenheit Bismarcks. Nirgends hat er leidenschaftlichere ganz persönliche Bewunderer gehabt als in ihren Reihen, gerade auch in denen der späteren Sezessionisten. Und für ihr persönliches Niveau sprach vor allem eines: das völlige Fehlen allen Ressentiments gegenüber seiner überlegenen Größe. Davon wird jeder, der sie gekannt hat, alle irgend erheblichen Persönlichkeiten unter ihnen völlig freisprechen. Für den, der über die Vorgänge unterrichtet ist, grenzt es schlechterdings an Verfolgungswahn, wenn Bismarck ernstlich die Vorstellung nährte, gerade diese Politiker hätten irgendwann daran gedacht, ihn zu »stürzen«. Stets erneut habe ich aus dem Munde ihrer Führer gehört: Bestände irgendwelche Chance, daß für die höchste Stelle stets ein neuer Bismarck erstünde, dann wäre der Cäsarismus: die Regierungsform des Genies, die gegebene Verfassung für Deutschland. Das war völlig aufrichtige Überzeugung. Freilich hatten sie mit ihm dereinst die Klingen scharf gekreuzt. Ebendaher kannten sie auch seine Schranken und waren keineswegs geneigt, unmännlich das Opfer ihres Intellekts zu bringen, obwohl sie, bis zur Selbstverleugnung, immer wieder geneigt waren, ihm im Interesse der Vermeidung eines Bruchs entgegenzukommen, — ungleich weiter, als die Rücksicht auf die Stimmung der Wähler es zuließ, welche ihnen darin die Gefolgschaft zu versagen drohten. Einen Kampf um formale Parlamentsrechte mit dem Schöpfer des Reichs scheuten die nationalliberalen Politiker nicht nur deshalb, weil sie voraussahen, daß ein solcher rein parteipolitisch nur dem Zentrum zur Macht verhelfen würde, sondern auch weil sie wußten, daß er Bismarcks eigene Politik ebenso wie das Parlament auf lange hinaus in der sachlichen Arbeit lähmen würde: »Es gelingt nichts mehr«, hieß es bekanntlich in den achtziger Jahren.* Ihre innerste, im internen Kreise oft ausgesprochene Absicht war: durch die Zeit der Herrschaft dieser grandiosen Persönlichkeit im Reich jene Institutionen hindurchzusteuern, auf deren Leistungsfähigkeit nun einmal später, wenn man sich auf Politiker gewöhnlicher Dimensionen würde einrichten müssen, die Stetigkeit der Reichspolitik allein beruhen könne. Zu diesen Institutionen zählten sie allerdings auch ein positiv mitbestimmendes und dadurch die großen politischen Begabungen anziehendes Parlament und: starke Parteien.
Sie wußten genau, daß die Erreichung dieses Zieles schlechterdings nicht von ihnen allein abhing. Sehr oft habe ich gelegentlich der großen Wendung von 1878 aus ihrer Mitte sagen hören: »Eine Partei in der völlig prekären Lage der unsrigen zu zerstören oder ihr die Fortexistenz unmöglich zu machen, dazu bedarf es keiner großen politischen Kunst. Aber wenn man es tut, so wird man eine andere große Partei, die rein sachlich mitarbei-

* Überschrift eines Artikels des Berliner Zentrumorgans ›Germania‹ vom 28. 4. 1889.

tet, nicht wieder schaffen können, sondern zum interessenpolitischen und zum Patronagetrinkgelder-System greifen müssen, dennoch aber die schwersten politischen Erschütterungen in den Kauf zu nehmen haben.« Man mag, wie gesagt, im einzelnen manche Stellungnahmen der Partei, deren Initiative schließlich doch die Amtsstellung des Reichskanzlers selbst in der Verfassung (Antrag Bennigsen), die Einheit des bürgerlichen Rechts (Antrag Lasker), die Reichsbank (Antrag Bamberger), überhaupt die Mehrheit aller noch heute sich bewährenden großen Reichsinstitutionen zu danken ist, beurteilen, wie immer man will. Es ist leicht, ihre fortwährend mit der schwierigen Lage Bismarck gegenüber rechnende Taktik nachträglich zu kritisieren. Man kann die natürlichen Schwierigkeiten einer so rein politisch orientierten und dabei doch mit veralteter ökonomischer Dogmatik belasteten Partei den wirtschaftlichen und sozialpolitischen Problemen gegenüber für den Abstieg ihrer Stellung mit verantwortlich machen. – [...] In den fundamentalen politischen Voraussetzungen ihres Verhaltens hat ihnen jedenfalls die spätere Entwicklung völlig recht gegeben.

Sie konnten ihre selbstgewählte politische Aufgabe nicht durchführen und zerbrachen, letztlich nicht aus sachlichen Gründen, sondern weil Bismarck keine wie immer geartete irgendwie selbständige, d. h. nach eigenen Verantwortlichkeiten handelnde Macht neben sich zu dulden vermochte. [91]

# 8. Das Sozialistengesetz und die Grundlegung der deutschen Sozialversicherung

## I. Das Sozialistengesetz und seine Wirkung

### Das Sozialistengesetz 1878

*Auszüge aus dem ›Gesetz gegen die gemeingefährlichen Bestrebungen der Sozialdemokratie‹ vom 21. Oktober 1878.*

Wir Wilhelm, von Gottes Gnaden Deutscher Kaiser, König von Preußen etc.
verordnen im Namen des Reichs, nach erfolgter Zustimmung des Bundesraths und des Reichstags, was folgt:

§. 1.

Vereine, welche durch sozialdemokratische, sozialistische oder kommunistische Bestrebungen den Umsturz der bestehenden Staats- oder Gesellschaftsordnung bezwecken, sind zu verbieten.
Dasselbe gilt von Vereinen, in welchen sozialdemokratische, sozialistische oder kommunistische auf den Umsturz der bestehenden Staats- oder Gesellschaftsordnung gerichtete Bestrebungen in einer den öffentlichen Frieden, insbesondere die Eintracht der Bevölkerungsklassen gefährdenden Weise zu Tage treten.
Den Vereinen stehen gleich Verbindungen jeder Art.

§. 3.

Selbständige Kassenvereine (nicht eingeschriebene), welche nach ihren Statuten die gegenseitige Unterstützung ihrer Mitglieder bezwecken, sind im Falle des §. 1 Abs. 2 zunächst nicht zu verbieten, sondern unter eine außerordentliche staatliche Kontrole zu stellen. [...]

§. 4.

Die mit der Kontrole betraute Behörde ist befugt:
1. allen Sitzungen und Versammlungen des Vereins beizuwohnen;
2. Generalversammlungen einzuberufen und zu leiten;
3. die Bücher, Schriften und Kassenbestände einzusehen, sowie Auskunft über die Verhältnisse des Vereins zu erfordern;
4. die Ausführung von Beschlüssen, welche zur Förderung der im §. 1 Abs. 2 bezeichneten Bestrebungen geeignet sind, zu untersagen;
5. mit der Wahrnehmung der Obliegenheiten des Vorstandes oder anderer leitender Organe des Vereins geeignete Personen zu betrauen;
6. die Kassen in Verwahrung und Verwaltung zu nehmen.

§. 5.

Wird durch die Generalversammlung, durch den Vorstand oder durch ein anderes leitendes Organ des Vereins den von der Kontrollbehörde innerhalb ihrer Befugnisse erlassenen Anordnungen zuwidergehandelt oder treten in dem Vereine die im §. 1 Abs. 2 bezeichneten Bestrebungen auch nach Einleitung der Kontrole zu Tage, so kann der Verein verboten werden.

§. 9.

Versammlungen, in denen sozialdemokratische, sozialistische oder kommunistische auf den Umsturz der bestehenden Staats- oder Gesellschaftsordnung gerichtete Bestrebungen zu Tage treten, sind aufzulösen.

Versammlungen, von denen durch Thatsachen die Annahme gerechtfertigt ist, daß sie zur Förderung der im ersten Absatze bezeichneten Bestrebungen bestimmt sind, sind zu verbieten.

Den Versammlungen werden öffentliche Festlichkeiten und Aufzüge gleichgestellt.

§. 10.

Zuständig für das Verbot und die Auflösung ist die Polizeibehörde.

Die Beschwerde findet nur an die Aufsichtsbehörden statt.

§. 11.

Druckschriften, in welchen sozialdemokratische, sozialistische oder kommunistische auf den Umsturz der bestehenden Staats- oder Gesellschaftsordnung gerichtete Bestrebungen in einer den öffentlichen Frieden, insbesondere die Eintracht der Bevölkerungsklassen gefährdenden Weise zu Tage treten, sind zu verbieten.

Bei periodischen Druckschriften kann das Verbot sich auch auf das fernere Erscheinen erstrecken, sobald auf Grund dieses Gesetzes das Verbot einer einzelnen Nummer erfolgt.

§. 13.

Das von der Landespolizeibehörde erlassene Verbot einer Druckschrift ist dem Verleger oder dem Herausgeber, das Verbot einer nicht periodisch erscheinenden Druckschrift auch dem auf derselben benannten Verfasser, sofern diese Personen im Inlande vorhanden sind, durch schriftliche, mit Gründen versehene Verfügung bekannt zu machen.

Gegen die Verfügung steht dem Verleger oder dem Herausgeber, sowie dem Verfasser die Beschwerde (§. 26) zu.

Die Beschwerde ist innerhalb einer Woche nach der Zustellung der Verfügung bei der Behörde anzubringen, welche dieselbe erlassen hat.

Die Beschwerde hat keine aufschiebende Wirkung.

§. 16.

Das Einsammeln von Beiträgen zur Förderung von sozialdemokratischen, sozialistischen oder kommunistischen auf den Umsturz der bestehenden Staats- oder Gesellschaftsordnung gerichteten

Bestrebungen, sowie die öffentliche Aufforderung zur Leistung solcher Beiträge sind polizeilich zu verbieten. Das Verbot ist öffentlich bekannt zu machen.
Die Beschwerde findet nur an die Aufsichtsbehörden statt.

§. 17.

Wer an einem verbotenen Vereine (§. 6) als Mitglied sich betheiligt, oder eine Thätigkeit im Interesse eines solchen Vereins ausübt, wird mit Geldstrafe bis zu fünfhundert Mark oder mit Gefängniß bis zu drei Monaten bestraft. Eine gleiche Strafe trifft denjenigen, welcher an einer verbotenen Versammlung (§. 9) sich betheiligt, oder welcher nach polizeilicher Auflösung einer Versammlung (§. 9) sich nicht sofort entfernt.
Gegen diejenigen, welche sich an dem Vereine oder an der Versammlung als Vorsteher, Leiter, Ordner, Agenten, Redner oder Kassirer betheiligen, oder welche zu der Versammlung auffordern, ist auf Gefängniß von Einem Monat bis zu Einem Jahre zu erkennen.

§. 18.

Wer für einen verbotenen Verein oder für eine verbotene Versammlung Räumlichkeiten hergiebt, wird mit Gefängniß von Einem Monat bis zu Einem Jahre bestraft.

§. 19.

Wer eine verbotene Druckschrift (§§. 11, 12), oder wer eine von der vorläufigen Beschlagnahme betroffene Druckschrift (§. 15) verbreitet, fortsetzt oder wieder abdruckt, wird mit Geldstrafe bis zu eintausend Mark oder mit Gefängniß bis zu sechs Monaten bestraft.

§. 20.

Wer einem nach §. 16 erlassenen Verbote zuwiderhandelt, wird mit Geldstrafe bis zu fünfhundert Mark oder mit Gefängniß bis zu drei Monaten bestraft. Außerdem ist das zufolge der verbotenen Sammlung oder Aufforderung Empfangene oder der Werth desselben der Armenkasse des Orts der Sammlung für verfallen zu erklären.

§. 22.

Gegen Personen, welche sich die Agitation für die im §. 1 Abs. 2 bezeichneten Bestrebungen zum Geschäfte machen, kann im Falle einer Verurtheilung wegen Zuwiderhandlungen gegen die §§. 17 bis 20 neben der Freiheitsstrafe auf die Zulässigkeit der Einschränkung ihres Aufenthaltes erkannt werden.
Auf Grund dieses Erkenntnisses kann dem Verurtheilten der Aufenthalt in bestimmten Bezirken oder Ortschaften durch die Landespolizeibehörde versagt werden, jedoch in seinem Wohnsitze nur dann, wenn er denselben nicht bereits seit sechs Monaten inne hat. Ausländer können von der Landespolizeibehörde aus dem Bundesgebiete ausgewiesen werden. Die Beschwerde findet nur an die Aufsichtsbehörden statt.
Zuwiderhandlungen werden mit Gefängniß von Einem Monat bis zu einem Jahre bestraft.

§. 26.

Zur Entscheidung der in den Fällen der §§. 8, 13 erhobenen Beschwerden wird eine Kommission gebildet. Der Bundesrath wählt vier Mitglieder aus seiner Mitte und fünf aus den Mitgliedern der höchsten Gerichte des Reichs oder der einzelnen Bundesstaaten. Die Wahl dieser fünf Mitglieder erfolgt für die Zeit der Dauer dieses Gesetzes und für die Dauer ihres Verbleibens in richterlichem Amte.
Der Kaiser ernennt den Vorsitzenden und aus der Zahl der Mitglieder der Kommission dessen Stellvertreter.

§. 28.

Für Bezirke oder Ortschaften, welche durch die im §. 1 Abs. 2 bezeichneten Bestrebungen mit Gefahr für die öffentliche Sicherheit bedroht sind, können von den Zentralbehörden der Bundesstaaten die folgenden Anordnungen, soweit sie nicht bereits landesgesetzlich zulässig sind, mit Genehmigung des Bundesraths für die Dauer von längstens Einem Jahre getroffen werden:
1. daß Versammlungen nur mit vorgängiger Genehmigung der Polizeibehörde stattfinden dürfen; auf Versammlungen zum Zweck einer ausgeschriebenen Wahl zum Reichstag oder zur Landesvertretung erstreckt sich diese Beschränkung nicht;
2. daß die Verbreitung von Druckschriften auf öffentlichen Wegen, Straßen, Plätzen oder an anderen öffentlichen Orten nicht stattfinden darf;
3. daß Personen, von denen eine Gefährdung der öffentlichen Sicherheit oder Ordnung zu besorgen ist, der Aufenthalt in den Bezirken oder Ortschaften versagt werden kann;
4. daß der Besitz, das Tragen, die Einführung und der Verkauf von Waffen verboten, beschränkt oder an bestimmte Voraussetzungen geknüpft wird.
Ueber jede auf Grund der vorstehenden Bestimmungen getroffene Anordnung muß dem Reichstag sofort beziehungsweise bei seinem nächsten Zusammentreten Rechenschaft gegeben werden.
[...]

§. 30.

Dieses Gesetz tritt mit dem Tage der Verkündigung in Kraft und gilt bis zum 31. März 1881.*
Urkundlich unter Unserer Höchsteigenhändigen Unterschrift und beigedrucktem Kaiserlichen Insiegel.
Gegeben Potsdam, den 21. Oktober 1878.
Im Allerhöchsten Auftrage Seiner Majestät des Kaisers:
(L. S.) Friedrich Wilhelm, Kronprinz.**
Fürst v. Bismarck. [92]

* Das Gesetz wurde dreimal – 1881, 1884 und 1887 – verlängert.
** Der Kronprinz unterschrieb, da der Kaiser aufgrund seiner schweren Verletzung durch das auf ihn verübte Attentat vom 2. Juni 1878 seine Regierungsfunktionen nicht ausüben konnte.

## Das System Puttkamer: Polizeispitzel und Provokateure unter dem Sozialistengesetz

*Auszüge aus Reichstagsreden des führenden Sozialdemokraten Paul Singer und des preußischen Innenministers Robert von Puttkamer vom 27. 1. 1888 über das Spitzelsystem der preußischen Polizei.*

[Singer:] Meine Herren, wir haben am 6. Januar 1888 in einem Schriftstück, dessen Identität die dortige Polizeibehörde durch ihren Stempel bekundet hat, an den Herrn Polizeihauptmann Fischer in Zürich geschrieben:
Die ergebenst Unterzeichneten richten an Sie die höfliche Bitte, ihnen bestätigen zu wollen, daß der in Zürich-Riesbach wohnhafte, hier in Haft befindliche Schreiner und Agent Karl Schröder, sowie der hier in Haft genommene Gießer Christ Haupt aus Genf, folgende, Freunden von uns gemachte Geständnisse auch in der wider sie anhängigen behördlichen Untersuchung ausgesagt haben, resp. daß die in den Geständnissen zugegebenen Thatsachen auch anderweit durch Zeugenvernehmungen von der Untersuchungsbehörde festgestellt sind:
1. Daß Schröder seit Jahren im Dienste der Berliner Polizei steht, anfangs monatlich 200 Mark Gehalt und in den letzten Jahren 250 Mark pro Monat erhalten hat.
2. Daß er das Geld auf Anweisung des Polizeiraths Krüger in Berlin empfangen, seine Berichte an den Polizeibeamten Crüder gesandt habe.
3. Daß bei Schröder bei der Hausdurchsuchung eine Kiste Dynamit, aus der Dynamitfabrik Opladen, Regierungsbezirk Düsseldorf, stammend, gefunden wurde, die Schröder von den Anarchisten Etter und Wübbeler empfing.
4. Daß Schröder mit den Anarchisten Stellmacher, Kammerer, Kaufmann, Keunel und anderen genau bekannt war und in intimen Beziehungen stand und im Herbst 1883 einer in Zürich stattgehabten Konferenz der schweizer
– sollte besser heißen der »ausländischen« –
Anarchisten beiwohnte, bei der auch die Genannten zugegen waren.
5. Daß seine Verbindung mit der Berliner Polizei der Anarchist Kaufmann vermittelte, und nach Schröders Aussage auch Kaufmann im Dienste der Berliner Polizei arbeitete.
6. Daß Schröder auch mit den Anarchisten Peukert und Neve in persönlichen Beziehungen, mit dem Anarchisten Justus Schwab in New-York in brieflichem Verkehr stand.
7. Daß Schröder alle neu erscheinende sozialistische und anarchistische Literatur für die Berliner Polizei anzuschaffen und dieser sofort zuzusenden hatte, daß er die bezüglichen Versammlungen

der erwähnten Richtungen zu überwachen und die darin anwesenden Personen zu denunziren hatte.
8. Daß Schröder in Versammlungen und Wirthschaften die Arbeiter durch seine Reden erhitzt und aufgehetzt und sie auf den Weg der Gewalt, als dem einzigen Mittel zur Rettung, verwiesen und zur »Propaganda der That« aufgefordert habe.
Bezüglich Haupts:
1. Daß Haupt zugestanden, seit vollen sieben Jahren im Dienste der Berliner Polizei zu stehen, anfangs in Paris thätig war, dann nach Genf übersiedelte.
2. Daß Polizeirath Krüger den Haupt im Jahre 1881 und der Polizeirath von Hacke im Jahre 1884 persönlich in Genf besuchten und ihn instruirt haben.
3. Daß beide mit seinen bisherigen Leistungen nicht zufrieden waren und »Mehr« von ihm verlangten, wobei Polizeirath Krüger Winke ertheilte, wie er namentlich die in Genf lebenden Russen und Polen an sich heranlocken, sich in ihr Vertrauen schleichen und nächtlicherweise in ihre Wohnungen eindringen solle, von Hacke ihm den Rath gab, sich in die Kreise der Anarchisten zu drängen.
4. Daß Haupt anfangs 100 Mark, dann 125 Mark, später 150 Mark und zuletzt 200 Franken pro Monat vom Polizeirath Krüger erhielt, welcher ihm auch Geld zur Gründung eines Geschäfts anbot.
5. Daß Polizeirath Krüger dem Haupt schrieb, er wisse, das nächste Attentat gegen den Zaren werde von Genf ausgehen, darüber brauche er Berichte.

Hochachtungsvoll ergebenst
A. Bebel, Paul Singer,
Mitglieder des deutschen Reichstags.

Auf diesen Brief, meine Herren, haben wir folgende Antwort bekommen:

Zürich, den 6. Januar 1888.

Herren A. Bebel und Paul Singer,
Mitglieder des deutschen Reichstags.

Durch Brief vom heutigen Datum ersuchen Sie mich um verschiedene Auskunft in der U. S. c. Carl Schröder, Schreiner, und Christian Haupt, Gießer.
Bei dem lebhaften Interesse, welches diese Sache für die schweizerischen Behörden in Bezug auf das provokatorische Treiben der unter Anklage stehenden Personen hat, erklärte ich Ihnen, obschon keinerlei Verpflichtung für mich dazu vorliegt, daß einerseits durch Geständnisse der Angeschuldigten, andererseits durch Zeugen die vollständige Richtigkeit sämmtlicher in dem zurückfolgenden Schriftstücke aufgestellten Behauptungen festgestellt ist.

(Hört! hört! links.)

Einzig der in Frage 6 behauptete Verkehr Schröders mit Justus Schwab ist bis jetzt noch nicht amtlich erhärtet.
– Inzwischen ist das nachgeholt, inzwischen ist auch dieser Verkehr amtlich bewiesen. –

Hochachtungsvoll
Das Polizeikommando:
Fischer,
Polizeihauptmann.

Ich gestatte mir, diese Schriftstücke zur Durchsicht auf dem Tische des Hauses niederzulegen. [...]
Nun, meine Herren, können Sie gegenüber diesen unwiderlegbaren Thatsachen dasjenige bestreiten oder bezweifeln, was ich im Anfange meiner Ausführungen gesagt habe, indem ich behauptete, daß die preußische Polizei es ist, daß das System Puttkamer es ist, welches sich erst die Verbrecher züchtet, deren sie bedarf, um nachher gegen die sozialdemokratische Partei vorzugehen? Meine Herren, wir werden uns im Laufe der Verhandlungen gestatten, Ihnen noch mit weiterem Material zu dienen; wir werden Ihnen ausführen können, daß das Berliner Polizeipräsidium der Mittelpunkt einer internationalen Spitzelgesellschaft ist, wir werden Ihnen den Nachweis führen können, daß von Berlin aus die Fäden über die ganze Welt sich spannen, zu einem Netze sich zusammenfinden, welches gesponnen wird, um Leute zu Verbrechen anzureizen, zu dem einzigen Zwecke schließlich, um das Bürgerthum in Deutschland gruselig zu machen [...]
[Puttkamer:] Ich muß dabei allerdings von vornherein sagen, daß weder die verbündeten Regierungen noch, wie ich annehme, die Regierung irgend eines Kulturstaates der Welt darauf verzichten kann, besonders gefährlichen Bestrebungen, sei es auf dem Gebiete des gemeinen Strafrechts, sei es auf dem hier berührten politischen Gebiete, nahe zu treten und den Versuch wenigstens zu machen, die bedenklichen Vorgänge innerhalb solcher Parteien, die sich mit staatsgefährlichen Bestrebungen befassen, aufzudecken zum allgemeinen Nutz und Frommen des Reichs und seiner Interessen. [...]
Wir müssen uns vorbehalten, den dunklen Gängen, welche die Sozialdemokratie und ihre affiliirten Verbindungen zu machen belieben, nachzuforschen, und wir müssen das Recht in Anspruch nehmen, uns derjenigen Organe für diesen Zweck zu bedienen, welche wir für nützlich und zweckmäßig halten. Meine Herren, daß der Dienst in diesem Zweig der Polizei nicht immer Ehrendienst ist, das will ich Ihnen gerne zugeben

(aha! links); –

aber damit ist noch keineswegs bewiesen, daß eine solche Thätigkeit nicht eine unliebsame und traurige Nothwendigkeit ist. Daß die Organe, deren die betheiligten Behörden und höheren Beamten, namentlich im Auslande, sich bedienen müssen, auf den Charakter eines Gentleman in der Regel keinen Anspruch haben

(große Heiterkeit),

gestehe ich Ihnen auch ganz offen ein. Wir bezahlen sie, und dafür leihen sie uns ihre Dienste, Dienste, die, wie ich Ihnen nachher sagen werde, schon in sehr eklatanten Fällen von höchst ersprießlichen Folgen für uns und auch das Ausland gewesen sind.

Also, meine Herren, unter diesem Vorbehalt, den ich unter allen Umständen aufrechterhalten muß, gehe ich nun weiter und behaupte dem Herrn Abgeordneten Singer gegenüber frank und frei, daß es eine vollständige Erfindung und eine tendenziöse Verdächtigung meiner Stellung sowohl wie der Stellung aller Polizeibehörden im deutschen Reiche überhaupt ist, wenn er sich anmaßt, uns aufzubinden, daß wir uns der agents provocateurs bedienten, um Verbrechen anzustiften, unter deren Druck wir nachher drakonische Maßregeln ergreifen könnten. Ob der Herr Abgeordnete Singer und seine Freunde mir das glauben, ist für mich vollständig ohne Bedeutung. Aber ich verlange von den anderen Parteien dieses Hauses, und ich möchte sagen, von jedem Mitgliede dieses Hauses, welches nicht zur sozialdemokratischen Fraktion gehört, daß sie meinen Worten als ehrlicher Mann in dieser Beziehung Glauben schenken. Ich würde in der That hier vor Ihnen, so zu sagen, in die Erde sinken müssen, wenn ich auf diesem Gebiete nicht ein vollständig reines Gewissen hätte. [93]

## Die Sozialdemokratie unter dem Sozialistengesetz

*Der Parteiführer August Bebel gibt in einer Rede auf dem Parteitag von Halle im Oktober 1890 einen Rückblick auf die Opfer und die Entwicklung der Sozialdemokratie während der Zeit des Sozialistengesetzes.*

Heute endlich, nach mehr als 13 Jahren, sind wir zum ersten Male wieder in Deutschland unter der Herrschaft des allgemeinen Rechts versammelt, und zwar so zahlreich, wie nie zuvor. Da dürfte es wohl am Platze sein, einen flüchtigen Blick auf die Hauptereignisse und die Entwicklung der Partei unter dem Ausnahmegesetz zu werfen. Als das Gesetz verkündet und dann sofort mit aller Schärfe gegen uns angewandt wurde, da haben wohl viele kaum die Hoffnung gehegt, daß wir eines Tages wieder so wie heute uns versammelt sehen würden. Leider ist die Zahl derer sehr, sehr groß, die diesen großen Tag des Sieges nicht mehr erlebten. Es sind eine große Anzahl Genossen aus den verschiedensten Lebensstellungen, die von den Handhabern des Gesetzes gehetzt, verfolgt, zu Grunde gerichtet und dadurch in ihrem Lebensfaden verkürzt in's frühe Grab sanken. Viele Hunderte andere wurden in den ersten Jahren der Herrschaft des Gesetzes durch die Vernichtung ihrer materiellen Existenz gezwungen, im Auslande Zuflucht und Unterkunft zu suchen. Von denjenigen, die in der vorsozialistengesetzlichen Zeit als Agitator und in öffentlichen Stellungen, als Redakteure, Abgeordnete u. s. w. in der Partei thätig waren, haben in den ersten Jahren über 80 Personen, darunter unsere tüchtigsten, besten und intelligentesten Genossen den deutschen Boden verlassen müssen, und nur sehr wenige von ihnen können oder werden in die Heimath zurückkehren. Es war ein Aderlaß an Kräften, wie nach einer verlorenen Schlacht, aber um so größer steht die Partei da, indem sie diesen Aderlaß nicht blos ertragen, sondern das ihr abgezapfte Blut auch so reichlich wiederersetzt hat. Sie wissen Alle, welcher Art die Schläge waren, die fielen, als am 19. Oktober 1878 das Ausnahmegesetz mit 221 gegen 149 Stimmen angenommen worden war und am 21. Oktober 1878 in Kraft trat. [...] Alle unsere Preßorgane, und zwar 42 politische und 14 gewerkschaftliche Organe, eine ungeheure Zahl von Vereinen, verschiedene Kassen und Gewerkschaften fielen innerhalb weniger Monate der Polizeimacht zum Opfer. Binnen wenigen Wochen war die ganze Organisation der Partei vernichtet, hunderte und aber hunderte von Genossen lagen existenzlos auf dem Pflaster. Daß damals Viele eine gewisse Muthlosigkeit befiel, ganze Schaaren, wie nach einer verlorenen Schlacht, von uns abgesprengt wurden, wer will sich darüber verwundern und wer will das übel nehmen? Keine andere Partei in Deutschland würde solche Schläge ausgehalten und überwunden haben. (Sehr richtig.)

Im Laufe dieser Jahre sind unter der Herrschaft des Ausnahmegesetzes 155 periodische Druckschriften verboten worden, und unter diesen an 80 Einzelnummern von periodischen Druckschriften. Weiter wurden 1200 nichtperiodische Druckschriften, darunter unsere ganze, sehr ansehnliche Broschüren-Literatur verboten, im Ganzen ca. 1400 Druckschriften. Ausweisungen auf Grund der Herrschaft des sog. kleinen Belagerungszustandes in Berlin, Potsdam und Berlin, Hamburg-Altona-Harburg und Umgegend, Leipzig und Umgegend, Frankfurt a. M.-Offenbach, Hanau, Stettin und Spremberg, sind nahe an 900 erfolgt. Prozesse, die namentlich nach Ablauf der ersten 2 Jahre der Herrschaft des Gesetzes begannen, als die Partei von den ersten furchtbaren Schlägen sich wieder erholt hatte, und dann die Genossen dem Drange nach Vereinigung vielfach folgend, sich in den verschiedensten Orten in sogenannten geheimen Verbindungen zusammen fanden, diese Prozesse wurden allmählich zahlreich und führten zur Verurtheilung von über 300 Personen. Daneben verfielen den Maschen des Sozialistengesetzes nahezu an 1200 Personen, so daß allein auf Grund und als Folge der Ausnahme-

gesetzgebung volle 1500 Personen in die Gefängnisse wandern mußten. Dazu kommen die Verurtheilungen, die genauer festzustellen mir nicht möglich war, wegen Majestätsbeleidigung, wegen Verstoßes gegen §§ 130 und 131 des Strafgesetzbuchs, wegen Aufruhr, Landfriedensbruch u. s. w. Die Zahl dieser Verurtheilten mag im Verhältniß zu der anderen klein sein; aber sie erhöht nicht nur die Zahl der Opfer, sondern sie fällt auch in's Gewicht durch die Schwere der Verurtheilungen. Das Gesammtmaaß der Freiheitsstrafen beläuft sich auf nahe an 1000 Jahre Gefängniß, darunter eine Anzahl Jahre Zuchthaus. [. . .]
Man hat, und ich halte es für nöthig, gerade hier darauf zu sprechen zu kommen, in den verschiedensten Geheimbundprozessen seitens der Staatsanwälte und theilweise auch der Gerichte den Versuch gemacht, nachzuweisen, daß eine große allgemeine, geheime Verbindung über ganz Deutschland bestehe, in der alle Einzelverbindungen, soweit solche bestanden, unter gemeinsamer Leitung ständen, weil man sich anders nicht unsere Existenz und unsere Erfolge erklären konnte. Ich muß auch hier ausdrücklich konstatiren, daß nie und zu keiner Zeit eine solche allgemeine Verbindung in Deutschland bestand, nie die Rede davon war und nicht davon sein konnte, schon wegen der Sicherheit ihrer Entdeckung in allerkürzester Frist. Die Fraktion, als Leiterin der Partei, konnte schon durch die Oeffentlichkeit ihrer Stellung auf eine solche Verbindung unmöglich eingehen. Was geschehen ist, ist ohne eine solche allgemeine geheime Verbindung geschehen, einzig durch den Geist und das Band der Zusammengehörigkeit, und was auch unsere Gegner immer sagen und aufrecht erhalten mögen, ich konstatire, sie hat zu keiner Zeit bestanden, es ist nicht einmal der Versuch gemacht worden, sie in's Leben zu rufen. [. . .]
Ein Rückblick auf die Entwickelung der Partei in den letzten 20 Jahren an der Hand der durch die Ausübung der Wahlberechtigung vorgenommenen Kraftproben ergiebt folgendes für uns sehr lehrreiches Resultat. Es wurden abgegeben bei den allgemeinen Wahlen im Jahre 1871: 102 000 Stimmen, 1874: 352 000 Stimmen, 1877, zwei Jahre nach dem Vereinigungskongreß der bis 1875 gespaltenen Partei: 493 000 Stimmen. Das war der höchste Stand der Stimmen vor dem Ausnahmegesetz. Ein Jahr darauf bereits wurde in der Folge der beiden Attentate der Reichstag aufgelöst, eine ungeheure Hetze gegen unsere Partei, der man infamer Weise die Urheberschaft der Attentate zuschrieb, wurde in Szene gesetzt, und unter dem Hochdruck jener Hatz ging im Sommer 1878 die Zahl der Wahlstimmen von 493 000 auf 437 000 zurück, wir erhielten 56 000 Stimmen weniger als anderthalb Jahre zuvor. Dann kam das Gesetz mit seinen Schlägen, aber trotz alledem erhielten wir 1881 bei den allgemeinen Wahlen, die unter ganz beispiellosen Verhältnissen sich vollzogen,

312 000 Stimmen. Das war um so höher anzuschlagen, als unter den Ausnahmezuständen und dem Drucke jener Zeit ein großer Theil der Wahlkreise nicht einmal Flugblätter, nicht einmal Stimmzettel erhalten konnte,* weil keine gegnerische Druckerei sie uns drucken wollte und die eigenen Druckereien fast sämmtlich vernichtet waren, und auch Flugblätter, wo man sie hatte, nur mit den größten Schwierigkeiten und Fährlichkeiten verbreitet werden konnten. Dann kamen die Wahlen von 1884. Diese Wahlen zeigten schon ein ganz anderes Bild. Die Partei hatte sich mittlerweile mächtig erholt, die Parteitage von Wyden und Kopenhagen** waren vorüber und hatten das Selbstgefühl der Partei bedeutend gehoben. Hier und da waren auch mit Erfolg Versuche gemacht, neue Blätter ins Leben zu rufen, Druckereien zu erhalten u. s. w. und so gelang es diesmal 550 000 Stimmen, 238 000 mehr als 1881, aufzubringen. Aber 1887 wuchsen wir auf 763 000 und bei den letzten allgemeinen Wahlen dieses Jahres, die noch in Aller Erinnerung sind, auf 1 427 000 Stimmen. Die Partei war damit zugleich die stärkste Partei in Deutschland geworden.
Wir werden im Laufe unserer Verhandlungen noch hinlänglich Gelegenheit haben, über den Werth der Wahlen und der parlamentarischen Thätigkeit überhaupt zu sprechen. Ich erkläre indeß schon jetzt, daß die Agitation bei den allgemeinen Wahlen und die Thätigkeit der gewählten Abgeordneten im Reichstage nach meiner Ueberzeugung das allerwesentlichste und wirksamste Agitationsmittel für die großartige Entwickelung der Partei unter dem Sozialistengesetz gewesen sind. (Sehr richtig!) Wäre uns unter dem Gesetz auch die Reichstagstribüne verschlossen und die Ausübung des Stimmrechtes unmöglich gemacht gewesen, wir hätten kein Mittel besessen, auch nur annähernd festzustellen, in welcher Art und Gestalt die Partei sich entwickelt hatte und fortgeschritten war, wir hätten nicht entfernt unsere Agitation so ausgiebig, wie geschehen, entfalten können. [94]

## Die Wirkung des Sozialistengesetzes

*Der ehemalige preußische Handelsminister und bedeutende Sozialpolitiker Hans Hermann Freiherr von Berlepsch, der von 1884 bis 1889 als Regierungspräsident in Düsseldorf tätig war, erörtert in seinen 1925 veröffentlichten Erinnerungen die Wirkung des Sozialistengesetzes auf die Arbeiterschaft.*

12 Jahre lang hat die Regierung an diesem Glauben festgehalten, wer aber Gelegenheit hatte, die Wirkung des Sozialistengesetzes an Ort und Stelle, in den industriellen Zentren, wie sie der Re-

* Vor 1914 gab es keine amtlichen Wahlzettel.
** 1880 bzw. 1883

gierungsbezirk Düsseldorf zahlreich hat, zu beobachten, kam bald zu anderer Überzeugung. Er fand, wie schwer die Unterdrückungen, insbesondere die Ausweisungen auf die Stimmung der Arbeiter, auf ihre Anschauungen von der Gerechtigkeit, von der Fürsorge des Staates für die Schwachen wirkten, wie die verpönten Lehren, statt in der Öffentlichkeit, heimlich verbreitet wurden von Mund zu Mund, von Werkstatt zu Werkstatt, im Wirtshaus und am heimischen Herd. Er fand, daß die Mittel der Gewalt vollständig fehlschlugen, daß sie zwar äußerliche Symptome treffen, aber nicht Gesinnung ausrotten konnten. Erreicht war schließlich nur eine hundertfach gesteigerte Erbitterung der Arbeiterkreise, der Glorienschein des Märtyrers um das Haupt der verfolgten Verführer und die hundertfach gefestigte Überzeugung von der Verwerflichkeit und Unhaltbarkeit der bestehenden staatlichen und gesellschaftlichen Zustände. Man hatte die Wasser aufgestaut, nicht sie verschwinden lassen, und als das Stauwerk beseitigt war, brachen sie mit verzehnfachter Kraft durch das Land. [95]

## II. Soziale Frage und Sozialversicherungsgesetzgebung

### Der Verein für Sozialpolitik

*Der am 6. Oktober 1872 aufgrund der Initiative des Nationalökonomen und Historikers Gustav Schmoller in Eisenach begründete Verein für Sozialpolitik war in der Zeit des Bismarck-Reiches eine der stärksten Triebkräfte sozialer Reformbestrebungen. Seine durch umfangreiche wissenschaftliche Untersuchungen zu sozialen Problemen untermauerte Wirksamkeit hat wesentlich dazu beigetragen, gegenüber dem zunächst vorherrschenden Manchesterliberalismus dem Gedanken einer sozialen Reformpolitik besonders bei den gebildeten Kreisen und der höheren staatlichen Bürokratie zur Durchsetzung zu verhelfen. Der folgende Auszug ist der Programmrede Schmollers auf der Gründungsversammlung des Vereins entnommen.*

Unzufrieden mit unseren bestehenden sozialen Verhältnissen, erfüllt von der Notwendigkeit der Reform, predigen wir doch keine Umkehr der Wissenschaft, keinen Umsturz aller bestehenden Verhältnisse, wir protestieren gegen alle sozialistischen Experimente. Wir wissen, daß die großen Fortschritte der Geschichte nur das Resultat jahrhundertelanger Arbeit sind, wir wissen, daß stets das Bestehende dem Neuen einen fast unüberwindlichen zähen Widerstand entgegensetzt, weil eben das Bestehende in den Überzeugungen und Lebensgewohnheiten der Masse wurzelt. Wir erkennen nach allen Seiten das Bestehende, die bestehende volkswirtschaftliche Gesetzgebung, die bestehenden Formen der Produktion, die bestehenden Bildungs- und psychologischen Verhältnisse der verschiedenen gesellschaftlichen Klassen als die Basis der Reform, als den Ausgangspunkt unserer Tätigkeit an; — aber wir verzichten darum nicht auf die Reform, auf den Kampf für eine Besserung der Verhältnisse. Wir wollen keine Aufhebung der Gewerbefreiheit, keine Aufhebung der Lohnverhältnisse; aber wir wollen nicht einem doktrinären Prinzip zuliebe die grellsten Mißstände dulden und wachsen lassen; wir treten für eine maßvolle, aber mit fester Hand durchgeführte Fabrikgesetzgebung auf, wir verlangen, daß nicht ein sogenannter freier Arbeitsvertrag in Wahrheit zur Ausbeutung des Arbeiters führe, wir verlangen die vollste Freiheit für den Arbeiter, bei Feststellung des Arbeitsvertrages mitzureden, selbst wenn er da Ansprüche erheben sollte, die scheinbar mit dem alten Zunftwesen eine gewisse Analogie haben. Wir verlangen, daß die Freiheit überall durch die Öffentlichkeit kontrolliert werde, und daß, wo die Öffentlichkeit tatsächlich fehlt, der Staat untersuchend eintrete und, ohne in die Unternehmungen sich zu mischen, das Resultat publiziere. Wir verlangen von diesem Standpunkt ein Fabrikinspektorat, ein Bank-, ein Versicherungskontrollamt, wir fordern von diesem Standpunkt aus hauptsächlich Enqueten in bezug auf die soziale Frage. Wir verlangen nicht, daß der Staat den unteren Klassen Geld zu verfehlten Experimenten gebe, aber wir verlangen, daß er ganz anders als bisher für ihre Erziehung und Bildung eintrete, wir verlangen, daß er sich darum kümmere, ob der Arbeiterstand unter Wohnungsverhältnissen, unter Arbeitsbedingungen lebt, die ihn notwendig noch tiefer herabdrücken.

Wir glauben, daß eine zu große Ungleichheit der Vermögens- und Einkommensverteilung, daß ein zu erbitterter Klassenkampf mit der Zeit auch alle freien politischen Institutionen vernichten muß, und uns wieder der Gefahr einer absolutistischen Regierung entgegenführt. Schon darum glauben wir, daß der Staat einer solchen Entwicklung nicht gleichgültig zusehen dürfe.

Wir verlangen vom Staate, wie von der ganzen Gesellschaft und jedem Einzelnen, der an den Aufgaben der Zeit mitarbeiten will, daß sie von einem großen Ideale getragen seien. Und dieses Ideal darf und soll kein anderes sein als das, einen immer größeren Teil unseres Volkes zur Teilnahme an allen höheren Gütern der Kultur, an Bildung und Wohlstand zu berufen, das soll und muß die große im besten Sinne des Wortes demokratische Aufgabe unserer Entwicklung sein, wie sie das große Ziel der Weltgeschichte überhaupt zu sein scheint. [96]

## Das sozialpolitische Programm der Regierung

*In einer von Bismarck verlesenen Botschaft des Kaisers vom 17. November 1881 zur Eröffnung des neuen Reichstages wird im Rahmen einer Skizzierung des Regierungsprogramms eine umfangreiche Sozialgesetzgebung zur Ergänzung des gewaltsamen Vorgehens gegen die Sozialdemokratie und zur Lösung der sozialen Frage angekündigt. Die vorgesehenen Gesetze wurden in den folgenden Jahren verabschiedet: Gesetz über die Krankenversicherung der Arbeiter vom 15. Juni 1883; Unfallversicherungsgesetz vom 6. Juli 1884; Gesetz über die Invaliditäts- und Altersversicherung vom 22. Juni 1889.*

Wir Wilhelm, von Gottes Gnaden Deutscher Kaiser, König von Preußen etc., thun kund und fügen hiermit zu wissen: [. . .]
Schon im Februar dieses Jahres* haben Wir Unsere Ueberzeugung aussprechen lassen, daß die Heilung der socialen Schäden nicht ausschließlich im Wege der Repression socialdemokratischer Ausschreitungen, sondern gleichmäßig auf dem der positiven Förderung des Wohles der Arbeiter zu suchen sein werde. Wir halten es für Unsere Kaiserliche Pflicht, dem Reichstage diese Aufgabe von Neuem ans Herz zu legen, und würden Wir mit um so größerer Befriedigung auf alle Erfolge, mit denen Gott Unsere Regierung sichtlich gesegnet hat, zurückblicken, wenn es Uns gelänge, dereinst das Bewußtsein mitzunehmen, dem Vaterlande neue und dauernde Bürgschaften seines inneren Friedens und den Hilfsbedürftigen größere Sicherheit und Ergiebigkeit des Beistandes, auf den sie Anspruch haben, zu hinterlassen. In Unseren darauf gerichteten Bestrebungen sind Wir der Zustimmung aller verbündeten Regierungen gewiß und vertrauen auf die Unterstützung des Reichstags ohne Unterschied der Parteistellungen.
In diesem Sinne wird zunächst der von den verbündeten Regierungen in der vorigen Session vorgelegte Entwurf eines Gesetzes über die Versicherung der Arbeiter gegen Betriebsunfälle mit Rücksicht auf die im Reichstag stattgehabten Verhandlungen über denselben einer Umarbeitung unterzogen, um die erneute Berathung desselben vorzubereiten. Ergänzend wird ihm eine Vorlage zur Seite treten, welche sich eine gleichmäßige Organisation des gewerblichen Krankencassenwesens zur Aufgabe stellt. Aber auch diejenigen, welche durch Alter oder Invalidität erwerbsunfähig werden, haben der Gesammtheit gegenüber einen begründeten Anspruch auf ein höheres Maß staatlicher Fürsorge, als ihnen bisher hat zu Theil werden können.
Für diese Fürsorge die rechten Mittel und Wege zu finden, ist eine

* Am 15. Februar 1881 hatte der Kaiser in der Thronrede zur Eröffnung des Reichstages die kommende Sozialversicherungsgesetzgebung bereits erstmals angekündigt.

schwierige, aber auch eine der höchsten Aufgaben jedes Gemeinwesens, welches auf den sittlichen Fundamenten des christlichen Volkslebens steht. Der engere Anschluß an die realen Kräfte dieses Volkslebens und das Zusammenfassen der letzteren in der Form corporativer Genossenschaften unter staatlichem Schutz und staatlicher Förderung werden, wie Wir hoffen, die Lösung auch von Aufgaben möglich machen, denen die Staatsgewalt allein in gleichem Umfange nicht gewachsen sein würde. Immerhin aber wird auch auf diesem Wege das Ziel nicht ohne die Aufwendung erheblicher Mittel zu erreichen sein. [97]

## Die Sozialgesetzgebung und die Arbeiter

*Der evangelische Theologe Paul Göhre beschreibt 1891 die Diskussion der staatlichen Sozialversicherungsgesetzgebung in einem sozialdemokratischen Wahlverein in Chemnitz.*

Aus der breiten Masse der bisher geschilderten Durchschnittssozialdemokraten hob sich nun meiner Beobachtung nach eine besonders bedeutsame Gruppe ab, deren Zahl, wie ich zu vermuten manche gute Gründe habe, heute überall in stetigem Wachsen ist. Es waren gerade die besonders klugen, praktischen, verständigen, ernsten und gebildeten Leute, Männer mittlern Alters, die sich auch mit den weitergehenden sozialdemokratischen wirtschaftlichen und politischen Problemen nicht ohne Verständnis beschäftigt hatten und ihnen, wenn auch mit Kritik, doch teilweise gerade besonders stark huldigten, die aber trotzdem von der rein politischen Agitationsarbeit der Partei nichts oder nicht viel hielten und sich darum, tatenlustig wie sie waren, auf die näher liegende, unmittelbare, praktische Erfolge und mehr Befriedigung versprechende Arbeit in den Fach- und Gewerkvereinen, in den Komitees der Kranken- und Unfallversicherungskassen, der freien Hilfskassen und vor allem auch auf die Tätigkeit innerhalb ihrer lokalen politischen Gemeinde geworfen hatten; natürlich immer mit der festen Absicht, diese Arbeit im Sinne der sozialdemokratischen Grundsätze und selbstverständlich zu Nutz und Frommen der sozialdemokratischen, der Arbeiterinteressen zu tun. Aber indem sie sie taten, waren sie – mochten sie noch so sehr sozialdemokratische Gesinnung dabei durchdrücken wollen – doch gezwungen, mit realen Tatsachen zu rechnen, reale Ziele verfolgen zu lernen. Diese realen Tatsachen und Ziele beginnen zu interessieren; sie treten vor den problematischen und fern hinausliegenden der Gesamtpartei voran und erziehen so diese Männer, die dabei meist immer noch überzeugte Sozialdemokraten bleiben, zu wahrhaft praktischer politischer und sozialer Tätigkeit. Damit ist aber ein wirksames Gegengewicht zu den Träumereien und Utopienjagden geschaffen, denen sie früher ausschließlich nachhingen und nachgingen, wenn sie ihren politischen Menschen anzogen; dadurch wird hoffentlich auch mit die Gefahr vermieden, daß die Sozialdemokratie zu einer kindlichen, nie wirkliche Reformen erzwingenden Schattenpartei wird und sich lächerlich macht.

Diese Erfahrung, die ich da eben ausführte, und für die ich auch besonders aus der aufmerksamen Verfolgung der jüngsten Entwicklung der sozialdemokratischen Gewerkschaftsbewegung ausreichende Beweise bringen könnte, machte ich in besonders klarer und überraschender Weise z. B. einmal in einer Sitzung unsers sozialdemokratischen Wahlvereins. Hier trug an diesem Abende der damalige, jetzt auch abgedrückte Redakteur der Chemnitzer sozialdemokratischen »Presse«, wie ich glaube eine ehrliche Seele, über die damals noch nicht in Kraft getretene Alters- und Invaliditätsversicherung vor, zunächst hauptsächlich zur Orientierung der Genossen. Es war eine im großen und ganzen durchaus sachlich gehaltene Rede. Sie gipfelte in der doppelten Behauptung, daß das neue Gesetz in der Tat vielfach noch mangelhaft sei, und daß es jedenfalls nicht die durchgreifende Hilfe für die Arbeiterschaft und die Lösung der sozialen Probleme sei, daß man sich aber dennoch nicht abschrecken lassen dürfte, sondern nun zunächst einmal das Angebotene annehmen, aber zugleich wacker an der allmählichen Verbesserung dieses Gesetzes mitarbeiten sollte. Man sollte, so schloß er, endlich einmal mit dem ganz überflüssigen Räsonieren und Schnauzen aufhören. Trotz allem stecke in der Arbeiterversicherung ein guter Kern, den immer mehr herauszuschälen die Hauptaufgabe wäre. Er gab damit mutvoll wohl einer Meinung Ausdruck, die vielfach unter den Arbeitsgenossen verbreitet war, sich aber nur selten und schüchtern ans Tageslicht wagte, nachdem die offizielle Sozialdemokratie ihr Verdikt über die heutige Versicherungsgesetzgebung ausgesprochen hat. Denn man empfindet heute schon dankbar, wenn auch als etwas Selbstverständliches die bereits deutlich spürbaren Wohltaten des Gesetzes. Wenn man irgendwie über sie klagte, so betraf das nach meiner Beobachtung immer nur einzelne Mängel, wie die dreitägige Karenzzeit zu Anfang einer jeden Krankheit, oder Mißstände, die sich in der Verwaltung herausstellen, und an denen oft nur die an ihrer Spitze stehenden Personen die Schuld hatten. [...]

Genau dieselbe freundliche Gesinnung zu den Versicherungsgesetzen kam nun auch in jener Sitzung unsers Wahlvereins unter den zahlreichen Anwesenden zum erfreulichen Ausdruck. Zwar – ich wiederhole das nachdrücklich – fehlten auch gegnerische Stimmen nicht, die sich ganz in den offiziellen Urteilen der sozialdemokratischen Fraktion über die Gesetze ergingen. Aber die Meinung des Vortragenden war doch auch die der Majorität. [98]

# 9. Das System Bismarck: Deutschland am Ende der achtziger Jahre

## Bismarck und die Kartellwahlen 1887

*Der spätere Reichsschatzsekretär Adolf Wermuth in seinen Memoiren über Bismarcks Methoden zur Beeinflussung der Reichstagswahlen von 1887.*

Mittlerweile ging in den Reichstag ein Gesetzentwurf zur vorzeitigen Erneuerung und Erhöhung der Friedensstärke des Heeres, das sogenannte Septennat. Wie zu erwarten, stieß die Vorlage auf heftigen Widerspruch. Erst wollte der Reichstag nur ein Drittel der geforderten Vermehrung bewilligen. Im entscheidenden Moment wich man zurück. Dem Vaterlande jeden Mann und jeden Groschen zu geben, machte die Mehrheit sich anheischig, nur gegen die Zeit von sieben Jahren, für welche es geschehen sollte, wehrte sie sich noch verzweifelt. Bismarck hielt die Gegner in dieser Stellung fest. Ihm war es ganz recht, daß sie es zur Auflösung trieben. Am 14. Januar 1887 wurde mit knapper Majorität das Septennat abgelehnt, die verlangte Stärke für drei Jahre bewilligt. Sofort erfolgte die Auflösung des Reichstages.
Und nun begann mit Anfang des Wahlkampfes ein betäubendes Getöse, von Bismarck bis ins einzelne in Szene gesetzt und mit vollendeter Kaltblütigkeit aus dem Hintergrunde geleitet. Sorgsam war gesammelt, was immer Boulanger [französischer Kriegsminister] an Kriegsprahlerei, an Vorbereitung zum Losschlagen geleistet. Jetzt wurde es ihm gründlich heimgezahlt. In verteilten Rollen wetteiferten die Reichsämter miteinander. Das Auswärtige Amt und das Kriegsministerium ließen täglich die Alarmnachrichten von der westlichen und schließlich auch von der östlichen Grenze über Truppenansammlungen und Kriegstreiberei vor den deutschen Ohren gellen. Auf das Reichsamt des Innern entfielen die aufregenden Geschehnisse wirtschaftlichen Inhalts. Melinit und Pikrinsäure, das waren die Worte, die ich in jenen Wochen unzählige Male amtlich und für die Presse schrieb. Die Bundesregierungen wurden durch ein sofort veröffentlichtes Rundschreiben um strengste Aufmerksamkeit ersucht, daß nichts Gefährliches über die Grenze gehe. Schließlich erließen wir von Reichs wegen ein Verbot der Ausfuhr von Pferden. Weniger, um diese von feindlichen Heeren fernzuhalten, als um die deutsche Entschlossenheit vor Ausland und Inland ins Licht zu stellen. Deshalb wurde das Verbot auch unter der Hand mit denkbarer Lindigkeit ausgeführt. Berge von Ausnahmegesuchen habe ich durch schlanke Bewilligung erledigt.

Der Wucht Bismarcks konnte die deutsche Wählerschaft nicht widerstehen. Am 21. Februar 1887 erstand der letzte Reichstag, in welchem Konservative und Nationalliberale den Ausschlag zu geben vermochten, der Kartellreichstag. Im Aufstreich ward das Gesetz über die Friedensstärke des Heeres angenommen. Wenige Monate nachher stürzte Boulanger.
Es war Bismarcks Methode, von der ich hier einen Hauch spürte. Er läßt den Angriff vom Auslande an sich kommen, ja, vergrößert ihn in aller Seelenruhe, um seine eigenen Zwecke im Inlande zu fördern. Und indem er sich so das verbesserte Werkzeug schafft, schleudert er mit verzehnfachter Gewalt den Ball in das Angesicht des Gegners zurück. Und erhält damit den Frieden.
Dem Schachspieler, dem Lehrling in der Politik ein Genuß. [99]

## Die Wahlabsprache der Kartellparteien 1887

*Die Vorstände der Nationalliberalen Partei, der Reichspartei und der Deutsch-Konservativen Partei einigen sich Mitte Januar 1887 auf das folgende Programm für die nach der Ablehnung der Septennatsvorlage und der anschließenden Reichstagsauflösung ausgeschriebenen Neuwahlen.*

1) Es sollen nur solche Kandidaten aufgestellt werden, welche bereit sind, für das Septennat zu stimmen. 2) Es wird deshalb in der Regel in denjenigen Wahlkreisen, in welchen bisher ein Abgeordneter von diesen drei Parteien im Besitz des Mandats sich befunden hat, dieser wiedergewählt oder, insoweit er nicht annehmen kann oder will, der Ersatzmann von derjenigen Partei des Wahlkreises bestimmt, welche der bisherige Abgeordnete vertreten hat. 3) In bisher durch Gegner des Septennats vertretenen Wahlkreisen soll zur Vermeidung von Stichwahlen die Vereinigung über einen gemeinsamen Kandidaten stattfinden. Insofern eine solche innerhalb des Wahlkreises nicht zu ermöglichen ist und die Anrufung der Zentralvorstände ohne Erfolg bleibt, gilt als Regel, daß diejenige dieser drei Parteien den Kandidaten bestimmt, welche am stärksten im Wahlkreise vertreten ist, wobei insbesondere die Zahlen der letzten Reichstagswahl von 1884 den geeigneten Anhalt geben werden. In denjenigen Fällen, in denen dennoch die Aufstellung mehrerer Kandidaten aus den drei Parteien unvermeidlich wird, ist in der Stichwahl dem Anhänger des Septennats von allen drei Parteien unbedingte Unterstützung zu leisten. 4) Die Parteivorstände werden dahin wirken, daß in Aufrufen und Ansprachen, sowie in der befreundeten Presse alles vermieden wird, was das geschlossene Zusammengehen der drei Parteien in der Wahlbewegung gefährden könnte. [100]

## Das Zentrum und die Kurie, 1887

*Um die Verhandlungen mit dem Deutschen Reich über den Abbau des Kulturkampfes zu erleichtern, hatte die römische Kurie den Zentrumsführern mehrfach über den Nuntius in Rom – zuletzt in einer am 5. Februar 1887 von der Presse veröffentlichten Note des Kardinal-Staatssekretärs Jacobini vom 21. Januar 1887 – den Wunsch des Papstes mitteilen lassen, daß das Zentrum für die Septennatsvorlage der Regierung stimme. In der hier nach einem Bericht der ›Kölnischen Volkszeitung‹ vom 7. Februar 1887 wiedergegebenen Rede Ludwig Windthorsts auf einer Wählerversammlung der rheinischen Zentrumspartei im Gürzenichsaal in Köln erörtert der Zentrumsführer die Gründe für das Festhalten an der ursprünglichen Opposition seiner Partei und besteht auf der Unabhängigkeit des Zentrums von Rom in weltlichen Fragen. Abschließend legt er ein Bekenntnis zur Verteidigung deutscher Interessen ab. Bismarcks offensichtlicher Plan, den konservativen Flügel der Partei mit Hilfe der Kurie vom Zentrum abzuspalten, scheiterte.*

Meine verehrten Freunde! Es ist mir zunächst ein Bedürfnis, Ihnen für die begeisterte Teilnahme zu danken, welche Sie mir bei meinem Erscheinen zuteil werden ließen. Es ist mir nicht leicht geworden, die Reise hierher zu machen, im Winter, bei meinem Alter; und außerdem war ich ja auch nicht sicher, ob nicht meine Anwesenheit in Berlin noch notwendiger gewesen wäre als meine Anwesenheit hier. Denn wer weiß, welches neue Duett der Herr Reichskanzler und Graf Limburg* jetzt einstudieren, um es vielleicht in meiner Abwesenheit zu singen. (Große Heiterkeit.) Indes, ich wurde so wiederholt und dringend ersucht, daß ich mich losgerissen habe, und wenn es nach dem Rhein geht, werde ich doch noch immer wieder lebendig!
Sie wollen ohne Zweifel über die Situation, in der wir uns befinden, einige Aeußerungen von mir vernehmen, und da habe ich für die Reihenfolge meiner Gedanken mir die Reihenfolge der Fragen notiert, welche bei meinem Erscheinen in diesem und jenem Kreise gestern abend und heute morgen an mich gerichtet worden sind. Die erste Frage war: »Was halten Sie von der Note, welche der Kardinal-Staatssekretär Jacobini an den Nuntius in München gerichtet hat?« Und die zweite Frage war: »Gibt's Krieg?« Ich will diese beiden Fragen kurz beantworten und daran die weiteren Erörterungen knüpfen, welche ich heute hier darzulegen für zweckmäßig halte.
Der Erlaß des Herrn Kardinal-Staatssekretärs Jacobini enthält die Willensäußerungen unseres geliebten Heiligen Vaters Leo XIII. Wir werden stets und namentlich in der gegenwärtigen Zeit

* Graf zu Limburg-Stirum war Fraktionsvorsitzender der Konservativen Partei im Preußischen Abgeordnetenhaus.

jedes Wort, das von unserem Heiligen Vater zu uns gelangt, mit voller Ehrerbietung und freudigem Herzschlag begrüßen. (Bravo!) Es wären entartete Söhne, welchen das Vernehmen der Stimme ihres Vaters unbequem wäre. Unsere Gegner scheinen zu glauben, es läge darin für uns etwas wenig Tröstliches. Wir hören bereits den Jubel an allen Ecken, daß unsere bisherigen Bestrebungen desavouiert seien. Die, welche so jubeln, haben die Situation sehr schlecht begriffen. Wenn jemand Ursache hat, zu jubeln, dann sind wir es. (Bravo, sehr richtig!) Der Heilige Vater erkennt in diesem Erlasse an, daß die Zentrumspartei sich in sehr hohem Maße um die Verteidigung der Rechte der Kirche verdient gemacht habe. (Bravo!) Ich denke, dieses Zeugnis kann uns nur im höchsten Grade erfreulich und neuen Mut bringend sein. Der Heilige Vater spricht dann seine Ueberzeugung aus, daß die Zentrumsfraktion auch jetzt noch fortdauern und für die Folgezeit immer bestehen müsse. (Hört, hört!) Können wir Besseres verlangen? (Rufe: Nein!) Der Heilige Vater hat diese Antwort gegeben auf eine Anfrage des Vorsitzenden der Zentrumsfraktion im Deutschen Reichstage, des Baron zu Franckenstein, und der hatte gefragt, ob es dem Interesse der Kirche entspräche, wenn unsere Mandate im Reichstage nicht fortdauerten: wir würden dann unsere Mandate nicht weiter fortsetzen. Darauf antwortete der Heilige Vater offenbar klar und bestimmt: Nein! Er billigt also sogar die Personen, die bisher in der Fraktion waren. (Lebhaftes Bravo!) Können wir einen besseren Wahlaufruf machen als den, welchen der Heilige Vater uns hat schreiben lassen?

Ich könnte meinen Vortrag hier schließen und Sie auffordern: Wählet, wie der Heilige Vater es will, wählet Männer, die da wissen, was nötig ist und immer nötig sein wird, wählet die Alten, denn sie haben es gut gemacht! (Stürmischer, andauernder Beifall.)

Sodann spricht der Heilige Vater einen sehr wichtigen Grundsatz aus, nämlich den Grundsatz, daß in Fragen weltlicher Natur die Zentrumsfraktion, wie jeder Katholik, völlig frei und nach ihrer Ueberzeugung urteilen und stimmen kann, und daß der Heilige Vater sich in diese weltlichen Dinge nicht mische. Diesen Grundsatz müssen wir unter allen Umständen unverbrüchlich festhalten; denn wenn wir ihn nicht festhielten, würde das geschehen, was die Freunde des Kulturkampfes jahraus, jahrein uns vorhalten, nämlich daß wir lediglich nach dem Befinden der geistlichen Obern unserer Kirche handelten. (Bravo, sehr richtig!) Wir hätten dann keine Selbständigkeit. Und darum müssen wir uns über dieses Anerkenntnis des Heiligen Vaters freuen. Wir werden gegen jedermann jenen Grundsatz unverbrüchlich für alle Zeiten festhalten, denn es ist die Basis unserer politischen Existenz. (Bravo!)

Nun wenden unsere Gegner ein: Aber der Heilige Vater hat doch ausgesprochen, daß in Beziehung auf das Gesetz wegen der Prä-

senzstärke der Armee seinen Wünschen nicht entsprochen sei. Meine Herren! Es ist allerdings nicht zu verkennen, daß der Heilige Vater gewünscht hatte, daß das Gesetz angenommen werden möge. Er führt aber in dem Erlaß diesen seinen Wunsch nicht zurück auf den materiellen Gehalt der Vorlage, sondern lediglich auf Zweckmäßigkeitsgründe vom Standpunkt diplomatischer Erwägungen und Beziehungen, und er spricht es deutlich genug aus, daß diese Erwägungen von seinem Standpunkte gedacht und gemacht seien. Es ist unzweifelhaft, daß der Heilige Vater seine guten Gründe haben wird, diesen Wunsch realisiert zu sehen. Das bezweifele ich gar nicht, und ich meine, daß, wenn es möglich gewesen wäre, wir ohne Zwang, aus freien Stücken diese Bewilligung aussprechen sollen. Aber nur, wenn's möglich gewesen wäre; denn Unmögliches kann niemand leisten. (Sehr richtig!)
Es war aber nur möglich zuzustimmen, wenn wir unsere eigene Existenz opferten. Es sollte unbesehens dem Volke, das uns gesandt, ein Maß von persönlichen und Geldopfern auferlegt werden, welche schwer drücken und zu den jetzt vorhandenen Steuern kaum noch ertragen werden könnten. Daneben hatte die Zentrumsfraktion zu jeder Zeit konstant in allen den verschiedenen Stadien, mit aller ihr zu Gebote stehenden Macht dagegen gekämpft, die Militärlasten zu vermehren.* In seinem Programm hat es diese Aufgabe fortwährend anerkannt und die Verringerung der Militärlasten gegenüber der Auferlegung neuer Lasten ausdrücklich betont. Auf Grund dieses Programms ist die Zentrumsfraktion des Reichstages gewählt worden, und wenn wir aus anderen Rücksichten dieses unser Versprechen nicht gehalten hätten, so würden wir uns des Vertrauens unserer Wähler beraubt haben. (Sehr richtig!)
Die Zentrumsfraktion besteht lediglich und allein auf dem Vertrauen des Volkes: keine andere Stütze steht ihr zu Gebote, und sie ist deshalb mehr als irgend eine andere Fraktion imstande und genötigt, den Pulsschlag des Volkes zu beachten. Und ich meine, wenn, wie der Heilige Vater es ausdrücklich ausgesprochen hat, die Zentrumsfraktion eine notwendige ist, für die Vergangenheit war und für die Zukunft sein wird, so muß sie mit derselben Sorgfalt auf diesen Pulsschlag ferner merken. Ich bin überzeugt, wenn wir dem Heiligen Vater unsere Gründe darlegen, daß er dann seinen treuen Söhnen nicht zürnen wird. Das ist so hergebracht in der Familie, die fest und gut gegliedert ist, daß Vater und Söhne gemeinschaftlich miteinander beraten, gemeinschaftlich miteinander handeln. [...]
Nun noch eine ernsthafte Bemerkung. Es ist selbstverständlich, daß der Erlaß, von dem ich gesprochen, in Rücksicht auf die Stelle,

* Das Zentrum war tatsächlich bereit gewesen, die verlangte Vermehrung des Heeres im vollen Umfang der Forderungen der Regierung zu bewilligen, wollte aber die neu vereinbarte Friedenspräsenzstärke nur auf 3 Jahre, nicht – wie von Bismarck verlangt – auf 7 Jahre festsetzen.

von der er kam und welche uns allen auf Erden die heiligste ist, beim Zusammentritt des Reichstages von der dann vorhandenen Fraktion – jetzt existiert sie nicht – sorgfältigst in Erwägung gezogen werden wird, und daß man in dieser Fraktion alles, was in bezug auf denselben oder in der Folge desselben zu geschehen hat, sorgfältig überlegen wird. Dessen aber seien Sie versichert: die Fraktion wird bei diesen Beratungen von der tiefsten Ehrfurcht und dem unerschütterlichen Vertrauen zu Seiner Heiligkeit Papst Leo XIII. sich leiten lassen, gleichzeitig aber auch unsere Selbständigkeit in jeder Weise geltend machen und behaupten, wie ja zu unserer Freude der Heilige Vater auch ausgesprochen hat, daß es so sein soll. Und wenn einst im Einzelfalle ein Zweifel vorhanden sein sollte, ob dieses oder jenes Gebiet kirchlicher oder rein weltlicher Natur ist, oder darüber, wie die beiden Gebiete ineinandergreifen, so wird das im einzelnen Falle zu entscheiden sein. Aber davon können Sie sich überzeugt halten, und dessen seien Sie versichert: die deutschen Katholiken werden immer zum Heiligen Vater stehen als treue Söhne, wie es guten Katholiken geziemt; und das können Sie glauben: der Heilige Vater kennt die Tugenden des deutschen Volkes und der deutschen Männer und er würde es in keinem Falle übelnehmen, wenn deutsche Männer ein deutsches Wort zu ihm sprechen. [...]
Die zweite Frage, welche an mich gerichtet wurde, ist die: »Bekommen wir Krieg?« Diese Frage vermag ich nicht zu beantworten, das kann nach meinem Dafürhalten, wenn überhaupt ein Mensch dazu in der Lage ist, nur der Fürst Bismarck. [...]
Wir wollen alle mit derselben Entschiedenheit festhalten an der Errungenschaft des Frankfurter Friedens. Wenn wir genötigt werden, einem auswärtigen Feinde gegenüberzutreten, dann gibt es keine Parteien in Deutschland, alle werden vereint um die Fahne sich scharen, welche unser Kaiser uns vorantragen wird. Darüber kann ein Zweifel überhaupt nicht existieren. (Bravo!) [101]

## Die Liberalen und Kaiser Friedrich III.

*Wenige Wochen nach der Thronbesteigung Kaiser Friedrichs III. erörtert Ludwig Bamberger, der zu dem engsten Beraterkreis des Kaiserpaares gehörte, in einem Artikel in der ›Nation‹ vom 31. März 1888 das Verhältnis von Kaisertum und Reichstag. Die Hoffnung der Liberalen auf eine ihre politischen Ideen aufgreifende neue Ära der deutschen Politik wurde jedoch durch die schwere Krankheit und den frühen Tod des Kaisers am 15. Juni 1888 zunichte gemacht.*

Das deutsche Kaisertum und die deutsche Volksvertretung sind am selben Tag geboren, sind Kinder eines und desselben Gedankens. [...]

Darum wäre nichts so falsch, als einen Gedanken der Spaltung oder gar des Widerspruchs hineinzusenken zwischen diese beiden lebendigen Träger des deutschen Staatslebens in seiner höchsten Potenz. Niemand ist besser kaiserlich gesinnt, als wer lebendig fühlt für die Würde des Reichstags, und ebenso würde ein Kaisertum, welches diesem sein volles Recht verweigerte, die Wurzeln seiner eigenen Kraft verkennen.

Darum auch sind in den Reihen der Freiheitsfreunde die Worte des Erlasses, in welchen Kaiser Friedrich die Wahrung seiner eigenen Rechte mit denen des Reichstags in eins zusammenfaßt, so warm und freudig willkommen geheißen worden.* [...]

Da ist denn gerade jetzt der Zeitpunkt gekommen, sich zu Gemüt zu führen, daß der eben vollzogene Thronwechsel etwas bedeutet, was das Deutsche Reich noch nicht erlebt hat. König Wilhelm I. war Kaiser geworden, erst nachdem er eine Reihe von Jahren König von Preußen gewesen. Er hatte vorher als reifer Mann und Thronfolger in Preußen alle die Reibungen und Wandlungen mit durchgemacht, welche bittere Verstimmung und Entfremdung zwischen der Krone Preußen und dem Reichsgedanken zurückließen. Erst als vierundsiebenzigjähriger Mann hat er, nicht ohne Zögern und Bedenken, nach vorsichtig eingeholter Zustimmung der Fürsten, das Verlangen der Nation erfüllend, die Kaiserkrone angenommen.

Ganz anders der Sohn. Er besteigt den Thron als Kaiser und König zugleich. Er hat als Kronprinz des Deutschen Reichs siebenzehn Jahre hindurch sich in den Zukunftsgedanken hineingelebt, den Kaiserthron als den Thron seines Vaters zu besteigen. Es ist so, als wäre er im Kaiserpurpur geboren. Das macht einen gewaltigen Unterschied gegen den erst am Abend eines vielgestaltigen Lebens Kaiser gewordenen König, vorher Prinzen von Preußen. [...]

Es ist ein eigenes Ding mit dem, was man die monarchische Anhänglichkeit an den deutschen Kaiser nennen müßte. Als einst einmal im Reichstag zu irgend einem politischen Zweck an dies Gefühl appelliert ward, antwortete der schwäbische Demokrat Payer in seiner launig scharfen Weise, daß er sich durch diesen Appell in seiner Treue gegen den angestammten württembergischen Landesvater tief gekränkt fühle, denn diesem gehöre naturgemäß und von Rechtswegen sein loyales Herz. Ein sehr gut kaiserliches Herz kann eigentlich kaum mehr ein ebenso gut württembergisches oder — die Beobachtung lehrt es — preußisches sein. Drei Herzen und ein Schlag, das ist zu viel verlangt. Ein bischen Republikanismus gehört mithin schon dazu, um recht gut kaiser-

* Anspielung auf den Erlaß an den Reichskanzler vom 12. März 1888: »Im Reiche sind die verfassungsmäßigen Rechte aller verbündeten Regierungen ebenso gewissenhaft zu achten, wie die des Reichstages; aber von beiden ist eine gleiche Achtung der Rechte des Kaisers zu erheischen.« (Vgl. Briefe, Reden und Erlasse des Kaisers und Königs Friedrich III. Gesammelt und erläutert von G. Schuster, [2]Berlin 1906, S. 341.)

lich zu sein; es muß der Landesdynastie etwas abgezwackt werden, um es auf das Kaiserhaupt zu übertragen. Und daher liegt die Vermutung gut kaiserlicher Gesinnung bei einem Liberalen näher als bei einem Nichtliberalen. Jede Föderation, auch eine von Fürsten, hat etwas Republikanisches an sich. Das Reich der verbündeten Regierungen ist eine Republik von gekrönten Häuptern, an deren Spitze – bekanntlich als Primus inter Pares* – der Kaiser steht. Je besser kaiserlich einer gesinnt ist, desto mehr muß sein Wunsch dahin gehen, daß dieses Primat zu einer Wirklichkeit werde, zu einer wahrhaft monarchischen Spitze über den anderen, nicht unter gleichen. Um gut kaiserlich monarchisch zu sein, muß man in seiner häuslichen »engeren Heimat« etwas von diesem Gefühle aufgeben, wie umgekehrt die eifrigen Landesmonarchisten von zweifelhaft kaiserlicher Gesinnung erfüllt sind.

So kann man mit Recht sagen, daß die besten Liberalen auch die besten Kaiserlichen sind. Freilich ist diese Gesinnung nicht aus mystischer Gefühlsschwärmerei erwachsen. Sie ist das Produkt politischer Erwägung, aber einer so stark überlieferten und so unabweisbar richtigen, daß sie selbst in das Gefühl übergegangen ist. Wer im Jahre 1870 die Wiedergeburt Deutschlands als einer großen und freien Nation wollte, konnte den Gedanken nur unter dem Zeichen von Kaiser und Reichstag erfassen.

Und es ist daher für das Kaisertum, obgleich es, in unserer Geschichte auf Wahl beruhend, gar nicht im Geleit monarchischer Tradition sich einführte, dennoch mit merkwürdiger Triebkraft im kurzen Lauf der Jahre ein monarchischer Kultus, mächtig und lebenswarm, im Volke hoch empor gewachsen. Die Kinder werden groß in der politischen Religion des Kaisertums, in der Ehrfurcht vor der Person des Kaisers – und etwas wie Religion muß immer dabei sein, soll eine Form des Daseins festsitzen im Reich der Wirklichkeit. Der Mensch lebt nicht vom Brot des Verstandes allein, der Wein der Phantasie gehört auch dazu.

Warum ist es dem Reichstag schwer geworden und nicht gelungen, gleichen Schritt mit dem Kaisertum zu halten? Eben weil das, woraus das Gefühl sich ernährt, ihm lange nicht so zu statten kommt wie dem Kaisertum. Und dennoch, so wenig seiner Stellung nachzurühmen ist, Eines ist trotz Allem schon vollbracht: daß er das Herz der Publizität und darum das Ohr des Publikums viel mehr besitzt als die einzelnen Landtage, auch die größeren. Was ihm fehlt, im Gegensatz zum Kaisertum, das sind vor Allem die Lorbeeren errungener Siege. Sind auch Kaisertum und Reichstag in gleichem Ursprung und Recht aus dem siegreichen Völkerkrieg hervorgegangen, so war doch der Held im Lager und in Waffen, nicht der Herrscher im Rat und im Frieden der Gesetze der Sieger. Jenem blieb der Glanz, die Volksvertretung blieb im

* (lat.) Der Erste unter Gleichen

Schatten der Geschichte. Hätte sich das Parlament von 1848 am Leben erhalten, so konnte es, dank seiner mehr abgetrotzten als gewährten Entstehung, etwas von der Naturkraft eigenen Bodens aus sich heraus entwickeln. Aber eben daß es sich nicht halten konnte, kam her von dem zu leicht errungenen Sieg, aus dem es hervorgegangen war.
Statt eines natürlichen aber schwachen, ist es ein legitimer, aber darum starker Boden, dem die Volksvertretung von 1871 entsprang. Aber sie ist im Feldlager geboren. Die Konsequenzen dieses Ursprungs abzustreifen ist nicht leicht; es ist immer schwerer geworden, je mehr ganz Europa sich in ein Feldlager verwandelt hat. [102]

## Die Machtstellung Bismarcks

*Tagebuchaufzeichnungen des Generalstabschefs Alfred Graf von Waldersee vom 28. Februar 1889. Waldersee war in der Entlassungskrise einer der gefährlichsten Gegner Bismarcks, der dann und in den folgenden Jahren häufig als Kandidat für den Kanzlerposten diskutiert wurde.*

[...] Ich habe das Gefühl, daß es so nicht lange weitergehen kann. In welchem Grade die Mehrzahl der Menschen hier unter dem Drucke des Kanzlers steht, wird künftig einmal nahezu unglaublich erscheinen. Beinahe alle hat er eingeschüchtert, so daß niemand wagt, eine eigene Ansicht zu äußern. Die Minister sind völlig seine Kreaturen, er kommandiert im Staatsministerium und duldet keinen Widerspruch; alle diplomatischen Agenten berichten nur so, wie sie glauben, daß er es gern hört. Alle Welt macht ihm und seiner Familie den Hof. Wahrhaft widerwärtig ist es zu sehen, wie servil sich die Menschen den Söhnen gegenüber benehmen, die nicht merken, daß alles nur Furcht vor dem Vater ist. Abgesehen von der fortschrittlichen, sozialistischen und Zentrumspresse stehen nur ›Kreuzzeitung‹ und ›Reichsbote‹* auf eigenen Füßen; der Kanzler fürchtet beide, weil er weiß, daß sie starke Kräfte hinter sich haben, und daß der Kaiser eigentlich so denkt wie sie. Ihn nun zu anderer Auffassung zu bringen, ist das Hauptziel, leider hat die ›Kreuzzeitung‹ durch ihre Unüberlegtheit dem Kanzler in die Hände gearbeitet. Zur Zeit ist dessen Stellung mächtiger als je zuvor; er hat zwar das Gefühl, einem eigenwilligen Kaiser gegenüberzustehen, weiß ihn aber meisterhaft zu behandeln. Er schmeichelt ihm, gibt manchmal in kleineren Dingen nach und tut dabei, als wenn er ein großes

* Zwei kartellfeindliche konservative Zeitungen, die gegen das Zusammengehen mit den Nationalliberalen und für die Anlehnung der Konservativen an das Zentrum arbeiteten.

Opfer bringe, zeigt sich überhaupt vor der Welt mit Ostentation als Diener seines Herrn, den er doch de facto — auch mit Hilfe Herberts — beherrscht. Leider hat der Kaiser noch keine Ahnung davon, daß er geführt wird [...] [103]

## Bismarcks Entlassung

*Aufzeichnung des Landwirtschaftsministers Robert Freiherr Lucius von Ballhausen über die Tage unmittelbar vor und nach der Entlassung Bismarcks am 20. März 1890.*

16. März. Sonntag. In der Staatsministerialsitzung (welcher beide Bismarck,* Verdy [preußischer Kriegsminister], Berlepsch [preußischer Handelsminister] nicht beiwohnten) hatten wir eine lange vertrauliche Besprechung über die jetzige gespannte Situation, welche durch das Verhältnis Sr. Majestät zu Bismarck und die absagende Stellung, welche alle parlamentarischen Parteien außer Windthorst jetzt zum Kanzler einnehmen, eine immer schwierigere, unhaltbare wird. Selbst Post und Deutsches Wochenblatt bringen kritische Artikel über die Haltung der Regierung, das ist Bismarck, welche geradezu einen Bruch signalisieren. Graf Stirum, Führer der Konservativen, ist zu Bötticher [Staatssekretär im Reichsamt des Innern und Vizepräsident des preußischen Staatsministeriums] gekommen, er stelle sich zur Verfügung, um die Fühlung zwischen der konservativen Fraktion und dem Ministerium herzustellen; mit Bismarck könne man aber nicht mehr verhandeln.

Grund dazu scheinen die wiederholten Konferenzen zwischen Windthorst und Bismarck gegeben zu haben, man fürchtet, Bismarck wolle in der Schul- und in der Jesuitenfrage dem Zentrum über den Kopf der Konservativen Konzessionen machen. Dieselbe Befürchtung teile Se. Majestät und habe seine Abneigung gegen solche Transaktionen auch schon lebhaft gegen Bismarck ausgesprochen. Se. Majestät soll fest überzeugt sein, Bismarck wolle ihn in einen Konflikt hineinreiten, aus welchem er allein ihn retten könne, das heißt vermeintlich, da er nicht mehr der Alte sei. Dieses Mißtrauen überträgt Se. Majestät auch auf die Militärfrage und soll die enormen Vorschläge Verdys zunächst auf die Artillerieforderungen herabgedrückt haben, was wieder ein erfreulicher Beweis seines gesunden Urteils und richtigen Instinkts sein würde.

Die dringende Empfehlung der Wiedereinbringung eines verschärften Sozialistengesetzes und die plötzliche Aufgabe desselben, nachdem der Kaiser es bestimmt ablehnte, soll einen besonders üblen Eindruck auf Se. Majestät gemacht haben. [...]

* Gemeint ist neben dem Reichskanzler sein Sohn Herbert Fürst von Bismarck Schönhausen, Staatssekretär des Auswärtigen Amts von 1886 bis 20. März 1890.

Wir waren alle einig in der Meinung, bei erster Gelegenheit die Bereitwilligkeit des gesamten Staatsministeriums zum Rücktritt zu erklären, im Interesse der eigenen Würde und um Bismarck selbst einen Avis zu geben, in den Zumutungen an die Hingabe des Staatsministeriums eine Grenze zu finden. [...]

Gestern (am 15.) hat Se. Majestät wieder eine längere Unterredung mit Bismarck im Deckerschen Haus gehabt, welches Se. Majestät bei seinen Ritten und Spaziergängen gern als Absteigequartier benutzt. Diese endete sehr stürmisch und führte den definitiven Bruch herbei.

17. März. Heute 3 Uhr Nachmittags teilte uns Bismarck mit, er habe seinen Abschied von Sr. Majestät gefordert und sei sicher, ihn zu erhalten. Es sei eine Reihe von Vorfällen, welche ihn zu der Überzeugung gebracht hätten, daß er Sr. Majestät im Wege sei. In der am Sonnabend stattgehabten Unterredung habe ihm Se. Majestät vorgeworfen, die Kabinettsorder von 1852 wieder ausgegraben und den Ministern verboten zu haben, ihm Vortrag zu halten. Wer sich beschwert habe, wisse er nicht, wie ja bisher ein festes Einverständnis und Zusammenwirken im Ministerio stattgefunden habe. Die Eintracht sei schon bei der Arbeiterschutzfrage gestört gewesen, wo Bötticher und Verdy anderer Meinung gewesen seien. Allein auch auf dem Feld der auswärtigen Politik sei er nicht mehr alleiniger Berater und genieße nicht mehr das Vertrauen, dessen er bedürfe, um die Verantwortung für die Leitung der Politik zu tragen. Se. Majestät insinuiere in einem (uns vorgelegten) Bleistiftschreiben, daß ihm wichtige Depeschen vorenthalten und unterschlagen würden. Se. Majestät halte die Situation Rußland gegenüber für eine höchst bedrohliche und habe die Reise zu den Manövern in Krasno Selo aufgegeben, während jetzt gerade Graf Schuwaloff von St. Petersburg mit den friedlichsten Versicherungen zurückgekehrt sei. Er sei der Meinung, an der Allianz mit Österreich und Italien festzuhalten, aber auch, daß man zwei Sehnen zum Bogen brauchen könne und eine Annäherung an Rußland immer offen halten müsse. Ein Krieg mit Rußland habe gar keinen Zweck und sei im günstigsten Fall ein großes Unglück für beide Nationen. Der Kaiser beklage sich darüber, nicht alle Depeschen aus Kiew erhalten zu haben, während nur eine davon für ihn von Interesse gewesen sei. Ferner habe ihn der Kaiser gefragt: Ob es wahr sei, daß er durch Bleichröders Vermittlung eine Zusammenkunft mit Windthorst gehabt habe? Das hätte er ihm doch mitteilen müssen. Er (Bismarck) habe darauf geantwortet: »Seit fünfundzwanzig Jahren habe sein Portier die Instruktion, Minister und Abgeordnete jederzeit vorzulassen. Er müsse mit den parlamentarischen Führern in direktem Rapport stehen, um zu wissen, was vorginge. Die Arbeiterschutzfrage sei für ihn keine Kabinettsfrage, aber wenn er in den auswärtigen Angelegenheiten nicht mehr die Leitung haben solle,

dann müsse er gehen, und er wisse, daß das dem Kaiser recht sei. Er habe Nadelstiche genug erfahren und dürfe sich nicht dem Vorwurf der Klebrigkeit aussetzen.«

Wir bedauerten diese Entwicklung der Verhältnisse und daß es nicht bei der früher versuchten Lösung geblieben sei, daß er sich auf den Kanzler und auswärtigen Minister zurückgezogen habe.

Die Unterhaltung nahm schließlich einen herzlicheren Ton an und wir schieden unter Protesten. Inzwischen hören wir, daß Se. Majestät schon gestern das Abschiedsgesuch erwartet hat, und daß General von Hahnke [Chef des Militärkabinetts] dem Kanzler wiederholte Besuche gemacht hat, um daran zu erinnern.

Wir kamen Abends bei Bötticher zusammen und beschlossen, ihn zu beauftragen, eine Audienz bei Sr. Majestät zu erbitten, um unser Bedauern über den Rücktritt des Fürsten auszusprechen und zugleich unsere Portefeuilles zur Verfügung zu stellen, um in dieser Beziehung Sr. Majestät völlige Freiheit der Entschließung zu bieten. Die Sache wurde schon am selben Abend bekannt durch Telegramme der Kölner Zeitung. Alle Blätter bringen je nach ihrer Richtung politische Nekrologe und billigen ausnahmslos den Rücktritt des Fürsten als richtig. Über die Nachfolge verlautet noch nichts Positives. Sämtliche kommandierende Generale sind hier versammelt.

19. März. In einer im Abgeordnetenhaus stattfindenden Sitzung des Ministeriums teilte uns Bötticher das Abschiedsgesuch des Fürsten* mit, welches ziemlich ausführlich den Rücktritt motiviert, lebhaftes Bedauern über diese Notwendigkeit ausspricht, ja selbst den Wunsch äußert, in den Geschäften zu bleiben, da seine Gesundheit es ihm erlaube. Er spricht von der Kabinettsorder von 1852 wie von einer durchaus nötigen Sache zur Aufrechterhaltung der Einheit in der Regierung und der Verantwortlichkeit des Präsidenten. Geht dann zur auswärtigen Politik über, das Verhältnis zu Rußland sei nie besser gewesen, berührt den Vorwurf, wichtige Depeschen vorenthalten zu haben, und betont schließlich, daß er nach den Verhandlungen mit General von Hahnke einsehe, Sr. Majestät im Wege zu sein und um seinen Abschied bitten zu müssen. Das Gesuch ist so abgefaßt, daß es eigentlich eine eingehende Erwiderung provoziert und die Bereitwilligkeit, zu bleiben, durchblicken läßt.

Bötticher berichtete: Se. Majestät habe auf die Andeutungen, man möge versuchen, Bismarck zum Bleiben zu bewegen, eine ablehnende Handbewegung gemacht und gesagt: »Unmöglich.«

Die Mitteilung, daß das Staatsministerium seine Portefeuilles

* Für den Text des hier teilweise falsch zusammengefaßten Entlassungsgesuchs vgl. Otto Fürst von Bismarck, Erinnerung und Gedanke, Kritische Neuausgabe von ›Gedanken und Erinnerungen‹, hrsg. von Gerhard Ritter und Rudolf Stadelmann, Bd. 15 der gesammelten Werke, Berlin 1932, S. 592 ff. Ein ausdrücklicher Wunsch, »in den Geschäften zu bleiben, da seine Gesundheit es ihm erlaubt«, ist in dem Gesuch nicht enthalten.

zur Verfügung stelle, die Geschäfte aber fortzuführen bereit sei, bis zur weiteren Entscheidung über die zu ernennenden Nachfolger, habe er billigend und erfreut entgegengenommen. Auf das Entlassungsgesuch Bismarcks hatte er mit Bleistift geschrieben: »Genehmigt. W.«
Bötticher las ferner den Entwurf eines Handschreibens vor, welches in warmer Weise, ohne auf die Motivierung des Entlassungsgesuchs einzugehen, den Abschied bewilligt. Se. Majestät hat ferner Bötticher mitgeteilt, daß er den General von Caprivi zum Reichskanzler und Ministerpräsidenten ernennen wolle. Eine Mitteilung, welche er bereits gestern abend, wo Bismarcks Entlassungsgesuch noch kaum in seinen Händen gewesen sein kann, den kommandierenden Generalen gemacht hat. Graf Herbert Bismarck hat erklärt, er könne nicht Minister bleiben und seine Instruktionen von einem anderen als von seinem Vater annehmen. [...]
29. März reiste Fürst Bismarck unter ungeheuren Ovationen des Publikums mit seiner ganzen Familie vom Lehrter Bahnhof nach Friedrichsruh ab. Eine Eskadron Gardekürassiere mit Regimentsmusik und Standarte war auf dem Perron des Bahnhofs aufmarschiert. Alle Minister, Botschafter, zahlreiche Generale waren anwesend. Das Publikum schien auch den Kaiser erwartet zu haben. Es war ein betäubendes »Hurra«- und »Auf Wiedersehen«-rufen. Während der Zug sich in Bewegung setzte, stimmte das Publikum die »Wacht am Rhein« an.
Damit ist also der Schlußakt beendet und ein Ereignis von unberechenbarer Tragweite hat sich vollzogen. [104]

## Bismarcks Regierungssystem

*Der Parteiführer der linksliberalen Deutsch-Freisinnigen Partei Eugen Richter kritisiert in einem Kommentar zu Bismarcks Entlassung vom 21. März 1890 die negativen Auswirkungen der Regierungsweise Bismarcks auf das deutsche politische Leben.*

Die Entlassung des Reichskanzlers Fürsten Bismarck ist vollendete Tatsache. Gott sei Dank, daß er fort ist! so sagen wir heute ebenso aufrichtig, wie wir ihm gegenüber stets gewesen sind. Es wäre ein Segen für das Reich gewesen, wenn er schon viel früher beseitigt worden wäre. Nicht um der Person willen sagen wir dies, sondern wegen des Regierungssystems, welches Fürst Bismarck befolgte. [...]
Es ist unsere innerste Überzeugung, daß eine Fortsetzung der bisherigen inneren Politik, wie sie namentlich seit 1877 begonnen, nach einem ebensolchen Zeitraum tatsächlich Deutschland in den Abgrund geführt haben würde. Daß bei den letzten Wahlen die deutsche Bevölkerung sich zu einem Fünftel zu einer republikani-

schen Partei bekannt hat,* ist in der Hauptsache die Frucht des Bismarckschen Regierungssystems, welches nur zu sehr geeignet war, die Sozialdemokratie bald mittels dargereichten Zuckerbrotes, bald mittels der angewandten Peitsche künstlich großzuziehen. Dazu sind die konfessionellen Gegensätze verschärft worden, nach der einen Seite durch den mittels Polizei und Strafbestimmungen geführten kirchenpolitischen Kampf, nach der anderen Seite durch das Verhalten des Kanzlers zu der Entstehung der antisemitischen Bewegung. Das gewaltige Emporwuchern der Interessenparteien, welche rücksichtslos die Ausbeutung der Staatsgewalt auf Kosten des allgemeinen Wohles erstreben, ist zurückzuführen auf die Schutzzollpolitik und jene Schutzzollagitationen, zu welchen der Kanzler persönlich in jeder Weise aufgefordert und angereizt hat. Die Verhetzung der politischen Parteien untereinander, die Verdächtigung der Vaterlandsliebe, das Absprechen des Patriotismus für jeden politisch Andersdenkenden ist die Folge einer durch den Welfenfonds** korrumpierten Presse und des Tones, welchen die Kanzlerpresse stets angeschlagen hat gegen alle, welche einmal andere Ansichten bekundeten als der Kanzler.
Nur die falsche Politik des Kanzlers hat das Anschwellen der Steuerlasten des Reiches in den letzten zehn Jahren um nahezu 400 Millionen, und zwar vorwiegend zuungunsten der minderwohlhabenden Klassen verschuldet. [...]
Die Volksvertretung wurde stets in der rücksichtslosesten Weise behandelt und in ihrem Ansehen herabgewürdigt, so oft sie dem Kanzler nicht zu Gefallen stimmte. [...]
Erst eine spätere Generation wird ein vollkommen gerechtes Urteil über den Fürsten Bismarck fällen. Wir sind der Meinung, die Nachwelt wird seine 28 jährige Wirksamkeit in ihrer Gesamtheit weniger in den Himmel heben, als es die Mitwelt vielfach getan hat. Vor den Augen der letzteren kam voll und ganz zur Geltung, was er für die Einheit des Vaterlandes getan; aber wie seine falsche innere Politik an dem Volksleben gesündigt, das wird in seinem ganzen Umfang erst späteren Generationen zum vollen Bewußtsein gelangen, die noch unter den Nachwirkungen dieser Politik zu leiden haben werden.
Diejenigen Staatsmänner, welche die Erbschaft anzutreten haben, sind wahrlich nicht zu beneiden. Es wird noch gar vieles anders werden müssen im deutschen Reich, wenn es gelingen soll, die bösen Folgen einer langjährigen Mißregierung zu überwinden. Aber nachdem der blinde Autoritätskultus, den man mit der Person des Fürsten Bismarck getrieben, gegenstandslos geworden,

* Gemeint ist die Sozialdemokratie, die bei den Reichstagswahlen vom 20. Februar 1890 19,7 % der abgegebenen Stimmen erhielt.
** Es handelte sich um einen Fonds von rund 48 Millionen Mark, den die preußische Regierung aus dem 1868 beschlagnahmten Vermögen des Königs Georg V. von Hannover gebildet hatte. Ein Teil der Zinsen wurde von Bismarck zur Bekämpfung der Gegner der Regierung verwendet. 1892 wurde die Beschlagnahme aufgehoben.

wird man hoffentlich in allen Kreisen des Volkes die Schäden jener Politik schärfer als bisher erkennen. Vor allem hoffen wir, daß nunmehr in Deutschland überall wieder ein kräftiges, selbstbewußtes, politisches Leben erwacht. Statt in stumpfer Passivität hinzuhorchen, was von oben kommen wird, muß man sich wieder überall mit dem Gedanken durchdringen, daß das Volk selbst berufen ist, an seinem Geschicke mitzuarbeiten. Auf die Dauer wird kein Volk anders regiert, wie es regiert zu werden verdient. [105]

## Bismarcks politisches Erbe

*Max Weber über den Einfluß Bismarcks auf das Niveau des Parlaments und die politische Erziehung der deutschen Nation.*

Was war infolgedessen – für die uns hier interessierenden Seiten der Sache – Bismarcks politisches Erbe? Er hinterließ eine Nation ohne alle und jede politische Erziehung, tief unter dem Niveau, welches sie in dieser Hinsicht zwanzig Jahre vorher bereits erreicht hatte. Und vor allem eine Nation ohne allen und jeden politischen Willen, gewohnt, daß der große Staatsmann an ihrer Spitze für sie die Politik schon besorgen werde. Und ferner, als Folge der mißbräuchlichen Benutzung des monarchischen Gefühls als Deckschild eigener Machtinteressen im politischen Parteikampf, eine Nation, daran gewöhnt, unter der Firma der »monarchischen Regierung« fatalistisch über sich ergehen zu lassen, was man über sie beschloß, ohne Kritik an der politischen Qualifikation derjenigen, welche sich nunmehr auf Bismarcks leergelassenen Sessel niederließen und mit erstaunlicher Unbefangenheit die Zügel der Regierung in die Hand nahmen. An diesem Punkt lag der bei weitem schwerste Schaden. Eine politische Tradition dagegen hinterließ der große Staatsmann überhaupt nicht. Innerlich selbständige Köpfe und vollends Charaktere hatte er weder herangezogen, noch auch nur ertragen. [...]
Demgegenüber nun als ein rein negatives Ergebnis seines gewaltigen Prestiges: ein völlig machtloses Parlament. Er selbst hat sich bekanntlich dessen als eines Fehlers angeklagt, als er nicht mehr im Amte war und die Konsequenzen an seinem eigenen Schicksal erfahren hatte. Jene Machtlosigkeit bedeutete aber zugleich: ein Parlament mit tief herabgedrücktem geistigen Niveau. Zwar die naive moralisierende Legende unserer unpolitischen Literaten denkt sich die ursächliche Beziehung vielmehr gerade umgekehrt: weil das Niveau des Parlamentslebens niedrig gewesen und geblieben sei, deshalb sei es, und zwar verdientermaßen, machtlos geblieben. Höchst einfache Tatsachen und Erwägungen zeigen aber den wirklichen Sachverhalt, der sich

übrigens für jeden nüchtern Denkenden von selbst versteht. Denn darauf: ob große Probleme in einem Parlament nicht nur beredet, sondern maßgeblich entschieden werden, – ob also etwas und wie viel darauf ankommt, was im Parlament geschieht, oder ob es nur der widerwillig geduldete Bewilligungsapparat einer herrschenden Bürokratie ist, stellt sich die Höhe oder Tiefe seines Niveaus ein. [106]

## 10. Die deutsche Politik zwischen Sozialdemokratie und Agrariern

### I. Die Reformpolitik des neuen Kurses

#### Das sozialpolitische Programm

*Erlaß Wilhelms II. an die Minister der öffentlichen Arbeiten und für Handel und Gewerbe vom 4. 2. 1890. Ein zweiter ebenfalls ohne Gegenzeichnung Bismarcks veröffentlichter Erlaß an den Reichskanzler, der hier nicht wiedergegeben wird, galt der Vorbereitung der schließlich von der Reichsregierung einberufenen internationalen Arbeiterschutzkonferenz vom 15. — 29. 3. 1890.*

Bei Meinem Regierungsantritt habe Ich Meinen Entschluß kundgegeben, die fernere Entwicklung unserer Gesetzgebung in der gleichen Richtung zu fördern, in welcher Mein in Gott ruhender Großvater sich der Fürsorge für den wirthschaftlich schwächeren Theil des Volkes im Geiste christlicher Sittenlehre angenommen hat. So werthvoll und erfolgreich die durch die Gesetzgebung und Verwaltung zur Verbesserung der Lage des Arbeiterstandes bisher getroffenen Maßnahmen sind, so erfüllen dieselben doch nicht die ganze Mir gestellte Aufgabe. Neben dem weiteren Ausbau der Arbeiter-Versicherungsgesetzgebung sind die bestehenden Vorschriften der Gewerbeordnung über die Verhältnisse der Fabrikarbeiter einer Prüfung zu unterziehen, um den auf diesem Gebiete laut gewordenen Klagen und Wünschen, soweit sie begründet sind, gerecht zu werden. Diese Prüfung hat davon auszugehen, daß es eine der Aufgaben der Staatsgewalt ist, die Zeit, die Dauer und die Art der Arbeit so zu regeln, daß die Erhaltung der Gesundheit, die Gebote der Sittlichkeit, die wirthschaftlichen Bedürfnisse der Arbeiter und ihr Anspruch auf gesetzliche Gleichberechtigung gewahrt bleiben. Für die Pflege des Friedens zwischen Arbeitgebern und Arbeitnehmern sind gesetzliche Bestimmungen über die Formen in Aussicht zu nehmen, in denen die Arbeiter durch Vertreter, welche ihr Vertrauen besitzen, an der Regelung gemeinsamer Angelegenheiten betheiligt und zur Wahrnehmung ihrer Interessen bei Verhandlung mit den Arbeitgebern und mit den Organen Meiner Regierung befähigt werden. Durch eine solche Einrichtung ist den Arbeitern der freie und friedliche Ausdruck ihrer Wünsche und Beschwerden zu ermöglichen und den Staatsbehörden Gelegenheit zu geben, sich über die Verhältnisse der Arbeiter fortlaufend zu unterrichten und mit den letzteren Fühlung zu behalten. Die staatlichen Bergwerke wünsche Ich bezüglich der Fürsorge für Arbeiter zu Musteranstalten entwickelt zu sehen, und für den Privatbergbau erstrebe Ich die Herstellung eines organischen Verhältnisses Meiner Bergbeamten zu den Betrieben, Behufs einer der Stellung der Fabrikinspektionen entsprechenden Aufsicht, wie sie bis zum Jahre 1865 bestanden hat. Zur Vorberathung dieser Fragen will Ich, daß der Staatsrath unter Meinem Vorsitze und unter Zuziehung derjenigen sachkundigen Personen zusammentrete, welche Ich dazu berufen werde. Die Auswahl der letzteren behalte Ich Meiner Bestimmung vor. Unter den Schwierigkeiten, welche der Ordnung der Arbeiterverhältnisse in dem von Mir beabsichtigten Sinne entgegenstehen, nehmen diejenigen, welche aus der Nothwendigkeit der Schonung der heimischen Industrie in ihrem Wettbewerb mit dem Auslande sich ergeben, eine hervorragende Stelle ein. Ich habe daher den Reichskanzler angewiesen, bei den Regierungen der Staaten, deren Industrie mit der unsrigen den Weltmarkt beherrscht, den Zusammentritt einer Konferenz anzuregen, um die Herbeiführung gleichmäßiger internationaler Regelungen der Grenzen für die Anforderungen anzustreben, welche an die Thätigkeit der Arbeiter gestellt werden dürfen. Der Reichskanzler wird Ihnen Abschrift Meines an ihn gerichteten Erlasses mittheilen. [107]

## Die Popularität der sozialen Reform 1890

*Der Pfarrer, politische Publizist und ehemalige Generalsekretär des national-sozialen Vereins Martin Wenck in einem Artikel der ›Hilfe‹ 1913 rückblickend über das Echo auf die Februarerlasse des Kaisers.*

So gewaltig erschütternd Bismarcks Sturz wirkte, einem Erdbeben gleich – um der sozialen Frage willen, die gebieterisch alle andern zurückdrängte, empfanden viele Millionen Deutsche diesen Rücktritt doch wie eine Erlösung. Nun sollte und konnte die Bahn frei werden für eine Epoche sozialen Wirkens. Der alte deutsche Idealismus, der sich in der Geschichte bald in dieser, bald in jener Form gezeigt hat, erwachte in einer sozialreformerischen Begeisterung, an die wir Aelteren, die diese Tage miterlebten, zurückdenken wie an die schönsten, reinsten und edelsten Träume unserer Jugend. Man jubelte über die Februarerlasse des Kaisers. Man jauchzte dem Tag der Aufhebung des Sozialistengesetzes entgegen, an dem sich nun die nationalen und sozialen Kräfte Jung-Deutschlands gegenüber dem entfesselten Riesen, der Sozialdemokratie, messen konnten. Man stürzte sich auf die sozialistische Literatur, um die Spreu vom Weizen scheiden zu können, einen neuen besseren nationalen oder auch christlichen Sozialismus zu schaffen, in Volksversammlungen, Gewerkschaftsversammlungen mit der Sozialdemokratie zu diskutieren. Wilhelm II. wurde der

»Arbeiterkaiser«, der »uns großen Tagen entgegenzuführen« schien. Dieser Begeisterungsstrom drang sogar in die Amtsstuben der Regierung und die Aktenbündel der Konsistorien hinein. »Sozial sein« war jetzt so gut wie »königstreu«, war so gut wie »hoffähig« geworden. Eine Flut von sozialen Schriften, Vorträgen, Reden, Predigten, Gedichten, Dramen, Romanen ging durch das Land und Organisationen über Organisationen entstanden, um die sozialreformerischen Kräfte zu positiver Arbeit zusammenzuschließen. Es war viel ehrlicher Wille und aufrichtige Ueberzeugung dabei, aber auch reichlich viel Modesache und ein Strebertum, das sich dem Willen eines jungen, tatendurstigen Monarchen gefällig erweisen wollte. Das hielt natürlich nur so lange stand, bis der Wind umzuschlagen schien, das soziale Barometer am Kaiserhof auf »veränderlich« hindeutete und darüber hinuntersank. [108]

## Das Zentrum und der neue Kurs

*Der Zentrumsführer Ludwig Windthorst in einem Interview mit dem ›New York Herald‹ Ende März 1890 über die Haltung seiner Partei gegenüber der Regierung und der Politik der Sozialreform.*

Im neuen Reichstag müssen neue Gruppen gebildet werden. Keine dauernden Koalitionen werden von der Zentrumspartei eingegangen werden, nur gewisse Kombinationen von Fall zu Fall, wie es sich notwendig zeigt; darum ist es albern, von klerikal-konservativen oder klerikal-freisinnigen Parteien zu sprechen. Das Zentrum steht in der Mitte zwischen allen Parteien und wird die Unterstützung jeder andern Partei annehmen, der es, wenn gewisse Berührungspunkte sich finden, geraten erscheint, es zu unterstützen. Es kann keine Rede sein von einer systematischen Opposition unserseits gegen die Regierung. Im Gegenteil, das Zentrum würde weit lieber die Interessen Deutschlands durch ein gegenseitiges gutes Einvernehmen mit der Regierung fördern, ohne selbstredend ein einziges seiner Prinzipien preiszugeben; wir werden insbesondere mit der ganzen Stärke unserer Partei die von dem Kaiser inaugurierte soziale Reformpolitik unterstützen. Mit gutem Willen auf beiden Seiten wird das ganz glatt vonstatten gehen. Die Hauptsache ist, daß alle ohne Ansehen ihres Parteistandpunktes sich vereinigen sollten zur Stütze der Gesellschaft und der Regierung und sie schützen sollten wider jeden Angriff. Der neue Reichstag wird die Friedenspolitik der Regierung nach besten Kräften unterstützen. Deutschlands Interessen sind die des Friedens und können durch Frieden und nur durch Frieden gefördert werden. Der neue Reichstag wird in der Lage sein, die Unabhängigkeit und Sicherheit des Landes gegen alle

Angriffe, von wem immer und von welcher Seite sie auch kommen mögen, zu schützen. Der Gedanke der Sozialreform wird sich mehr und mehr verbreiten. [...]
Wie ich oben sagte: Wenn andere Parteien den Kaiser nicht unterstützen, wir werden es. Sozialreform ist eine Politik, die wir immer unterstützt haben. Sie ist die wichtigste Frage am Ende unseres Jahrhunderts, wie die Frage der bürgerlichen Rechte es war am Ausgang des vorigen Jahrhunderts. Es ist nicht die Zeit für irgendwen, sich die Nachtmütze über die Augen zu ziehen. Der Kaiser trägt das Banner. Wir marschieren hinter ihm. Es ist uns Ernst damit. Es ist uns heiliger Ernst. [109]

## Das Programm der preußischen Regierung

*In einer Rede vor dem preußischen Abgeordnetenhaus am 13. November 1890 begründet der Reichskanzler und preußische Ministerpräsident Leo Graf von Caprivi die Einbringung einer Reihe wichtiger Reformvorlagen mit der Notwendigkeit der sozialen Reform und der Stärkung des Staates als Gegenmittel zu den von der Sozialdemokratie drohenden Gefahren. Die vorgelegten Entwürfe wurden mit der wichtigen Ausnahme der Vorlage über die Volksschule vom preußischen Landtag, wenn auch teilweise mit erheblichen Änderungen, angenommen.*

Ich habe die Ehre, auf Grund Allerhöchster Ermächtigung und im Namen des Staatsministeriums folgende Gesetzentwürfe dem Hohen Hause vorzulegen: 1. den Entwurf eines Einkommensteuergesetzes; 2. den Entwurf eines Gesetzes, betreffend die Abänderung des Erbschaftssteuergesetzes; 3. den Entwurf eines Gesetzes, betreffend die öffentliche Volksschule; 4. den Entwurf eines Gesetzes, betreffend die Abänderung des Gesetzes vom 14. Mai 1885 betreffend Ueberweisung von Beträgen, welche aus landwirthschaftlichen Zöllen eingehen, an die Kommunalverbände, und 5. den Entwurf einer Landgemeindeordnung für die 7 östlichen Provinzen der Monarchie. [...]
Es hat im Laufe der Entwicklung der Dinge gelegen, daß nach der Gründung des Deutschen Reiches arbeitsvolle Jahre das Interesse aller politischen Männer und politischen Körperschaften vor Allem für den Ausbau und die Entwickelung des Reiches in Anspruch genommen haben. Als das einigermaßen geschehen war, trat das Reich in die großen Sozialreformen ein, und wiederum konzentrirten sich Kräfte und Interesse auf das Reich und auf dessen gesetzgeberische Körperschaft.
Eine natürliche Folge davon war, daß im preußischen Staate manches hat zurückgestellt werden müssen, manches nicht so früh in die Hand genommen, oder wenigstens nicht so früh zur Durch-

führung gekommen ist, als es an sich wünschenswerth gewesen wäre. Die Staatsregierung ist der Ueberzeugung, daß ein längeres Aufschieben der Bearbeitung der Materien, die in den genannten Gesetzen enthalten sind, nicht wohl möglich ist, daß nunmehr dazu aus inneren, sachlichen Gründen geschritten werden muß.
Die Staatsregierung mußte sich weiter die Frage vorlegen, ob denn aber alle diese Gesetze so dringlich wären, ob eine gleichzeitige Behandlung derselben erforderlich wäre. Auch diese Frage hat sie nach reiflicher Erwägung bejahen zu müssen geglaubt, einmal, weil die Tendenz der gesetzgeberischen Vorlagen sich im allgemeinen in einer und derselben Richtung bewegt, dann aber auch, weil materiell dieselben an mehr als einem Punkte in einem Zusammenhang stehen und eine Trennung nicht wohl räthlich machen würden. [...]
Die Staatsregierung legt einen hohen Werth darauf, diese Gesetze gemeinsam und pari passu behandelt zu sehen. [...]
Was die Finanzgesetze angeht, so kann ich mich auf die Bemerkung beschränken, daß diesen Gesetzen ein umfassender und, ich glaube nicht zu viel zu sagen, großartiger Plan zu Grunde liegt, ein Plan, der über diese Gesetze, die Ihnen heute vorgelegt werden, hinausgeht, der zunächst die Gewerbesteuer noch umfaßt, die voraussichtlich in wenigen Tagen auf den Tisch des Hauses wird niedergelegt werden können, ein Plan, der, wenn die ersten Schritte, die in dieser Session gethan werden sollen, gelingen, noch auf Jahre hinaus die gesetzgebenden Faktoren beschäftigen wird.
Was die Einkommensteuer angeht, so kann ich nur wiederholen, was die Thronrede gesagt hat. Es liegt nicht in der Absicht der Staatsregierung, die Einnahmen des Staates durch die in Bezug auf die Einkommensteuer Ihnen vorgeschlagenen Veränderungen zu vermehren.

(Hört! hört! links.)

Es liegt in der Absicht, die Steuer so umzuformen, daß die Auflage eine gerechtere wird, daß unbemittelte Schultern entlastet werden und daß individuellen Verhältnissen der Steuerzahler mehr Rücksicht geschenkt werden kann, als das bisher der Fall gewesen ist.

(Lebhaftes Bravo.) [...]

In Bezug auf die Landgemeindeordnung ist die Staatsregierung der Ueberzeugung, daß auch ein Vorgehen in dieser Richtung nicht länger aufgeschoben werden konnte. Sie konnte sich der Ueberzeugung, die ja auf alten Erfahrungen beruht, nicht verschließen, daß, wenn der richtige Moment für Reformen verfehlt werde, dieselben später leichter der Gefahr ausgesetzt sind, übertrieben zu werden, daß man dann nur zu leicht über das Ziel hinausschießt. Die Staatsregierung hat geglaubt, dem von ihr anerkannten Bedürfniß einer Umformung der Gemeindeordnung jetzt Folge geben zu müssen. [...]

Der vorliegende Entwurf hält an der Selbständigkeit der bestehenden Landgemeinden und Gutsbezirke, so weit es irgend geht, fest; er sucht die Gemeinden zu stärken und das Leben in ihnen zu heben. Er gewährt aber die Möglichkeit da wo Gemeinden und Gutsbezirke nicht mehr leistungsfähig, nicht mehr existenzfähig sind, sie auch wider den Willen der Betheiligten zusammenzulegen. [. . .]
Ich bin der Meinung, daß in einer Zeit, in der die soziale Frage eine so hervorragende Stellung einnimmt, in der wir vor so schwierigen Aufgaben nach der sozialen Richtung stehen, alle Schritte der Regierung und der gesetzgeberischen Körper auch nach der Richtung hin geprüft werden müssen: wie werden sie wirken in Bezug auf die sozialen Reformen? Es konnte nicht die Aufgabe der Staatsregierung sein, diese Gesetze etwa zuzuschneiden zu einem Glied in der Kette der reformatorischen Maßregeln, die an anderer Stelle getroffen werden; aber immerhin mußte man sich die Frage vorlegen: wie werden denn diese Gesetze nach der Richtung hin wirken, werden sie in einem Kampfe, der von den staatsbedrohenden Elementen ausgehend gegen das Dasein des Staats und der Kultur inszenirt zu werden scheint, werden da diese Gesetze im Stande sein den Staat zu stärken und zu kräftigen? Das wird der Fall sein! Zunächst wird der Staat eine direkte Stärkung dadurch erfahren, daß die Finanzen des Staates auf eine festere, sicherere Grundlage gestellt werden, daß Rechtsunsicherheiten wie sie in Bezug auf das Gemeindeleben und in Bezug auf die Volksschule thatsächlich und in nicht unerheblichem Umfange vorgelegen haben, beseitigt werden, und daß die Volksschule an Kraft und Gesundheit gewinnt und dadurch auf die Erziehung der künftigen Generation mehr und besser einzuwirken befähigt wird als das bisher der Fall gewesen ist. Die Staatsregierung hat keinen Anlaß gehabt auf eine Verstärkung ihrer Macht in irgend einer Richtung hierbei oder bei einer andern Gelegenheit auszugehen; die Staatsregierung ist sich ihres Rechts und ihrer Pflicht, die Gesetze mit allen ihr zu Gebote stehenden Mitteln durchzuführen, die Ordnung im Staate zu erhalten, den Besitz zu schützen, vollkommen bewußt; sie hat aber bisher noch nicht das mindeste Anzeichen gefunden, daß die bestehenden Gesetze für diese Zwecke nicht ausreichen.

(Sehr gut! links.)

Sollten solche Anzeichen eintreten, so wird die Staatsregierung nicht säumen das zu thun, was etwa nothwendig sein könnte, um weitere Garantien zu schaffen.

(Bravo!)

Ich lege Werth darauf, das hier ausdrücklich zu erwähnen, obwohl ein Theil der Frage ja die sedes materiae* auf einem andern Boden hat – ich lege aber Werth darauf, es ausdrücklich zu erwähnen,

* (lat.) soviel wie: Schwerpunkt

um einer Richtung, die die Staatsregierung eines schwächlichen Zuwartens beschuldigt, entgegenzutreten. Wir wissen ganz genau, was unsre Schuldigkeit ist, und sind gewillt, alle der Regierung zu Gebote stehenden Machtmittel rücksichtslos anzuwenden, wenn wir, was Gott verhüten wolle, vor die Nothwendigkeit gestellt werden,

(Bravo!)

wir sind aber nicht gesonnen, vorher aus Besorgniß Maßregeln zu ergreifen, wenn nicht reale Motive zur Zeit vorliegen.

(Bravo! links und im Centrum.)

Diese Gesetze stärken also nicht die Staatsregierung, sondern den Staat direkt. Man darf sich aber der Hoffnung hingeben, daß sie auch indirekt zur Stärkung des Staates beitragen werden; denn es will mir scheinen, wie wenn der Staat nur gewinnen kann in dem Kampf, vor den er gestellt ist, wenn es ihm gelingt, die Zahl seiner Gegner zu verringern. Die Regierung kann niederhalten, niederschlagen, damit ist die Sache aber nicht gemacht;

(sehr wahr! links)

die Schäden, vor denen wir stehen, müssen von innen heraus geheilt werden,

(sehr gut! links)

und dazu gehört nach dem Dafürhalten der Regierung, daß die Liebe zum Staat, das Wohlbefinden im Staate, das Sichheimischfühlen, die Theilnahme mit Kopf und Herz an den Aufgaben des Staates in weitere Kreise getragen wird.

(Bravo! links.)

Dazu geben diese Gesetze insofern eine Hilfe, als, wie ich an mehreren Stellen zu erwähnen mir erlaubt habe, und wie Sie in noch klarerem und größerem Umfange vielleicht aus dem Studium des Gesetzes selbst erkennen werden, — als sie die Tendenz haben, die schwachen Schultern zu entlasten. Sie haben aber auch weiter die Tendenz, die Thätigkeit innerhalb der Gemeinde in breitere Kreise zu übertragen, und wenn die Existenz des Staates mit einer Feindschaft auf Tod und Leben bedroht wird, so wird auf der anderen Seite als Gegenmittel gesucht werden müssen eine Verstärkung der Liebe zum Staat. [110]

## II. Die Handelsvertragspolitik Caprivis und die Formation der Gegenkräfte

### Die Motive der deutschen Handelspolitik unter Caprivi

*In einer Reichstagsrede vom 10. 12. 1891 erörtert Caprivi den Zusammenhang seiner Handelsvertragspolitik mit seiner Außenpolitik und dem Bemühen um die Gewinnung der Arbeiterschaft. Das in den Jahren von 1891 bis 1894 ausgebaute Handelsvertragssystem war eine wesentliche Voraussetzung für den Aufschwung der deutschen Industrie in den folgenden Jahren.*

Man hat gesagt, Deutschland wäre Industriestaat geworden, und ich bin auch nicht abgeneigt, diesen Ausdruck anzunehmen, insofern, als die Industrie fortwährend im Steigen ist und fortwährend an Bedeutung für den Staat gewinnt. Es ist ein charakteristischer Unterschied zwischen der Industrie und der Landwirthschaft, daß die Landwirthschaft eines Staates nur bis zu einem gewissen Grade steigerungsfähig ist, weil sie vom Grund und Boden abhängig bleibt. Man kann intensiver wirthschaften, und ich zweifle nicht, daß aus unserem Grund und Boden noch mehr herauszuwirthschaften ist, als bis jetzt geschieht; aber es bleibt immer derselbe Grund und Boden, auf dem gewirthschaftet werden muß. Die Industrie dagegen ist abhängig von den Absatzmärkten. Erweitert man ihr dieselben, wie wir das durch diese Verträge wollen, so kann sich auch die Industrie erweitern, und es ist fürs erste kein Ende in dieser Beziehung abzusehen, sofern nur die Möglichkeit eines lohnenden Verkaufs ihrer Fabrikate für die Industrie da ist. Handel und Industrie sind und bleiben die wesentlichsten Quellen des Wohlstandes und damit politischer Macht, kultureller Bedeutung [. . .]

Aber noch weiter! Ich glaube nicht, daß man leugnen kann, daß zwischen Wohlstand und Sittlichkeit gewisse Beziehungen bestehen, und daß die Sittlichkeit in den unteren Klassen bis zu einem gewissen Grad einen steigenden Wohlstand zur Voraussetzung hat, etwas, was mit dem zusammenhängt, was ich vorhin über die Familie zu äußern mir erlaubt habe.

Mit der Industrie hängt ja der Arbeiterstand auf das engste zusammen, und wir würden unsere Pflicht vernachlässigt haben, wenn wir beim Abschluß dieser Verträge nicht die Möglichkeit, unseren Arbeiterstand zu erhalten, leistungsfähig zu erhalten, ins Auge gefaßt hätten. Es kamen dabei zwei Momente zur Sprache; einmal, billigere Lebensmittel zu schaffen. Soweit das, ohne die staatlichen Interessen, die höheren staatlichen Interessen, zu gefährden, geschehen konnte, haben die verbündeten Regierungen eine Reihe von kleineren Maßregeln eintreten lassen. Sie haben diejenige Herabsetzung der Zölle für Lebensmittel vorgenommen, die sie für zulässig hielten.* Ich erachte aber für viel wesentlicher für die Erhaltung und für das Gedeihen des Arbeiterstandes, daß ihm Arbeit geschaffen werde.

(Sehr richtig! rechts.)

Wenn dies nicht die wesentlichere Frage wäre, so würde der Andrang unserer ländlichen Arbeiter in die Städte und nach dem Westen gar nicht zu erklären sein. Unser Westen hat unausgesetzt Preise für unentbehrliche Lebensmittel, die so viel höher sind als im Osten (sehr richtig! rechts),

daß, wenn man diese Preise miteinander vergleicht und sie absolut nimmt, man meinen sollte, es müßte im Westen eine fortwährende Theurung da sein. Daß trotzdem die Menschen so gern nach dem Westen gehen, hat seinen Grund darin, daß sie die lohnendere Arbeit den billigeren Lebensmittelpreisen voranstellen. Lohnende Arbeit wird aber, wenn diese Verträge genehmigt werden, zur Perfektion kommen, gefunden werden. Wir werden sie finden durch den Export; wir müssen exportiren: entweder wir exportiren Waaren, oder wir exportiren Menschen. Mit dieser steigenden Bevölkerung ohne eine gleichmäßig zunehmende Industrie sind wir nicht in der Lage, weiter zu leben.

Ich möchte aber hier noch ein Wort für den Arbeiterstand sagen. [. . .] Wir müssen uns nicht angewöhnen, diesen Arbeiterstand immer mit einem pessimistischen Blick anzusehen; wir dürfen die Hoffnung nicht aufgeben, auch diese Leute wieder zu gewinnen, und ich stehe vollkommen auf dem Boden des Herrn Abgeordneten Stöcker, der einmal gesagt hat, wir müssen den Arbeitern nicht bloß entgegentreten, sondern auch entgegenkommen.

(Sehr richtig! rechts.)

Dieses zu thun, ist einer der Zwecke dieser Verträge. Wir wollen ihnen entgegenkommen, indem wir ihnen die Möglichkeit zu einem redlichen Erwerb geben.

(Bewegung.)

Wir stehen noch ganz auf dem Boden der Botschaft von 1881, die die Ueberzeugung ausspricht, daß die Heilung der sozialen Schäden nicht ausschließlich auf dem Wege der Repression sozialistischer Ausschreitungen, sondern gleichmäßig auf dem der positiven Förderung des Wohles der Arbeiter zu suchen sei. Wir glauben in diesen Verträgen das Wohl der Arbeitgeber und das Wohl der Arbeiter im Auge gehabt zu haben und die Grenzen unserer Konzessionen so zu ziehen, daß die Verträge, soweit es möglich ist, beides fördern würden.

Man hat von der politischen Seite dieser Verträge viel gesprochen und wohl hier und da erwartet, die Regierung habe Geheimnisse

* Es handelte sich um eine Herabsetzung der Zölle auf Weizen und Roggen von 5 auf 3,50 Mark pro Doppelzentner.

nach dieser Seite zu enthüllen. Das ist durchaus nicht der Fall. Was zuerst Belgien und die Schweiz angeht, so sind das neutrale Staaten, deren Neutralität durch europäische Verträge gewährleistet ist, und von denen wir nichts anderes wünschen, ja dringend hoffen, als in freundnachbarlichen Beziehungen mit ihnen zu leben. Anders steht die Sache in Bezug auf den Dreibund. Der Dreibund ist geschlossen zu gegenseitiger Abwehr, er hat nicht die mindesten aggressiven Ziele; aber ich bin der Meinung, daß, wenn man mit anderen Staaten ein Bündnis abschließt, dessen Zweck es ist, auf lange Zeit, so Gott will, diesen Frieden zu erhalten, es dann nicht möglich ist, mit denselben dauernd in einem wirthschaftlichen Krieg zu leben.

(Sehr wahr! Bravo!)

Wenn ich jemand wirthschaftlich mit einem Krieg überziehe, so will ich ihn schwächen; wir aber haben gerade das Interesse, unsere Verbündeten zu stärken.

(Sehr wahr!)

Denn wenn einmal der Friedenszustand trotz unserer Bemühungen nicht mehr zu erhalten wäre, brauchen wir an unserer Seite kräftige Verbündete; wir müssen sie und uns in den Stand setzen, die Rüstung, die die Weltverhältnisse zu tragen uns nun einmal zwingen, auch tragen zu können, und ich halte es für absolut unzulässig, daß man die Staaten, mit denen wir in einem so innigen Verhältniß stehen, auf die Dauer zu schädigen bestrebt sein könne. [111]

## Die Bildung der agrarischen Bewegung

*a) Denkschrift der Vorsteher der landwirtschaftlichen Zentralvereine der östlichen Provinzen an Wilhelm II. vom 22. Februar 1893 über die Notlage der Landwirtschaft.*

Euerer Majestät nahen sich die allerunterthänigsten Vorsteher der unterzeichneten landwirtschaftlichen Zentralvereine ehrfurchtsvoll in schwerer Sorge. Seit langer Zeit krankt das landwirtschaftliche Gewerbe, von einzelnen durch lokale Verhältnisse begünstigten Gegenden abgesehen, in steigendem Maße. Wir sind uns dabei bewußt, daß, soweit unsere Kapitalkraft und unsere Sorgsamkeit geht, wir den Betrieb einer rationellen Wirtschaft mit allen Kräften und nicht ohne Erfolg angestrebt haben. Wir sind uns desgleichen wohlbewußt, daß unsere sinkenden Reinerträge teils auf unabwendbare Faktoren der Produktion, wie ungünstige Witterung u. s. w., teils auf die Lage des Weltmarktes zurückgeführt werden müssen. Dem unbestrittenen Notstande unseres Gewerbes gegenüber hat Euerer Majestät hohe Staatsregierung, wie wir dankbarlichst anerkennen, vielfach den guten Willen zur

Beseitigung desselben bethätigt. Dagegen bedauern wir, nach gerechter Prüfung unserer Lage, bestätigen zu sollen, daß diese guten Absichten, soweit dieselben gesetzgeberisch zum Ausdruck gelangt sind, bislang eine wesentliche Aenderung unserer bedrängten Lage nicht zur Folge gehabt haben. Deshalb wenden an Euerer Majestät landesväterliches Herz wir uns unmittelbar mit der allerunterthänigsten Bitte, huldvollst unsere Lage zu prüfen und unserer Wünsche mit einem machtvollen Königsworte Sich allergnädigst annehmen zu wollen, wie dieses von Euerer Majestät durchlauchtigsten Vorfahren glorreichen Angedenkens zum Segen des Landes wiederholt geschehen ist. Gewiß verkennen wir nicht die große Schwierigkeit für den Monarchen, im Widerstreite der Interessen der einzelnen Berufsstände für die Gesamtheit das Richtige zu treffen. Nicht um eine Bevorzugung vor den gleichfalls berechtigten Interessen anderer Erwerbszweige bitten wir dieserhalb, sondern einzig um Schaffung des Gleichgewichts, im Sinne ausgleichender Gerechtigkeit. Von diesem Gesichtspunkte sei uns allergnädigst gestattet, Euerer Majestät ehrfurchtsvoll unsere Sache unterbreiten zu dürfen. Die Notlage der Landwirtschaft hat sich aus dem Herabgehen der Preise, gleichzeitig mit einer sehr bedeutenden Erhöhung der Gestellungskosten, im Laufe der letzten Dezennien entwickelt und damit die statistisch erwiesene, stets steigende Verschuldung des ländlichen Grundbesitzes zur Folge gehabt. So entwickelten sich im Einzelnen für die von uns vertretene Landwirtschaft des Ostens der Monarchie folgende Schäden:

1. Die Gestellungskosten für unsere Körner kommen nach sorgfältiger Schätzung im Durchschnitt bei Weizen auf 160 M., bei Roggen auf 140 M., bei Hafer auf 120 M. per Tonne zu stehen. In den letzten zehn Jahren haben wir wiederholentlich unser Produkt unter diesen Kosten verkaufen müssen. Diesen Zustand vermag kein Gewerbe zu ertragen, ohne unterzugehen, namentlich nicht die Landwirtschaft, der gerade wegen ihrer Notlage sich das Kapital mehr und mehr entfremdet, und deren Eigenart es ausschließt, sich den wechselnden Konjunkturen anzupassen. Wir können unsere Betriebe nicht beliebig ändern, auch können wir nicht, wie die Industrie in kritischen Zeiten, unsere Produktion einschränken und die Arbeiter nach Belieben entlassen.

2. Unsere Viehzucht gab im Gegensatze zum Körnerbau eine Zeit lang verhältnismäßig gute Erträge, wenngleich die hohen Tarifsätze unserer Bahnen, die praktisch keinen Anhalt gebenden Preisfeststellungen des Berliner Viehmarktes und der zahlreiche Zwischenhandel den Produzenten nicht annähernd teilnehmen ließen an der zeitweise hohen Verwertung der gelieferten Ware. Trotzdem fand der Landwirt dabei seine Rechnung und hat in dieser verhältnismäßig günstigen Periode seine Produktionsfähigkeit derart entwickelt, daß er bei Andauer dieser Preisverhältnisse in

der Lage gewesen wäre, den heimischen Bedarf vollständig zu befriedigen, unabhängig vom Auslande. Die Erreichung dieses, sowohl in volkswirtschaftlicher, wie in sanitärer Beziehung erstrebenswerten Zieles ist indessen durch die in neuerer Zeit abgeschlossenen Handelsverträge und Seuchenkonventionen vollständig verhindert worden. Soweit für vorgedachte gesetzgeberische Maßnahmen die Rücksicht auf eine billige Volksernährung von Einfluß gewesen ist, erlauben wir uns demgegenüber ehrfurchtsvollst zu bemerken, daß im allgemeinen für das Wohl der arbeitenden Klassen mehr hohe Löhne als billige Nahrungsmittel ausschlaggebend sind. [. . .]
Euere Majestät wollen huldvollst geruhen, in Kürze die dringlichsten Wünsche der von uns vertretenen Zentralvereine Allergnädigst entgegenzunehmen.
1. Eine weitere Abbröckelung der Schutzzölle ist für unser schwer bedrängtes Gewerbe verhängnisvoll. Bei Abschluß neuer Handelsverträge wäre namentlich für den Export auch unserer Produkte, besonders Vieh, Spiritus und Zucker, mit demselben Nachdruck einzutreten, wie dies für den Export der Industrie thatsächlich seitens der hohen verbündeten Regierungen geschehen ist.
2. Ein Handelsvertrag mit Rußland, auf Grundlage der Abmachungen mit Oesterreich-Ungarn, wäre für die alten preußischen Provinzen besonders schädigend. Da Rußland ein anderes, in dem Maße bequem und vorteilhaft gelegenes Absatzgebiet für seine gewaltige Ueberproduktion an Brotkorn nicht hat, als den Norden Deutschlands, würden wir bei einer Zollreduktion in erster Linie den Anprall der Konkurrenzwogen auszuhalten haben. Zumal im Hinblick auf die schwankende und bei jeder europäischen Krisis tief herabgehende russische Valuta können wir einen ermäßigten Zoll, wie er Oesterreich-Ungarn zugestanden worden ist, in seinen Wirkungen nicht ertragen. Rußlands Eisenbahnpolitik und Valutenstand hat ihm bislang gestattet, der größte Kornlieferer Deutschlands auch bei gegenwärtigem Zoll von 5 M. zu sein. Eine weitere Zollminderung würde der Bewilligung einer hohen Ausfuhrprämie an Rußland gleichkommen, gezahlt durch Preußens Landwirte, des Ausfalls von etwa 20 Millionen bisheriger Staatsintraden nicht zu gedenken. Vollends vernichtend würde der Abschluß eines Viehseuchen-Uebereinkommens mit Rußland uns treffen. Unsere Arbeit und großen Kapitaleinlagen zur Veredelung unseres Viehstandes wären dann fruchtlose gewesen, und neben dem direkten Schaden durch eine überwältigende Konkurrenz von Produkten der russischen extensiven Viehhaltung würde die stete Verseuchung der Viehbestände nicht von uns abzuwenden sein.
3. Eine Revision des Viehseuchengesetzes ist geboten, um, unbeschadet der Rechte der Einzelstaaten, durchgreifende Abwehr- und Bekämpfungsmaßnahmen einheitlich, von Reichs wegen, zu erlassen. Wir geben uns der Hoffnung hin, daß der in der Vorbe-

reitung befindliche Gesetzentwurf diesem Bedürfnis Rechnung tragen wird.

4. Die technischen landwirtschaftlichen Nebengewerbe sind lebensfähig zu erhalten. Solange das System der Ausfuhrprämien seitens des Auslandes diesen Nebengewerben gewährt wird, hat Deutschland ebenfalls hieran festzuhalten.

5. Die Revision des Gesetzes über den Unterstützungswohnsitz ist im Sinne ausgleichender Gerechtigkeit endlich zu bewirken.

6. Die Frachten für Massenartikel der Landwirtschaft auf den Staatsbahnen sind mehr wie bisher nach dem Verhältnis der Selbstkosten zu ermäßigen.

7. Der weitere Ausbau des staatlichen Bahnnetzes und der Wasserstraßen ist zur Hebung der Verkehrsverhältnisse geboten. Die Subventionierung von Kleinbahnen seitens des Staates betrachten wir für die ärmeren Landesteile als eine Lebensfrage.

8. Die innere Kolonisierung im Osten ist zur Kräftigung des Wehrstandes, Seßhaftmachung des Arbeiterstandes und damit Beseitigung des Mangels an ländlichen Arbeitskräften, Erweiterung des Absatzgebietes für die Industrie und erfolgreichen Abwehr sozialdemokratischer Bestrebungen auch weiterhin zu fördern.

9. Euere Majestät wollen die Gnade haben, den dringenden Wünschen der Ostseeprovinzen entsprechend, darüber Untersuchungen anordnen zu wollen, ob die Aufhebung des Identitätsnachweises bei der Ausfuhr von Getreide ohne Schädigung anderer Interessen möglich ist.

10. Euere Majestät bitten wir endlich allerunterthänigst, durch Zusammenwirken staatlicher Organe mit denen der wirtschaftlichen Berufsstände über die Wirkungen sowohl der Valutendifferenz der Nachbarstaaten als auch der Entwertung des Silbers amtliche Erhebungen anzuordnen, um dadurch eine unparteiische Klarlegung der Einwirkung dieser Momente auf die Preisbildung, wie damit auf die Verhältnisse des Imports und Exports zu erzielen.

An Euerer Majestät landesväterliches Herz haben wir uns mit diesen unseren Wünschen in den gegenwärtigen Nöten ebenso freimütig als ehrfurchtsvoll gewandt. Euerer Majestät huldvoller Entscheidung sehen wir mit festem Vertrauen entgegen. Das Gelübde unverbrüchlicher Treue, in der Preußens Landwirte zu allen Zeiten zu Euerer Majestät und Dero hohem Hause gestanden haben, erneuern wir. Lebhaft beklagen wir, daß in neuerer Zeit Stimmen laut geworden sind, welche einem Zweifel an diesen Gesinnungen bei Euerer Majestät Raum geben könnten und ersterben wir als

Euerer Majestät

treugehorsamste

Vorsteher der ostelbischen landwirtschaftlichen Zentralvereine.

[112a]

*b) Auszug aus dem am 21. Dezember 1892 in der ›Landwirtschaftlichen Tierzucht‹ zu Bunzlau veröffentlichen Artikel ›Ein Vorschlag zur Besserung unserer Lage‹ des schlesischen Generalpächters Ruprecht-Ransern. Der Artikel gab einen wesentlichen Anstoß zur Gründung des Bundes der Landwirte in Berlin am 18. Februar 1893.*

Ich schlage nichts mehr und nichts weniger vor, als daß wir unter die Sozialdemokraten gehen und ernstlich gegen die Regierung Front machen, ihr zeigen, daß wir nicht gewillt sind, uns weiter so schlecht behandeln zu lassen, wie bisher, und sie unsere Macht fühlen zu lassen [. . .]
Wir müssen aufhören zu klagen, wir müssen schreien! [. . .]
Wir müssen schreien, daß es das ganze Land hört, wir müssen schreien, daß es bis in die Parlamentssäle und Ministerien dringt — wir müssen schreien, daß es bis an die Stufen des Thrones vernommen wird! [. . .]
Wir müssen aus den Statuten unserer landwirtschaftlichen Vereine den Paragraphen streichen, daß keine Politik getrieben werden darf, denn wir müssen Politik und zwar Interessenpolitik treiben [. . .]
denn nur dadurch, daß wir rücksichtslose und ungeschminkte Interessenpolitik treiben, kann vielleicht die Existenz der heutigen Landwirte [. . .]
gerettet werden.
Wollen wir wirklich ohne Kampf jenen Vertretern des häufig auf recht wenig ehrenvolle Weise erworbenen Großkapitals das Feld räumen, um als deren Inspektoren und Schaffer oder als Versicherungsagenten unser Leben zu fristen?
Deshalb müssen wir aufhören, liberal, ultramontan oder konservativ zu sein und zu wählen, vielmehr müssen wir uns zu einer einzigen, großen, agrarischen Partei zusammenschließen und dadurch mehr Einfluß auf die Parlamente und die Gesetzgebung zu gewinnen suchen. [112b]

*c) Nach einem Bericht der ›Kreuzzeitung‹ vom Oktober 1893 wurde den Kandidaten bei den Wahlen zum preußischen Abgeordnetenhaus 1893, die eine Unterstützung durch den Bund der Landwirte wünschten, der folgende Fragebogen vorgelegt.*

1. Sind Sie bereit, bei etwaigen Verhandlungen über diesbezügliche Resolutionen im Landtage gegen die jetzige, die Landwirtschaft schädigende Handelsvertrags-Politik des Reichs einzutreten? Sind Sie namentlich bereit, durch Zustimmung zu solchen Resolutionen, oder in anderer geeigneter Weise darauf hinzuwirken, daß ein Handelsvertrag mit Rußland oder Rumänien, welcher die Herabsetzung der jetzigen deutschen Getreidezölle enthält oder die Vieheinfuhr erleichtert, nicht zu stande kommt?

2. Sind Sie in gleicher Weise bereit, darauf hinzuwirken, daß die Auswüchse des Börsentreibens, insbesondere das willkürliche Spiel der Börse mit den Preisen von Nahrungsmitteln, z. B. Getreide und Mehl, im Interesse der Allgemeinheit beseitigt werde?
3. Sind Sie bereit, mit darauf zu dringen, daß die preußische Regierung auf energische Behandlung der Frage, betreffend die internationale Regelung der Währung, hinwirkt?
4. Wollen Sie desgleichen für die Förderung des mit dem Gedeihen der Landwirtschaft so eng verknüpften Handwerkerstandes eintreten, insbesondere in der Richtung, daß Sie alle Bestrebungen unterstützen, welche auf Einführung des Befähigungsnachweises, der Zwangsinnungen und auf die Beseitigung des unreellen Wettbewerbs abzielen?
5. Sind Sie bereit einzutreten für eine praktische Gestaltung der Eisenbahnpolitik, namentlich für einen beschleunigteren und dem Interesse der Landwirtschaft mehr Rechnung tragenden Ausbau des Eisenbahnnetzes, sowie für Verbilligung der Frachttarife für Düngemittel?
6. Wollen Sie dafür eintreten, daß Staatsmittel nicht in dem Umfange wie bisher zu unnötigen Prachtbauten, sondern zur Hebung von Landwirtschaft, Industrie und Handel, zunächst durch Ausbau der Land- und Wasserstraßen verwandt werden?
7. Erkennen Sie das Bedürfnis an, das Meliorationswesen einschließlich Entwässerungs- und Bewässerungsanlagen in weit ausgedehnterem Maße als bisher zu fördern, und sind Sie bereit, gegebenenfalls die Geldmittel zu bewilligen, welche erforderlich sind zur Einrichtung einer besonderen Abteilung hierfür beim landwirtschaftlichen Ministerium?
8. Wollen Sie eintreten für eine Reorganisation des Viehhandels durch Einführung einer besseren Marktkontrolle und klare amtliche Preisnotierungen?
9. Wollen Sie mitwirken zu einer Entlastung der Landratsämter und der Selbstverwaltungs-Behörden von der Ueberhäufung mit Bureaugeschäften, durch welche die Landräte verhindert werden, in der notwendigen Verbindung von Land und Leuten zu bleiben, die Organe der Selbstverwaltungs-Behörden aber ihrer wirtschaftlichen Thätigkeit über Gebühr entzogen werden?
10. Sind Sie bereit, darauf hinzuwirken, daß thunlichst bald den landwirtschaftlichen Zentralvereinen die Möglichkeit gegeben wird, sich als Landwirtschaftskammern zu konstituieren?
11. Sind Sie bereit, darauf hinzuwirken, daß unsere Gesetzgebung in einem Sinne ausgestaltet wird, welcher der Natur des ländlichen Grundbesitzes nach deutsch-rechtlicher Anschauung mehr wie bisher gerecht wird? [112c]

*d) Aus einem Brief des Gründers und späteren Vorsitzenden des Bundes der Landwirte, Conrad von Wangenheim, an seinen Bruder Generalkonsul Walter von Wangenheim vom 24. 12. 1893 über die Ziele und Erfolge des Bundes der Landwirte.*

Du schriebst neulich mal, ›unsere Agitation triebe wunderliche Blüten‹. – Was meinst Du damit? Wir können ja leider zunächst eine sehr lebhafte Agitation nicht entbehren, um die träge Masse zu einem Ganzen zu vereinigen, und daß dabei manche sehr scharfen Worte fallen, kann uns bei der Gemeinheit der Angriffe von freisinniger Seite und dem persönlichen Haß der Herren von Caprivi und Marschall niemand verdenken, unser Ziel bleibt darum doch dasselbe: Zusammenfassung aller Elemente, welche die christliche Monarchie erhalten wollen, und wir sind der Ansicht, daß sich das Ziel nur auf dem Boden der jetzigen wirtschaftlichen Bewegung erreichen läßt, da das Volk parteimüde ist, und alle politischen Parteien ihre Unfähigkeit erwiesen haben. Erreichen wir das Ziel, so werden wir der Regierung dann eine politische Macht zur Verfügung stellen, welche es ihr ermöglicht, ihre Vorlagen ohne den geringsten Schacher auf Kosten deutscher Interessen durchzubringen. Was man jetzt über das Durchdrücken der Handelsverträge hört, ist denn doch nicht mehr schön und des Deutschen Reiches unwürdig. Die Zusammensetzung der Majorität ist wohl die schärfste Kritik über die Verträge. Allerdings mit Caprivi und Marschall gibt es für uns anscheinend kein Paktieren mehr, und wir sprechen das deshalb ganz offen aus; nach mir haben es ja schon viele sehr viel schärfer getan als ich. Von Demagogie ist keine Rede bei uns, die Regierung kann uns nur dankbar sein, wenn wir die ungebildeten Massen zu leiten suchen, die Unzufriedenheit ist dort eine ganz enorme und die Sprache eine höllisch scharfe, nehmen wir die Sache nicht in die Hand, so tun es Sozialisten und Antisemiten schlimmster Sorte. Wir sind auch durchaus nicht ohne ideale Ziele, aber wir sind der Ansicht, daß Ideale nur derjenige verfolgen könne, welcher sich nicht fortwährend materielle Sorgen um das tägliche Brot und die Zukunft zu machen hat. Unser Erfolg ist ja auch bereits trotz der kurzen Zeit des Bestehens des Bundes ein großer, das Centrum ist gespalten, die Nationalliberalen desgleichen, alle jungen Mitglieder stehen auf unserer Seite – wären die Polen nicht solche – – – –, so wäre schon der erste Vertrag mit Rumänien gefallen.* Erfreulich ist ja die Beschäftigung mit allen diesen Sachen nicht, aber wir hoffen ja auch alle, daß die Arbeit für uns nicht ewig dauern wird und dann bessere Zeiten für unser deutsches Vaterland kommen. Die

* Gemeint ist der von den Agrariern scharf bekämpfte Handelsvertrag mit Rumänien vom 21. Oktober 1893, der mit nur knapper Mehrheit vom Reichstag angenommen wurde, wobei die Stimmen der für den Vertrag eintretenden 19 polnischen Abgeordneten den Ausschlag gaben.

sämtlichen preußischen Minister stehen ja eigentlich auf unserer Seite, aber sie müssen den Mund halten, so lange der Wind von oben in dieser Richtung weht. [112d]

## Die Regierung zwischen links und rechts

*Rudolf von Bennigsen warnt die Konservativen in einer Reichstagsrede vom 27. Februar 1894 vor den Konsequenzen der Ablehnung des Handelsvertrages mit Rußland. Der Handelsvertrag wurde schließlich am 16. März 1894 gegen die Stimmen fast aller Konservativen angenommen.*

Ich bedaure in hohem Maße, daß in diesem Fall die Konservativen sich nicht entschließen können, den Vertrag mit Rußland anzunehmen, obwohl ein großer Teil von ihnen unter Führung des Herrn von Manteuffel die erste Grundlage, den österreichischen Vertrag, genehmigt und damit die Handelspolitik mit uns und den verbündeten Regierungen inauguriert hat. Sie haben sich bisher nicht dazu entschließen können; Sie sind durch Ihre Erklärungen vielleicht auch so sehr gebunden, daß Sie schwer von Ihrem Widerstand zurückkönnen. Aber das mögen die Herren mir gestatten zu sagen, froh werden Sie sein, sehr froh, wenn aus der furchtbaren Lage, in der Sie sich befinden (lebhafter Widerspruch rechts), aus der ein Rückweg schwer möglich ist, andere Leute Sie befreien durch die Annahme des Vertrags. (Bravo links. Widerspruch rechts.)
Denn was sollte wohl werden, wenn der Vertrag nicht angenommen würde? Nach außen würde die Stellung der Regierung, welche diesen Handelsvertrag abgeschlossen hat mit der offenen und festen Erklärung, daß sie überzeugt ist, damit etwas Großes für Deutschland und für die internationalen friedlichen Beziehungen erreicht zu haben, so gefährdet sein, daß sie ein ablehnendes Votum gar nicht einfach hinnehmen könnte; sie würde zweifellos gezwungen sein, den Reichstag aufzulösen. (Lebhafte Zurufe rechts.) — Bezweifeln Sie das? — Dann würden alle diejenigen, welche in einer großen Minderheit, die doch jedenfalls vorhanden gewesen sein würde, wenn der Vertrag etwa fällt, für den Vertrag gewesen wären, mit den verbündeten Regierungen das Äußerste dransetzen in der dann entstehenden Wahlbewegung, um eine Mehrheit für den Vertrag zu gewinnen. Meine Herren, malen Sie sich doch mal das Schauspiel aus, wenn wir, die Mittelparteien, und die verbündeten Regierungen Hand in Hand mit der äußersten Linken, einschließlich der Sozialdemokratie, die Konservativen bis aufs Messer bekämpfen müssen, weil die in diesem Fall einen für notwendig erklärten Vertrag abgelehnt haben, der unter allen Umständen durchgesetzt werden muß! Ich bin überzeugt: der Kampf muß sehr ernst geführt werden, wenn auch die Kombination der Verbündeten in demselben eine ganz unnatürliche

ist. Er muß mit allen Mitteln durchgeführt werden, und er würde auch unzweifelhaft siegreich durchgeführt werden; die konservativen Gegner des Vertrags würden dabei ganz gehörig liegen bleiben. (Lebhafter Widerspruch rechts; Heiterkeit links.) — Daran habe ich nicht den allergeringsten Zweifel. (Sehr richtig! links.) Meine Herren, dann wären wir allerdings über diese Krisis mit dem Vertrag hinweg; der neue Reichstag würde den Vertrag genehmigen. Aber was sollte man im übrigen mit einem solchen Reichstag machen? (Große Heiterkeit.) Bei aller Hochachtung vor meinen Kollegen von der linken Seite des Hauses — das werden sie doch nicht behaupten, daß eine Mehrheit, aus einer solchen Wahlbewegung, gegen alles, was konservativ ist, hervorgegangen, in sich eine Mehrheit bilden würde, geeignet zum Schaffen von irgendetwas Positivem. Oder wollen Sie Ihre ganze bisherige Tätigkeit und Abstimmungen verleugnen? (Bewegung links.) Ist dieser neue Reichstag, der demnächst nach der Auflösung eine Mehrheit für den Vertrag gewährt, so zusammengesetzt, wie es zweifellos sein würde, daß, wenn nicht entscheidend, so doch von größerer Bedeutung gerade die linke Seite des Hauses in der Mehrheit des Reichstags ist, — wenn ein solcher Reichstag befaßt wird mit einer Militärbewilligung, Marinebewilligung, mit Bewilligung für die Kolonialverwaltung (Heiterkeit rechts; Zuruf links) — ja, das wird selbstverständlich alles abgelehnt — (große Heiterkeit), da würde die Majorität an diesen natürlichen Ablehnungen gewiß ihre helle Freude haben, das bezweifle ich nicht einen Augenblick. [...] Uns fehlt in dem Reichshaushalt, auch von erwünschten Mehrüberweisungen an die Einzelstaaten ganz abgesehen, die Summe von rund 60 Millionen, die in der Hauptsache aus Bewilligungen für die Vermehrung der Armee entstammt. Glauben Sie, meine Herren, daß der Reichstag mit einer solchen Mehrheit, so zusammengesetzt, irgendwie für die Beschaffung dieses großen Fehlbetrags ein positives Steuerprogramm genehmigen wird, sei es nun das, welches uns jetzt beschäftigt, oder irgendein anderes? (Heiterkeit rechts.) Gar kein Gedanke dran! nie im Leben! Wir würden uns ganz ruhig weiter schleppen, wenn nicht etwa an der Hand solcher Ablehnungen oder binnen Jahresfrist bei der ersten notwendigen Gelegenheit, weil mit einem solchen Reichstag, der allerdings den Handelsvertrag beschlossen hat und uns damit von einem großen Alp befreit hat, im übrigen nicht zu hausen sein würde, die Auflösung erfolgt, vielleicht binnen Jahresfrist. (Hört! hört! rechts. — Zurufe.) Was dann geschieht, und welche Folgen das für unsere politische Entwicklung, für die Stimmung der Bevölkerung in dem Verhältnis der besitzenden Klasse zu den nicht besitzenden in seinem weiteren Fortgang haben müßte, das weiter auszumalen mögen Sie mir erlassen. Aber das werden Sie mir zugeben: unnatürlicher, als wenn zwei Wahlkämpfe, zwischen denen kaum ein Jahr liegt, mit vollständig veränderter Front — denn diesen zweiten Wahlkampf müßten die verbündeten Regierungen wieder führen gemeinschaftlich mit der rechten Seite und den Mittelparteien gegen die ganze Linke — (lebhafte Zustimmung rechts; Bewegung), Unnatürlicheres und Verhängnisvolleres für die ganze weitere deutsche Entwicklung würde es gar nicht geben können. Das Ende vom Liede könnte zu sehr gefährlichen Dingen führen, über die ich nicht weiter sprechen will. [113]

## III. Sozialdemokratie und Staat am Anfang der neunziger Jahre

### Die Sozialdemokratie in der Erwartung des Untergangs der bürgerlichen Gesellschaft

*Der sozialdemokratische Parteiführer August Bebel auf dem Parteitag in Erfurt am 16. 10. 1891 gegen die parteiinterne Opposition der sog. Jungen, die eine schärfere Kampfpolitik der Partei verlangten.*

Es wird uns im Reichstag immer vorgehalten, Ihr wollt nur die brutale, rücksichtsloseste Gewalt und den Umsturz. Sollen wir das zugeben? Man könnte das, ohne strafrechtlich verfolgt zu werden, im Reichstage thun, aber was würde daraus folgen? Die moralische Verantwortung für dieses kopflose Vorgehen hätten wir außerhalb des Reichstags zu tragen und sie bekäme uns schlecht. [...]
Wenn wir bei jeder Gelegenheit das sagten, was die Opposition verlangt, dann wäre die Provokation da, und da kämen wir um den gewaltsamen Kampf nicht herum. Oder glauben Sie, gesetzt, die Partei erklärte sich mit einer solchen Taktik einverstanden, daß diejenigen, die dies billigten, es sich auf die Dauer gefallen ließen, daß es bei bloßen Worten bliebe? Da irren Sie sich sehr; wir wären zum offenen Kampfe gezwungen! Was aber im Zeitalter der Repetirgewehre und der Maximgeschütze in einer Revolution, die höchstens ein paar Hunderttausend Köpfe machten, geschehen würde, das habe ich schon neulich in Dresden ausgesprochen: wir würden wie die Spatzen jämmerlich zusammengeschossen. (Zustimmung.)
Wer heute noch Angesichts der kolossalen Fortschritte nicht nur auf militärischem, sondern auch auf politischem und insbesondere auf ökonomischem Gebiet glaubt, wir Sozialdemokraten möchten mit den Mitteln der bürgerlichen Partei, wie z. B. mit dem Barrikadenbau, zum Ziele kommen, der irrt sich gewaltig, der verkennt total die Natur der Zustände, in denen wir uns befinden. (Sehr richtig!) Genau so, wie die Grundstellung, die wir dem Staat und der Gesellschaft gegenüber einnehmen, eine total verschiedene ist

von derjenigen aller früheren Klassen und Parteien, so sind wir auch in der Erringung des letzten Ziels auf ganz neue Wege und neue Mittel angewiesen, das ist meine felsenfeste Ueberzeugung. Ich glaube, wir haben die größte Ursache, mit dem Gange der Dinge zufrieden zu sein. Nur diejenigen, welche das Ganze nicht zu überschauen vermögen, können anderer Meinung sein. Die bürgerliche Gesellschaft arbeitet so kräftig auf ihren eigenen Untergang los, daß wir nur den Moment abzuwarten brauchen, in dem wir die ihren Händen entfallende Gewalt aufzunehmen haben. (Zustimmung.) Und wie in Deutschland, so nehmen in ganz Europa die Dinge eine Gestaltung an, daß wir auch hier alle Ursache haben, uns darüber zu freuen. Ja, ich bin überzeugt, die Verwirklichung unserer letzten Ziele ist so nahe, daß Wenige in diesem Saale sind, die diese Tage nicht erleben werden. (Bewegung.) Und in einem solchen Gang der Entwicklung (zur Opposition) Ihre Art der Taktik zu billigen, das hieße die Partei zu Grunde richten und verderben. [114]

## Die Kartellparteien und der neue Kurs

*Einer der führenden Abgeordneten der Reichspartei, Wilhelm von Kardorff, kritisiert in einem Brief an Hermann Graf von Arnim vom 29. 11. 1891 die Politik Caprivis und besonders die Schwäche der Regierung gegenüber der Sozialdemokratie.*

[...] Das allgemeine Mißbehagen wurzelt an erster Stelle in dem Gefühl, daß die Regierung dem stürmischen Anwachsen der Sozialdemokratie gegenüber die Hände in den Schoß legt und zwar gelegentlich sehr energisch spricht, aber niemals handelt. Die Kartellparteien, besonders die Konservativen, haben gerade den umfassenden Wohltaten der sozialpolitischen Gesetzgebung gegenüber ein Recht zu verlangen, daß die sozialistische Partei, d. h. die Sozialdemokraten, nicht wie es heute geschieht, neben allen anderen Parteien als eine vollberechtigte auftreten können, sondern entweder durch ein spezielles sozialdemokratisches Gesetz als eine antichristliche, antimonarchische und antinationale Partei verfemt werden oder wenigstens unter sehr verschärften preußischen Vereins- und Versammlungsgesetzen fortan zu leben haben. – Anderenfalls treiben wir rettungslos der Herrschaft der Sozialdemokratie, d. h. einem Staatsstreiche oder einem auswärtigen Kriege, wenn nicht beiden zugleich, zu. In wenigen Jahren ist meines Erachtens, wenn die Dinge so fortgehen, die Armee schon stark infiziert.

Das zweite, das in weiten Kreisen die Unzufriedenheit mehrt, ist die Meinung, daß in wirtschaftlichen Fragen die Freihandelstendenzen an Stelle der Bismarckschen Wirtschaftspolitik sich eindrängen, zur großen Genugtuung des Freisinns.

Das dritte, daß man in nationalen Fragen (Stablewski, Kolonialpolitik usw.) die nötige Festigkeit vermißt.
Das vierte endlich, daß man in der auswärtigen Politik fürchtet, daß Deutschland nicht mehr der leitende Staat des Dreibundes ist.
Die Regierung ist es daher, welche das Kartell erschüttert hat. Niemand sonst. Das Kartell kann nur bestehen als eine die Regierung stützende Gesamtpartei —: sobald die Regierung andere Parteien, Zentrum und Freisinn, zur Stütze wählt, hat es seinen Hauptzweck verfehlt.
Caprivi scheint mir immer nur das Gefühl eines Soldaten zu haben, der die Befehle seines Kriegsherrn ausführt — nicht das eines den deutschen Fürsten und der deutschen Nation verantwortlichen Reichskanzlers. [115]

## Die preußische Verwaltung und die Sozialdemokratie 1893

*Ein vom sozialdemokratischen ›Vorwärts‹ veröffentlichter Erlaß des preußischen Ministers des Innern, Botho Graf zu Eulenburg, an sämtliche Regierungspräsidenten vom 29. 7. 1893, der ein energisches Vorgehen gegen die Ausbreitung der Sozialdemokratie besonders auf dem Lande fordert.*

Ministerium des Innern. Berlin, den 29. Juli 1893.
Eigenhändig!
In Uebereinstimmung mit sonstigen Beobachtungen haben die letzten Reichstagswahlen bewiesen, daß die Sozialdemokratie beträchtliche Fortschritte gemacht hat. Sind auch ihre Erfolge hinter den Erwartungen der Führer zurückgeblieben, so ist doch gegenüber den Wahlen von 1890 die Zahl der abgegebenen Stimmen und der erlangten Mandate um 25 Prozent gewachsen, und es hat sich gezeigt, daß die Sozialdemokratie an Orten, wo sie bisher überhaupt nicht oder nur wenig aufgetreten war, insbesondere auf dem flachen Lande, Eingang gefunden oder an Umfang zugenommen hat. Für die hier und da hervortretende Stimmung, daß die sozialdemokratische Bewegung ihren Höhepunkt erreicht habe, fehlt es an thatsächlichen Anhaltspunkten. Vielmehr läßt sich mit Sicherheit voraussehen und wird durch Wahrnehmungen der jüngsten Zeit bestätigt, daß die Organisation und Agitation in verstärktem Maße fortgesetzt und bis zu den entlegensten Gegenden, sowie auf immer weitere Schichten der Gesellschaft ausgedehnt wird. Daraus ergibt sich unabweislich die ernste Pflicht, nicht nur die sozialdemokratische Bewegung aufmerksam zu verfolgen, sondern auch unausgesetzt ihrem Umsichgreifen mit allen zulässigen Mitteln zu steuern und insbesondere die ländliche Bevölkerung vor ihrem Einfluß zu bewahren. [...] Bei der Bekämpfung der Sozialdemokratie darf zunächst der Ansicht nicht Raum gegeben werden, daß es auf die Anwendung des gemeinen Rechts, weil

vermeintlich wirkungslos, nicht ankomme. Es ist vielmehr darauf zu halten, daß auf dem Gebiete der Presse, des Vereins- und Versammlungswesens, sowie bei den Ruhestörungen und sonstigen Ausschreitungen von den gesetzlichen Befugnissen unverzüglich mit Entschiedenheit und nachhaltig Gebrauch gemacht, insbesondere auch straffes, gerichtliches Einschreiten herbeigeführt wird. Indem ich in dieser Hinsicht auf den Runderlaß vom 18. Juli 1890 — II, 3546 — Bezug nehme, hebe ich hervor, daß, wenn Störungen der öffentlichen Ruhe und Sicherheit eintreten oder ernstlich zu besorgen sind, zu deren Beseitigung die vorhandenen polizeilichen Kräfte nicht ausreichen, rechtzeitig für die Beschaffung von Hilfe zu sorgen ist. Reichen die den Civilbehörden zur Verfügung stehenden Kräfte zur Aufrechterhaltung der öffentlichen Ordnung, Ruhe und Sicherheit nicht aus, so wird nach Maßgabe der bestehenden Vorschriften militärische Hilfe in Anspruch zu nehmen oder je nach Umständen um Bereithaltung derselben zu ersuchen sein. In erster Linie kommt jedoch die Heranziehung der Gendarmen in Betracht. Die Bestimmungen, welche hierüber in den Runderlassen vom 18. April 1890 — II, 4560 — zunächst für den Fall des Ausbruches etwaiger Bewegungen unter den Arbeitern der Kohlenreviere und der sonstigen industriellen Welt gegeben sind, können im wesentlichen auch auf Fälle anderweitiger Störungen der öffentlichen Ordnung, namentlich auf solche, welche im Zusammenhange mit der sozialdemokratischen Bewegung stehen, Anwendung finden, und wird dieserhalb noch besondere Verfügung ergehen.

Mit den staatlichen Machtmitteln allein, deren Anwendung überdies vielfach gesetzlich beschränkt ist, läßt sich aber die Sozialdemokratie mit Erfolg nicht bekämpfen. Gegenüber ihren verführerischen Lehren, ihrer rührigen und geschickten Propaganda muß der Versuch gemacht werden, auf anderen Wegen und mit anderen Mitteln der Sozialdemokratie und ihrer Agitation entgegenzuarbeiten, ihr Eindringen in bisher unberührte Gegenden und Bevölkerungskreise zu verhindern und da, wo sie bereits eingedrungen ist, ihr den Boden abzugraben.

Zu dieser Arbeit, deren Ziel die innerliche Ueberwindung der Sozialdemokratie ist, bedarf es des Zusammenwirkens und der andauernden planmäßigen Thätigkeit der Wohlgesinnten aus allen Kreisen der Bevölkerung. Hierbei anregend und fördernd voranzugehen, ist eine der ersten Aufgaben der Organe der königlichen Staatsregierungen, deren ernste Erfassung und Befolgung ich nicht ernstlich genug empfehlen kann. [...]

Zu diesem Zwecke [dem der Aufklärung und Belehrung der der SPD-Agitation besonders ausgesetzten Kreise] werden die Mittel anzuwenden sein, durch deren Gebrauch die Sozialdemokratie hauptsächlich ihre Erfolge erzielt. Die Bildung von Vereinen, die Veranstaltung von Versammlungen, in denen Vorträge gehalten werden, und die ausgiebige Benutzung der Presse. Namentlich die Verbreitung guter Druckschriften — Flugblätter, Zeitungen, Volksbibliotheken — ist bei dem immer zunehmenden Lesebedürfnis unumgänglich.

Ferner ist dahin zu streben, daß der sozialdemokratischen Agitation im persönlichen Verkehr, namentlich in den Werkstätten und auf den Arbeitsplätzen, besonders durch dazu geeignete Arbeiter entgegengewirkt werde. Ueberhaupt ist das Ziel zu verfolgen, daß die Beteiligten selbst die sozialdemokratische Agitation von sich und den Ihrigen mit Entschiedenheit abwehren [...] Wenn ferner dafür gesorgt wird, daß in sozialer und religiöser Beziehung der nötige An- und Zusammenhalt nicht fehlt, so wird die Widerstandsfähigkeit derart gesteigert werden, daß sie auch den gefährlichsten Einflüssen gegenüber Stand halten, welche im geschäftlichen und geselligen Verkehr, sei es durch Verlockungen oder Herabsetzung, sei es durch Verspottung oder Androhung hauptsächlich von sozialdemokratischer Seite, leider aber auch nicht selten von anderen Parteien ausgeübt werden.

Wie nach vorstehenden Gesichtspunkten die Thätigkeit in jedem Kreise und an jedem Orte zu gestalten sein wird, muß nach den örtlichen Verhältnissen ermessen, dabei aber ganz besonders darauf Bedacht genommen werden, dem Vordringen der Sozialdemokratie auf dem flachen Lande vorzubeugen.

Euer Hochwohlgeboren ersuche ich ergebenst, dieser wichtigen Angelegenheit gefälligst Ihre volle Aufmerksamkeit und Fürsorge zuzuwenden und die nachgeordneten Behörden, insbesondere die Landräte, zu thatkräftiger Mitwirkung aufzufordern. Ueber das hiernach Veranlaßte und die damit gemachten Erfahrungen wollen Euer Hochwohlgeboren gefälligst in den bezüglich des Standes der sozialdemokratischen Bewegung zu erstattenden und durch Vermittlung des Herrn Oberpräsidenten vorzulegenden Halbjahrsberichten in einem besonderen Abschnitte unter der Bezeichnung: »Bekämpfung der Sozialdemokratie« Sich äußern, dabei auch weitere Anregungen und Vorschläge auf diesem Gebiete, falls Sie dazu Anlaß finden, nicht zurückhalten.

Der Minister des Innern.
Graf Eulenburg. [116]

## Wilhelm II., die Agrarier und der Kampf gegen den Umsturz

*In einer Rede vom 6. September 1894 in Königsberg wendet sich der Kaiser an die agrarische Opposition und ruft den Adel zum Kampf gegen die Parteien des Umsturzes auf.*

Es sind nunmehr vier Jahre verflossen, seitdem Ich mit Ihnen bei dem Mir von der Provinz gebotenen Mahle vereint war. Ich be-

tonte damals, daß die Provinz Ostpreußen als eine hauptsächlich Landwirtschaft betreibende vor allen Dingen einen leistungsfähigen Bauernstand erhalten und behalten müsse, und daß sie als solche die Säule und Stütze Meiner Monarchie sei. Es wird daher Mein stetes Bestreben sein, für das Wohl und die wirtschaftliche Hebung Ostpreußens angelegentlich zu sorgen.
In den vier verflossenen Jahren haben schwere Sorgen den Landwirt bedrückt, und es will Mir scheinen, als ob unter diesem Einfluß Zweifel aufgestiegen seien an Meinen Versprechungen, ob sie auch wohl gehalten werden könnten. Ja, Ich habe sogar tiefbekümmerten Herzens bemerken müssen, daß aus den Mir nahestehenden Kreisen des Adels Meine besten Absichten mißverstanden, zum Teil bekämpft worden sind, ja sogar das Wort Opposition hat man Mich vernehmen lassen. Meine Herren! eine Opposition preußischer Adliger gegen ihren König ist ein Unding, sie hat nur dann eine Berechtigung, wenn sie den König an ihrer Spitze weiß, das lehrt schon die Geschichte Unseres Hauses.
Wie oft haben Meine Vorfahren Irregeleiteten eines einzelnen Standes zum Wohle des Ganzen gegenübertreten müssen! Der Nachfolger dessen, der aus eigenem Recht souveräner Herzog in Preußen wurde, wird dieselben Bahnen wandeln wie sein großer Ahne; wie einst der erste König ex me mea nata corona* sagte und sein großer Sohn seine Autorität als einen rocher de bronze** stabilisierte, so vertrete auch Ich gleich Meinem Kaiserlichen Großvater das Königtum aus Gottes Gnaden.
Meine Herren! Was Sie bedrückt, das empfinde auch Ich, denn Ich bin der größte Grundbesitzer in unserem Staate und Ich weiß sehr wohl, daß wir durch schwere Zeiten gehen. Täglich ist Mein Sinnen darauf gerichtet, Ihnen zu helfen; aber Sie müssen Mich dabei unterstützen, nicht durch Lärm, nicht durch Mittel der von Ihnen mit Recht so oft bekämpften gewerbsmäßigen Oppositionsparteien, nein, in vertrauensvoller Aussprache mit Ihrem Souverän. Meine Thür ist allezeit einem jedem Meiner Unterthanen offen, und willig leihe Ich ihm Gehör. Das sei fortan Ihr Weg, und als ausgelöscht betrachte Ich alles was geschah! [...]
Eine erhebende Feier hat sich vorgestern vor unseren Augen abgespielt; vor uns steht die Statue Kaiser Wilhelms I. das Reichsschwert erhoben in der Rechten, ein Symbol von Recht und Ordnung. Es mahnt uns alle an andere Pflichten, an den ernsten Kampf wider die Bestrebungen, die sich gegen die Grundlage unseres staatlichen und gesellschaftlichen Lebens richten. Nun, meine Herren, an Sie ergeht jetzt mein Ruf: Auf zum Kampfe für Religion, für Sitte und Ordnung, gegen die Parteien des Umsturzes!
Wie der Epheu sich um den knorrigen Eichenstamm legt, ihn schmückt mit seinem Laub und ihn schützt, wenn Stürme seine

* (lat.) Aus mir ist meine Krone geboren ** (franz.) Bronzefelsen

Krone durchbrausen, so schließt sich der preußische Adel um Mein Haus. Möge er und mit ihm der gesamte Adel deutscher Nation ein leuchtendes Vorbild für die noch zögernden Teile des Volkes werden. Wohlan denn, lassen Sie uns zusammen in diesen Kampf hineingehen! Vorwärts mit Gott, und ehrlos, wer seinen König im Stiche läßt!

In der Hoffnung, daß Ostpreußen als die erste Provinz in der Linie dieses Gefechtes gehen wird, erhebe Ich Mein Glas und trinke es auf das Gedeihen Ostpreußens und seiner Bewohner. Die Provinz lebe hoch! hoch!! hoch!!! [117]

## 11. Die Parole der Sammlung und die Weltpolitik

### I. Präventivkrieg gegen die Sozialdemokratie und Sammlungspolitik

#### Staatsstreichpläne

*Der Chef des Generalstabs, Alfred Graf von Waldersee, fordert auf dem Höhepunkt des großen Streiks der Hamburger Hafenarbeiter in einer vom Kaiser dem preußischen Staatsministerium zur Beratung vorgelegten Denkschrift vom 22. Januar 1897 einen innenpolitischen Präventivkrieg gegen die Sozialdemokratie.*

In der heranwachsenden Jugend beider Geschlechter zeigt sich eine Verrohung der Sitten und ein Grad von Religionslosigkeit, die an sich schon mit Besorgnis in die Zukunft blicken lassen. Daß solche Elemente sich gehorsam den Weisungen der Führer unterordnen, kennzeichnet die volle Größe der Gefahr. Ich meine, daß es im Interesse des Staates liegt, nicht den sozialdemokratischen Führern die Bestimmung des Zeitpunktes für den Beginn der großen Abrechnung zu überlassen, sondern diesen nach Möglichkeit zu beschleunigen! Noch ist der Staat mit Sicherheit in der Lage, jeden Aufstand niederzuschlagen.
Meines Erachtens müßten zunächst Gesetze geschaffen werden, welche die weitere Organisation der Massen erschweren, und durch welche sich die Führer in der nahezu schrankenlosen Agitation und in ihrer Macht bedroht sehen. [118]

#### Die Nationalliberalen, die Regierung und das Reichstagswahlgesetz 1897

*Der führende Nationalliberale Friedrich Hammacher in einem das weitverbreitete Krisenbewußtsein der Zeitgenossen reflektierenden Brief vom 8. Juni 1897 an den Berghauptmann von der Heyden-Rynsch über die mangelnde Entschlossenheit und staatsmännische Befähigung der Regierung und die Notwendigkeit einer Änderung des Reichstagswahlrechts.*

[...]Die Krankheit, an der wir leiden, sitzt viel zu tief, als daß sie mit äußeren Mitteln kuriert werden könnte. Nicht bloß der unteren Volksklassen, auch der durch Geburt und Besitz bevorzugten hat sich eine Unzufriedenheit bemächtigt, welche in ihrer äußeren Erscheinung den Halt und die Festigkeit der Grundlagen unseres Gemeinwesens erschüttert. Vergegenwärtigen Sie sich die Methode und den Ton der agrarischen Blätter und Versammlungen, die

Forderungen der Handwerker und Kleingewerbetreibenden, die antisemitischen Agitationen, das Vorgehen der Christlich-Sozialen im katholischen und evangelischen Lager, die ungestüme Bewegung unter den Beamten behufs Erlangung höherer Gehälter etc., und Sie werden zugeben, daß wir es bei unserer Frage nicht allein mit Polen, Dänen, Welfen und Sozialdemokraten zu tun haben, sondern auch mit anderen Bevölkerungsschichten.
Ich will zur Rechtfertigung des nationalliberalen Standpunktes nicht darauf hinweisen, daß das fragliche Gesetz* in der von der Regierung vorgeschlagenen oder einer anderen Form vermöge seiner dehnbaren Fassung der Worte einer jeden Regierung Waffen zur Bekämpfung oder Bevorzugung einzelner nicht der Sozialdemokratie, den Polen etc. angehörigen Parteien böte, obschon diese Möglichkeit nach den Erfahrungen der letzten Monate sehr nahe liegt und praktische Bedeutung hat. Die Hauptsache ist, daß das Übel nicht an der Wurzel erfaßt ist, und daß das Vertrauen zu einer zielbewußten, entschlossenen und staatsmännischen Leitung der Staatsgeschäfte durch die jetzt an der Spitze stehenden Minister fehlt.
Über den letzteren Punkt denken Sie wahrscheinlich ebenso wie ich. Der einzige Minister von politischer Bedeutung in kritischen Zeiten, den wir haben, ist Miquel. Er besitzt einen vorausschauenden Blick, hat kühne und klare Gedanken sowie die Entschlossenheit, welche selbständige Initiative und Ehrgeiz neben lodernder Vaterlandsliebe eingibt. Dabei genießt er das Vertrauen weiter konservativer Kreise und des Kaisers. Hohenlohe ist zu jeder energischen Aktion unfähig, und das übrige corpus ministrorum** aus mehr oder wenig tüchtigen Fachleuten ohne staatsmännisches Bedürfnis oder Verständnis zusammengesetzt. Darf man einer solchen Regierung folgen, wenn sie die Volksvertretung dazu einladet, ihr zweischneidige Waffen zur Bekämpfung öffentlicher Gefahren in die Hand zu geben? Oder muß man ihr nicht vielmehr sagen: ›Wir haben kein Vertrauen zu Deinen Zielen und zu der entschlossenen und richtigen Leitung des Schiffes?‹
Bestände kein Zweifel darüber, daß die preußische Regierung die bestimmte Absicht verfolgte, mit fester Hand den die staatliche Autorität zerstörenden Bestrebungen — unabhängig von der Partei, aus der dieselben hervorgehen — entgegenzutreten, ich bin überzeugt, daß meine politischen Freunde eine andere Stellung zu dem Gesetzentwurfe eingenommen hätten. Dieselben wären als-

* Gemeint ist der von der preußischen Regierung eingebrachte Gesetzentwurf zur Ergänzung und Abänderung von Bestimmungen über Versammlungen und Vereine, der der Polizei weitgehende Vollmachten zur Auflösung von Vereinen und Versammlungen geben sollte. Die Vorlage, die in der vom Herrenhaus verschärften Fassung den Charakter eines Ausnahmegesetzes gegen die Sozialdemokratie erhalten hatte, wurde im preußischen Abgeordnetenhaus mit Hilfe der Nationalliberalen am 24. Juli 1897 abgelehnt.
** (lat.) Ministerkorps

dann einsichtig genug gewesen, um zu erkennen, daß es sich um den Anfang, um den ersten Akt einer zielbewußten, in ihrem Verlauf und Ende wohl überlegten historischen Staatsaktion handle, deren Berechtigung nicht von der Hand zu weisen ist.
Sie, verehrter Freund, erinnern mich an die Parallele der Konfliktsperiode in Preußen und haben volles Recht, darauf hinzuweisen, daß Sie mich 1866 durch die überzeugende Kraft Ihrer Gründe vor einem Irrtum warnten, in den ich aus Parteisucht vielleicht hätte verfallen können. Ist nicht aber heute die Sachlage eine wesentlich andere? 1866 waren den Rechtsstreitern der Opposition bereits die Schuppen von den Augen gefallen — wenigstens denen, welche die Augen nicht krampfhaft zuhielten. Man erkannte, was die Regierung wollte. Heute erklärt jeder der Minister jedem, der es hören will, daß man die Wassersuppe des Gesetzentwurfes als Endziel anstrebe. Alle Minister überbieten sich in Versicherungen, daß sie für Staatsstreiche oder etwas Ähnliches nicht zu haben seien.
Nichts beweist mir besser als diese Tatsache, daß die Regierung kein festes Programm hat und sich nicht einmal als Übergangsbrücke zu einem ernsten Drama fühlt. Die Herren sollten wenigstens das Bewußtsein haben, daß sie mit der Vorlegung des fraglichen Gesetzes ein großes Stück neue Arbeit beginnen. Hätten sie diese Anschauung, so würden sie für eine Verteidigung der Vorlage unter gehobenen politischen Gesichtspunkten eingetreten sein. Statt des Staatsministeriums erschien aber nur der Minister des Innern (v. d. Recke) im Abgeordnetenhause, und auch dieser sprach wie ein Tertianer über die Ursachen der französischen Revolution. Ich erinnerte mich der Vertretung des Umsturzgesetzes im Reichstage durch technische Juristen. Und doch steht Nieberding turmhoch über v. d. Recke. Die Verhandlungen im Abgeordnetenhause wurden von der Regierung so geführt, als ob es sich um ein Polizeigesetz gegen den Unfug des Ausschreiens von Extrablättern in den Straßen handelte. Glauben Sie mir, daß dieser äußere Umstand viel dazu beigetragen hat, der Regierung das nötige Vertrauen zu entziehen.
Ich beobachtete überdies seit längerer Zeit den allmählichen Erfolg der intriganten Bemühungen der Hof- und Junkerpartei, Einfluß auf die politischen Anschauungen des Kaisers zu gewinnen. Der hohe Herr ist — namentlich in wirtschaftlichen Dingen — durch und durch ein moderner und vorurteilsfreier Staatsmann und für die umstürzenden Gedanken der Agrarier nicht geschaffen. Seit Jahr und Tag sucht man ihn aber zu umgarnen. Gelingt es, ihn für die Meinung zu gewinnen, daß nur in der altpreußischen Reaktion die Kräfte stecken, welche ihm zur rückhaltlosen Verfolgung seiner politischen Ziele dienlich sind, so bekommen wir ein Ministerium mit Männern à la Graf Mirbach, und die Sündflut wäre da. [. . .]

Bismarck hat ein Verbrechen an unserem Lande und Volke begangen, indem er demselben das allgemeine gleiche und direkte Wahlrecht gab und dasselbe nicht zu beseitigen suchte, nachdem er längst erkannt haben mußte, daß es zum Nachteil führe. Wenn man jeden großjährigen Bürger, der das 25. Lebensjahr erreicht hat, zur Wahlurne ruft, muß man sich auch gefallen lassen, daß der Acheron in Bewegung gesetzt wird und daß der aufgewühlte Schlamm die Dämme überflutet. Ob es ohne eine lange Periode trauriger innerer Kämpfe und Zuckungen möglich sein wird, den bereits angerichteten Schaden in unserem Volksleben wieder gut zu machen und zu verwischen, weiß ich nicht. Soviel steht fest, daß derselbe um so tiefer eingreift und unsere Zustände vergiftet, je länger ein auf dem Boden des jetzigen Wahlrechts gewachsener Reichstag besteht. Auf die Dauer ist das Königtum mit einer demokratischen Volksvertretung unverträglich, – vielleicht bei uns noch weniger als in den romanischen Ländern, wo die politischen und sozialen Lehren und Bewegungen bei weitem nicht so ernst, ich möchte sagen, theologisch genommen werden, wie bei uns.

Mein politisches Denken hat nichts mit dem des Doktrinärs oder gar des Philisters gemein.

Ich wünsche aber, daß die rettende Tat, wenn sie eine geschichtliche Notwendigkeit geworden ist, von einem namhaften Teile der Gebildeten und Besitzenden unserer Nation verstanden und gebilligt wird. Aus diesem Grunde halte ich ein fähiges Übergangsministerium für notwendig – ein Ministerium, das aus einer Vereinigung liberaler und gemäßigt konservativer Männer besteht, die Vertrauen genießen und Einfluß besitzen. Gelingt es diesem nicht, den Reichstag für die Mittel zur Heilung unserer Gebrechen auf gesetzlichem Wege zu gewinnen, so mag Graf Waldersee an die Reihe kommen. Mit vorzeitiger Gewalt würde nur Unheil angerichtet. In jedem Falle muß Deutschland Glück haben, wie Preußen 1866. Und wer wäre so vermessen, schon jetzt die Wandlungen des ernsten Weges vorauszusagen oder sich mit der Möglichkeit von Überraschungen zu beschäftigen, ohne daß es ihm als das größte und notwendigste Glück erschiene, einen zweiten Bismarck auftauchen zu sehen. [119]

## Die Einleitung der Sammlungspolitik

*Wenige Wochen nach der Entlassung des bisherigen Staatssekretärs des Auswärtigen Amtes Marschall von Bieberstein und des Staatssekretärs des Innern von Bötticher entwickelte der zum Vizepräsidenten des preußischen Staatsministeriums avancierte Finanzminister Johannes von Miquel in einer Rede vom 15. Juli 1897 die die staatliche Politik der folgenden Jahre bestimmende Konzeption einer die wirtschaftlichen Interessen ausgleichenden Sammlungspolitik, die faktisch jedoch eine Bevorzugung der Landwirtschaft und eine Beeinträchtigung der Konsuminteressen der Bevölkerung bedeutete. Das Schlagwort der Politik der Sammlung fiel 8 Tage später in einer Rede Miquels im preußischen Abgeordnetenhaus.**

Unser Preußen und ganz Deutschland ist weder ein Industrieland noch ein Land des Ackerbaues, es ist beides. Weite Distrikte im Osten und Westen, zum Teil obendrein unter der Ungunst des Klimas, oft auch der Bodenverhältnisse und der Entfernung von den Absatzgebieten stehend, sind ausschließlich auf die Früchte des Bodens angewiesen und haben wenig Aussicht, hierin durch eigene Kraft Wandel zu schaffen; andere Gebiete, im Besitze von Erzen und Kohlen, besserer Verkehrsverhältnisse, größeren Wohlstandes und Kapitalreichtums, suchen und finden die Grundlage ihrer Existenz und der Volksernährung wesentlich in der Industrie, andere im Handel und der Schiffahrt. Alle drei großen Erwerbszweige sind gleich notwendig. Jede Wirtschafts- und Handelspolitik Deutschlands muß dies beachten. Wir können keinen großen Erwerbszweig, auf welchem die Wohlfahrt unseres Volkes beruht, entbehren, aber der Staat hat die Aufgabe, soweit seine oft überschätzten Kräfte überhaupt reichen, denjenigen vor allem seine Fürsorge zuzuwenden, welche sich in schwieriger Lage befinden und unter besonderer Ungunst der Zeiten leiden. Eine objektive und gerechte Beurteilung wird nicht leugnen, daß heute die Mittelklassen in Stadt und Land, daß vor allem die Landwirtschaft treibende Bevölkerung zu letzteren gehören. Selbstverständlich hat die Fürsorge des Staates ihre Grenzen nicht bloß in seiner Macht, auf die wirtschaftlichen Verhältnisse überhaupt entscheidend einzuwirken, sondern auch in dem Grundsatze, daß eine einseitige Berücksichtigung der Interessen eines Berufszweiges nicht die Lebensbedingungen der anderen gefährden dürfe. Aber im großen ganzen sind doch die Interessen aller arbeitenden und erwerbenden Klassen gemeinsam und wesentlich die gleichen; in einigen Fragen laufen sie wohl auseinander, aber alle produzierenden Klassen erstreben doch gemeinsam den berechtigten Schutz ihrer Arbeit gegenüber den in der Konkurrenz begünstigten aus-

* Miquel, Reden, V. Bd., S. 283.

ländischen Mitbewerbern. Landwirtschaft und Industrie stehen in wechselseitigem Verhältnis von Produzenten und Abnehmern; je kaufkräftiger beide sind, je besser wird es beiden ergehen, und der solide Handel, der diesen Wechselverkehr vermittelt, kann von der Blüte beider nur Vorteil ziehen. Das Kleingewerbe und der Kleinhandel in den kleineren Städten müssen verkümmern, wenn es die ländliche Nachbarschaft tut. So notwendig, schon zur Ernährung unserer wachsenden Bevölkerung uns der Export der Waren, die das Inland nicht mehr allein aufnehmen kann, und der Mitbewerb auf dem Weltmarkte ist, so wahr ist doch, daß der Absatz im Innern, insbesondere gegenüber den Plänen und Bestrebungen bei anderen Völkern, der sicherste ist. Diese große Gemeinsamkeit der Interessen sollte bei allen Kämpfen und Differenzen der Gegenwart nicht vergessen und von allen Teilen beachtet werden. Selbst Opfer, welche der eine Berufszweig bringt, sind nicht verloren und kommen schließlich doch allen zugute. Das begreifen auch sehr wohl die einsichtigen Männer auf beiden Seiten, und das berechtigt die Staatsregierung, der es vor allem an der Versöhnung der Gegensätze, an Ruhe und Frieden im Lande liegen muß, zu der Hoffnung, daß es gelingt, die abweichenden Meinungen auszugleichen, wenn alle Maß halten und wenigstens auf eine künstliche Erweiterung wirklicher oder vermeintlicher Gegensätze verzichten. Wir dürfen nicht aufhören, uns als eine große Volksgemeinschaft zu fühlen, welche keinen Teil des Ganzen entbehren kann, ohne das Ganze zu gefährden. Der Osten ist dem Westen ebenso notwendig, wie der Westen dem Osten. Wir müssen alle Kräfte zusammenhalten und können insbesondere ebensowenig wie Frankreich und die übrigen kontinentalen Staaten Europas die Landwirtschaft, diese feste Säule von Staat und Gesellschaft, so gleichgültig behandeln, wie England, dessen Macht und Reichtum auf der Industrie, dem Handel und der Schiffahrt und seinen gewaltigen Kolonien beruht, welche ihm dort eine Art Monopol sichern. [120]

## Die Sammlungspolitik des Bundes der Landwirte

*Die Parole der Sammlung wurde auch von anderen politischen und wirtschaftlichen Kräften aufgegriffen und – wie in dieser Resolution der Generalversammlung des Bundes der Landwirte vom 14. Februar 1898 – zum Teil mit direkter Spitze gegen die Regierung ihren Vorstellungen entsprechend umgeformt.*

1. Im Gegensatz zu Kundgebungen, welche zu einer Politik der Sammlung aufrufen, ohne bestimmte und klare Ziele erkennen zu lassen, vertritt der Bund der Landwirte die Politik einer Sammlung, welche zur Stärkung Deutschlands im Inneren wie nach außen den Schutz der gesamten vaterländischen schaffenden Ar-

beit gegen ausländischen Wettbewerb und innere Ausbeutung erstrebt. Er verlangt die Wiedergewinnung einer erträglichen Konkurrenzlage für die Landwirtschaft gegenüber dem Auslande und die Wiederherstellung gesicherter Existenzbedingungen für den in Landwirtschaft, Gewerbe und Handel in gleicher Weise in seinem Dasein bedrohten Mittelstand.

2. Die bisherige unsichere und schwankende Haltung unserer Regierungen in wirtschaftlichen Fragen erfordert mehr als je starke Majoritäten im Reichstage, wie in den deutschen Landesvertretungen, die auf dem Boden einer nationalen Wirtschaftspolitik stehen.

3. Um bei den nächsten Wahlen Mehrheiten zu erzielen, ist der Zusammenschluß aller derer, die auf diesem Boden stehen, dringend erforderlich. Der Bund der Landwirte richtet deshalb an die politischen Parteien, welche seinen Bestrebungen nahe stehen, die Aufforderung, die Politik der Sammlung des Bundes der Landwirte wirksam zu unterstützen und die bevorstehenden Wahlen nicht durch übertriebene Betonung parteipolitischer Gegensätze und durch unberechtigte Eingriffe in solche Wahlkreise nahestehender Parteien zu gefährden, welche zur Zeit im Sinne des Bundes der Landwirte wirtschaftspolitisch gut vertreten sind. [121]

## Die Wahlkampfparole der Regierung 1898

*Die ›Berliner Neuesten Nachrichten‹ und das ›Berliner Tageblatt‹ veröffentlichten am 7. Juni 1898 einen Brief des Staatssekretärs des Reichsamts des Innern Graf Posadowsky an einen ungenannten Empfänger, in dem die Ansichten der Regierung zur Reichstagswahl und zu dem engen Zusammenhang von Sammlungspolitik und Kampf gegen die Sozialdemokratie dargelegt werden.*

Euer Hochwohlgeboren beehre ich mich auf das gefällige Schreiben vom gestrigen Tage ergebenst zu erwidern, daß meines Erachtens die bürgerlichen Parteien über ihre Haltung bei den bevorstehenden Wahlen nicht zweifelhaft sein können. Die sozialdemokratische Partei hat sich nicht nur selbst in der Oeffentlichkeit als eine revolutionäre Partei bekannt, sondern sie ist auch thatsächlich eine solche, da ihre ausgesprochnen Ziele in der Beseitigung der bestehenden Staatsordnung sowie in der Aufhebung des Privateigentums und ihre Mittel häufig in der terroristischen Beschränkung der persönlichen Freiheit der Arbeiter bestehen. Es kann nur auf theoretischem Mißverständnis, auf politischer Kurzsichtigkeit oder auch vielleicht auf Mangel an Mut beruhen, wenn diese Sachlage von mancher Seite nicht erkannt oder absichtlich verdunkelt wird. Die bürgerlichen Parteien, die unzweifelhaft gewillt sind, die bestehende Staatsordnung aufrecht zu erhalten, haben demgemäß auch dem Deutschen Reiche gegenüber wie gegen sich selbst aus Gründen der Selbsterhaltung die Verpflichtung, durch ihre Stellung im Wahlkampf und ihre Beteiligung an der Wahlhandlung der Wahl sozialdemokratischer Abgeordneter gemeinschaftlich entgegenzutreten. Wahlberechtigte, die aus Fraktionsrücksichten hoffnungslose Kandidaturen aufstellen oder aufrechterhalten und damit die Wahl eines Kandidaten der bürgerlichen Parteien in Frage stellen oder vereiteln, laufen Gefahr, die sozialdemokratische Bewegung mittelbar zu unterstützen. Wer unser Vaterland vor schweren innern Erschütterungen bewahren will, sollte deshalb seine politischen Neigungen und Abneigungen der vornehmsten politischen Pflicht unterordnen: der geschlossenen Frontstellung gegen den revolutionären Sozialismus. Zum Wohle aller Klassen der Bevölkerung muß der nächste Reichstag eine sichere Mehrheit aufweisen, die bereit ist, die großen gemeinsamen Interessen unsrer Erwerbsstände positiv zu fördern; zu dem Zweck muß er der Regierung einen festen Rückhalt bei der Vorbereitung und Entscheidung der schwierigen Fragen des internationalen Wettbewerbs bieten und entschlossen sein, die Lage der heimischen Produktion, und zwar besonders der durch die moderne Entwicklung unzweifelhaft am meisten gefährdeten Erwerbsstände, der Landwirtschaft und der Mittelklassen, einer vorurteilsfreien, durch Lehrmeinungen und politische Rücksichten nicht beeinflußten Prüfung zu unterziehen. Im Interesse der Arbeiterbevölkerung wird es endlich der formalen Verbesserung und des weitern sachlichen Ausbaues der Arbeiterversicherungsgesetze unbedingt bedürfen. Sollte keine Aussicht vorhanden sein, einem Kandidaten zum Sieg zu verhelfen, der diese Gesamtauffassung teilt, so sollte jedenfalls der Kandidat unterstützt werden, der dem Sozialdemokraten gegenübersteht. Bei der Wichtigkeit der bevorstehenden Wahlentscheidung darf kein staatstreuer Wähler an der Wahlurne fehlen, um durch die Erfüllung seiner staatsbürgerlichen Pflicht für das politische und wirtschaftliche Wohl der staatlichen Gemeinschaft auch persönlich einzutreten. [122]

## Die Sammlungspolitik in der Praxis

*An der Ausarbeitung des Zolltarifs von 1902 wurden die Interessenten von der Regierung in dem sog. wirtschaftlichen Ausschuß zur Vorbereitung und Begutachtung handelspolitischer Maßnahmen beteiligt. Der Geschäftsführer des Zentralverbandes deutscher Industrieller, Bueck, berichtet der Delegiertenversammlung seines Verbandes am 29. 4. 1897 über Entstehung, Mitgliedschaft und Arbeitsvorhaben des Ausschusses.*

Meine Herren, das Direktorium hatte endlich Gelegenheit, am 9. und 10. September v. J. an die Oeffentlichkeit zu treten mit

einer Eingabe, in der es den Herrn Reichskanzler ersuchte, Vertreter der Landwirthschaft, der Industrie und des Handels zu einer Berathung zusammenzuberufen. In sehr dankenswerther Weise ging der Herr Staatssekretär des Innern, Graf von Posadowsky, auf diesen Gedanken ein. Die betreffende Konferenz fand am 25. September v. J. statt und es wurde dann gemeinschaftlich beschlossen, einen wirthschaftlichen Ausschuß zur Vorbereitung und zur Begutachtung handelspolitischer Maßnahmen zu bilden. Es wurde abgemacht, daß jede dieser drei großen Vertretungskörperschaften des Handels, der Industrie und der Landwirthschaft, je fünf Mitglieder bezeichnen sollten, und daß die Regierung ihrerseits zehn hineinwählen sollte. Damit schloß meine Berichterstattung im vorigen Jahr.
Meine Herren, das Reichsamt des Innern ist mit außerordentlicher Energie und mit dem Aufwand sehr großer Arbeit an die Organisation dieser Sache herangegangen. Die große Schwierigkeit bei der Zusammensetzung des wirthschaftlichen Ausschusses bedingte es, daß nicht zehn, sondern fünfzehn Mitglieder seitens der Regierung berufen wurden, sodaß der wirthschaftliche Ausschuß demnach aus 30 Mitgliedern besteht. Auf den Vorschlag des Centralverbandes sind berufen worden in den wirthschaftlichen Ausschuß:
Herr Fabrikbesitzer Vopelius, Mitglied Ihres Direktoriums, Vorsitzender des Vereins der Glas-Industriellen und Vorsitzender der Glas-Berufsgenossenschaft;
Herr Geheimer Regierungsrath Koenig-Berlin, gleichfalls Mitglied Ihres Direktoriums und Vorsitzender des Direktoriums des Vereins der deutschen Zucker-Industrie,
Herr Fabrikbesitzer Karl Krafft, Schopfheim, Mitglied der 1. bayerischen Kammer,
Herr Kommerzienrath E. Lang in Blaubeuren,
Herr Direktor Rieppel in Augsburg. [...]
Meine Herren, der wirthschaftliche Ausschuß trat bereits am 15. November v. J. zum ersten Male zusammen. Er beschloß, sechs Kommissionen zu bilden; eine für die Textilindustrie, eine für die Montan- und Hüttenindustrie mit Einschluß der Metallverarbeitung, die dritte für die chemische und keramische Glas-, Papierindustrie und verwandte Gewerbe, die vierte allgemeine Kommission für alle übrigen Industrien, die fünfte für Landwirthschaft, sowie Nahrungs- und Genußmittel, und die sechste für Handel und Schifffahrt. Nach der Bildung dieser Kommissionen gingen die einzelnen Kommissionen sofort daran, den ersten Beschluß zur Ausführung zu bringen: Die hauptsächlichsten Grundlagen für die Beurtheilung unserer industriellen Verhältnisse in einer umfassenden Produktionsstatistik zu sammeln; aber nicht in einer einfachen Statistik über das, was produzirt wird, sondern in wesentlich weiterem Sinne wurde diese Statistik angestellt; derart, daß sich dieselbe auch auf Betriebsmittel und die gezahlten Löhne, auf

die Art und Kosten der Verarbeitung, die Rohmaterialien, und in dieser Weise auf alle Gesichtspunkte erstreckt, die bei der grundlegenden Beurtheilung unserer Produktion und unseres Absatzes als maßgebend anzusehen sind. [123]

## Die Sozialdemokratie und der Tarifentwurf der Regierung

*In einer einstimmig angenommenen Resolution des Parteitages von 1901 protestiert die Sozialdemokratie gegen die zollpolitischen Vorschläge der Regierung.*

Der vorliegende Zolltarifentwurf übertrifft nach jeder Richtung die schlimmsten Befürchtungen, die nach seiner Vorgeschichte und den Antecedentien seiner Väter gehegt werden konnten.
Durch diesen Tarifentwurf werden, wenn derselbe Gesetz wird, die Lebensinteressen der ungeheuren Volksmehrheit aufs tödlichste verletzt, wohingegen durch denselben die Klasseninteressen des Agrarierthums und der mit diesem verbündeten Großbourgeoisie in der maßlosesten und schamlosesten Weise begünstigt werden.
Der Entwurf, wenn verwirklicht, bedeutet den unerhörtesten Brot- und Lebensmittelwucher, die zunehmende Verarmung und Aushungerung der arbeitenden Klassen und ihre Unterjochung unter den Agrar- und Industriefeudalismus; er bedingt ferner mit Nothwendigkeit die Verfeindung Deutschlands mit allen Kulturnationen und seine wirthschaftliche und politische Isolirung.
Der Entwurf ist mit einem Wort das volks- und kulturfeindlichste Machwerk, das man einer zivilisirten Nation zumuthen kann; er beweist, daß seine Urheber nicht nur die größten Feinde der Arbeiterklasse, sondern auch die schlimmsten Schädiger der politischen und wirthschaftlichen Interessen Deutschlands sind.
Der Parteitag der deutschen Sozialdemokratie protestirt mit dem größten Nachdruck gegen diesen vom brutalsten Agrar- und Großunternehmer-Interesse diktirten Tarifentwurf; er richtet an die gesamte deutsche Arbeiterklasse ohne Unterschied der Partei und des Geschlechts die Aufforderung, sich immer wieder durch Resolutionen in Versammlungen und Petitionen an den Reichstag in der unzweideutigsten und schärfsten Weise gegen diesen Entwurf auszusprechen.
Insbesondere sollten auch die der Arbeiterklasse angehörigen Wähler den von ihnen in den Reichstag Gewählten keinen Zweifel darüber lassen, daß ein Abgeordneter, der diesem oder einem ähnlichen Zolltarif-Entwurf seine Zustimmung giebt, ein Verräther am arbeitenden Volke und unwürdig ist, sein Vertreter zu sein. [124]

## Der Zolltarif von 1902 und die Konservativen

*Trotz der erheblichen Erhöhung der Zölle auf Agrarprodukte sahen die extremen Agrarier in dem endgültigen Zolltarif eine ungenügende Berücksichtigung ihrer Interessen. Über die daraus entstehenden Spannungen im konservativen Lager berichtet der Rittergutsbesitzer und konservative Reichstagsabgeordnete Hermann von Dewitz in einem Rückblick vom Sommer 1918.*

Bei den geschilderten Gegensätzen* drohte das Zolltarifgesetz, welches die Demokratie mittelst einer bis dahin in der parlamentarischen Geschichte Deutschlands unerhörten Obstruktion gewaltsam zu verhindern suchte, in der Tat zu scheitern. Bei dieser Gefahr und der Notwendigkeit, die Obstruktion mit einer festen Mehrheit entschlossen niederzustimmen, fand sich eine solche auf dem Boden des Kompromißantrags v. Kardorff** zusammen, der die agrarischen Minimalzölle auf 5,50 Mark für Weizen, 5 Mark für Roggen und Hafer, 4 Mark für Malzgerste, 1,30 Mark für Futtergerste und 3 Mark für Mais festsetzte,*** auf Bindung der Viehzölle verzichtete und die gleichzeitige enorme Steigerung der Industriezölle ohne Einschränkung zuließ. Von der Fraktion der Deutsch-Konservativen stimmten zwei Drittel für den Antrag, ein Drittel dagegen. Die Gegner haben nie geglaubt, daß bezüglich der Getreidezölle die Forderungen des Bundes der Landwirte erreicht werden würden und hätten sich deshalb mit den Sätzen v. Kardorff abgefunden, unmöglich aber wurde ihnen die Zustimmung durch die bestimmte Ablehnung der Minimalsätze für Vieh seitens der Regierung, denn der Viehverkauf ist die Haupterwerbsquelle des kleinen Landwirts und Arbeiters, deren wirtschaftliches Interesse sie um so weniger aufzuopfern sich entschließen konnten, als für den Getreidebau des Großgrundbesitzes immerhin ein erhöhter, wenn auch nicht ausreichender Minimalzoll erreicht worden war. Dazu kam, daß die Regierung sich weigerte, einen bestimmten Termin für das Inkrafttreten des neuen Generaltarifs zu akzeptieren. Solange die Handelsverträge ungekündigt blieben, stand derselbe lediglich auf dem Papier und bildete weder ein Schutzmittel noch ein Kampfmittel gegenüber dem Auslande. Leider blieb die Spaltung der konservativen Fraktion bei der Abstimmung über den Zolltarif nicht ohne ernste Reibungen. Es war sehr verkehrt, sich den eingenommenen Standpunkt gegenseitig zum Vorwurf zu machen, und in gleicher Weise verletzend, wenn die Kreuzzeitung schrieb, diejenigen, die gegen den Antrag v.

* Zwischen dem Bund der Landwirte und der von den Nationalliberalen unterstützten Regierung.

** Abgeordneter der Reichspartei und seit der Mitte der 70er Jahre prononcierter Vertreter der Politik der Zusammenarbeit von Industrie und Landwirtschaft.

*** Die bisherigen Zölle betrugen: für Weizen und Roggen 3.50; für Hafer 2.80; für Gerste 2 Mark pro Doppelzentner.

Kardorff stimmten, ließen das Vaterland in schwerer Stunde im Stich, als wenn der Bund der Landwirte erwiderte, diejenigen, welche für denselben stimmten, verließen die Landwirtschaft im entscheidenden Augenblick. Ebenso verständlich, wie die Gründe der ersteren, waren diejenigen der letzteren, die nach dem Sprichwort, daß der Sperling in der Hand besser sei, als die Taube auf dem Dach, lieber die Landwirtschaft des doch in mancher Hinsicht verbesserten Zollschutzes teilhaftig werden lassen, als das Risiko auf sich nehmen wollten, daß der bestehende ruinöse Zustand in's Ungewisse fortdauere. Jene während der denkwürdigen über 19 Stunden ausgedehnten Schlußsitzung über den Zolltarif in der Deutschen Tageszeitung* erschienene Erklärung des Bundes der Landwirte, er müsse in Zukunft auf ein weiteres Zusammengehen mit Parteien und Abgeordneten verzichten, welche durch Annahme des Antrags v. Kardorff die wichtigsten Ziele des Bundes preisgäben, war deshalb ein Fehler, mindestens ein ebenso großer Fehler aber war es, wenn nun aus den Reihen der konservativen Fraktion heraus der rascheste Versuch gemacht wurde, den Führer des Bundes aus der Partei herauszudrängen. Konservative und Bund der Landwirte sind derart auf einander angewiesen, ja, mit einander verwachsen, daß ihre Trennung nur schwere politische Folgen nach sich ziehen konnte. Dem klugen Auftreten des konservativen Führers v. Normann, der die Gegensätze geschickt zu überbrücken verstand, ist es zu verdanken, wenn in der entscheidenden Fraktionssitzung durch gegenseitige Mäßigung so verhängnisvolle Folgen vermieden wurden. [125]

## II. Weltpolitik und Flottenbau

### Der Platz an der Sonne

*Der Staatssekretär des Auswärtigen Amtes Bernhard Freiherr, später Fürst von Bülow entwickelt im Zusammenhang mit einer Erörterung der deutschen China-Politik in einer Reichstagsrede vom 6. 12. 1897 den Anspruch des Deutschen Reiches, in Fragen der Weltpolitik mitzusprechen.*

In Ostasien schien der Herr Abgeordnete Dr. Schoenlank zu fürchten, daß wir uns in Abenteuer stürzen wollten. Fürchten Sie gar nichts, meine Herren! Der Herr Reichskanzler ist nicht der Mann, und seine Mitarbeiter sind nicht die Leute, irgend unnütze Händel zu suchen. Wir empfinden auch durchaus nicht das Bedürfniß, unsere Finger in jeden Topf zu stecken. Aber allerdings sind wir der Ansicht, daß es sich nicht empfiehlt, Deutschland in zu-

* Organ des Bundes der Landwirte.

kunftsreichen Ländern von vornherein auszuschließen vom Mitbewerb anderer Völker.

(Bravo!)

Die Zeiten, wo der Deutsche dem einen seiner Nachbarn die Erde überließ, dem anderen das Meer und sich selbst den Himmel reservirte, wo die reine Doktrin thront

(Heiterkeit – Bravo!)

– diese Zeiten sind vorüber. Wir betrachten es als eine unserer vornehmsten Aufgaben, gerade in Ostasien die Interessen unserer Schiffahrt, unseres Handels und unserer Industrie zu fördern und zu pflegen. [...]

Wir müssen verlangen, daß der deutsche Missionar und der deutsche Unternehmer, die deutschen Waaren, die deutsche Flagge und das deutsche Schiff in China geradeso geachtet werden, wie diejenigen anderer Mächte.

(Lebhaftes Bravo.)

Wir sind endlich gern bereit, in Ostasien den Interessen anderer Großmächte Rechnung zu tragen, in der sicheren Voraussicht, daß unsere eigenen Interessen gleichfalls die ihnen gebührende Würdigung finden.

(Bravo!)

Mit einem Worte: wir wollen niemand in den Schatten stellen, aber wir verlangen auch unseren Platz an der Sonne.

(Bravo!)

In Ostasien wie in Westindien werden wir bestrebt sein, getreu den Ueberlieferungen der deutschen Politik, ohne unnöthige Schärfe, aber auch ohne Schwäche unsere Rechte und unsere Interessen zu wahren.

(Lebhafter Beifall.) [126]

## Die Motive der Flottenpolitik

*Der 1897 zum Staatssekretär des Reichsmarineamts ernannte Konteradmiral Alfred von Tirpitz in einem Brief an den früheren Chef der Admiralität Albrecht von Stosch vom 13. 2. 1896 über die Notwendigkeit der Schaffung einer deutschen Seemacht zur Stärkung des Allianzwertes und zur Stützung der weltpolitischen Interessen Deutschlands.*

[...] In Berlin haben sehr dringende und unerwartete Geschäfte meine dortige Zeit vollkommen ausgefüllt. Wie ich Eurer Excellenz ganz vertraulich und nur für Euer Excellenz Person mitteilen möchte, habe ich Gelegenheit gehabt, an allerhöchster Stelle Eurer Excellenz Ansichten als solche über die erforderliche Marine-Entwicklung zur Geltung zu bringen, und ist Hoffnung vorhanden, daß der Faden da wieder aufgenommen werden wird, wo er im Jahre 1883 abgebrochen wurde. [...]

Unsere Politik rechnet als reale Unterlage zur Zeit nur mit der Armee, diese wirkt direkt aber nur auf unsere Landesgrenzen, darüber hinaus nur mittelbar durch den von hier aus übertragenen Druck. Unsere Politik versteht nicht, daß der Alliancewert Deutschlands selbst für europäische Staaten vielfach nicht in unserer Armee, sondern in der Flotte liegt. Beispielsweise: wenn Rußland und Frankreich in einer Frage gegen England stehen. Das Hinzutreten unserer jetzigen Flotte ist dafür von zu geringer Bedeutung. Faßt England aber seine Politik nach Pitt'schem Muster auf, so wird es unsere Feindschaft lieber sehen als unsere strikte Neutralität. In ersterem Falle sind wir unter allen Umständen ein höchst wertvolles Objekt, im Falle der Neutralität würden wir außerordentlich als Konkurrent Englands gewinnen. Das weiß man in England auch ganz genau. Unserer Politik fehlt bis jetzt vollständig der Begriff der politischen Bedeutung der Seemacht. Wollen wir aber gar unternehmen, in die Welt hinauszugehen und wirtschaftlich durch die See zu erstarken, so errichten wir ein gänzlich hohles Gebäude, wenn wir nicht gleichzeitig ein gewisses Maß von Seekriegsstärke uns verschaffen. Indem wir hinausgehen, stoßen wir überall auf vorhandene oder in der Zukunft liegende Interessen. Damit sind Interessenkonflikte gegeben. Wie will nun die geschickteste Politik, nachdem das Prestige von 1870 verraucht ist, etwas erreichen ohne eine reale, der Vielseitigkeit der Interessen entsprechende Macht? Weltpolitisch vielseitig ist aber nur die Seemacht. Darum werden wir, ohne daß es zum Kriege zu kommen braucht, politisch immer den kürzeren ziehen. Es ist dabei zu berücksichtigen, daß England den Glauben wohl etwas verloren hat, daß wir unsere Armee zu seinen Gunsten gegen Rußland ins Feuer schicken. Umgekehrt kann England Rußland schon sehr erhebliche Konzessionen z. B. in Ostasien machen, wenn Deutschland die Zeche zahlt. In letzterem Umstand liegt die Gefahr, wenn wir z. Zt. in einen Konflikt verwickelt werden, der Rußland, Frankreich und England betrifft. Wenn wir auch sagen wollten, wir führen keinen Krieg wegen transatlantischer Interessen, so sagen dasselbe nicht die anderen drei Staaten und so arbeiten wir fortgesetzt im politischen Nachteil. [...]
Dieser Vorfall* kann dennoch sein Gutes haben, und ich würde, um unserem Parlament die Augen zu öffnen, eine etwas größere Blamage für uns in diesem Sinne sogar für nützlich halten. Erstens, daß die Anglomanie an gewissen Stellen definitiv aufhört und zweitens, daß unsere Nation sich aufrafft, eine Flotte zu schaffen, wie dieselbe etwa in Dienstschrift IX. entwickelt wurde. Diese Vorlage soll tatsächlich im nächsten Etat gemacht werden.

* Gemeint ist die die öffentliche Meinung Englands gegen Deutschland erregende Depesche Wilhelms II. an den Präsidenten der Burenrepublik Transvaal, Krüger, in der der Kaiser den Präsidenten beglückwünscht, »die Unabhängigkeit des Landes gegen Angriffe von außen zu wahren«. In England wurde die Depesche als unzulässige Einmischung in die inneren Angelegenheiten des Empire aufgefaßt.

Staatsregierung und die Spitzen des Parlaments sehen freilich keine Aussicht auf Erfolg. Indem die Marine rückhaltlos den militärischen und politischen Wert unserer jetzigen Flotte darlegt, hat sie wenigstens ihre Schuldigkeit getan, und die Geschichte wird andere Leute zur Verantwortung ziehen müssen.
Ich bin also der Ansicht, in den nächsten zwölf Jahren eine zeitgemäße Flotte zu schaffen, deren Stärke sich dem Sinne nach noch garnicht weit von Ew. Excellenz erster Denkschrift 1872 zu entfernen braucht [...] [127]

## Die Agitation für den Flottenbau

*Wilhelm II. in einem hier im Auszug wiedergegebenen Brief an Philipp Eulenburg vom 20.8.1897 über die Propagierung des Flottengedankens durch Tirpitz.*

[...] Tirpitz hat zunächst ein großes Bureau konstruiert, was direkt, teils durch Mittelspersonen, gegen 1000—1500 Zeitungen und Blätter mit Maritima versorgt. In den großen Universitätsstädten ist überall das sehr bereitwillig entgegenkommende Professorenelement gewonnen für Mitwirkung, durch Wort, Schrift und Lehre, das Verständnis für die Daseinsberechtigung einer Flotte zu stärken. Ferner hat Tirpitz seinen Aufenthalt in St. Blasien benutzt, Onkel Fritz von Baden* sich zu nähern und ihm Vorträge zu halten. Der Effekt derselben ist gewesen, daß der wie ein großer Teil unserer Fürsten und Völker völlig nichts ahnende und verstehende Großherzog so überrascht gewesen ist von der Kleinheit der Forderung, dem entsetzlichen Zustand der aktuellen Lage und der nationalen Notwendigkeit des Durchgehens dieses Gesetzes, daß er ein glühender Verfechter Meiner durch Tirpitz in Praxis umgesetzten Ideen geworden ist. Der Admiral kam mit der Message** von Onkel an mich, daß er erfüllt sei von der Richtigkeit meiner Pläne und mit seiner ganzen Person uns in dem ›Kampf um die Flotte‹ (sic!) beistehen und helfen wolle. Er werde die badische Presse dirigieren, er werde aber noch mehr, ›sämtlichen Reichsfürsten‹ ungesäumt klarmachen, daß es ›ihre Pflicht und Schuldigkeit‹ sei, den Kaiser hierbei zu unterstützen. Und sollte das dadurch in Erscheinung treten, daß sämtliche Bundesratsgesandten im Parlamente energische Erklärungen abgeben sollen, welche demselben jeden Zweifel darüber benehmen sollen, daß die vereinigten Fürsten nicht hinter dem Kaiser stünden!! Jagemann werde dahin instruiert! Tirpitz geht von hier nach Friedrichsruh, um mit dem ›alten bösen Mann‹ wegen des Stapellaufes*** zu sprechen, von da nach München, Stuttgart, Darm-

* Großherzog Friedrich von Baden ** (engl.) Botschaft
*** Gemeint ist Bismarck und der Stapellauf des Panzerkreuzers »Fürst Bismarck«, der am 25. September 1897 in Kiel erfolgte.

stadt, um auch dort Vorträge an die Fürsten zu halten und dieselben zu orientieren; Onkel Fritz hat ihm überall Empfehlungen mitgegeben und will auch für die Besuche das Terrain vorbereiten.
So weit Tirpitz und die deutschen Fürsten. Du siehst daraus, wenn solche Fürsprache in Aussicht seht, ich meinen Schnabel natürlich halten und nur zum Essen und Trinken und Rauchen benutzen werde! Welch herrliche Saat fängt an aufzugehen und welcher Lohn Gottes für alle die Mühen und Sorgen und den Kummer, den ich auf diesem Gebiet gelitten habe [...] [128]

## Die Interessenten und der Flottenbau

*Brief des Präsidenten des Deutschen Flottenvereins, Otto Fürst zu Salm-Horstmar, an Tirpitz vom 3. 12. 1901, der den Zusammenhang von wirtschaftlicher Konjunktur, Börsenkursen und Flottenpropaganda zeigt.*

Schloß Varlar, den 3. Dezember 1901

Ew. Exzellenz glaube ich im Folgenden eine erfreuliche Mitteilung machen zu können:
Von Herren verschiedener Parteirichtungen bin ich gebeten worden, eine Bewegung einzuleiten, welche dahin geht, den Reichstag zu veranlassen, an die Regierung die Bitte zu richten, angesichts der schlechten Konjunktur u. der ungünstigen Geschäftslage von Handel u. Industrie u. der damit zusammenhängenden Arbeitslosigkeit vieler Tausender von Arbeitern den auf einen längeren Zeitraum verteilten Bau von Kriegsschiffen in möglichst beschleunigtem Tempo herbeizuführen.
Dadurch, daß der Bau der durch die letzte Marine-Vorlage bewilligten Schiffe so beschleunigt würde, wie es die deutschen Werften überhaupt leisten könnten, würden viele Industriezweige neue Aufträge erhalten, wodurch nicht nur diese über Wasser gehalten, sondern auch in den Stand gesetzt würden, ihre Arbeiter zu beschäftigen u. bereits entlassene wieder einzustellen. Einer der wichtigsten Faktoren, die hier zur Sprache kommen, wäre aber der, daß durch den Auftrag neuer Kriegsschiffe u. die dadurch herbeigeführte Belebung von Handel u. Industrie die betreffenden Börsen-Kurse steigen, viele Werthe gerettet u. eine Konsolidierung des Marktes eintreten würde.
Eine einzelne Partei mag nun nicht mit dieser Bitte an die Regierung hervortreten, weil ihr sonst leicht selbstsüchtige oder parteipolitische Motive untergeschoben werden könnten.
Man hat daher geglaubt, eine diesbez. Anregung von neutralem Gebiet ausgehen lassen zu sollen u. hat daher den Deutschen Flottenverein, in dem alle Parteien vertreten sind, für den geeignetesten Boden gehalten, auf dem sich die Parteien in dieser Frage

vereinigen können, um den Reichstag zu einer bez. Petition an die Regierung zu veranlassen. – Wenn ich ja auch fest überzeugt bin, daß der Regierung ein diesbez. Beschluß des Reichstages in höchstem Maße erwünscht sein wird, so möchte ich es doch nicht unterlassen, Ew. Exzellenz hierüber zu verständigen und die Bitte auszusprechen, dem Herrn Reichskanzler von diesem Schreiben Kenntnis zu geben, damit ich erfahre, wie sich die Reichsregierung zu einem Vorgehen meinerseits in der bezeichneten Richtung stellen würde.* Bejahendenfalls wollte ich gleich nach Weihnachten versuchen, diese Sache in Fluß zu bringen und durch die Organe des DFV. [Deutscher Flottenverein] agitieren zu lassen.
Wenn es der Herr Reichskanzler wünscht, bin ich zu einer vorherigen Besprechung gerne bereit und zeichne mit dem Ausdruck der vorzüglichsten Hochachtung als

Ew. Exzellenz sehr ergebener
Otto Fürst zu Salm [129]

* Eine Förderung der Agitation wurde von Tirpitz nach Rücksprache mit Reichskanzler Bülow in einem Brief vom 14. 12. 1901 an den Fürsten zu Salm unter Hinweis auf die schwierige Finanzlage des Reiches und die Parteienkonstellation im Reichstag mit »größtem Bedauern« abgelehnt.

## 12. Die Parteienkonstellation zur Zeit des Bülow-Blocks und die Kritik am persönlichen Regiment

### I. Die Wahlen von 1907 und die Bildung des Bülow-Blocks

#### Die Reichstagswahlen von 1907

*a) Reichskanzler Bülow in einem Schreiben vom 31. 12. 1906 an den Vorsitzenden des Reichsverbandes gegen die Sozialdemokratie, General von Liebert, über die Motive der Reichstagsauflösung und die Ziele der Regierung.*

In dem Schreiben des Reichsverbandes zur Bekämpfung der Sozialdemokratie vom 18. Dezember d. J. ist mir nahegelegt worden, vor der Reichstagswahl noch eine aufklärende Kundgebung zu erlassen. Ich komme dieser Anregung gerne nach und bitte, für die öffentliche Verbreitung dieser Antwort Sorge zu tragen. Die parlamentarische Lage, die ich bei meinem Amtsantritte vorfand, war nicht wesentlich verschieden von der im letzten Reichstage: die bürgerliche Linke in drei, vier Gruppen gespalten, die Rechte einiger zwar, aber an Zahl ebenso schwach, wie die Liberalen zusammen; in der Mitte die stärkste Partei, das Zentrum, schon damals nahezu imstande, entweder nebst Polen, Welfen u. s. w. mit den Sozialdemokraten oder mit den Konservativen und dem rechten Flügel der Liberalen eine Mehrheit zu bilden. Eine andere Möglichkeit, als mit dem Zentrum die Geschäfte zu erledigen, gab es, namentlich seit den Wahlen von 1903, nicht. Der Reichskanzler war auf die Mitarbeit dieser Partei angewiesen; er mußte versuchen, ihre Zustimmung zu den im Interesse des Landes notwendigen wirtschaftlichen und nationalen Vorlagen zu erlangen. Daß er dem Zentrum zuliebe staatliche Hoheitsrechte preisgegeben oder sich in religiösen und kulturellen Fragen schwach gezeigt habe, bestreite ich. Jedenfalls darf nicht vergessen werden, daß die wichtigsten Aufgaben, die Verstärkung der Seewehr, der Handelsverträge, die Finanzreform, nur mit Hilfe des Zentrums zu lösen waren und gelöst worden sind. Ich habe diesen Zustand der Abhängigkeit der parlamentarischen Ergebnisse von dem guten Willen einer Partei in dem vielgestaltigen deutschen Parteigetriebe immer als nicht unbedenklich empfunden. Ihn zu ändern hatte ich solange keinen Grund, als das Zentrum sich bereit zeigte, mit den verbündeten Regierungen positive Arbeit zu leisten, und der Versuchung, seine parlamentarische Stärke zu mißbrauchen, nicht nachgab. Aber bereits im Frühjahr des abgelaufenen Jahres wurden drei dringend nötige

Forderungen, die Eisenbahn Keetmanshoop,* die Entschädigung der Farmer [in Deutsch-Südwestafrika], die Errichtung eines Kolonialamtes durch eine von Zentrum und Sozialdemokratie geführte Oppositionsmehrheit verworfen. Damals konnte ich, von schwerer Krankheit noch nicht erholt, nicht eingreifen. Aber es reifte in mir der Entschluß, jedem neuen Versuch solcher Machtproben bei ernsten und wichtigen Angelegenheiten des Reiches mit aller Kraft entgegenzutreten. Neben der dann notwendigen Wahrung der Autorität der Regierung und ihrer Stellung über den Parteien schien mir auch ein gewisser Wandel in den doktrinären Anschauungen der Vertreter des liberalen Bürgertums und der steigende Widerwille gegen das sozialdemokratische Treiben die Hoffnung zu rechtfertigen, daß eine Aenderung der parlamentarischen Lage durch das deutsche Volk selbst möglich sei. In Deutschland gibt es keine einheitliche liberale Partei, die den klaren Willen und die Fähigkeit gezeigt hätte, positive Politik zu machen. Es ist jetzt nicht der Augenblick, Fehler, die begangen, Gelegenheiten, die versäumt worden sind, nachzurechnen. Jedenfalls haben es innere Uneinigkeit, negativer Doktrinarismus, Uebertreibung der Prinzipien und Unterschätzung des praktisch Erreichbaren nicht zu dem vom Liberalismus erstrebten Einfluß auf die Regierungsgeschäfte kommen lassen. Erst im letzten Jahrzehnt hat sich darin manches geändert. Ich denke an Eugen Richters Kampf gegen die Sozialdemokratie, an die fortschreitende Ueberwindung der Manchesterdoktrin, vor allem an das wachsende Verständnis für große nationale Fragen. Manches wird noch zu lernen sein: Maßhalten, richtiges Augenmaß und Blick in die Nähe, Sinn für historische Kontinuität und reale Bedürfnisse. Ich glaube nun keineswegs, daß aus den Wahlen eine große geeinigte liberale Partei hervorgehen und etwa den Platz des Zentrums einnehmen könnte. Wohl aber könnten die Parteien der Rechten, die nationalliberale Partei und die weiter links stehenden freisinnigen Gruppen bei zielbewußtem Vorgehen im Wahlkampf so viel Boden gewinnen, um eine Mehrheit von Fall zu Fall zu bilden. Den starken Gegensatz, der bisher zwischen den Parteien der Rechten und denen der bürgerlichen Linken in wirtschaftlichen Fragen bestanden hat, halte ich für kein unüberwindliches Hindernis. Der unbedingt notwendige Schutz der Landwirtschaft ist in den neuen Handelsverträgen auf ein Jahrzehnt hinaus gesichert, und mancher freisinnige Mann hat schon unter vier Augen zugegeben, daß die Verträge auch für die städtischen Interessen nicht ungünstig gewirkt haben. Jedenfalls müssen die Gegner der Handelsverträge anerkennen, daß sich Handel und Industrie fortdauernden Aufschwunges erfreuen. Andererseits führt bereits

* Zur endgültigen Niederschlagung eines Aufstandes und zur besseren Erschließung Südwestafrikas war seit 1905 eine Eisenbahnlinie von Windhuk nach Keetmanshoop geplant.

eine gute Brücke über das trennende Wasser. Die konservativen Parteien und die Nationalliberalen sind in allen großen Fragen, wo es sich um Wohl und Wehe der Nation, ihre Einheit, ihre Machtstellung handelte, zuverlässig gewesen. Die Nation ging ihnen über die Partei; das ist ihr Ruhm, den werden sie behaupten. Je mehr auf der Linken die Bereitschaft zur Befriedigung der großen nationalen Bedürfnisse für den Kolonialbesitz für Heer und Flotte zunimmt, um so breiter und fester kann die Brücke werden, und wohl würden sich auch die nationalgesinnten Elemente, die im Zentrum vorhanden sind, mit allen anderen bürgerlichen Parteien in solchen Fragen leichter zusammenfinden, wenn mit dem Wegfall der Möglichkeit einer schwarz-roten Majorität der Fraktionsegoismus des Zentrums der Handhabe beraubt wäre, sich rücksichtslos gegen die Regierung geltend zu machen. Die bedenklichste Folge davon, daß sich das Zentrum der sozialdemokratischen Stimmen zur Bildung eines oppositionellen Blockes bedienen konnte, war die Bedeutung, die dadurch die Sozialdemokratie selbst im verflossenen Reichstage erlangte. Da bietet sich ein weiteres hochwichtiges Feld gemeinsamer Sorgen und Arbeit aller nationalen Elemente. Entgegen der leider in einigen liberalen Köpfen noch herrschenden Idee, daß die Reaktion im Reiche von rechts drohe und Seite an Seite mit der Sozialdemokratie zu bekämpfen sei, liegt nach meiner festen Ueberzeugung die wahre Reaktion oder die wahre Gefahr der Reaktion bei der Sozialdemokratie. [...] Als nun das Zentrum sogar bei einer Angelegenheit, die die deutsche Waffenehre und unser Ansehen vor der Welt berührte und unmittelbar nach der freimütigen Aussprache über unerträgliche Einmischungen in den inneren Kolonialdienst eigenwillig den verbündeten Regierungen eine unannehmbare Klausel aufzunötigen suchte, und als es dann mit Hilfe der Sozialdemokratie einen sachgemäßen freisinnigen Antrag niederstimmte,* mußte von dem verfassungsmäßigen Mittel zur Wahrung der Autorität der Regierung Gebrauch gemacht und der Reichstag aufgelöst werden. Die Abstimmung vom 13. Dezember war ein Schlag gegen die verbündeten Regierungen und die nationale Würde. Ich arbeite mit jeder Partei, welche die großen nationalen Gesichtspunkte achtet. Wo diese Gesichtspunkte mißachtet werden, hört die Freundschaft auf. Niemand in Deutschland will ein persönliches Regiment. Die große Mehrheit des deutschen Volkes will aber erst recht kein Parteiregiment. [...] Mögen die Verhältnisse in den einzelnen Wahlkreisen noch so große Verschiedenheiten aufweisen, die Parteien, die am 13. Dezember an der Seite der Regierung standen, werden von vornherein im Auge

* Im Nachtragsetat für 1906 wurden von der Regierung für Deutsch-Südwestafrika 29,2 Mill. Mark verlangt, was am 13. Dezember 1906 im Reichstag abgelehnt wurde. Gleichzeitig wurde vom Zentrum als Bedingung für die Bewilligung weiterer Geldforderungen die Verminderung der deutschen Truppen in Deutsch-Südwestafrika auf 2500 Mann verlangt.

zu behalten haben, was sie damals einigte: der Kampf für Ehr' und Gut der Nation gegen Sozialdemokraten, Polen, Welfen und Zentrum. Ich stelle die Sozialdemokraten voran, weil jede Niederlage der Sozialdemokratie eine Warnung für ihren blinden Uebermut, eine Stärkung des Vertrauens in den ruhigen Fortschritt unserer inneren Entwicklung und eine Befestigung unserer Stellung nach außen wäre, und weil dadurch zugleich die Möglichkeit erschwert würde, daß eine bürgerliche Partei mit Hilfe der sozialdemokratischen eine dominierende Stellung gegen die anderen bürgerlichen Parteien einnimmt. [130a]

*b) Nach dem Reichstagswahlrecht mußte in den Wahlkreisen, in denen keiner der Kandidaten im ersten Wahlgang eine absolute Mehrheit errang, eine Stichwahl zwischen den zwei Kandidaten mit der höchsten Stimmenzahl stattfinden. Die Stichwahlparolen der Parteien und die häufig zwischen ihnen zur gegenseitigen Unterstützung getroffenen Vereinbarungen auf lokaler, regionaler oder nationaler Ebene waren dabei für das Ergebnis der Stichwahlen und damit für die endgültige Zusammensetzung des Reichstages von oft entscheidender Bedeutung. Im Abdruck folgen Stichwahlparolen bei den Wahlen von 1907.*

*Konservative Partei:* Unser Hauptfeind ist und bleibt die Sozialdemokratie. Ihr gilt der Hauptkampf. Zwischen den übrigen Parteien muß die Entscheidung von Fall zu Fall und nach Maßgabe der Gegenleistung tunlichst im Einvernehmen mit der Zentralleitung getroffen werden. Zur Wahrung unserer eigenen Sache heißt es jetzt, jeden Mann an die Urne zu bringen, und nur der ist ein treuer konservativer Mann, der seinem Kandidaten bei den Stichwahlen zum Siege verhilft.
*Nationalliberale Partei:* Wähler in Stadt und Land! Wenige Tage trennen uns von den Stichwahlen. Es gilt alle Kraft einzusetzen, um den Erfolg des 25. Januar zu sichern. Die Sozialdemokratie macht die wildesten Anstrengungen, um in der Stichwahl ihre schwere Niederlage wieder auszugleichen. Das Zentrum kann unter der Parole Wahlenthaltung der Sozialdemokratie in einer Reihe von Wahlkreisen zu Mandaten verhelfen. Tausende und Abertausende haben ihr Wahlrecht nicht ausgeübt. Nützt die letzten Tage zu eifriger Arbeit! Bietet alles auf, die Säumigen zur Wahlurne zu bringen! Noch ist eine nationale Mehrheit nicht gesichert. In 90 Stichwahlen ist die Sozialdemokratie, in 32 das Zentrum beteiligt. Die Gefahr, daß Zentrum und Sozialdemokratie die Mehrheit behalten, ist keineswegs beseitigt. Auf zur letzten nationalen Arbeit! Tue jeder liberale Wähler seine Schuldigkeit, um der Sache des Vaterlandes zum Siege zu verhelfen.
*Freisinnige Vereinigung:* Die Hauptwahlen haben eine sichere Mehrheit für die Bewilligung nationaler Forderungen ergeben,

dagegen erscheint jetzt die Gefahr der Bedrohung bedeutsamer liberaler Errungenschaften (Reichstagswahlrecht, Koalitionsrecht, Gleichberechtigung aller Staatsbürger), für deren Aufrechterhaltung und Ausbau wir stets eingetreten sind, wesentlich nähergerückt. Wir fordern daher unsere Parteifreunde im Lande auf, nur solchen Kandidaten in der Stichwahl ihre Stimme zu geben, die durch Programm und Persönlichkeit eine sichere Gewähr dafür bieten, daß sie nicht der politischen und geistigen Reaktion Hilfsdienste leisten.

Die *sozialdemokratische Partei* ordnet an: Unter keinen Umständen dürfen Konservative, Reichspartei, Bund der Landwirte, Antisemiten und Nationalliberale eine sozialdemokratische Stimme bei den Stichwahlen erhalten. Für die andern Parteien empfehlen wir folgende Stellungnahme unserer Genossen: Voraussetzung für die Unterstützung einer dieser Parteien bei den Stichwahlen muß die Verpflichtung des Kandidaten sein, daß er 1. gegen jede Verschlechterung des allgemeinen gleichen geheimen und direkten Wahlrechts stimmen wird, 2., daß er jeden Versuch, das Koalitionsrecht einzuschränken, unbedingt zurückweisen wird; 3., daß er sich gegen jedes wie immer geartete Ausnahmegesetz erklären wird. Nachdem diese Erklärungen abgegeben sind, empfehlen wir den Kreiswahlkomitees die Entscheidung, ob ein solcher Gegner bei der Stichwahl sozialdemokratische Unterstützung finden soll, unter der Würdigung der Persönlichkeit des Gegners zu treffen. Unter keinen Umständen aber darf einem Kandidaten eine sozialdemokratische Stimme zufallen, der die aufgestellten Bedingungen nicht akzeptiert.

*Polen:* 1. Wo das Zentrum in Stichwahl steht, gleichviel ob mit einem Kandidaten der bürgerlichen Parteien oder einem Sozialdemokraten, haben die Polen für den Zentrumsmann einzutreten. 2. Wo Sozialdemokraten mit bürgerlichen Kandidaten (außer Zentrum) in Stichwahl kommen, treten die Polen geschlossen für den Sozialdemokraten ein. 3. Wo Freisinnige und Nationalliberale oder Konservative um das Mandat werben, mögen die Polen für den Freisinnigen eintreten, falls er nicht der hakatistischen* Richtung angehört. 4. Bei Stichwahlen zwischen Nationalliberalen und Konservativen oder Antisemiten ist Wahlenthaltung zu üben.

Die freisinnige Volkspartei überläßt die Entscheidung den Wählern.

Die *Zentrumspartei* beschließt diejenigen Kandidaten zu unterstützen, die für das Reichstagswahlrecht eintreten, gegen eine Beschränkung des Koalitionsrechts, für die Sozialreform, gegen Ausnahmegesetze, für den Toleranzantrag und für volle Religions-

* Als ›hakatistisch‹ bezeichneten vor allem die Polen den ›Deutschen Ostmarkenverein‹, der in den Ostprovinzen eine deutsch-nationale Volkstumspolitik betrieb. Die Bezeichnung entwickelte sich aus der Zusammenziehung der Anfangsbuchstaben der Namen der drei Gründer dieser Organisation: von Hansemann, Kennemann und von Tiedemann-Seeheim.

freiheit sind. — Die Leitung der bayerischen Zentrumspartei beschließt, die Wahl eines liberalen Kandidaten unter keinen Umständen zu unterstützen. Wo die Liberalen, wie in München II, in der Minderheit geblieben sind, wird Wahlenthaltung empfohlen, andernfalls wo sie in der Hauptwahl die Mehrheit erzielt haben, wie in München I, oder günstige Aussichten für die Stichwahl haben, wie in Erlangen-Fürth, wird direkt die Abgabe eines sozialdemokratischen Stimmzettels empfohlen. [130b]

## Das Zusammengehen der linksliberalen Parteien im Reichstag

*Das Experiment der Bildung des Bülow-Blocks aus konservativen und liberalen Parteien wirkte zurück auf die Einigungsbestrebungen der liberalen Parteien. Der folgende Beschluß der drei linksliberalen Fraktionen des Reichstages vom 22. Februar 1907 zur Schaffung einer Fraktionsgemeinschaft war eine Vorstufe ihres späteren Zusammenschlusses (1910) zur Fortschrittlichen Volkspartei.*

1. Die Fraktionen der Freisinnigen Volkspartei, der Freisinnigen Vereinigung und der Deutschen Volkspartei des Reichstags beschließen, über die Vorlagen der verbündeten Regierungen und die von Mitgliedern des Hauses eingebrachten Anträge und Interpellationen, sowie über Petitionen und Wahlprüfungen gemeinsam zu beraten und, soweit eine Uebereinstimmung erzielt wird, über ihre Vertretung im Plenum durch einen oder mehrere Redner Bestimmung zu treffen. 2. Den Vorsitz in den gemeinsamen Fraktionssitzungen führt einer der drei Vorsitzenden der Freisinnigen Volkspartei nach vorheriger Vereinbarung untereinander. Die Bestimmung der Stellvertretung steht der Freisinnigen Vereinigung und der Deutschen Volkspartei zu. Zur Vorbereitung der gemeinschaftlichen Geschäfte und zur Ausführung der gefaßten Beschlüsse wird ein Ausschuß bestellt, welchem zwei Vorstandsmitglieder der Fraktion der Freisinnigen Volkspartei und je ein Vorstandsmitglied der beiden anderen Fraktionen angehören. Für jedes Ausschußmitglied wird ein Stellvertreter bestellt. Den Vorsitz führt die Freisinnige Volkspartei. 3. Die Fraktionen behalten sich das Recht vor, gesonderte Beratungen abzuhalten. Falls hierbei Beschlüsse über gemeinsam zu verhandelnde Angelegenheiten (Ziffer 1 und 4) gefaßt werden, ist den beiden anderen Fraktionen alsbald Mitteilung davon zu machen. 4. Für die Stellung von Initiativanträgen und die Einbringung von Interpellationen, für die Besetzung der Kommissionen und für die Wahlen zum Vorstand des Reichstages treten die Fraktionen der Freisinnigen Volkspartei, der Freisinnigen Vereinigung und der Deutschen

Volkspartei als Fraktionsgemeinschaft auf. Die Besetzung der Kommissionen erfolgt auf der Grundlage der nach der Geschäftsordnung üblichen Berechnung. 5. Die Fraktionen vereinbaren, auf schleunige Durchführung der Frankfurter Beschlüsse vom 11. November 1906 (Wahl des Ausschusses, gemeinsamer Aufruf) hinzuwirken. [131]

## Das Programm der Blockpolitik

*Nach vorangegangenen Besprechungen mit dem nationalliberalen Parteiführer Bassermann umreißt Bülow in einer Rede vor dem Reichstag am 25. 2. 1907 sein Regierungsprogramm.*

Nun, meine Herren, liegt es in unserer parlamentarischen Geschichte, es liegt in unseren so eigentümlichen Parteiverhältnissen, es liegt in unserer ganzen politischen, wirtschaftlichen, sozialen und konfessionellen Struktur, daß Wahlen auf der Basis unseres Wahlrechts kaum eine homogene Mehrheit ergeben können. Die Mehrheit, die von Herrn v. Normann [konservativer Abgeordneter] zu Herrn Kaempf und Herrn Schrader [linksliberale Abgeordnete] reicht, geht in ihren Anschauungen über viele wichtige Punkte weit auseinander. [...]

Diese Mehrheit hat sich gefunden in einem Punkte, der für die verbündeten Regierungen weitaus der wichtigste ist, nämlich in dem nationalen Gedanken. Von diesem Punkte ausgehend und ihn als unverrückbare Basis betrachtend, muß die Mehrheit jetzt vor allem zeigen, daß sie positive Arbeit zu leisten vermag. Darauf kommt alles an. Dadurch wird sie ihren Sieg bei den Wahlen rechtfertigen, dadurch sich dauernd den Einfluß sichern, dadurch immermehr sich das Vertrauen des Volkes erwerben. Und wenn die Mehrheit positive Arbeit leistet, dann wird auch jeder leitende Staatsmann mit der Verschiedenartigkeit ihrer Zusammensetzung rechnen müssen. Ich, meine Herren, werde ihr Rechnung tragen.

(Bravo!)

Meine Herren, ich habe hier mal gesagt, daß ich keine Vorurteile hätte. Das soll nicht bedeuten, daß ich heute konservativ und morgen liberal regieren könnte, heute die nach pflichtmäßiger Überzeugung von mir vertretene Wirtschaftspolitik führen, morgen mich dem Freihandel zuwenden könnte. Nein, meine Herren, in dem Schutz aller nationalen Arbeit, in der gleichmäßigen Berücksichtigung der Interessen aller Erwerbszweige, in dem Schutze, dem vollen Schutze für die Landwirtschaft

(bravo! rechts),

in der Förderung der Industrie, in der Fürsorge für die Arbeiter werde ich mir treu bleiben. Diese Politik betrachte ich als mein eigenstes Werk, das ich nicht zerstören werde.

(Bravo! rechts.)

Dazu habe ich um so weniger Veranlassung, als sich diese Politik durchaus bewährt hat, wirtschaftlich und auch politisch bei den Wahlen.

(Bravo! und Sehr richtig! rechts und bei den Nationalliberalen.)

Das schließt aber nicht aus, meine Herren, daß ich denjenigen Wünschen entgegenkomme, die auf anderen Gebieten von der bürgerlichen Linken gehegt werden. Der Herr Abgeordnete Bassermann hat ja soeben eine Reihe solcher Wünsche geäußert, über die sich reden läßt. Ich denke da an eine Reform unseres Vereins- und Versammlungsrechts.

(Lebhafter Beifall.)

Ich denke an Ersparnisse durch Vereinfachung, auch in der Armee; ich denke an die Reform des Strafrechts und der Strafprozeßordnung, an die Aufbesserung der Beamten in ihren Bezügen.

(Lebhafter Beifall.)

Durch die hochherzige Initiative unseres Kaisers soll, wie Sie aus der Thronrede ersehen haben, durch die Beschränkung der Majestätsbeleidigungsprozesse einem in weiten Kreisen herrschenden Wunsche entsprochen werden.

Im Interesse des Staatskredits und unseres ganzen Wirtschaftslebens werden, wie ich hoffe, Rechte und Linke dahin wirken, daß unser Kapitalsmarkt gekräftigt wird, und daß unsere Börse in den Stand gesetzt wird, ihrer Aufgabe als wichtiges nationales Wirtschaftsinstrument gegenüber den Börsen des Auslands besser als bisher gerecht zu werden.

(Bravo!)

Die Praxis hat zweifellos ergeben, daß durch einzelne Bestimmungen der gegenwärtigen Gesetzgebung die deutschen Börsen in ihrem Wettbewerb mit den ausländischen Börsen in eine nachteilige Stellung gedrängt sind, die dem Gesamtinteresse des Landes nicht entspricht.

(Sehr richtig! links.)

Wir werden uns, meine Herren, auch, wie ich hoffe, einig finden in der Fortführung einer gesunden, kräftigen, vorurteilslosen, vernünftigen Sozialpolitik.

(Lebhafter Beifall.)

Auf diesem Gebiete wird nicht Rückschritt und nicht Stillstand, sondern Fortschritt unsere Losung sein.

(Wiederholter lebhafter Beifall.)

Die Sozialpolitik soll aber nicht Halt machen, wenn für den Arbeiter gesorgt ist, sie soll nach meiner Überzeugung auch in verständigen Grenzen dem Mittelstande zu gut kommen

(lebhaftes Bravo),

der vielfach mindestens ebenso schwer zu kämpfen und zu leiden hat wie die eigentlich arbeitende Bevölkerung.

(Lebhaftes Sehr richtig.)

Meine Herren, ich beschränke mich heute auf diese kurzen Andeutungen, die Ihnen nur zeigen sollen, daß nach meiner festen Überzeugung es sehr wohl möglich ist, eine fruchtbare zielbewußte Politik mit derjenigen Mehrheit zu treiben, die uns das deutsche Volk durch die Wahlen gegeben hat.

(Lebhafter Beifall rechts und links.)

Diese Politik wird um so fruchtbarer sein, je mehr sie getragen wird von Vertrauen unter den Mehrheitsparteien und zwischen den Mehrheitsparteien und den verbündeten Regierungen.

(Wiederholter Beifall.)

Möge dieses Vertrauen sich immer mehr befestigen und wachsen zum Wohle des deutschen Volkes und zum Besten der ihm gestellten großen Aufgaben.

(Stürmisches, anhaltendes Bravorufen und Beifallklatschen.) [132]

## II. Das persönliche Regiment und die Daily-Telegraph-Krise

### Das persönliche Regiment

*Der Regierungsstil, der Beraterkreis und die häufigen Entgleisungen des Kaisers in seinen Reden sind bereits wenige Jahre nach seiner Thronbesteigung heftig kritisiert worden. Ein Beispiel dieser Kritik am persönlichen Regiment ist der folgende Auszug aus einer Rede des Führers der linksliberalen Freisinnigen Volkspartei, Eugen Richter, vor dem Reichstag am 18. 5. 1897. Das Versäumnis, diesen Ausführungen zu widersprechen, war der Anlaß für die bald darauf folgende Entlassung des Staatssekretärs des Innern Karl Heinrich von Boetticher.*

Wo ist denn heute ein einheitlicher, zielbewußter Wille, der nicht von plötzlichen Impulsen getragen wird, sondern der mit Umsicht und Einsicht stetig ein Ziel zu verfolgen weiß?

(Sehr gut! links.)

Und wo ist denn eine Garnitur von neuen Ministern

(Heiterkeit links),

die sich hinter den Herren hier könnte aufführen lassen? So weit Sie blicken, nichts als geschmeidige Höflinge, die sich jeder Ansicht von oben anschließen! Avancirte Büreaukraten oder schneidige Husarenpolitiker

(sehr gut! links),

das ist es, was sich einer solchen Politik zur Verfügung stellen kann. (Lebhafte Zustimmung links.)

Handlanger, aber im gewöhnlichen Sinne des Worts!

(Stürmisches Bravo links. – Händeklatschen.)

Wir leben auch heute in einem Bundesstaat und nicht mehr bloß im Einheitsstaat Preußen. Daran wollen wir uns doch auch erinnern, daß das Deutsche Reich als solches keine angestammte

Dynastie hat, und daß das Kaiserthum in Deutschland nicht älter ist als der Reichstag.

(Sehr gut! links. Glocke des Präsidenten.)

Präsident: Ich muß den Herrn Redner einen Augenblick unterbrechen.

Es wird mir eben mitgetheilt, daß zweimal durch Klatschen Beifall bezeugt worden ist, und zwar hier auf dieser Tribüne. Wenn das noch einmal stattfindet, so werde ich diese Tribüne räumen lassen.

(Bravo!)

Richter, Abgeordneter: Der Herr Abgeordnete von Kardorff hat – und das war mir bemerkenswerth – gesprochen von der Abnahme der monarchischen, der nationalen Gesinnung in Deutschland; er hat den Rückgang datirt – das war noch bemerkenswerther – von dem Tode Kaiser Friedrichs III. Meine Herren, ich bin kein Republikaner, ich bin kein Illusionspolitiker, ich rechne mit den praktischen, gegebenen Verhältnissen. Ich bin der Meinung, daß gerade in Deutschland das monarchische System Anwartschaft auf eine längere Dauer in der Zukunft hat als in irgend einem Staate Europas, weil die Monarchie hier eng mit dem Werden und Wachsen des Staatswesens selbst verbunden ist, deshalb, weil der Glanz von wirklich bedeutenden, verdienstvollen Monarchen der Vergangenheit noch fällt auf ihre Nachkommen in der Gegenwart. Aber um so mehr bedaure ich, daß Herr von Kardorff recht hat, daß in der That die monarchische Gesinnung seit 10 Jahren sich nicht nur nicht vermehrt hat, sondern daß von dem Kapital dieser Gesinnung gezehrt wird

(sehr richtig! links)

in einer Weise, wie ich es vor 10 Jahren nicht für möglich gehalten hätte

(lebhafte Zustimmung links),

nicht etwa infolge der Agitation der Sozialdemokratie, nein, infolge von Vorgängen, die sich der parlamentarischen Erörterung entziehen

(sehr gut! links),

Vorgängen, welche die Kritik herausfordern nicht bloß im Bürgerthum, sondern auch tief im Beamtenthum bis in das Offizierkorps hinein. Deutschland ist ein monarchisch konstitutionelles Land; aber nach dem Programm: sic volo, sic jubeo* – regis voluntas suprema lex** mag man vielleicht in Rußland noch eine Zeit regieren können, das deutsche Volk läßt sich auf die Dauer nicht danach regieren.

(Lebhaftes andauerndes Bravo links.) [133]

* (lat.) So will ich, so befehle ich. Diese Worte schrieb der Kaiser nach einer unwidersprochen ‚gebliebenen Meldung der Vossischen Zeitung vom 18. 12. 1890 unter sein lebensgroßes Bildnis, das er an den preußischen Kultusminister von Goßler sandte. Offensichtlich eine Anspielung auf folgende Stelle in Juvenals Satiren: »Hoc volo, sic iubeo, sit pro ratione voluntas« (dies will ich, so befehle ich, an die Stelle von Gründen trete der Wille!).

** (lat.) Des Königs Wille ist das oberste Gesetz. Diese Worte schrieb der Kaiser am 7. 9. 1891 nach seiner Unterschrift in das Goldene Buch der Stadt München ein.

## Die Daily-Telegraph-Affäre und die ungelöste Verfassungsfrage

*Die Kritik an Wilhelm II. und seinem Regierungsstil erreichte ihren Höhepunkt in der sog. Daily-Telegraph-Affäre. Die Krise wurde ausgelöst durch ein in der Londoner Zeitung ›Daily Telegraph‹ am 28. Oktober 1908 veröffentlichtes Interview des Kaisers mit einem pensionierten britischen Obersten, in dem Wilhelm II. unter Verwendung vertraulicher Informationen in denkbar taktloser Form die deutschen Beziehungen zu Großbritannien und anderen Großmächten erörterte. Das vorher dem Kanzler zur Prüfung vorgelegte Interview, in dem der Kaiser seine Freundschaft gegenüber England mit der England-Feindschaft der Mehrheit der deutschen Bevölkerung kontrastierte, mußte den Eindruck von der Zwiespältigkeit und Unzuverlässigkeit der deutschen Politik verstärken und die außenpolitische Situation des Reiches verschlechtern. Unter dem Eindruck der einmütigen Kritik der deutschen Presse, aller Parteien, ja selbst des preußischen Staatsministeriums und der Vertreter der Bundesstaaten, hat Wilhelm II. schließlich Bülow die in der Presse veröffentlichte Zusage gegeben, daß er künftig die verfassungsmäßigen Verantwortlichkeiten in der Politik des Reiches wahren wolle. Der liberale Publizist und Reichstagsabgeordnete Friedrich Naumann erörtert unter dem Eindruck der Daily-Telegraph-Krise in einer Artikelserie der ›Hilfe‹ vom Januar 1909 die Notwendigkeit und die Schwierigkeit einer grundlegenden Reform des deutschen Regierungssystems.*

Ein großer Sturm ist durch unser politisches Leben dahergebraust, ein Sturm des Volksempfindens gegen den Kaiser. Nicht das ist das wesentlichste, was dabei an Verfassungsänderungen erreicht oder vielmehr nicht erreicht wurde, sondern die Tatsache selbst, daß nun das Kaiserproblem vor aller Welt aufgeworfen ist [. . .] Dieser spätere Geschichtsschreiber wird viel mehr von unserem gegenwärtigen Kaiser wissen als wir, denn ihm werden besonders in der auswärtigen Politik Aktenstücke sich öffnen, die für uns verschlossen sind, und vor allem wird er wissen, ob die Zeit Wilhelms II. mit einer großen nationalen Niederlage schließen wird oder nicht. Wir hoffen, wünschen, ersehnen mit allen Fasern unseres Wesens, daß es nicht geschehe, aber wer will es leugnen, daß wir alle im stillen uns vor einer politischen Katastrophe fürchten, die nicht kommen muß oder soll, aber die doch kommen kann? Wir überdenken die ungeheure Macht, die durch Erbschaft, Geschichte, Verfassung, Zeitlage und Personalkraft in diese eine Hand gelangt ist, ahnen, wie alle Anforderungen an sie im Augenblicke der nationalen Gefahr sich ins unabsehbare steigern werden, und fühlen, daß eine fast übermenschliche Last in der

Vereinigung aller monarchischen Rechte liegt. Die Steigerung des Heeres, der Marine, der Artillerie, des Verpflegungswesens, der öffentlichen Anteilnahme an allen Vorgängen machen den Zukunftskrieg zu einem Rätsel von grauenhafter Dunkelheit. Dieser Krieg steht im Mittelpunkte des monarchischen Problems, denn sowohl die alte wie die neue Monarchie ist in ihrem Kerne Militärhoheit und Leitung des Verteidigungssystems. Möge er gnädig an uns vorübergehen! Möge er überhaupt nicht kommen, damit der Historiker dereinst nichts anderes zu behandeln habe als eine Zeit des Friedens ohne Einbuße an weltgeschichtlicher Macht! [...] Die monarchische Person wird voraussichtlich solange an der Spitze der deutschen Reichsverwaltung stehen, als sie einen ehrenhaften Frieden zu garantieren in der Lage ist oder sich im Kriege bewährt. Welche Folgen eine Niederlage haben würde, kann niemand vorhersehen, da in diesem traurigsten Falle alles auf die Umstände ankommt, unter denen sich das Unheil vollziehen würde. Irgendwelche Absichten oder Möglichkeiten, vor einer nächsten weltgeschichtlichen Prüfung die verfassungsmäßigen Grundlagen unseres Regierungssystems zu ändern, bestehen fast auf keiner Seite, um so weniger als bei allen schweren Sorgen, die man hinsichtlich der monarchischen Führung hat, jede andere Art, die nationalen Kräfte zu organisieren und zu dirigieren, als noch gefahrvoller und für jetzt geradezu undenkbar erscheint. Die Monarchie ist ja deshalb so hoch gestiegen, weil es neben ihr überhaupt keine regierungsfähigen Stellen gibt. Es gibt keine regierungsfähige Aristokratie und keine regierungsfähige Demokratie, keine regierende Parlamentsmehrheit, und nicht einmal eine Stelle, die morgen die sichere Führung der Staatsgeschäfte in die Hand nehmen könnte, wenn heute die Monarchie versänke. Um die mächtige Zentralstelle herum ist eine höchst unbehagliche Leere. Man lasse alle unsere politischen Helden am geistigen Auge vorübergehen, sowohl die Minister wie die Parlamentarier, und erst wenn man das getan hat, weiß man, worauf die Monarchie beruht. Sie beruht nicht zum kleinsten Teil darauf, daß die größten organisatorischen Talente des Deutschtums nicht in die politische Arbeit hineingehen. Wir sind ein unpolitisches Volk, und deshalb kommen wir nicht los vom Monarchen.

Das ist kein angenehmes Bekenntnis, und manche meiner Freunde würden es für klüger halten, wenn ich es nicht ausspräche. Aber was hilft es, wenn wir uns vormachen, wir würden am Morgen nach dem Tode der Monarchie eine regierungsfähige Demokratie oder irgend etwas Ähnliches besitzen? Laßt uns doch offene Augen haben! Wenn heute der Reichstag allein die Quelle der staatlichen Machtausübung wäre, wenn Königtum und Bundesrat uns aus einem seligen Jenseits dabei ironisch zuschauten, was würde diese Quelle der Macht anfangen? Würde sie das sein, was das englische

Unterhaus in seinen besten Zeiten unter Disraeli und Gladstone* gewesen ist? Sicherlich nicht, denn auch dieses Unterhaus ist langsam gewachsen. Es wuchs im Kampf mit Monarchen, aber nicht indem es plötzlich an ihre Stelle trat, sondern indem es langsam anfing, sich mit ihnen in die Verantwortung zu teilen. Auch diejenigen von uns, die für die Zukunft eine Erhöhung der Regierungsfähigkeit des Parlaments erstreben und erhoffen, können jetzt nicht vor das Volk hintreten und ihm sagen: vertraut das Schicksal eueres politischen und wirtschaftlichen Lebens irgendeiner Blockmehrheit an, wie sie zur Zeit im Reichstage möglich ist! Ganz gleichgültig, wie man diese Mehrheit herausrechnen möchte, so wird sie stets eine Zusammenfassung von starken Gegensätzen sein, mag sie mit oder ohne Zentrum geknetet werden. Es ist hier nicht der Platz, darzustellen, weshalb das alles so ist. Das ist eine Sache für sich. Genug, daß wir als Ergebnis des letzten Bismarckischen Jahrhunderts eine so bedauerliche politische Blutarmut im deutschen Volke vorfinden, daß es keine hinreichenden Gegenkräfte gegenüber der Monarchie gibt!
[...]
Carlyle sagt irgendwo, daß jedes Volk die Regierung hat, die es verdient. Das antworten wir allen denen, die jetzt mit einem Male jammern und wehklagen, als sei es etwas ganz Neues, daß die deutsche Politik nicht vom deutschen Volke selber gemacht wird. Ihr Klageweiber, was habt ihr denn bisher getan? Wo wart ihr denn, wenn Volkspolitik gemacht werden sollte? Wo waren eure Gedanken und wohin flossen eure finanziellen Mittel? War euch nicht jede Tänzerin wichtiger als die Ausübung des obersten Regiments? Wo waret ihr bei den Versammlungen der Staatsbürger? Ihr verlangt, daß der Kaiser euch nicht von oben herab behandeln soll? Ihr! Erst soll unsere Bildungsschicht etwas tun, ehe sie ein Recht hat zu räsonnieren. Ihr werft dem Kaiser vor, daß er nicht methodisch politisch arbeitet. Ganz recht. Aber macht ihr es denn anders? »Dem impulsiven Regiment« entspricht eine Bildungsschicht, die ganz ebenso ist. Dieser Kaiser, über den ihr euch aufregt, ist euer Spiegelbild! Ihr werdet in demselben Maße von seinem persönlichen Regime freiwerden, als ihr selbst etwas Politisches tut! Ihr sagt, er redet zuviel! Gewiß! Aber was tun denn die anderen? Wer überlegt gründlich, wer studiert Politik, wer achtet die politische Geistesarbeit der Väter? Das Volk soll sagen: mea culpa, mea maxima culpa**, wir selber sind schuld, daß alles so weit gekommen ist. Wir alle müssen den Staat neu begreifen lernen, den neuen Staat mit seinem Großbetriebscharakter, und müssen von vorn an lernen, für den neuen Staat ein neues Regiment zu schaffen, eine Form des Regiments, die den Volksbedürf-

* Bedeutende englische Staatsmänner und Parteiführer des 19. Jahrhunderts.
** (lat). Meine Schuld, meine übergroße Schuld

nissen entspricht in der Art des englischen Systems. Auch das englische System ist nur solange wirksam, als das englische Volk ein politisch tätiges Volk ist. Sobald es erschlafft, kommt entweder der Absolutismus oder die Niederlage, oder beides. In diesem Sinne brauchen wir eine politische Reformation an Haupt und Gliedern. Sie wird den Inhalt der politischen Kämpfe der nächsten Jahrzehnte ausmachen. [134]

## III. Die Finanzreform, Bülow und die Parteien

### Die Finanzsituation des Reiches 1908

*In der Begründung des am 3. November 1908 veröffentlichten Entwurfs eines Gesetzes betreffend Änderungen im Finanzwesen wird eine grundlegende Reform des Finanzwesens des Reiches gefordert.*

Durch das dauernde Mißverhältnis zwischen Bedarf und Deckung ist dem Deutschen Reiche eine schwere Schuldenlast aufgebürdet worden. Die immer erneute Ausgabe von Schuldverschreibungen und Schatzanweisungen ohne die Aussicht einer Tilgung hat den Kursstand der Anleihe in einer Weise herabgedrückt, daß der Kredit des Reichs bereits in Friedenszeiten Einbuße zu leiden droht. Dieser Zustand hat sich während einer beispiellos glänzenden Entwicklung der deutschen Volkswirtschaft und einer gewaltigen Vermehrung des allgemeinen Wohlstandes herausgebildet; er kann daher nur auf schwere Mängel in der finanziellen Organisation des Reichs zurückgeführt werden. Die Beseitigung dieser Mängel ist eine unbedingte Notwendigkeit für die Macht und das Ansehen des Reichs und zugleich eine unerläßliche Voraussetzung für die gedeihliche Weiterentwicklung der deutschen Volkswirtschaft. Nur durch das einmütige und opferwillige Zusammenwirken aller Kreise des Volkes können die Finanzen des Reichs wieder auf eine dauernd gesicherte Grundlage gestellt werden. Das Mißverhältnis von Bedarf und Deckung gehört zu den charakteristischen Erscheinungen der Finanzgeschichte des Deutschen Reichs. [...] Bei ständig steigendem Bedarfe haben die dem Reiche erschlossenen Einnahmen nur eine geringe Entwickelungsfähigkeit gezeigt und das Gleichgewicht zwischen Ausgaben und Dekkung erleidet in wachsendem Maße Störungen. Wie weit seit dem Beginne dieses Jahrhunderts die Einnahmen hinter dem jeweiligen Gesamtbedarfe zurückgeblieben sind, zeigt die folgende Zusammenstellung. Es betrugen unter Abrechnung der Einnahmen aus Anleihe sowie einerseits der Matrikularbeiträge, anderseits der Ueberweisungen in Tausenden Mark:

| | Die Ausgaben (ordentliche und außerordentliche) | Die Einnahmen | Somit Mehrausgaben |
|---|---|---|---|
| 1900 | 1 688 878 | 1 475 159 | 213 719 |
| 1901 | 1 768 755 | 1 512 686 | 256 069 |
| 1902 | 1 764 334 | 1 829 913 | –65 579 |
| 1903 | 1 815 763 | 1 612 407 | 203 356 |
| 1904 | 1 872 120 | 1 687 820 | 184 300 |
| 1905 | 2 006 089 | 1 839 250 | 166 839 |
| 1906 | 2 186 575 | 1 888 069 | 298 506 |
| 1907 | 2 614 824 | 2 269 555 | 345 269 |
| Voranschlag 1908 | 2 589 116 | 2 213 686 | 375 430 |
| Summe der Mehrausgaben 1900 bis 1908 | 18 306 454 | 16 328 545 | 1 977 909 |

Die Gesamtdifferenz zwischen Bedarf und Deckung beläuft sich somit für die letzten neun Jahre auf rund zwei Milliarden Mark. [...] Die Folge dieses Mißverhältnisses ist die ständige starke Steigerung der Schuld, die im Verlaufe von nur dreißig Jahren auf mehr als $4^1/_4$ Milliarden Mark aufgelaufen ist. Die erste Schuldbegebung fand im Jahre 1877 statt, seitdem ist die begebene Schuld gewachsen:

| | | | |
|---|---|---|---|
| im Jahre 1880 | . . . . . . . . . . . . . | auf | 267 786 500 M |
| „ „ 1885 | . . . . . . . . . . . . . | „ | 444 000 000 M |
| „ „ 1890 | . . . . . . . . . . . . . | „ | 1 317 797 700 M |
| „ „ 1895 | . . . . . . . . . . . . . | „ | 2 125 255 100 M |
| „ „ 1900 | . . . . . . . . . . . . . | „ | 2 395 650 000 M |
| „ „ 1905 | . . . . . . . . . . . . . | „ | 3 543 500 000 M |
| „ „ 1908 | . . . . . . . . . . . . . | „ | 4 253 500 000 M |

[...] Diese Schuldenlast beeinträchtigt zunächst die Finanzen des Reichs in empfindlicher Weise. Allein der Zinsendienst erfordert zurzeit jährlich bis zu 160 Millionen Mark. [...] Einen weiteren finanziellen Nachteil bringt das ständige Sinken des Kursstandes der Anleihen mit sich, zu dem die jährliche Schuldvermehrung wesentlich beiträgt. Während die dreiprozentige Anleihe im Jahre 1895 auf 99,60 Prozent stand, steht sie jetzt auf 84,20 Prozent; die dreieinhalbprozentige ist im gleichen Zeitraum von 105,80 auf 92,50 Prozent gesunken. Selbst die vierprozentige Anleihe des Jahres 1908 mußte unter pari begeben werden. [...] Endlich darf nicht außer acht gelassen werden, daß der niedrige Kursstand der Anleihen die Leistungsfähigkeit der deutschen Volkswirtschaft dem Ausland in einem ganz falschen, äußerst ungünstigen Lichte erscheinen läßt. Kursstand und Realzins der deutschen Anleihe nehmen bei einer internationalen Vergleichung durchaus nicht den Rang ein, der den Unterlagen des deutschen Kredits entspricht. [...] Die niedrige Einschätzung der finanziellen Kraft Deutschlands verhindert einmal die zutreffende internationale Bewertung deutscher Schuldverschreibungen, schwächt sodann aber auch den geschäftlichen Kredit der im Ausland arbeitenden deutschen Industriellen und Kaufleute. Man darf sich nicht verhehlen, daß diese falsche Einschätzung der finanziellen Leistungsfähigkeit Deutschlands unter Umständen auch die politische Stellung Deutschlands im Rate der Völker ungünstig zu beeinflussen vermag. Hat man es hierbei nur mit einem Verkennen der Verhältnisse zu tun, so können doch aus einem derartig schlechten Stande der Anleihe in ernsten Zeiten tatsächlich Gefahren entstehen. Zu der Rüstung, die Deutschland sich durch den opfervollen Ausbau seines Heeres und seiner Flotte geschaffen hat, gehört nicht zum wenigsten auch die finanzielle Bereitschaft. Es unterliegt aber keinem Zweifel, daß die Möglichkeit der Aufnahme von Anleihen um so schwieriger wird, je mehr schwer verkäufliche und niedrig gewertete Staatspapiere sich bereits im Besitze des inländischen Publikums befinden. – Diese Schwierigkeiten und Gefahren müssen sich, falls nicht Einhalt geboten wird, in der Zukunft immer mehr verschärfen. Wüchsen Ausgaben und Einnahmen in demselben Verhältnisse wie bisher, so würde das Mißverhältnis bereits im Jahre 1910 mehr als 500, im Jahre 1913 mehr als 700 Millionen Mark betragen, und dementsprechend nach Ablauf des darauffolgenden Jahrfünfts mit einer weiteren Vermehrung des Schuldenbestandes um fast 4 Milliarden, also auf mehr als 8 Milliarden, der jährlichen Zinszahlungen um mehr als 150 Millionen Mark, also auf mehr als 310 Millionen Mark zu rechnen sein. [...] – Die Reformbedürftigkeit des deutschen Finanzwesens liegt jedoch nicht allein auf materiellem Gebiet. Auch in formeller Hinsicht weist es wesentliche Mängel auf. Das gegenwärtige Verhältnis zwischen Reich und Einzelstaaten ist hinsichtlich der Finanzen für beide Teile schädlich. Da letztere verfassungsmäßig verpflichtet sind, die Ausgaben des Reichs aufzubringen, soweit ihre Deckung nicht aus dessen eigenen Mitteln erfolgen kann, haben die Einzelstaaten mit beständig schwankenden hohen Ausgaben zu rechnen, die nicht nur in den kleineren Staaten eine geregelte Finanzgebarung aufs äußerste erschweren. [...] – Angesichts der im Vorangehenden dargelegten Mißstände und Gefahren würde eine Regelung, die sich auf eine Steuererhöhung zur Deckung des Mehrbedarfs im nächsten Etatsjahre beschränkte, als durchaus unzulänglich erscheinen. Vielmehr ist eine Reform des gesamten Finanzwesens in materieller und formeller Hinsicht, und zwar unter Berücksichtigung eines größeren Zeitraums unbedingte Notwendigkeit; es ist politisch und volkswirtschaftlich unmöglich, alljährlich mit neuen Steuerforderungen hervorzutreten. Drei Ziele hat eine derartige Reform vor allem ins Auge zu fassen: 1. Die Verhinderung weiterer Schuldenvermehrung sowie eine regelmäßige ausreichende Tilgung der vorhandenen und der zukünftig aufzunehmenden Anleihen; 2. Die Herstellung des Gleichgewichts zwischen Bedarf und Deckung; 3. Die Regelung des finanziellen Verhältnisses zwischen dem Reiche und den Einzelstaaten. Die Durchführung dieser Reformen wird zugleich das Reich von der Notwendigkeit entlasten, auch fernerhin erhebliche schwebende Schulden aufzunehmen und damit die Schatzanweisungen im wesentlichen auf ihren ursprünglichen Zweck, die zeitweise Verstärkung der Betriebsmittel der Reichshauptkasse zur Deckung vorübergehender Ausgaben, beschränken. [135]

## Die Nationalliberalen und die Vertretung bürgerlicher Interessen

*Die Weigerung der Konservativen, die Erweiterung der Erbschaftssteuer zu akzeptieren und die Reform der Finanzen in der von der Regierung vorgeschlagenen Form durchzuführen, führte zum Zerfall des Bülow-Blocks, der die Basis der Regierungspolitik im Reichstag in den vergangenen zwei Jahren gebildet hatte. Gegen die Pläne der neuen, aus Konservativen und Zentrum gebildeten parlamentarischen Mehrheit, die Mittel zur Finanzreform unter Schonung des ländlichen Grundbesitzes ausschließlich durch Besteuerung des mobilen Kapitals und des Massenkonsums aufzubringen, wurde am 12. Juni 1909 von Vertretern der bestehenden Interessenorganisationen des Handels, der Industrie, der Banken und des Handwerks der ›Hansabund für Gewerbe, Handel und Industrie‹ gebildet. Dieser sollte ein Gegengewicht zu dem großen Einfluß der Agrarier auf die deutsche und preußische Politik bilden und die liberalen Parteien durch die Verbindung mit bedeutenden wirtschaftlichen Interessen stärken. In der hier im Auszug abgedruckten Reichstagsrede vom 16. Juni 1909 weist Bassermann auf die Bedeutung dieses neuen Verbandes hin und plädiert — wie schon vorher in Gesprächen mit Bülow — vergeblich für eine Auflösung des Reichstages, die nach seiner Auffassung die Position des ›kleinen Blocks‹ aus Linksliberalen, Nationalliberalen und Reichspartei stärken könnte.*

Die Bedeutung der Kundgebung im Zirkus Schumann am 12. Juni, die kann man nicht durch Spott und Hohn aus der Welt schaffen.

(Sehr wahr! links.)

Sie liegt nicht darin, daß hier 6000 Personen sich zusammengefunden haben; sie liegt darin, daß unter diesen 6000 Personen die Kapitäne der deutschen Industrie waren, die Führer der deutschen Industrie, die unsere Industrie weit über Deutschland hinaus geehrt und gefürchtet gemacht haben

(Zuruf aus der Mitte: Kirdorf!)

— auch Herr Kirdorf, dessen sozialpolitische Anschauungen ich nicht teile! —, daß diese Herren sich zusammengefunden haben mit den Spitzen und Koryphäen unserer Banken und unseres geschäftlichen Lebens. In dieser Vereinigung finden Sie Handel und Industrie vereint. Und bedenken Sie: Freihändler und Schutzzöllner, die Industrie und das Handwerk, das große und das kleine Kapital, Mittelstand und Beamte, Innungsverbände und Anhänger der Gewerbevereine — alle haben sich zusammengefunden in einer Kampfesorganisation gegen Eigennutz und antisoziale Einseitigkeit.

(Sehr wahr! links.)

Wie hoch muß die Flut des Unwillens gestiegen sein, wenn diese doch reichlich heterogenen Elemente sich zusammenfinden in einer Organisation! Und: warum sich zusammenfinden? Weil sie die Lebensinteressen der Industrie und des Wirtschaftslebens, die Quellen, aus denen die Werte fließen, bedroht sehen, und weil sie aus dieser ganzen Gesetzgebung vor allem fürchten eine Vernichtung des Unternehmungsgeistes. Unterschätzen Sie diese Organisation nicht! [...]

Meine Herren, es fehlt eben bei der ganzen Finanzreform, wie die Mehrheit der Steuerkommission sie vorschlägt, an dem Ausgleich für die starken Lasten auf den Verbrauch, an der allgemeinen Besitzsteuer. Wenn Sie bedenken, daß bei dem, was Sie vorschlagen, ein Großgrundbesitzer, der eine Million in freiem ungebundenen Grundbesitz angelegt hat, überhaupt gar nicht für diese Steuerreform herangezogen wird oder erst dann, wenn die Feuerversicherungspolicensteuer in Kraft treten sollte, herangezogen wird; wenn Sie annehmen, daß der reichste Mann, ein Kapitalist, der mit Industriewerten nichts zu tun haben will, weil sie ihm zu unsicher sind, oder weil er nicht kontrollieren will, sondern der sein Vermögen in Staatspapieren, in Konsols oder in Hypotheken anlegt, vielleicht bei Sparkassen, keinen roten Heller für diese Finanzreform zahlt

(hört! hört! links);

wenn Sie berücksichtigen, daß der Kapitalist freibleibt, der seinen ganzen Geschäftsverkehr ins Ausland legt — und hilfsbereite ausländische Banken blicken mit Vergnügen auf diese deutschen Gesetzgebungsversuche, weil sie denken, daß ihnen ein großer Teil des deutschen Geschäfts zufließt —, dann können Sie sich nicht wundern, daß diese ganze Steuergesetzgebung Empörung erzeugt. Nun verlangen Sie, meine Herren, — auch das muß ich noch hervorheben — daß die verbündeten Regierungen sich diesem Werke dei konservativ-klerikal-polnischen Mehrheit fügen.

(Lachen rechts und in der Mitte. — Lebhafte Zustimmung links.)

— Es ist wiederholt ausgesprochen worden, daß vor einer so überwältigenden Kundgebung des Parlaments, wie sie bis dato wenigstens in der Kommission erfolgt ist, und wie Sie denken, daß sie im Plenum ihre Bestätigung erfährt, die verbündeten Regierungen die Segel streichen werden. Das würde ja ohne weiteres zur Parlamentsherrschaft führen, die Sie rechts vor allem perhorreszieren.

(Lebhafte Zustimmung links. – Rufe rechts und in der Mitte: Aha!)

Meine Herren, die verbündeten Regierungen haben die Verpflichtung, die Vorlagen sachlich, wie sie aus der Kommission kommen, zu prüfen, und wenn sie die volkswirtschaftlich für falsch und verderblich halten, diese Vorlagen nicht deswegen anzunehmen, weil eine Mehrheit im Reichstage sich dafür gefunden hat, sondern die Vorlagen abzulehnen und die nötige Konsequenz daraus zu ziehen. Ich bin überzeugt: so stark ist heute die allgemeine öffentliche Meinung durch alle Parteien hindurch, daß die Regierung auf dem rechten Wege ist, daß sie siegen wird, wenn sie will und stark bleibt, heute

(sehr gut! links)

oder durch das Zwischenglied von Neuwahlen, die ich für meine Person bei dieser ganzen Sachlage nicht fürchten würde.

(Lebhafte Zustimmung links. – Lebhafte Zurufe und Unruhe rechts und in der Mitte.)

Gestatten Sie mir dazu eine Auseinandersetzung. Ich weiß genau so gut wie die Herren, die lachen, daß es sehr mißlich ist, wegen großer Steuervorlagen aufzulösen. Das ist ja Binsenwahrheit; das weiß jeder von uns, der im politischen Leben steht. Ich weiß eben so gut wie Sie, daß solche Zeiten, in denen der Staat große neue Bedürfnisse hat und dafür Konsumsteuern fordern muß, den Sozialdemokraten in den Wahlen gewisse Erfolge bringen werden.

(Sehr richtig!)

Ich meine aber, daß Sie diese Erfolge nicht überschätzen sollten; denn Sie müssen alle den anderen Faktor in Rechnung stellen, daß in dieser Wahlbewegung die Regierung einig geht in ihrem Programm mit dem ganzen liberalen Bürgertum

(lebhafte Zustimmung links – Lachen und Zurufe in der Mitte und rechts),

einig geht mit weiten Teilen der Konservativen im Lande, mit Handel, Industrie, Handwerk, Mittelstand, Beamtentum, und dann, meine Herren, denken Sie doch an, Sie müssen doch auch über das Jahr 1909 hinausschauen! Und wenn im Jahre 1911 gewählt wird und in der Zwischenzeit eine antisoziale, ungerechte, verkehrsfeindliche Finanzreform verabschiedet worden ist, wie stehen denn dann die Aussichten? [. . .] Und in einer Zeit, in der man erst alles das Schlechte empfinden wird, was in den Steuerprojekten, die die Mehrheit vorlegt, heute noch gar nicht erkennbar ist

(sehr gut! links),

ist die Gefahr vorhanden, daß die Unzufriedenheit so groß wird, daß das Jahr 1911 der Sozialdemokratie ganz andere Erfolge bringen könnte, als wenn man heute über einen Konflikt mit dem Reichstage auflöst.

(Sehr richtig! links.) [136]

## Die politische Situation nach der Ablehnung des Erbschaftssteuergesetzes 1909

*Nach der Ablehnung der ursprünglichen Vorschläge der Regierung zur Reichsfinanzreform steht die Frage einer Auflösung des Reichstages und einer Ausschreibung von Neuwahlen im Mittelpunkt der Kommentare der meisten der führenden Berliner Zeitungen.*

Der ›Berliner Lokalanzeiger‹ [konservativ] schreibt: »Ueber die Auffassung, die man im Reichskanzlerpalais nach der gestrigen Debatte hat, sind einem unserer Mitarbeiter von einer mit den Verhältnissen vertrauten Seite folgende Eröffnungen gemacht worden: Es würde den Tatsachen nicht entsprechen, wenn man in Abrede stellen wollte, daß das Ergebnis der gestrigen Verhandlungen im Reichstag einen tiefen Eindruck auf den Reichskanzler gemacht hat, und es wäre ebenso falsch, leugnen zu wollen, daß diese Tatsache ohne Bedeutung bleiben könne für die persönlichen Entschließungen des Fürsten v. Bülow. Man müsse sich aber anderseits hüten zu glauben, daß der Reichskanzler aus dem gestrigen Tage allein bereits die Konsequenzen ziehen werde. Dem steht die Tatsache gegenüber, daß die Reichsfinanzreform ja doch nicht aus der Erbanfallsteuer allein besteht. Der Reichskanzler würde es deshalb von seinem Standpunkte aus im Interesse des Volkes nicht verantworten können, wenn er vor dem Abschluß der Reichsfinanzreform irgend welche Konsequenzen ziehen würde. Er werde diese Konsequenzen ziehen, aber erst nach dem Abschluß der Verhandlungen. Es werde dem Reichskanzler für seine Entschließungen maßgebend sein einmal, ob die Finanzreform überhaupt zustande komme und weiter, wie sie zustande kommen werde.« — Das ›Berliner Tageblatt‹ [linksliberal] schreibt: »Nur einen Ausweg, eine Rettung gibt es in dieser schlimmen Lage: die Auflösung des Reichstags. Fürst Bülow kann in diesem Augenblick nicht zurücktreten, da seine Demission die Gefahren der Lage nur noch steigern müßte.« — Die ›Vossische Zeitung‹ [liberal] sagt: »Wenn die unverzügliche Anberaumung der Neuwahlen erfolgte, die gestrige Mehrheit würde einem Gericht verfallen, wie es hierzulande beispiellos wäre. Unterbliebe die Auflösung, so wäre alles Ansehen der Machthaber für unabsehbare Zeit derart untergraben und die Erbitterung so allgemein, daß man der nächsten Entwickelung der innern Politik nur mit tiefstem Mißtrauen entgegensehen müßte.« — Die ›Tägliche Rundschau‹ [bürgerlich-national] schreibt: »Wie aus diesem Wirrwarr, dieser gänzlich verfahrenen Lage ein anderer Ausweg gefunden werden soll, als durch Berufung an das Volk, ist nicht ersichtlich. Entweder die tatsächliche oder moralische Abdankung des Kanzlers, des Bundesrats und der Minister, oder Auflösung.« — Die ›Nationalzeitung‹ [nationalliberal] schreibt: »Mit der Verwerfung der Erbschaftssteuer haben sich die Konservativen und das Zentrum über den Willen der Regierung und der großen Mehrheit des deutschen Volkes hinweggesetzt. Für den Reichskanzler und die Reichsregierung gibt es nur noch die Wahl zwischen Biegen oder Brechen. Der Ruf an das Volk wird nicht ungehört verhallen.« — Die ›Deutsche Tageszeitung‹ [Organ des Bundes der Landwirte] schreibt: »Mit der Erbanfallsteuer ist das größte und gefährlichste Hindernis der Reichsfinanzreform glücklich beseitigt worden. Die Bahn ist frei für nüchterne Erwägungen und sachliche Arbeit. Für die verbündeten Regierungen kann doch wohl nur noch in Frage kommen, den größern Besitzsteuerprojekten der Mehrheit ernstlich näher zu treten und ihnen eine möglichst zweckmäßige Gestaltung zu geben.« — Die ›Freisinnige Zeitung‹ [linksliberal] schreibt: »Geschehen muß etwas von seiten der Regierung. Es ist unmöglich, daß die verbündeten Regierungen sich vor den diktatorischen Gelüsten des neuen Blocks zurückziehen. Der Reichskanzler ist nicht nur sachlich, sondern auch persönlich engagiert. Ein Zurückweichen kann für ihn nicht in Frage kommen.« — Die ›Börsen-Zeitung‹ [liberal und national] meint, ein Rücktritt Bülows werde keine Lösung des innern Konflikts bringen, da Fürst Bülow bei all seinem Tun in den letzten Monaten an den verbündeten Regierungen einen Rückhalt hatte. Von zwei Uebeln, der Beugung unter das kaudinische Joch der konservativ-klerikal-polnischen Mehrheit und der Auflösung, sei die Auflösung sicherlich das kleinere Uebel. — Die ›Kreuzzeitung‹ [konservativ] beschränkt sich auf die Wiedergabe der ›Konservativen Korrespondenz‹, welche schreibt: »Die Ablehnung des Erbschaftssteuergesetzes machte die Bahn frei für ein schnelles, erfolgreiches Weiterarbeiten an dem wichtigen und schweren Werke der Finanzreform. Es steht nun bei der Regierung und den Liberalen, aus der geklärten Situation die richtigen Konsequenzen zu ziehen ... Langwierige Verhandlungen sind nicht mehr notwendig. Eine schnelle Lösung ist da, wenn die in Betracht kommenden Faktoren wollen.« — Die ›Post‹ [Organ der Reichspartei] schreibt: »Nach den Worten des Kanzlers heißt diese Ablehnung mit Stumpf und Stiel und die Ausschaltung des Liberalismus: Abschied oder Auflösung. Der Sieg der Rechten war vollkommen. Die Krisis aber ist durch ihn akut geworden.« — Der ›Vorwärts‹ [SPD] verlangt die Auflösung des Reichstags, damit die Volksmassen selbst die Entscheidung treffen. Gegen die neue Mehrheit, deren Finanzreform für die Besitzlosen eine neue Verschlechterung, selbst gegenüber den Regierungsplänen, bedeute, müsse der Abwehrkampf mit aller Energie aufgenommen werden. — Der ›Börsencourier‹ [rechtsliberal], der wie die andern Blätter die Möglichkeiten des Kanzlerrücktritts und der Auflösung erörtert, weist auf einen dritten Weg hin, der dem Blatte der richtige zu sein scheint. Demnach solle vorläufig von einer Auflösung des Reichstags abgesehen werden. Die Regierung solle vielmehr jetzt die Session schließen und den Reichstag im Herbst vor ein neues Werk der Reichsfinanzreform stellen. Finde die Regierung dann keine Mehrheit, dann erfolge Auflösung und Neuwahl. Das sei die beste Lösung. [137]

## Die Konservativen und der Block

*Abrechnung des konservativen Parteiführers Ernst von Heydebrand und der Lasa mit der Blockpolitik in einer Reichstagsrede vom 10. Juli 1909.*

Meine politischen Freunde nehmen Akt von der Erklärung, die eben der Herr Stellvertreter des Reichskanzlers [Bethmann Hollweg, Staatssekretär des Reichsamts des Innern] vor uns abgegeben hat, und wir freuen uns, darin eine vorbehaltlose Zustimmung zu dem großen Werk der Finanzreform zu erblicken, das mit so viel Arbeit und so viel Opfern von seiten aller schließlich jetzt zum Ende gefördert worden ist. Wir freuen uns, daß also bei diesem großen Werk keine offenen Fragen geblieben sind, die später zu Zerwürfnissen hätten Anlaß bieten können, wie sie eben der Herr Stellvertreter des Reichskanzlers als für unser ganzes Volksleben nachteilig mit Recht bezeichnet hat.
Meine Herren, in dem Werk, das vor uns liegt, haben auch meine politischen Freunde schwere Opfer gebracht.

(Stürmische Heiterkeit links.) [. . .]

Gewiß, meine Herren, ein Opfer allerdings, das uns angesonnen war bei der Vorlage der verbündeten Regierungen, finden Sie in dem jetzt zur Vollendung stehenden Werk nicht: das ist unsere Zustimmung zu einer Erbanfallsteuer [...] — das, was uns im letzten Grunde und schließlich maßgebend bestimmt hat, unsere Zustimmung dazu zu verweigern, war das Moment, daß wir in einer solchen Steuer nichts anderes sahen und sehen konnten als eine allgemeine Besitzsteuer, und daß wir eine solche allgemeine Besitzbesteuerung, wie ich hier offen bekenne, nicht in die Hände einer auf dem gleichen Wahlrecht beruhenden parlamentarischen Körperschaft legen wollten — —

(Stürmische Rufe hört! hört! bei den Sozialdemokraten. — Große Bewegung. — Glocke des Präsidenten.) [. . .]

— — nicht gelegt sehen wollen, weil es kein Mittel gibt, mit dem auf die Dauer und wirksam es verhindert werden kann, daß die Sätze und Bestimmungen, die jetzt in der Vorlage stehen, eine Verschärfung erfahren, die schließlich im letzten Ende zur Expropriation des Besitzes führt.

(Lebhafte Zustimmung rechts. Lachen und Zurufe links: Sie sind Expropriateure!) [...]

Gewiß, meine Herren, wir wissen auch, was wir tun, und wir kennen unsere Verantwortung! –
Auf dem Wege, den wir gegangen sind, liegt der Block.

(Zurufe links.)

Gewiß, auch darüber wollen wir ein offenes Wort sprechen; die Stunde ist zu ernst, als daß man irgend etwas zu verschweigen das Recht hätte. – Meine Herren, was war denn der Block? Der Block, der aus den Wahlen von 1907 hervorgegangen ist, wollte, daß gewisse nationale Interessen, die damals gefährdet schienen, unbedingt gesichert würden, und das deutsche Volk wollte, daß die Vorherrschaft einer einzelnen Partei

(Zuruf links: Welche denn?),

wie sie damals nach Lage der parlamentarischen Verhältnisse dem Zentrum zugefallen war

(Zuruf links: Jetzt wieder!),

aufhörte. Und, meine Herren, dieses Ziel ist erreicht worden, und dieses Ziel bleibt erreicht.

(Lachen links.)

Dieses Ziel bleibt erreicht!

(Wiederholtes Lachen links.)

Aber, meine Herren, der Reichskanzler Fürst Bülow hat aus dem Block noch etwas anderes gemacht. Er hat eine Verbindung der konservativen und der liberalen Parteien herbeigeführt, unter grundsätzlicher Ausschaltung des Zentrums bei jeder maßgebenden politischen Arbeit. [...]
Es wäre möglich gewesen, in diesem Block liberale und konservative Richtung zusammenzuhalten [. . .]
Aber eine Voraussetzung war dabei: es war die, daß ein solches Verhältnis aufgebaut war auf der Grundlage der Gleichberechtigung

(Lachen links),

und diese Gleichberechtigung, meine Herren, haben Sie uns versagt! Erinnern Sie sich doch daran, wie noch vor wenigen Tagen der Führer der Freisinnigen Volkspartei Herr Abgeordneter Wiemer es hier ganz offen ausgesprochen hat, daß es Ihr Ziel war, nicht bloß das eine oder das andere zu erreichen, sondern daß Sie die ganze Verwaltung und Gesetzgebung mit liberalem Geiste erfüllen wollten

(Lebhafte Zustimmung links),

zu einem liberalen Bestande machen wollten. [...]
Wir wissen ja auch selber ganz genau, meine Herren, daß es wirklich so war

(wiederholte Zurufe links),

daß das Ihre Absicht war, und zwar nicht bloß im Reich, sondern auch in Preußen.

(Sehr richtig! rechts.)

Nun, meine Herren, es hat ja eine konservative Ära gegeben, die von konservativen Kräften gestützt war, Sie haben auch eine liberale Ära gehabt, die von liberalen Leuten gestützt war; aber eine liberale Ära, die von konservativen Kräften gestützt war, hat die Welt noch nicht gesehen

(sehr richtig! rechts),

und daß wir uns in dieser Situation Ihnen nicht zu Willen gezeigt haben, meine Herren, das war unser Recht, von dem wir uns nichts nehmen lassen, und das auch die Leute einsehen werden, die hinter uns stehen. [...]
Nun, meine Herren, den Block würde man uns, vielleicht nicht die Liberalen, aber im Lande, noch hingehen lassen. Aber daß auch unser verdienter Reichskanzler —

(Heiterkeit links),

— meine Herren, wir halten ihn für verdient —, daß auch der aus diesem Anlaß seinen Rücktritt in Erwägung zieht, das ist eine schwere Verantwortung, die auf uns ruht. Auch dazu habe ich im Auftrage meiner politischen Freunde ein ganz offenes und ungeschminktes Wort zu sagen.
Meine politischen Freunde bedauern es alle aufrichtig, daß der Herr Reichskanzler, wie es ja scheint, den endgültigen Entschluß gefaßt hat, aus seinem Amte zu scheiden. Meine politischen Freunde haben nicht vergessen, sie werden es nicht vergessen, und auch das ganze Deutsche Reich wird es nicht vergessen, was dieser Staatsmann für uns gewesen ist.

(Sehr wahr! links. — Zuruf: Der Dank vom Hause Heydebrand!) [...]

Meine Herren, es mag ja sein, daß der Herr Reichskanzler in der letzten Entwicklung dieser Dinge uns bekannt gegeben hat, daß an unsere Zustimmung zu diesem Gesetze vielleicht die Folge seines Rücktritts geknüpft werden könnte; das mag sein, ich will das nicht in Abrede stellen. Es kann ja auch vielleicht sein, daß uns der Herr Reichskanzler auch schon bei früheren Vorschlägen und Gesetzesvorlagen ähnliche Mitteilungen gemacht hätte, und es kann vielleicht auch sein, daß wir damals dieser politischen Notwendigkeit Rechnung getragen hätten; aber, meine Herren, diese Dinge müssen doch auch ein Ende haben. Wohin kommt eine politische Partei, wenn sie an der Frage des Rücktritts oder Nichtrücktritts eines Staatsleiters, der nicht abhängig ist von den politischen Parteien, wenn sie da bis zur letzten Stunde ihre sachlichen Überzeugungen aufgeben soll!

(Sehr gut! rechts.)

Das ist nichts anderes als der reine Gouvernementalismus

(sehr richtig! rechts),

und den kann eine politische Partei wie die unsrige nicht mitmachen, weil an dieser Frage, an dieser Stellungnahme die letzte eigene selbständige Überzeugung hängt, die jede politische Partei haben muß [...]

Meine Herren, der Herr Reichskanzler hat ja aber an sein Bleiben oder Gehen nach den Äußerungen, die er vor einigen Wochen getan hat, auch noch eine andere Voraussetzung geknüpft; er hat gesagt, daß er einer Politik nicht würde zustimmen können, die anders als mit den Liberalen

(Zuruf links)

– oder die gegen die Liberalen gemacht wird. Gut, meine Herren, hätten Sie die Konsequenz daraus gezogen, eine positive Mitarbeit zu leisten

(lebhafte Zustimmung rechts),

hätten Sie sich nicht versagt, dann hatte der Herr Reichskanzler recht, wenn er sich mit einer solchen Partei und mit einer solchen politischen Richtung solidarisch erklärte. Aber, meine Herren, ein Staatsmann, der sich mit einer politischen Richtung identifiziert, die im letzten Augenblick versagt, kann von uns nicht beanspruchen, daß wir unsererseits um einer solchen politischen Konstellation willen zurücktreten sollen. [...]

Aber, meine Herren, unsere Gegner – und ich sage es wieder ganz offen –, zum Teil auch unsere Freunde haben auch noch etwas anderes auf dem Gewissen. Sie klagen uns an, daß wir es sind, die eine Vorherrschaft des Zentrums, wie es dereinst war, wieder herbeigeführt haben.

(Sehr richtig! links.)

– Ja, meine Herren, Sie sehen doch, wir wissen, wie die Situation liegt, und wir haben den Mut, ihr entgegenzutreten.

Nun, meine Herren, wie liegt denn das? Ein Bündnis mit dem Zentrum hat in dieser Angelegenheit nicht bestanden und besteht nicht. [...]

Wir wünschen die Vorherrschaft keiner einzelnen Partei in diesem hohen Hause, weder eine Vorherrschaft des Liberalismus noch des Zentrums, noch nehmen wir für uns selbst eine solche in Anspruch.

(Zuruf links: Sie haben sie schon!)

Aber, meine Herren, was wir mit eben solcher Entschiedenheit abweisen, ist die grundsätzliche Ausschaltung einer dieser bürgerlichen Parteien, und wir haben die grundsätzliche Ausschaltung des Zentrums nicht nur für einen politischen Fehler gehalten, sondern wir sagen es auch offen, daß wir sie bedauert haben im Interesse des konfessionellen Friedens

(sehr richtig! rechts),

und der Vaterlandsliebe. [138]

## Der Rücktritt Bülows und die Parteienkonstellation

*Bericht des Deutschen Geschichtskalenders für 1909 über ein am 14. 7. 1909 im ›Hamburgischen Correspondenten‹ veröffentlichtes Interview seines Chefredakteurs von Eckardt mit Bülow über die Motive für den Verzicht auf eine Reichstagsauflösung und die Ursachen von Bülows Rücktritt.*

Auf den Einwurf, daß nach Ansicht der konservativen Presse ein Abschiedsgesuch nicht gerechtfertigt wäre, daß Bülow von den Konservativen nicht gestürzt worden sei, erwidert der Reichskanzler: »Für mich ist das Urteil meines Königs und Kaisers über mein Verhalten maßgebender und wichtiger als solche schiefe Auffassungen. Und ich kann Ihnen sagen, daß Seine Majestät die Gründe meines Rücktritts vollkommen gewürdigt und gebilligt hat. Zwischen dem Kaiser und mir besteht kein Mißverständnis, kein Mißklang irgendwelcher Art. Natürlich kann auch keine Partei einen Minister »stürzen«. Die Ernennung wie die Entlassung der Minister hängt verfassungsmäßig lediglich von der Krone ab. Es können aber Situationen entstehen, wo ein Minister, der Überzeugungen hat und es ernst mit seinen Überzeugungen nimmt, nicht im Amte bleiben kann. Daß eine solche Lage für mich entstehen könnte, darauf habe ich die Konservativen rechtzeitig hingewiesen, im Reichstage und unter vier Augen, offen und ehrlich, in einer Weise, die jeden Zweifel ausschloß. Solche Zweifel haben auch bei der konservativen Parteileitung gar nicht bestanden. Sie war sich über den Charakter meiner Warnungen durchaus im klaren. Sie wußte, daß ihre Taktik mich zum Rücktritt zwingen mußte. Indem sie meinen Warnungen keine Rechnung trug, hat sie mit Bewußtsein eine Lage herbeigeführt, in der ich nicht bleiben konnte. [...] Ich habe mich zum Rücktritt entschlossen, weil durch die Haltung der konservativen Partei eine politische Konstellation herbeigeführt worden ist, die unter Trennung von den liberalen Parteien und sogar von den Waffenbrüdern des alten Bismarckischen Kartells die Konservativen zum engsten Bunde mit dem Zentrum und mit den Polen geführt und dadurch das Zentrum wieder zur ausschlaggebenden Partei gemacht hat. Die Folgen dieser Haltung der Konservativen und die hierdurch herbeigeführte Konstellation haben mein Verbleiben im Amte unmöglich gemacht.

Ich mußte auch die Zukunft im Auge behalten. Ich konnte mich nicht für einen Wahlkampf begeistern, der nach rechts hätte geführt werden müssen und zum notwendigen Ergebnis eine gar nicht abzuschätzende Verstärkung des Radikalismus und speziell der Sozialdemokratie gehabt hätte. Die Auflösung hätte zudem eine Verschiebung der Reichsfinanzreform zur Folge gehabt, und niemand weiß mehr als ich, wie sehr die Einzelstaaten die endliche Erledigung der Sache herbeisehnten, wie außerordentlich sie unter einer weitern Verzögerung zu leiden gehabt hätten. Und dann: hätte denn ein im Kampfe gegen rechts zusammengebrachter Reichstag eine Mehrheit für eine im Sinne der Reichsregierung brauchbare Reform zur Verfügung gestellt? Vom Standpunkte der Befürwortung der Auflösung wäre günstigstenfalls eine liberal-sozialdemokratische Mehrheit zu erwarten gewesen. Sie werden mir zugeben, daß wir von einer solchen Mehrheit 400 Millionen indirekter Steuern nicht hätten erhalten können. Nach Lage der Dinge konnte in diesem Augenblicke die Auflösung für die verbündeten Regierungen nicht in Frage kommen.« [139]

## 13. Deutschland am Vorabend des Weltkrieges

### Die Politik der Diagonale

*Bethmann Hollweg in seinen Memoiren 1919 über die Schwierigkeit seiner Position angesichts der Polarisierung der politischen Kräfte.*

Im Verhältnis des Reiches zu den Einzelstaaten, das schon durch fortlaufende Kämpfe um die gegenseitige Steuerhoheit dauernd affiziert wurde, machte sich die Anomalie zwischen der ausgesprochen konservativen Richtung der preußischen Politik und der liberaleren Führung der Reichsgeschäfte immer schwerer und nachteiliger fühlbar. Zugleich bewegte der Drang nach durchgreifender Erhöhung des parlamentarischen Anteils an den Regierungsaufgaben mehr und mehr die Gemüter. In Preußen war ein der Parlamentarisierung ähnlicher Zustand in dem Anspruch der Konservativen auf entscheidende und die Linke so gut wie exkludierende Beeinflussung der Regierung praktisch beinahe verwirklicht. Im Reiche aber, wo der Gedanke von der unbefriedigten Linken scharf vertreten wurde, stiftete er doch mehr Unruhe, als daß er bei dem Mangel jeder auch nur äußerlich geschlossenen, geschweige denn innerlich homogenen Parteienmehrheit praktisch erreichbare Ziele aufgedeckt hätte. Mit der Reform des preußischen Wahlrechtes hoffte ich ein Haupthindernis gesunder Entwicklung aus dem Wege zu räumen. Die Reform scheiterte an dem mit einer Taktik der Überraschungen verbundenen Widerstand der Konservativen und an Schwierigkeiten, die die Nationalliberalen in parteipolitischem Interesse erheben zu müssen glaubten. Die Modalitäten aber, unter denen das Gesetz fiel, machten jede baldige Erneuerung des Versuches, weil aussichtslos, unmöglich. So lebten die großen politischen Gegensätze unausgetragen fort und bohrten sich um so tiefer ein. Während die Linke über die Enttäuschung ihrer Hoffnungen grimmte und grollte, verbitterte sich die Rechte in empörtem Unwillen über eine Politik, die nicht nur ihre Parteimacht bedrohte, sondern nach ihrer Überzeugung geradezu den Bestand Preußens untergrub. Wann und wo mir das Wort zugeschrieben wurde, ich wolle dem alten Preußen schon das Genick brechen, weiß ich nicht. Ich habe es weder damals noch später gesprochen.

Die Regierung, wie jede unparlamentarische, zu einer Politik der Diagonale gezwungene Regierung, war von beiden Seiten dem

Feuer ausgesetzt. Die Linke glaubte ein Interesse daran zu haben, mich im In- und Auslande als reaktionären Dunkelmann zu verketzern, und die Rechte verfolgte mich als verkappten Demokraten. Hinter der Kritik verbarg sich aber doch auch ein Teil eigenen Unvermögens. Daß eine ausgesprochen konservative Politik im Reiche eine faktische Unmöglichkeit war, wußte die Rechte selbst am besten. Und auch die Sozialdemokraten konnten sich keiner Täuschung darüber hingeben, daß ein Kanzler nach ihrem Herzen noch an demselben Tage im Abgrund verschwunden wäre. Aus den verbleibenden Parteien war keine feste Arbeitsgemeinschaft zu bilden. Die Nationalliberalen ergaben sich bald schwerindustriellem und alldeutschem Liebeswerben, bald suchten sie Halt an ihren liberalen Traditionen aus großer Zeit. Ihr Gegensatz zu den Sozialdemokraten war ausgesprochen. Der Fortschritt gravitierte teils nach dem rechten Flügel der Sozialdemokraten, teils nach dem linken der Nationalliberalen. Das Zentrum, in Berührung mit allen Parteien, hielt sich von jeder Bindung frei, unterstützte die Regierung hier, bekämpfte sie dort. Die vielgeschmähte mittlere Linie wurde von Sachen und Menschen erzwungen. [140]

## Die Sozialdemokratie und die Frage des politischen Massenstreiks

*Die Frage der Reform des preußischen Wahlrechts* als der entscheidenden Voraussetzung für eine wirkliche Demokratisierung des deutschen Obrigkeitsstaates und die Erringung der politischen Gleichberechtigung der Arbeiterschaft stand im letzten Jahrzehnt vor Kriegsausbruch im Mittelpunkt der innenpolitischen Kämpfe. In der Sozialdemokratie selbst entspann sich über die Frage, ob die Änderung des Wahlrechts neben Wahlrechtsdemonstrationen notfalls auch durch einen die Existenz der Partei- und Gewerkschaftsorganisationen gefährdenden politischen Massenstreik erzwungen werden sollte, eine heftige Diskussion, die an die Grundprobleme der Parteipolitik — Reform oder Umsturz der bestehenden Herrschaftsstruktur — rührte. Der badische Sozialistenführer und Reichstagsabgeordnete Ludwig Frank trat auf dem SPD-Parteitag von 1913 für eine aktivere Politik in der Wahlrechtsfrage ein.*

Aber darüber ist doch kein Zweifel: Wenn wir wirklich ernstlich wollen, daß Millionen von Arbeitern und Angestellten einmal Opfer, schwere Opfer bringen, nicht für ein paar Pfennige Lohnerhöhung oder für Verkürzung der Arbeitszeit, sondern Opfer bringen für etwas, was ihnen keinen unmittelbaren persönlichen Vorteil bringt, dann kann man sich — darin stimme ich der Genos-

* Vgl. S. 116

sin Luxemburg bei — nicht darauf verlassen, daß die nötige Stimmung und Begeisterung über Nacht wie der Tau vom Himmel fällt, sondern dann ist notwendig — darüber war bis vor wenig Wochen in der Partei nur eine Meinung —, daß wir den Massen sagen, was wir wollen, daß wir die Millionen erziehen und begeistern für dieses großes Ziel. Das heißt, lieber Genosse Scheidemann, nicht mit einer Waffe spielen, das heißt, die Waffe erst schärfen. (Sehr richtig!) Wenn also der eine oder der andere unserer Parteigenossen daran Aergernis genommen hat, daß ich in einer Versammlung in Berlin-Wilmersdorf offen ausgesprochen habe: Wir kommen in Preußen, wie die Dinge jetzt liegen, nicht weiter ohne die Waffe des Massenstreiks, so habe ich von dem, was ich dort gesagt habe, keine Silbe zu bedauern und kein Wort zurückzunehmen. (Bravo!) Damals war in den weitesten Kreisen der Partei tiefe Mißstimmung, eine trostlose Hoffnungslosigkeit über das Ergebnis der preußischen Wahlen.* (Widerspruch und Sehr richtig!) Darüber wollen wir uns nicht täuschen. Ich sage Ihnen ganz rückhaltlos und scheue mich nicht, das auszusprechen: ich will jetzt dahingestellt sein lassen, ob nicht durch eine andere Taktik bei den preußischen Landtagswahlen vielleicht die Wahlreform auf einem anderen Wege hätte ein Stück vorwärts geschoben werden können. (Sehr richtig!) Ich habe darüber meine Meinung; aber darüber zu sprechen, ist jetzt nicht der Ort und die Zeit. Nachdem einmal dieser andere Weg nicht beschritten war, und nachdem dann die Wahlen das bekannte Ergebnis hatten, nachdem es also aussichtslos geworden war, innerhalb des Parlaments einen Schritt vorwärts zu kommen, da war es Sache der Partei, sich darüber klar zu werden, daß jetzt nur der andere Weg übrig blieb, das ist der Weg außerhalb des Parlaments, der Weg des Massenstreiks. Das damals zu sagen, hielt ich für mein Recht und für meine Pflicht, weil ich glaubte, es sei nicht gleichgültig, ob die Regierung und die gegnerischen Parteien sich einbilden, es hänge jetzt nur von ihrem Belieben, von ihrer Gnade ab, ob sie dem Proletariat in Preußen das geforderte Recht geben wollen. Ich glaubte auch, es sei nicht ganz wertlos, wenn in jenem Augenblick in recht augenfälliger, deutlicher Weise allen klar gemacht würde, daß es in der Frage des preußischen Wahlrechts innerhalb unserer Partei kein Nord und Süd, kein Rechts und Links gibt, sondern eine einheitliche Schlachtlinie zur Erkämpfung unseres Rechtes. Das sagte ich damals, weil ich noch der Meinung war, daß in dieser Vorfrage zweierlei Ansichten bei Sozialdemokraten überhaupt nicht vorhanden sind. Ich scheue mich aber nicht auszusprechen, daß einzelne Wendungen, die heute dem Genossen Bauer unterlaufen sind, mit das Bedauerlichste sind, was ich auf

* Die SPD erhielt 1913 bei den Wahlen zum preußischen Abgeordnetenhaus 28,38 % der Urwählerstimmen und 10 (2,3 %) von 443 Sitzen. Bei den Reichstagswahlen von 1912 hatte die SPD 32,1 % der in Preußen abgegebenen Stimmen erhalten.

einem sozialdemokratischen Parteitage je gehört habe. (Lebhafte Zustimmung.) Genosse Bauer hat, darin stimme ich ihm bei, gewarnt vor der Berauschung an revolutionärer Phraseologie. (Sehr richtig!) Noch gefährlicher aber wäre es, wenn die revolutionäre Phraseologie verdrängt würde durch eine konservative Phraseologie. (Bravo!) Daß wir in Preußen und in Deutschland solange keine Ruhe geben dürfen, solange nicht das jetzige Wahlrecht aus der Welt geschafft ist, daß das eine Ehrensache für uns ist, darüber dürfen wir nicht streiten, wir machen uns sonst lächerlich vor der ganzen Welt. (Bravo!) [...]
Ich komme zu dem Ergebnis: die entscheidende politische Wirkung unserer heutigen Verhandlungen wird nicht davon abhängen, ob ein Wort mehr oder weniger in der Resolution steht, sondern sie wird davon abhängen, welchen Eindruck draußen die Massen und die Regierungen gewinnen, von dem Geist und dem Willen, der hinter unseren Beschlüssen steht. Da ist von allergrößter Wichtigkeit, was Sie auch beschließen mögen, daß draußen nicht der Irrtum entsteht, als wolle die Sozialdemokratie in dieser Frage bloß auf der Stelle treten oder sich gar rückwärts drängen lassen. Ich verstehe ganz gut, daß die Genossen vom Parteivorstand und von der Generalkommission von einem starken Verantwortungsgefühl beseelt sind und geneigt sind, zu bremsen. Aber es müssen auch Kräfte da sein, die vorwärtstreiben. Wenn alle bremsen, dann kommt eine Bewegung heraus, die nicht vorwärts führt. Wir müssen darüber Klarheit schaffen, dafür sorgen, daß darüber kein Zweifel besteht: es bleibt dabei, in Preußen kommt entweder eine Wahlreform oder es kommt ein Massenstreik. Das muß die Losung bleiben. (Stürmischer Beifall.) [141]

## Die Konservativen und die Regierung 1914

*Regierungspräsident a. D. von Puttkamer kritisiert vor dem preußischen Herrenhaus am 28. Mai 1914 die Nachgiebigkeit der Regierung gegenüber der Sozialdemokratie.*

Unser verewigter früherer Präsident, Herr Freiherr von Manteuffel, hat, wenn ich mich recht entsinne, gesagt: der Minister, welcher das Reichstagswahlrecht in Preußen einführen wollte, müßte am nächsten Laternenpfahl aufgehängt werden. Meine Herren, ich will nicht so weit gehen;

(Heiterkeit)

ich möchte aber doch der Hoffnung Ausdruck geben, daß niemals ein preußischer Minister die furchtbare Verantwortung auf sich nehmen wird, an der Grundlage unseres Wahlrechts irgendwie zu rütteln. [...]

So, meine Herren, kann man wohl auch weiter sagen, daß wir in der Gesetzgebung wie in der Verwaltung Schritt für Schritt, wohl gar noch in einem immer rascheren Tempo vor der Sozialdemokratie zurückweichen. Ich berufe mich, um nicht zu ausführlich zu werden, nur auf wenige Beispiele aus der Tätigkeit des Reichstags. Da ist zunächst das Diätengesetz,* [...] die kurzen Anfragen, das erweiterte Interpellationsgesetz, die Rüstungskommission, — alles Maßnahmen, die nur darauf abzielen, die Befugnisse des Parlaments zu erweitern und die Befugnisse der Staatsgewalt und der Exekutive immer mehr zu beschränken. Meine Herren, der Herr Ministerpräsident hat bei der Beratung des Antrags des Grafen von Yorck** diese Dinge allerdings als verhältnismäßig harmlos und staatsrechtlich bedeutungslos bezeichnet. Er hat namentlich bezüglich der Rüstungskommission darauf hingewiesen, daß bereits früher solche Kommissionen bestanden hätten, wie z. B. bereits im Jahre 1873 eine Kommission zur Prüfung der Mißstände im Eisenbahnwesen. Aber, meine Herren, er hat meines Erachtens dabei eines übersehen. Damals handelte es sich um einen durchaus staatstreuen und loyalen Landtag, jetzt handelt es sich um einen Reichstag, in dem die bei weitem stärkste Partei aus überzeugten zielbewußten Revolutionären besteht, die überdies noch leider bei der bürgerlichen Demokratie so oft Unterstützung findet. Das ist meines Erachtens ein sehr wesentlicher Unterschied, der bei der Einräumung neuer Befugnisse nicht außer acht gelassen werden dürfte. Dann, meine Herren, die Verfassung für Elsaß-Lothringen,*** die trotz der Warnungen von berufenster und sachverständiger Stelle unter empfindlicher Schädigung der Würde unseres engeren Vaterlandes auf durchaus demokratischer Grundlage erlassen wurde und deren Mißerfolge unter Stärkung der radikalen Elemente des Franzosentums und der Sozialdemokratie jetzt besonders grell in die Erscheinung getreten sind. Vor allem aber die letzten Vorgänge! Die übereilte Änderung des Militärstrafgesetzbuchs [...] Und schließlich die Dekkungsgesetze!**** Meine Herren, Herr Freiherr von Richthofen hat sich bereits gestern eingehend darüber geäußert; ich möchte deshalb nur noch sagen, daß, wie sich nach der Annahme dieses Gesetzes die Dinge entwickelt haben, es allerdings kein Wunder ist, daß die Sozialdemokratie auf ihrem letzten Parteitag in Jena dies Gesetz als einen großen Sieg über die Regierung, als die Verwirklichung ihres Programms, als den ersten Schritt zur Herrschaft der besitzlosen Massen über die Besitzenden, als ersten Schritt

* Erst durch ein Gesetz von 1906 wurden den Reichstagsabgeordneten Diäten zugebilligt.

** Vgl. S. 43

*** Von 1911.

**** Die Mittel zu der großen Heeresvermehrung von 1913 wurden durch einen einmaligen Wehrbeitrag auf größere Vermögen und höhere Einkommen und durch eine Vermögenszuwachssteuer — also ohne Belastung der ärmeren Schichten — aufgebracht.

zur Parlamentsherrschaft, — d. h. doch wohl zur Herrschaft der Sozialdemokratie — mit hellem Jubel begrüßt hat.
Aber auch, meine Herren, in der Verwaltung vermissen wir doch recht häufig die erforderliche Widerstandsfähigkeit. Das Recht auf die Straße wird der Sozialdemokratie immer mehr eingeräumt. Wir gestatten Massenaufzüge und Massenversammlungen unter freiem Himmel, bei denen ungezählte Tausende zusammenströmen, welche, durch blutige Reden skrupelloser Hetzer bis zur Siedehitze erregt, doch sehr leicht ernste Störungen der öffentlichen Sicherheit und Ordnung herbeiführen können. [...]
Meine Herren, so sieht es bei uns keineswegs günstig aus, und wenn es so weiter geht, werden wir es auch noch erleben, daß, wie es kürzlich einmal in der Schweiz geschehen ist, die Genossen unter der Führung der Stadthagen, Franke, David, Arons, Cohn, Davidsohn, Heymann, Landsberger, Katzenstein, Bernstein, Feuerstein, auch Frau Rosa Luxemburg * nicht zu vergessen — man sollte meinen, in eine Synagoge, nein, meine Herren, das würde von jüdischer Seite nicht gestattet werden — aber wie in das ehrwürdige Baseler Münster in hellen Haufen unter Orgelton und Glockenklang mit wehenden roten Fahnen und Standarten in eine unserer christlichen Kirchen zur Abhaltung eines sozialdemokratischen Kongresses einziehen, um von einer christlichen Kanzel eine Verherrlichung der sozialistischen Lehre anzuhören** und an Kirchenvorständen und Geistlichen, die sich einfinden, um den herablassenden Dank der Genossen ehrerbietigst entgegenzunehmen, würde es auch bei uns nicht fehlen. Ich glaube, man würde in Berlin nicht allzu weit danach zu suchen haben.
Meine Herren, das mag vielleicht etwas zu schroff und pessimistisch klingen; aber leben wir nicht in dieser Beziehung wirklich bereits wie in einem Lande der unbegrenzten Möglichkeiten? Kann man nicht bereits von uns sagen: das Unerwartete, das Unglaubliche, das Unmögliche wird Ereignis? [...]
Nun wendet man wohl ein, meine Herren, daß unsere Gesetzgebung der Sozialdemokratie gegenüber vielfach versagt, und es ist richtig, daß beispielsweise das Vereinsgesetz, welches wir der Blockära des Fürsten Bülow verdanken, den Kampf gegen die Sozialdemokratie außerordentlich erschwert hat, ja in vieler Beziehung geradezu lahmlegt. [...] Meine Herren, in einem monarchischen Staate, in einem geordneten Rechtsstaate, in einem Staate der allgemeinen Wehrpflicht muß es doch Gesetze geben, welche die auf den Umsturz dieser Grundlagen unseres Staatswesens

* Von den hier aufgeführten Personen waren lediglich Eduard Bernstein und Eduard David tatsächlich Mitglieder der SPD-Delegation auf der Baseler Konferenz. Bei ›Franke‹ und ›Landsberger‹ handelt es sich wahrscheinlich um die Reichstagsabgeordneten Ludwig Frank und Otto Landsberg.

** Vom 24. – 25. November 1912 hatte in der spannungsgeladenen internationalen Situation nach Ausbruch des ersten Balkankrieges ein großer Internationaler Sozialistenkongreß im Baseler Münster getagt.

gerichteten Bestrebungen hindern und unter Strafe stellen, vor allen Dingen Gesetze, welche dem friedlichen und loyalen Arbeiter die freie Wahl und Betätigung seiner Arbeit und dem Arbeitgeber die volle Autorität über seine Arbeiter sichern und beide in der Ausübung dieses obersten Grundrechts schützen. Das ist doch gewiß kein junkerlich-reaktionäres Gelüste, kein Scharfmachertum; das ist einfach selbstverständlich.
Nun, meine Herren, wie erklären wir uns wohl das Verhalten oder, richtiger gesagt, die Zurückhaltung der Regierung? Man sagt wohl, es sei das möglichst bequeme System des sogenannten Fortwurstelns. Meine Herren, ich will mir dies unschöne Wort nicht aneignen; aber vielleicht wiegt man sich doch in der Hoffnung, daß die Sozialdemokratie, falls man sie nur ruhig gewähren ließe, sich schließlich doch noch durch den Revisionismus zu einer möglichst ehr- und tugendsamen Partei der bürgerlichen Demokratie hindurchmausern werde, und die immer innigere Verbindung dieser Parteien [...] läßt die Hoffnung in der Tat nicht unbegründet erscheinen. So glaube auch ich an eine Mauserung, allerdings nicht an eine Mauserung der Sozialdemokratie zur bürgerlichen Demokratie, sondern umgekehrt der bürgerlichen Demokratie zur Sozialdemokratie. Dahin ist sie jedenfalls bereits auf dem besten Wege, wie sie denn überhaupt nach dem bekannten Bismarckschen Ausspruche von jeher die beste Vorfrucht und den geeignetsten Nährboden für die Sozialdemokratie gebildet hat.
Vielleicht hält man [...] die Sozialdemokratie nur für eine vorübergehende Erscheinung, für die Hochflut einer Wellenbewegung, die wieder zurückebben werde, für eine Bewegung, deren Bäume schließlich nicht in den Himmel wachsen werden; vielleicht steht man gar auf dem Bassermannschen Standpunkt, man solle die Sozialdemokratie nur nicht reizen, damit sie nicht zu Attentaten und Revolutionen übergehe, – nebenbei bemerkt, ein Standpunkt, der wohl niemand, am allerwenigsten der Sozialdemokratie selbst, irgendwie imponieren dürfte. Aber, meine Herren, ich fürchte, alle diese Wünsche und Hoffnungen werden eine schwere Enttäuschung erleben. Diese Politik des Gehen- und Geschehenlassens, des Nichtstuns kann nur dahin führen, in der Bevölkerung das Gefühl für die Gefahren und das Unrecht der Sozialdemokraten immer mehr zu verwirren, so daß schließlich jeder, um irgend einer Unzufriedenheit Ausdruck zu geben, ohne Bedenken zum roten Wahlzettel greift. Daraus erklärt sich dann auch das Anwachsen der Sozialdemokratie: das sind zum Teil die gedankenlosen Mit- und Nachläufer, zum großen Teil aber auch diejenigen, die von der Staatsregierung ohne Schutz gelassen sich schließlich der Sozialdemokratie in die Arme werfen. Eine solche Politik kann aber auch nicht ohne Rückwirkung auf unsere auswärtigen Beziehungen bleiben. Wenn unsere Gegner darauf rechnen können, daß mit dem Anwachsen der Sozialdemokratie die Zahl derjeni-

gen wächst, welche bereit sind, im Ernstfalle den nationalen Boden zu verlassen und dem Vaterlande in den Rücken zu fallen, so werden sie daraus eine Schwäche unserer Wehrkraft herleiten und in ihrer Revanche und Angriffslust nur bestärkt werden. Meine Herren, ich bin gewiß der letzte, der an unserer Wehrkraft auch nur den leisesten Zweifel hegte; aber ob die Sozialdemokratie mit ihrer Minierarbeit, ihrer antimilitärischen Propaganda, mit ihren schändlichen Ratschlägen an die Jugend vor dem Eintritt ins Heer und an die ausgedienten Mannschaften beim Rücktritt ins bürgerliche Leben nicht auch an diesem Grundpfeiler unsres nationalen Daseins mit Erfolg rütteln wird, bleibt unter allen Umständen eine sehr ernste Frage. Nun die Hoffnung auf eine energische großzügige Aktion gegen die Sozialdemokratie im Sinne unseres früheren Sozialistengesetzes haben wir wohl mit unserm großen Kanzler zu Grabe tragen müssen, und ich fürchte, daß die Regierung sowohl wie die Parteien kaum noch die Nerven besitzen, solche Aktion einzuleiten und vor allen Dingen durchzuhalten. Sollen wir aber deshalb die Hoffnung aufgeben, daß wenigstens den schreiendsten Notständen entgegengetreten wird? [142]

## Die Zabernaffäre 1913: Der preußisch-deutsche Militarismus

*a) Der Publizist Maximilian Harden in der ›Zukunft‹ vom 13. 12. 1913 über den Hergang der Krise.*

In Zabern (zwischen Saar und Straßburg) hat ein Lieutenant des deutschen Heeres einen zu Jähzorn neigenden Rekruten ermahnt, sich vor Händeln zu hüten, jeden Angriff aber mit bedenkenloser Gewalt zu vergelten, und der Mahnung den Satz angeheftet: »Wenn Sie dabei einen Wackes niederstechen, schenke ich Ihnen zehn Mark.« Und ich (hat der Unteroffizier, der die Korporalschaft führt, hinzugefügt) »lege noch drei Mark drauf.« Dieser Thatbestand ist zugegeben. Noch umstritten [ist] die Frage, ob der Lieutenant auch sonst die Elsasser ›Wackes‹ gescholten und aus dem Reichsland rekrutirte Jünglinge gezwungen habe, sich selbst ihm als Wackes zum Dienstantritt zu melden.* [...]
Zehn Mark für die Tötung eines Menschen, noch des wüstesten, niedrigsten: wer, im Bereich der Dienstgewalt, solchen Preis ausbietet, dürfte nicht einen Tag länger das Ehrenkleid des deutschen Offiziers tragen. Das Vorrecht der Dienstgewalt ist nur erträglich, wenn es von Selbstzucht, Pflichtgefühl, Takt eng eingegittert wird. Ein Offizier, der vor Rekruten deren Stamm beschimpft, mit höhnenden, verächtlichen Worten Heereseinrichtungen des Nachbar-

* Das wurde später zugegeben.

reiches [gemeint ist Frankreich] bekrittelt, die Tötung eines Landsmannes mit zehn Mark zu löhnen verspricht, mag tapfer und drum für den Krieg brauchbar sein: er ist untauglich, im Vorrecht der Dienstgewalt weiter zu schalten und jungen Menschen das Beispiel des Erziehers zu geben. [...]
Das sollte nicht sein. Der Lieutenant bleibt im Dienst. Wird, wie ein Regimentsjuwel, in die Sonne gebracht. [...] Der Lieutenant, der die Dienstgewalt mißbraucht und deutsche Menschen in ihrer Stammesehre gekränkt hat, zeigt sich den Bürgern entweder zwischen Kameraden, die sich der Aufgabe, ihn zu schirmen, stolz zu freuen scheinen, oder, auch auf dem Weg zum Konditor oder Cigarrenhändler, zwischen vier Bayonnettes. Genügt sein Degen nicht zum Schutz vor Ungebühr? Der putzige Aufzug stimmt selbst ruhige Leute, je nach ihrer Gemüthsart, zu Wuth oder Spott. Wir Elsasser, knirscht es ringsum, sind also vogelfrei; wer uns beleidigt, erwirbt dadurch das Recht auf ein Ehrengeleit. So gefährlicher Wahn spukt schon durch die Hirne. Ein kluges Wort des Regiments- oder Corpskommandos könnte ihn wegfegen. Wird aber nicht gesprochen. [...]
Inzwischen [d. h., nachdem es zu Menschenansammlungen gekommen war] hat die Militärgewalt eingegriffen und im Drang, »ohne Ansehen der Person«, Bummler und Landgerichtsräthe, den Winkelbrüller und den Staatsanwalt am Kragen gepackt. [...] Schreier und unschuldige Gaffer werden in den kalten Kohlenkeller der Kaserne gesperrt und müssen sich, bis das blasse Licht der Wintersonne gen Mittag steigt, in den alten Urstand der Natur zurückfinden, der die aus den Zeichen P. P. und W. C. winkende Menschenrechtswohlthat noch nicht kannte. Anno 1913 (Jubilirjahr), in der guten deutschen Stadt Zabern; am zwanzigsten Tag nach dem ersten Gassenlärm. Noch sechzig Stunden, höchstens, Geduld: dann prasselt das Schlossenwetter des Sühnegerichtes auf die Tres Tabernae* der Römer. Der Reichstag kehrt uns, endlich, ja zurück. Weh dem sündigen Kanzler! Weh? Noch kann er die Blößung der Reichsscham hindern und sich selbst dröhnendes Lob einheimsen. [...] Er [der Reichskanzler] redet, redet, redet. Hauptzweck, heute, wie immer: zu beweisen, daß er Alles gewußt, voraus gesehen, richtig errechnet hat und alle Anderen sich vergebens auf seine Höhe zu recken mühen. Eiskalt wirds um ihn; fröstelnd fühlen die jüngsten Gehilfen, wie jedes Wort Schaden sät. Hohngelächter kichert erst und braust dann durch den Saal; lauteres, als selbst dieser oft Verlachte noch hörte. Erzfeinde eint seine Rede zum Bund. Sechs Siebentel des Reichstages künden ihm schroffen Tadelsspruch.** Nur eine Fraktion, die Kon-

* (lat.) Drei Schenken. Name der Römer für Zabern.
** Der Antrag, daß die Behandlung der Angelegenheit durch den Reichskanzler nicht der Anschauung des Reichstages entspreche, wurde mit 293 gegen 54 Stimmen bei 4 Stimmenthaltungen und einer ungültigen Stimme am 4. 12. 1913 angenommen.

servative, schließt sich aus; die einzige, die seines Amtslebens Ende, als die Vorbedingung kräftiger Reichsblüthe, ersehnt. [...] Kanzler und Kriegsminister haben kein hartes Wort über den schuldigen, dreifach schuldigen Lieutenant gesprochen. Haben behauptet, der Rock des Königs müsse unter allen Umständen respektirt, seinen Trägern dürfe niemals zugemuthet werden, aus der Schanze ihrer Machtstellung zu weichen. Dennoch: aus Zabern weichen sie. Allerhöchster Befehl ruft das Regiment aus dem Städtchen; und ermächtigt den Statthalter im Reichsland zu der Verkündung, er habe »vom Kaiser die feste Gewähr dafür erhalten, daß die verfassungmäßigen Zuständigkeiten künftig allgemein strengere Beachtung finden werden«. [...]
In keinem anderen Land ist der Respekt vor dem Heer fester und tiefer ins Volksbewußtsein eingewurzelt als im Deutschen Reich. Dieser Respekt muß gewahrt werden; und wird am Besten gewahrt, wenn man behutsam, so lange es irgend geht, vermeidet, einen Zwiespalt zwischen bürgerlichem und militärischem Empfinden zu zeigen oder gar zu illuminiren. Die Wurzel des Respektes wird gelockert und Denen, die sie ausjäten möchten, das Messer in die Hand gedrückt, wenn die bethmännische Losung, der Rock des Königs müsse unter allen Umständen respektirt werden, auf irgendeinem Hügelchen giltig bleibt; auch diesem Rock wird Achtung nur da geworben, wo sein Träger sich ihrer würdig bewährt. Ekler Geschmack haftet an der Zunge, die, hundert Jahre nach Scharnhorsts Tod, solche Fibelweisheit aussprechen muß. Das Heer ist, mit dem frohen Selbstgefühl der Führer und des letzten Mannes im hintersten Glied, fast schon der einzig sichere Werth in unserer Bilanz. Von der Staatsmannschaft, die ein Kasernenskandälchen zum europäischen Ereigniß aufwuchern läßt, vor dem Feind ihre Unfähigkeit entschleiert, ein kerndeutsches Land, das uns seit vierzig Jahren zurückgewonnen ist, dem Reich zu befreunden, und die gefährliche Hoffnung nährt, aus dem Glacis gegen Frankreich könne ein den Franzosen offenes Einfallsthor werden, ist nichts zu erwarten. [143a]

*b) Aus einer Reichstagsrede des führenden Zentrumsabgeordneten Constantin von Fehrenbach vom 3. 12. 1913.*

Meine Herren, das Unzulängliche, hier wird es Ereignis.
(Lebhafte Zustimmung im Zentrum und links.)
Das Unbeschreibliche, hier ist es getan.
(Wiederholte lebhafte Zustimmung im Zentrum und links.)
Das sind leider die Empfindungen, mit denen wir den Vorgängen in Zabern während des Monats November gegenüberstehen, mit denen wir aber leider noch mehr den Ausführungen gegenüberstehen, die wir vorhin von der Regierung gehört haben.
(Stürmischer andauernder Beifall im Zentrum und links.)

Zu diesen Empfindungen gesellt sich aber auch das Gefühl der Beschämung,

(wiederholte stürmische Zustimmung im Zentrum und links.)

daß sich das im Deutschen Reich ereignen konnte.

(Sehr gut! bei den Sozialdemokraten.)

Dazu gesellt sich aber auch ein bitterer Schmerz über die moralischen Verluste dieses unglücklichen Monats,

(lebhafte Zustimmung im Zentrum und links)

die nur in schwerer Arbeit und erst nach langer, langer Zeit wieder gut gemacht werden können [...]

Unser Zweck wird es sein, zu unseren Teilen an den Schäden, die eingetreten sind, und die wir noch weiter befürchten, heilen zu helfen.

In diesem Sinne trete ich für meine Person und tritt meine Partei an die Aufgabe heran, und ich bedaure nur außerordentlich, daß ich in meiner bestimmten Erwartung durch die Ausführungen von der Regierungsbank, des Herrn Reichskanzlers und des Herrn Kriegsministers eine mächtige Vorarbeit vorzufinden, so schwer getäuscht worden bin.

(Lebhafter Beifall im Zentrum. Hört, hört! bei den Sozialdemokraten)

Es wird mir keiner im Hause, der mich kennt, und es wird auch meiner Partei niemand nachsagen, der sie kennt, daß uns und mir das Gefühl für die Autorität abgeht,

(sehr richtig! im Zentrum)

daß wir nicht in eine volle Würdigung der Bedeutung und Machtstellung auch unseres Militärs einzutreten befähigt sind. Aber was heute hier vorgetragen worden ist, das klingt aus einer anderen Welt,

(stürmische Zustimmung im Zentrum und links)

das ist so schmerzhaft, da gibt es gar keine Übertreibung mehr.

(Wiederholte stürmische Zustimmung im Zentrum und links.)

Meine Herren, das Recht geht voran, und wenn der Herr Reichskanzler gesagt hat: Schützen des Rechts, aber auch Schützung der öffentlichen Gewalt, dann sage ich: das zarteste Pflänzchen, das hier des meisten Schutzes bedarf, ist Recht und Gesetz, und wenn Recht und Gesetz beeinträchtigt werden durch irgendwen, auch durch eine öffentliche Gewalt, dann sind die hiesigen Stellen berufen, hier Remedur eintreten zu lassen,

(Stürmische Zustimmung im Zentrum, links
und bei den Sozialdemokraten)

und für das geschwächte Recht ein mächtiges Wort auszusprechen.

(Andauerndes stürmisches Bravo.)

Meine Herren, wir haben ja einige bedauernde Äußerungen gehört über das, was sich von seiten des Militärs in Zabern zugetragen hat. Aber haben wir irgend etwas gehört, was dagegen getan wird, wie für das gebeugte Recht Sühne geschaffen wird?

(Lebhafte Rufe: Sehr gut!)

Wir haben darüber nichts gehört, wir haben Ausführungen von seiten des Herrn Reichskanzlers, die sich im wesentlichen [...] auf die Berichte der Militärs gestützt haben. Wir haben Darlegungen gehört, die, wie mir scheint, wenn auch nicht direkt ausgesprochen, die Pflicht und die Tätigkeit der Zivilverwaltung in das bedenklichste Licht setzen.

(Lebhafte Zustimmung im Zentrum und links.)

Und, meine Herren, was wir von dem Herrn Kriegsminister gehört haben – wenn nur dieser Mut, dieser unnötige Mut,

(große Heiterkeit)

diese unnötige Forschheit und Schneid nicht in die Herzen all' der jungen Leutnants einzieht gegen unsere Zivilbevölkerung, sonst wird es unheimlich. Wenn ich das Wort gehört habe – ich glaube es fast nicht, daß es gefallen ist – von dem Säbel, der einen anderen durchstechen soll*

(stürmische Zurufe: Jawohl, es ist gesagt worden!)

– ich hoffe, daß es nicht in dem Zusammenhange gefallen ist; es wäre ein zu grausames Wort gewesen. Auch das Militär untersteht dem Gesetz und dem Recht,

(stürmische Zustimmung im Zentrum, links und bei den Sozialdemokraten)

und wenn wir zu den Zuständen kämen, das Militär »ex lex«** zu stellen und die Zivilbevölkerung der Willkür des Militärs preiszugeben, dann, meine Herren: finis Germaniae!*** [143b]

## Die Ergebnisse deutscher Polenpolitik

*Der Historiker und Herausgeber der Preußischen Jahrbücher Hans Delbrück – einer der schärfsten Kritiker der preußischen Polenpolitik – 1913 über das Scheitern der Germanisierungspolitik in den preußischen Ostprovinzen.*

Im modernen Nationalstaat ist es eine ganz besonders schwierige Aufgabe, wenn wesentliche Elemente einer fremden Nationalität eingeschlossen sind. Wie soll sich ein Staat der Deutschen, der doch ganz und gar auf das lebendige Bewußtsein des deutschen Volkes aufgebaut ist, damit abfinden, daß er nicht weniger als 4 Millionen Polen, und daneben noch Dänen im Norden, Franzosen im Westen, in seinem Reichs- und Staatskörper hat? Eine reine Lösung dieses Problems kann es wohl niemals geben. Man pflegt zu sagen und wird immer mit einem gewissen Recht sagen: die Polen sind schließlich nur Preußen auf Kündigung. Sie leisten

* Anspielung auf eine Äußerung des Kriegsministers.
** (lat.) Außerhalb der Gesetze.
*** (lat.) Das Ende Deutschlands.

den Eid auf die Verfassung, tun ihre Pflicht, arbeiten an den positiven augenblicklichen Aufgaben des Staates – den polnischen Stimmen verdanken wir ja im Reichstag die deutsche Flotte und die Armeereform von 1893 – und trotzdem, wenn man sich vorstellt, daß die Weltgeschichte, oder, wie die Polen es ausdrücken, »wenn es Gottes Wille ist«, einmal die Möglichkeit der Herstellung eines polnischen Nationalstaates zeigt, so werden sie das als ein höheres Gesetz ansehen und sich diesem Staate zuwenden. Wie soll man sich mit einem solchen Teil des Volkes abfinden? Entschlossene meinen, man müßte sie germanisieren. Das wurde denn auch vor 25 Jahren in Angriff genommen. Wir haben ja die Volksschule, den deutschen Schulmeister. Vom sechsten Jahre an lernen die polnischen Kinder das Deutsche, und was sie in der Schule gelernt haben, wird vollendet in der Armee; die polnischen Rekruten werden unter die deutschen Regimenter verteilt. Die ganze Verwaltung ist deutsch, die Amtssprache deutsch, alle höheren Beamten deutsch. Außerdem sind ungeheure Mittel aufgewendet, polnischen Grundbesitz aufzukaufen und statt dessen deutsche Bauern anzusiedeln.* Wenn man das so hört, möchte man sagen: Ja, das muß ja wohl auf die Dauer helfen, um so mehr, als ja die Polen auf vier verschiedene Provinzen verteilt sind; wir haben 1,2 Million in Oberschlesien, in Posen ungefähr 1½ Millionen, ½ Million in West-, und ½ Million in Ostpreußen, immer gemischt mit Deutschen; wir haben nirgends großes, geschlossenes polnisches Gebiet, auch nicht einmal einen einzigen rein polnischen Kreis. Wenn nun dies ohnehin gemischte Gebiet noch mehr mit Deutschtum überzogen und ein kräftiges, deutsches Bauerntum, wenn auch mit großen Opfern, hineingesetzt wird, so sollte man meinen, daß der Erfolg auf die Dauer nicht fehlen könne. Nun, wenn Sie heute mit jemand darüber sprechen, der einigermaßen unbefangen ist, und dort die Verhältnisse kennt, so sagt er Ihnen: »In den 25 Jahren ist kein Fortschritt gemacht worden. Im Gegenteil.« Zwar sucht die amtliche Statistik hier und da ein paar tausend Deutsche mehr herauszurechnen; es sind bei weitem noch nicht so viel, wie an deutschen Bauern hingeschafft worden ist. Aber die Eingesessenen sind sehr skeptisch inbezug auf diese Statistik, und wahrscheinlich ist das Deutschtum in den vier Provinzen sogar im Rückgang. Wie neulich ein Großgrundbesitzer von der Posenschen Grenze in den Preußischen Jahrbüchern schrieb** (Märzheft 1913): Während wir Bauern ansetzen, polonisieren die Polen die Städte. Früher waren die Städte wesentlich deutsch, wobei das Judentum allerdings zu den Deutschen gerechnet ist, wie es auch deutsch sprach und sich zu den Deutschen hielt. Im ganzen Osten, im alten Königreich

* Seit dem preußischen Ansiedlungsgesetz vom 26. 4. 1886.
** Schmidthals, Groß- und Kleinbetrieb in der Landwirtschaft, Preußische Jahrbücher, 151, 1913, I, S. 536.

Polen, waren die Städte ehedem zum großen Teil deutsch und daneben jüdisch. Aber diese deutsche Bevölkerung ist im Abzug begriffen, und der städtische Hausbesitz, das Handwerk, das Krämertum, Apotheker, Buchhändler, Landmesser, was alles früher deutsch war, wird polnisch. Wenn man eine Zeitlang darüber gesprochen hat, pflegt schließlich immer die letzte Zuflucht zu sein: »Ja, wenn wir aber unsere Ostmarkenpolitik nicht gehabt hätten, so wäre es noch viel schlimmer.« Das ist immerhin ein sehr fragwürdiger Trost, aber jedenfalls der Beweis, daß diese 25jährige Politik, wenn überhaupt etwas, so doch sehr wenig geleistet hat. Einer der klügsten Politiker im Reichstag in der Bismarckschen Zeit war der Abgeordnete von Kardorff, damals einer der Führer der freikonservativen Partei, und auch ganz im Vertrauen Bismarcks. Der hat eine Aufzeichnung hinterlassen (ich habe sie abgedruckt im 140. Band der Preußischen Jahrbücher),* worin er bekennt, daß, als Bismarck die erste Vorlage dieser Art im Abgeordnetenhaus einbrachte, er ihm vertraulich gesagt habe, die Sache würde nicht gehen, und darauf habe Bismarck ihm gesagt, er teile im Grunde seine Auffassung, aber aus gewissen Gründen der auswärtigen Politik, um seine Autorität, die man in diesem Augenblick im Reichstag stark angegriffen hatte, zu stärken, müsse er die Sache machen. Kardorff endet diese seine Aufzeichnungen: »Aber leider haben meine derzeitigen Bedenken sich nach den heute gemachten Erfahrungen als völlig berechtigt erwiesen. Die polnische Bewegung ist nicht zurückgegangen, sondern wesentlich gestärkt. Der Angriff hat einen Gegendruck hervorgerufen und vorläufig nur zur Kräftigung der großpolnischen Agitation nicht allein in Posen, sondern auch in Westpreußen und selbst in dem niemals doch dem Königreich Polen zugehörigen Oberschlesien geführt.« [144]

## Das deutsche Kolonialreich 1913

*Der Volkswirt und spätere Staatssekretär Karl Helfferich 1913 über die Entwicklung der deutschen Kolonien seit der Regierungsübernahme Wilhelms II.*

Die Politik kolonialer Erwerbungen war um die Mitte der 80er Jahre des vorigen Jahrhunderts in bescheidenem Rahmen, aber in einer für die spätere Entwicklung massgebenden Weise eingeleitet worden. Bis zum Regierungsantritt unseres Kaisers bestanden die Ergebnisse lediglich in der Festsetzung einiger weniger kaufmännischer Unternehmungen und in der Hissung der deutschen Flagge an einzelnen bisher herrenlosen Plätzen der afrikanischen Küste und der Südsee. Die von diesen Stützpunkten

* Hans Delbrück, Politische Korrespondenz, Preußische Jahrbücher, 140, 1910, S. 555.

ausgehende territoriale Ausgestaltung des deutschen Kolonialreichs und seine Erweiterung durch wichtige Neuerwerbungen, die geographische Erforschung, die militärische Unterwerfung und die allmähliche Einbeziehung in eine geordnete Verwaltung, die wirtschaftliche Erschliessung und die kulturelle Bearbeitung — alle diese Leistungen fallen in die Regierungszeit unseres Kaisers, zum grössten Teil in die letzten 10 bis 15 Jahre. Die Leistungen sind nicht gering. Zu den natürlichen Schwierigkeiten der Gebiete, die wir uns noch in letzter Stunde sichern konnten, gesellte sich der Widerstand der Eingeborenen; die furchtbaren Opfer an Blut und die grossen Geldaufwendungen, die die Niederwerfung des südwestafrikanischen Aufstandes forderte, sind in aller Erinnerung. Zu den Schwierigkeiten draussen traten hinzu die Schwierigkeiten in der Heimat: mangelndes Verständnis, Kleinmut und Zweifelsucht, daraus hervorgehend mangelnde Opferwilligkeit und mangelnder Wagemut; schliesslich mangelnde Erfahrung, mangelnde Organisation und mangelnde Tradition, mit dem notwendigen Ergebnis wirtschaftlicher und administrativer Fehlschläge.

Heute sind diese Anfangsschwierigkeiten im wesentlichen überwunden.

Das deutsche Kolonialreich umfasst jetzt einen Flächeninhalt von 2 907 400 qkm, es ist also etwa fünfmal so gross wie das Deutsche Reich. Die eingeborene Bevölkerung ist auf mehr als 12 Millionen zu veranschlagen; die weisse Bevölkerung übersteigt 24 000, während sie noch vor 10 Jahren nicht ganz 10 000 betragen hatte.* An Eisenbahnen waren Ende 1913 in den afrikanischen Kolonien 4176 km im Betrieb und 300 km im Bau. Der Gesamthandel der Schutzgebiete in Afrika und der Südsee (Einfuhr und Ausfuhr) hatte im Jahre 1898 erst 46,6 Millionen Mark betragen, im Jahre 1912 stellte er sich auf 263 Millionen Mark; er hat sich also in einem Zeitraum von 14 Jahren mehr als verfünffacht. Daneben hat sich der Handel von Kiautschou von 34,5 Millionen Mark im Jahre 1902 auf 260 Millionen Mark im Jahre 1912 gehoben. Der direkte Handel Deutschlands mit seinen Kolonien, der 1896 erst 11 Millionen Mark betrug, beläuft sich heute auf beträchtlich mehr als 100 Millionen Mark.**

Trotzdem steht die Entwicklung des deutschen Kolonialreichs auch heute noch in ihren Anfängen. Die Zukunft wird die vielversprechenden Ansätze in der Schaffung eines kolonialen Absatzmarktes für unsere Industrieprodukte und in den für die Erzeugung unserer heimischen Volkswirtschaft wichtigen Kulturen — erwähnt sei vor allem die Baumwollkultur — zu einer für unsere Weltstellung ins Gewicht fallenden Entwicklung zu bringen haben. [145]

* Im Vergleich dazu waren allein von 1881 bis 1890 1 343 000 Deutsche ausgewandert.
** Die gesamte Einfuhr Deutschlands betrug 1912 10,69 Mrd., die Ausfuhr 8,96 Mrd. Mark.

## Fragen der Eingeborenenpolitik in Deutsch-Ostafrika

*Der Staatssekretär des Reichskolonialamts Bernhard Dernburg erörtert vor der Budgetkommission des Reichstages am 18. Februar 1908 die Erfahrungen einer 30tägigen Reise durch Deutsch-Ostafrika.*

Es gibt in den Kolonien und auch hier eine große Anzahl wohlmeinender Leute, die da glauben, daß die Kolonisation von Afrika durch verwaltungstechnische Maßregeln erledigt werden könne und daß man durch Ausübung von Druck auf die Urbevölkerung oder durch Erlaß von allen möglichen Verordnungen nun die ganze Natur dieser Leute binnen kurzem würde umändern können. Ich kann es diesen Herren nicht verdenken, wenn sie von ihrem Standpunkte aus den Wunsch hegen, daß nun solche Maßregeln ergriffen werden; denn es handelt sich ja für sie nicht wie für das Deutsche Reich darum, auf eine planmäßige Weise einen wichtigen Zugang zu den Aktiven der Nation zu erhalten, sondern für sie handelt es sich darum, in verhältnismäßig kurzer Zeit Geld zu verdienen. Zu lange können sie nicht draußen existieren und je mehr sie erwerben, um so besser. An den Lasten, die uns Kriege und Aufstände bringen,* tragen sie zudem nicht mit. Auf der anderen Seite muß die Reichsverwaltung – die ja dafür eingesetzt ist, diese Länder zu entwickeln, den Austausch solcher Güter, die in Deutschland entweder erzeugt oder verbraucht werden, zu fördern – sich auf den Standpunkt stellen, daß sie in erster Linie die Hüterin der in den Kolonien gültigen Rechts- und Staatsinstitutionen ist, daß sie demnächst darüber wachen muß, daß die finanziellen Opfer für die Kolonien, welche das Reich bringt, in verständigen Grenzen bleiben; drittens, daß sie die einzige bisher existierende Instanz ist, die in der Lage ist, die Rechte der Eingeborenenbevölkerung, die ja doch auch bestehen, wahrzunehmen. Und wenn ich deshalb bei manchen dieser Wünsche und Beschwerden, die an mich gekommen sind, mich auf den Standpunkt stellen muß: »Nein« oder »Noch nicht«, so muß man daraus nicht entnehmen, daß ich etwa unfreundlich oder ablehnend oder voreingenommen bin, sondern daß ich lediglich das Tempo nicht billigen kann, in dem man einer Bevölkerung, die Tausende von Jahren in einem anderen Kulturzustande war, eine andere Art von Rechtsauffassung, von Familienverhältnissen und Arbeitsmethoden beibringen will. Da muß man andere Wege gehen, wenn man nicht die schönen, von meinen Vorgängern und allen deutschen Beamten in den Kolonien erzielten Resultate durch gewaltsame, unnatürliche, aufgepfropfte Versuche in Frage stellen will. (Bravo!) [...]

* Allein die Niederwerfung des großen Eingeborenenaufstandes in Deutsch-Südwestafrika hatte Ausgaben in Höhe von 430 Mill. Mark verursacht.

Ich stelle den Satz an die Spitze, den die Petition der Farmer in Ostafrika auch trägt, nämlich daß das wichtigste Aktivum in Afrika der Eingeborene ist. Da kommt es nun darauf an, einmal festzustellen: wie ist denn die Situation der Eingeborenen da draußen? Jede Betätigung des Weißen führt ihn natürlich mit dem Schwarzen zusammen. Nur mit ihm kann er seinen Boden bestellen lassen und nur mit ihm den Handel betreiben. Ohne ihn wäre jede Kolonisation Ostafrikas ganz ausgeschlossen. Wie aus einem Zusammenleben von Weißen und Schwarzen dort allein eine Blüte entstehen kann, so liegt auch überall, wo das Zusammentreffen stattfindet, der Keim größerer Konflikte – sowohl für die Beziehungen der Regierung zu den Schwarzen, als auch für die aller anderen Stände: der Farmer und Pflanzer, der Kaufleute, selbst der Missionare.
Die Beziehungen der weißen Regierung zu den schwarzen Schutzgenossen und das Maß ihres Einflusses richtet sich stark nach örtlichen Umständen. Sie wissen, daß wir in den volksreichsten und wahrscheinlich auch viehreichsten Teilen des ostafrikanischen Schutzgebietes so gut wie gar keine Macht ausüben, z. B. über das ganze Land Ruanda und Urundi. Diese Provinzen sollen ungefähr fünf Millionen Einwohner haben und sehr wohlhabend sein. [...] Die Bevölkerung im Schutzgebiet ist keineswegs gleichmäßig. An der Küste ist eine Mischung aller möglichen Negerarten vorhanden, natürlich ohne Stammeszugehörigkeit und natürlich auch ohne entsprechende einheimische Obrigkeit. Im Innern hat man überall, wo kriegerische Zusammenstöße zwischen Weißen und Schwarzen stattgefunden haben, die einheimischen Sultane und Häuptlinge entfernt und durch Beamte, auch schwarze Beamte, ersetzt. Im Westen herrschen die eingeborenen Sultane unter der deutschen Oberherrschaft; [...] was soll mit den Ländern in Ostafrika geschehen, die noch unter der Zwischenherrschaft dieser einheimischen Sultane oder Fürsten oder Dorfschulzen stehen? Es würde schwierig sein, das zu ändern, weil man dazu erhebliche Machtmittel braucht. Ich glaube, daß ich nicht noch einmal darauf aufmerksam machen muß, daß wir in Ostafrika bei einer Bevölkerung von zehn Millionen Einwohnern, darunter über drei Millionen Männern, nur 4000 schwarze Soldaten und Polizisten und vielleicht 120 oder 150 deutsche Offiziere haben. Wir müssen – und das ist die Basis unserer Macht – in Ostafrika durch das Ansehen, das die Verwaltung besitzt, durch die Schärfe, mit der sie gegen jede Unbotmäßigkeit vorgeht, durch die technischen Hilfsmittel der Eisenbahnen, die, wie Sie wissen, ihr noch unvollkommen zur Seite stehen, und durch das Maß von Vertrauen, welches sie bei den Schwarzen genießt, alles zusammenhalten. Wir müssen eine kräftige, gerechte, vertrauenswerte Verwaltung dort einführen und halten, wir müssen vor allen Dingen den Leuten beibringen, daß sie von der deutschen Herrschaft einen Vorteil haben.

Das ist ihnen sehr schwer beizubringen, schon deshalb, weil die Vorteile, die sie bisher hatten, sehr gering waren gegenüber den Nachteilen, welche die deutsche Verwaltung für sie nach ihrem Empfinden in bezug auf Abänderung ihrer Gewohnheiten, auf Steuerzahlen, Kontrollen usw. gehabt hat.
Ich möchte mit meinen Ausführungen in der Kommission die Überzeugung erwecken, daß die Regierung nur prosperieren kann, wenn sie eine vorsichtige, langsame, wie manche sagen »negerfreundliche« und, wie ich sage, negererhaltende Politik einschlägt, daß sie sich von diesem Wege durch irgend welche Interessen oder Ansichten nach keiner Richtung abdrängen lassen darf. Sie muß, wie in der Heimat, zwischen allen Erwerbs- und Berufsständen ausgleichend wirken und kann sich unmöglich auf die Seite der einen schlagen, um der anderen Seite einen Nachteil zuzufügen. [...]
Die Hauptforderung aber, die im Interesse des deutschen Ansehens und der Ruhe und Sicherheit des Schutzgebiets liegt, ist die, daß das Vertrauen der schwarzen Bevölkerung zur Regierung gestärkt wird. Deswegen habe ich mich grundsätzlich um die Rechtspflege im Schutzgebiet gekümmert. In der Natur der Neger liegt es, daß die bestehende Rassenjustiz auf längere Zeit nicht wird geändert werden und daß gewisse Züchtigungsmittel, welche die Heimat perhorresziert, auch nicht abgeschafft werden können. Ich habe mich nach dieser Richtung ganz besonders umgeschaut. Um so wichtiger ist es aber, daß diese Rechtslage mit Garantien umgeben bleibt, die eine willkürliche und unüberlegte Handhabung der Strafmittel durch die mit richterlichen Befugnissen ausgestatteten Personen ausschließen. Ich habe mich bereits in einer in Oldenburg gehaltenen Ansprache damit beschäftigt, wie es in den Negergerichten zugeht und ich kann mich hier darauf beschränken, zu sagen, daß ich sehr viel positives Recht gefunden habe, das zur Beilegung von Rechtsstreitigkeiten und zur Ahndung von Rechtsbrüchen in der Bevölkerung gesprochen wird. Das ist zu erkennen auch an der Haltung der Schwarzen.
Dagegen ist bei einem Streit zwischen einem Schwarzen und einem Weißen die Lage des Schwarzen ungünstig. Hat ein Weißer gegen einen Schwarzen etwas vorzubringen, so schreibt er einen Zettel, und die Sache wird durch ein Schauri abgemacht. Hat ein Schwarzer eine Klage gegen einen Weißen, so muß er hingehen zum Gericht, muß Vorschuß zahlen; er wird mit den in der Heimat üblichen Formalitäten belastet, er bekommt schließlich ein Urteil oder einen vollstreckbaren Titel in die Hand, mit dem er nichts anzufangen weiß, mit laufenden Terminen und Fristen. (Heiterkeit.)
Sie dürfen nicht vergessen, daß es in dem ganzen Schutzgebiet (es ist zweimal so groß wie Deutschland) drei Gerichte gibt, wo der Schwarze gegen den Weißen etwas vorbringen kann. [...]
An der Küste macht es einen unangenehmen Eindruck, daß so

viele Weiße mit der Peitsche spazieren gehen. Auf dem Tische der Hauptkasse in Daressalam habe ich eine vorgefunden. (Bewegung.) Es ist heute noch stark üblich, und die Herren, die dort gewesen sind, werden es mir bestätigen. Jeder Weiße hat ein gewisses Züchtigungsrecht gegenüber seinen Dienstboten, Arbeitern usw. (Zuruf.) Sie üben es nicht überall aus, wie ich gern bestätigen will, sondern schicken ihre Sachen nach dem Gericht. [...]
Die Situation der Behörde gegenüber der schwarzen Bevölkerung des Landes ist durch die von weißen Ansiedlern und Pflanzern immer an die Regierung gestellten Forderungen und durch die Arbeiterfrage in den Plantagen ganz besonders erschwert. Wir haben Plantagen in Usambara, im Bagamojo-Bezirk und an der Südküste. Aber in diesen Landstrichen ist nicht genügend Bevölkerung vorhanden, um für den intensiven Betrieb einer Plantage die notwendigen Arbeiter liefern zu können. [...]
Infolgedessen müssen die Plantagenarbeiter von anderswoher geholt werden. Das ist die Ursache, weswegen die Arbeiter aus dem Innern gezogen werden. [...]
Die Pflanzer verlangen, daß der Fiskus mit Machtmitteln eintritt und die Schwarzen zum Zuzug nach Usambara und zweitens zur Arbeit zwingt. Ich glaube, die ganze Diskussion wäre überflüssig, wenn die Pflanzer einfach für sich selbst sorgen wollten und vom Fiskus nichts weiter verlangten, als daß er allen Erwerbskräften im Schutzgebiet seine Fürsorge zuwende. Die Pflanzer können aber nicht verlangen, daß die Regierung mit Machtmitteln eingreift und daß dadurch ihre Kraft zugunsten eines einzelnen Erwerbsstandes untergraben wird. [146]

## Probleme deutscher Weltpolitik

*Kurt Riezler, einer der engsten Mitarbeiter des Reichskanzlers Bethmann Hollweg, unter dem Pseudonym Ruedorffer 1914 über die Popularität, die Notwendigkeit und Schwierigkeit deutscher Weltpolitik.*

Die Geschichte der nationalen Empfindung verläuft parallel dieser wirtschaftlichen Entwicklung. Die Einigung Deutschlands war auf der einen Seite ein Abschluß der nationalen Entwicklung, eine Erfüllung der nationalen Wünsche. Sie war auf der anderen Seite der Beginn einer neuen Entwicklung, der Keim neuer, weitergehender Wünsche. Wie für das Streben des Individuums, so gibt es für die Begehrung der Völker keinen Abschluß und kein Ende. Mit der Entstehung weltpolitischer Interessen hat sich auch der deutsche Nationalismus weltpolitisch orientiert. Die Ansprüche des deutschen Volkes auf Macht und Geltung, nicht nur in Europa, sondern rings um die Erde, sind schnell gestiegen. Als im Jahre 1907 die Regierung des Fürsten Bülow um einer kolonialpolitischen Frage willen den Reichstag auflöste und an das Volk appellierte, hielten Wahltechniker, die an den Erfahrungen früherer Zeiten klebten, die Wahlparole für unpopulär und eine Niederlage für unvermeidlich. Das Gegenteil trat ein. Die ältere Generation der Politiker stand erstaunt vor der elementaren Kraft des weltpolitischen Geltungswillens der Nation. Wenn man die Haltung der oppositionellen Parteien und Zeitungen zu nationalen Fragen, insbesondere zu Rüstungen zu Lande oder zu Wasser, vor zwanzig und zehn Jahren mit der heutigen vergleicht, so ist jedem offenbar, daß hier so gut wie alles anders geworden ist. Keine bürgerliche Partei kann sich in solchen Fragen eine Politik der Negation gestatten; auch die Sozialdemokratie muß bei ihrem parlamentarischen Verhalten und ihrer Agitation im Volke dem nationalen Argument von Jahr zu Jahr mehr Rechnung tragen. Die Flottenpolitik insbesondere ist getragen von einer gefühlsmäßigen Popularität, vor deren suggestiven Kraft sich mit der Zeit auch diejenigen Politiker, die aus taktischen Erwägungen die politische Nützlichkeit eines großen Flottenbaus bezweifelt haben, beugen mußten.

Diese Entwicklung der wirtschaftlichen Interessen und der weltpolitischen Empfindungen auf der einen, die Konsequenzen der kontinentalen Situation des Deutschen Reiches auf der anderen Seite begründen die Eigenart der politischen Lage des modernen Deutschlands. Deutschland ist ringsum eingeschlossen von Ländern einer entwickelten und alten staatlichen Kultur. Es grenzt an kein Gebiet möglicher kolonialer Expansion. Es liegt in der Mitte der Großmächte. Kein anderer Staat ist in der gleichen Lage. Alle seine Nachbarn haben ein mögliches Expansionsgebiet vor der Türe. Rußland hat Asien, Österreich-Ungarn den Balkan, Frankreich und Italien die afrikanische Nordküste, das meerumflossene England die Welt. Alle diese Staaten haben mehr oder weniger nur eine Seite zu verteidigen und die andere frei. Das in der Mitte Europas gelegene Deutschland ist von der politischen Konstellation Europas abhängiger als seine Nachbarn. Es ist schwerer gegen feindliche Bündnisse zu sichern und bedarf zu solcher Sicherung einen größeren Aufwand an diplomatischen oder militärischen Machtmitteln. Auf der Erkenntnis dieser Lage beruht die Politik Bismarcks, die, im wesentlichen Kontinentalpolitik, den Notwendigkeiten dieser Kontinentalpolitik die Wünschbarkeit der Weltpolitik unterordnete. [...] In diesem Zusammenhang zwischen Weltpolitik und Kontinentalpolitik liegt, wenn man so will, der Circulus vitiosus* der auswärtigen Politik des Deutschen Reiches. Weltpolitische Unternehmungen haben Rückwirkungen auf die Kontinentalpolitik, unter deren Einfluß das Deutsche Reich sich weltpolitisch beschränken muß.

Weltpolitik indes muß getrieben werden. Die wirtschaftliche Ex-

* (lat.) Teufelskreis

pansion und der Lebenswille des Volkes drängen hinaus. Die deutsche Politik muß dem Circulus vitiosus entrinnen. Sie kann nicht für reine Kontinentalpolitik optieren. Die Aufgabe, die diese Situation stellt, ist das eigentliche Problem der auswärtigen Politik des Deutschen Reiches. Alles, was geschieht, läßt sich als Versuch ihrer Lösung auffassen. Es ist klar, daß die weltpolitische Bewegungsfreiheit des Deutschen Reiches desto größer ist, je unabhängiger von der Konstellation der Mächte seine kontinentale Stellung ist. Daher gilt es zunächst, das Deutsche Reich von dem »Cauchemar des coalitions«* zu befreien, der Bismarck bedrückte. Daher ist das erste Erfordernis der deutschen Weltpolitik, daß Deutschland auf dem Kontinent so stark ist, daß jeder möglichen Konstellation gegenüber die Chancen des Sieges auf seiner Seite sind. Nur dann wird es bei weltpolitischen Unternehmungen die Rückwirkungen auf die kontinentale Konstellation auf sich nehmen können. Ja, diese Rückwirkungen werden ausbleiben, sobald man sieht, daß Deutschland auf dem Kontinent mit Aussicht auf Erfolg auch durch Zusammenschluß seiner weltpolitischen Gegner nicht angreifbar ist. Die Entscheidung über die deutsche Weltpolitik fällt auf dem Kontinent. Die deutsche öffentliche Meinung hat diesen Zusammenhang zwischen der militärischen Stellung Deutschlands auf dem Kontinent und seiner weltpolitischen Bewegungsfreiheit noch nicht durchweg begriffen. Ihr scheint die Flotte das erste Instrument der Weltpolitik. Und gerade weil die politische Sehnsucht der Nation weltpolitisch gerichtet ist, ist die Flotte in dem heutigen Deutschland populärer als das Heer. Indes kann man sich vielleicht eine deutsche Weltpolitik ohne eine überragende Stellung zur See, aber gewiß keine ohne eine solche Stellung zu Lande denken. So wichtig die Flotte für den realen Schutz der Interessen über See wie für die Imponderabilien der Macht ist, das Heer ist noch wichtiger. Der Einfluß der starken Stellung zu Lande ist freilich ein indirekter, der weniger in die Augen springt als die direkte und greifbare Wirkung der Stellung zur See.
Durch seine jüngste Heeresverstärkung hat Deutschland einen großen Schritt zu derjenigen Festigung seiner kontinentalen Stellung getan, welche die Grundlage weltpolitischer Bewegungsfreiheit bildet. [147]

## Deutschlands Außenhandel

*Der nationalliberale Reichstagsabgeordnete (1907-12, 1914-18) und Syndikus des Verbandes sächsischer Industrieller Gustav Stresemann 1913 über die deutsche Situation auf dem Weltmarkt.*

Die vorstehend gekennzeichnete Entwicklung unsres Außenhandels ist um so bedeutsamer, als sie unter außergewöhnlich schwie-

* (franz.) Alptraum feindlicher Koalitionen

rigen Verhältnissen vor sich ging. Um die Führung im Welthandel kämpfen miteinander die drei germanischen Völker und Frankreich. Diese Wettbewerber haben vieles vor uns voraus. England fundiert seinen Export im wesentlichen mit auf seinen gewaltigen Kolonialbesitz, ohne den es in den Ziffern der Ausfuhr längst von Deutschland überholt worden wäre. Die Vereinigten Staaten von Nordamerika haben die gewaltige Konsumkraft dieses großen Staatenkomplexes und seiner 90 Millionen Einwohner als Untergrund ihres Exportes für sich; sie können auf dem Weltmarkte vielfach unterbieten, weil ihnen die Grundlage des inneren Bedarfes dauernd die Möglichkeit der gewaltigen Weiterentwicklung ihrer Industrie darbietet. Frankreich, das allerdings eines Bevölkerungszuwachses entbehrt, ist andrerseits als Land der Rentner in der Lage, durch die Gewährung von Anleihen an andre Staaten die Berücksichtigung der französischen Industrie bei staatlichen Lieferungen in großem Maße zu erzwingen – vgl. die Anleihepolitik der Balkanstaaten –, während Deutschland, dessen wachsende wirtschaftliche Prosperität vollkommen im eigenen Bedarf der Industrie aufgeht, gerade in der Gegenwart davon absehen muß, sich in dieser Beziehung zu weit zu engagieren. Hierzu kommt, daß die Vereinigten Staaten als Rohstoffland in der Lage sind, der Welt den Kauf vieler Produkte gewissermaßen zu diktieren, denn ohne Baumwolle, ohne Kupfer, ohne Petroleum können die andern Länder nicht auskommen. Die Vereinigten Staaten stehen in dieser Beziehung ohne Wettbewerber da, während die deutschen Qualitätswaren durch den Wettbewerb fast aller andern Völker bedrängt sind und Jahr für Jahr diesen Weltmarkt, den uns niemand garantiert, neu erobern müssen. Die Situation Deutschlands ist weiter aus dem Grund eine äußerst schwierige, weil sein Export im wesentlichen auf der Weiterverarbeitung von Rohstoffen beruht, die ihrerseits erst vom Ausland bezogen werden müssen, so daß der Unsicherheit des Exportes noch die Abhängigkeit der Rohstoffversorgung aus dem Ausland gegenübersteht – ein Grund dafür, weshalb gerade die deutsche Industrie die Kolonialpolitik so lebhaft unterstützt, um diese Abhängigkeit zu mildern. Nimmt man noch hinzu, daß Frankreich und Amerika in ihrer staatlichen Sozialpolitik weit hinter Deutschland zurückstehen, und England, das unter Lloyd George den Weg der staatlichen Sozialgesetzgebung beschritten hat, die Lasten dieser Gesetzgebung im wesentlichen auf den Staat legt und dadurch den Arbeitgeber entlastet, so wird man verstehen, wie außerordentlich hoch die Entwicklung der deutschen Industrie gewertet werden muß. [148]

## Die deutsche Arbeiterversicherung

*Aus einem Aufsatz des katholischen Sozialpolitikers und führenden Parlamentariers der Zentrumspartei Franz Hitze über die Entwicklung der deutschen Arbeiterversicherung 1888–1913.*

Die Grundlagen der deutschen Arbeiterversicherung sind unter Kaiser Wilhelm I. gelegt. Die Krankenversicherung trat Ende 1884 in Wirksamkeit, die gewerbliche Unfallversicherung am 1. Oktober 1885. Nur die Invalidenversicherung trat 1891 in Kraft und gehört somit in ihrer Entstehung wie in ihrer Wirksamkeit ganz der Regierungszeit Kaiser Wilhelms II. an. Aber auch die Kranken- und Unfallversicherung konnte erst allmählich ihren vollen Segen entfalten, so daß die Erkenntnis ihrer vollen Bedeutung erst in den letzten Jahrzehnten sich durchsetzte. Und wenn sie unserem Kaiser als bedeutungsvolles soziales Erbe für seine Regierung zufielen, so hat er dieses Erbe doch pietätvoll gepflegt und es durch die Novellen (von 1892, 1900, 1903) und zuletzt durch die Reichsversicherungsordnung »neu zu erwerben« und reichlich zu mehren gewußt.

Welche Bedeutung die Arbeiterversicherung unter Kaiser Wilhelm II. gewonnen hat, darüber einige Zahlen:

Die deutsche Krankenversicherung umfaßte 1888: 5,8 Mill. Mitglieder, 1911: 14,5 Mill.

Die Zahl der Kassen betrug 1888: 19 451, 1911: 23 000 Kassen. [...]

Die Unfallversicherung zählte 1888: 10,35 Mill. Versicherte, 1911: 28,1 (abzüglich der Doppelzählungen 24,6) Mill.

Die Zahl der angemeldeten Unfälle betrug 1888: 41 792, 1911: 716 584. [...]

Der Invalidenversicherung unterstehen 15,8 Millionen Versicherte in 31 Versicherungsanstalten und 10 zugelassenen Kasseneinrichtungen. [...]

Die Gesamtentschädigungsleistungen der Arbeiterversicherung stellen sich demnach wie folgt:

| | 1911 | 1885–1911 |
|---|---|---|
| Krankenversicherung (seit 1885) | 397 Mill. Mark | 4749 Mill. Mark |
| Unfallversicherung (seit 1885) | 167 Mill. Mark | 2139 Mill. Mark |
| Invalidenversicherung (seit 1891) | 204 Mill. Mark | 2272 Mill. Mark |

Insgesamt betrugen sie

| 1911 | 1885–1911 |
|---|---|
| 768 Mill. Mark | 9160 Mill. Mark |

Dazu kommen die für die Zukunft unserer Arbeiter eingelegten Reservefonds nebst sonstigem Vermögen; diese betrugen Ende 1911 für die

| | |
|---|---|
| Krankenversicherung | 335 Mill. Mark |
| Unfallversicherung | 565 Mill. Mark |
| Invalidenversicherung | 1759 Mill. Mark |
| zusammen | 2660 Mill. Mark |

Dem deutschen Arbeiterstande waren also bis Ende 1911 zugute gekommen und für die Sicherung seiner Zukunft hinterlegt zusammen beinahe zwölf Milliarden Mark.

Im Jahre 1911 kamen auf die

| | Einnahmen | Verwaltungskosten |
|---|---|---|
| Krankenversicherung | 447 Mill. Mark | 24 Mill. Mark |
| Unfallversicherung | 228 Mill. Mark | 30 Mill. Mark |
| Invalidenversicherung | 323 Mill. Mark | 22 Mill. Mark |

Zu den Kosten der Arbeiterversicherung haben beigetragen die

| | 1911 | 1885–1911 |
|---|---|---|
| Arbeitgeber | 442 Mill. Mark | 5688 Mill. Mark |
| Versicherten | 393 Mill. Mark | 5030 Mill. Mark |
| das Reich | 53 Mill. Mark | 693 Mill. Mark |

Während die deutschen Arbeiter also bis 1911 stark fünf Milliarden an Beiträgen aufgebracht haben, haben sie bis dahin bezogen weit über neun Milliarden Mark, und sind noch für sie reserviert beinahe 2,7 Milliarden Mark. – Die jährlichen Leistungen der Arbeiterversicherung haben heute bereits die Summe von einer Milliarde Mark überschritten.

Mehr als zehn Milliarden Mark sind bis Ende 1912 unserm Arbeiterstande zugeflossen. Diese Summe muß Eindruck machen. Ihren vollen Segen würden wir aber erst dann ermessen können, wenn wir den Weg jeder einzelnen Mark in die Hunderttausende und Millionen von Familien und Haushalten verfolgen könnten: wieviel Not und Elend gestillt, wieviel Verzweiflung und Bitterkeit gemildert, wieviel Mut und Vertrauen neu belebt und geweckt wird. Sie kommen dem Arbeiter gerade dann zugute, wenn die eigne Kraft versagt, wenn die Not am dringendsten ist, in den Tagen der Krankheit, der Invalidität, des Alters. [149]

## Sozialpolitik und Wirtschaftsentwicklung

*Der Staatssekretär des Reichsamts des Innern und Vizekanzler Clemens Delbrück in einer Reichstagsrede vom 20. 1. 1914 über die Entwicklung der Vermögens-, Einkommens- und Lohnverhältnisse in Preußen und Deutschland.*

Wir sind mit der Verabschiedung der Reichsversicherungsordnung [von 1911] in unserer sozialpolitischen Gesetzgebung zu einem gewissen Abschluß gelangt. [...]

Was augenblicklich zu tun bleibt, [ist] nicht gesetzgeberische Arbeit [...] – aus jedem Gebiete erschöpft sich in gewissen Zwischenräumen die Möglichkeit des gesetzgeberischen Eingreifens –, sondern es ist die Detailarbeit des einzelnen Beamten, die Detailarbeit der Behörden draußen. [...]
Ich möchte einmal die Frage aufwerfen: ist unsere Sozialpolitik bisher eine zu große Last für unsere Industrie gewesen? Hat unsere Sozialpolitik die Entwicklung unserer Industrie irgendwie gehindert? Und im Zusammenhange damit darf ich auf eine allgemeine Würdigung unserer Wirtschaftspolitik eingehen, insbesondere im Hinblick auf alle die Vorteile, die unsere erfolgreiche Wirtschaftspolitik dem Arbeiter gebracht hat [...]
Ein zuverlässiger Gradmesser der wirtschaftlichen Bedeutung eines Landes ist sein Außenhandel. Im Jahre 1880 betrug unsere Einfuhr 2,8 Milliarden Mark, im Jahre 1912 10,69 Milliarden; im Jahre 1880 betrug unsere Ausfuhr 2,92 Milliarden, im Jahre 1912 8,96 Milliarden Mark. Wenn die Schätzungen richtig sind, die mir über die Ergebnisse des Jahres 1913 vorliegen, so wird sich in diesem Jahre die Ausfuhr auf 10,7 Milliarden und die Einfuhr auf 10,1 Milliarden bemessen, – ein Ergebnis, das nicht nur durch die Höhe seiner Zahlen interessant ist, sondern [...]
auch durch das überaus günstige Verhältnis von Ein- und Ausfuhr, durch die überaus günstige Gestaltung der Handels- und Zahlungsbilanz, die sich aus diesen Zahlen ergibt.
Ich darf Sie vielleicht auch bitten, meine Herren, kurz einen Vergleich mitanzuhören zwischen der Entwicklung Deutschlands in wirtschaftlicher Beziehung und der Entwicklung unserer größten Konkurrenzländer. Ein Vergleich mit Frankreich, Großbritannien und den Vereinigten Staaten von Nordamerika zeigt, daß Deutschland in seinem Gesamthandel noch im Jahre 1891 mit Frankreich und den Vereinigten Staaten von Nordamerika auf einer Stufe gestanden hat, britischerseits um rund 75 Prozent übertroffen wurde. Heute hat Deutschland die beiden zuerst genannten Länder weit überflügelt und ist dem britischen Gesamthandel nahe gerückt. Im Jahre 1912 bezifferte sich der Spezialhandel in Millionen Mark für die Einfuhr: in Deutschland auf 10691, in Frankreich auf 6585, in Großbritannien auf 12914 und den Vereinigten Staaten von Amerika auf 6801, während sich die Ausfuhr stellte in Deutschland auf 8957, in Frankreich auf 5370, in Großbritannien auf 9944 und in den Vereinigten Staaten von Amerika auf 9115. Der britische Gesamthandel übertrifft hiernach den französischen um 92 Prozent, den amerikanischen um 44 Prozent und den deutschen nur noch um 16 Prozent.

(Hört! hört! im Zentrum und bei den Nationalliberalen.)

Meine Herren, dieser doch gewiß stattlichen Entwicklung unseres Außenhandels entspricht auch die Entwicklung des inneren Marktes [...]

Ein Bild für die innere Entwicklung der Wirtschaftsverhältnisse bieten die Steigerung der landwirtschaftlichen Produktionen, die Steigerung der berg- und hüttenmännischen Produktionen, insbesondere von Kohlen und Eisen, und die Zunahmen auf dem Gebiete des Verkehrswesen bei Eisenbahnen, Post, Telegraphie, Telephon, Schiffahrt, Kapitalsentwicklung u. dergl. mehr.

Meine Herren, hier wieder einige Zahlen! Es wurden geerntet in Deutschland im Jahre 1880 an Weizen 2,4 Millionen Tonnen, im Jahre 1912 4,4 Millionen Tonnen,

(hört! hört! rechts und im Zentrum)

an Roggen 1880 5 Millionen Tonnen, 1912 11,6 Millionen Tonnen,

(hört! hört! rechts und im Zentrum)

an Hafer 1880 4,2 Millionen Tonnen, 1912 8,5 Millionen Tonnen, an Gerste 1880 2,1 Millionen Tonnen, 1912 3,5 Millionen Tonnen und an Kartoffeln 1880 19,5 Millionen Tonnen und im Jahre 1912 50,2 Millionen Tonnen.

(Hört! hört! rechts.)

Ich darf dann vielleicht noch mit einigen Zahlen auf die Entwicklung unserer Viehproduktion in demselben Zeitraum zu sprechen kommen. Unsere Viehzählungen ergaben im Jahre 1892 an Pferden 3,8 Millionen Stück, im Jahre 1912 4,5 Millionen Stück, an Rindvieh im Jahre 1892 17,6 Millionen Stück, im Jahre 1912 20,2 Millionen Stück und an Schweinen im Jahre 1892 12,2 Millionen Stück, im Jahre 1912 21,9 Millionen Stück.

Dann einige Zahlen aus unserer Montanstatistik. Wir haben an Steinkohle gefördert im Jahre 1891 73,7 Millionen Tonnen, im Jahre 1912 174,9 Millionen Tonnen, an Braunkohle im Jahre 1891 20,5 Millionen Tonnen, im Jahre 1912 80,9 Millionen Tonnen,

(hört! hört!)

an Kalisalzen im Jahre 1891 1,4 Millionen Tonnen, im Jahre 1912 11,2 Millionen Tonnen, an Eisenerzen im Jahre 1891 10,7 Millionen Tonnen, im Jahre 1912 27,2 Millionen Tonnen. Die Roheisenproduktion hat betragen 1891 4,6 Millionen, 1912 17,9 Millionen Tonnen, 1913 19,3 Millionen Tonnen. [...]

Unser Güterverkehr hat sich im Laufe der letzten 20 Jahre verdreifacht. Im Jahre 1891 betrug die Zahl der zurückgelegten Tonnenkilometer 23 328 Millionen, im Jahre 1901 35 325 Millionen und im Jahre 1911 61 870 Millionen. [...] Im Seeverkehr wurden 1891 66 736 Schiffe mit 14,5 Millionen Nettoregistertons nachgewiesen, die in deutschen Häfen zu Handelszwecken eingelaufen waren, gegen 112 691 mit 31,5 Millionen Nettoregistertons im Jahre 1911. [...]

Und nun einige Zahlen über die Entwicklung des Kapitalmarktes! Das dividendenberechtigte Aktienkapital sämtlicher deutschen Aktiengesellschaften betrug 1907/08 12 664 Millionen, erreichte im Jahre 1911/12 die Höhe von 14 550 Millionen. Der Gesamt-

umsatz der Reichsbank ist von 110 Milliarden Mark im Jahre 1891 auf 414 Milliarden Mark im Jahre 1912 gestiegen.
Nun komme ich auf ein Thema, das in dem Kampfe mit den Herren von der Linken über die Bedeutung unserer Wirtschaftspolitik eine hervorragende Rolle spielt, nämlich, in welchem Umfange sind die arbeitenden Klassen, diejenigen Klassen der Bevölkerung, die man nicht zu den Kapitalisten rechnet, an diesem doch wohl kaum bestreitbaren Aufschwunge beteiligt? Und da möchte ich einzelne Zahlen geben zunächst aus der Einschätzung zur Einkommensteuer in Preußen.
Das zu den direkten Steuern in Preußen veranlagte Einkommen über 900 Mark – ich betone diese Zahl ganz besonders – betrug 1892 5704 Millionen, 1902 8560 Millionen, 1912 15 240 Millionen Mark, und, meine Herren, worauf es dabei besonders ankommt, die Zahl der physischen Zensiten belief sich im ersten der genannten Jahre auf 2,6, im zweiten auf 4,06 und im letzten auf 7,54 Millionen. Daraus ergibt sich also, meine Herren, daß das große Kapitalvermögen, das in Preußen im Laufe der Jahre 1892 bis 1912 sich angesammelt hat, sich keineswegs nur in den Geldschränken der reichen Leute angehäuft hat, sondern daß die gesamte Bevölkerung bis in die Kreise des Handarbeiters herab an dieser Einkommensvermehrung teilgenommen hat.

(Unruhe bei den Sozialdemokraten.)

Denn die Grenze von 900 Mark Einkommen, die ich eben angeführt habe, wird jetzt bekanntlich – ich komme im Laufe meiner Ausführungen noch auf die Zahlen – von dem Einkommen eines großen Teiles unserer Arbeiterschaft längst überschritten. [...]
Und nun noch wenige Worte über unser Sparkassenwesen. Es wurden in Preußen eingezahlt:

| | |
|---|---|
| im Jahre 1892 | 3,552 Millionen Mark, |
| im Jahre 1902 | 6,728 Millionen Mark, |
| im Jahre 1911 | 11,837 Millionen Mark. |

Das durchschnittliche Einzelguthaben ist von 595 auf 882 Mark gewachsen; es hat sich also in 19 Jahren um 48 Prozent erhöht. [...]
Und nun, meine Herren, noch das Ergebnis der Veranlagung zur Vermögenssteuer in Preußen. Nach der Ergänzungssteuer betrug das veranlagte Vermögen in Preußen im Jahre 1895 63 857 Millionen Mark und 1911/13 104 057 Millionen Mark. Auf den Kopf der Bevölkerung errechnet, ergibt sich danach ein Durchschnittsvermögen von

2 072 Mark im Jahre 1895,
2 671 Mark im Jahre 1911/13,

also eine Steigerung um 29 Prozent in 16 Jahren [...]
Nun frage ich: in welchem Umfange haben abgesehen von den Zahlen, die ich schon gegeben habe, die Arbeitnehmer an dieser günstigen wirtschaftlichen Entwicklung des Deutschen Reiches

teilgenommen? Wir hören immer, die Löhne seien zwar gestiegen, sie seien aber in ganz unzureichendem Maße gestiegen,

(sehr richtig! bei den Sozialdemokraten)

sie hätten nicht mit der Steigerung der Lebensmittelpreise Schritt gehalten, und im Anschluß daran kommen dann in der Regel die Erörterungen über die die Lebensmittel verteuernde Wirtschaftspolitik der Regierung und der Majorität dieses hohen Hauses, um keine schlimmeren Vorwürfe zu zitieren. Ich habe vorhin die Daten über die Entwicklung des Einkommens und das Volksvermögen gegeben, weil sie klar beweisen, daß trotz der steigenden Preise der meisten Lebensbedürfnisse, die niemand in Abrede stellen kann, auch der kleine Mann in Deutschland im Laufe der letzten zwanzig Jahre in steigendem Maße in der Lage gewesen ist, sein Vermögen zu vermehren. Ich möchte jetzt mit wenigen Sätzen auf die Entwicklung unserer Löhne eingehen.

Ein klares Bild über die Entwicklung unserer Löhne in ihrer Gesamtheit, eine gerechte Würdigung der Höhe dieser Löhne im Verhältnis zu den Bedürfnissen einer Arbeiterfamilie ist überaus schwer zu erlangen. Ich habe mich früher hier wiederholt auf die vortrefflichen Arbeiten von Calwer berufen, die ich auch heute noch für maßgebend ansehe, aus denen sich ergibt, daß wenigstens bis vor ganz kurzer Zeit die Steigerung der Löhne stärker war als die Steigerung der Lebensmittelpreise. Calwer hat, soweit ich mich erinnere, auch besonders darauf hingewiesen, daß man bei der Steigerung der Löhne auch berücksichtigen müsse, daß das, was der Arbeiter für das aufgewendete Geld bekommt, erheblich viel mehr und besser geworden ist. Unsere Wohnungen sind besser geworden trotz aller Mängel, die ihnen noch anhaften mögen — darüber werden wir uns ja bei anderer Gelegenheit unterhalten —, die ganze Lebenshaltung des Arbeiters ist eine bessere und höhere geworden. Das alles, die gesteigerte Lebenshaltung, die besseren Wohnungen usw. haben die minderbemittelten Klassen bezahlen können, ohne verhindert zu werden, an den Vermögensvermehrungen im Deutschen Reich und im preußischen Staat für ihre Person teilzunehmen.

Dies vorausgeschickt, möchte ich wenige Zahlen geben. Meine Herren, einen gewissen Maßstab für die Bewegung der Löhne mögen geben die Lohnverhältnisse der im Arbeitsverhältnis beschäftigten Bediensteten der preußisch-hessischen Eisenbahngemeinschaft. Hier ist der Lohn für Hilfsbedienstete und Arbeiter im Betriebe von 783 Mark im Jahre 1895 auf 1267 Mark im Jahre 1912 gestiegen, das ist ein Plus um 484 Mark oder 61,8 Prozent. Der Lohn der Bahnunterhaltungsarbeiter ist in demselben Zeitpunkt gestiegen von 597 auf 930 Mark, das ist ein Plus von 333 Mark oder 55,8 Prozent. Der Lohn der Werkstättenarbeiter einschließlich der Lehrlinge ist gestiegen von 1026 im Jahre 1895 auf 1482 im Jahre 1912, das ist ein Plus von 456 Mark oder eine Steigerung von 44,4 Prozent. Wenn man den Durchschnittstagesverdienst aller Arbeiterklassen zusammennimmt, ergibt sich eine Steigerung von 55,6 Prozent für den Zeitraum 1895 bis 1912. Meine Herren, ich will Ihnen nun ohne weiteres zugeben, daß es sich hier um besonders günstig situierte Arbeiterklassen handelt. Aber diese ansehnliche Steigerung des Einkommens um mehr als 50 Prozent ist doch bis auf einen gewissen Punkt typisch. Sie wäre nicht möglich gewesen ohne ein Wachsen der Löhne überhaupt. Die Nettolöhne sämtlicher Bergarbeiter sind in Oberschlesien im Durchschnitt von 675 Mark im Jahre 1895 gestiegen auf 1053 Mark im Jahre 1912.

(Zuruf von den Sozialdemokraten: Was ist denn das!)

— Ja, meine Herren, ich habe hier nur die Steigerung festzustellen! — Sie sind gestiegen in Niederschlesien von 737 im Jahre 1895 auf 1043 Mark im Jahre 1912; sie sind gestiegen in Dortmund von 968 im Jahre 1895 auf 1586 Mark im Jahre 1912.

(Hört! hört! bei den Nationalliberalen.)

Sie sind gestiegen in Saarbrücken von 929 im Jahre 1895 auf 1251 Mark im Jahre 1912, sie sind gestiegen im Aachener Revier von 868 Mark im Jahre 1895 auf 1530 im Jahre 1912. Ob diese Löhne — es sind übrigens Durchschnittszahlen für verschiedene Arbeiterklassen — ausreichend sind oder nicht, erörtere ich hier nicht; ich stelle nur fest die Steigerung, und ich stelle ausdrücklich fest, daß diese Steigerung ergibt, daß in sämtlichen Revieren bereits im Jahre 1906 die preußische Veranlagungsgrenze von 900 Mark überschritten war, mit der ich vorhin operiert habe, als ich die Zunahme des Einkommens und des Vermögens im preußischen Staate erörterte.

Meine Herren, Sie finden ähnliche Steigerungen in der Heuer der deutschen Seeleute. Sie finden erheblich höhere Steigerungen beispielsweise in den Lohnzahlen der Firma Krupp. [...]

Das Kaiserliche Statistische Amt kommt im Novemberheft 1913 des »Reichsarbeitsblattes« zu folgendem Schluß: Überblickt man eine längere Jahresreihe, so ist unzweifelhaft der Lohn erheblich stärker gestiegen als die Lebensmittelpreise. Die Lebenshaltung hat sich also gebessert. Aber solche Entwicklungen erfahren zeitweise auch Unterbrechungen. Und es wäre möglich, daß die starke Preissteigerung in den letzten Jahren der Lohnentwicklung vorausgeeilt ist.* [150]

* Vgl. Reichs-Arbeitsblatt, XI. Jg., Nr. 11, 22. 11. 1913, S. 838 f.

# Die Steuerbelastung in Deutschland, England und Frankreich

*Aus einer der Budgetkommission des Reichstages am 3. Juni 1913 vorgelegten Aufstellung.*

1) Nach den Gesamtsteuerbeträgen.

| Direkte Steuern in 1000 M | Zölle und Verbrauchssteuern in 1000 M | Aufwandsteuern in 1000 M | Verkehrsabgaben in 1000 M | Erbschaftssteuer in 1000 M | Gesamtsteuerertrag in 1000 M |
|---|---|---|---|---|---|
| | | Deutsches Reich | | | |
| 2 008 044 | 1 542 498 | 82 078 | 384 894 | 62 081 | 4 079 595* |
| | | Großbritannien | | | |
| 2 637 717 | 1 364 091 | | 199 581 | 518 758 | 4 720 147 |
| | | Frankreich | | | |
| 1 062 909 | 1 766 545 | | 651 626 | 295 314 | 3 776 394 |

2) In Hundertteilen des Gesamtsteuerertrags.

| Staaten | Direkte Steuern | Zölle und Verbrauchssteuern | Aufwandsteuern | Verkehrsabgaben | Erbschaftssteuer | Insgesamt |
|---|---|---|---|---|---|---|
| | | | In Mark | | | |
| Deutsches Reich | 49,22 | 37,81 | 2,02 | 9,43 | 1,52 | 100 |
| Großbritannien | 55,88 | 28,90 | | 4,23 | 10,99 | 100 |
| Frankreich | 28,15 | 46,78 | | 17,26 | 7,82 | 100 |

3) Auf den Kopf der Bevölkerung

| Staaten | Direkte Steuern | Zölle und Verbrauchssteuern | Aufwandsteuern | Verkehrsabgaben | Erbschaftssteuer | Insgesamt |
|---|---|---|---|---|---|---|
| | | | In Mark | | | |
| Deutsches Reich | 30,89 | 23,73 | 1,26 | 5,92 | 0,95 | 62,75 |
| Großbritannien | 59,27 | 30,65 | | 4,49 | 11,66 | 106,07 |
| Frankreich | 27,15 | 44,95 | | 16,58 | 7,51 | 96,09 |

[151]

* Die Gesamteinnahmen des Reiches und der deutschen Bundesstaaten lagen erheblich höher, entfielen doch über 50 % der Einnahmen auf Eisenbahn- und sonstige Erwerbseinnahmen.

## Die Jugendbewegung

*Eine der charakteristischen Erscheinungen der Zeit nach der Jahrhundertwende war das Aufkommen einer gegen die Welt der Erwachsenen protestierenden Jugendbewegung, in der sich Kritik an den erstarrten Konventionen und dem Kastengeist der bürgerlichen Gesellschaft mit Naturschwärmerei, humanitärer Idealismus mit völkisch-nationalem Pathos, die Ablehnung jedes Klassenhochmuts mit Elitebewußtsein und Führerideologie zu einer diffusen Gefühls- und Vorstellungswelt paarten, deren Niederschläge später in fast allen politischen Richtungen der Weimarer Republik von den Kommunisten bis zu den Nationalsozialisten sich aufzeigen ließen. Die folgende Quelle ist der zweite Aufruf verschiedener Jugendverbände zur Teilnahme an einer großen Feier auf dem Hohen Meißner 1913, die den Höhepunkt der deutschen Jugendbewegung vor dem Ersten Weltkrieg darstellte.*

Die deutsche Jugend steht an einem entscheidenden Wendepunkt. Die Jugend, bisher nur ein Anhängsel der älteren Generation, aus dem öffentlichen Leben ausgeschaltet und auf eine passive Rolle angewiesen, beginnt sich auf sich selbst zu besinnen. Sie versucht, unabhängig von den Geboten der Konvention sich selbst ihr Leben zu gestalten. Sie strebt nach einer Lebensführung, die jugendlichem Wesen entspricht, die es ihr aber zugleich auch ermöglicht, sich selbst und ihr Tun ernst zu nehmen, und sich als einen besonderen Faktor in die allgemeine Kulturarbeit einzugliedern. Sie möchte das, was in ihr an reiner Begeisterung für höchste Menschheitsaufgaben, an ungebrochenem Glauben und Mut zu einem adligen Dasein lebt, als einen erfrischenden, verjüngenden Strom dem Geistesleben des Volkes zuführen. Sie, die im Notfall jederzeit bereit ist, für die Rechte ihres Volkes mit dem Leben einzutreten, möchte auch in Kampf und Frieden des Werktags ihr frisches reines Blut dem Vaterlande weihen.
Sie wendet sich aber von jenem billigen Patriotismus ab, der sich die Heldentaten der Väter in großen Worten aneignet, ohne sich zu eigenen Taten verpflichtet zu fühlen, dem vaterländische Gesinnung sich erschöpft in der Zustimmung zu bestimmten politischen Formeln, in der Bekundung des Willens zu äußerer Machterweiterung und in der Zerreißung der Nation durch politische Streitigkeiten.
Die unterzeichneten Verbände haben, jeder von seiner Seite her, den Versuch gemacht, den neuen Ernst der Jugend in Arbeit und Tat umzusetzen; sei es, daß sie den Befreiungskampf gegen den Alkohol aufnahmen, sei es, daß sie eine Veredlung der Geselligkeit oder eine Neugestaltung der akademischen Lebensformen versuchten, sei es, daß sie der städtischen Jugend das freie Wandern und damit ein inniges Verhältnis zu Natur und Volkstum

wiedergaben und ihr einen eigenen Lebensstil schufen, sei es, daß sie den Typus einer neuen Schule als des Heims und Ursprungs einer neugearteten Jugend ausgestalteten. Aber sie alle empfinden ihre Einzelarbeit als den besonderen Ausdruck eines ihnen allen gemeinsamen Gefühls vom Wesen, Wert und Willen der Jugend, das sich wohl leichter in Taten umsetzen als auf Formeln bringen läßt. Diesen neuen, hier und da aufflammenden Jugendgeist haben sie als den ihnen allen gemeinsamen erkannt und den Beschluß gefaßt, aus Gesinnungsgenossen nunmehr auch Bundesgenossen zu werden.

Uns allen schwebt als gemeinsames Ziel vor die Erarbeitung neuer Lebensformen, zunächst für die deutsche Jugend. Hieran wollen wir alle, jeder in seiner Eigenart, mitwirken. Wir wollen auch weiter getrennt marschieren, aber in dem Bewußtsein, daß uns ein Grundgefühl zusammenschließt, so daß wir Schulter an Schulter kämpfen. Wir sprechen die Hoffnung und den Glauben aus, daß sich zu uns mehr und mehr die gesamte gleichgesinnte Jugend sammeln möge.

Im gegenwärtigen Augenblick erleben wir das hohe Glück, uns im gemeinsamen Willen gefunden zu haben. Diesen Zusammenschluß, diese brüderliche Anerkennung wollen wir durch ein großes Fest der Jugend feiern. Und fürwahr, kein Zeitpunkt kann dazu geeigneter sein als das Jahr und der Monat, in dem Deutschland die vor hundert Jahren errungene Freiheit feiert. Noch fehlt das Fest der Jugend in der Reihe dieser Feiern. Und wir wollen es begehen in deutlichem Gegensatz zu jenem von uns verworfenen Patriotismus als eine Gedenk- und Auferstehungsfeier jenes Geistes der Freiheitskämpfe, zu dem wir uns bekennen.

So laden wir denn die Jugend ein, mit uns am 11. und 12. Oktober auf dem Hohen Meißner bei Cassel den Ersten Freideutschen Jugendtag zu feiern. Möge von ihm eine neue Zeit deutschen Jugendlebens anheben, mit neuem Glauben an die eigene Kraft, mit neuem Willen zur eigenen Tat.

Deutsche Akademische Freischar
Deutscher Bund abstinenter Studenten
Deutscher Vortruppbund / Bund deutscher Wanderer
Jungwandervogel / Österreichischer Wandervogel
Germania, Bund abstinenter Schüler
Freie Schulgemeinde Wickersdorf
Bund für Freie Schulgemeinden
Landschulheim am Solling
Akademische Vereinigungen - Marburg und Jena
Serakreis-Jena / Burschenschaft Vandalia-Jena [152]

## Frieden und Krieg

*Sonett des am 28. November 1914 gestorbenen Dichters Alfred Walter von Heymel, das 1910 geschrieben, 1913 im Insel Almanach abgedruckt wurde. Als Mitbesitzer des Insel Verlages war Heymel einer der Mäzene der modernen deutschen Dichtung.*

Eine Sehnsucht aus der Zeit

Aus sanfter Schwermut und der Liebe Trauer
ermann ich mich; versuch mich zu ermannen
und kann doch Tod und Untergang nicht bannen,
wohin ich flüchten will, ragt Mauer auf an Mauer.

Grüb ich den Acker um, ein guter Bauer,
dient ich im Schweiße, wüßte ich, von wannen
dies alles kommt, und wüßte, wie von dannen
ich käm aus Schmach und Schande, Scham und Schauer.

Es fehlt uns vielen Dienst und Ziel und Zwang,
die allen nottun und so wenige wollen;
so schmachten wir in Freiheit sonder Siege.

Im Friedenreichtum wird uns tödlich bang.
Wir kennen Müssen nicht noch Können oder Sollen;
wir sehnen uns, wir schreien nach dem Kriege. [153]

# Ergebnisse der Reichstagswahlen von 1871–1912

| Parteien | 1. Reichstag 1871, Wahlbeteiligung 51 % | | 2. Reichstag 1874, Wahlbeteiligung 61,2 % | | 3. Reichstag 1877, Wahlbeteiligung 60,6 % | | 4. Reichstag 1878, Wahlbeteiligung 63,4 % | | 5. Reichstag 1881, Wahlbeteiligung 56,3 % | | 6. Reichstag 1884, Wahlbeteiligung 60,6 % | | 7. Reichstag 1887, Wahlbeteiligung 77,5 % | | 8. Reichstag 1890, Wahlbeteiligung 71,6 % | | 9. Reichstag 1893, Wahlbeteiligung 72,5 % | | 10. Reichstag 1898, Wahlbeteiligung 68,1 % | | 11. Reichstag 1903, Wahlbeteiligung 76,1 % | | 12. Reichstag 1907, Wahlbeteiligung 84,7 % | | 13. Reichstag 1912, Wahlbeteiligung 84,9 % | |
|---|---|---|---|---|---|---|---|---|---|---|---|---|---|---|---|---|---|---|---|---|---|---|---|---|---|---|
| | Mandate | Stimmenanteil v. H. | Mandate | Stimmenanteil v. H. | Mandate | Stimmenanteil v. H. | Mandate | Stimmenanteil v. H. | Mandate | Stimmenanteil v. H. | Mandate | Stimmenanteil v. H. | Mandate | Stimmenanteil v. H. | Mandate | Stimmenanteil v. H. | Mandate | Stimmenanteil v. H. | Mandate | Stimmenanteil v. H. | Mandate | Stimmenanteil v. H. | Mandate | Stimmenanteil v. H. | Mandate | Stimmenanteil v. H. |
| Konservative | 57 | 14,1 | 22 | 6,9 | 40 | 9,7 | 59 | 13,0 | 50 | 16,3 | 78 | 15,2 | 80 | 15,2 | 73 | 12,4 | 72 | 13,5 | 56 | 11,1 | 54 | 10,0 | 60 | 9,4 | 43 | 9,2 |
| Reichspartei (Freikonserv.) | 37 | 8,9 | 33 | 7,2 | 38 | 7,9 | 57 | 13,6 | 28 | 7,4 | 28 | 6,9 | 41 | 9,8 | 20 | 6,7 | 28 | 5,7 | 23 | 4,4 | 21 | 3,5 | 24 | 4,2 | 14 | 3,0 |
| Nationalliberale | 125 | 30,1 | 155 | 29,7 | 128 | 27,2 | 99 | 23,1 | 47 | 14,7 | 51 | 17,6 | 99 | 22,3 | 42 | 16,3 | 53 | 13,0 | 46 | 12,5 | 51 | 13,9 | 54 | 14,5 | 45 | 13,6 |
| Liberale | 30 | 7,2 | 3 | 1,0 | 13 | 2,5 | 10 | 2,7 | — | — | — | — | — | — | — | — | — | — | — | — | — | — | — | — | — | — |
| Liberale Vereinigung* | — | — | — | — | — | — | — | — | 46 | 8,4 | | | | | | | 13 | 3,9 | 12 | 2,5 | 9 | 2,6 | 14 | 3,2 | | |
| Deutsche Fortschrittspartei** | 46 | 8,8 | 49 | 8,6 | 35 | 7,7 | 26 | 6,7 | 60 | 12,7 | 67 | 17,6 | 32 | 12,9 | 66 | 16,0 | 24 | 8,7 | 29 | 7,2 | 21 | 5,7 | 28 | 6,5 | 42 | 12,3 |
| Deutsche Volkspartei | 1 | 0,5 | 1 | 0,4 | 4 | 0,8 | 3 | 1,1 | 9 | 2,0 | 7 | 1,7 | — | 1,2 | 10 | 2,0 | 11 | 2,2 | 8 | 1,4 | 6 | 1,0 | 7 | 1,2 | | |

| | | | | | | | | | | | | | | | | | | | | | | | | | | |
|---|---|---|---|---|---|---|---|---|---|---|---|---|---|---|---|---|---|---|---|---|---|---|---|---|---|---|
| Zentrum | 63 | 18,6 | 91 | 27,9 | 93 | 24,8 | 94 | 23,1 | 100 | 23,2 | 99 | 22,6 | 98 | 20,1 | 106 | 18,6 | 96 | 19,1 | 102 | 18,8 | 100 | 19,8 | 105 | 19,4 | 91 | 16,4 |
| Welfen | 7 | 1,6 | 4 | 1,8 | 4 | 1,6 | 10 | 1,7 | 10 | 1,7 | 11 | 1,7 | 4 | 1,5 | 11 | 1,6 | 7 | 1,3 | 9 | 1,4 | 6 | 1,0 | 1 | 0,7 | 5 | 0,7 |
| Sozial-demokraten | 2 | 3,2 | 9 | 6,8 | 12 | 9,1 | 9 | 7,6 | 12 | 6,1 | 24 | 9,7 | 11 | 10,1 | 35 | 19,8 | 44 | 23,3 | 56 | 27,2 | 81 | 31,7 | 43 | 28,9 | 110 | 34,8 |
| Polen | 13 | 4,5 | 14 | 3,8 | 14 | 4,0 | 14 | 3,6 | 18 | 3,8 | 16 | 3,6 | 13 | 2,8 | 16 | 3,4 | 19 | 3,0 | 14 | 3,1 | 16 | 3,7 | 20 | 4,0 | 18 | 3,6 |
| Dänen | 1 | 0,5 | 1 | 0,4 | 1 | 0,3 | 1 | 0,3 | 2 | 0,3 | 1 | 0,3 | 1 | 0,2 | 1 | 0,2 | 1 | 0,2 | 1 | 0,2 | 1 | 0,2 | 1 | 0,1 | 1 | 0,1 |
| Elsaß-Lothringer | — | — | 15 | 4,5 | 15 | 3,7 | 15 | 3,1 | 15 | 3,0 | 15 | 2,9 | 15 | 3,1 | 10 | 1,4 | 8 | 1,5 | 10 | 1,4 | 9 | 1,1 | 7 | 1,0 | 9 | 1,3 |
| Antisemiten, Wirtschaftliche Vereinigung*** | — | — | — | — | — | — | — | — | — | — | — | — | 1 | 0,2 | 5 | 0,7 | 16 | 3,5 | 13 | 3,3 | 11 | 2,6 | 16 | 3,9 | 13 | 2,9 |
| Sonstige | — | 2,0 | — | 0,9 | — | 0,5 | — | 0,3 | — | 0,3 | — | 0,2 | 2 | 0,6 | 2 | 1,0 | 5 | 1,7 | 18 | 4,5 | 11 | 3,5 | 17 | 3,0 | 6 | 2,0 |
| insgesamt | 382 | — | 397 | — | 397 | — | 397 | — | 397 | — | 397 | — | 397 | — | 397 | — | 397 | — | 397 | — | 397 | — | 397 | — | 397 | — |

* Ab 1893 Freisinnige Vereinigung.

** Ab 1884 nach der Fusion mit der Liberalen Vereinigung Deutsch-Freisinnige Partei, ab 1893, nach der Abspaltung der Freisinnigen Vereinigung, Freisinnige Volkspartei, ab 1910 nach dem Zusammenschluß der linksliberalen Gruppen Fortschrittliche Volkspartei.

*** Antisemiten traten bei den Reichstagswahlen von 1887—1903 als Splittergruppen unter den Parteinamen Christlich-Soziale Partei, Deutsche Reformpartei, Deutsch-Soziale Reformpartei und Deutsch-Soziale Partei auf. Ab 1907 erscheint in dieser Rubrik auch die Wirtschaftliche Vereinigung, in der die Antisemiten als dominierende Gruppe aufgegangen sind.

# Quellenverzeichnis

## Teil I Die politische Struktur des Deutschen Reiches

### 1. Verfassung

1 HELFFERICH, Karl, Deutschlands Volkswohlstand 1888—1913, Berlin [5]1915, S. 12—18
2 WEBER, Max, Der Nationalstaat und die Volkswirtschaftspolitik, in: Gesammelte politische Schriften, Tübingen [2]1958, S. 18—21
3 GUTTMANN, Bernhard, Schattenriß einer Generation, 1888—1919, Stuttgart 1950, S. 41—43
4 SYBEL, Heinrich von, Das neue deutsche Reich, in: Vorträge und Aufsätze, Berlin [2]1875, S. 322—327
5 JELLINEK, Georg, Regierung und Parlament in Deutschland, Geschichtliche Entwicklung ihres Verhältnisses. Vorträge der Gehe-Stiftung zu Dresden. 1. Band, Leipzig und Dresden 1909, S. 27—32
6 Stenographische Berichte über die Verhandlungen des Preußischen Herrenhauses in der Session 1913 und in der Session 1914/15, 3. Sitzung, 10. Januar 1914, Berlin 1915, Sp. 31—34, Sp. 38
7 Verhandlungen der Württembergischen Kammer der Abgeordneten auf dem 34. Landtag in den Jahren 1899/1900. Protokoll-Band III, Stuttgart 1900, S. 2141
8 LERCHENFELD-KOEFERING, Hugo Graf, Erinnerungen und Denkwürdigkeiten, Berlin [2]1935, S. 179—180, 196—197
9 NAUMANN, Friedrich, Demokratie und Kaisertum, Berlin-Schöneberg [3]1904, S. 170—171
10 JOLLY, Julius, Der Reichstag und die Partheien, Berlin 1880, S. 170 bis 172.
11 PAYER, Friedrich, Von Bethmann Hollweg bis Ebert, Frankfurt a. M. 1923, S. 11—12, 14—16, 18
12 SCHMIDT, Richard, Staatsrecht, in: Das Jahr 1913, Ein Gesamtbild der Kulturentwicklung, hrsg. von D. Sarason, Leipzig, Berlin 1913, S. 103—104
13 NORDDEUTSCHE ALLGEMEINE ZEITUNG, 33. Jg., Nr. 183, vom 20. 4. 1894, S. 2

### 2. Verwaltung und Beamtenschaft

14 MICHAELIS, Georg, Für Staat und Volk, Berlin [2]1922, S. 263
15 MEYER, Georg und ANSCHÜTZ, Gerhard, Lehrbuch des deutschen Staatsrechtes, Leipzig [6]1905, S. 360—361, 364—365, 400—403, 405—406
16 TREITSCHKE, Heinrich von, Aufsätze, Reden und Briefe, Band 4, Meersburg 1929, S. 54—58
17 WEBER, Max, Parlament und Regierung im neugeordneten Deutschland, in: Gesammelte politische Schriften, a.a.O., S. 328—330

18 Köhler, Heinrich, Lebenserinnerungen des Politikers und Staatsmannes 1878—1949, Stuttgart 1964, S. 7—8
19 Stenographische Berichte über die Verhandlungen des Preußischen Hauses der Abgeordneten, 21. Legislaturperiode, IV. Session 1911, 1. Band, 3. Sitzung, 14. Januar 1911, Berlin 1911, Sp. 103—104
20 Stein, August, Staatsamt und Geschäft, Frankfurter Zeitung vom 24. Dezember 1905, wieder abgedruckt in: Es war alles ganz anders. Aus der Werkstätte eines politischen Journalisten, 1891—1914. Aufsätze August Steins, hrsg. von Max Fuchs. »Irenaeus«, zweite, vermehrte Aufl., Frankfurt a. M. 1922, S. 168—170
21a Verhandlungen des Reichstages. XIII. Legislaturperiode. I. Session. Band 286, Stenographische Berichte, 90. Sitzung, 14. Januar 1913, Berlin 1913, S. 2949
21b Stenographische Berichte über die Verhandlungen des Preußischen Hauses der Abgeordneten, 19. Legislaturperiode, V. Sesssion, 1903, Zweiter Band, 28. Sitzung, 23. Februar 1903, Berlin 1903, S. 1826
22 Pauly, Walter, Als Landrat in Ostpreußen, Ragnit-Allenstein, Würzburg 1957, S. 2—5, 36—38
23 Hirsch, Paul, Der preußische Landtag, Handbuch für sozialdemokratische Landtagswähler, Berlin $^{3}$1913, S. 293, 297—300, 302
24 Gerlach, Hellmut von, Von Rechts nach Links, Zürich 1937, S. 163 bis 166
25 Brandi, Paul, Essener Arbeitsjahre, Erinnerungen des Ersten Beigeordneten Paul Brandi, Beiträge zur Geschichte von Stadt und Stift Essen, 75. Heft, Essen 1959, S. 56—59
26a Deutscher Reichsanzeiger und Königlich Preußischer Staats-Anzeiger, Nr. 305, Berlin, Sonnabend, den 28. Dezember 1878, Abends
26b Anlagen zu den Stenographischen Berichten über die Verhandlungen des Hauses der Abgeordneten während der 1. Session der 14. Legislaturperiode 1879—1880, Zweiter Band, Aktenstück Nr. 60, Berlin 1880, S. 926—927

3. Das Militär

27 Hintze, Otto, Gesammelte Abhandlungen Band I, Göttingen $^{2}$1962, S. 377
28 Oldenburg-Januschau, Elard von, Erinnerungen, Leipzig 1936, S. 108—110
29 Handbuch für Heer und Flotte. Enzyklopädie der Kriegswissenschaften und verwandter Gebiete. Hrsg. von Georg von Alten. Band III, Berlin, Leipzig, Wien, Stuttgart 1911, S. 101—102
30 Militär-Wochenblatt, Jg. 74, Berlin 1889, Nr. 62 vom 20. Juli und Nr. 67 vom 7. August 1889, Sp. 1311—1312, 1314—1315; Sp. 1452, 1454, 1456
31 Militär-Wochenblatt, Jg. 75, Berlin 1890, Nr. 32 vom 9. April 1890, Sp. 1009—1012
32 Verhandlungen des Reichstags, XII. Legislaturperiode. II. Session. Band 259, Berlin 1910, S. 819
33 Handbuch für Heer und Flotte, a.a.O., Band III, S. 302—303
34 Zuckmayer, Carl, Der Hauptmann von Köpenick, 1. Akt, 7. Szene, Gesammelte Werke, Die deutschen Dramen, Frankfurt a. M. und Berlin 1951, S. 148—151.

35 Stenographische Berichte über die Verhandlungen des Reichstags, VIII. Legislaturperiode. I. Session 1890/91. Dritter Band. 76. Sitzung, 27. Februar 1891. Berlin 1891, S. 1767—1768

4. Parteiwesen und Wahlen

36 WEBER, Max, Parlament und Regierung im neugeordneten Deutschland, a.a.O., S. 373—376
37 KULEMANN, Wilhelm, Politische Erinnerungen, Ein Beitrag zur neueren Zeitgeschichte, Berlin 1911, S. 45—49
38 BAMBERGER, Ludwig, Gesammelte Schriften, Band 5, Berlin 1897, S. 333
39 TIEDEMANN, Christoph von, Aus sieben Jahrzehnten, Zweiter Band: Sechs Jahre Chef der Reichskanzlei unter dem Fürsten Bismarck, Leipzig 1909, S. 47—49
40 Bismarcks großes Spiel, Die geheimen Tagebücher Ludwig Bambergers, Frankfurt a. M. 1932, S. 290—294
41 PUHLE, Hans-Jürgen, Agrarische Interessenpolitik und preußischer Konservatismus im wilhelminischen Reich (1893—1914), Hannover 1967, S. 329—331
42 HOHENLOHE-SCHILLINGFÜRST, Fürst Chlodwig zu, Denkwürdigkeiten der Reichskanzlerzeit, Stuttgart, Berlin 1931, S. 450—451
43 Verhandlungen des Reichstags. XI. Legislaturperiode. II. Session 1905/06. Erster Sessionsabschnitt, 37. Sitzung, 7. II. 1906, Zweiter Band, Berlin 1906, S. 1069—1074, S. 1078
44 HIRSCH, Paul, a.a.O., S. 10—11

5. Parteien und Verbände

I. Die Konservativen

45 GERLACH, Hellmut von, a.a.O., S. 32—34
46 FONTANE, Theodor, Der Stechlin, Sämtliche Werke Bd. VIII, München 1959, S. 152—156
47 DELBRÜCK, Clemens von, Die wirtschaftliche Mobilmachung in Deutschland 1914, München 1924, S. 39, 56—57, 58—59

II. Die Antisemiten

48 CLASS, Heinrich, Wider den Strom, Vom Werden und Wachsen der nationalen Opposition im alten Reich, Leipzig 1932, S. 17—18
49 GERLACH, Hellmut von, a.a.O., S. 111—114

III. Die Nationalliberalen

50 JOLLY, Julius, a.a.O., S. 92—95
51 ESCHENBURG, Theodor, Das Kaiserreich am Scheideweg, Berlin 1929, S. 115—117, S. 122—123

IV. Das Zentrum

52 SPAHN, Martin, Das deutsche Zentrum, Mainz und München [2]1907, S. 81—84
53 KÖHLER, Heinrich, a.a.O., S. 28—29

54a BACHEM, Julius, Wir müssen aus dem Turm heraus! Historisch-politische Blätter für das Katholische Deutschland, 137. Bd., München 1906, S. 377, 382—386
54b ROEREN, Hermann, Zentrum und Kölner Richtung, Trier 1913, S. 50—51

V. Die Sozialdemokratie

55 BERNSTEIN, Eduard, Ignaz Auer, Berlin 1907, S. 72
56 Akten zur staatlichen Sozialpolitik in Deutschland 1890—1914, hrsg. von Peter Rassow und Karl Erich Born, Wiesbaden 1959, S. 87—88
57 GÖHRE, Paul, Drei Monate Fabrikarbeiter und Handwerksbursche, Leipzig 1906, S. 88—97, S. 102—103, S. 142
58 BRAUN, Lily, Memoiren einer Sozialistin, Kampfjahre, Roman, Gesammelte Werke, 3. Band, Berlin-Grunewald o. J., S. 264—271
59 LENTZER, Paul, in: Unter der roten Fahne, Erinnerungen alter Genossen, Berlin 1958, S. 39—40
60 Internationaler Sozialisten-Kongreß zu Amsterdam 14. — 20. August 1904, Berlin 1904, S. 37—39

VI. Die Verbände

61 LEGIEN, Carl, Das Koalitionsrecht der deutschen Arbeiter in Theorie und Praxis. Denkschrift der Generalkommission der Gewerkschaften Deutschlands, Hamburg 1899, S. 10—12
62 Fünfundzwanzig Jahre wirtschaftspolitischen Kampfes. Geschichtliche Darstellung des Bundes der Landwirte. Im Auftrage des Bundes der Landwirte bearbeitet von Otto von Kiesenwetter, Berlin 1918, S. 289, S. 293, S. 302, S. 303, S. 305—309, S. 327
63 Alldeutsche Blätter. Jahrgang 1904, Nr. 8
64 KAELBLE, Hartmut, Industrielle Interessenpolitik in der wilhelminischen Gesellschaft. Centralverband Deutscher Industrieller 1895 bis 1914, Berlin 1967, S. 213—220

Teil B

6. Reichsgründung, Reichsausbau und Kulturkampf

I. Reichsgründung

65 DROYSEN, Johann Gustav, Briefwechsel, Zweiter Band 1851—1884, Berlin und Leipzig 1929, S. 895—896
66 KOHL, Horst, Die Begründung des Deutschen Reichs in Briefen und Berichten der führenden Männer, Leipzig 1912, S. 95—96
67 POSCHINGER, Heinrich von, Fürst Bismarck und die Parlamentarier, Band I, Breslau 1894, S. 356—357
68 BAMBERGER, Ludwig, Bismarcks großes Spiel, a.a.O., S. 483
69 MONYPENNY, William & Flavelle and George Earle Buckle, The Life of Benjamin Disraeli, Eearl of Beaconsfield. New and revised edition in two volumes, Vol. II., 1860—1881, London 1929, S. 473 bis 474, 4. Übersetzung vom Herausgeber
70 WIESE, Ludwig, Lebenserinnerungen und Amtserfahrungen, Erster Band, Berlin $^2$1886, S. 334—336

II. Bismarck und die Liberalen

71 Aus Eduard Lasker's Nachlaß. Sein Briefwechsel aus den Jahren 1870/71 (Fortsetzung). Deutsche Revue 17. Jg., IV. Band, Breslau 1892, S. 195

72 Europäischer Geschichtskalender, 14. Jg., 1873. Hrsg. von H. Schulthess, Nördlingen 1874, S. 98—99

73 Deutscher Liberalismus im Zeitalter Bismarcks. Eine politische Briefsammlung. II. Band: Im Neuen Reich 1871—1890. Politische Briefe aus dem Nachlaß liberaler Parteiführer. Ausgewählt und bearbeitet von Paul Wentzcke, Bonn und Leipzig 1926, S. 79

74 Rudolf von Bennigsens Reden. Hrsg. von Walther Schultze und Friedrich Thimme. Erster Band 1857 bis 1878, Halle a. d. S. 1911, S. 310—312

75 Bismarck-Erinnerungen des Staatsministers Freiherrn Lucius von Ballhausen, Stuttgart und Berlin 1921, S. 49—52

76 Stenographische Berichte über die Verhandlungen der beiden Häuser des Landtages. Haus der Abgeordneten. Zweiter Band, 33. Sitzung vom 18. März 1875, Berlin 1875, S. 900

III. Kulturkampf

77 Die Vorgeschichte des Kulturkampfes. Quellenveröffentlichungen aus dem Deutschen Zentralarchiv. Bearbeitet von Adelheid Constabel. Berlin 1956, S. 105—107

78 Stenographische Berichte über die Verhandlungen der beiden Häuser des Landtages. Haus der Abgeordneten. Erster Band, 23. Sitzung vom 30. Januar 1872, Berlin 1872, S. 534—536, S. 539—540.

79 Hüsgen, Eduard, Ludwig Windthorst, Köln 1907, S. 222—223, S. 226

7. Der innere und wirtschaftspolitische Umschwung 1876/79 und seine Auswirkungen auf das Parteiwesen

80 Deutscher Liberalismus im Zeitalter Bismarcks, a.a.O., S. 150—152

81 Tiedemann, Christoph von, a.a.O., 178—184

82 Provincial-Correspondenz vom 27. 6. 1878

83 Europäischer Geschichtskalender, 19. Jg. 1878, a.a.O., S. 167

84 Bericht über die Verhandlungen des Zehnten Congresses Deutscher Landwirthe zu Berlin am 24. und 25. Februar 1879, Berlin 1879, S. 34, S. 36—37

85 Verhandlungen des Deutschen Reichstags. 4. Legislaturperiode. II. Session 1879, 2. Band, S. 927

86 Ebda., S. 1065—1066

87a Poschinger, Heinrich von, Fürst Bismarck und die Parlamentarier, III. Band, Breslau 1896, S. 279—281

87b Europäischer Geschichtskalender, a.a.O., 20. Jg. 1879, S. 222

88 Deutscher Liberalismus im Zeitalter Bismarcks, a.a.O., S. 230—231

89a Ebda., 248—250

89b Europäischer Geschichtskalender, a.a.O., 21. Jg. 1880, S. 210—211

89c Europäischer Geschichtskalender, a.a.O., 25. Jg. 1884, S. 27—28

90a Rudolf von Bennigsens Reden, a.a.O., Zweiter Band: 1879—1901, S. 84—86

90b Tiedemann, Christoph von, a.a.O., S. 403—405

90c Johannes von Miquels Reden, hrsg. von Walther Schultze und Friedrich Thimme, Dritter Band: 1878—1891, Halle a. d. S. 1913, S. 115—116
91 WEBER, Max, a.a.O., S. 301—303

8. Das Sozialistengesetz und die Grundlegung der deutschen Sozialversicherung

I. Das Sozialistengesetz und seine Wirkung

92 Reichs-Gesetzblatt 1878, S. 351—358
93 Verhandlungen des Reichstags. VII. Legislaturperiode. II. Session 1887/88. Erster Band. 23. Sitzung. 27. Januar 1888, Berlin 1888, S. 534, S. 540—541
94 Protokoll über die Verhandlungen des Parteitages der Sozialdemokratischen Partei Deutschlands. Abgehalten zu Halle a. d. S. vom 12. bis 18. Oktober 1890, Berlin 1890, S. 29—33
95 BERLEPSCH, Hans Hermann Frhr. von, Sozialpolitische Erfahrungen und Erinnerungen, München-Gladbach 1925, S. 21—22

II. Soziale Frage und Sozialversicherungsgesetzgebung

96 BOESE, Franz, Geschichte des Vereins für Sozialpolitik 1872—1932, Berlin 1939, S. 10
97 Die politischen Reden des Fürsten Bismarck, Historisch-Kritische Gesammtausgabe besorgt von Horst Kohl. Neunter Band. 1881 bis 1883. Stuttgart 1894, S. 84—86
98 GÖHRE, Paul, a.a.O., S. 130—133

9. Das System Bismarck: Deutschland am Ende der 80er Jahre

99 WERMUTH, Adolf, Ein Beamtenleben, Erinnerungen, Berlin 1922, S. 61—62
100 Schulthess' Europäischer Geschichtskalender. Neue Folge. 3. Jg. 1887, S. 60
101 Kölnische Volkszeitung, Nr. 37, Morgenausgabe vom 7. Feb. 1887
102 BAMBERGER, Ludwig, Gesammelte Schriften, Band 5, a.a.O., S. 189 bis 195
103 Denkwürdigkeiten des General-Feldmarschalls Alfred Grafen von Waldersee. Zweiter Band 1888—1900, Stuttgart und Berlin 1923, S. 41—42
104 LUCIUS VON BALLHAUSEN, a.a.O., S. 521—525
105 Freisinnige Zeitung, 21. März 1890, Nr. 68. Zitiert nach: MOMMSEN, Wilhelm, Bismarcks Sturz und die Parteien, Berlin und Leipzig 1924, S. 186—187
106 WEBER, Max, a.a.O., S. 307—308

10. Die deutsche Politik zwischen Sozialdemokratie und Agrariern

I. Die Sozialpolitik des Neuen Kurses

107 Deutscher Reichs-Anzeiger und Königlich Preußischer Staatsanzeiger, 1890, Nr. 34, Berlin, den 5. Februar, Abends, S. 1
108 Die Hilfe, Wochenschrift für Kultur, Literatur und Kunst, 19. Jg., 1913, S. 392—393

109 BACHEM, Karl, Vorgeschichte, Geschichte und Politik der deutschen Zentrumspartei. Fünfter Band, Köln 1929, S. 122
110 Stenographische Berichte über die Verhandlungen der ... beiden Häuser des Landtages. Haus der Abgeordneten, Erster Band, Berlin 1891, 2. Sitzung am 13. November 1890, S. 12—15

II. Die Handelspolitik Caprivis und die Formation der Gegenkräfte

111 Stenographische Berichte über die Verhandlungen des Reichstags. VIII. Legislaturperiode. I. Session 1890/92. 5. Band, Berlin 1892, 137. Sitzung am 10. Dezember 1891, S. 3306—3307
112a Schulthess' Europäischer Geschichtskalender, a.a.O., 9. Jg. 1893, S. 11—12, S. 15—17
112b »Landwirtschaftliche Tierzucht« 21. Dezember 1892, Bunzlau 1892
112c Schulthess' Europäischer Geschichtskalender, a.a.O., 9. Jg. 1893, S. 139—140
112d Conrad Freiherr von Wangenheim Klein-Spiegel, I. Lebensbild. II. Briefe und Reden. Hrsg. von H. Frhr. von Wangenheim, Berlin 1934, S. 20—21
113 Rudolf von Bennigsens Reden, a.a.O., Zweiter Band: 1879—1901, S. 269—271

III. Sozialdemokratie und Staat am Anfang der 90er Jahre

114 Protokoll über die Verhandlungen des Parteitages der Sozialdemokratischen Partei Deutschlands. Abgehalten in Erfurt vom 14. bis 20. Oktober 1891, Berlin 1891, S. 171—172
115 KARDORFF, Siegfried von, Wilhelm von Kardorff, Berlin 1936, S. 242
116 Schulthess' Europäischer Geschichtskalender, a.a.O., 9. Jg. 1893, S. 157—160
117 Die Reden Kaiser Wilhelms II. Gesammelt und herausgegeben von Johannes Penzler, I. Teil: 1888—1895, Leipzig o. J., S. 274—277

11. Die Periode der Sammlung und die Weltpolitik

I. Präventivkrieg gegen die Sozialdemokraten und Sammlungspolitik

118 Denkwürdigkeiten des General-Feldmarschalls Alfred Grafen von Waldersee, a.a.O., S. 388
119 BEIN, Alex, in Verbindung mit Hans Goldschmidt, Friedrich Hammacher, Berlin 1932, S. 137—140
120 Johannes von Miquels Reden, Vierter Band: 1892—1901, Halle a. d. S. 1914, S. 279—281
121 KIESENWETTER, Otto von, Zehn Jahre wirtschafts-politischen Kampfes, Berlin 1903, S. 103
122 Deutscher Geschichtskalender für 1898. Von Karl Wippermann. Erster Band. Leipzig 1898, S. 226—227
123 Verhandlungen, Mitteilungen und Berichte des CVdI, No 79, 1898, S. 40—41
124 Protokoll über die Verhandlungen des Parteitages der Sozialdemokratischen Partei Deutschlands. Abgehalten zu Lübeck vom 22. bis 28. September 1901, Berlin 1901, S. 103
125 DEWITZ, Hermann von, Von Bismarck bis Bethmann. Innenpolitische Rückblicke eines Konservativen, Berlin 1918, S. 48—49

II. Weltpolitik und Flottenbau

126 Verhandlungen des Reichstags. IX. Legislaturperiode. V. Session 1897/98. Erster Band, 4. Sitzung am 6. Dezember 1897, Berlin 1898, S. 60
127 TIRPITZ, Alfred von, Erinnerungen, Leipzig [2]1920, S. 54—56
128 BÜLOW, Bernhard Fürst von, Denkwürdigkeiten, Erster Band, Berlin 1930, S. 137—138
129 KEHR, Eckart, Der Primat der Innenpolitik, Berlin 1965, S. 146—147

12. Die Parteien-Konstellation zur Zeit des Bülow-Blocks und die Kritik am Persönlichen Regiment

I. Die Wahlen von 1907 und die Bildung des Bülow-Blocks

130a Schulthess' Europäischer Geschichtskalender, a.a.O., 22. Jg. 1906, S. 232—234
130b Schulthess' Europäischer Geschichtskalender, a.a.O., 23. Jg. 1907, S. 16—18
131 Ebda., S. 43—44
132 Verhandlungen des Reichstags. XII. Legislaturperiode, I. Session. Band 227. 3. Sitzung, 25. Februar 1907, S. 37—38

II. Das Persönliche Regiment und die Daily-Telegraph-Krise

133 Verhandlungen des Reichstags. IX. Legislaturperiode. IV. Session. 1895/97. Achter Band, 223. Sitzung. 18. Mai 1897, Berlin 1897, S. 5911—5912
134 Die Hilfe, a.a.O., XV. Jg. 1909, Nr. 2, S. 15, Nr. 3, S. 32 und Nr. 4, S. 48 und S. 50
135 Verhandlungen des Reichstags, XII. Legislaturperiode, I. Session, Band 248. Anlagen zu den Stenographischen Berichten, Berlin 1909, Drucksache 992, S. 5—10
136 Verhandlungen des Reichstags. XII. Legislaturperiode. I. Session, Band 237. 262. Sitzung, 16. Juni 1909, Berlin 1909, S. 8604—8605
137 Schulthess' Europäischer Geschichtskalender, a.a.O., 25. Jg. 1909, S. 240—241
138 Verhandlungen des Reichstags. XII. Legislaturperiode, I. Session, Band 237, 280. Sitzung, 10. Juli 1909, Berlin 1909, S. 9322—9327
139 Deutscher Geschichtskalender für 1909. Von Karl Wippermann. I. Band, Leipzig 1909, S. 175—178

13. Deutschland am Vorabend des Weltkrieges

140 BETHMANN HOLLWEG, Theobald von, Betrachtungen zum Weltkriege, 1. Teil: Vor dem Kriege, Berlin 1919, S. 96—98
141 Protokoll über die Verhandlungen des Parteitages der Sozialdemokratischen Partei Deutschlands. Abgehalten in Jena vom 14. bis 20. September 1913, Berlin 1913, S. 304—306
142 Stenographische Berichte über die Verhandlungen des Preußischen Herrenhauses in der Session 1913 und in der Session 1914/15, Berlin 1915, Sp. 501—506
143a Die Zukunft, Herausgeber: Maximilian Harden, 85. Band, Berlin 1913, S. 341—350

143b Verhandlungen des Reichstags. XIII. Legislaturperiode, I. Session, Band 291. 181. Sitzung, 3. XII. 1913, Berlin 1914, S. 6161—6162

144 Delbrück, Hans, Regierung und Volkswille, Berlin 1914, S. 157 bis 160

145 Helfferich, Karl, a.a.O., S. 79—81

146 Deutsches Kolonialblatt. Hrsg. im Reichskolonialamt, Jg. 19, Nr. 5, 1. III. 1908, S. 217—222

147 Ruedorffer, J. J. [i. e. Kurt Riezler], Grundzüge der Weltpolitik in der Gegenwart, Stuttgart und Berlin 1914, S. 102—104, 106—107

148 Stresemann, Gustav, Handel und Industrie, in: Das Jahr 1913. Ein Gesamtbild der Kulturentwicklung. Hrsg. von D. Sarason, Leipzig, Berlin 1913, S. 200—201

149 Hitze, Franz, Die Arbeiter-Sozialpolitik, in: Deutschland unter Kaiser Wilhelm II. Zweiter Band, Berlin 1914, S. 845, 848—850

150 Verhandlungen des Reichstags. XIII. Legislaturperiode, I. Session, Band 292. 195. Sitzung. 20. Januar 1914, Berlin 1914, S. 6637—6644

151 Schulthess' Europäischer Geschichtskalender, a.a.O., 29. Jg. 1913, S. 234

152 Freideutsche Jugend. Festschrift zur Jahrhundertfeier auf dem Hohen Meißner, Jena 1913, S. 4—5

153 Heymel, Alfred Walter, Gesammelte Gedichte 1895—1914, Leipzig 1914, S. 9

# Personenregister

M. d. = Mitglied des . . . / MdR = Mitglied des Reichstages

# Auswahlbibliographie

Aubin, H./Zorn, W. (Hg.): Handbuch der deutschen Wirtschafts- und Sozialgeschichte, Bd. 2. Stuttgart 1976.

Binder, H.-O.: Reich und Einzelstaaten während der Kanzlerschaft Bismarcks 1871–1890. Tübingen 1971.

Böhme, H.: Deutschlands Weg zur Großmacht. Studien zum Verhältnis von Wirtschaft und Staat während der Reichsgründungszeit 1848–1881. Berlin/Köln 1966.

Borchardt, K.: Die Industrielle Revolution in Deutschland. München 1972.

Born, K. E.: Staat und Sozialpolitik seit Bismarcks Sturz, 1890–1914. Wiesbaden 1957.

Bussmann, W.: Das Zeitalter Bismarcks. In: Brandt-Meyer-Just (Hg.): Handbuch der deutschen Geschichte. Bd. III, 2. Frankfurt a.M. [4]1968.

Desai, A. V.: Real Wages in Germany, 1871–1913. Oxford 1968.

Deuerlein, E.: Föderalismus. Die historischen und philosophischen Grundlagen des föderativen Prinzips. Bonn 1972.

Engelberg, E.: Deutschland von 1871 bis 1897. Berlin (O) 1965.

Fischer, F.: Krieg der Illusionen. Die deutsche Politik von 1911–1914. Düsseldorf 1969.

Fricke, D. (Hg.): Die bürgerlichen Parteien in Deutschland, 1848–1945, 2 Bde., Leipzig 1968/70.

Gall, L. (Hg.): Das Bismarckproblem in der deutschen Geschichtsschreibung nach 1945. Köln/Berlin 1971.

Gall, L.: Bismarck. Der weiße Revolutionär. Frankfurt a.M. etc. [3]1980.

Goldschmitt, H.: Das Reich und Preußen im Kampf um die Führung. Berlin 1931.

Groh, D.: Negative Integration und revolutionärer Attentismus. Die deutsche Sozialdemokratie am Vorabend des Ersten Weltkrieges. Frankfurt a.M./Berlin/Wien 1973.

Hamburger, E.: Juden im öffentlichen Leben Deutschlands. Regierungsmitglieder, Beamte und Parlamentarier in der monarchischen Zeit 1848–1918. Tübingen 1968.

Henning, H.: Das westdeutsche Bürgertum in der Epoche der Hochindustrialisierung 1860–1914. T. 1. Wiesbaden 1972.

Hillgruber, A.: Bismarcks Außenpolitik. Freiburg 1972.

Hohorst, G./Kocka, J./Ritter, G. A. (Hg.): Sozialgeschichtliches Arbeitsbuch. Bd. II: Materialien zur Statistik des Kaiserreichs 1870–1914. München [2]1978.

Huber, E. R.: Deutsche Verfassungsgeschichte seit 1789. Bde. III u. IV. Stuttgart 1963 u. 1969.

Ders. (Hg.): Dokumente zur deutschen Verfassungsgeschichte. Bd. II. Stuttgart 1964.

Kaelble, H.: Industrielle Interessenpolitik in der wilhelminischen Gesellschaft. Centralverband deutscher Industrieller 1895–1914. Berlin 1967.

Kehr, E.: Schlachtflottenbau und Parteipolitik 1894–1901. Berlin 1930, Neudruck Vaduz 1965.

Kitchen, M.: The German Officer Corps, 1890–1914. Oxford 1968.

Klein, F.: Deutschland 1897–1917. Berlin (O) ³1969.

Kocka, J.: Unternehmensverwaltung und Angestelltenschaft am Beispiel Siemens 1847–1914. Zum Verhältnis von Kapitalismus und Bürokratie in der deutschen Industrialisierung. Stuttgart 1969.

Kuczynski, J.: Darstellung der Lage der Arbeiter in Deutschland. Bde. III u. IV. Berlin (O) 1962 u. 1967.

Langer, W. L.: The Diplomacy of Imperialism 1890–1902. New York ²1960.

Ders.: European Alliances and Alignments, 1871–1890. New York ²1962.

Mommsen, W. J.: Die latente Krise des Deutschen Reiches 1909–1914. In: Brandt-Meyer-Just (Hg.): Handbuch der deutschen Geschichte. Bd. IV, 1. Frankfurt a. M. 1973.

Ders.: Max Weber und die deutsche Politik 1890–1920. Tübingen ²1974.

Morsey, R.: Die oberste Reichsverwaltung unter Bismarck 1867–1890. Münster 1957.

Mottek, H./Becker, W./Schröter, A.: Wirtschaftsgeschichte Deutschlands. Bd. III. Berlin (O) 1974.

Nipperdey, T.: Die Organisation der deutschen Parteien vor 1918. Düsseldorf 1961.

Puhle, H.-J.: Agrarische Interessenpolitik und preußischer Konservatismus im wilhelminischen Reich (1893–1914). Bonn-Bad Godesberg ²1975.

Rauh, M.: Föderalismus und Parlamentarismus im Wilhelminischen Reich. Düsseldorf 1973.

Rich, N. R.: Friedrich von Holstein. Politics and Diplomacy in the Era of Bismarck and Wilhelm II. 2 Bde., Cambridge 1965.

Ritter, G.: Staatskunst und Kriegshandwerk. Das Problem des „Militarismus" in Deutschland. Bde. I u. II. München 1959 u. 1960 u. ö.

Ritter, G. A.: Die Arbeiterbewegung im Wilhelminischen Reich. Die Sozialdemokratische Partei und die Freien Gewerkschaften 1890–1900. Berlin ²1963.

Ders. (Hg.): Die deutschen Parteien vor 1918. Köln 1973.
Ders.: Staat, Arbeiterschaft und Arbeiterbewegung in Deutschland. Vom Vormärz bis zum Ende der Weimarer Republik. Berlin/Bonn 1980.
Ders. (Hg., unter Mitarbeit von M. Niehuss): Wahlgeschichtliches Arbeitsbuch. Materialien zur Statistik des Kaiserreichs 1871–1918. München 1980.
Ders./Kocka, J. (Hg.): Deutsche Sozialgeschichte. Dokumente und Skizzen. Bd. II: 1870–1914. München ²1977.
Rosenberg, H.: Große Depression und Bismarckzeit. Wirtschaftsablauf, Gesellschaft und Politik in Mitteleuropa. Neudruck Berlin 1975.
Rothfels, H.: Bismarck. Vorträge und Abhandlungen. Stuttgart 1970.

Saul, K.: Staat, Industrie, Arbeiterbewegung im Kaiserreich. 1903–1914. Düsseldorf 1974.
Schieder, T.: Das Deutsche Kaiserreich von 1871 als Nationalstaat. Köln 1961.
Ders.: Europa im Zeitalter der Nationalstaaten und europäische Weltpolitik bis zum Ersten Weltkrieg. In: Ders. (Hg.): Handbuch der Europäischen Geschichte, Bd. 6. Stuttgart 1968.
Ders./Deuerlein, E. (Hg.): Reichsgründung 1870/71. Tatsachen, Kontroversen, Interpretationen. Stuttgart 1970.
Sheehan, J. J.: German Liberalism in the Nineteenth Century. Chicago/London 1978.
Stegmann, D.: Die Erben Bismarcks. Parteien und Verbände in der Spätphase des Wilhelminischen Deutschlands. Sammlungspolitik 1897–1918. Köln/Berlin 1970.
Stern, F.: Gold und Eisen. Bismarck und sein Bankier Bleichröder. Frankfurt a. M. 1978.
Stürmer, M.: Regierung und Reichstag im Bismarckstaat 1871–1880. Cäsarismus oder Parlamentarismus? Düsseldorf 1974.
Ders. (Hg.): Das Kaiserliche Deutschland. Politik und Gesellschaft 1870–1918. Düsseldorf ²1977.

Ullmann, H.-P.: Der Bund der Industriellen, 1895–1914. Göttingen 1976.

Witt, P.-Chr.: Die Finanzpolitik des Deutschen Reiches 1903–1913. Lübeck 1970.
Wehler, H.-U.: Bismarck und der Imperialismus. Köln/Berlin 1968.
Ders.: Krisenherde des Kaiserreichs. 1871–1918. Göttingen ²1979.
Ders.: Das Deutsche Kaiserreich 1871–1918. Göttingen ⁴1980.

Ziekursch, J.: Politische Geschichte des neuen deutschen Kaiserreichs. 3 Bde., Frankfurt a. M. 1925–30.

**Gerhard A. Ritter**
**Parlament und Demokratie in Großbritannien**
Studien zur Entwicklung und Struktur des politischen Systems. 1972. 308 Seiten, Paperback

**Gerhard A. Ritter**
**Arbeiterbewegung, Parteien und Parlamentarismus**
Aufsätze zur deutschen Sozial- und Verfassungsgeschichte des 19. und 20. Jahrhunderts. 1976. 412 Seiten und 1 Klapptafel, Paperback (Kritische Studien zur Geschichtswissenschaft 23)

**Hans-Ulrich Wehler**
**Das Deutsche Kaiserreich 1871–1918**
(Deutsche Geschichte, Band 9) 4. durchges. u. bibliograph. ergänzte Auflage 1980. 282 Seiten, kartoniert (Kleine Vandenhoeck-Reihe 1380)

**Hans-Ulrich Wehler**
**Krisenherde des Kaiserreichs 1871 – 1918**
Studien zur deutschen Sozial- und Verfassungsgeschichte. 2., überarb. und erweiterte Auflage 1979. 559 Seiten, kartoniert

**Klaus Vondung (Hg.)**
**Das wilhelminische Bildungsbürgertum**
Zur Sozialgeschichte seiner Ideen. 1976. 208 Seiten, kartoniert (Kleine Vandenhoeck-Reihe 1420)

**Andreas Hillgruber**
**Deutschlands Rolle in der Vorgeschichte der beiden Weltkriege**
2., ergänzte Auflage 1979. 141 Seiten, kart. (Kleine Vandenhoeck-Reihe 1458)

**Jürgen Kocka**
**Die Angestellten in der deutschen Geschichte 1850-1980**
Vom Privatbeamten zum angestellten Arbeitnehmer. 1981. 235 Seiten, Paperback (Sammlung Vandenhoeck)

**Vandenhoeck & Ruprecht in Göttingen und Zürich**